国際取引と海外進出の税務

仲谷 栄一郎
井上 康一
梅辻 雅春
藍原 滋

共著

税務研究会出版局

はしがき

　近時，国際的な取引や海外への進出の進展に伴い，国際課税の重要性がますます高まってきています。しかし，国際課税に関する法律の条文はそもそも難解なのに加え，平成26年度（総合主義から帰属主義へ），平成29年度（タックス・ヘイブン対策税制），平成30年度（恒久的施設関連規定）と，相次ぐ改正によって複雑さを増しています。

　さらに，租税条約の改正や新規締結も頻繁に行われるようになり，とくに，既存の租税条約を多国間で修正するBEPS防止措置実施条約が2019年1月1日に発効しました。これらの国内税法の改正や租税条約の改正・締結の多くは，BEPS（税源浸食と利益移転）プロジェクトという租税回避防止の国際的な動きを受けたものであるため，その解釈と適用にあたり，背景になったOECDでの議論などを参照する必要があります。

　このような状況のなか，この本は国際課税について平易にそして実用的に説明することを目指し，次のような特徴を有しています。

枠組みの設定

　課税関係を検討する大きな枠組みをまず設定し（第1部（総論）），それぞれの場面における課税を検討するときには，その大きな枠組みに沿って，条文を適用する筋道を明らかにしています。

国内税法と租税条約の一体的な検討

　国内税法に基づく課税関係が租税条約によって変更されることがしばしばあります。そこでこの本では，個々の課税関係を検討するときに，まず国内税法の検討を行い，その直後にそのつど租税条約の適用関係を解説しています。国内税法だけをまずひととおり説明し，租税条約についてはひとまとめで別の章を設けるというような構成だと，個々の問題において租税条約がどのように適用されるかがわかりにくくなるからです。

取引類型別の検討

　国際取引を，外国法人の対内取引と内国法人の対外取引に大きく区分したうえで，とくにこの本の主要部分（第2部（外国法人の対内取引））では，日常的に生じる普通の取引についての課税を，取引類型ごとに整理して（例えば，株式の取得，配当，譲渡など）検討しています。「この取引についてどのように課税されるか」を検討するのが普通の思考の順序であり，「第何条によるとこのような所得には課税される」という解説よりも実用的だと考えるからです。そして，平素問題になることの多い，「この取引に基づく外国法人への支払いを行うと源泉徴収が必要か」というような地道な問題を広く取り上げています。他方で，特殊な事態を前提にした，租税回避防止のための制度（タックス・ヘイブン対策税制など）や国際的な二重課税の防止措置（外国税額控除制度など）については，個別の解説書も少なからずあるため，概要の説明にとどめています。

条文／参考文献／判決・裁決／クロスレファランス／索引

　実用的であることを目指し，資料やデータベースとしても有用な内容にしています。すなわち，結論だけを示すのではなく，条文を徹底的に引用し，参考文献を掲げ（疑問があるものには疑問を呈し），関係する判決や裁決も広く検討しています。また，相互に関連する事項について参照すべき項目を，頁を特定して引用しています。さらに，参照したい項目をピンポイントで見つけられるように索引を充実させています。

　この本が国際的な税務問題を取り扱う読者の方々のお役に立つことを願います。

　なお，この本は従前『外国企業との取引と税務』（第5版，2013年）という題名で株式会社商事法務から刊行されていたものをその前身としています。このたびこのような形で再出発することをご快諾いただいた株式会社商事法務に謹んでお礼を申し上げます。また，仕事を通じいろいろな問題を提起して著者らをお導きくださった，先輩，同僚，依頼者の方々にもあ

つくお礼を申し上げます。

　末筆になりますが，この本の刊行をご快諾いただいた株式会社税務研究会事業推進本部出版局出版部長奥田守様，綿密なスケジュール管理と校正の労をおとりいただいた同局次長加藤ルミ子様，そして，さまざまなご支援をいただいた月刊国際税務編集長大江雄三様に対し，心よりお礼を申し上げます。

2019年1月

著者一同

この本の概要

1 はじめに

この本の目的は，国際的な経済活動に関する日本の税法の所得課税の部分を体系的に解説することにあります。

そのため，国際税務に関連する国内税法と租税条約について総論的な説明を加えたうえで，国際税務の問題を以下の二つに区分して解説しています。

一つは外国法人の対内取引（「外から内へ」（inbound）の取引）から生ずる課税問題で，もう一つは内国法人の対外取引（「内から外へ」（outbound）の取引）から生ずる課税問題です。

この二つの問題領域を正確に区分したうえで，国際税務に関連する諸問題や制度を位置づけることが，その体系的な理解のためには重要です。

この本では，国際的な取引の担い手の多くが法人であることに照らし，各論では，法人に関連する国際税務の問題を取り上げることにします。ただし，個人の人的役務の提供に関する課税の問題は実務上も重要なので，各論の最後にまとめて説明します。

このように，この本で取り上げるのは，主として法人の所得課税の問題であり，消費税，相続税，贈与税等の国際的側面については原則として取り扱いません。また，国際的な経済活動には，必ず相手国における課税の問題がありますが，この点も対象外です。

以下では，この本で取り上げる項目の全体像を示したうえで，この本の使い方を簡単に説明します。

2 国際取引における課税管轄権の行使

各国は，それぞれの主権に基づき課税権を行使していますが，一般に，国が所得に対する課税権を行使する場合，以下の二つの原則に基づいています。日本も両者を併用しています。

(1) 居住地管轄

多くの国は，自国の居住者や法人に対しては，その人的なつながりを根拠とし

て広い範囲の所得に対して課税しており，これを居住地管轄と呼びます。日本は，その居住者・内国法人に対し，居住地管轄に基づき，所得がどこで生じたかを問わず，全世界所得に対して課税する原則を採用しています。

(2) 源泉地管轄

上記に加え，多くの国は，自国の居住地管轄に服さない個人や法人に対しては，自国と物的な関連性を有する所得を対象として課税するという源泉地管轄を採用しています。日本は，非居住者・外国法人に対し，源泉地管轄に基づき，日本国内で発生したとされる一定の所得（国内源泉所得）にのみ課税する原則をとっています。

3　所得課税の原則と例外

さらに，国際的な取引から生ずる所得課税の問題を取り扱ううえでは，以下のように課税の原則と例外を分けて考えることが重要です。

(1) 課税の原則

日本は，居住地管轄と源泉地管轄に基づき，課税権を行使していますから，外国法人と内国法人に関する所得課税の原則は，以下のように整理できます。

まず，外国法人は，日本において，源泉地管轄に基づき，一定の国内源泉所得についてのみ課税を受けるのが原則です。したがって，外国法人が行う対内取引のうち，一定のものから生ずる所得について日本で課税されます。

次に，内国法人は，日本において，居住地管轄に基づき，どこで所得を稼得したかにかかわらず，全世界所得を対象に課税されるのが大原則です。このため，内国法人は，日本国内で完結する取引だけでなく，対外取引から生ずる所得についても，原則として全て日本で課税されます。

(2) 課税の例外

上記の課税の原則に対して，例外として位置づけられる問題領域が二つあります。それは，各国がそれぞれの課税管轄権のルールに従い，課税権を行使する結果，課税管轄の競合と空白が生じてしまう点です。

まず，課税管轄の競合によって国際的な二重課税が生じることがあります。これをそのまま放置すると，国際的な経済活動を阻害することになるため，何らか

の調整をするのが一般的です。

次に，国際的な経済活動を通じて，例えば，いずれの国でも課税されない所得が発生することがあり，これをそのまま放置すると，課税の公平性を害することになります。このため，一定の租税回避行為に対しては，防止策が講じられるのが通常です。

4　国際税務の体系

以上のとおり，法人の行う国際的な経済活動を外国法人の行う対内取引と内国法人の行う対外取引に分けて考えたうえで，課税の原則（居住地管轄と源泉地管轄）と例外（二重課税の調整と租税回避の防止）を意識することが重要です。このような観点から，次に日本税法の定める所得課税の概要を簡単に説明します。なお，ここでは，国際税務に関連する諸問題や制度の位置づけを示すことを目的とし，専門的な用語の説明は脚注で簡単に述べるにとどめます。また，個人の課税関係についてもとくに言及しません。

(1) 外国法人の対内取引

外国法人の対内取引とは，外国法人が，日本企業と直接取引をしたり，あるいは支店等の恒久的施設の設置や子会社の設立を通じて日本国内での事業を展開したりするという「外から内へ」の取引を意味します。そのような取引から所得を得るのは，外国法人あるいはその子会社です。

このような対内取引を行う外国法人は，一定の国内源泉所得[1]のみについて日本で課税されます。そして，外国法人が，どの範囲の国内源泉所得に対し，いかなる方式によって日本で課税を受けるかについては，当該外国法人が，日本においてどのような進出形態をとっているかによって，以下のとおり大きく異なりま

---

[1] 国内源泉所得とは，日本国内で発生したとされる所得を意味します。国内源泉所得は，所得の性質に着目して区分される所得の定義規定と，どのような観点から日本国内に源泉があるかを判定する源泉地規定（ソース・ルール（source rule））の2つの要素からなっています。詳細は第1部第1章第4節2（1）（10頁）を参照してください。

す。

　第一に，外国法人が国内に恒久的施設[2]を有しない場合には，一定の国内源泉所得についてのみ日本で課税され，多くの場合，源泉徴収だけで日本での課税関係が終了します。

　第二に，外国法人が国内に恒久的施設を有する場合には，当該恒久的施設に帰属する国内源泉所得は内国法人と同様に課税されるのが原則です。

　第三に，外国法人が日本に子会社を設立した場合には，その子会社は内国法人として課税されます。他方，特別の場合を除き，子会社が親会社である外国法人の恒久的施設に該当することはありません。このため，当該外国法人自身の日本における課税関係は第一の場合と同様になるのが原則です。

　上記のような原則的な課税関係に加え，以下のような例外的な事象にも着目する必要があります。

　まず，外国法人は，その居住地国において，居住地管轄に基づき，広い範囲で課税を受けるのが通常であるため，対内取引を行う外国法人が日本で課税を受けると，同一の所得について当該外国法人の居住地国と日本の双方で課税されるという国際的な二重課税が生じます。このような国際的な二重課税は，外国法人の居住地国において調整されるのが通常と考えられますが，他方で，租税条約[3]が日本の課税権を制約している場合には，その限度で国際的な二重課税が調整されます。また，外国法人の恒久的施設が本店所在地国以外の第三国で稼得した所得は，恒久的施設帰属所得として日本の法人税の課税対象になることから，当該第

---

[2]　恒久的施設とは，支店・工場その他事業を行うための一定の場所およびそれに準じるものを意味し，PE（Permanent Establishment の略）とも呼ばれます。詳細は第2部第2編第1章（392頁）を参照してください。

[3]　租税条約とは，正式な名称を「二重課税の回避及び脱税の防止のための日本国と○○国との間の条約」等という二国間の条約を意味します。その正式名称が示すとおり，国際的な二重課税の回避および脱税の防止のために締結されています。詳細は第1部第3章第1節（55頁）を参照してください。

三国と日本における二重課税の調整のため，外国法人についても外国税額控除制度[4]が適用されます。

　次に，外国法人の対内取引にからんで日本の課税権を浸食する形で，租税回避行為が行われる場合があります。このような場合の租税回避防止策として，移転価格税制[5]ならびに過少資本税制[6]および過大支払利子税制[7]が設けられています。

(2) 内国法人の対外取引

　内国法人の対外取引とは，内国法人が，外国企業と直接取引をしたり，あるい

4　外国法人に適用のある外国税額控除制度とは，日本で課税する恒久的施設帰属所得について，第三国で課税される場合に生じる二重課税を調整するために，日本での算出税額から，当該第三国で納付した税金を控除する仕組みを意味します。詳細は第2部第2編第2章第3節8（2）（426頁）を参照してください。

5　移転価格税制とは，法人が子会社等の国外関連者との取引を通じ所得を国外に移転するのに対処するために設けられた制度です。同税制の適用により，法人が国外関連者と行う取引の価格が独立企業間価格（正常な価格）と異なることにより当該法人の所得が減少する場合には，その取引が独立企業間価格で行われたものとみなして，当該法人の課税所得が計算されます。詳細は第2部第3編第4章第1節（530頁）を参照してください。

6　国際取引に関する過少資本の問題に対処するために設けられたのが，過少資本税制です。典型的な事例としては，外国法人の100パーセント子会社である内国法人が，当該外国親法人から資本の額の3倍を超える借入を行い，借入金利子を支払うケースが考えられます。この場合，過少資本税制の適用により，資本の額の3倍を超える部分に対応する借入金の利子については，当該内国法人の課税所得の金額の計算上，損金の額に算入されません。詳細は第2部第3編第2章第1節（503頁）を参照してください。

7　過大支払利子税制の基本的な仕組みは，内国法人が国外の関連者に対し支払う純支払利子等の額が，内国法人の「調整所得金額」（青色欠損金の繰越控除等を行わないで計算した所得金額に，減価償却費等を加算した金額）の50パーセント相当額を超える場合に，その超過額の損金算入を否定するものです。詳細は第2部第3編第3章第1節（522頁）を参照してください。

は支店等の恒久的施設の設置や子会社の設立を通じて外国での事業を展開したりするという「内から外へ」の取引を意味します。かかる取引から所得を得るのは，内国法人あるいはその子会社です。

　内国法人は，法人税法に従い，その活動の形態を問わず，常に日本で全世界所得について課税を受けるのが原則です[8]。法人税法の定めは，内国法人が行う活動が国内外にわたるかどうかにかかわらず適用されるものがほとんどですが，国際的な要素を含む場合を想定したものも含まれています。

　さらに，上記のような課税の原則に対し，内国法人が行う対外取引に関連して，以下のように，二重課税を調整する仕組みと租税回避防止策が国内税法の中に盛り込まれています。

　第一に，全世界所得課税の原則の適用を受ける内国法人の所得に対して外国で課税されると国際的な二重課税が発生し，これを放置すると，国際的な経済活動が阻害されます。そこで，このような国際的な二重課税を調整する仕組みとして，外国税額控除制度[9]が設けられています。また，内国法人が外国子会社から受け取る配当は，現地で課税済みの利益からなされるものであるため，日本で当該配当にそのまま課税をすると，国際的な二重課税が生じます。これを調整するための仕組みが外国子会社配当益金不算入税制[10]です。

8　内国法人は，その所得に対して，法人税，地方法人税，住民税，事業税が課されるとともに，事業税が損金算入されることを考慮に入れると，資本金の額が1億円超の内国法人（外形標準課税の適用のある内国法人）の法定実効税率は，2018年4月以降に開始する事業年度から，30パーセントを若干下回ることになります。詳細は第3部第1章第1節（589頁）を参照してください。

9　外国税額控除制度とは，居住地国で，国外源泉の所得も課税所得に含めて課税する代わりに，居住地国での算出税額から，源泉地国で納付した税金を控除する仕組みを意味します。日本は，内国法人が直接外国で納付した租税を，一定の控除限度額内で，日本の算出税額から控除する制度を採用しています。詳細は第3部第2章第1節（595頁）を参照してください。

10　外国子会社配当益金不算入税制とは，内国法人が一定の外国子会社（原則として

この本の概要　**11**

　第二に，内国法人が海外に設けた子会社等には，日本の課税権が直接及ばないため，内国法人が外国子会社等を利用して，租税回避行為を行うおそれがあります。このような租税回避防止のために設けられているのが，移転価格税制とタックス・ヘイブン対策税制[11]です。また，内国法人が外国子会社等に過大な利子を支払うことによる租税回避を防止するために，過大支払利子税制の適用が考えられます。

(3) 外国法人の対内取引と内国法人の対外取引の区別

　一見内国法人の対外取引に関する課税問題のように見えても，実は，外国法人の対内取引に関する課税問題の裏返しであることが多いので注意が必要です。その区別のためには，誰が所得を得ることになるのかという観点から検討してみるのが有効です。

　例えば，内国法人が外国法人から受け取る配当が益金不算入となるかどうかは，「内国法人の対外取引」に関する課税問題です。この場合，配当という所得を得るのは，内国法人だからです。

　これに対し，内国法人が外国法人に配当を支払う際に，日本で源泉徴収しなければならないかどうかは，内国法人の対外取引ではなく，外国法人の対内取引に関する課税問題の裏返しです。この場合，配当という所得を得るのは，外国法人

　　25パーセント以上，6カ月以上の株式保有要件満たすもの）から受ける配当等の額の95パーセントを益金不算入とするものです。詳細は第3部第3章（613頁）を参照してください。

11　タックス・ヘイブン対策税制とは，内国法人が，軽課税国・地域（タックス・ヘイブン（tax haven）―租税回避地）で設立された外国法人の株式を一定の割合以上保有している場合等に，当該外国法人の所得金額のうち内国法人の保有株数等に対応する金額を，内国法人の課税所得に合算する制度です。同税制については，平成29年度税制改正によって大きな見直しがありましたが，ペーパーカンパニー等の場合を除き，租税負担割合が20パーセント以上の場合には，同税制を適用しないという考え方は基本的に維持されています。詳細は第3部第4章第1節（620頁）を参照してください。

であるため，上記のような取引は，「外国法人の対内取引」の一類型と捉えられます。

このように，検討の対象となる所得を得るのが，外国法人か内国法人のいずれであるかに着目し，「外国法人の対内取引」か「内国法人の対外取引」のいずれに該当するかを判別することが重要です。

(4) まとめ

以上を簡単にまとめて図示すると以下のとおりです。以下の網掛け部分が，この本で取り扱う範囲になります。

	課税の原則	二重課税の調整	租税回避の防止
	＜本国＞ 居住地国課税	＜本国＞ 二重課税の調整メカニズム	＜本国＞ 租税回避防止策
外国法人の 対内取引	（国内税法） 一定の国内源泉所得への課税 ・恒久的施設なし ・恒久的施設あり ・子会社あり	（主に国内税法） 外国税額控除（恒久的施設帰属所得に限る） （租税条約） 減免規定	（主に国内税法） 移転価格税制 過少資本税制 過大支払利子税制
内国法人の 対外取引	（国内税法） 全世界所得への課税	（主に国内税法） 外国税額控除 外国子会社配当益金不算入税制	（主に国内税法） 移転価格税制 タックス・ヘイブン税制 過大支払利子税制
	＜相手国＞ 源泉地国課税	＜相手国＞ 租税条約の減免規定	＜相手国＞ 租税回避防止策

5　国際税務の適用法令

この本で取り上げる法人の所得課税に絡む国際税務の問題を解決するために参照しなければならない法令は，以下のとおり国内税法と租税条約関連のものに大きく分かれます。

(1)　国内税法

法人の所得課税に絡む国際税務の問題に適用のある国内税法としては，主として以下のものがあります。

- 所得税法，同法施行令，同法施行規則
- 法人税法，同法施行令，同法施行規則
- 地方税法，同法施行令，同法施行規則
- 租税特別措置法，同法施行令，同法施行規則

外国法人の対内取引の原則的な課税関係を考える際には，所得税法と法人税法の関係法令を中心に参照します。また，外国法人の対内取引に絡む租税回避防止措置は，租税特別措置法に盛り込まれています。

他方，内国法人の対外取引の課税問題を検討する際には，主として法人税法と租税特別措置法の関係法令を参照します。

さらに，上記各法令にはそれぞれ基本通達が発遣されていますし，場合によっては事務運営指針や参考事例集が公表されていることもあります。こうした通達等は，納税者や裁判所を拘束するものではありませんが，実務上は重要な意味を持ちますので，この本においても適宜言及します。

(2)　租税条約

日本は，2018年12月1日現在，二重課税の回避を主たる目的とする二国間条約である61本の租税条約を，71の国や地域と締結しています[12]。さらに，日本は，

12　旧ソビエト連邦，旧チェコスロバキアとの条約が複数国へ承継されているため，条約数と国・地域数が一致しません。なお，台湾については，民間取り決めとその

2017年6月7日，既存の租税条約を修正するための多国間条約であるBEPS防止措置実施条約[13]に調印し，同条約は2019年1月1日に発効しました。この結果，関連する既存の租税条約について，BEPS防止措置が盛り込まれることになりました。

　租税条約の条文の大半は外国法人の対内取引に関する特則です。具体的には，国際的な二重課税の調整を実現するために，一定の場合に，条約を締結している相手国の法人から見たときの源泉地国である日本における租税を減免する旨の規定を置いています。したがって，外国法人の対内取引に関する日本での課税関係の確定のためには，当該外国法人に租税条約の適用がある限り，国内税法のみならず租税条約の検討が不可欠です。

　これに対し，内国法人の対外取引に適用のある租税条約の条文は限られていますので，租税条約が影響を及ぼす局面も限定されます。一部の租税条約が外国税額控除制度や外国子会社配当益金不算入税制の特則を定めているのがその一例です。

　さらに，外国法人の対内取引と内国法人の対外取引に共通して適用のある租税

　　内容を日本国内で実施するための法令（外国居住者等の所得に対する相互主義による所得税等の非課税等に関する法律と同法施行令）によって，全体として租税条約に相当する枠組みを構築しています。
13　正式名称を「税源浸食と利益移転を防止するための租税条約関連措置を実施するための多国間条約」（The Multilateral Convention to Implement Tax Treaty-Related Measures to Prevent Base Erosion and Profit Shifting）といいます。BEPSとは，Base Erosion and Profit Shifting の略で，一般に「税源浸食と利益移転」と訳されています。BEPS問題とは，近年の多国籍企業の活動実態と各国の税制や国際課税ルールとの間のずれを利用することで，多国籍企業がその課税所得を人為的に操作し，課税逃れを行っている点をOECDが問題としたものです。BEPSプロジェクトの一環として導入されたBEPS防止措置実施条約は，BEPS防止措置のうち租税条約に関連する措置を，多数の既存の租税条約について，同時かつ効率的に実施することを目的としたものです。詳細は第1部第3章第1節1（55頁）を参照してください。

条約の規定としては，相互協議に関する条項を挙げることができます。この条項は，租税条約に反する課税の事案を対象として，国内法の定める救済措置とは別に，条約締結国の権限ある当局間の相互協議による問題の解決の途を開いています。移転価格課税の結果，日本と条約相手国の双方で課税を受ける事態が発生したときに，これを解決するために両国の権限ある当局が協議し，解決に努力するのがその典型例です[14]。

　この本では，取引の相手国としての重要性に鑑み，主として日米租税条約を取り上げ，同条約の適用関係を明らかにします。日本と米国は，2013年1月25日に，2003年に締結した日米租税条約を一部改正する議定書[15]（以下「2013年改正議定書」）に署名しましたが，同改正は，米国の上院での承認が遅れているため未だ発効していません。そこで，この本では，本文においては，現行の日米租税条約の適用関係を述べ，2013年改正議定書によって改正のある部分については，適宜脚注で言及します。

　なお，租税条約については，『租税条約関係法規集』（清文社）が毎年刊行されていますが，最新の動向を知るには，財務省のホームページ上に掲載されている「租税条約に関するプレスリリース」（http://www.mof.go.jp/tax_policy/summary/international/press_release/index.htm）が便利です。また，外務省のホームページ上の「条約データ検索」（http://www3.mofa.go.jp/mofaj/gaiko/treaty/）を使うと，廃止された租税条約を含め全条約を検索することができます。

6　全体の構成

　以上のような国際税務の体系と適用法令を念頭に置いたうえで，この本は，以下の構成をとっています。

14　詳細は第2部第3編第4章第12節1（579頁）を参照してください。

15　2013年改正議定書による主たる改正点は，①源泉地国で免税とされる親子間配当の要件を緩和したこと，②利子の源泉地国課税を原則として免除したこと，③不動産関連法人株式の譲渡所得に関する規定を修正したこと，④相互協議に係る仲裁手続の規定が追加されたことです。

(1) 総論

第1部「総論」では，国際税務の問題を検討するうえで必要な考え方の筋道を，基本用語（第1章），国内税法（第2章），租税条約（第3章）の順に説明しています。ここの部分だけでもあらかじめ通読すると，国際税務についての全体的な考え方が理解でき，第2部以下が読みやすくなります。

(2) 外国法人の対内取引

　(a) 概要

第2部では，「外国法人の対内取引」に関する課税問題を網羅的に取り上げます。第2部は，外国法人を主語とし，外国法人がどのような課税を受けるかという観点から解説していますが，このような解説が，当該外国法人と取引を行う日本企業の税務上の注意点と裏腹の関係にあることに留意する必要があります。すなわち，外国法人と取引を行う日本企業の最大の税務上の関心事である源泉徴収の問題と外国法人が所得税の納税義務を負うかどうかという問題は表裏一体の関係にあります。また，外国法人が日本でどのような課税を受けるかは，取引全体のコストにも影響を与えるため，日本企業としても注意を払うべきです。

さらに，外国法人の対内活動に関連する課税問題を扱ううえでは，国内税法のみならず租税条約の検討も必要です。この本では，前記のとおり，主として日米租税条約を取り上げ，同条約の適用関係を明らかにします。

　(b) 構成

第2部は，外国法人を主語にし，その日本における進出形態を単純なものからより複雑なものに分け，それぞれの形態に応じて生じる課税問題を説明しています。具体的には，第2部は，外国法人の対内取引の形態を，「恒久的施設なし」，「恒久的施設あり」および「子会社あり」の三つに区分し，以下の3編で構成されています。

第1編「恒久的施設を有しない外国法人」では，恒久的施設を有しない外国法人が日本企業との間で行う取引の類型ごとに，そこで生じるさまざまな税務上の問題点を説明しています。

第2編「恒久的施設を有する外国法人」では，恒久的施設の意義について説明

したうえで，恒久的施設を有する外国法人が日本企業と取引を行う場合に生じる税務上の問題点を解説しています。

第3編「子会社を有する外国法人」では，外国法人が，日本に子会社を設立し，解散・清算するまでに行うさまざまな行為や取引に関連する税務上の問題点を説明するだけでなく，租税回避を防止するために設けられた移転価格税制，過少資本税制および過大支払利子税制にも言及しています。

(c) 使い方

外国法人が行う対内取引を，日本企業の視点から検討する場合には，まず当該外国法人が上記の三つの進出形態のうちのいずれをとっているかを確認したうえで，どの編に該当するかを見定め，対象となる取引を探すのが効率的です。

なお，実際には，外国法人が日本で本格的な事業展開を行うときには，支店ではなく，子会社を設ける場合の方が圧倒的に多く，しかも日本の子会社は，親会社である外国法人の恒久的施設にあたらないのが原則です[16]。したがって，対内取引を行う外国法人が，日本に恒久的施設を有していることは，比較的少ないと考えられます。このような意味で，対内取引を行う外国法人の相手方となる日本企業が主として参照すべきは，第1編「恒久的施設を有しない外国法人」であり，この本も第1編の解説に重点を置いています。

(3) 内国法人の対外取引

(a) 概要

第3部は，「内国法人の対外取引」に関する課税問題を取り扱います。第3部の構成は，「外国法人の対内取引」の課税問題を取り扱った第2部とは大きく異なっています。その理由は，以下のとおりです。

---

16 例外として考えられるのは，外国法人が有する日本の子会社が当該外国法人のために事務所の一部を提供し，事業所PEが認定される場合や当該子会社が代理人PEに該当する場合です（第2部第2編第1章第2節1（395頁））。このような場合には，「恒久的施設を有する外国法人」（第2部第2編第2章（409頁））を参照してください。

そもそも外国法人は一定の対内取引から生じる国内源泉所得について日本で課税を受けるにとどまります。このため，外国法人については，日本における進出形態と取引類型に応じて日本における課税問題を検討するという手法が有効です。これに対し，内国法人は，国内取引の延長線上で対外取引を行い，しかもすべての取引から生ずる全世界所得について日本で課税を受けるのが原則です。したがって，外国法人の対内取引の解説に使用したのと同じ手法を内国法人にそのまま適用すると，取引類型ごとの法人税課税の問題を論ずることになり，必ずしも国際課税の問題に焦点を絞った説明ができません。そこで，第3部は，第2部とは異なり，内国法人の対外取引に特別に適用される課税上の制度の説明に重点を置くことにしています。

なお，租税条約の条文の大半は外国法人の対内取引に関するもので，内国法人の対外取引に関連するものは限られていますが，第3部でも租税条約の適用関係に必要に応じて言及しています。

(b) 構成

第3部は，内国法人が行う対外取引に関する原則的な課税関係について簡単に説明したうえで，内国法人の行う対外取引に適用のある特別な制度を，二重課税の調整と租税回避の防止の観点から区分けして解説しています。具体的には，第3部は，編分けをせず，以下の四つの章からなっています。

第1章「原則的な課税関係」では，内国法人が対外取引を行う場合に，どのような点で特殊な問題が生じるのかを概観しています。この章を通読することで，内国法人を取り巻く国際課税の問題がいかなる局面で発生するのかの概略が理解できます。

第2章「外国税額控除」では，内国法人が対外取引を行う場合に適用される特別な定めのうち，国際的な二重課税の調整措置としての外国税額控除制度を説明します。

第3章「外国子会社配当益金不算入税制」では，内国法人が外国子会社から配当を受ける場合の二重課税の調整措置である同税制の概要を解説します。

第4章「タックス・ヘイブン対策税制」では，内国法人が主として軽課税国に

子会社等を設けるこによって行われる租税回避を防止するために設けられたタックス・ヘイブン対策税制を検討します。

なお、内国法人の対外取引にからむ国際課税の重要な問題の一つとして、内国法人とその国外関連者との間の取引に適用される移転価格税制がありますが、この問題は第3部では取り扱いません。移転価格税制は、外国法人が日本に子会社を有し、当該子会社と取引をする場合にも適用があり、その詳細は、外国法人の対内取引を説明する際にまとめて説明しているためです（第2部第3編第4章（529頁）参照）。

他方、過少資本税制は、内国法人が対外取引を行う場合には、通常問題とならないため、第3部では取り上げません。また、内国法人が外国子会社等に過大な利子を支払うことにより行われる租税回避の防止策としても機能する過大支払利子税制についても、第3部ではなく、第2部第3編第3章（522頁）でまとめて取り扱います。

(c) 使い方

内国法人が行う対外取引に関する日本での課税問題を検討する際には、まず、第1章を参照し、その問題の位置づけを確認するのがよいでしょう。先に述べたように、一見内国法人の対外取引に関する課税問題（第3部）のように見えても、実は外国法人の対内取引に関する課税問題（第2部）の裏返しであることが多いので注意が必要です。その区別のためには、検討の対象となる所得を得るのが、外国法人なのか、それとも内国法人なのかに着目し、「外国法人の対内取引」か「内国法人の対外取引」のいずれに該当するかを判別してください。そのうえで、前者の問題であれば第2部「外国法人の対内取引」を、後者の問題であれば第3部「内国法人の対外取引」を、それぞれ参照すれば関連する部分を見つけることができます。

なお、過少資本税制と過大支払利子税制の適用においては、誰が所得を得るかが直接問題となっているのではなく、主として外国法人の日本における子会社の利子の損金算入の可否が問題となります。このため、これらの税制は、第2部第3編「子会社を有する外国法人」の中で取り扱います。

また，前記のとおり，移転価格税制は，上記のような区分の例外であり，説明の重複を避けるために，「外国法人の対内取引」（第2部第3編第4章（529頁）と第3章（522頁））でまとめて取り扱っていることに注意してください。

(4) 個人の人的役務

(a) 概要

法人の国際取引に関連して，人の移動が常に問題となり，外国人が日本で勤務（「外から内へ」の形態）し，あるいは日本人が海外で勤務（「外から内へ」の形態）することが少なくありません。このため，自国外で人的役務を提供する個人に対し，日本の税法がどのように適用され，日本でいかなる課税関係になるかは実務上も重要です。そこで，各論の最後の第4部では，個人の人的役務に対する日本での課税関係を，「外から内へ」と「外から内へ」の形態を区別したうえでまとめて取り扱います。

(b) 構成

第4部は，編分けをせず，以下の三つの章から構成されています。

第1章「検討の視点と対象」では，自国外で人的役務を提供する個人に「外から内へ」と「内から外へ」の二つの形態があることを確認したうえで，さらにどのような点に着目して，かかる個人の人的役務の対価に対する日本での課税関係を考えていけばよいかを整理します。この章を通読することにより，第4部の検討の対象と順序が明確になるだけでなく，どのような問題をどこで説明しているかを容易に特定することができます（664頁の表参照）。

第2章「来日外国人の人的役務の提供」では，非居住者である外国人が来日し，国内で人的役務を提供するという「外から内へ」の場合の日本での課税関係を広く取り上げます。具体的には，以下の五つを主な検討対象とします。

①外国法人の従業員・役員が来日し国内で人的役務を提供し，給与等を得るケース

②個人の資格で外国人が来日し内国法人と雇用契約等を締結し，国内で人的役務を提供し，給与等を得るケース

③外国人の学生・事業修習者等が来日し国内で人的役務を提供し，報酬を得る

ケース

④学者,弁護士,会計士等の自由職業者が来日し国内で独立の資格で人的役務を提供し,報酬を得るケース

⑤職業運動家・芸能人等が来日し国内で人的役務を提供し,報酬を得るケース(日本の興行主と直接契約し,独立した個人の資格で来日する場合と日本の興行主と契約した外国企業に雇用される形で来日する場合)

これらのうち,とくに①ないし③のケースでは,人的役務の提供の主体が「非居住者」である場合に限定するのではなく,居住者となる場合を含めることにより,包括的な解説になるように配慮しています。

第3章「日本人従業員・役員の海外勤務」では,「内から外へ」の形態のうち,実務上問題になることがとくに多いと考えられる内国法人の従業員・役員が海外で勤務するケースに絞って検討します。

(c) 使い方

自国外で個人が行う人的役務に関する日本での所得課税の問題を解明するには,まず非居住者である外国人が来日し,国内で人的役務を提供するという「外から内へ」の形態なのか,日本人の居住者が海外で人的役務を提供するという「内から外へ」の形態なのかを区別することが検討の出発点となります。そのうえで,第1章で説明しているように,人的役務を提供する個人の地位の区別,非居住者か居住者かの区別,対価の性質と支払場所に着目する必要があります。

具体的な問題を検討するには,第1章を通読したうえで,「外から内へ」の形態であれば,第2章を見て人的役務の形態別に並んでいる各節の該当部分を参照してください。他方,「内から外へ」の形態であれば,第3章を検討してください。第4部は,必ずしも網羅的な解説をしているわけではありませんが,自国外で行われる個人の人的役務の提供に関連して実務上発生することが多いと考えられる問題を重点的に取り上げているため,関連事項を見つけられる可能性は高いと思われます。

7 裁判例・裁決例の検索

この本では,本文や注の中で,裁判所の裁判例や国税不服審判所の裁決例に適

宜言及しています（巻末の裁判例・裁決例索引参照）。これらの裁判例・裁決例については，インターネット環境でアクセスが可能な有償・無償のデータベースがあります。以下では，このようなデータベース・サービスのうちの主要なものを簡単に紹介します。

(1)　裁判例の検索

　(a)　裁判所ホームページ

　裁判所のホームページ（http://www.courts.go.jp/）を通じて，無償で判例検索をすることができ，その中には租税訴訟の裁判例も含まれています（http://www.courts.go.jp/search/jhsp00l0?actionid=first&hanreiSrchKbn=0l）。

　(b)　TAINS の税法データベース

　入会資格が税理士等の一定の者に限られていますが，税理士情報ネットワークシステム（Tax Accountant Information Network System，略称 TAINS）の提供する有償のデータベースがあります（http://www.zeirishi.gr.jp/）。このデータベースには，租税関連の裁判例だけでなく，裁決例（非公開裁決を含む），通達（公開通達だけでなく内部通達，内部研修資料を含む）や事例集も収録されています。

　(c)　TKC LEX/DB 法律情報データベース

　租税判例に限らず裁判例を広く網羅した有償の法律情報データベースとして，TKC LEX/DB 法律情報データベースがあります（http://www.tkclex.ne.jp/）。同データベースには，裁決例も登載されています。

　(d)　LexisNexis のデータベース

　レクシスネクシス・ジャパンの LexisNexis データベースは，租税判例だけでなく，広範囲の裁判例を登載しているとともに，公開裁決も収録している有償のデータベースです（http://Iwww.lexisnexis.jp/legal/）。

　(e)　第一法規の法情報総合データベース

　第一法規の運営している有償のデータベースである法情報総合データベースにも，租税判例に限らず，広範な裁判例が網羅的に収録されています（http://www.dl-law.com/dlw2portal/serviceg.html）。ただし，同データベースには，裁決例は

登載されていません。

(2) 裁決例の検索

　国税不服審判所の公開裁決例は，いずれも有償ですが，上記のTAINSの税法データベース，TKC LEX/DB法律情報データベースおよびLexisNexisのデータベースのいずれかにより入手可能です。さらに，1992年以降の公開裁決の要旨と全文は，国税不服審判所のホームページ上でも無償で検索し，取得することができます（http://www.kfs.go.jp/service/index.html）。1996年7月以降の裁決（非公開裁決を含む）の要旨または争点項目の検索も，同ホームページ上で可能です。

　なお，TAINSの税法データベースは，情報公開請求を行って入手した非公開裁決が数多く含まれている点で注目に値します[17]。

8　法令等の基準時と引用方法

　この本で引用する法令等の基準時は，特にことわりのない限り2019年1月1日です。

　法令等の引用は，特に省略せずに行っており，略称を用いる場合には本文中で適宜注記しています。また，租税条約の引用は，通例によります。

---

[17] 山本守之監修『検証国税非公開裁決──情報公開法が開く審判所の扉──』（ぎょうせい，2005）21頁。

■執筆分担■

この本の概要	（井上　康一）
第1部　総論	
第1章　国際税務の基本用語	（仲谷栄一郎）
第2章　国内税法の「考え方」	（仲谷栄一郎）
第3章　租税条約の「考え方」	（井上　康一）
第2部　外国法人の対内取引	
第1編　恒久的施設を有しない外国法人	
第1章　事業活動に関する課税	（藍原　　滋）
第2章　人的役務の提供に関する課税	（仲谷栄一郎）
第3章　不動産に関する課税	（藍原　　滋）
第4章　公社債に関する課税	（梅辻　雅春）
第5章　株式に関する課税	（仲谷栄一郎）
第6章　貸付金に関する課税	（井上　康一）
第7章　知的財産に関する課税	（井上　康一）
第8章　動産の賃貸借に関する課税	（梅辻　雅春）
第9章　匿名組合に関する課税	（藍原　　滋）
第10章　金融商品等に関する課税	（井上　康一）
第2編　恒久的施設を有する外国法人	
第1章　恒久的施設とは	（梅辻　雅春）
第2章　恒久的施設を有する外国法人に対する課税	（仲谷栄一郎）
第3編　子会社を有する外国法人	
第1章　子会社を有する外国法人に対する課税	（梅辻　雅春）
第2章　過少資本税制	（藍原　　滋）
第3章　過大支払利子税制	（仲谷栄一郎）
第4章　移転価格税制	（梅辻　雅春）
第3部　内国法人の対外取引	
第1章　内国法人の対外取引に関する課税	（仲谷栄一郎）
第2章　外国税額控除	（仲谷栄一郎）
第3章　外国子会社配当益金不算入税制	（仲谷栄一郎）
第4章　タックス・ヘイブン対策税制	（仲谷栄一郎）
第4部　個人の人的役務の提供	
第1章　検討の視点と対象	（井上　康一）
第2章　来日外国人の人的役務の提供	（井上　康一）
第3章　日本人従業員・役員の海外勤務	（井上　康一）

目　　　次

第1部　総論

第1章　国際税務の基本用語 ……………………………………（ 3）

- 第1節　国内と国外 ………………………………………………（ 3）
- 第2節　内国法人と外国法人 ……………………………………（ 4）
- 第3節　居住者と非居住者 ………………………………………（ 6）
- 第4節　国内源泉所得，外国法人課税所得，国外源泉所得…（ 10）
- 第5節　恒久的施設 ………………………………………………（ 14）
- 第6節　法人税と所得税 …………………………………………（ 15）
- 第7節　申告納税と源泉徴収 ……………………………………（ 17）
- 第8節　総合課税と分離課税 ……………………………………（ 20）
- 第9節　租税条約 …………………………………………………（ 21）
- 第10節　BEPS ……………………………………………………（ 24）

第2章　国内税法の「考え方」……………………………………（ 26）

- 第1節　外国法人・非居住者の対内活動 ………………………（ 26）
- 第2節　内国法人・居住者の対外活動 …………………………（ 52）

第3章　租税条約の「考え方」……………………………………（ 55）

- 第1節　租税条約の意義 …………………………………………（ 55）
- 第2節　租税条約の機能 …………………………………………（ 61）
- 第3節　租税条約の適用上の諸原則 ……………………………（ 67）
- 第4節　租税条約と国内税法の関係 ……………………………（ 75）

26　目　次

　　第5節　租税条約を適用する際の検討方法……………………………(84)

第2部　外国法人の対内取引

第1編　恒久的施設を有しない外国法人………………………(109)

第1章　事業活動に関する課税……………………………………(110)

　　第1節　法人税法上の国内源泉所得の構成……………………………(111)
　　第2節　国内事業からの所得……………………………………………(116)
　　第3節　国内にある資産の運用・保有による所得……………………(118)
　　第4節　国内にある資産の譲渡による所得……………………………(122)
　　第5節　その他国内に源泉がある所得…………………………………(128)

第2章　人的役務の提供に関する課税 ……………………………(131)

　　第1節　人的役務の提供とは何か………………………………………(132)
　　第2節　人的役務の提供事業……………………………………………(136)
　　第3節　芸能法人…………………………………………………………(142)
　　第4節　その他の人的役務の提供………………………………………(148)

第3章　不動産に関する課税………………………………………(150)

　　第1節　不動産を取得する………………………………………………(150)
　　第2節　不動産を賃貸する………………………………………………(156)
　　第3節　不動産を譲渡する………………………………………………(161)

第4章　公社債に関する課税………………………………………(166)

　　第1節　公社債を取得する………………………………………………(167)
　　第2節　公社債の利子を受け取る………………………………………(171)

第3節　公社債を譲渡する……………………………………（176）
　　第4節　公社債の償還を受ける………………………………（177）

第5章　株式に関する課税……………………………………（181）

　　第1節　株式を取得する………………………………………（182）
　　第2節　配当を受け取る………………………………………（186）
　　第3節　株式を譲渡する………………………………………（190）
　　第4節　株式を発行会社に譲渡する…………………………（197）
　　第5節　その他の取引…………………………………………（200）

第6章　貸付金に関する課税…………………………………（203）

　　第1節　金銭を貸し付ける……………………………………（204）
　　第2節　貸付金の利子を受け取る……………………………（205）
　　第3節　貸付金債権を譲渡する………………………………（212）
　　第4節　貸付金債権を放棄する………………………………（215）
　　第5節　その他の取引…………………………………………（218）

第7章　知的財産に関する課税………………………………（235）

　　第1節　知的財産とは何か……………………………………（237）
　　第2節　ランニング・ロイヤルティを受け取る……………（250）
　　第3節　ライセンス契約に基づくその他の対価を受け取る…（277）
　　第4節　知的財産を譲渡する…………………………………（281）
　　第5節　ソフトウェアに関連する取引………………………（290）
　　第6節　その他の取引…………………………………………（317）

第8章　動産の賃貸借に関する課税…………………………（325）

　　第1節　動産の種類による分類………………………………（326）
　　第2節　機械装置等を賃貸する………………………………（327）

第3節　船舶または航空機を賃貸する……………………………(330)

第9章　匿名組合に関する課税……………………………(340)

　第1節　共同事業の種類と課税関係………………………………(341)
　第2節　匿名組合とは何か…………………………………………(345)
　第3節　出資持分を取得する………………………………………(347)
　第4節　利益の分配を受ける………………………………………(353)
　第5節　出資持分を譲渡する………………………………………(357)
　第6節　匿名組合契約が終了する…………………………………(360)

第10章　金融商品等に関する課税…………………………(363)

　第1節　預貯金・信託………………………………………………(364)
　第2節　生命保険契約，損害保険契約等の年金等………………(380)
　第3節　金融類似商品………………………………………………(382)
　第4節　広告宣伝用の賞金…………………………………………(386)

第2編　恒久的施設を有する外国法人……………………(391)

第1章　恒久的施設とは……………………………………(392)

　第1節　恒久的施設の意義…………………………………………(392)
　第2節　国内税法の定め……………………………………………(393)
　第3節　租税条約の定め……………………………………………(401)

第2章　恒久的施設を有する外国法人に対する課税………(409)

　第1節　恒久的施設を設置する場合………………………………(410)
　第2節　恒久的施設を通じて取引を行う場合――所得税の課税……(412)
　第3節　恒久的施設を通じて取引を行う場合――法人税の課税……(415)

第4節　恒久的施設を廃止する場合……………………………(429)
　　第5節　租税条約の定め………………………………………(431)
　　第6節　日本側当事者の税務…………………………………(438)

第3編　子会社を有する外国法人 ……………………………(441)

第1章　子会社を有する外国法人に対する課税 ……………(442)

　　第1節　子会社を設立する……………………………………(443)
　　第2節　子会社を運営する
　　　　　　――親子会社間取引から生じる課税関係……………(451)
　　第3節　子会社株式を譲渡する………………………………(456)
　　第4節　子会社株式を他の内国法人の株式と株式交換する…(459)
　　第5節　子会社から配当を受け取る…………………………(463)
　　第6節　子会社から資本の払戻しを受ける…………………(466)
　　第7節　子会社に自己株式を取得させる……………………(474)
　　第8節　子会社を解散する……………………………………(480)
　　第9節　子会社を他の会社と合併する………………………(485)
　　第10節　子会社を分割する……………………………………(493)

第2章　過少資本税制 …………………………………………(502)

　　第1節　過少資本税制とは……………………………………(503)
　　第2節　過少資本税制の要件と効果…………………………(505)
　　第3節　過少資本税制の特則…………………………………(517)

第3章　過大支払利子税制 ……………………………………(522)

　　第1節　過大支払利子税制とは………………………………(522)
　　第2節　損金不算入額の算定…………………………………(523)
　　第3節　損金不算入額の繰越…………………………………(526)

第4節　適用除外……………………………………………(527)
　　第5節　申告要件……………………………………………(527)
　　第6節　他の制度との関係…………………………………(527)

第4章　移転価格税制………………………………………(529)

　　第1節　移転価格税制の概要………………………………(530)
　　第2節　移転価格税制の執行の変遷………………………(537)
　　第3節　移転価格税制の適用対象者および適用対象取引…(539)
　　第4節　国外関連者…………………………………………(541)
　　第5節　独立企業間価格の算定方法………………………(543)
　　第6節　独立企業間価格の適用による所得計算…………(567)
　　第7節　文書化………………………………………………(569)
　　第8節　質問検査権…………………………………………(572)
　　第9節　推定課税……………………………………………(573)
　　第10節　更正決定等の期間制限……………………………(576)
　　第11節　事前確認……………………………………………(577)
　　第12節　相互協議と対応的調整……………………………(579)

第3部　内国法人の対外取引

第1章　内国法人の対外取引に関する課税………………(589)

　　第1節　原則的な課税関係…………………………………(589)
　　第2節　対外取引に適用される特別な制度………………(591)
　　第3節　外国における課税…………………………………(592)
　　第4節　租税条約……………………………………………(593)

目　次　***31***

第2章　外国税額控除 …………………………………… (595)

第1節　外国税額控除の概要………………………………… (595)
第2節　外国税額控除の趣旨………………………………… (596)
第3節　対象となる納税義務者……………………………… (597)
第4節　対象となる外国法人税……………………………… (598)
第5節　控除限度額…………………………………………… (604)
第6節　みなし外国税額控除………………………………… (611)
第7節　申告要件……………………………………………… (612)

第3章　外国子会社配当益金不算入税制 ……………… (613)

第1節　外国子会社配当益金不算入税制の概要…………… (613)
第2節　外国子会社配当益金不算入税制の趣旨…………… (613)
第3節　対象となる外国子会社……………………………… (614)
第4節　対象となる配当……………………………………… (616)
第5節　益金不算入とされる額……………………………… (617)
第6節　配当に係る外国源泉税の取扱い…………………… (618)
第7節　申告要件……………………………………………… (618)

第4章　タックス・ヘイブン対策税制 ………………… (619)

第1節　タックス・ヘイブン対策税制の概要……………… (620)
第2節　タックス・ヘイブン対策税制の趣旨の変遷……… (620)
第3節　対象となる外国法人………………………………… (622)
第4節　対象となる納税義務者……………………………… (627)
第5節　ペーパー・カンパニーなど
　　　　――会社単位の全部合算課税……………………… (628)
第6節　経済活動基準を満たさない外国関係会社
　　　　――会社単位の全部合算課税……………………… (630)

第7節　経済活動基準を満たす外国関係会社
　　　　――受動的所得の部分合算課税………………………………(640)
　第8節　税率による適用免除………………………………………………(645)
　第9節　二重課税の調整……………………………………………………(648)
　第10節　申告要件……………………………………………………………(650)
　第11節　コーポレート・インバージョン対策税制……………………(651)

第4部　個人の人的役務の提供

第1章　検討の視点と対象……………………………………………(657)

　第1節　検討の視点…………………………………………………………(658)
　第2節　検討の対象…………………………………………………………(663)

第2章　来日外国人の人的役務の提供……………………………(669)

　第1節　派遣された外国人従業員・役員…………………………………(670)
　第2節　個人の資格で来日した外国人従業員・役員……………………(702)
　第3節　学生・事業修習者等………………………………………………(707)
　第4節　自由職業者…………………………………………………………(711)
　第5節　芸能人等……………………………………………………………(715)

第3章　日本人従業員・役員の海外勤務…………………………(724)

　第1節　短期出張……………………………………………………………(724)
　第2節　駐在員として赴任する……………………………………………(726)
　第3節　退職金を受け取る…………………………………………………(735)

事項索引……………………………………………………………………………(741)
裁判例・裁決例索引………………………………………………………………(753)

第 1 部

総 論

第1章　国際税務の基本用語

本章の概要

　国際税務を理解するうえで知っておかなければならない用語のうち，重要なものを説明します。
　　第1節　国内と国外
　　第2節　内国法人と外国法人
　　第3節　居住者と非居住者
　　第4節　国内源泉所得，外国法人課税所得，国外源泉所得
　　第5節　恒久的施設
　　第6節　法人税と所得税
　　第7節　申告納税と源泉徴収
　　第8節　総合課税と分離課税
　　第9節　租税条約
　　第10節　BEPS

第1節　国内と国外

1　意義

　法人税法，所得税法などの税法は，国内においてのみ適用されるので，「国内」と「国外」の意味が問題になります。

2 定義

「国内」とは「この法律の施行地」を言い（法人税法第2条第1号，所得税法第2条第1項第1号），「国外」とは「この法律の施行地外の地域」を言うと定義されています（法人税法第2条第2号，所得税法第2条第1項第2号）。したがって，法律の条文だけからでは同義語反復の感があります。「国内」の意味が問題になった裁判において，領海外の大陸棚も日本の主権的権利が及ぶため国内に該当すると判断した判決があります[1]。

第2節　内国法人と外国法人

1 意義

法人[2]は，税法上「内国法人」と「外国法人」に分けられます。内国法人と外

---

1 東京高裁昭和59年3月14日判決（行集35巻3号231頁。いわゆる「オデコ事件」）。なお，「国内」が問題になった事案ではないものの，日本の実効支配が及んでいない領土（竹島）につき鉱区税（地方税法第178条以下）の納税義務を否定した判決があります（東京地裁昭和36年11月9日判決，判例時報280号11頁）。
2 日本の税法には「法人」の定義はありませんが，日本の事業体については，それが「法人」であると法律に規定してあれば，税法上も法人に該当します。
　外国の事業体が日本の税法において「法人」に該当するかが問題になることがあります。たとえば，外国の「パートナーシップ」という組織が，日本の税法上，組合に該当し構成員が直接納税義務を負うのか，それとも法人に該当し構成員は直接納税義務を負わない（したがって，パートナーシップにおいて生じた損失を，構成員の利益と通算できない）のかにつき裁判例が分かれていました。最高裁は「権利義務の帰属主体とされることが法人の最も本質的な属性であ」るとして，米国デラウェア州のリミテッド・パートナーシップは権利義務の帰属主体になるため，法人に該当すると判断しました（最高裁平成27年7月17日判決・民集69巻5号1253頁，判例時報2279号9頁）。なお，ケイマンのリミテッド・パートナーシップは組合に

国法人とは，法人税法上の納税義務と課税所得の範囲に次のような違いがあります（所得税法上の取扱いは割愛します）。

すなわち，内国法人はそのあらゆる所得について課税されます（法人税法第4条第1項，第5条）。

これに対し，外国法人は，その所得のうち国内源泉所得に該当するものについて課税されます（法人税法第4条第3項，第9条）。

2　定義

（1）内国法人

「内国法人」とは，国内に本店または主たる事務所[3]を有する法人のことです（法人税法第2条第3号。所得税法第2条第1項第6号も同じ定義）。

該当するとの判決があり（名古屋高裁平成19年3月8日判決（確定），税務訴訟資料（250号〜）257号順号10647），バミューダのリミテッド・パートナーシップは組合に該当するとの判決があります（東京高裁平成26年2月5日判決（確定），判例時報2235号3頁）。

この最高裁平成27年判決を受け，国税庁は "The tax treatment under Japanese law of items of income derived through a U.S. Limited Partnership by Japanese resident partners" という通知（英文のみ）を公開し，米国のリミテッド・パートナーシップについて，法人に該当するという主張を原則としてしないという立場を表明しましたが，法人に該当すると判断した最高裁判決との関係で，その意義や効力に疑問なしとしません。

なお，この本では，外国の法人は日本の株式会社に相当する典型的な法人であることを前提にします。

3　「本店」は会社についての用語で，「主たる事務所」は非営利法人についての用語です（一般社団法第4条）。一般に，会社（営利法人）であっても非営利法人であっても，「登記を設立要件とする法人については，登記簿上の所在地による」とされています（白井純夫編『平成30年度図解法人税法』（大蔵財務協会，2018）2頁）。外国の会社が日本に「主たる事務所」を有すると，内国法人に該当するのではないかとの疑問があるかもしれませんが，会社（営利法人）では「主たる事務所」は問題にならず，あくまでも登記簿上の本店所在地が問題であり，日本におい

日本の法律に基づいて設立される会社は国内に本店を有する（有しなければならない）ので，すべて内国法人に該当します。いわゆる外資系の法人であっても，日本の会社として設立されているものは内国法人です。

(2) 外国法人

「外国法人」とは，内国法人以外の法人（法人税法第2条第4号。所得税法第2条第1項第7号も同じ定義），すなわち国外に本店または主たる事務所を有する法人のことです。

外国法人が日本に営業所を設けた場合，登記しなければなりません（会社法第933条）。しかし，それによってその外国法人が内国法人になるわけではなく，その営業所が「恒久的施設」に該当することになります（第5節（14頁））。

第3節　居住者と非居住者

1　意義

個人は，税法上「居住者」と「非居住者」に分けられ，「居住者」は，さらに「非永住者以外の居住者」と「非永住者」に分けられます。なお，「非永住者以外の居住者」（所得税法第7条第1項第1号）は，通常「永住者」とよばれているので，この本でも「永住者」とよびます。

「永住者」「非永住者」「非居住者」の区分に応じ，納税義務と課税所得の範囲に次のような違いがあります。なお，住民税の取り扱いについては，第4部第1章第1節3（2）（660頁）を参照してください。

　　て登記されていなければ外国法人に該当します。また，「外国会社」（会社法第2条第2号，第817条以下）として登記されているのであれば，外国会社に該当することは当然です。

（1）永住者

永住者は，すべての所得について課税されます（所得税法第5条第1項，第7条第1項第1号）。

（2）非永住者

非永住者は，その所得のうち，①国外源泉所得以外の所得，および②国外源泉所得で国内において支払われまたは国外から送金されたものについて課税されます（所得税法第5条第1項，第7条第1項第2号）。

（3）非居住者

非居住者は，その所得のうち，国内源泉所得に該当するものについて課税されます（所得税法第5条第2項，第7条第1項第3号）。

2　定義

（1）居住者

「居住者」とは，国内に住所を有しまたは現在まで引き続いて1年以上居所を有する個人のことです（所得税法第2条第1項第3号）。

「住所」と「居所」は税法自体には定義されておらず，民法に規定されています（民法第22条）。これを受け，所得税法において「住所」とは客観的事実に基づき判定される「生活の本拠」とされています（所得税基本通達2-1）[4]。また，「居所」とは，一般に，「生活の本拠」とまではいえないが，ある程度継続して住んでいる場所を意味すると解釈されています。

---

[4] 所得税法における「住所」が民法と同一の意義を有するものであるとする判例として，大阪高裁昭和61年9月25日（訟務月報33巻5号1297頁）があります。また，相続税法における「住所」が民法と同一の意義を有するものであるとする判例として，最高裁平成23年2月18日判決（判例時報2111号3頁。いわゆる「武富士事件」）があります。

「国内において，継続して1年以上居住することを通常必要とする職業を有する」などの事情がある場合には，国内に住所を有するものと推定されます（所得税法施行令第14条）。そして，契約などで在留期間があらかじめ1年未満であることが明らかでない限り，「継続して1年以上居住することを通常必要とする」ものとして取り扱われます（所得税基本通達3-3）。

(2) 永住者と非永住者

「居住者」は，さらに「永住者」と「非永住者」に分けられます。

「永住者」とは，居住者のうち，日本の国籍を有する個人または過去10年以内において国内に住所または居所を有していた期間の合計が5年を超える個人のことです（所得税法第2条第1項第4号の反面）。

「非永住者」とは，居住者のうち，日本の国籍を有しておらずかつ過去10年以内において国内に住所または居所を有していた期間の合計が5年以下である個人のことです（所得税法第2条第1項第4号）。

(3) 非居住者

「非居住者」とは，「居住者以外の個人」（所得税法第2条第1項第5号），すなわち，国内に住所を有さずかつ現在まで引き続いて1年未満しか国内に滞在していない個人のことです（所得税法第2条第1項第3号）。

「国外において，継続して1年以上居住することを通常必要とする職業を有する」などの事情がある場合には，国内に住所を有しないものと推定されます（所得税法施行令第15条）。そして，契約などで在留期間があらかじめ1年未満であることが明らかでない限り，「継続して1年以上居住することを通常必要とする」ものとして取り扱われます（所得税基本通達3-3）。

なお，居住者か非居住者かは，滞在日数，国籍，住民登録の有無，在留資格のみを基準にして区別されるわけではありません。

(4) まとめ

永住者,非永住者,非居住者の区別を表にまとめると,次のようになります。

居住者と非居住者の区別

	国内に1年以上居所を有する	国内に1年未満居所を有する
国内に住所あり	居住者	居住者
国内に住所なし	居住者	非居住者

居住者のうち永住者と非永住者の区別

	過去10年以内に合計5年を超えて国内に住所または居所を有する	過去10年以内に合計5年以下国内に住所または居所を有する
日本の国籍あり	永住者	永住者
日本の国籍なし	永住者	非永住者

以下本章で「居住者」という言葉は,原則として「永住者」を意味するものとして用います。

(5) 租税条約における「居住者」

租税条約では,「居住者」という言葉は,本節でいう「居住者」(個人)と「内国法人」とを総称するものとして用いられます。

第4節　国内源泉所得，外国法人課税所得，国外源泉所得

1　意義

「国内源泉所得」は，外国法人・非居住者の法人税・所得税の申告納税の局面で意味を有します。すなわち，外国法人・非居住者は，恒久的施設の有無に応じて，一定の国内源泉所得につき申告納税義務を負います（外国法人——法人税法第4条第3項，第9条。非居住者——所得税法第5条第2項，第7条第1項第3号）。

「外国法人課税所得」は，国内源泉所得の一部であり，外国法人の所得税の源泉徴収の局面で意味を有します。すなわち，外国法人課税所得とは，外国法人が所得税の源泉徴収を受ける所得です（所得税法第5条第2項第2号，第4項）。

「国外源泉所得」は，非永住者に対する課税と，外国税額控除の局面において意味を有します。

2　定義

（1）国内源泉所得

「国内源泉所得」とは，法人税法第138条第1項と所得税法第161条第1項にそれぞれ定められている所得のことで，外国法人・非居住者は国内に恒久的施設を有するか否かに応じて，一定の国内源泉所得が課税の対象になります。

以下に国内源泉所得の概略を掲げます。源泉徴収の観点が重要なため，所得税法第161条第1項の号数に応じて「〇号所得」とよばれるのが通例です。

なお，一般論として，「所得」とはグロス（受け取った総額）で，「所得に係る金額」とはネット（必要経費や損金を控除した純利益の額）であるとされています。この点につき，法人税法第138条第1項第1号は「国内源泉所得」（グロス）を「機能……資産……その他の状況を勘案して，当該恒久的施設に帰せられるべき所得」と規定しています。例えば，棚卸資産の販売による収入は物理的には不可分

ですが，そのうち恒久的施設に帰属する部分のみが「国内源泉所得」に該当することになります。

(a) 法人税法上の国内源泉所得

改正前（旧第138条）の号数	改正後（現第138条第1項）の号数
1　事業所得 　　資産運用保有による所得 　　資産譲渡による所得 　　（政令の定めるもののみ） 　　その他 2　人的役務提供事業の対価 3　不動産賃料 4　利子所得 5　配当所得 6　貸付金利子 7　使用料 8　広告宣伝の賞金 9　保険年金 10　金融類似商品からの所得 11　匿名組合の利益分配	1　恒久的施設に帰属する所得 2　資産運用保有による所得 　　（所得税法第161条第1項第8～11号，13～16号を除く） 3　資産譲渡による所得 　　（政令の定めるもののみ） 6　その他 4　人的役務提供事業の対価 5　不動産賃料 　　（旧4号以下は法人税は課税されない）

(b) 所得税法上の「国内源泉所得」

改正前（旧第161条）の号数	改正後（現第161条第1項）の号数
1　事業所得 　　資産運用保有による所得 　　資産譲渡による所得 　　（政令の定めるもののみ） 　　その他 1の2　組合の利益分配	1　恒久的施設に帰属する所得 2　資産運用保有による所得 　　（所得税法第161条第1項第8～16号を除く） 3　資産譲渡による所得 　　（政令の定めるもののみ） 17　その他 4　組合の利益分配

1の3　不動産譲渡による所得	5　不動産譲渡による所得
2　人的役務提供事業の対価	6　人的役務提供事業の対価
3　不動産賃料	7　不動産賃料
4　利子所得	8　利子所得
5　配当所得	9　配当所得
6　貸付金利子	10　貸付金利子
7　使用料	11　使用料
8　給与・報酬	12　給与・報酬
9　広告宣伝の賞金	13　広告宣伝の賞金
10　保険年金	14　保険年金
11　金融類似商品からの所得	15　金融類似商品からの所得
12　匿名組合の利益分配	16　匿名組合の利益分配

　なお，上記の表の「国内源泉所得の種類」では所得の「性質」のみを列挙していますが，正確には，これらが国内に「源泉」を有すると「国内源泉所得」に該当します。例えば，「貸付金の利子」については，「国内において業務を行う者に対する貸付金で当該業務に係るものの利子」が国内源泉所得に該当します。このように所得の「性質」と所得の「源泉」を区別して分析することは，後に租税条約と国内税法の適用関係を検討するときに有益です（第3章第4節(75頁)）。

（2）外国法人課税所得

　「外国法人課税所得」とは，国内源泉所得のうち，所得税法第161条第1項第4号から第11号までの所得と第13号から第16号までの所得を意味します（同法第5条第2項第2号）。外国法人は外国法人課税所得につき所得税を課され源泉徴収を受けます（同法第212条第1項）。

（3）国外源泉所得

　「国外源泉所得」とは，法人に関する場合は法人税法第69条第4項に定義され，個人に関する場合は所得税法第95条第4項に定義されている所得のことで

す。国外源泉所得は、国内源泉所得と同様に「所得の性質」と「源泉地」の組み合わせで定義されており、国内源泉所得を裏返したものが国外源泉所得になっています（例えば、法人税法第69条第4項第1号の「恒久的施設に帰属する所得」は、「国外の」恒久的施設に帰属する所得と定義されています）。以下に法人税法上の国外源泉所得をまとめます。

法人税法第69条第4項の号数
1　恒久的施設に帰属する所得
2　資産運用保有による所得
3　資産譲渡による所得（政令の定めるもののみ）
4　人的役務提供事業の対価
5　不動産賃料
6　利子所得
7　配当所得
8　貸付金利子
9　使用料
10　広告宣伝の賞金
11　保険年金
12　金融類似商品
13　匿名組合の利益分配
14　国際運輸業の所得
15　租税条約において相手国に課税権が認められる所得
16　その他

国外源泉所得が登場するのは、非永住者に対する課税と外国税額控除の二つの場面です。

(a) **非永住者に対する課税**

非永住者は、その所得のうち、①国外源泉所得以外の所得、および②国外源泉所得で国内において支払われまたは国外から送金されたものについて課税されます（所得税法第5条第1項、第7条第1項第2号）。

(b) **外国税額控除**

内国法人・居住者は、一定の場合、「国外源泉所得」について外国で支払った

税金を，日本で支払うべき税金の額から差し引くことができます（内国法人——法人税法第69条。居住者——所得税法第95条）。これは「外国税額控除」とよばれる制度です（第3部第2章（595頁））。

外国法人・非居住者が国内に恒久的施設を有しそれに帰属する所得に課税される一方，その所得が外国においても課税される場合，その所得が「国外源泉所得」に該当するのであれば，一定の条件のもと，「国外源泉所得」について外国で支払った税金を，日本で申告納税により支払うべき税金の額から差し引くことができます（法人税法第144条の2，所得税法第165条の6）。

第5節　恒久的施設

1　意義

「恒久的施設」とは，外国法人・非居住者が事業を行うために設けた一定の施設およびそれに準じるもので，PE（permanent establishmentの略）ともよばれます。具体的には，事業所，建設，代理人の三種類です（外国法人——法人税法第2条第12号の19。非居住者——所得税法第2条第1項第8号の4）。

外国法人・非居住者が国内に恒久的施設を有すると，それに帰属する所得につき，外国法人は法人税の申告納税義務を負い，非居住者は所得税の申告納税義務を負います（法人税法第141条第1号イ，所得税法第164条第1項第1号イ）。

2　定義

恒久的施設には以下のものがあります。

（1）事業所PE

「支店，工場その他事業を行う一定の場所で政令で定めるもの」は事業所PEに該当します。

(2) 建設 PE

「建設もしくは据付けの工事又はこれらの指揮監督の役務の提供を行う場所その他これに準ずるものとして政令で定めるもの」は建設 PE に該当します。

(3) 代理人 PE

「自己のために契約を締結する権限のある者その他これに準ずる者で政令で定めるもの」は代理人 PE に該当します。

3 注意事項

恒久的施設に該当するか否かは，名称にかかわらず，実態で判断されます。例えば，「駐在員事務所」と表示されていても，実際に営業活動を行っていれば事業所 PE に該当します。

また，支店と子会社とはあまり違いがないように思えるかもしれませんが，外国法人が国内に有する支店は恒久的施設に該当するのに対し，外国法人が国内に有する子会社は独立した内国法人として課税を受ける（第2節2（1）5頁））だけで，親会社の恒久的施設には該当しません。しかし，例えば，子会社が親会社のために事務所の場所を提供した場合は，子会社の事務所の一部が親会社の事業所 PE に該当する可能性があり，また，子会社が親会社に代わって契約を常習的に締結する権限を有し行使する場合は，子会社が親会社の代理人 PE に該当する可能性があります。

「恒久的施設」については，後に詳しく検討します（第2部第2編第1章（392頁））。

第6節　法人税と所得税

1　意義

法人税は文字どおり「法人」に対して課され（法人税法第4条），申告納税の形

で納付するのに対し，所得税は「個人」だけでなく「法人」に対しても課され，法人については源泉徴収の形で徴収されます（所得税法第5条）。以下，法人について，それらの関係を整理します。

2　内国法人の場合

(1) 所得税
　内国法人は一定の所得について所得税の源泉徴収を受けます（所得税法第5条第3項，第174条，第212条第3項）。

(2) 法人税
　内国法人は所得金額につき原則として23.2パーセントの税率で法人税の課税を受け（法人税法第66条第1項），事業年度終了の日の翌日から2カ月以内に法人税の確定申告書を提出し法人税を納付しなければなりません（同法第74条第1項）。

(3) 所得税額控除
　内国法人が所得税の源泉徴収を受け，その後に法人税の申告納税をする場合，支払うべき法人税の額から，すでに源泉徴収された所得税の額を差し引くことができます（所得税額控除──法人税法第68条第1項）。また，源泉徴収された所得税の額が，支払うべき法人税の額よりも多い場合は，支払いすぎた分の還付を受けることができます（法人税法第78条第1項）。

3　外国法人の場合

(1) 所得税の源泉徴収
　外国法人は外国法人課税所得につき，所得税の源泉徴収を受けます（所得税法第212条第1項）[5]。

---

[5]　源泉徴収される所得の種類は，内国法人に比べ外国法人のほうが多いことに注意が必要です。

（2） 法人税の申告納付

　外国法人が法人税の課税を受ける場合，課税される国内源泉所得に係る所得金額につき原則として23.2パーセントの税率で課税され（法人税法第143条第1項），事業年度終了の日の翌日から2カ月以内に法人税の確定申告書を提出し法人税を納付しなければなりません（同法第144条の6第1項）。

（3） 所得税額控除

　外国法人も，法人税の課税を受ける場合，所得税額控除を認められ（法人税法第144条が準用する同法第68条第1項），源泉徴収された所得税の額が支払うべき法人税の額よりも多い場合は，支払いすぎた分の還付を受けることができます（法人税法第144条の6第1項第5号，第6号）。

　なお，外国法人が法人税の課税を受ける場合の税率や手続などについては，第2章第1節2（35頁）で検討します。

第7節　申告納税と源泉徴収

1　意義

　申告納税と源泉徴収は，納税の方法についての区別です。

2　それぞれの内容

（1） 申告納税

　申告納税とは，納税者自身が，国に対し，収入，費用などを申告し，税金を納付する方法です。外国法人の場合は法人税，非居住者の場合は所得税の申告納税が問題になります。

（2） 源泉徴収

　源泉徴収とは，ある支払いをする者（源泉徴収義務者──所得税法第6条）が，

支払額の一定の割合をあらかじめ差し引いて（源泉徴収して），支払いを受ける者に対してその残額を支払い，あらかじめ差し引いた額を国に対し納付する方法です。源泉徴収は，納税の確保，簡便のために採用されます。

(a) 原則

外国法人・非居住者に対し，国内において，所得税法で定める一定の支払いをする場合，その支払者は源泉徴収義務を負います（所得税法第212条第1項）。源泉徴収される所得税の納税義務者は，あくまでも支払いを受ける者（外国法人・非居住者）であり，源泉徴収義務者は，支払いを受ける者に代わって，税金を納付しているにすぎません。しかし，源泉徴収義務者も独立して納税義務を負い，源泉徴収した所得税の納付を怠ると滞納処分を受ける（所得税法第221条，国税通則法第36条以下）ことになります。

国際税務においては，とくに源泉徴収が重要です。なぜなら，支払いを受ける者（外国法人・非居住者）の立場から見ると，国内税務と異なり，源泉徴収だけで日本における課税関係が終了する場合があるため，そのような場合には源泉徴収の有無が大きな意味をもつからです。また，支払いをする者（日本側当事者）の立場から見ると，国内の相手に支払う場合よりも，広い範囲の所得について源泉徴収義務があるため，源泉徴収義務の範囲を慎重に確認する必要があるからです。

(b) 「国内において」

「国内において」一定の支払いをするものが源泉徴収義務を負うところ，「国内において」の意味は，法律，政令などで明らかにされていません。「支払者の所在地，支払場所（送金の場合は発地及び着地）及びその他の関連事実を総合的に考慮して判断すべきであろう」との見解[6]が妥当であると思われます。

---

6 宮武敏夫『国際租税法』（有斐閣, 1993）147頁。国内払いかどうかが争われた事案として，平成23年6月28日裁決，東京高裁平成27年12月2日判決があります（詳しくは，第4部第1章注6（662頁））。なお，米田隆・北村導人・黒松昂蔵「非居住者・外国法人に係る源泉徴収」中里実，米田隆，岡村忠生編『現代租税法講座第

(c) 「国外において」支払う場合

外国法人・非居住者に対し，「国外」において，上記同様の一定の支払いをする場合でも，国内に住所，居所，事務所，営業所などを有している支払者は，源泉徴収義務を負います（所得税法第212条第2項）。内国法人は必ず国内に事務所を有するので，国外払いの場合でも源泉徴収義務を負うことになります。

なお念のため，このみなし国内払いは，外国法人・非居住者に対し国内源泉所得を支払う場合のものであり，内国法人・居住者に対し何らかの所得を支払う場合には適用されないことに注意すべきです。

3　外国法人・非居住者に対する課税方式

外国法人・非居住者に対する課税方式は，以下のようになります。

（1）外国法人

①所得税の源泉徴収のみで課税を終える場合，②所得税の源泉徴収を受けずに法人税の申告納税義務のみを負う場合，そして③まず所得税の源泉徴収を受け，さらに法人税の申告納税義務を負う場合があります。

（2）非居住者

①所得税の源泉徴収のみで課税を終える場合，②所得税の源泉徴収を受けずに申告納税義務のみを負う場合，そして③まず所得税の源泉徴収を受け，さらに所得税の申告納税義務を負う場合があります。

4巻・国際課税』（日本評論社，2017）175頁は，実務において「支払事務取扱者」の所在地が基準になっているようだが，それは不合理であると指摘し，立法的な解決を提言しています。

第8節　総合課税と分離課税

1　意義

総合課税と分離課税は、課税の対象になる所得の範囲による分類です。

2　それぞれの内容

（1）総合課税

総合課税とは、課税の対象になる所得を全部合計して課税する方法です。

（2）分離課税

分離課税とは、課税の対象になる所得の一部を分けて課税する方法です。

3　納税者の区分に応じた課税方式の違い

（1）居住者

居住者の場合、給与所得、事業所得などの所得は総合課税であり、すべて合計して一定の税率を適用して課税されますが、退職所得と山林所得などは分離課税であり、それぞれ別個に一定の税率を適用して課税されます（所得税法第22条）。

また、利子所得は、所得税法上は総合課税とされていますが、特別措置により分離課税とされています（租税特別措置法第3条）。

（2）非居住者

非居住者は、一定の国内源泉所得に限って所得税の総合課税を受け（所得税法第164条第1項）、その他の国内源泉所得については所得税の分離課税を受けます（所得税法第164条第2項）。

(3) 法人

法人は，内国法人，外国法人（国内源泉所得を有する場合）とも，法人税の総合課税のみを受け，分離課税を受ける所得はありません。

4 申告納税・源泉徴収との関係

総合課税と分離課税の区別は，申告納税と源泉徴収の区別とは異なります。総合課税と分離課税の違いは，課税所得の範囲という観点からのものであり，申告納税と源泉徴収の違いは，課税所得についての納税の方法という観点からのものです。

第9節 租税条約

1 意義

租税条約とは，租税に関するさまざまな事項を定める条約です。国内税法と異なる定めがある場合，それが国内税法を修正するかどうかを検討する必要が生じます（第3章第4節（75頁））。

2 種類

厳密な分類や用語ではありませんが，租税条約には，所得税条約，資産税条約，情報交換条約，執行共助条約があります。

(1) 所得税条約

所得税条約とは，所得課税（所得税，法人税，条約によっては地方税を含みます）につき，主として締約国間での二重課税を防止するために，締約国の課税権を相互に制限する条約です。国によって税法が異なるため，それぞれの国がそれぞれの税法を適用して課税すると，同一の所得に対して複数の国で課税される事態（国際的二重課税）が頻繁に生じます。そこで，それぞれの国の課税権を制限し，

国際的二重課税を排除または軽減することを主な目的として、所得税条約が締結されるのです。

所得税条約では、ある種類の所得については一方の国しか課税できないと定めたり、ある種類の所得については一方の国は何パーセントの税率（限度税率）までしか課税できないと定めたりして、それぞれの国の課税権を調整しています。

所得税条約の典型的な題名は、「所得に対する租税に関する二重課税の回避及び脱税の防止のための日本国と○○国との間の条約」です。

なお、日本は2017年に「税源浸食及び利益移転を防止するための租税条約関連措置を実施するための多国間条約」に署名し、同条約は2019年1月1日に発効しました。これにより、各国との間の租税条約の規定の一部がこの条約により自動的に修正されることになります（第10節（24頁））。

（2）資産税条約

資産税条約とは、資産税（相続税、贈与税など）につき、締約国間での二重課税を防止するために、締約国の課税権を相互に制限する条約です。日本は米国との間で資産税条約（「遺産、相続及び贈与に対する租税に関する二重課税の回避及び脱税の防止のための日本国とアメリカ合衆国との間の条約」）を締結しています。

（3）情報交換条約

情報交換条約とは、租税の賦課・徴収に必要な情報を相互に提供することを定める条約です。ほとんどの所得税条約や資産税条約の中には情報交換に関する規定が入っており、独立した情報交換条約が締結されているのは、相手国が所得税条約や資産税条約の締結を望まないいわゆる「タックス・ヘイブン」であることが通例です。

（4）執行共助条約

執行共助条約とは，租税の徴収や文書の送達などの執行について協力することを定める条約で，「租税に関する相互行政支援に関する条約」という多国間条約が締結されています。二国間の租税条約の中に執行共助を定める例も多くあります（日米租税条約第27条，日英租税条約第26条のＡ，日仏租税条約第27条など）。

3　租税条約の効力

租税条約の規定は国内税法の規定に優先します（一般的に憲法第98条第2項。国内源泉所得につき法人税法第139条と所得税法第162条。恒久的施設の定義につき法人税法第2条第12号の19ただし書きと所得税法第2条第1項第8号の4ただし書き）。

4　この本での取扱い

この本では以後，所得税条約をたんに「租税条約」とよび，その中では米国との間の租税条約がもっとも重要であると考えられますので，日米租税条約[7]を中心に検討し，必要な場合にはその他の租税条約にも言及することにします。

租税条約については，第3章（55頁）で詳しく検討します。

---

[7]　2013年1月25日に，日本と米国は，現行の日米租税条約を改正する議定書に署名しました。主たる改正点は，①源泉地国で免税とされる親子間配当の要件を緩和したこと，②利子の源泉地国課税を原則として免除したこと，③不動産関連法人株式の譲渡所得に関する規定を修正したこと，④相互協議に係る仲裁手続の規定が追加されたことなどです。改正議定書は，両国の国内手続を経て始めて効力が発生しますが，米国において国内手続が未了のため，この本では現行条約を前提に解説し，必要に応じて2013年改正議定書の定めを注記することにします。

第10節　BEPS

1　意義

　BEPSとは"Base Erosion and Profit Shifting"の略称で,「税源浸食と利益移転」と訳され,「各国の税制や国際課税ルールとの間のずれを利用することで,多国籍企業がその課税所得を人為的に操作し,課税逃れを行っている問題」と説明されています[8]。OECDは各国に対し,BEPSに対抗する措置をとるよう,期限を設定して要請し,各国はそれに従う義務を負います。

　この本で取り扱うような課税関係を検討する場合に,「BEPS」自体が直接問題になることはありませんが,税制改正や新制度の創設,租税条約の改正などの背後にこのBEPSへの対応という要請が控えていることがしばしばあります。

2　内容

　問題とされている「税逃れ」とその防止策にはさまざまな局面があるため,それに対応して以下のような「行動計画」で具体的な方向が示されています。

行動計画
1：電子経済の課税上の課題への対処
2：ハイブリッド・ミスマッチ取極めの効果の無効化（「ハイブリッド・ミスマッチ」とは,複数国間の税務上の取扱いの不一致を意味します。）
3：外国子会社合算税制の強化（第3部第4章（619頁））
4：利子控除制限ルール（第2部第3編第3章（522頁））
5：有害税制への対抗
6：租税条約の濫用防止

8　国税庁ホームページ　https://www.nta.go.jp/sonota/kokusai/beps/index.htm

7：恒久的施設認定の人為的回避の防止（第2部第2編第1章（392頁））
8-10：移転価格税制と価値創造の一致（第2部第3編第4章第2節2（538頁））
11：BEPSの規模・経済的効果の分析方法の策定
12：義務的開示制度
13：多国籍企業の企業情報の文書化
14：相互協議の効果的実施
15：多国間協定の策定

3　BEPS防止措置実施条約

　日本は2017年に「税源浸食及び利益移転を防止するための租税条約関連措置を実施するための多国間条約」に署名し，同条約は2019年1月1日に発効しました（"The Multilateral Convention To Implement Tax Treaty-Related Measures To Prevent Base Erosion and Profit Shifting"；以下「BEPS防止措置実施条約」）。

　この条約が発効すると，各国との間の租税条約の規定の一部がBEPS防止措置実施条約により自動的に修正されることになります（同条約第1条）。したがって，特定の租税条約を適用する場合には，BEPS防止措置実施条約による修正の有無を確認しなければなりません[9]。

9　BEPS防止措置実施条約が特定の租税条約の規定をどのように修正するかについては，財務省が以下のサイトにまとめています。
　https://www.mof.go.jp/tax_policy/summary/international/tax_convention/mli.htm

第2章　国内税法の「考え方」

本章の概要

　本章では，国際取引をめぐる税務関係をどのように分析すればよいかを検討します。なお，本章では租税条約については簡単に結論だけを述べ，詳細は第3章（55頁）に譲ります。

　国際税務においては次のような二つの分野（方向）があり，具体的な事例を検討する場合にこれを意識する必要があります。それらにつき節を分けて検討します。

　第1節　外国法人・非居住者の対内活動
　第2節　内国法人・居住者の対外活動

　なお，平成26年度税制改正により，外国法人・非居住者に対する課税の方法が大きく変更されました。本章に関係する大きな点としては，改正前は国内に恒久的施設を有する外国法人・非居住者は原則としてすべての国内源泉所得につき恒久的施設への帰属の有無を問わず，法人税・所得税の申告義務を負っていたのですが，平成26年度税制改正により，恒久的施設に帰属する所得および法律で定められた一定の国内源泉所得のみにつき，法人税・所得税の申告義務を負うことになったことがあります。その他の改正点については，該当する箇所で個々に説明します。

第1節　外国法人・非居住者の対内活動

　国際税務における第一の分野は，外国法人・非居住者が，日本において何らか

の活動をする場合にどのような課税関係が生じるかです。外国側当事者だけの問題ではなく、源泉徴収義務の有無などの形で、日本側当事者にも大きな意味があります。

外国法人の課税関係については、法人税法の「第3編　外国法人の法人税」と所得税法の「第3編　非居住者及び法人の納税義務」「第4編　源泉徴収」に特別な規定がまとまっています。

また、非居住者の課税関係については、所得税法の「第3編　非居住者及び法人の納税義務」「第4編　源泉徴収」に特別な規定がまとまっています。

以下に外国法人・非居住者の課税関係を検討する道筋を説明します[1]。なお、ここでは所得税法と法人税法の本則の規定のみを検討し、「東日本大震災からの復興のための施策を実施するために必要な財源の確保に関する特別措置法」（以下「復興財源確保法」）に基づく特別措置や地方税は項目をあらためて検討します（2（35頁），4（48頁））。

1　外国法人についての「考え方」

外国法人に対する課税関係をまとめると、以下の図のようになります。「源泉」は所得税の源泉徴収を、「法人税」は法人税の課税を、「源泉＋法人税」は源泉徴収を受けた後に法人税の申告も必要である（源泉徴収された所得税額は法人税額から控除される）ことを、それぞれ意味します。

次に、どのような規定の適用によって、このような課税関係になるのかを、具体例に即して検討します。

1　同様の「考え方」を示すもの——大塚正民「国際化社会と税務」自由と正義43巻4号7頁以下。

PEの有無	PEあり		PEなし
PEへの帰属	帰属する	帰属しない	
＜以下，法人税法第138条第1項の号数＞			
1　恒久的施設に帰属する所得（PE帰属所得）	法人税	—	—
2　資産の運用・保有からの所得	法人税（＊1）	法人税（＊1）	法人税（＊1）
3　一定の資産の譲渡からの所得	法人税（＊2）	法人税（＊2）	法人税（＊2）
4　人的役務の提供事業の対価	源泉＋法人税	源泉＋法人税	源泉＋法人税
5　不動産の賃貸料	源泉＋法人税	源泉＋法人税	源泉＋法人税
6　その他政令で定める所得	法人税	法人税	法人税
＜以下，所得税法第161条第1項の号数＞			
8　債券・預貯金の利子	源泉＋法人税	源泉のみ	源泉のみ
9　配当	源泉＋法人税	源泉のみ	源泉のみ
10　貸付金の利子	源泉＋法人税	源泉のみ	源泉のみ
11　使用料	源泉＋法人税	源泉のみ	源泉のみ
12　給与・報酬（＊3）	—	—	—
13　広告宣伝のための賞金	源泉＋法人税	源泉のみ	源泉のみ
14　生命保険契約に基づく年金	源泉＋法人税	源泉のみ	源泉のみ
15　金融類似商品からの所得	源泉＋法人税	源泉のみ	源泉のみ
16　匿名組合からの利益の分配	源泉＋法人税	源泉のみ	源泉のみ

＊1　組合契約からの利益の分配が恒久的施設に帰属する場合は，源泉徴収を受け「源泉＋法人税」となり，恒久的施設に帰属しない場合または外国法人が恒久的施設を有しない場合は，課税されない。

＊2　不動産の譲渡についてのみ「源泉＋法人税」となる。

＊3　所得税法第161条第1項第12号は「給与・報酬」のため，法人に適用がない。

　以下の所得が恒久的施設に帰属する場合，所定の手続を経ることにより，所得税が非課税になる（源泉徴収を受けない）──組合契約からの利益の分配，不動産の譲渡からの所得（ごく限られた場合のみ），人的役務提供事業の対価，不動産の賃貸料，貸付金の利子，使用料，広告宣伝のための賞金，生命保険契約に基づく年金。

第 2 章　国内税法の「考え方」

(1) 例1──恒久的施設を有しない外国法人

「米国に本社をもつA社が、日本に本社をもつB社に対し、B社の日本での運転資金を貸し付け、B社から金利を受け取る。なお、A社は日本に支店などの恒久的施設を有しない。」

(a) 所得税

第一に、A社が所得税の課税を受けるかどうかを検討します。

外国法人は、外国法人課税所得について所得税の課税を受けます（所得税法第5条第4項、第7条第1項第5号）。その中には、国内において業務を行う者から当該国内業務に関し受け取る貸付金の利子が含まれます（所得税法第161条第1項第10号）。

そして、A社は、受け取る利子について20パーセントの税率で課税を受けます（所得税法第178条、第179条第1号）。

(b) 源泉徴収

第二に、A社が所得税の源泉徴収を受けるかどうか、言い換えれば、B社が支払う利子から源泉徴収しなければならないかどうかを検討します。

外国法人に対し国内において一定の支払いをする者は、源泉徴収義務を負います。その源泉徴収義務を発生させる一定の支払いには、外国法人に対する貸付金の利子の支払いが含まれます（所得税法第6条、第212条第1項、第161条第1項第10号）。

したがって、B社は利子の支払いについて源泉徴収義務を負います。その税額は、利子の20パーセントです（所得税法第213条第1項第1号）。

(c) 法人税

第三に、A社が法人税の課税を受けるかどうかを検討します。

外国法人は、国内源泉所得につき法人税の課税を受けます（法人税法第4条第3項、第9条第1項）。しかし、恒久的施設を有しない外国法人は、一定の国内源泉所得に限って課税されるだけです（法人税法第141条第2号）。その課税される一定の国内源泉所得の中には、内国法人から受け取る貸付金の利子は含まれません（同条第2号には同法第138条第1項第2号の所得（資産の運用・保有）が含まれま

すが，同号かっこ書きにより，所得税法第161条第1項第10号に該当する所得（貸付金利子）は除かれています）。

したがって，A社は法人税の課税を受けません。上記(b)のとおり，A社は受け取る利子について20パーセントの税率で所得税の課税を受け，それは源泉徴収されていますので，この源泉徴収のみで日本における課税関係を終了します。

(d) 租税条約

最後に，米国と日本との間の租税条約を検討します。日米租税条約によると，恒久的施設を有しない米国の法人が国内において業務を行う内国法人から受け取る貸付金の利子について，日本における税率はその10パーセントに制限されます（日米租税条約第11条第2項）[2]。したがって，所得税法によるとA社は源泉徴収を受けることになりますが，日米租税条約が適用されるとその税率が10パーセントに軽減されます。

(e) 結論

結論として，A社は，B社から受け取る利子につき日本では10パーセントの税率で源泉徴収を受けます。

(2) 例2――恒久的施設を有する外国法人（恒久的施設に帰属する所得）

「米国に本社をもつC社が，日本支店を通じ，日本に本社をもつD社に対し，D社の日本での運転資金を貸し付け，D社から金利を受け取る。」

(a) 所得税

第一に，C社が所得税の課税を受けるかどうかを検討します。

(i) 原則

外国法人は，外国法人課税所得について所得税の課税を受けます（所得税法第5条第4項，第7条第1項第5号）。その中には，国内において業務を行う者から当該国内業務に関し受け取る貸付金の利子が含まれます（所得税法第161条第1項第10号）。

---

2 2013年改正議定書第4条では免税になります。

そして、C社は、受け取る利子について20パーセントの税率で課税を受けます（所得税法第178条、第179条第1号）。

(ⅱ) 特例

しかし、一定の要件を満たす場合、国内に恒久的施設を有する外国法人は、税務署長から発行を受けた証明書を借入人に提示することにより、貸付金の利子について所得税を免除される場合があります（所得税法第180条第1項第1号）。C社は、そのような場合、所得税を免除され、したがって、次に述べる源泉徴収の問題も生じません（所得税法第212条第1項かっこ書き）。

(b) 源泉徴収

第二に、C社が所得税の源泉徴収を受けるかどうか、言い換えれば、D社が支払う利子から源泉徴収しなければならないかどうかを検討します。

外国法人に対し国内において一定の支払いをする者は、源泉徴収義務を負います。その源泉徴収義務を発生させる一定の支払いには、外国法人に対する貸付金の利子の支払いが含まれます（所得税法第6条、第212条第1項、第161条第1項第10号）。

したがって、D社は利子の支払いについて源泉徴収義務を負います。その税額は、利子の20パーセントです（所得税法第213条第1項第1号）。しかし、C社が上記の所得税の免除を受ける場合、D社は源泉徴収義務を負いません（所得税法第212条第1項かっこ書き）。

(c) 法人税

第三に、C社が法人税の課税を受けるかどうかを検討します。

外国法人は、国内源泉所得につき法人税の課税を受けます（法人税法第4条第3項、第9条第1項）。

そして、恒久的施設を有する外国法人については、恒久的施設に帰属する所得はすべて国内源泉所得とされ、法人税の課税を受けます（法人税法第141条第1号イ、第138条第1項第1号）。

したがって、C社は法人税を申告し納付しなければなりません。源泉徴収された場合は、その税額について所得税額控除が認められます（法人税法第144条が準

用する同法第68条第1項)。

(d) 租税条約

最後に，米国と日本との間の租税条約を検討します。日米租税条約によると，恒久的施設を有する米国の法人は，その恒久的施設に帰属する貸付金の利子については，日本においてとくに有利な取扱いを受けるわけではありません（日米租税条約第11条第5項)。したがって，上に述べた国内法どおりの課税関係になります。

(e) 結論

結論として，C社は，D社から受け取る利子につき20パーセントの税率で源泉徴収を受け，後に法人税の課税を受けます。源泉徴収された場合は，その税額について所得税額控除が認められます。また，所得税を免除される場合，源泉徴収を受けずに，法人税の課税のみを受けることになります。

(3) 例3——恒久的施設を有する外国法人（恒久的施設に帰属しない所得）

「米国に本社をもち，日本支店をもつC'社の本社が，日本支店を通じないで直接，日本に本社をもつD'社に対し，D'社の日本での運転資金を貸し付け，D'社から金利を受け取る。」

(a) 所得税

第一に，C'社が所得税の課税を受けるかどうかを検討します。

外国法人は，外国法人課税所得について所得税の課税を受けます（所得税法第5条第4項，第7条第1項第5号)。その中には，国内において業務を行う者から当該国内業務に関し受け取る貸付金の利子が含まれます（所得税法第161条第1項第10号)。

そして，C'社は，受け取る利子について20パーセントの税率で課税を受けます（所得税法第178条，第179条第1号)。

(b) 源泉徴収

第二に，C'社が所得税の源泉徴収を受けるかどうか，言い換えれば，D'社が支払う利子から源泉徴収しなければならないかどうかを検討します。

外国法人に対し国内において一定の支払いをする者は，源泉徴収義務を負います。その源泉徴収義務を発生させる一定の支払いには，外国法人に対する貸付金の利子の支払いが含まれます（所得税法第6条，第212条第1項，第161条第1項第10号）。

したがって，D'社は利子の支払いについて源泉徴収義務を負います。その税額は，利子の20パーセントです（所得税法第213条第1項第1号）。

(c) 法人税

第三に，C'社が法人税の課税を受けるかどうかを検討します。

外国法人は，国内源泉所得につき法人税の課税を受けます（法人税法第4条第3項，第9条第1項）。しかし，恒久的施設を有する外国法人が課税される一定の国内源泉所得（同法第141条第1項第1号ロ）の中には，内国法人から受け取る恒久的施設に帰属しない貸付金の利子は含まれません（同号ロには同法第138条第1項第2号の所得（資産の運用・保有）が含まれますが，同号かっこ書きにより，所得税法第161条第1項第10号に該当する所得（貸付金利子）は除かれています）。

したがって，C'社は法人税の課税を受けません。

(d) 租税条約

最後に，米国と日本との間の租税条約を検討します。日米租税条約によると，恒久的施設を有する米国法人が受け取る，その恒久的施設に帰属しない利子について，日本における税率は10パーセントに制限されます（日米租税条約第11条第2項）[3]。したがって，所得税法によるとC'社は源泉徴収を受けることになりますが，日米租税条約が適用されるとその税率が10パーセントに軽減されます。

(e) 結論

結論として，C'社は，D'社から受け取る利子につき，日本では10パーセントの税率で源泉徴収を受けます。

---

3 2013年改正議定書第4条では免税になります。

(4) まとめ

以上のように，外国法人の課税関係を順序よく検討するためには，（租税特別措置法を除き）次のように規定をたどって，所得税の課税の有無，所得税の源泉徴収の有無，法人税の課税の有無，そして租税条約の適用をそれぞれ検討するのがよいでしょう。

ある所得が法人税法第138条第1項の定める国内源泉所得に該当するか否かを判断するのに先立ち，その所得が所得税法第161条第1項第8号から第11号までおよび第13号から第16号に該当するか否かを判断する必要がありますので，所得税を先に検討するのが合理的です。また，実用的な観点から見ても，時間的にまず源泉徴収の問題が生じますし，日本側の当事者の立場からは源泉徴収義務の有無が大きな問題なので，この順序が合理的だと考えられます。

(a) 所得税の課税を受けるか

この問題を検討するためには，以下の条文を参照しなければなりません。

・所得税法第5条第4項，第7条第1項第5号——一定の国内源泉所得につき課税
・所得税法第161条——国内源泉所得の種類
・所得税法第178条——所得税の課税標準
・所得税法第179条——所得税の税率
・所得税法第180条第1項——恒久的施設を有する場合の所得税の免除

まず，外国法人が所得税の課税を受けるのは，所得税法第5条第4項と第7条第1項第5号により，一定の国内源泉所得のみですから，第7条第1項第5号を見ます。同号には所得税法第161条の国内源泉所得のうち所得税の課税を受けるものが引用されていますので，問題になっている所得がそのいずれかに該当するか否かを検討します。

次に，所得税法第178条で所得税の課税標準，179条で所得税の税額を定めています。なお，所得税法第180条第1項で恒久的施設を有する場合の所得税の免除を定めています。

(b) 所得税の源泉徴収を受けるか

この問題を検討するためには，以下の条文を参照しなければなりません。

・所得税法第6条——源泉徴収義務者
・所得税法第212条第1項——一定の国内源泉所得につき源泉徴収
・所得税法第161条——国内源泉所得の種類
・所得税法第213条——源泉徴収の税額

まず，問題になっている国内源泉所得が源泉徴収の対象になるか否かを検討し，次に，源泉徴収の税額を検討します。

なお，(a)で述べたように，恒久的施設を有する外国法人は，一定の国内源泉所得について，所得税を免除される場合があり，その場合には源泉徴収もされません（所得税法第212条第1項かっこ書き）。

(c) 法人税の課税を受けるか

この問題を検討するためには，以下の条文を参照しなければなりません。

・法人税法第4条第3項，第9条第1項——一定の国内源泉所得につき課税
・法人税法第141条——恒久的施設の有無および国内源泉所得の種類に応じ，課税の有無が決まる
・法人税法第138条——国内源泉所得の種類
・法人税法第142条から第147条——課税される場合の特則（所得の計算方法，税額控除など）

このようにして，法人税の課税を受けるか否かを検討します。以上のような検討の概略的な結論が，本節1の冒頭の表（28頁）です。

(d) 租税条約により国内税法の定めが修正されているか

最後に，租税条約により，以上の国内税法の定めが修正されているかどうかを検討します。多くの租税条約には，国内税法の定めを修正する定めが置かれています。

2 外国法人に対する所得税・法人税の課税

外国法人が所得税・法人税の課税を受ける場合の税率や手続などは，おおむね

次のようになります。

(1) 所得税

外国法人は一定の種類の国内源泉所得の支払いを受ける場合，源泉徴収による所得税の課税を受けます。所得税法本則によると，税率は所得の種類に応じて支払額の20，15，10パーセントですが，復興財源確保法により，2013年1月1日から2037年12月31日までの間に行うべき源泉徴収については，税率はそれぞれ20.42，15.315，10.21パーセントになります（同法第26条～第28条）。

(2) 法人税

外国法人は，恒久的施設の有無と稼得する国内源泉所得の種類に応じて，法人税の申告納税義務を負う場合があります。その際は以下のように課税されます。

(a) 事業年度

外国法人の事業年度は，法令，定款などに定めがある場合はそれにより，定めがない場合は所轄税務署長に届け出た期間または所轄税務署長が指定した期間になります（法人税法第13条）。

(b) 納税地

国内に恒久的施設を有する外国法人の納税地はその恒久的施設の所在地で，恒久的施設を有さずに不動産の貸付を行う外国法人の納税地はその不動産の所在地で，その他の場合は麴町税務署となります（法人税法第17条）。

(c) 所得金額の計算

外国法人の課税標準はＰＥ帰属所得とそれ以外とに分かれ（法人税法第141条第1号イとロ），それぞれ内国法人の規定の多くを準用して計算されます（PE帰属所得——法人税法第142条～第142条の9，それ以外——第142条の10）が，外国子会社からの配当の益金不算入（同法第23条の2）など適用されない規定があります。

(d) 税率

外国法人に対する法人税の税率は原則として23.2パーセントです（法人税法第143条第1項）が，以下の特例があります。

(i) 事業年度終了時に資本金額が1億円以下の法人は，その所得のうち800万円以下の部分については，税率が19パーセントに軽減されます（法人税法第143条第2項）。

(ii) 上記(i)の例外として，自らの資本金額が1億円以下であっても，大法人（資本金額が5億円以上の法人など）との間に完全支配関係がある法人には軽減税率が適用されず，原則どおり税率は23.2パーセントになります（法人税法第143条第5項）。

(e) 所得税額控除

外国法人が源泉徴収を受けた場合は，その所得税額を法人税額から控除することができます（法人税法第144条により準用される第68条）。

(f) 外国税額控除

平成26年度税制改正により，外国法人の国内に有する恒久的施設に帰属する所得が日本で課税されるようになった結果，その所得が同時に外国でも課税されるという事態が生じ得ることになりました。そこで，外国法人についても，本国以外の外国において課された税金の額を一定の範囲で法人税の税額から控除する「外国税額控除」が認められるようになりました（法人税法第144条の2）。

(g) 申告，納付，還付，更正など

外国法人の法人税の中間申告，確定申告，納付，還付，更正の請求については，内国法人の規定が準用されます（法人税法第145条）。

(h) 地方税

外国法人は所得に関する「地方税」の納税義務を負う可能性があります。所得に関する地方税には，住民税（道府県民税，市町村税）と事業税（道府県民税）があります（「都」への準用——地方税法第1条第2項）。課税標準や税率はごく簡単に検討するにとどめます。

(i) 住民税

道府県民税（地方税法第23条以下）と市町村民税（同法第292条以下）があり，以下ではまとめて検討します。

外国法人が都道府県内・市町村内に恒久的施設を有する場合[4]，住民税の均等

割（資本金の額などに応じた一定額），法人税割（原則として法人税額の17.3パーセント（都道府県が5パーセント，市町村が12.3パーセント））が課されます[5]。住民税は法人税の課税所得の計算にあたり損金に算入できません（法人税法第38条第2項第2号）。

(ii) 事業税

外国法人が都道府県内・市町村内に恒久的施設を有する場合，事業税の付加価値割，資本割（以上の二つは，資本金1億円超の場合），所得割，収入割（電気供給業，ガス供給業，保険業の場合）が，都道府県によって課されます（地方税法第72条以下）[6]。所得割の税率は，課税所得の2.9パーセント（資本金1億円超の場合）または5.3パーセント（資本金1億円以下の場合）です。事業税は法人税の課税所得の計算にあたり損金に算入できます（法人税法第142条第2項が準用する同法第38

---

4 外国法人は都道府県内・市町村内に事務所または事業所を有する場合に住民税を課されるところ，「恒久的施設」をもって「事務所または事業所」とすると規定されています（地方税法第24条第3項，第294条第5項）。「恒久的施設」の定義は法人税法と同じです（同法第23条第1項第18号，同法施行令第7条の3の2）。

　これは平成26年度税制改正により入った規定で，それ以前には，租税条約の適用がある場合は租税条約の定める恒久的施設とする旨が規定されていました（改正前同施行令第7条の3の5第3項）。とすると，租税条約が法人税のみに適用され地方税に適用されない場合，その相手国の法人は法人税法上の恒久的施設と地方税法上の恒久的施設の範囲が異なることになり問題でした（詳細は，井上康一・仲谷栄一郎『租税条約と国内税法の交錯（第2版）』（商事法務，2011）350頁）が，この不都合が解消されたことになります。

　なお，外国法人が恒久的施設には該当しない寮，宿泊所，クラブなどを有する場合，均等割のみが課されます（地方税法第24条第1項第4号）。

5 この税率は「標準税率」とよばれ（地方税法第1条第1項第5号），道府県・市町村は状況に応じて標準税率よりも高い税率を徴収できますが，一定の制限があります（道府県民税法人割は6パーセント（同法第51条第1項），市町村民税は14.7パーセント（同法第314条の4第1項））。

6 「事務所または事業所」につき，上記注4参照。

条第2項第2号の反対解釈)。

　(iii)　地方法人特別税

　外国法人は事業税の納税義務を負う場合，地方法人特別税を課されます。地方法人特別税は法人税の課税所得の計算にあたり損金に算入できます（法人税法第142条第2項が準用する同法第38条第2項第2号の反対解釈)。なお，地方法人特別税は，2019年10月1日以降に開始する事業年度につき廃止される予定です。

　(iv)　地方法人税

　外国法人は法人税の納税義務を負う場合，地方法人税を課されます（地方法人税法第4条）。税額は法人税額の4.4パーセント（2019年10月1日以降に開始する事業年度からは10.3パーセント）です（同法第10条）。

　(i)　実効税率

　以上のように，法人の所得についてはさまざまな税が課されるため，最終的に課税所得の何パーセントに課税されるのかが分かりにくくなっています。とくに，事業税と地方法人特別税が損金に算入できるため，税率の単純合計ではありません。この損金算入までを考慮に入れた最終的な税率は一般に「実効税率」とよばれており，法人の規模や業種，所在する都道府県・市町村，外形標準税の適用の有無により一概にはいえませんが，おおむね30パーセントとされています。

　外国法人が国内に恒久的施設を有しない場合は，地方税が課されず法人税と地方法人税が課され，法人税は課税所得の23.2パーセント，地方法人税は法人税額の4.4パーセント（2019年10月1日以降に開始する事業年度からは10.3パーセント）になります。

3　非居住者についての「考え方」

　非居住者に対する課税関係をまとめると，以下の図のようになります。「源泉」は所得税の源泉徴収を，「申告」は所得税の申告納税を，「源泉＋申告」は源泉徴収を受けた後に所得税の申告も必要である（源泉徴収された所得税額は申告の際に所得税額から控除される）ことを，それぞれ意味します。

PE の有無	PE あり		PE なし
PE への帰属	帰属する	帰属しない	
<以下，所得税法第161条第1項の号数>			
1　事業からの所得	申告	—	—
2　資産の運用・保有からの所得	申告	申告	申告
3　一定の資産の譲渡からの所得	申告	申告	申告
4　組合契約からの利益の分配	源泉＋申告	—	—
5　不動産の譲渡からの所得	源泉＋申告	源泉＋申告	源泉＋申告
6　人的役務の提供事業の対価	源泉＋申告	源泉＋申告	源泉＋申告
7　不動産の賃貸料	源泉＋申告	源泉＋申告	源泉＋申告
8　債券・預貯金の利子	源泉＋申告	源泉のみ	源泉のみ
9　配当	源泉＋申告	源泉のみ	源泉のみ
10　貸付金の利子	源泉＋申告	源泉のみ	源泉のみ
11　使用料	源泉＋申告	源泉のみ	源泉のみ
12　給与・報酬	源泉＋申告	源泉のみ	源泉のみ
13　広告宣伝のための賞金	源泉＋申告	源泉のみ	源泉のみ
14　生命保険契約に基づく年金	源泉＋申告	源泉のみ	源泉のみ
15　金融類似商品からの所得	源泉＋申告	源泉のみ	源泉のみ
16　匿名組合からの利益の分配	源泉＋申告	源泉のみ	源泉のみ
17　その他政令で定める所得	申告	申告	申告

　以下の所得が恒久的施設に帰属する場合，所定の手続を経ることにより，源泉徴収を受けない――組合契約からの利益の分配，人的役務提供事業の対価，不動産の賃貸料，貸付金の利子，使用料，給与・報酬（一部のみ），生命保険契約に基づく年金。

　次に，どのような規定の適用によってこのような結果になるのかを，具体例に即して検討します。

第2章　国内税法の「考え方」

(1) 例4——恒久的施設を有しない非居住者

「米国の居住者で日本の税法上は非居住者であるEが，日本に本店をもつF社に対し，F社の日本での運転資金を貸し付け，F社から金利を受け取る。なお，Eは日本に営業所などの恒久的施設を有しない。」

(a) 所得税

第一に，Eが所得税の課税を受けるかどうかを検討します。

非居住者は，国内源泉所得につき所得税の課税を受けます（所得税法第5条第2項，第7条第1項第3号）。その中には，国内において事業を行う者から当該国内業務に関し受け取る貸付金の利子が含まれます（所得税法第161条第1項第10号）。

そして，Eのように恒久的施設を有しない非居住者は，国内において業務を行う者から受け取る貸付金の利子（所得税法第161条第1項第10号）につき，所得税の分離課税を受けます（所得税法第164条第2項第2号）。その税額は，利子の20パーセントです（所得税法第164条第2項，第169条，第170条）。

(b) 源泉徴収

第二に，Eが所得税の源泉徴収を受けるかどうか，言い換えれば，F社が支払う利子から源泉徴収しなければならないかどうかを検討します。

非居住者に対し国内において一定の支払いをする者は，源泉徴収義務を負います。その源泉徴収義務を発生させる一定の支払いには，非居住者に対する貸付金の利子の支払いが含まれます（所得税法第212条第1項，第161条第1項第10号）。

したがって，F社は，利子の支払いについて源泉徴収義務を負います。その税額は，利子の20パーセントです（所得税法第213条第1項第1号）。

(c) 申告義務

第三に，Eが，所得税の申告義務を負うかどうかを検討します。

非居住者は，国内源泉所得につき所得税の課税を受けます（所得税法第5条第2項，第7条第1項第3号）。しかし，恒久的施設を有しない非居住者は，一定の国内源泉所得に限って申告義務を負うだけです（同法第164条第1項第2号，第172条第1項）。その申告義務を負う一定の国内源泉所得の中には，内国法人から受

け取る貸付金の利子は含まれません（同法第164条第1項第2号には第161条第1項第2号の所得（資産の運用・保有）が含まれますが，同号かっこ書きにより，同項第10号に該当する所得（貸付金利子）は除かれています）。

したがって，Eは，所得税の申告義務を負いません。

なお，上記のとおり，Eは，受け取る利子について20パーセントの税率で源泉徴収されていますので，この源泉徴収のみで日本における課税関係を終了します。

この(c)（申告義務）は，すでに(a)（所得税）で「分離課税」ということで結論が出ているのではないかという疑問がわくかもしれません。しかし，「分離課税」であるからといって，源泉徴収だけで課税が終わるとは限りません。たとえば給与については，分離課税でかつ申告義務がある場合があります（所得税法第172条第1項）。したがって，申告義務の有無について，再検討が必要なのです。

(d) 租税条約

最後に，米国と日本との間の租税条約を検討します。日米租税条約によると，恒久的施設を有しない米国の居住者が，国内において業務を行う内国法人から受け取る貸付金の利子について，日本における税率は10パーセントに制限されます（日米租税条約第11条第2項）[7]。したがって，所得税法によるとEは源泉徴収を受けることになりますが，日米租税条約が適用されるとその税率が10パーセントに軽減されます。

(e) 結論

結論として，Eは，F社からの利子につき10パーセントの税率で源泉徴収を受け，それのみで，日本における課税関係を終了します。

(2) 例5——恒久的施設を有する非居住者（恒久的施設に帰属する所得）

「米国の居住者で日本の税法上は非居住者であるGが，日本の支店を通じ，日本に本店をもつH社に対し，H社の日本での運転資金を貸し付け，H社から金利

---

7 2013年改正議定書第4条では免税になります。

を受け取る。」

(a) 所得税

第一に，Gが所得税の課税を受けるかどうかを検討します。

非居住者は，国内源泉所得につき所得税の課税を受けます（所得税法第5条第2項，第7条第1項第3号）。そして，Gのように支店を有する非居住者については，支店に帰属する所得はすべて国内源泉所得とされ，所得税の総合課税を受けます（所得税法第164条第1項第1号イ，第161条第1項第1号）。

(b) 源泉徴収

第二に，Gが所得税の源泉徴収を受けるかどうか，言い換えると，H社が支払う利子から源泉徴収しなければならないかどうかを検討します。

(i) 原則

非居住者に対し国内において一定の支払いをする者は，源泉徴収義務を負います。その源泉徴収義務を発生させる一定の支払いには，非居住者に対する貸付金の利子の支払いが含まれます（所得税法第212条第1項，第161条第1項第10号）。

したがって，H社は，利子の支払いについて源泉徴収義務を負います。その税額は，利子の20パーセントです（所得税法第213条第1項第1号）。

(ii) 特例

しかし，一定の要件を満たす場合，国内に恒久的施設を有する非居住者は，税務署長から発行を受けた証明書を借入人に提示することにより，貸付金の利子について，源泉徴収を免除される場合があります（所得税法第214条第1項第1号）。

これは，恒久的施設を有する外国法人の場合の所得税の免除（例2（30頁））と同じような取扱いです。しかし，恒久的施設を有する外国法人に対する課税が「所得税の源泉徴収＋法人税の課税（申告納税）」なのに対し，恒久的施設を有する非居住者に対する課税が「所得税の源泉徴収＋所得税の総合課税（申告納税）」であることに応じて，次のような構成上の違いがあります。すなわち，恒久的施設を有する外国法人の場合は，「所得税」を免除され，法人税の申告義務のみを負うのに対し，恒久的施設を有する非居住者の場合は，所得税の「源泉徴収」を免除され，所得税の申告義務のみを負います。要するに，いずれも源泉徴

収を受けずに，申告義務のみを負うことになります。

(c) **申告義務**

第三に，Gが，所得税の申告義務を負うかどうかを検討します。

非居住者は，国内源泉所得につき所得税の課税を受けます（所得税法第5条第2項，第7条第1項第3号）。そして，恒久的施設を有する非居住者は，恒久的施設に帰属する所得につき申告義務を負います（所得税法第164条第1項第1号イ，第161条第1項第1号，第166条）。

したがって，Gは所得税を申告し納付しなければなりません。なお，源泉徴収された場合は，その税額を控除することができます（所得税法第166条が準用する同法第120条第1項第5号）。

なお，本例5における貸付金の利子は，所得税法第161条第1項第10号に該当するために源泉徴収の対象になりますが，同時に，恒久的施設に帰属する所得として同項第1号にも該当し，申告納税義務の対象になります。一般に，恒久的施設に帰属する所得はすべて同項第1号に該当するため申告納税義務の対象となりますが，そのうちの一部は同項第4号以下にも重複して該当するため源泉徴収の対象になります（ただし，前記(ii)（特例）の適用があります）。

(d) **租税条約**

最後に，米国と日本との間の租税条約を検討します。日米租税条約によると，恒久的施設を有する米国の居住者は，その恒久的施設に帰属する貸付金の利子については，日本においてとくに有利な取扱いを受けるわけではありません（日米租税条約第11条第5項）。したがって，上に述べた国内法どおりの課税関係になります。

(e) **結論**

結論として，Gは，H社から受け取る利子につき20パーセントの税率で源泉徴収を受け，後に所得税の申告義務を負います。なお，その際，源泉徴収された税額を控除することができます。また，源泉徴収の免除を受ける場合，源泉徴収を受けずに，所得税の申告義務を負うのみになります。

(3) 例6——恒久的施設を有する非居住者（恒久的施設に帰属しない所得）

「米国の居住者で日本の税法上は非居住者であるG'が，日本の支店を通じないで直接，日本に本社をもつH'社に対し，H'社の日本での運転資金を貸し付け，H'社から金利を受け取る。」

(a) 所得税

第一に，G'が所得税の課税を受けるかどうかを検討します。

非居住者は，国内源泉所得について所得税の課税を受けます（所得税法第5条第2項，第7条第1項第3号）。その中には，国内において業務を行う者から当該国内業務に関し受け取る貸付金の利子が含まれます（所得税法第161条第1項第10号）。

そして，G'は，受け取る利子について20パーセントの税率で課税を受けます（所得税法第178条，第179条第1号）。

(b) 源泉徴収

第二に，G'が所得税の源泉徴収を受けるかどうか，言い換えれば，H'社が支払う利子から源泉徴収しなければならないかどうかを検討します。

非居住者に対し国内において一定の支払いをする者は，源泉徴収義務を負います。その源泉徴収義務を発生させる一定の支払いには，非居住者に対する貸付金の利子の支払いが含まれます（所得税法第212条第1項，第161条第1項第10号）。

したがって，H'社は利子の支払いについて源泉徴収義務を負います。その税額は，利子の20パーセントです（所得税法第213条第1項第1号）。

(c) 申告義務

第三に，G'が所得税の申告義務を負うかどうかを検討します。

非居住者は，一定の国内源泉所得につき所得税の申告納税義務を負います（所得税法第5条第2項，第7条第1項第3号）。しかし，恒久的施設を有する非居住者が課税される一定の国内源泉所得（同法第164条第1項第1号）の中には，内国法人から受け取る恒久的施設に帰属しない貸付金の利子は含まれません（同号ロには同法第161条第1項第2号の所得（資産の運用・保有）が含まれますが，同号かっこ書きにより，同項第10号に該当する所得（貸付金利子）は除かれています）。

したがって，G'は所得税の申告納税義務を負いません。

(d) 租税条約

最後に，米国と日本との間の租税条約を検討します。日米租税条約によると，恒久的施設を有する米国の居住者が受け取る，その恒久的施設に帰属しない利子については，日本の税率は10パーセントに制限されます（日米租税条約第11条第1項）[8]。したがって，所得税法によるとG'は源泉徴収を受けることになりますが，日米租税条約が適用されるとその税率が10パーセントに軽減されます。

(e) 結論

結論として，G'は，H'社からの利子につき10パーセントの税率で源泉徴収を受け，それのみで，日本における課税関係を終了します。

(4) まとめ

以上のように，非居住者の課税関係を順序よく検討するためには，（租税特別措置法を除き）次のように規定をたどって，所得税の課税の有無，所得税の源泉徴収の有無，所得税の申告義務の有無，そして租税条約の適用をそれぞれ検討するのがよいでしょう。

(a) 所得税の課税を受けるか

この問題を検討するためには，以下の条文を参照しなければなりません。

・所得税法第5条第2項，第7条第1項第3号——一定の国内源泉所得につき課税
・所得税法第161条——国内源泉所得の種類
・所得税法第164条——恒久的施設の有無および国内源泉所得の種類に応じ，総合課税または分離課税
・所得税法第169条，第170条——分離課税を受ける場合の税額

まず，非居住者が所得税の課税を受けるのは，所得税法第161条に掲げられている国内源泉所得なので，問題になっている所得がそのいずれかに該当するか否

---

8 2013年改正議定書第4条では免税になります。

第2章　国内税法の「考え方」

かを検討します。

次に，国内源泉所得を有する場合，所得税法第164条で課税の方法を検討します。そして，分離課税の場合は所得税法第169条と第170条を検討します。

(b)　所得税の源泉徴収を受けるか

この問題を検討するためには，以下の条文を参照しなければなりません。
- 所得税法第6条——源泉徴収義務者
- 所得税法第212条第1項——一定の国内源泉所得につき源泉徴収
- 所得税法第161条——国内源泉所得の種類
- 所得税法第213条——源泉徴収の税額
- 所得税法第214条——恒久的施設を有する場合の源泉徴収の免除

まず，問題になっている国内源泉所得が源泉徴収の対象になるかどうかを検討し，次に源泉徴収の税額を検討します。なお，恒久的施設を有する非居住者は，一定の国内源泉所得について，源泉徴収を免除される場合があります。

(c)　所得税の申告義務があるか

この問題を検討するためには，以下の条文を参照しなければなりません。
- 所得税法第165条から第168条——総合課税を受ける場合の特則
  （とくに所得税法第166条——総合課税では必ず申告義務を負う）
- 所得税法第169条から第173条——分離課税を受ける場合の特則
  （とくに所得税法第172条——分離課税で例外的に申告義務を負う場合）

このようにして，所得税の申告義務の有無を検討します。なお，例3（32頁）と同様に，総合課税であれば申告義務を負うという法則は成り立ちますが，その反対に，申告義務を負うのは総合課税の場合だけであるとは限りません。

以上のような検討の概略的な結論が，本節3の冒頭の表（40頁）です。

(d)　租税条約により国内税法の定めが修正されているか

最後に，租税条約により，以上の国内税法の定めが修正されているかどうかを検討します。多くの租税条約には，国内税法の定めを修正する定めが置かれています。

4 非居住者に対する所得税の課税

非居住者が所得税の課税を受ける場合の手続などは,おおむね次のようになります。

(1) 源泉徴収

非居住者は一定の種類の国内源泉所得の支払いを受ける場合,源泉徴収による所得税の課税を受けます。所得税法本則によると,税率は所得の種類に応じて支払額の20,15,10パーセントですが,復興財源確保法により,2013年1月1日から2037年12月31日までの間に行うべき源泉徴収については,税率はそれぞれ20.42,15.315,10.21パーセントになります(同法第26条～第28条)。

(2) 申告納税

非居住者は,恒久的施設の有無と稼得する国内源泉所得の種類に応じて,所得税の申告納税義務を負う場合があります(申告分離課税については割愛します)。その際は以下のように課税されます。

(a) 課税年度

非居住者が所得税の課税を受けるのは暦年です。

(b) 納税地

国内における居所,恒久的施設の所在地などが定められています(所得税法第15条,第16条)。

(c) 所得金額の計算

国内源泉所得につき居住者の規定を準用して計算されます(所得税法第165条)が,扶養控除など適用されない規定があります。

(d) 税率

居住者と同様の累進税率が適用されます(所得税法第165条)。

(e) 源泉税額の控除

非居住者が源泉徴収を受けた所得税額につき,申告所得税額から控除すること

ができます（所得税法第165条により準用される第120条第1項第5号）。

(f) 申告，納付，還付，更正など

非居住者の確定申告，納付，還付，更正の請求については，居住者の規定が準用されます（所得税法第166条から第168条）。

(g) 地方税

非居住者は所得に関する「地方税」の納税義務を負う可能性があります。所得に関する地方税には，住民税（道府県民税，市町村税）と事業税（道府県民税）があります。課税標準や税率は，ごく簡単に検討するにとどめ，条文の引用も割愛します。

(i) 住民税

道府県民税と市町村民税があり，まとめて検討します。非居住者が住民税の賦課期日（1月1日）において当該都道府県・市町村の住民基本台帳に記録されている場合，または，当該都道府県内・市町村内に恒久的施設を有する場合（（注4）参照），住民税の均等割，所得割，株式譲渡所得割が課されます（第4部第1章第1節3（2）（660頁））。住民税は所得税の所得計算において必要経費に算入できません。

(ii) 事業税

非居住者が都道府県内に恒久的施設を有する場合，都道府県によって事業税が課されます。事業税は所得税の所得計算において必要経費に算入できます。

(h) 実効税率

以上のように，個人の所得についてはさまざまな税が課されるため，最終的に課税所得の何パーセントに課税されるのかが分かりにくくなっています。とくに，事業税が必要経費に算入できるため，税率の単純合計ではありません。この必要経費への算入までを考慮に入れた最終的な税率は一般に「実効税率」とよばれており，一概には言えませんが，所得税の累進税率が最高の区分（課税所得4,000万円超）に属する個人において，おおむね55パーセントとされています。

非居住者に地方税が課されない場合，所得税の累進税率が最高の区分に属するとすると，税率はおおむね45パーセントとなり，10パーセント程度の差があるこ

5 「考え方」のまとめ

　外国法人・非居住者の課税関係の「考え方」は，外国法人と非居住者で若干違うように見えるかもしれませんが，実は次のようにほぼ同じです。

外国法人
(a)　所得税の課税を受けるか
(b)　所得税の源泉徴収を受けるか
(c)　法人税の課税を受けるか（法人税の申告義務を負うか）
(d)　租税条約により国内税法の定めが修正されるか

非居住者
(a)　所得税の課税を受けるか
(b)　所得税の源泉徴収を受けるか
(c)　所得税の申告義務を負うか
(d)　租税条約により国内税法の定めが修正されるか

　以上のような分析をする場合，次のような条文を参照することになります。
(1)　問題になる所得が国内源泉所得に該当するか。該当する場合何号所得か
　　　　外国法人——所得税法第161条
　　　　　　　　　法人税法第138条
　　　　非居住者——所得税法第161条
(2)　恒久的施設を有するか
　　　　外国法人——法人税法第141条
　　　　非居住者——所得税法第164条
(3)　租税条約により国内税法の規定が修正されるか

(1) 国内源泉所得

第一に,外国法人・非居住者は,国内源泉所得を有する場合のみ課税されるので,ある所得が国内源泉所得に該当するかどうかを判断しなければなりません。

そして,国内源泉所得の種類に応じて課税関係(課税標準,課税時期,課税方法,税率など)が異なるので,問題になっている所得の種類を明らかにしなければなりません。つまり,問題になっている所得が,上に述べた法人税法第138条第1項または所得税法第161条第1項の国内源泉所得の第何号に該当するかを検討するのです。

国内源泉所得の種類,支払者と支払方法を明らかにすれば,それが所得税の源泉徴収を受けるかどうか,受ける場合の課税標準,税率などが明らかになります。

ここで注意しなければならないのは,当事者がどのような「名前」でよんでいようと法律的な実質が問題であるということです。よくあるのは,契約上「技術指導料」とよばれていても,法律的には技術の「使用料」に該当するため,源泉徴収を受けるというような例です。

また,外国法上の概念が登場する場合,日本の税法上のどの概念にあてはまるかについて注意が必要です。これは,国際税務を検討するうえで常に意識していなければならないことです。

(2) 恒久的施設

第二に,外国法人・非居住者の課税関係は,それらが国内に恒久的施設を有しその恒久的施設に帰属する所得を稼得するかどうかで決定的に違います。とくに,どのような所得につき申告義務を負うか(総合課税を受けるか)が大きく違います。その概略は,第1節1と3の冒頭に掲げた表(28頁,40頁)のとおりです。

(3) 租税条約

第三に,租税条約の検討が重要です。租税条約の規定は国内税法の規定に優先

します（第1章第9節3（23頁））。それならば，国内税法を検討する前に租税条約を検討するほうが速いのではないかと思えるかもしれません。しかし，国際税務の確実な理解のためには，まず国内税法を検討すべきです。なぜなら，租税条約の規定は抽象的で概括的なので，まず国内税法を検討して，具体的な課税の方法などを明らかにしないと，租税条約が国内税法のどこをどのように修正しているかが分からないからです[9]。

以上の理由から，第2部以下では，まず国内税法による課税関係，次に租税条約の規定によって修正される部分という順序で説明します。なお，租税条約については，もっとも重要であると考えられる日米租税条約を中心に検討することにします。

第2節 内国法人・居住者の対外活動

1 内国法人・居住者についての考え方

国際税務の第二の大きな分野は，内国法人・居住者が，国外で何らかの活動を行う場合の課税関係です。なお，外国法人・非居住者が対内活動を行うということは，すなわちそれに対応して内国法人・居住者が対外活動を行うということになり，同じ活動をどちらの側から見ているかの違いにすぎないように見えるかもしれません。この点につき，この本では外国法人（非居住者）と内国法人（居住者）のどちらの所得が問題になるかという基準で対内活動と対外活動とを分けています（前記「この本の概要」）。したがって，外国法人が日本の会社の株式を保有して配当を受け取ることは外国法人の対内活動として位置づけ，日本法人が海外に子会社を設立することは内国法人の対外活動として位置づけています。

内国法人・居住者が何らかの対外活動を行う場合に生じるさまざまな課税問題

---

9 上記注4井上・仲谷・租税条約と国内税法の交錯89頁以下。小沢進『Q&A租税条約の実務（3訂版）』（財経詳報社，1995）19頁。

については、各税法中のいろいろな部分に特別な規定が散在しています。そこで、内国法人が対外活動を行う場合に問題になる主な制度をまず指摘だけして、重要な制度については後に詳しく説明します。

2　例7──内国法人の海外子会社を通じた取引

「日本に本社をもつⅠ社が、外国に子会社を設立し、子会社を通じて製品を販売する。Ⅰ社は子会社に資金を貸し付け、利子を受け取る。」

(1) 現物出資
Ⅰ社が子会社を設立する段階で、法人税法第62条の4が規定する適格現物出資（一定の要件を満たす現物出資により会社を設立する場合、現物出資した資産の譲渡益につき、出資時には課税しないという制度）は、外国法人の設立にも適用されるかが問題になります。

(2) 外貨換算
Ⅰ社が子会社に対して有する外貨建ての売掛金などを、期末に円に換算する場合、どのような基準で行うかが問題になります（法人税法第61条の8以下）。

(3) 受取配当
Ⅰ社は、子会社から受け取る配当（のうち95パーセント）を益金に算入しないでよいとされています（法人税法第23条の2）（第3部第3章（613頁））。

(4) 海外投資等損失準備金
子会社が海外の開発地域で事業を行う場合、Ⅰ社は子会社株式の取得価額の一定割合を、株式の価値の低下に備える準備金として積み立てることができます（租税特別措置法第55条）。

(5) 外国税額控除

I社は，一定の条件の下で，I社自身が子会社からの利子について外国で課された源泉税を，日本の法人税の税額から控除することができます（法人税法第69条）（第3部第2章（595頁））。

(6) 移転価格税制

I社と子会社との間の取引の価格が独立企業間価格と異なる場合，移転価格税制（租税特別措置法第66条の4）の適用を受け，独立企業間価格で行われたものとみなされて課税されます（第2部第3編第4章（529頁））。

(7) タックス・ヘイブン対策税制

子会社に現地で課される税率が低い場合，I社に対して子会社の所得を合算して法人税が課される場合があります（租税特別措置法第66条の6）（第3部第4章（619頁））。

3 まとめ

このように，内国法人・居住者の対外活動の分野の考え方としては，国内税法の各所に散在する特別な規定に注意する以外にはありません。ある対外活動に国内税法を適用する場合，「この用語は外国のものを含むのか」「この定めは対外活動にも適用されるのか」「対外活動であるために何らかの特別な定めがあるのではないか」などという，一般的な疑問をもつことが必要です。

第3章　租税条約の「考え方」

本章の概要

日本は，二重課税の回避と脱税の防止を目的とした二国間条約である租税条約を，多数の国々と締結しています。租税条約の規定は，国内税法に優先して適用されるという原則があるため，国際税務の問題を取り扱う際には，租税条約の検討が必須です。そこで，本章では，日米租税条約を中心に取り上げたうえで，租税条約適用の考え方を説明します。

なお，本章の構成は以下のとおりです。

第1節　租税条約の意義
第2節　租税条約の機能
第3節　租税条約の適用上の諸原則
第4節　租税条約と国内税法の関係
第5節　租税条約を適用する際の検討方法

第1節　租税条約の意義

1　租税条約とは

租税条約は，正式な名称を「二重課税の回避及び脱税の防止のための日本国と○○国との間の条約」等といい二国間で締結されています。この名称からも明らかなとおり，租税条約は，脱税の防止も目的としていますが，その主たる目的は，所得に対する国際的な二重課税という障害を排除し，国際間の経済交流を促

進することにあります。日本が締結したこのような租税条約の数は，2018年12月1日時点で61本であり，71の国や地域に適用があります[1]。さらに，日本は，2017年6月7日，既存の租税条約を修正するための多国間条約であるBEPS防止措置実施条約[2]に調印し，同条約は2018年5月18日に国会で承認され，2019年1月1

1　日本が2018年12月1日現在で締結している租税条約（租税に関する情報交換規定を主体とするものを除く）は，すべて二国間条約で，その数は61です（一部未発効）。しかし，例えば旧ソヴィエト社会主義共和国連邦との租税条約は，同国から分離独立したキルギスタン共和国，グルジア共和国を含む国々にも引き続き適用されているため，租税条約の適用のある国・地域の数は，条約数を上回っており，71になります。なお，ロシアとの間では，2017年9月に新条約が締結されています。

　また，台湾については，民間取り決めとその内容を日本国内で実施するための法令（外国居住者等の所得に対する相互主義による所得税等の非課税等に関する法律と同法施行令）によって，全体として租税条約に相当する枠組みを構築しています。

　さらに，租税に関する情報交換を主たる内容とする情報交換協定が11本（11カ国・地域）締結されています。

　上記に加え多数国間条約である税務行政執行共助条約が締結されています。

　なお，日本は，米国との間では，所得税に関する条約だけでなく，相続税や贈与税を対象とする租税条約も締結していますが，この本では所得税条約に限定して解説します。

2　OECDは，近年のグローバルなビジネスモデルの構造変化により生じた多国籍企業の活動実態と各国の税制や国際課税ルールとの間のずれを利用することで，多国籍企業がその課税所得を人為的に操作し，課税逃れを行っているというBEPS（Base Erosion and Profit Shiftingの略，一般に「税源浸食と利益移転」と訳されています）問題に対処するため，2012年よりBEPSプロジェクトを開始しました。BEPSプロジェクトでは，国際的に協調してBEPSに有効に対処していくための対応策について議論が行われ，2015年9月に「最終報告書」がとりまとめられています。BEPS防止措置実施条約は，BEPS防止措置のうち租税条約に関連する措置（具体的には，①租税条約の濫用等を通じた租税回避行為の防止に関する措置および②二重課税の排除等納税者にとっての不確実性排除に関する措置）の導入を，多数の既存の租税条約について，同時かつ効率的に実施することを目的としたものです。

日に発効しました。同条約により，関連する既存の租税条約について，BEPS防止措置が盛り込まれました。ただし，米国はBEPS防止措置実施条約に調印していません。

租税条約の規定は，国内税法に優先して適用されるという原則（憲法第98条第2項）がとられているので，国際税務の問題を考える場合，国内税法だけでなく，租税条約の規定を検討することが必須です。この本では，取引の相手国としての重要性に鑑み，主として日米租税条約[3]を取り上げ，同条約の適用関係を明らかにします。

なお，租税条約に関し，交換公文および議定書が結ばれることが多いので，その意義を説明しておきます[4]。交換公文は，一般に条約の規定を補充し，条約上の意義の解釈について統一を図る等の目的のために当事国間で書簡を交換する形式で結ばれる合意です。議定書は，租税条約に付随して作成される附属文書で，一般にいずれかの国のみに関係する事項について条約上の取り決めを置く場合に用いられます。日本では，交換公文は両国政府間の行政取極めとされ，相手国との関係では政府の行為等を拘束する効力を有するものの，国会の承認を受けないため，国内税法に優先して適用されることはありません。これに対し，議定書は

3　日本と米国は，1954年に最初の租税条約を締結した後，3度の改正を経て，1971年と2003年に全面改正の新条約を締結しています。2003年に締結された現行条約を2013年に一部改正する議定書（以下「2013年改正議定書」）が両国によって署名されていますが，2013年改正議定書は，米国の上院での承認が遅れているため，未だ発効していません。この本では，2003年に締結された現行条約をたんに日米租税条約といい，それ以前の条約は，締結年を冠して「〇年日米租税条約」とよびます。他の租税条約についても同様の呼称によります。

　なお，米国法人に対して2004年7月23日に支払われた特許等使用料につき，使用料に関する源泉税の免除を定める現日米租税条約の適用の有無が争われた事案として，東京高裁平成23年5月18日判決（税務訴訟資料（250号〜）261号順号11689）（最高裁平成25年1月31日決定（税務訴訟資料（250号〜）263号順号12146）により確定）があります。

4　国際税務実務研究会編『国際税務の実務と対策　第3巻』（第一法規）5055頁。

条約本文とともに国会の承認を受けるためその効力は条約本文と同じです。

2 OECD モデル条約と OECD コメンタリー

日本が従来締結してきた租税条約は，基本的に OECD（経済協力開発機構）が採択した OECD Model Tax Convention on Income and on Capital（以下「OECD モデル条約」）（最新版は2017年版）に準拠しています。OECD モデル条約は，OECD 加盟国間で採択した租税条約のモデルで，OECD 理事会は，加盟国に対し，租税条約の締結および改訂にあたっては，OECD モデル条約に適合したものにすることを勧告しています。

OECD モデル条約に関しては，逐条解説としてのコメンタリー（以下「OECD コメンタリー」）（最新版は2017年版）が発表されています。OECD コメンタリーは，現実の租税条約の規定を解釈する際にも，いわば有権的にも似た性格を有するものとして各国ともこれを尊重しています[5]。

---

5 最高裁（最高裁平成21年10月29日判決（民集63巻8号1881頁））は，わが国のタックス・ヘイブン対策税制が日本・シンガポール租税条約第7条第1項（事業所得について「PE なければ課税なし」の原則を定めた規定）に違反しないとした事案において，「OECD……コメンタリーは，条約法に関するウィーン条約32条にいう『解釈の補足的な手段』として，［日本・シンガポール］租税条約の解釈に際しでも参照されるべき資料ということができる」と述べています。

なお，条約法に関するウィーン条約第32条（解釈の補足的な手段）は，「前条［解釈に関する一般的な規則］の規定の適用により得られた意味を確認するため又は次の場合における意味を決定するため，解釈の補足的な手段，特に条約の準備作業及び条約の締結の際の事情に依拠することができる。(a)前条の規定による解釈によっては意味があいまい又は不明確である場合，(b)前条の規定による解釈により明らかに常識に反した又は不合理な結果がもたらされる場合」と規定しています。

さらに，1954年日米租税条約第5条が免税とする国際運輸業所得の範囲の確定の際に，OECD コメンタリーを参酌した裁判例として，東京地裁昭和57年6月11日判決・判例時報1066号40頁があります。

他方，東京高裁平成26年10月29日判決（税務訴訟資料（250号～）264号順号12555）

3　米国モデル条約と Technical Explanation

　米国は，自国の租税条約の交渉締結の指針として，米国財務省モデル租税条約（United States Model Income Tax Convention）（以下「米国モデル条約」）を作成しています。直近の改訂は，2016年2月に行われています。米国モデル条約を参照することにより，租税条約についての米国の考え方を知ることができます。なお，米国は BEPS 防止措置実施条約に調印していません。

　さらに，日米租税条約については，米国財務省が詳細な解説書（Department of Treasury Technical Explanation of the Convention Between the Government of the United States of America and the Government of Japan for the Avoidance of Double Taxation and the Prevention of Fiscal Evasion with respect to Taxes on Income and on Capital Gains, Signed at Washington on November 6, 2003）（以下「Technical Explanation」）を公表しています。この Technical Explanation は，日米租税条約を解釈するうえで参考になります。

は，アイルランド法人に対して支払われた匿名組合契約に基づく利益の分配につき，日本・アイルランド租税条約第23条（「その他所得」条項）によって源泉徴収税が免税となるかどうかが争われた事案ですが，控訴人（国）は，OECD コメンタリーを同条約の解釈の際に参照し，租税回避行為であることを理由に，同条約の適用を否定すべき旨の主張を展開しました。これに対し，同判決は，OECD モデル条約第1条（人的範囲）に関する OECD コメンタリーの内容を参照しても，租税条約に租税回避行為であることを理由に同条約の適用を否定する旨の具体的規定がないにもかかわらず，同コメンタリーの記載を根拠として租税条約の適用を否定できるとは認められないとの判断を下しました。そして，同判決は，日本・アイルランド租税条約には，同条約第23条の適用を否定する具体的な条項が定められていないことを根拠に，控訴人（国）の主張を全面的に退け，納税者勝訴の結論を導いています。

4 実施特例法

租税条約の適用に関しては，「租税条約等の実施に伴う所得税法，法人税法及び地方税法の特例等に関する法律」（以下「実施特例法」といい，同法の施行に関する政令を「実施特例法施行令」と，同法の施行に関する省令を「実施特例法施行省令」と略称）が制定されています。実施特例法は，租税条約の適用上の疑義を避けたり，必要な手続を定めたりするための補足的な立法です。

例えば，租税条約は，非居住者の受け取る利子，配当，使用料などのいわゆる投資所得に対する課税について税率を軽減する旨を定めていることが少なくありませんが，このような条約上の限度税率の特例をどのように適用するかについての細目を実施特例法は規定しています（同法第3条の2，第4条）。また，後に第3節6（73頁）で述べるとおり，租税条約の適用を受けるためには，一定の届出手続が必要な場合がありますが，このような届出手続についても実施特例法施行省令に詳細な定めがあります。

5 本章の構成

本章では，租税条約の機能および条約と国内税法との関係を明らかにするために，以下の事項に重点を置いて説明します。

第2節では，いかなる形で国際的な二重課税が発生するかを概説します。そのうえで，租税条約がどのような規定を置くことで，国際的な二重課税を排除しようとしているのかを簡単に説明します。

第3節では，租税条約の適用上重要と考えられる原則を列挙します。

第4節では，国内税法と租税条約の適用関係をどのように考えればよいかを場合を分けて検討します。ここでは，とくに第3節で説明した租税条約の適用上の重要原則との関係についても言及します。

第5節では，国際税務の問題を解決する際に，租税条約をどのような順序で適用していけばよいかを具体的に明らかにします。ここでは，外国法人・非居住者の対内活動に伴う税務問題と内国法人・居住者の対外活動に伴う税務問題を区分

したうえで,具体例を交えて検討します。

以上の点を除く事項,例えば,租税条約の歴史や個々の条項の解説については,租税条約に関する概説書を参照してください[6]。また,個別の問題について,租税条約が国内税法の原則を具体的にどのように変更しているかについては,第2部以下の説明に譲ります。

最後に租税条約の適用を考えるうえで,とくに国内税法との関係で誤解が生じやすい点について注意を促しておきます。それは,租税条約の対象となる「居住者」には,個人だけでなく,法人も含まれるということです。例えば,日米租税条約第4条第1項では,「居住者」の中に,個人のみならず法人も含まれることを明記しています(実施特例法第2条第4号参照)。これに対し,国内税法では,「居住者」とは,個人の場合だけを指し,法人を含みません(所得税法第2条第1項第3号)。以下,本章ではとくにことわりのない限り,「居住者」または「非居住者」は,個人と法人の双方を含むという前提で説明します。

第2節　租税条約の機能

1　国際的二重課税の発生の態様

先に第1節1(55頁)で述べたとおり,租税条約は,国際的な二重課税の排除を主たる目的としています。そこで,租税条約の適用を考える前提として,まず国際的な二重課税がどのような形で生じるのかを明らかにしておきます。

そもそも,各国は,その主権に基づき固有の課税権をもっています。その細部においてはさまざまな違いがありますが,各国は,一般に二つの異なる考え方に基づいて所得に対する課税管轄権を行使しています[7]。わが国が採用している課

6　増井良啓「日本の租税条約」金子宏編『租税法の基本問題』(有斐閣,2007)569頁以下所収および同論文の引用文献を参照。

7　増井良啓・宮崎裕子『国際租税法　第3版』(東京大学出版会,2015)6頁。

税管轄権行使の原則も同様です。

　第一に，各国は，自国の居住者の所得については，どこで発生したかを問わず広い範囲の所得に対して課税するという原則を一般にとっており，これは「居住地管轄」とよばれています。日本は，その居住者に対し，居住地管轄に基づき全世界所得に対して課税する原則を採用しています。

　第二に，各国は，非居住者に対しては，その所得が自国内で発生した場合に課税を行うという「源泉地管轄」を採用しています。日本は，非居住者に対し，源泉地管轄に基づき日本国内で発生したとされる一定の所得（国内源泉所得）にのみ課税する原則をとっています。

　このように，各国が固有の課税権に基づき，自国の居住者に対しては居住地管轄を主張し，非居住者に対しては源泉地管轄を主張するために，具体的には以下のような形で国際的な二重課税が発生します[8]。

(1)　居住地管轄と居住地管轄の競合（ある者がA国でもまたB国でも居住者であるとして課税される場合に発生する二重課税）

(2)　源泉地管轄と源泉地管轄の競合（ある所得がA国でもB国でも自国の国内源泉所得であるとして課税される場合に発生する二重課税）

(3)　居住地管轄と源泉地管轄の競合（A国の居住者がB国に源泉のある所得を有する場合に発生する二重課税）

2　租税条約による二重課税の排除

　以下では，上記(1)ないし(3)の場合に，それぞれどのような形で租税条約が二重課税を排除しようとしているのかを説明します。

(1) 居住地管轄と居住地管轄の競合

　まず，(1)の場合に問題となる二重課税は，A国とB国とで「居住者」の定義が異なることによって発生します。したがって，租税条約に居住者の定義を置くこ

8　小松芳明『租税条約の研究（新版）』（有斐閣，1982）110頁。

とによって，この場合の二重課税は解消されます。例えば，日米租税条約では，日本および米国の居住者を，第4条第1項および第2項でそれぞれ定義したうえで，第3項に日米両国の居住者に該当する者（双方居住者）を，一定の基準に従いいずれかの国の居住者に振り分ける規定を置いています。

(2) 源泉地管轄と源泉地管轄の競合

　第二に，上記(2)の場合に問題となる二重課税は，A国とB国とで所得の源泉地を定める基準が異なっているために生ずるので，所得の源泉地を租税条約中に規定することによって解決されます。例えば，日米租税条約は，減免税の対象となる配当，利子などの投資所得ごとに必要な所得源泉地の規定を置いています。

(3) 居住地管轄と源泉地管轄の競合

　このように，(1)と(2)の場合に発生する二重課税が，租税条約の締結によって比較的簡単に解決されうるのに対し，(3)の場合に発生する二重課税の解消の方法は，それほど単純ではありません。このことをもう少し具体的に説明するために，以下のような事例を検討します[9]。

　(a) 設例
　　(i) A国の居住者がB国に有する支店を通じて所得を稼得する

　このような支店の所得は，一般にB国の国内源泉所得とされているため，B国で課税されます（源泉地管轄）。また，A国においては，居住者ということで一般にB国の支店における所得を含め，全世界所得に対し課税されます（居住地管轄）。そうすると，B国内にある支店が稼得する所得については，B国とA国の双方で二重に課税されます。

　　(ii) A国の居住者がB国の法人から利子の支払いを受ける

　このような利子は，B国の国内源泉所得とされる場合が多いので，一般にB国

9　上記注8小松・租税条約の研究110頁では，配当の事例でしたが，利子の事例に置き換えました。

で課税されます（源泉地管轄）。他方，A国では，このような利子を含めA国の居住者の全世界所得について課税するのが一般的です（居住地管轄）。そうすると，A国の居住者が受け取る上記利子については，B国とA国の双方で二重に課税されます。

(b) 二重課税の排除の方法

上記のような二重課税を排除するために，日本が締結した租税条約が一般的にとっている方法は，以下に説明する源泉地国での課税の減免と二重課税の排除に関する条項を設けることの二つです。

第一に，非居住者の受け取る利子，配当，使用料などのいわゆる投資所得については，租税条約上，源泉地国において，課税を免除したり，税率を軽減したりする措置がとられています。この点に関する詳細は，第2部第1編第5章第2節（186頁）に譲りますが，日米租税条約第10条第2項が，配当について源泉地国で課税できる税率の上限を規定したり，免除したりしているのがその例です。さらに，日米租税条約第13条第7項では，一定の譲渡収益について源泉地国での課税を免除しています。

第二に，日本は，国際的な二重課税の排除のために従来から外国税額控除制度を設けるとともに，平成21年度税制改正で外国子会社配当益金不算入税制を導入しました。このため，多くの租税条約では前者のみについて規定し，最近締結された租税条約では両者についての規定を設けるものもあります。

例えば，日米租税条約第23条第1項(a)は，日本における二重課税の排除方式である外国税額控除制度の適用を確認し，同項(b)は，外国子会社配当益金不算入税制によって廃止された間接税額控除に関する特則を定めています[10]。なお，2013

---

10 外国税額控除とは，居住地国で，国外源泉の所得も課税所得に含めて課税するかわりに，居住地国での算出税額から，源泉地国で納付した税額を控除する仕組みをいいます。外国税額控除は，従来，直接税額控除と間接税額控除に区別されていましたが，平成21年度税制改正で外国子会社配当益金不算入税制が導入されたことにより，間接税額控除は廃止されました。

年改正議定書は，平成21年度税制改正後に締結されたため，外国税額控除制度だけでなく，外国子会社配当益金不算入税制についても規定したうえ後者につき特則を置いています[11]。

(c) 事例の検討

以上のことを，上記(i)と(ii)の事例に即して説明します[12]。

まず，(i)の事例（外国支店の所得に対する二重課税）において，A国で日本と同様な外国税額控除制度がとられているとすれば，B国の支店の所得に関してB国で納付した税額は，A国で納付すべき税額から控除できることになります。しかしながら，日本の外国税額控除制度を見ても分かるとおり，B国で納付した外国税額すべてが常にA国で控除できるわけではなく，一定の控除限度額（通常は，国外源泉所得の額に，A国の法人税の実効税率を乗じた額）が設けられているのが一般的です。ところが，B国源泉の所得がA国でも自国の源泉所得とされてしまうと，控除限度額が制約を受け，外国税額控除制度が十分に機能しないおそれがあります。そこで，租税条約において両国間のルールの相違を是正することにより，外国税額控除が有効に働くように配慮されています。

例えば，日米租税条約第23条第1項と第2項は，外国税額控除制度の適用上，

　　内国法人を例にとって説明すると，外国税額控除とは，内国法人が直接外国で納付した租税を，一定の控除限度額（大まかにいうと，国外源泉所得の額に，法人税の実効税率を乗じた額）内で，日本での算出税額から控除する制度を意味します（法人税法第69条第1項）。

　　他方，外国子会社配当益金不算入税制とは，内国法人が一定の外国子会社（原則として25パーセント以上，6カ月以上の株式保有要件を満たすもの）から受ける配当等の額の95パーセントを益金不算入とするものです。

　　外国税額控除については第3部第2章（595頁）で，外国子会社配当益金不算入税制については第3部第3章（613頁）で説明します。

11　日米租税条約および2013年改正議定書が定める特則が，外国子会社配当益金不算入税制にどのような影響を与えるかについては，第3部第3章第3節2（2）(615頁）を参照してください。

12　上記注8小松・租税条約の研究4頁以下。

一方の国の居住者が租税条約の規定によって他方の国で租税を課せられる所得は，他方の国の源泉から生じたものとみなすと規定することによって，源泉ルールの統一を図っています[13]。

さらに，(ii)の事例（国外源泉の利子に対する二重課税）のように，A国の居住者がB国の法人から利子の支払いを受ける場合には，租税条約において当該利子につきB国で課される税率を軽減する措置がとられているのが通例です。ここで注意すべきなのは，先に説明したA国での外国税額控除制度に加えて，なぜB国における課税の軽減措置を条約で規定する必要があるかという点です。そもそも，A国の居住者がB国で納付した税額をA国で控除できるなら，そのような源泉地国での課税の軽減を認める必要がないのではないかという疑問が生じるかもしれません。その疑問に対しては，以下のような説明が可能です。

まず，利子などの投資所得の場合には，B国では，利子の額の（総）収入金額を基準とし一定率で課税することになっているのが一般的です。他方，A国がわが国と同様な外国税額控除の法制をとっているとすると，控除限度額は，経費等を控除した後の（純）所得額を基準として計算されます。そうすると，B国で（総）収入金額を基準として課された税額の方が，A国で（純）所得額を基に計算される税額より大きい場合，B国で納付した税額をA国で完全に控除できないという事態が生じ得ます。したがって，源泉地国における利子などの投資所得に対する税率を租税条約によって相互に軽減することで，B国で納付した税額をA国で十分に控除できるような配慮がなされています。このように，源泉地国での課税の軽減と外国税額控除制度は，二つ合わさってよりよく国際的な二重課税を防止する機能を営むことになります。

なお，例えば，金融機関等に対し支払われる利子等については，日米租税条約

---

13 このような明示の源泉規定が租税条約にない場合でも，日本の外国税額控除制度上，租税条約の規定によって条約相手国で租税を課すことができるとされている所得で，現実に条約相手国で課税されるものは，控除限度額の計算上，国外源泉所得とされることについて第3部第2章第5節3（2）（609頁）参照。

第11条第3項(c)により源泉地国での課税が免除されています。このような場合には、もともと居住地国での課税しか生じないわけですから、条約の適用だけで国際的な二重課税は完全に排除されます。

第3節　租税条約の適用上の諸原則

　国際的な二重課税がどのような形で発生し、租税条約がそれをどのように排除しているかについての理解を前提としたうえで、次に租税条約の具体的な適用にあたり考慮すべき重要な原則をまとめておきます。ここでも、主として日米租税条約を念頭において説明します。

1　租税条約の優先

　日本国憲法第98条第2項により、一般に条約が国内法に優先すると考えられているため、租税条約の規定は、国内税法の規定に優先して適用されます。したがって、国際税務の問題を取り扱ううえでは、少なくとも理論上は、国内税法により定まる課税関係が租税条約により変更されるかどうかを常に検討する必要があります。

　このような租税条約の優先適用を考えるうえでにとくに留意すべき点として、以下の3点を挙げることができます[14]。

　第一に、租税条約の条項の中には、不明確でかつ不完全であるために、そもそも直接適用されないものが含まれています。例えば、租税条約には「双方の締約国が租税を課することができる」という趣旨の規定が置かれていますが、このよ

---

[14] 租税条約と国内税法の適用関係が問題となるさまざまな論点を取り上げ、租税条約の直接適用可能性の有無、条約による国内税法の置き換えの特定、プリザベーションの原則の適用範囲という三つの視点から解明しようとする論考として、井上康一・仲谷栄一郎『租税条約と国内税法の交錯（第2版）』（商事法務、2011）があります。

うな規定から直ちに締約国の課税権を導くことはできません。租税条約自体では，課税権行使の要件や手続が不明確でかつ不完全であるため，直接適用されることはないと考えられます。結局，課税権の行使を認める租税条約の規定は，条約による課税権の直接行使を肯定するという意味で直接適用されることはなく，国内税法の下で認められた課税権の行使を妨げないという意味をもつにすぎません。このように直接適用されない租税条約の条項に関しては，国内税法との優先関係が問題になる余地はありません。

第二に，租税条約のある条項が直接適用可能であるとしても，具体的にどのように租税条約の規定が国内税法の規定を置き換えるかが常に明確とは限りません。これは，租税条約の規定が概括的で，国内税法の規定の体裁とはかなり異なるために生ずる問題と考えられます。

第三に，租税条約上明文の規定があるかどうかにかかわらず，プリザベーションの原則（条約締結国が国内法上有する租税についての減免措置または納税者にとって有利な国内法上の規定は，租税条約の締結によって損なわれないという原則）が認められていると一般的にいわれています。このため，同原則の適用がある範囲では租税条約は国内税法に優先しないことになります。プリザベーションの原則については3（69頁）であらためて説明します。

2　セービング

セービングの原則とは，自国の居住者に対する自国での課税関係は租税条約の規定の影響を受けないとする原則です。第2節2（62頁）で述べたとおり，租税条約は，相手国の居住者（すなわち，自国の非居住者）に対する源泉地管轄による課税権の行使を相互に調整し制限することによって国際的な二重課税を回避することを主たる目的としています。つまり，日本と外国との間に租税条約が締結されている場合，当該外国の居住者は，日本における課税関係について租税条約による修正を受けます。同様に，日本の居住者は，当該条約相手国における課税関係について租税条約による修正を受けます。したがって，租税条約は，自国の居住者の自国における課税関係を修正しないのが原則です。

日米租税条約第1条第4項は，この原則を明文で規定しています。このセービングの原則は，租税条約の目的に根ざした考え方であるため，租税条約上の具体的な規定の有無にかかわらず，租税条約の解釈にあたり当然に考慮されるものとされています[15]。

3 プリザベーション

(1) プリザベーションの原則の意義

日米租税条約第1条第2項は，「この条約の規定は，[国内税法の規定および日米両国間の他の協定]によって現在又は将来認められる非課税，免税，所得控除，税額控除その他の租税の減免をいかなる態様においても制限するものと解してはならない」と規定しています。この条項は，一般にプリザベーションの原則を確認的に規定したものといわれています。

このプリザベーションの原則は，租税条約が，各国の課税権を制限することにより二重課税を排除することを主たる目的としているため，租税条約の締結により条約締結国の納税者の税負担が増大するようでは，租税条約の趣旨に反することになってしまうことから導かれる考え方です。セービングの原則と同様，プリ

---

15 上記注4実務と対策5052頁。
　日本・カナダ租税条約第25条第2項は，「この条約は，3に規定する場合を除くほか，一方の締約国の居住者に対する当該一方の締約国の課税に影響を及ぼすものではない。」と規定しています。同条の適用関係について判断した東京高裁平成17年1月26日判決（確定）（税務訴訟資料（250号〜）255号順号9911）は，原審である東京地裁平成16年9月17日判決（税務訴訟資料（250号〜）254号順号9751）を引用し，「……租税条約は，原則として，自国の居住者に対して適用される国内租税法を修正しようとするものではないから，条約に別段の定めがない限り，締約国には，自国の居住者に対し国内租税法に従って課税する権利が留保されることになる。この原則がセービング・クローズであり……租税条約の制度趣旨に照らすと，条約中に明文の規定がなくとも，当然の原則といわなければならない。」と判示しています（ただし，判決の結論に影響を与えない傍論）。なお，日米租税条約第1条第4項にも，同様の規定があります。

ザベーションの原則も租税条約の趣旨から導かれるものであるため，租税条約上の具体的な規定の有無にかかわらず，租税条約の解釈にあたり当然に考慮される原則といわれています[16]。

（2）プリザベーションの原則の適用上の問題点

プリザベーションの原則の適用を考えるうえで注意すべき点を二つ指摘しておきます。

第一に，上記1（67頁）のとおり，租税条約の国内税法に対する優先の原則は，プリザベーションの原則が適用ある限りで制限を受けます。

第二に，プリザベーションの原則の適用範囲について以下のとおり異なる考え方があるように見受けられるので，とくに注意が必要です[17]。

第1説（狭義説）は，プリザベーションの原則が適用され国内税法が租税条約に優先するのは，国内税法に定める非課税，免税，所得控除，税額控除などの積極的な減免規定に限られるという考え方です[18]。これに対し，第2説（広義説）は，プリザベーションの原則の適用の結果租税条約に優先して適用されるのは，納税者にとって有利な国内税法上の規定であると考える立場です[19]。

例えば，国内源泉かどうかの決定基準（ソース・ルール）が租税条約と国内税法とで異なっている場合，租税条約の適用があるためにかえって納税者の租税負担が条約適用前より加重される事態が考えられます。その場合，第1説（狭義説）

---

16 上記注4実務と対策5052頁。

17 プリザベーションの原則が多義的に用いられていることについては，上記注14井上・仲谷・租税条約と国内税法の交錯42頁以下参照。

18 小松芳明「法人税法における国際課税の側面について—問題点の究明と若干の提言—」西野嘉一郎・宇田川曄仁編『現代企業課税論—その機能と課題—』（東洋経済新報社，1977）167頁以下所収，196頁。

19 上記注4実務と対策5052頁は，プリザベーションの原則を「租税条約の規定により納税者にとって有利な国内法上の規定がある場合，これが適用されるとする原則」と説明しています。

第3章 租税条約の「考え方」 71

によれば，ソース・ルールによる源泉地の決定自体は，課税上の積極的な斟酌とはいえないため，そもそもプリザベーション原則の適用はなく租税条約が国内税法に当然優先すべきことになります[20]。しかし，第2説（広義説）の下では，上記の場合も租税条約の規定を適用した結果より国内税法の規定のみを適用した場合の方が納税者にとって有利であるため，一応プリザベーションの原則との抵触が問題となり得ると考えられます。ただし，この問題については，法人税法第139条第1項および所得税法第162条第1項に租税条約上の源泉地規定が国内税法上の源泉地規定に優先する旨明記されているため，上記狭義説，広義説のいずれの立場をとるにせよ，結論に変わりがありません。この点については，第4節1（1）(b)(iii)（78頁）であらためて説明します。

4 特典制限条項

日本が従来締結してきた租税条約においては，基本的に条約締結国の「居住者」であることが条約上の特典を受けるための条件でした。しかし，2003年に全面改正された日米租税条約は，投資所得に対する源泉地国課税の広範囲な減免を認めるなど過去の租税条約に比べ条約上の特典をかなり大幅に拡大しました。このため，同条約上の特典を受ける条件を「居住者」であることに限ってしまうと，日米両締約国の居住者でない者がペーパーカンパニーなどを介して形式的に日本または米国の居住者となり，同条約上の特典を享受しようとするおそれがあります。

そこで，日米租税条約は，条約上の特典を拡大する一方で，従来の租税条約には見られない特典制限条項を導入することにより，条約上の特典を享受できる者を一定の適格者に限定しました（同条約第22条）。したがって，同条約の適用が問題となる個別の事案においては，常に特典制限条項の適用の有無を考えなければなりません。

ただし，この本では，今後の説明を簡便化するために，租税条約上の特典制限

---

20 上記注18小松論文196頁。

条項の適用がなく常に日米租税条約の定める特典を受けられることを前提として課税関係の説明を行います。

なお，このように条約上の特典を拡大するとともに特典制限条項を設ける傾向は，先進国との間のわが国の近時の条約改定交渉の基本をなしており，新日英租税条約（2006年2月調印），新日仏租税条約（2007年1月調印），新日豪租税条約（2008年1月調印），日本・スイス租税条約の改正議定書（2010年5月調印），新日本・オランダ租税条約（2010年8月調印）においても基本的に踏襲され，特に近年はその採用が拡大しています。

5 AOAを導入した租税条約

平成26年度税制改正によって，国内税法は，国内に恒久的施設を有する非居住者の日本における課税関係について，OECD承認アプローチ（Authorized OECD Approach（以下「AOA」））[21]に準拠した帰属主義を導入しました。しかし，日本が締結した租税条約の圧倒的多数は，AOAに準拠しない帰属主義を維持しています。すなわち，2013年12月に調印された改正議定書によって改正された日英租税条約が，AOAに準拠した帰属主義を採用した最初の例です（以下，AOAに準拠した租税条約を「AOA型租税条約」といい，AOAに準拠しない帰属主義を採用している租税条約を「非AOA型租税条約」とよびます）が，それ以後に締結された租税条約がAOA型租税条約であるとは限りません（第2部第2編第2章第5節4（434頁））。

このため，非AOA型租税条約とAOAに準拠した帰属主義を採用する国内税

---

[21] きわめて簡単にいえば，AOAには二つのステップがあり，第1ステップで恒久的施設の機能とリスクを分析しその活動を把握し，当該恒久的施設を別個の分離した企業と擬制し，当該恒久的施設の税務上のバランスシート（「無償」資本の配賦を含む）を作成した上で，第2ステップで恒久的施設と当該企業の他の構成部分との取引に対し，独立企業間の取引に適用があるのと同様な基準で当該恒久的施設に帰属する所得を計算することになります。詳細は第2部第2編第2章第3節4（1）（418頁）を参照してください。

第 3 章 租税条約の「考え方」

法の間には以下のような齟齬が生じています[22]。

① 国内税法では全ての企業につき内部取引を認識し，利得や費用の発生を認めるのに対し，非 AOA 型租税条約では金融機関の内部利子を除き内部取引非課税の原則を採用していること
② 国内税法では単純購入非課税の原則を否定しているのに対し，非 AOA 型租税条約では同原則を肯定している場合があること

上記いずれに関しても，租税条約優先の原則によって租税条約が国内税法に優先すると考えられます。なお，上記①については，このことを確認する規定が国内税法の中に設けられています（法人税法第139条第 2 項，同法施行令第183条）。上記②については，法人税法第139条 1 項の「その異なる定めがある限りにおいて，その租税条約に定めるところによる」という規定が働くことになります[23]。

6 租税条約上の特典を受けるための届出手続

租税条約上の特典を受けるためには，以下のとおり一定の届出手続を踏む必要があります。

(1) 源泉徴収税の減免

源泉徴収税に関し租税条約上の特典を受けようとする条約相手国の居住者は，源泉徴収義務者を経由して「租税条約に関する届出書」を提出する必要があります（実施特例法施行省令第 2 条）。

さらに，包括的な特典制限条項を導入した日米租税条約などの適用がある場合には，「特典条項に関する付表」とともに居住者証明書を提出する必要があります（実施特例法施行省令第 9 条の 5 ）。ただし，源泉徴収義務者が居住者証明書を確認しかつ一定の要件を満たす場合には，居住者証明書の添付を省略することができます（実施特例法施行省令第 9 条の10）。

---

22 詳細は第 2 部第 2 編第 2 章第 5 節 4 （2）（435頁）を参照してください。
23 増井良啓・宮崎裕子『国際租税法［第 3 版］』（東京大学出版会，2015）64頁。

なお，投資所得の支払前に上記届出書が提出されず，租税条約上の減免規定の適用を受けられなかった場合でも，後に還付請求書とともに届出書が提出されれば，減免を受けずに源泉徴収された税金の還付を受けることができます[24]（実施特例法施行省令第15条第1項）。

(2) 申告納税の減免（特典制限条項のない租税条約）

他方，申告納税に関し租税条約上の特典を受けようとする条約締結国の居住者は，届出書の提出を要せず当然にその特典を享受できます（実施特例法第4条第2項）。

このように，源泉徴収税の減免の場合に要求される「租税条約に関する届出書」の提出が申告納税義務の免除の場合に不要となるのは，源泉徴収のときには源泉徴収義務者である支払者に条約上の減免規定の適用を受けることを知らしめる必要があるのに対し，申告納税においてはこのような必要性がないためであると考えられます。

(3) 申告納税の減免（特典制限条項のある租税条約）

これに対し，一定の適格居住者に限定して特典の享受を認める包括的な特典制限条項を導入した租税条約の下では，上記（2）の原則に対し重要な変更が加えられました。例えば，米国法人が法人税の申告納税の対象となる所得について日米租税条約上の軽減を受けようとする場合には，確定申告書に加え「租税条約に関する届出書（申告対象国内源泉所得に対する所得税又は法人税の軽減・免除）」様式15を添付する必要があります（実施特例法施行省令第9条の2第1項）。「特典条

---

[24] 本税部分については還付請求をすることで還付を受けることができるが，加算税等の附帯税については還付されない旨のタックス・アンサーが国税庁のホームページに登載（https://www.nta.go.jp/taxanswer/gensen/2889.htm）されています。しかし，租税条約によって本税が免除されているのに，附帯税のみが課される合理的な理由があるかという疑問があります（増井良啓「租税条約実施特例法上の届出書の法的性質」税務事例研究114号56頁以下参照）。

項に関する付表」および居住者証明書の提出も必要です。さらに，同条約の適用により全面的に申告義務を免除される場合には，確定申告書の提出は不要であり，単に上記届出書等を提出することで足ります（実施特例法施行省令第9条の2第9項）。ただし，申告義務がない場合にまで届出書を提出させる法律上の根拠があるか，そして届出書を提出しなかった場合はどのようになるかなどの疑問があります。なお，この点につき，東京高裁平成28年1月28日判決（訟務月報63巻4号1211頁）（最高裁平成29年4月14日決定（判例集未登載）により確定）は，租税条約の届出書の提出は，租税の減免の効力要件ではないと判示しています。

第4節　租税条約と国内税法の関係

1　類型ごとの検討

　国内税法の規定が相当詳細で，課税の要件と方式につき網羅的で自己完結的な体系をなしているのに比較すると，租税条約の規定は簡単で，しかもその対象とする事項は特定のものに限られています。したがって，租税条約の適用を考える場合，まず，ある課税問題についてそもそも租税条約が規定を置いているかどうかを確認することが重要です。また，租税条約に規定がある場合でも，それが国内税法と同様の定めを置いているのか，あるいは国内税法と異なる定めを置いているのかを区別して考える必要があります。

　他方，租税条約の個々の条文が規定している項目を見ていくと，以下のような観点から区分することができます。第一に，租税条約では，国内税法と異なる所得区分を定め，独自の源泉地規定を置いていることがしばしば見受けられます。第二に，租税条約では，一定の所得について源泉地国での課税権を認めたり，否定したりする規定を置くのが通常です。第三に，租税条約上，源泉地国での課税は認めるものの，それについて一定の限度税率を定める場合があります[25]。

25　このように，租税条約には，国内税法上認められた課税権の行使を肯定したり，

以下，それぞれの項目につき説明します。

(1) 所得源泉地に関する定め

租税条約と国内税法を対比してみると，以下のとおり特定の所得についての源泉地の定め方が同じ場合と異なる場合があります。

(a) 所得源泉地の定め方が同じ場合

国内税法の下で国内源泉所得とされる所得が租税条約上も日本源泉の所得と認められる場合には，当然に当該所得は国内源泉所得に該当します。同様に，国内税法の下で国内源泉所得に該当しないとされる所得について租税条約も同様の立場をとっているときには，その所得が国内源泉所得に該当しないことも明らかです。

(b) 所得源泉地の定め方が異なる場合

しかし，租税条約と国内税法とで国内源泉所得につき異なる定めがある場合には，両者の優先関係が問題となります。結論的には，異なる限りで租税条約の規定が優先します（法人税法第139条第1項，所得税法第162条第1項）。ただし，国内源泉所得について，租税条約が国内税法に優先して適用されるということは，次の二つの異なった意味をもつので注意が必要です。以下具体例を挙げて説明します。

(i) 租税条約により国内源泉所得でなくなる場合

日本の非居住者の稼得する所得が，国内税法だけを考えると日本の国内源泉所得となるが，租税条約によると日本の国内源泉所得とならない場合には，租税条

否定したり，制限したりする規定があるだけで，租税条約が直接適用可能な課税根拠規定を置くような体裁をとっていません。租税条約の規定にこのような特徴があることは，その目的と関係していると考えられます。つまり，租税条約が二重課税の排除を主たる目的とし，そのために条約締結国の課税権の制限と課税ルールの統一を図っていることからすれば，租税条約に直接適用可能な課税根拠規定を置くことはその目的にそわないと考えられます。

約の規定が優先し，結局国内源泉所得に該当しないことになります。日本の非居住者に対して日本で法人税または所得税が課せられるのは，第2節1（61頁）で述べたとおり一定の国内源泉所得についてだけですから，結局この所得につき日本の法人税または所得税が課される余地はありません。

具体的には，日本の非居住者（個人）が内国法人の非常勤役員として，スリランカにおいて情報の提供，商取引の側面的援助を行い，内国法人から報酬をもらっている事例が考えられます。この場合，国内税法の下では，上記役員がスリランカで勤務した部分に対応する報酬もすべて日本の国内源泉所得に該当します（所得税法第161条第1項第8号イ，同法施行令第285条第1項第1号，所得税基本通達161-29）（第4部第2章第1節2（1）(b)（677頁））。これに対し，日本・スリランカ租税条約第11条第1項は，役員報酬についても，他の人的役務提供所得と同様に，役務が提供された場所に源泉があるという前提の下に役務提供地国でのみ課税する原則を定めています。したがって，同条約の下では，役員報酬のうち上記役員のスリランカ国内での勤務に起因する部分の報酬は，日本ではなくスリランカ源泉の所得に該当します。この結果，上記役員は，スリランカで勤務したことに起因する役員報酬部分については，国内税法によると日本で課税されるはずであったのに，日本・スリランカ租税条約の適用があるために日本での課税を受けないという結論が導かれます。

(ii) 租税条約により国内源泉所得に変わる場合

上記(i)とは反対に，国内税法の下では，日本の非居住者の国内源泉所得に該当しない所得が，租税条約の適用によって国内源泉所得となる場合があります。この場合にも租税条約の規定が優先します。この結果，国内税法だけを考えた場合には日本で課税されないはずなのに，租税条約の適用があるためにかえって日本で課税されることになります。

例えば，貸付金の利子の源泉地について，国内税法の下ではその貸付による資金が使用された場所を源泉地とするいわゆる使用地主義がとられています（所得税法第161条第1項第10号）が，日米租税条約の下では債務者の居住地国を源泉地とするいわゆる債務者主義がとられています（同条約第11条第3項）。このため，

日米租税条約の適用がある場合には，結局利子の源泉地は債務者主義により決められます。したがって，国内に恒久的施設を有しない米国法人が内国法人に対し金銭を貸し付け，内国法人がその借入金をもっぱら日本国外で使用する場合には，使用地主義をとる国内税法だけを考えると，米国法人が内国法人から受け取る利子は日本の国内源泉所得に該当しません。ところが，債務者主義をとる日米租税条約の下では，上記貸付金の債務者である内国法人の所在地である日本に源泉地があることになるため，米国法人が受け取る利子は日本の国内源泉所得に該当します。この結果，米国法人は，上記利子について国内税法によれば日本での課税を受けないはずであったのに対し，日米租税条約の適用があるためにかえって日本で課税されることになります[26]。

(iii) プリザベーションの原則との関係

上記のうち(i)の場合には，租税条約の適用の結果，納税者は，国内税法だけが適用されるときよりも有利な取扱いを受けるわけですから，先に第3節3 (69頁) で説明したプリザベーションの原則との抵触の問題は発生しません。しかし，上記(ii)の場合には，租税条約の適用の結果，納税者の税負担が増すわけですから，プリザベーションの原則と矛盾しないかどうかが問題となります。

先に第3節3（2）(70頁) で説明したプリザベーションの原則の適用範囲に関する狭義説によれば，そもそも源泉地規定は，プリザベーションの原則の適用対象である国内税法上の積極的な減免規定にあたりません。したがって，狭義説に立つ限り上記のことは当然の帰結です[27]。

これに対し，プリザベーションの原則の適用範囲について前述した広義説 (71頁) をとった場合はどうでしょうか。上記(ii)の場合，租税条約の適用の結果，租税条約の適用前よりも納税者にとって不利な結果が生じているため，プリザベーションの原則に照らし国内税法が租税条約に優先すると考えることになりそうです。しかし，そのようには考えられていません。それは，所得税法第162条第1

26　詳細は第2部第6章第2節 (205頁) を参照してください。

27　上記注18小松論文200頁。

項の規定を通じて，租税条約上の源泉地規定が国内税法の中に取り込まれ，その限度で国内税法自身が修正されているからです。換言すれば，租税条約の源泉地規定を取り込んだ形で国内税法の規定自身が変更され，この変更された国内税法の規定の適用により上記のような結果が生じるため，形式的には租税条約の規定の適用により納税者に不利な結果が導かれるわけではありません[28]。

以上のとおり，上記(ii)の事例の結論は，プリザベーションの原則の適用範囲について狭義説と広義説のいずれの立場をとるにせよ，同原則と矛盾しません。

なお，上記(i)と(ii)では，源泉地規定が国内税法と租税条約で異なることにより国内源泉所得の範囲が変わってくる場合について説明しました。しかし，国内税法と租税条約の規定振りが異なるために，両者の優先関係が問題になるのは，所得源泉地の規定に限られるわけではありません。それ以外にも，例えば国内税法と租税条約の所得区分が異なる場合，恒久的施設の定義が異なる場合などがあり，それぞれ慎重な検討が必要です[29]。

---

28 上記注4実務と対策5053頁は，「そもそも源泉地規定を修正することを定めた所得税法第162条及び法人税法第139条は国内法であり，これらの規定は租税条約との調整を果たしているものと解される。」と説明しています。

29 租税条約上の所得の定義が国内税法上の所得の定義と異なる場合には，条約上の所得の定義規定は国内税法を直ちに置き換えるのではなく，条約の内部において他の条約の規定（国内税法とは異なる源泉地規定，免税規定，限度税率の定め）の適用への橋渡しの機能を営むにすぎないと考えられます。

他方，恒久的施設の定義に関し租税条約と国内税法が異なる場合にいずれが優先するかについては，これまで国内税法には明文の規定がなく，実務の取扱いも必ずしも明らかではありませんでした。しかし，平成30年度税制改正により，この点についても租税条約の優先が明記されました（法人税法第2条第12号の19，所得税法第2条第1項第8号の4）。

所得の定義規定については，上記注14井上・仲谷・租税条約と国内税法の交錯119頁以下を，恒久的施設に関する規定については，仲谷栄一郎・井上康一「平成30年度税制改正による「PE置き換え規定」の意義と問題点」国際税務38巻2号56頁以下を参照してください。

(2) 課税権の有無に関する定め

　租税条約が，一定の所得について例えば「他方の締約国の租税を免除する」旨の規定を置き，日本の課税権を否定していることがあります。逆に，租税条約は，ある所得に対して例えば「双方の締約国が租税を課することができる」旨規定することで，日本の課税権を肯定している場合があります。それぞれの場合の国内税法と租税条約の適用関係は，以下のように整理できます。

　(a)　課税権の否定

　たとえある所得について国内税法上は課税されることになっていても，租税条約が日本の課税権を否定している場合には，租税条約の規定が優先するため，日本で当該所得に課税することはできません。また，国内税法上課税根拠規定がなく，かつ租税条約が日本の課税権を否定している場合には日本で課税されないことは明らかです。

　(b)　課税権の肯定

　ある所得について国内税法上課税され，しかも租税条約上も日本の課税権を認めている場合には，当然に日本で課税されることになります。先に第3節1（67頁）で説明したとおり，租税条約は，直接適用可能な課税根拠規定を置くのではなく，国内税法により規定された課税権の行使を認めているにとどまります。

　反対に，ある所得について租税条約の規定だけを見ると日本の課税権の行使を認めている場合でも，国内税法がその所得に対し課税していないときには日本で課税できません。これは，先に第3節3（69頁）で説明したプリザベーションの原則により導かれる結果であると説明することもまったく不可能ではありません。しかし，すでに第3節1（67頁）で述べたとおり，そもそも日本の課税権を肯定する租税条約の規定が直接適用されないと考えると，このような規定は，特定の所得について国内税法に課税を認める規定があれば，その規定の適用を妨げないという意味をもつにすぎません。そうすると，このような結論は，租税条約上の課税権を肯定する規定が直接適用されないことの当然の帰結であってプリザベーションの原則の適用によるものではありません。

（3）限度税率の定め

租税条約では，一般に一定の投資所得について源泉地国で課する租税の率は○パーセントを超えないものとするという趣旨の定めを置くことが少なくありません。その場合，厳密にいうと租税条約は税率の上限を示すだけですから，租税条約の規定だけでは適用税率が決まらないのではないかという疑問が生じます[30]。この点については国内税法で以下のとおり手当されています。

(a) 国内税法より低い限度税率の定め

租税条約で規定する限度税率が国内税法で定める税率を下回るときには，実際の適用税率は，租税条約で定める税率まで軽減されるように国内税法で手当されています（実施特例法第3条の2第1項）。

(b) 国内税法より高い限度税率の定め

逆に，ある所得について租税条約上の限度税率が国内税法で定める税率を上回る場合には，租税条約の規定を根拠に限度税率での課税が行われるわけではありません。この場合には国内税法どおりの課税関係となります（実施特例法第3条の2第1項）。

（4）その他所得

租税条約に列挙されている所得以外の所得（以下「その他所得」）の課税関係は，条約の規定振りにより以下のとおり異なります。

(a) まったく規定がない場合

第一に，租税条約は主要な所得を列挙し，その課税関係を規定していますが，

---

30 もっとも，租税条約の限度税率に関する定めは，限度税率を超える部分についての締約国の課税権を排除したものであると考えれば，直接適用可能ということになり，実施特例法第3条の2は確認規定ということになります（谷口勢津夫『租税条約論』（清文社，1999）38～39頁）。なお，租税条約の限度税率の定めの適用関係については，上記注14井上・仲谷・租税条約と国内税法の交錯260頁以下を参照してください。

「その他所得」の課税関係についてまったく規定を置いていないことがあります。このような場合，「その他所得」は，もっぱら国内税法に従って課税関係が決まります[31]。そのような条約例としては，エジプトやスリランカとの租税条約があります。

(b) 源泉地国課税を認める場合

第二に，「一方の締約国の居住者のうち，他方の締約国内において生ずるものであって前各条に規定のないものに対しては，当該他方の締約国において課税できる」というように，「その他所得」について源泉地国課税を認める規定を置く租税条約があります。対カナダ，シンガポールなどの租税条約にこのような規定が含まれています。

具体例を挙げると，日本に恒久的施設を有しないカナダ法人が内国法人から，日本国内にある株式等の資産の贈与を受けたことによる所得は，日本・カナダ租税条約にはとくに規定のない「その他所得」に該当すると考えられます（同条約第20条第3項）。そして，このような「その他所得」の源泉地は，同条約第3条第2項に従い日本の国内税法の定めるところによって判定されます。したがって，上記「その他所得」は，国内税法上日本の国内源泉所得とされ，国内税法に従い法人税の課税を受けることになると思われます（法人税法第141条第2号，第138条第1項第6号，同法施行令第180条第2号）[32]。

上記結論は，日本・カナダ租税条約の「その他所得」について源泉地国課税を認める規定によって変更されません。

(c) 居住地国のみの課税を認める場合

第三に，以上のような条約例と異なり，対米国，英国，ドイツなどの租税条約のように租税条約で個別に列挙していない「その他所得」に対しては原則として居住地国のみが課税権を有し，源泉地国では課税しないと定めている例が少なくありません（日米租税条約第21条，日英租税条約第21条，日独租税条約第22条）。こ

31　上記注8小松・租税条約の研究108～109頁。

32　詳しくは第2部第5章第1節1（182頁）参照。

のような租税条約の適用がある場合には租税条約の規定が優先しますので，条約相手国の居住者の稼得する上記「その他所得」に対する日本の課税権は否定されます。

(5) 所得の不発生の場合

最後に，そもそも国内税法上所得が発生したとは考えられないために，日本での課税を受けないような事例があります。例えば，非居住者が居住者から資産を時価で譲り受けたような場合です。このような取引において，資産を時価で譲り受けた非居住者にはそもそも所得が発生していないため，国内税法上課税されません。そして，この結論は，租税条約上の特別の規定をまたずに常に維持されます。

2 まとめ

上記の検討の結果を基に，国内税法の規定に対して租税条約がいかなる特則を置き，租税条約の適用によって日本における課税関係がどうなるかを表に簡単にまとめると以下のようになります。

国内税法の規定	租税条約の規定	日本における課税関係
(1)所得源泉地に関する定め	(a)国内税法と同じ	国内税法（条約）どおり
	(b)(i)国内税法上の国内源泉が国外源泉になる	条約の規定どおり
	(b)(ii)国内税法上の国外源泉が国内源泉になる	条約の規定どおり
(2)課税権の有無に関する定め	(a)日本の課税権を否定	課税なし
	(b)日本の課税権を肯定	国内税法どおり

(3)税率に関する定め	(a)国内税法より低い限度税率の定め	条約上の限度税率による課税
	(b)国内税法より高い限度税率の定め	国内税法どおり
(4)「その他所得」の課税関係に関する定め	(a)まったく規定なし	国内税法どおり
	(b)源泉地国課税を認める	国内税法どおり
	(c)居住地国のみの課税を認める	課税なし
(5)所得の不発生	規定なし	課税なし

　このように，国内税法だけが適用される状況と国内税法に加えて租税条約の適用がある場合を比較すると，租税条約の適用によって非居住者に対する日本の課税権の行使は一般に制限を受けます。ただし，上記（1）の(b)(ii)の場合は例外で，国内税法上は国内源泉所得に該当しないとされていた所得が，租税条約の適用の結果国内源泉所得に変わります。このため，その限度で日本の課税権が拡大され，条約相手国の納税者の税負担が増大する結果が生ずることに注意が必要です。

第5節　租税条約を適用する際の検討方法

　第2章（26頁）で説明したように，国際税務の問題を検討する際の確実な分析の仕方は，まず国内税法による課税関係を明らかにしたうえで，次に租税条約の適用を考えることです。国内税法の検討の仕方についてはすでに説明していますので，本節では，租税条約に絞ってその適用の仕方をまとめておきます。以下の説明は，これまでの租税条約上の諸原則に関する説明と若干重複する部分もありますが，重要な問題ですのであえて網羅的に解説します。

　また，先に第2章第1節（26頁）と第2節（52頁）で説明したとおり，国際税務の問題領域としては，外国法人・非居住者の対内活動にかかる課税関係と，内国法人・居住者の対外活動にかかる課税関係の二つの異なる側面があるので，本節では以下のような項目を順に検討します。なお，この点についても第1節5（60頁）で前述しましたが，租税条約上の「居住者」は個人だけでなく法人も含

むため本節でもその用例に従います。
1．非居住者の対内活動に対する租税条約の適用
 (1) 租税条約の特定
 (2) 対象税目の確認
 (3) 恒久的施設の有無の確認
  (a) 恒久的施設を有しない場合（所得区分，源泉地および減免規定の確認）
  (b) 恒久的施設を有する場合（帰属の有無，非帰属所得につき所得区分，源泉地および減免規定の確認）
 (4) 国内税法の検討の結果と租税条約の検討の結果のつきあわせ
2．居住者の対外活動に対する租税条約の適用
 (1) 租税条約の特定
 (2) 対象税目の確認
 (3) 適用場面の確認

1　非居住者の対内活動に対する租税条約の適用

(1) 租税条約の特定と条約の対象となる人的範囲の確認

(a) 問題の所在

　非居住者の対内活動に対し租税条約がどのように適用されるかを検討するときに最初にすべきことは，適用すべき租税条約があるかどうかの確認です。第1節1（55頁）で説明したとおり，租税条約は二国間条約であり，日本が締結している租税条約の適用があるのは，2018年12月1日現在で71の国や地域（さらに台湾については，国内法により租税条約に相当する枠組みを構築）にとどまります（一部未発効）から，常に適用すべき租税条約があるとは限りません。例えば，中近東やアフリカ地域において日本が租税条約を締結している国は限られています。いわゆるタックス・ヘイブンの国や地域とは租税条約が締結されていません。このように適用すべき租税条約がない場合には，国内税法を検討するだけで課税関係が最終的に確定されます。

(b) 租税条約の適用を受ける「居住者」

　それでは，適用されるべき租税条約の有無はどのようにして判断されるのでしょうか。租税条約は，原則として各締約国の「居住者」に対し適用されます[33]。したがって，非居住者の日本における活動に関し，適用されるべき租税条約の有無を判断し，いずれの租税条約が適用されるかを決めるためには，当該非居住者がどこの国や地域の「居住者」であり，その国や地域と日本が租税条約を締結しているかどうかを確認することになります。

　「居住者」かどうかの判定の基準は，租税条約により必ずしも同一ではありません。一般に法人に関しては，設立準拠法（準拠法主義），本店または主たる事務所の所在地（本店所在地主義）あるいは法人の事業が実際に管理支配されている場所（管理支配地主義）などの基準により決定されます。また，個人の場合には，居住その他の基準により判定が行われます。

　例えば，日本の銀行が米国に本店を有する米国法人Ａ社のロンドン支店から預金を受け入れ，利子を支払う事例の課税関係を考えてみましょう。この事例では，米国法人Ａ社のロンドン支店が取引の相手方であるため，日米租税条約と日英租税条約のいずれを適用すべきかが問題となります。まず，日米租税条約を見ますと，条約の適用対象者には米国に本店を有し米国で設立された法人が含まれています（同条約第4条第1項）。他方，日英租税条約の適用を受ける法人にあたるかどうかは，その法人の本店または主たる事務所の所在地，事業の管理の場所，法人の設立場所が英国かどうかにより決まります（同条約第4条第1項）。本事例の場合，Ａ社は米国法人でかつ本店を米国内に有していますから，結局日米租税条約が適用されます[34]。

　なお，先に第3節4（71頁）で説明したように，特典制限条項を導入した租税条約上の特典を受けるためには，条約締結国の「居住者」であることに加え，条

33　上記注8小松・租税条約の研究21頁。

34　松上秀晴編『源泉国際課税の実務（改訂新版）』（大蔵税務協会，2001）321頁（ただし，1971年日米租税条約と1962年日英租税条約に関する事例）。

約上の適格要件を満たす必要があります（例えば日米租税条約第22条，日英租税条約第22条参照）。

(c) 「一方の締約国」と「他方の締約国」の意味

租税条約は，「一方の締約国」および「他方の締約国」という独特の言葉を使っていますが，それは，租税条約が常に二国間条約であることと深く関係しています。この用語は，租税条約の条項が条約締結国の双方の居住者に平等に適用されるようにするためのもので，各条項の文脈に応じて締約国のいずれかを意味します。例えば，日米租税条約では，「一方の締約国」および「他方の締約国」とは，文脈により日本国または合衆国を意味します（日米租税条約第3条第1項(c)）。このように「一方の締約国」および「他方の締約国」という言葉を使うことで，日米租税条約中の同一の条文を，米国企業による日本での経済活動（日本から見たときの米国企業の対内取引）と日本企業による米国での経済活動（日本から見たときの日本企業の対外取引）の双方に適用することが可能になります。

「一方の締約国」と「他方の締約国」という独特な言葉を使って書かれている租税条約の条文を具体的な事案にあてはめようとするとき，それをそのまま読んでいたのでは理解が必ずしも容易ではありません。そこで，具体的な事案を念頭に置いて日米租税条約の個々の条文を読むときには，文脈によって「一方の締約国」が日本か米国のいずれであるかをまず確定し読み替えます。同じ条文中の「一方の締約国」が日本であれば，当然のことながら「他方の締約国」は米国を意味しますからこれもそのように読み替えます。こうして具体的な事案を念頭に置きつつ，租税条約の条文を適宜読み替えることで条文の理解とあてはめがずっと簡単になります。

(2) 租税条約の対象となる租税の確認

日本が締結した租税条約においては，所得に対する租税というような抽象的な定めをするのではなく，税目が具体的に列挙されています[35]。しかも，具体的な

35　上記注8小松・租税条約の研究23頁。

対象税目は，条約相手国によって異なっていることに注意する必要があります。もっとも重要な相違点は，地方税を対象税目に含めているかどうかという点です。国際的な二重課税を排除するという租税条約の趣旨からすれば，所得に対する租税である限り，その課税権が国にあるか地方公共団体にあるかを問わず等しく租税条約の対象とすることが望ましいと考えられます。しかし，日本が締結した租税条約の中にはさまざまな理由から地方税を対象税目に入れない場合があります。

例えば，米国では連邦の成立に先立って州の存在があり，州の本来的な権能である課税権を連邦が租税条約の締結という形で勝手に制限することはできないと考えられています[36]。このため，日米租税条約では地方税をその対象から除外しています（同条約第2条第1項）。

また，租税条約の対象税目には，租税条約に個別に列挙された租税だけでなく，租税条約締結後に導入された実質的に同一または類似の租税も含みます。例えば，日米租税条約は，対象税目として日本の所得税と法人税を掲げたうえで，それらに加えてまたは代わって同条約の署名の日の後に課される租税であって，当該租税と同一または実質的に類似するものについても適用されることを明らかにしています（同条約第2条第2項）。したがって，復興財源確保法によって導入された復興特別所得税にも日米租税条約を含む租税条約の適用があります[37]。

なお，所得に対する租税ではない相続税，贈与税，消費税，固定資産税，印紙税などについては当然租税条約の適用はなく，国内税法だけで日本における課税

---

36 上記注8小松・租税条約の研究24頁。なお，日米租税条約の交換公文1は，国際運輸業所得の実質的な相互免税確保のために，合衆国政府が州政府等に対し日本の住民税または事業税に類似する税を課すことを差し控えるように説得するよう最善の努力を払う旨規定しています。

37 租税条約は，一定の所得について源泉地国での課税を免除したり，限度税率の定めを置いたりすることが少なくありません。租税条約のこれらの減免規定は，復興特別所得税にも適用があります。この点について，源泉徴収の対象となり得る復興特別所得税については復興財源確保法第33条第3項に明文の規定があります。

関係が確定します[38]。

（3）恒久的施設の有無の確認

　非居住者が特定の租税条約の適用対象となることと同条約の対象税目を確認したら，第三に，当該非居住者が国内に恒久的施設を有するかどうかを検討しなければなりません。これは，恒久的施設の有無により，非居住者に対する租税条約の適用のされ方が大きく異なってくるからです。

　以下(a)および(b)では，非居住者が国内に恒久的施設を有しない場合と恒久的施設を有する場合の二つに区分したうえで，さらにどのように租税条約の適用を考えていけばよいかを検討します。

　(a)　恒久的施設を有しない場合

　非居住者が国内に恒久的施設を有しない場合には，次に以下の(i)ないし(iii)の手順を踏んで租税条約の適用関係を検討します。

　　(i)　所得の性質から見た所得の種類の特定

　　(イ)　租税条約上の所得区分

　適用される租税条約と同条約上の対象税目を特定し，非居住者が国内に恒久的施設を有しないことを確認したら，第四に，当該非居住者の稼得する所得が，その所得の性質から見て条約の規定するどの種類の所得類型に該当するかを確認する必要があります。これは，租税条約が一般に事業所得，配当，利子，（ロイヤルティなどの）使用料，不動産所得，譲渡収益，（給与などの）人的役務提供の報酬を含む個々の所得項目を列挙し，各所得区分に応じて条約上の特則を定めていることが多いからです。

　例えば，日米租税条約は，以下のような所得区分を採用しています。

38　注1で前述のとおり，米国との間では所得税に関する条約だけでなく，相続税や贈与税を対象とする租税条約も締結されていますが，この本では説明を割愛します。

日米租税条約上の所得区分	該当条文
不動産所得	第6条
企業の利得	第7条
国際運輸業所得	第8条
配当	第10条
利子	第11条
使用料	第12条
譲渡収益	第13条
給与所得	第14条
役員報酬	第15条
芸能人の所得	第16条
退職年金	第17条
政府職員の報酬・退職年金	第18条
学生・事業修習者が受け取る給付	第19条
教授の報酬	第20条
その他所得	第21条

　上記のような租税条約の所得区分は，国内税法の定める国内源泉所得の所得区分と一致しているところもありますが，異なる場合も少なくありません。さらに，所得の定義の細部においては，租税条約ごとに異なる規定の仕方をすることがしばしば見受けられます。また，租税条約の所得の定義規定が概括的であるため，国内税法の定める所得区分との対応関係が必ずしも明らかでないこともあります。

　(ii) 所得源泉地の確認

　所得の性質から見て租税条約上の所得区分が確定したら，次に所得の種類に応じて租税条約がどのような源泉地規定（ソース・ルール）を置いているかを確認します。このような租税条約ごとの源泉地規定は，国内税法の規定と一致する場合もありますが，異なる場合も少なくありません。

先に第1章第4節（10頁）で説明したとおり，国内税法上非居住者（個人）および外国法人の課税所得の範囲は一定の国内源泉所得に限定されています（所得税法第5条第2項，第4項，第7条第1項第3号，第5号，法人税法第4条第3項，第9条第1項）。このため，国内税法の下で非居住者（個人）または外国法人が特定の国内源泉所得について課税され，しかも租税条約上その源泉地が日本であれば，さらに租税条約に特別の規定がない限り，国内税法に従い日本で課税されます。逆に，租税条約の適用の結果，日本に所得源泉がないことが確定すると，日本での所得税または法人税の課税はないという結論が導かれます。なお，租税条約に源泉地規定がない場合には源泉地はもっぱら国内税法によって決まります。

　(iii)　**課税権の行使に関する規定の確認**

上記(ii)により，日本に源泉があると決定された所得については，さらに租税条約に特別の減免規定がないかどうかを確認する必要があります。これは，租税条約が，所得の区分に応じて源泉地国がどのように課税権を行使し得るかについて規定を置くことが少なくないからです。

具体的には，租税条約は，一定の所得について源泉地国での課税を免除したり，あるいは逆に源泉地国の課税権の行使を肯定したりしています。さらに，租税条約が，一定の投資所得について源泉地国の課税権の行使を肯定したうえで，限度税率の定めを置くことが少なくありません。

他方，租税条約は，源泉地国の課税権の行使を肯定する場合でも，具体的な課税の方式について特別の規定を置いていません。この点は，国内税法が課税方式に関する自己完結的で網羅的な規定を置いていることと対比した場合，租税条約における顕著な特徴といえます。このように，租税条約は，課税の方式についてはもっぱら国内税法に譲っており，国内税法の課税の方式を前提としたうえで，国際的な二重課税の防止という観点から特則を設けることにより部分的な修正を加えようとしています。

　(b)　**恒久的施設を有する場合**

上記(a)（89頁）の恒久的施設を有しない場合と比較し，非居住者が国内に恒久的施設を有する場合には，租税条約の適用の仕方は以下のとおり複雑になりま

す。

ここでの検討の出発点は、問題となる所得が当該恒久的施設に帰属するかどうかを確認することです。

(i) 恒久的施設に帰属する場合

すでに第3節5（72頁）で述べたように、平成26年度税制改正によって国内税法は、総合主義からAOAに準拠した帰属主義に改められました[39]。他方、日本が締結している租税条約のうち、日英租税条約を含む一部の租税条約のみがAOA型租税条約であるのに対し、それら以外の租税条約は非AOA型租税条約です。そこで、以下では非AOA型租税条約の一つである日米租税条約の適用関係を説明します。

非居住者が稼得する所得が、当該非居住者の国内の恒久的施設に帰属する場合には、一定の国際運輸業所得（日米租税条約第8条第1項）を除き条約上租税の減免は認められません。したがって、このような恒久的施設に帰属する所得を有する非居住者は、日本で課税を受けるのが原則です。そして、国内税法と異なり、その課税の方式について租税条約は、具体的な定めをすることはなく、いくつかの課税上の原則を確認しているにとどまります。以下に述べる独立企業原則、本店経費の配賦の原則、仕入非課税の原則がその例です。

(イ) 独立企業原則

非居住者の恒久的施設は、企業全体における一部門であり、本店と恒久的施設との間の取引は、いわゆる内部取引となるため恣意的な利益操作の余地が生まれ

---

[39] 平成26年度税制改正が行われる以前の国内税法は、総合主義（非居住者・外国法人が国内に恒久的施設を有する場合には、当該恒久的施設への帰属の有無を問わず、すべての国内源泉所得について課税する原則）を採っていたために、帰属主義を採る租税条約の適用をめぐり、きわめて複雑な解釈問題が発生していました。この問題については、上記注14井上・仲谷・租税条約と国内税法の交錯353項以下（恒久的施設に帰属する（国内税法上の）国外源泉所得）および377項以下（恒久的施設に帰属しない国内源泉所得）が詳細な解説をしていました。しかし、上記国内税法の改正の結果これらの問題は消失しました。

ます。そこで，恒久的施設の課税所得の計算にあたっては，恒久的施設をあたかも一つの独立企業であるものとみなしたうえで，恒久的施設に帰属すべき所得を計算しなければならないというのがこの独立企業原則です[40]。日米租税条約も第7条第2項でこの原則を確認しています。

　(ロ)　本店経費の配賦

　独立企業原則に基づいて恒久的施設に帰属すべき所得が計算されなければならないことは(イ)で述べたとおりです。しかし，恒久的施設の帰属所得を算出するにはそれだけでは不十分で，恒久的施設に帰属すべき経費も特定する必要があります。すなわち，一般管理費，販売費などのいわゆる本店経費も，それが恒久的施設のために生じたものである限り，恒久的施設に配賦することが認められます[41]。日米租税条約第7条第3項もこの原則を明文で確認しています。

　(ハ)　内部取引の非課税

　非AOA型租税条約では，銀行等の金融機関を除き，内部利子の認識が不要であることが一般的に合意されているだけでなく，むしろ内部負債や受取勘定のための控除の禁止が一般的に適用されるべきであるという立場がとられています。同様に内部使用料の認識も禁止されています。

　これに対し，AOA型租税条約は，内部取引においても独立企業原則が貫徹されることを明文の規定で要請しています。

　(ニ)　仕入非課税の原則

　租税条約では，一般に恒久的施設が本店または他の支店等のために行った物品の単なる購入に関してはいかなる利得もその恒久的施設に帰属することはないという原則をとっており，日米租税条約も同様です（同条約第7条第5項）。この原則は，仕入により現実に利益が発生するのは売却が行われた時であって，仕入の段階でいわば事前に利益を推定することは技術的に困難であるから，一応仕入段

40　上記注8 小松・租税条約の研究49頁。
41　上記注8 小松・租税条約の研究50頁。

階での利益は排除しようという実際的な理由に根ざしていると考えられます[42]。

なお，租税条約では，もっぱら仕入のために用いられる施設は，そもそも恒久的施設にあたらないとされており，日米租税条約にも同様の規定があります（同条約第5条第4項(d)）。したがって，上記の仕入非課税の原則が実際に働くのは，恒久的施設が仕入だけにとどまらず広く事業を行っている場合です[43]。

これに対し，AOA型租税条約の下では，独立企業原則に反するため仕入非課税の原則が否定されています。

(ⅱ) 恒久的施設に帰属しない場合

非居住者が稼得する所得が国内の恒久的施設に帰属しない場合には，上記(a)(89頁) の「恒久的施設を有しない場合」の(ⅰ)ないし(ⅲ)と同様の検討が必要となります。その概略は以下のとおりです。

まず，所得の性質から見て租税条約上の所得の種類を特定します。租税条約の特則は所得区分に応じて定められているので，所得の種類の特定が検討の出発点となります。

次に，租税条約上の所得区分に従い当該所得に関する租税条約上の源泉地規定を確認し，その所得の源泉地がどこにあるかを検討します。先に第4節1（1）(76頁)で説明したとおり，このような租税条約ごとの源泉地規定は，国内税法の規定と一致する場合もありますが，異なる場合も少なくありません。かかる条約上の源泉地規定の適用により国内に所得源泉がなければ，日本での所得税または法人税の課税のないことが確定します。

最後に，日本に源泉のある所得に関し，租税条約が源泉地国における課税権の行使につきどのような定めをしているかを確認します。1（3）(a)(ⅲ)（91頁）で述べたとおり，租税条約は，恒久的施設に帰属しない一定の投資所得について源泉地国での課税を免除したり，限度税率の定めを置いたりすることが少なくないので，この点の確認は重要です。ただし，締約国の課税権の行使を認める場合に

---

42 上記注8小松・租税条約の研究51頁。
43 上記注8小松・租税条約の研究51頁。

は，上記の限度税率の定めを除き，租税条約には課税の方式に関する具体的な規定がないことはすでに指摘したとおりです。

(4) 国内税法の検討の結果と租税条約の検討の結果のつきあわせ

最後に国内税法の検討の結果と上記（1）から（3）の順序で行ってきた検討の結果をつきあわせます。このつきあわせをどのように行うかについては，抽象的な説明では分かりにくいため，以下の（5）具体例の検討の項を参照してください。

(5) 具体例の検討

以上本節の（1）ないし（4）では，非居住者の対内活動に関して租税条約をどのような順序で適用していけばよいかを抽象的に説明してきました。しかし，その手順はかなり複雑なため，具体例に即して検討することがより一層の理解の手助けになると考えられます。そこで，先に外国法人・非居住者（個人）の対内活動に関し，国内税法の「考え方」を説明するために用いたのと同じ具体例（第2章第1節1（27頁））を使い，租税条約の適用関係を以下で説明します。

ただし，先に第1節5（60頁）で述べたとおり，租税条約の下では原則として外国法人と非居住者（個人）は同列に扱われているため，以下では恒久的施設を有しない外国法人（例1）（29頁）と恒久的施設を有する外国法人（例2（30頁）および例3（32頁））に関する事例のみを取り上げることとし，非居住者（個人）に関する事例は省略します。なお，復興財源確保法により，2013年1月1日から2037年12月31日までの間に行うべき源泉徴収については基準所得税額の2.1パーセントに相当する復興特別所得税が付加されていますが，この点も以下の説明においてはいっさい省略します。また，租税条約上の特典を受けるための届出手続（第3節6（73頁））についても触れません。

(a) 例1　恒久的施設を有しない外国法人

「米国に本社をもつA社が，日本に本社をもつB社に対し，B社の日本での運転資金を貸し付け，B社から金利を受け取る。なお，A社は日本に支店などの恒

久的施設を有しない。」

(i) 国内税法の検討の結果のまとめ

すでに第2章第1節1（1）(29頁)で説明したように，例1の場合，国内税法の下ではA社はB社から受け取る貸付金の利子について20パーセントの税率で所得税の課税を受け，それは源泉徴収されます。そして，A社は，上記利子につき法人税の課税を受けませんから，この源泉徴収だけで日本における課税関係を終了することになります。

(ii) 租税条約の適用

以上のような国内税法の検討の結果を踏まえて，租税条約の適用をどのように考えていけばよいかの道筋を以下に示します。

第一に，そもそも租税条約の適用があるかどうかを検討します。本件では，米国法人であるA社の日本における所得税および法人税の課税関係が問題となっているので，日米租税条約の適用があります（同条約第4条第1項，第2条第1項(a)）。

第二に，恒久的施設の有無を確認します。本件では，A社は，日本に恒久的施設を有していませんから，それを前提に日米租税条約の適用を考えます。

第三に，問題となっている所得が，その所得の性質から見て租税条約上どの種類の所得に分類されているかを確認します。A社が受け取る貸付金の利子は，日米租税条約上も国内税法と同様「利子」に分類されます（同条約第11条第4項）。

第四に，「利子」の源泉地が租税条約上どのように定められているかについて確認します。日米租税条約は，国内税法の定める使用地主義の原則と異なり，貸付金の債務者の所在地を所得の源泉地とする債務者主義の原則を定めています（同条約第11条第3項）。貸付金の債務者は日本に本社をもつB社ですから，日米租税条約上もA社が受け取る利子は，日本の源泉から生ずる所得として取り扱われます。

第五に，租税条約上，当該所得に関する日本での課税について減免規定があるかどうかを検討します。日米租税条約は，A社が日本の源泉から取得する利子に対しては，一定の例外的な場合を除き日本でも課税できるとした（同条約第11条

第2項）うえで，かかる利子に対して日本が課す租税の限度税率を10パーセントと規定しています[44]（同条約第11条第2項，実施特例法第3条の2第1項）。

(iii) 国内税法の検討の結果と租税条約の検討の結果のつきあわせ

最後に，国内税法の検討の結果と租税条約の検討の結果をつきあわせます。上記(i)で確認したとおり，国内税法の下ではA社の受け取る利子は，日本で20パーセントの税率による所得税の源泉徴収を受けることになるのに対し，日米租税条約上は日本での課税は認められるものの，その税率は利子の額の10パーセントに軽減されます。

結論として，A社は，B社から受け取る利子につき10パーセントの税率による源泉徴収を受け，それのみで日本における課税関税を終了します。

(b) 例2　恒久的施設を有する外国法人——恒久的施設に帰属する所得

「米国に本社をもつC社が，日本支店を通じ，日本に本社をもつD社に対し，D社の日本での運転資金を貸し付け，D社から金利を受け取る。」

(i) 国内税法の検討の結果のまとめ

すでに第2章第1節1（2）（30頁）で説明したように，例2の場合，国内税法の下ではC社はD社から受け取る貸付金の利子について原則として20パーセントの税率で所得税の源泉徴収を受け，後に法人税の課税を受けます。そして，C社は法人税の申告・納付をする際，この源泉徴収を受けた所得税につき所得税額控除を受けます。なお，日本に支店を有するC社には，地方法人税が課されるとともに支店所在地の都道府県・市町村において地方税も課されます。

(ii) 租税条約の適用

以上のような国内税法の検討の結果を踏まえて，租税条約の適用をどのように考えていけばよいかの道筋を以下に示します。

第一に，そもそも租税条約の適用があるかどうかを検討します。本件では，米国法人であるC社の日本における所得税および法人税の課税関係が問題となって

44　2013年改正議定書第4条の下では，利子に対する源泉地国課税は免除されるのが原則となります。

いるので，日米租税条約の適用があります（同条約第4条第1項，第2条第1項）。

　第二に，恒久的施設の有無を確認します。本件では，Ｃ社は，日本支店を有していますから恒久的施設を有する米国法人に該当します。しかも，Ｃ社からＤ社への日本での運転資金の貸し付けは，日本支店を通じて行われていますから，Ｃ社がＤ社から受け取る利子は日本支店に帰属します。

　第三に，問題となっている所得が，その所得の性質から見て租税条約上どの種類の所得に分類されるのかを確認します。上記(a)(95頁)の例1で述べたとおり，Ｃ社が受け取る貸付金の利子は，日米租税条約上も，国内税法と同様「利子」に分類されます（同条約第11条第4項）。

　第四に，「利子」の源泉地が租税条約上どのように定められているかを確認します。日米租税条約では，国内税法の定める使用地主義の原則と異なり，貸付金の債務者の所在地を所得の源泉地とする債務者主義の原則を定めています（同条約第11条第3項）。貸付金の債務者は日本に本社をもつＤ社ですから，日米租税条約上もＣ社が受け取る利子は日本の源泉から生ずる所得として取り扱われます。

　第五に，問題となっている所得に関する日本での課税について，租税条約上減免規定があるかどうかを検討します。日米租税条約では，米国法人の日本における恒久的施設に帰属する利子については同条約の減免規定の適用はなく，利子のうち当該恒久的施設に帰せられる部分については日本で課税されます（同条約第11条第5項，第7条第1項）。

　本例の場合，Ｃ社が受け取る上記の利子は，先に確認したとおり日本支店に帰属していますから，日米租税条約上日本での課税が認められ，しかも同条約による減免規定の適用はありません。

　　(iii)　国内税法の検討の結果と租税条約の検討の結果のつきあわせ
　最後に，国内税法の検討の結果と租税条約の検討の結果をつきあわせます。

　上記(i)で確認したとおり，国内税法の下ではＣ社の受け取る利子は，原則として日本で20パーセントの税率による所得税の源泉徴収を受けたうえ，法人税の課税を受けます。これに対し，日米租税条約上はＣ社の日本支店に帰属する利子に対して日本での課税が認められており，しかも減免規定の適用はありません。し

たがって，日米租税条約によって国内税法による検討の結果が変更されることはなく，C社の日本における課税関係は国内税法どおりとなります。

結論として，C社は，D社から受け取る利子につき，日本で原則として20パーセントの税率による源泉徴収を受け，後に法人税の課税を受けます。なお，C社は法人税の申告・納付をする際，この源泉徴収を受けた所得税につき所得税額控除を受けます。

(c) 例3　恒久的施設を有する外国法人—恒久的施設に帰属しない所得

「米国に本社をもち，日本支店をもつC'社の本社が，日本支店を通じないで直接，日本に本社をもつD'社に対し，D'社の日本での運転資金を貸し付け，D'社から金利を受け取る。」

(i) 国内税法の検討の結果のまとめ

先に説明した上記(b)（97頁）の例2との違いは，例3ではC'社が受け取る利子を発生させる貸付金が日本支店と関連性を有していないために，この利子が日本支店に帰属するとは考えられない点です。この点の相違は，総合主義を採っていた国内税法の下での課税関係を考えるうえでは重要ではありませんでした。しかし，AOAに準拠した帰属主義を導入した国内税法の下では，例3と例2の課税関係はまったく異なります。すなわち，例3ではC'社はD'社から受け取る利子について20パーセントの税率による源泉徴収を受けるだけで課税関係を終了し，支店に帰属する所得のように法人税・住民税の課税を受けません。

(ii) 租税条約の適用

国内税法が総合主義を採っていたときには，帰属主義をとる租税条約がどのように適用されるかについて争いがありましたが，国内税法がAOAに準拠した帰属主義に移行した結果この争いは解消されました。このことを明らかにするために，例2と同様の順序で例3を検討します。

第一に検討すべきは，租税条約の適用の有無です。本例には，例2と同様の理由により日米租税条約の適用があります。

第二に，恒久的施設の有無と恒久的施設への所得の帰属の有無を検討します。C'社は恒久的施設にあたる日本支店を有していますが，C'社が受け取る利子は

C'社の日本支店に帰属しません。これが例2との大きな違いで，後の検討に影響を及ぼします。

第三に，上記利子の源泉地が租税条約上どのように定められているかについて確認します。利子の源泉地について日米租税条約は債務者主義の原則を定めており（同条約第11条第3項），このことはC'社が国内に恒久的施設を有しているが，その恒久的施設に利子が帰属しない場合も同様です。貸付金の債務者は日本に本社をもつD'社ですから，日米租税条約上もC'社が受け取る利子は日本の源泉から生ずる所得として取り扱われます。

第四に，問題となっている所得に関する日本での課税について，租税条約上減免規定があるかどうかを確認します。上記(a)（95頁）の例1で検討したとおり，日米租税条約は，C'社が日本国内の源泉から取得する利子に対して，原則として日本での課税権を認めたうえで10パーセントの限度税率を定めています（同条約第11条第2項，第6項）。

(iii) 国内税法の検討の結果と租税条約の検討の結果のつきあわせ

最後に，国内税法の検討の結果と租税条約の検討の結果をつきあわせます。上記(i)で確認したとおり，国内税法の下ではC'社の受け取る利子は，20パーセントの税率で源泉徴収を受けるだけで課税関係を終了し，恒久的施設帰属所得のように法人税・住民税の課税を受けることはありません。これに対し，日米租税条約の下ではC'社が受け取る利子について日本での課税は認められるものの，源泉徴収税率は利子の額の10パーセントに軽減されます。

(6) まとめ

以上のとおり，非居住者の対内活動に関し，租税条約がどのような形で適用されるかを確実に検討していくための考え方の順序はかなり複雑です。そこで，日米租税条約を例にとり，租税条約の適用を検討する際の考え方の骨組みを最後にまとめておきます。

> (a) 国内税法の下での課税関係の確認
> (b) 検討の対象となっている法人・個人が米国の適格居住者に該当し、問題となっている租税が法人税または所得税であることの確認
> (c) 米国の居住者が国内に恒久的施設を有しているかどうかの確認（恒久的施設の有無に従い以下の(i)または(ii)に区分される）
>   (i) 恒久的施設を有しない場合
>   ① 国内に所得の源泉があるかどうかの確認
>   ② 国内源泉所得について日本での課税の減免規定の有無を検討
>   ③ 国内税法の検討の結果と租税条約の検討の結果のつきあわせ
>   (ii) 恒久的施設を有する場合
>   ① 問題となっている所得が、恒久的施設に帰属するかどうかの確認（帰属の有無に従い以下の②-1または②-2に区分される）
>   ②-1 帰属する場合は、国内源泉所得として課税
>   ②-2 帰属しない場合は、所得の区分に従い国内源泉所得かどうかを確認したうえで、日本での課税の減免規定の有無を検討
>   ③ 国内税法の検討の結果と租税条約の検討の結果のつきあわせ

2 居住者の対外活動に対する租税条約の適用

本節の冒頭（84頁）で述べたとおり、国際税務には、非居住者の対内活動と居住者の対外活動の二つの側面があります。非居住者の対内活動に対する租税条約の適用については、1（85頁）で詳細に検討しました。以下では、国際税務のもう一つの側面である居住者の対外活動に関する税務問題について、租税条約がどのように適用されるかを簡単にまとめます。

(1) 租税条約の特定

まず検討しなければならないことは、そもそもいずれの租税条約の適用があるかを特定することです。具体的には、日本の居住者のどの国での課税関係が問題となっているかを特定したうえで、その国と日本との間で租税条約が締結されているかどうかを調べる必要があります。

(2) 対象税目の確認

適用すべき租税条約の特定ができたら，次にその租税条約の内容を検討し，対象となっている税目を明らかにします。具体的な対象税目が租税条約によって異なっていることは，先に1（2）(87頁)で説明したとおりです。

(3) 租税条約の適用場面

以上のように，租税条約を特定し，対象税目を確認したら，租税条約の適用がどのような局面で問題となるかを考える必要があります。ここで注意すべきなのは，非居住者の対内活動に関する税務問題に租税条約が適用される場合と比べると，居住者の対外活動に関する税務問題の場合には，そもそも租税条約の適用場面がきわめて限られているということです。これは，先に第3節2（68頁）で説明したセービングの原則により，自国の居住者に対する自国での課税関係は，租税条約の規定の適用によって影響を受けないという原則があるからです。したがって，日本の居住者の対外活動にかかる税務問題との関係で，租税条約の適用を考えるときに留意しなければならない点は，以下のような問題に限られます[45]。

(a) 二重課税排除条項の確認と修正

日本が締結した租税条約の二重課税排除条項は，以下のようなパターンに分かれます[46]。

---

45 租税条約で定める，外国から日本を訪れた教授に対する課税免除の規定は，当該教授が日本の居住者になった場合にも適用があります（例えば日米租税条約第20条）。しかし，これらの規定は，もともと租税条約の締結国の居住者（すなわち日本の非居住者）であった教授が，日本を訪れたことによって日本の居住者になる場合でも，一定の要件を満たすときには日本での課税免除を認めるためのものです。したがって，これらの規定を，（元来の）日本の居住者の対外活動に関する租税条約上の特則と捉えるのは適当でないと考えられます。

46 租税条約に，外国子会社配当益金不算入税制（平成21年度税制改正で導入）を前提とする規定を初めて設けたのは，2010年8月に署名された日本・オランダ租税条約です。それ以降に締結または改正された租税条約においても，香港（2010年11

① 直接税額控除についてのみ規定（日本・イタリア租税条約第23条第1項，日本・スイス租税条約第23条第1項，日本・香港租税条約第22条第1項，日本・サウジアラビア王国租税条約第第23条第1項，日本・ニュージーランド租税条約第24条第1項，日本・アラブ首長国連邦租税条約第22条第1項，日本・スウェーデン租税条約第22条第1項，日英租税条約第23条第2項，日本・オマーン国租税条約第22条第1項など）
② 直接税額控除と間接税額控除の双方について規定（日本・アイルランド租税条約第24条第2項，日本・カナダ租税条約第21条第2項，日韓租税条約第23条第2項，日中租税条約第23条第2項，日本・ベルギー租税条約第23条第1項など）
③ 直接税額控除と外国子会社配当益金不算入税制の双方について規定（日本・オランダ租税条約第22条第1項・第2項，日本・ポルトガル租税条約第22条第2項など）

また，外国税額控除の控除限度額は，法人税額のうち国外源泉所得に対応する部分を上限とするように定められています（法人税法第69条第1項）が，この国外源泉所得の範囲を確定する際にも租税条約上の源泉地規定が適用されます（同条第7項）。

さらに，詳細については後に第3部第2章第6節（611頁）で説明しますが，

月），サウジアラビア王国（2010年11月），ニュージーランド（2012年12月），アラブ首長国連邦（2013年5月），スウェーデン（2013年12月），英国（2013年12月），オマーン国（2014年1月），カタール国（2015年2月），ドイツ（2015年12月），チリ（2016年1月），スロベニア（2016年9月），ベルギー（2016年12月），ラトビア（2017年1月），オーストリア（2017年1月），リトアニア（2017年7月），エストニア（2017年8月），ロシア（2017年9月），デンマーク（2017年10月），アイスランド（2018年1月）との租税条約は，直接税額控除のみについて規定しています。

なお，日本・オランダ租税条約および新日米租税条約（2013年改正議定書第9条）は，外国子会社配当益金不算入税制につき国内税法の株式保有要件を緩和する特則を置いていますが，日本・ポルトガル租税条約（2011年12月）にはそのような特則はありません。

発展途上国との租税条約の中には，投資促進のために途上国において減免され現実には支払っていない租税を納付したものとみなして取り扱い，日本での外国税額控除を認める規定を置くものがあります（例えば日本・タイ租税条約第21条第4項）。これは，タックス・スペアリング・クレジット（みなし外国税額控除）とよばれています。このように，租税条約上特別に認められたみなし外国税額控除に関する特則は，国内税法に常に優先して適用されます。

以上のとおり，外国税額控除制度に関し特別な定めを置く租税条約が国内税法に対しどのような影響を及ぼすかについては，細かく見ていくと興味深い解釈問題が含まれています[47]。

(b) 特殊関連企業条項

租税条約には，親子会社などの特殊関連企業に対し独立企業原則の適用を要請する特殊関連企業条項が設けられています（例えば日米租税条約第9条）。このような特殊関連企業条項は，外国法人が日本の関連者と行う取引だけでなく，内国法人がその国外関連者と行う取引も対象に含めていますから，居住者の対外活動にかかわる税務問題について租税条約が規定を設けている一例に加えることができます。

ただし，このような特殊関連企業条項は，移転価格税制を直接執行するための課税根拠規定にはならないという意味で直接適用可能ではなく，特殊関連企業の所得を計算しなおすためには国内における立法措置（具体的には租税特別措置法第66条の4等）が必要であると一般に考えられています[48]。

(c) 相手国での課税関係の推定

（日本の）居住者が行う対外活動に伴って，海外でどのように課税されるかという問題については，関連する外国の税法を調査しなければ最終的な回答を導び

---

47 第3部第2章第4節3（5）(600頁) および第5節3（609頁），上記注14井上・仲谷・租税条約と国内税法の交錯395頁以下。

48 第2部第3編第4章第1節2（531頁），上記注14井上・仲谷・租税条約と国内税法の交錯445項以下。

くことはできません。しかしながら、関連する外国と日本との間に租税条約が締結されているときには、その外国での課税関係をある程度推測できる場合があります。これは、一般にその外国の国内税法よりも、租税条約の規定が優先して適用されると想定できるためです。

　例えば、まず、日本の居住者に対する外国での課税は一般にその国に源泉のある所得に限られるという原則があると考えられるため、租税条約の検討の結果特定の所得の源泉がその外国にないということが確認できれば、日本の居住者は、その所得に対し当該外国での課税を受けないと推定できます。また、租税条約で一定の所得について源泉地国での課税権を否定している場合には、その所得について当該外国で課税を受けないという想定が可能です。同様に、租税条約で一定の所得の課税について限度税率が定められている場合は、源泉地国で受ける課税に関してはその限度税率が上限になると考えられます。

(4) まとめ

　以上のとおり、(日本の) 居住者の対外活動に伴う税務問題に関し租税条約が適用されるとしても、その適用場面はかなり限定されており、注意すべき事項も限られています。

第 2 部

外国法人の対内取引

第 1 編

恒久的施設を有しない外国法人

第1章　事業活動に関する課税

本章の概要

　国内に恒久的施設を有しない外国法人が国内において何らかの活動を行い所得を得る場合，その所得はその性質により次の4種類のいずれかに分類することができます。

① 　国内事業からの所得
② 　国内にある資産の運用・保有による所得
③ 　国内にある資産の譲渡による所得
④ 　その他その源泉が国内にある所得

　本章では，国内に恒久的施設を有しない外国法人が上記4種類の所得を得る場合に日本でどのように課税されるかを，次のような順で検討します。

　第1節　法人税法上の国内源泉所得の構成

　平成26年度税制改正（2016年4月1日施行）によって法人税法の国内源泉所得の定義規定は大幅に変更されました。そこで，旧法と現行法でどのような相違があるかを中心に見ていきます。

　第2節　国内事業からの所得

　国内に恒久的施設を有しない外国法人が得る国内事業から生ずる所得については，所得税，法人税ともに課されません。

　第3節　国内にある資産の運用・保有による所得

　国内に恒久的施設を有しない外国法人が得る国内にある資産の運用・保有による所得については，所得税は課されませんが，法人税が課されます。

　第4節　国内にある資産の譲渡による所得

　国内に恒久的施設を有しない外国法人が得る国内にある資産の譲渡による

所得の課税関係は，譲渡資産の種類によって変わってきます。すなわち，国内不動産等の譲渡による所得については，所得税および法人税が課されます。国内業務に係る工業所有権等の譲渡対価については，所得税のみが課されます。事業譲渡類似の株式等を含む一定の国内資産の譲渡による所得については，所得税は課されませんが，法人税が課されます。その他の資産の譲渡による所得については，所得税，法人税ともに課されません。

第5節　その他国内に源泉がある所得

国内に恒久的施設を有しない外国法人が得るその他その源泉が国内にある所得については，所得税は課されませんが，法人税が課されます。

第1節　法人税法上の国内源泉所得の構成

1　平成26年度税制改正の影響

平成26年度税制改正は国内に恒久的施設を有する外国法人の課税関係に大きな変更を加えましたが，それに伴い国内源泉所得の定義規定も修正されました。旧法と比べ，所得税法上の国内源泉所得の定義は号数がずれただけのものが多いのに対し，法人税法上の国内源泉所得の定義は大幅に変更されています。

このような国内源泉所得の定義規定の修正は，国内に恒久的施設を有しない外国法人の課税関係を考える上でも考慮に入れる必要があります。そこで，最初に法人税法上の国内源泉所得の構成がどのように変わったかを確認しておきます。

2　旧法人税法の定め

旧法人税法第138条は，第1号において以下の①ないし④のとおり法人税法上の国内源泉所得を網羅的に規定していました。

①　国内事業からの所得

② 国内にある資産の運用・保有による所得
③ 国内にある資産の譲渡による所得
④ その他その源泉が国内にある所得

その上で旧法人税法第138条は，第2号以下で上記①ないし④のうち源泉徴収の対象となるものを取り出し，1号に該当する所得から除外するという構造をとっていました[1]。つまり，ある国内源泉所得が1号の中に含まれるように見えても，2号以下に該当すればそちらが優先するという構成がとられていました（旧法人税法第138条第1号かっこ書き）。このような旧法人税法の下での国内源泉所得の定義規定は以下の図のようにまとめることができます。

旧法人税法の下での国内源泉所得の定義

旧法人税法 第138条	国内源泉所得の定義
1号	国内事業からの所得，国内にある資産の運用・保有による所得，国内にある資産の譲渡による所得，その他その源泉が国内にある所得（ただし，2号以下に該当するものを除く）
2号	国内における人的役務の提供事業の対価
3号	国内にある不動産等の賃貸料
4号	日本国・内国法人の債券の利子，国内営業所に預け入れられた預貯金の利子
5号	内国法人からの配当
6号	国内業務に係る貸付金の利子
7号	国内業務に係る使用料
8号	国内事業の広告宣伝のための賞金
9号	国内営業所を通じた生命保険契約に基づく年金
10号	国内営業所に係る金融類似商品からの利益
11号	国内事業を行う者に対し出資する匿名組合契約に基づく利益の分配

---

1 関禎一郎ほか『改正税法のすべて　平成26年版』（大蔵財務協会，2014）676頁。

3 現行法人税法の定め

これに対し、平成26年度税制改正によって法人税法上の国内源泉所得は、次の6種類に改められました。

現行法人税法の下での国内源泉所得の定義

法人税法 第138条第1項	国内源泉所得の定義
1号	恒久的施設帰属所得
2号	国内にある資産の運用・保有による所得（ただし、現行所得税法第161条第1項第8号から第11号までおよび第13号から第16号（旧法人税法第138条第4号から第11号までに該当）に掲げる利子、配当等の国内源泉所得を除く）
3号	国内にある資産の譲渡による所得
4号	国内における人的役務の提供事業の対価
5号	国内にある不動産等の賃貸料
6号	その他その源泉が国内にある所得

4 旧法と現行法の比較

旧法と現行法を比較した場合、主として以下の点に留意する必要があります。

(1) 恒久的施設に帰属しない国内事業からの所得

第一に、旧法人税法の1号に該当する所得には国内事業からの所得で外国法人の国内にある恒久的施設に帰属しないものが含まれていたのに対し、現行法人税法ではかかる所得はそもそも国内源泉所得には該当しないことになりました。現行法人税法の1号に該当する所得は外国法人の有する恒久的施設に帰属する所得に限定されています。

(2) 国内源泉所得への重複的該当

　第二に、旧法人税法の下では2号以下の所得に該当すると1号に該当する所得から除外されるという構造をとっていましたが、現行法人税法の下ではある国内源泉所得が二つの異なる号の国内源泉所得に重複して該当する場合があります。

　例えば、本章の前提とは異なりますが、国内に恒久的施設を有する外国法人が当該恒久的施設を通じて国内にある一定の資産を譲渡した場合には現行法人税法の下では当該所得は1号と3号の双方の国内源泉所得に該当します。現行法はそのような重複が生じることを前提とした上で、法人税の課税標準を定める法人税法第141条第1号においていずれに振り分けられるかを明らかにしています。すなわち、ある国内源泉所得が「恒久的施設帰属所得」と「その他の国内源泉所得」の双方に該当する場合には、法人税の課税標準の計算上、前者にのみ含まれます[2]。したがって、上記の例のように外国法人が恒久的施設を通じて国内にある一定の資産を譲渡したことによって稼得する所得は、「恒久的施設帰属所得」（現行法人税法の1号の所得に該当）として法人税の課税標準が計算されます。

(3) 源泉徴収対象所得の除外

　第三に、旧法人税法第138条第4号から第11号までに掲げる利子、配当等の国内源泉所得については、現行法人税法では国内源泉所得の範囲から除外されました。すなわち、現行法人税法第138条第1項第2号かっこ書きは、国内にある資産の運用・保有による所得の中から現行所得税法第161条第1項第8号から11号までおよび第13号から第16号までに該当するもの（旧法人税第138条第4号から第11号までに掲げられていた国内源泉所得と同じ）を除外しています。これら現行法人税法の2号から除外された所得については外国法人が国内に有する恒久的施設に帰属しない限り法人税の課税対象から除外され、所得税の源泉徴収のみで課税関係を完結させるという仕組みになっています。

2　上記注1改正税法のすべて677頁。

(4) 1号と2号以下の国内源泉所得の切り分け

　第四に，旧法人税法の1号に該当する所得のうち恒久的施設帰属所得以外のものは，現行法人税法の下では1号ではなく2号以下の別の号の国内源泉所得として定義されるようになりました。このような所得に対しては，従来どおり恒久的施設に帰属しなくても法人税が課されます。

(5) 人的役務の提供事業の対価と不動産等の賃貸料

　第五に，旧法人税法の2号（人的役務の提供事業の対価）および3号（不動産等の賃貸料）に該当する国内源泉所得は，現行法人税法の下では号数が変わっただけで（それぞれ4号と5号に対応），その内容に変更はありません。

(6) まとめ

　以上より，国内に恒久的施設を有しない外国法人を前提とした場合，旧法人税法の1号に該当する国内源泉所得と現行法人税法の国内源泉所得との対応関係は以下のように整理できます。

国内源泉所得の対応関係

旧法人税法第138条第1号	現行法人税法第138条第1項
① 国内事業からの所得	該当なし（＊1）
② 国内にある資産の運用・保有による所得	2号該当所得
③ 国内にある資産の譲渡による所得	3号該当所得（＊2）
④ その他その源泉が国内にある所得	6号該当所得

（＊1）現行法人税法の下で1号に該当する国内源泉所得は恒久的施設帰属所得に限られるため，国内に恒久的施設を有しない外国法人が稼得する国内事業からの所得はそもそも国内源泉所得に含まれません。

（＊2）ただし，後に第4節1（1）(123頁)で述べるように，旧法人税法の下での国内にある資産の譲渡による所得と現行法人税法の3号に該当する所得を比べると後者の方がより狭い範囲に限定されています。

4　本章の検討対象

本章では，国内に恒久的施設を有しない外国法人が旧法人税法の1号に該当する所得を稼得した場合に日本においてどのように課税されるかという問題を中心に取り上げます。外国法人が国内において従事する活動が以下のいずれかの取引類型に該当する場合には次章以下の該当部分をそれぞれ参照してください。

外国法人の国内における活動と本編の該当部分

外国法人が国内で従事する活動	本編の章
人的役務の提供事業	第2章（131頁）
不動産関連の取引	第3章（150頁）
公社債関連の取引	第4章（166頁）
株式関連の取引	第5章（181頁）
貸付金関連の取引	第6章（203頁）
知的財産関連の取引	第7章（235頁）
動産の賃貸借関連の取引	第8章（325頁）
匿名組合関連の取引	第9章（340頁）
金融商品等関連の取引	第10章（363頁）

第2節　国内事業からの所得

国内に恒久的施設を有しない外国法人が国内で事業活動を行う場合の課税関係について検討します。外国法人が国内の倉庫業者に棚卸資産を保管してもらい，インターネットで注文を受けて日本の顧客向けに販売するような場合がその典型例です[3]。

第1編　恒久的施設を有しない外国法人／第1章　事業活動に関する課税

1　国内税法の定め

（1）所得税

　国内に恒久的施設を有しない外国法人は国内における事業活動からの所得について所得税の課税は受けません。なぜなら，このような事業活動から生ずる所得は所得税法上の国内源泉所得に含まれていないからです（所得税法第161条第1項）。

（2）法人税

　国内に恒久的施設を有しない外国法人は国内における事業活動からの所得について法人税の課税も受けません。なぜなら，このような事業活動から生ずる所得は法人税法上の国内源泉所得に含まれていないからです（法人税法第138条第1項）。

　したがって，国内に恒久的施設を有しない外国法人は国内における事業活動からの所得について，所得税，法人税ともに課されません[4]。

3　平成30年度税制改正前においては，外国法人のために顧客の通常の要求に応ずる程度の数量の資産を保管し，かつ，当該資産を顧客の要求に応じて引き渡す者は，在庫保有代理人として当該外国法人の恒久的施設（Permanent Establishment, PE）に該当する可能性がありましたが（旧法人税法第2項第12号の18ハ，旧同法施行令第4条の4第3項第2号），同改正によって在庫保有代理人に関する規定は削除されました。また，倉庫業者は通常，当該外国法人から独立しているため，独立代理人に該当するときにはいずれにしろ代理人 PE からは除外されます。ただし，外国法人が在庫の検査や維持のために倉庫内の一定の場所に制限なく立ち入れるような場合には，そのような場所自体が当該外国法人の事業所 PE に該当する余地があります（2017年 OECD モデル条約第5条コメンタリーのパラグラフ65参照）。

4　後に第4節1（1）（123頁）で説明するとおり，国内にある棚卸資産の譲渡による所得には所得税も法人税も課されません。

2　租税条約の定め

　事業活動から生ずる所得は，現在日本が締結している大多数の租税条約[5]において「企業の利得」に含まれており，かかる所得については租税条約上，相手国内にある恒久的施設を通じて事業活動を行わない限り相手国では課税されません。つまり，「恒久的施設なければ課税なし」という原則が適用されます。日米租税条約第7条第1項も同様です。

　したがって，国内に恒久的施設を有しない外国法人が国内における事業活動からの所得について日本で課税を受けないという国内税法の取扱いは，租税条約によっても変更されません。

3　日本側当事者の税務

　国内に恒久的施設を有しない外国法人は国内における事業活動からの所得について所得税の課税を受けないため，取引の相手方である日本側当事者に源泉徴収義務が生ずることはありません。

第3節　国内にある資産の運用・保有による所得

　本節では，国内に恒久的施設を有しない外国法人が国内にある資産の運用・保有による所得を得る場合の課税関係について検討します。

5　事業所得について，「企業の利得」という言葉に代えて「産業上又は商業上の利得」という言葉を用いている租税条約には，旧日本・オーストリア租税条約，日本・スリランカ租税条約があります。ただし，2017年1月に署名された新日本・オーストリア租税条約は，「企業の利得」という言葉を採用しています。なお，産業上又は商業上の利得についても，「恒久的施設なければ課税なし」の原則が適用されます。

1　国内税法の定め

(1) 国内にある資産の運用・保有による所得の意義

　法人税法上，国内にある資産の運用・保有による所得として次のような資産の運用または保有により生ずる所得が例示されています（法人税法第138条第1項第2号，同法施行令第177条第1項）。また，外国法人の有する資産が国内にあるかどうかの判定については法人税法施行令第177条および第178条に定めるところによるほか，法人税基本通達20-2-5が判定の基準を定めています。

(a)　公社債のうち日本国の国債もしくは地方債または内国法人の発行する債券または約束手形[6]

(b)　居住者に対する貸付金に係る債権でその居住者の行う業務に係るもの以外のもの[7]

---

[6]　日本国の国債もしくは地方債または内国法人の発行する債券に係る利子は所得税法第161条第1項第8号イに該当するため，国内にある資産の運用・保有による所得からは除かれます（法人税法第138条第1項第2号かっこ書き）。国内に恒久的施設を有しない外国法人がかかる利子を得る場合，所得税の源泉徴収が行われるだけで日本での課税関係が終了します（第4章第2節1（171頁））。

　他方，日本国の国債もしくは地方債または内国法人の発行する債券に係る償還差益は国内にある資産の運用・保有による所得に該当します（法人税基本通達20-2-7(1)）。このような償還差益は所得税の源泉徴収の対象に含まれ（租税特別措置法第41条の12の2第1項，第2項，第6項），しかも，国内に恒久的施設を有しない外国法人が稼得する場合には法人税の課税対象から除かれます（同法第67条の17第5項）。したがって，結局のところ，かかる償還差益については償還時に所得税の源泉徴収が行われるだけで日本での課税関係が終了します（第4章第4節1（177頁））。

[7]　例えば，国内に恒久的施設を有しない外国法人が日本の居住者に対し住宅取得資金の貸付をした場合に得る金利がこれに該当します。他方，居住者の業務に係る貸付金の利子は所得税法第161条第1項第10号に該当するため国内にある資産の運用・保有による所得からは除かれます（法人税法第138条第1項第2号かっこ書

(c) 国内にある営業所または代理人を通じて締結した生命保険契約その他これに類する契約に基づく保険金の支払いまたは剰余金の分配を受ける権利

ここで特に注意すべきなのは，上記(a)ないし(c)はあくまで例示であり，これ以外の所得でも国内にある資産の運用・保有による所得に含まれるものがあるという点です[8]。

他方で，所得税法第161条第1項第8号ないし第11号および第13号ないし第16号に該当する国内源泉所得（預貯金の利子，配当，業務用の貸付金の利子，使用料，広告宣伝のための賞金，生命保険契約に基づく年金，金融類似商品からの利益，匿名組合契約に基づく利益の分配等）は，国内にある資産の運用・保有による所得から明示的に除かれています（法人税法第138条第1項第2号かっこ書き）。この結果，国内に恒久的施設を有しない外国法人が所得税法に掲げられた上記一定の国内源泉所得を稼得する場合には法人税は課されず，所得税の源泉徴収のみで日本における課税関係が完結します。詳細については取引類型別に解説してある次章以下の該当部分をそれぞれ参照してください。

（2）国内税法における課税関係

(a) 所得税

国内に恒久的施設を有しない外国法人は国内にある資産の運用・保有により生ずる所得について所得税の課税を受けません。なぜなら，外国法人の所得税の課税標準には国内にある資産の運用・保有による所得が含まれていないからです（所得税法第5条第4項，第7条第1項第5号，第161条第1項第2号，第178条）。

き）。国内に恒久的施設を有しない外国法人がかかる貸付金の利子を得る場合，所得税の源泉徴収が行われるだけで日本での課税関係が終了します（第6章第2節1（205頁））。

8　法人税基本通達20-2-7は，日本国の国債もしくは地方債または内国法人の発行する債券に係る償還差益の他にも国内にある資産の運用・保有による所得に該当するものの例を掲げています。

(b) 法人税

　国内に恒久的施設を有しない外国法人は国内にある資産の運用・保有により生ずる所得について法人税の課税を受けます。なぜなら、国内に恒久的施設を有しない外国法人が法人税の課税を受ける国内源泉所得（法人税法第141条第2号）に上記所得が含まれているからです。

　したがって、そのような外国法人は、国内にある資産の運用・保有による所得を有する場合にはその所得を申告し法人税を納付しなければなりません（法人税法第144条の6第2項、第144条の10）。

　具体的な手続は、まず、国内に恒久的施設を有しない外国法人は上記所得を有することとなった日以後2カ月以内に、納税地、国内において行う事業など一定の事項を記載した届出書等を納税地の所轄税務署長に提出する必要があります（法人税法第149条）。そして、当該外国法人は、事業年度終了の日の翌日から2カ月以内に所轄税務署長に対して確定申告書を提出し（同法第144条の6第2項）、法人税を納付しなければなりません（同法第144条の10）。

　外国法人の国内源泉所得に係る所得の金額は内国法人の各事業年度の所得の金額の計算の規定に準じて計算されます（法人税法第142条の10が準用する第142条、同法施行令第191条が準用する第184条）。税率は内国法人に対して適用される税率と同様、原則として23.2パーセントですが（法人税法第143条第1項）、法人税額の4.4パーセント（2019年10月1日以降に開始する事業年度からは10.3パーセント）に相当する地方法人税が付加されます（地方法人税法第4条、第6条第1号ロ、第9条、第10条第1項）。

　なお、国内に恒久的施設を有しない外国法人は、上記所得について法人住民税（道府県民税・市町村民税）および事業税を課されることはありません（地方税法第23条第1項第18号、第24条第3項、第72条第5号、第72条の2第6項、第292条第1項第14号、第294条第5項、同法施行令第7条の3の2、第10条、第46条の2の3）。

2　租税条約の定め

　租税条約においては国内税法に規定されているような「国内にある資産の運用

又は保有による所得」という所得分類はないため，それぞれの取引から生ずる所得や取引の対象となった資産の内容に応じて租税条約の関連規定を適用することになります。そして，租税条約の特定の所得分類に該当しないものについては，「その他所得」条項[9]を有する条約の場合には「その他所得」条項の規定に従い免税となり，「その他所得」条項を有しない租税条約の場合には国内税法の規定による課税関係となります。

3 日本側当事者の税務

国内に恒久的施設を有しない外国法人は国内にある資産の運用・保有による所得について所得税の課税を受けないため，取引の相手方である日本側当事者に源泉徴収義務が生ずることはありません。

第4節　国内にある資産の譲渡による所得

本節では，国内に恒久的施設を有しない外国法人が国内にある資産の譲渡によ

---

9 「その他所得」条項の例としては，日米租税条約第21条第1項があります。同項は，「一方の締約国の居住者が受益者である所得（源泉地を問わない。）で前各条に規定がないもの（以下「その他の所得」という。）に対しては，当該一方の締約国においてのみ租税を課することができる。」と規定しており，その他所得については受益者の居住地国のみで課税できるという原則を掲げています。

上記のような「その他所得」条項によって法人税の免除を受けようとする場合には届出書の提出を要せず，当然に免除を受けられるのが原則です。しかし，日米租税条約や日英租税条約のように特典制限条項を有する租税条約の規定に基づき法人税の免除を受けようとする場合には，「租税条約に関する届出書」に加え，「特典条項に関する付表」と居住者証明書を提出しなければなりません（実施特例法施行省令第9条の2）。

なお，租税条約によってはその他所得についても源泉地国課税を認める場合があるので注意を要します。詳しくは第1部第3章第4節1（4）（81頁）を参照してください。

る所得を得る場合の課税関係について検討します。

1 国内税法の定め

(1) 国内にある資産の譲渡による所得の意義

　法人税法は，国内にある資産の譲渡による所得として次のような所得を限定列挙しています[10]（法人税法第138条第1項第3号，同法施行令第178条第1項）。なお，外国法人の有する資産が国内にあるかどうかの判定については法人税法施行令第177条および第178条に定めるところによるほか，法人税基本通達20-2-5が判定の基準を定めています。

(a) 国内にある不動産の譲渡により生ずる所得

(b) 国内にある不動産の上に存する権利，鉱業権または採石権の譲渡により生ずる所得

(c) 国内にある山林の伐採または譲渡により生ずる所得

(d) 内国法人の発行する株式その他内国法人の出資者の持分で（特定のものを除きます），その譲渡による所得が買集め株式の譲渡による所得または事業譲渡類似の株式の譲渡による所得に該当するもの

(e) 不動産関連法人の株式または不動産関連特定信託の受益権の譲渡による所得

(f) 株式または出資形態の国内にあるゴルフ場の会員権の譲渡による所得

10　国内にある資産の譲渡による所得は平成26年度税制改正前にも国内源泉所得として規定されていましたが，その範囲は改正後のほうが改正前（旧法人税法施行令第177条第2項）よりも狭くなっています。しかし，同改正によって国内に恒久的施設を有しない外国法人の課税関係に変更はなく，変更が生じたのは外国法人が国内に恒久的施設を有する場合です。例えば改正前には，国内に所在する有価証券の譲渡による所得（旧法人税法施行令第177条第2項第2号ハ）は外国法人が恒久的施設を有する場合には恒久的施設への帰属の有無を問わず法人税が課されていました。しかし同改正後は，上記所得は恒久的施設に帰属する場合に限り国内源泉所得とされたので，恒久的施設に帰属しない場合には課税されないことになりました。

124　第2部　外国法人の対内取引

(g)　国内にあるゴルフ場その他の施設の利用に関する権利の譲渡による所得

(2) 国内にある資産の譲渡による所得の課税関係

　国内に恒久的施設を有しない外国法人が国内にある資産の譲渡により生ずる所得を得る場合の課税関係は次のようになります。

(a)　所得税

(i)　不動産等

　国内に恒久的施設を有しない外国法人は国内にある不動産等（土地もしくは土地の上に存する権利または建物およびその附属設備もしくは構築物）の譲渡による対価については原則として所得税の課税を受け源泉徴収の対象となります[11]（所得税法第5条第4項，第7条第1項第5号，第161条第1項第5号，第178条，第212条第1項）。この場合の税率は10パーセントです（同法第179条第2号，第213条第1項第2号）。ただし，2013年1月1日から2037年12月31日までの期間に行うべき源泉徴収については基準所得税額の2.1パーセントに相当する復興特別所得税が付加される結果，10.21パーセントの税率で源泉徴収の方法により所得税の課税が行われます（復興財源確保法第9条，第26条～第28条）。

(ii)　工業所有権等

　国内業務に係る工業所有権等の譲渡対価は上記1（1）(a)ないし(g)（123頁）に掲げる資産の譲渡による所得には含まれていませんが，国内に恒久的施設を有しない外国法人が稼得した場合，当該所得には所得税が課されるため源泉徴収の対象になります[12]。

(iii)　その他の資産

　一方，上記以外の国内にある資産の譲渡により生ずる所得については所得税の

11　国内にある不動産等の譲渡による所得の課税関係については第3章第3節（161頁）において検討します。

12　国内業務に係る工業所有権等の譲渡対価の課税関係については第7章第4節（281頁）において検討します。

課税を受けません。なぜなら、外国法人に係る所得税の課税標準には上記以外の国内にある資産の譲渡による所得が含まれていないからです(所得税法第5条第4項、第7条第1項第5号、第161条第1項第3号、第5号、第178条)。

(b) 法人税

(i) 不動産等を含む一定の資産

国内に恒久的施設を有しない外国法人は、上記1(1)(a)ないし(g)(123頁)に掲げる資産の譲渡により生ずる所得について法人税の課税を受けます(法人税法第141条第2号、第138条第1項第3号、同法施行令第178条第1項)。

(ii) 工業所有権等

国内業務に係る工業所有権等の譲渡対価を国内に恒久的施設を有しない外国法人が得る場合、法人税は課されません。

(iii) その他の資産

他方、国内に恒久的施設を有しない外国法人が上記のいずれにも該当しない国内にある資産を譲渡した場合には、所得税も法人税も課されません。

(c) まとめ

以上より、国内に恒久的施設を有しない外国法人が国内にある資産の譲渡による対価あるいは所得を稼得するときの課税関係は、譲渡資産の種類によって以下のようにまとめることができます。

① 所得税、法人税ともに課される場合——国内にある不動産等の譲渡
② 法人税のみが課される場合——上記(1)(a)ないし(g)(123頁)に掲げる資産(国内にある不動産等を除く)の譲渡
③ 所得税のみが課される場合——国内業務に係る工業所有権等の譲渡
④ 所得税、法人税ともに課されない場合——上記①ないし③以外の資産の譲渡

国内に恒久的施設を有しない外国法人は、上記1(a)ないし(g)に掲げる資産の譲渡による所得を有する場合にはその所得を申告し法人税を納付しなければなりません(法人税法第144条の6第2項、第144条の10)。具体的な手続は第3節1(2)(b)(121頁)の場合と同様です。なお、国内にある不動産等の譲渡について源泉

徴収された所得税は法人税の額から控除されます（法人税法第144条が準用する第68条）。

2 租税条約の定め

租税条約においては譲渡収益条項が設けられています。例えば、日米租税条約第13条の下では譲渡対象資産の種類に応じて以下のような課税関係になります。

（1）不動産の譲渡

日米租税条約第13条第1項は不動産[13]の譲渡によって取得する収益について不動産所在地国の課税権をそのまま認めています。したがって、国内に恒久的施設を有しない米国法人が国内にある不動産を譲渡することによって所得を得る場合には国内税法どおりの課税関係となります。

（2）不動産関連法人株式の譲渡

日米租税条約第13条第2項は一定の不動産関連法人の株式の譲渡による所得については源泉地国の課税権をそのまま肯定しています。したがって、国内に恒久的施設を有しない米国法人がかかる不動産関連法人の株式の譲渡によって所得を得る場合には国内税法どおりの課税関係となります[14]。

（3）破たん金融機関の株式の譲渡

日米租税条約第13条第3項は、破たんした金融機関株式の譲渡収益に対して源

---

13 日米租税条約上の「不動産」とは、その所在地国の法令における不動産の意義を有し、これに附属する財産、農業または林業に用いられる家畜類および設備、不動産に関する一般法の規定の適用がある権利、不動産用益権ならびに鉱石その他の天然資源の採取または採取の権利の対価として料金を受領する権利を含みます（同条約第6条第2項）。
14 不動産関連法人の株式の譲渡対価の課税関係については第5章第3節（190頁）において検討します。

泉地国の課税権を認めています。このため，国内に恒久的施設を有しない米国法人が得る事業譲渡類似の株式の譲渡の対価のうち日米租税条約第13条第3項の要件を満たすものについては国内税法どおりの課税関係になります[15]。

(4) その他の資産の譲渡

　日米租税条約は，国内に恒久的施設を有しない米国法人が上記以外の国内にある資産の譲渡収益を稼得する場合には譲渡者の居住地国である米国のみで課税するという原則をとっています（同条約第13条第7項）。

　したがって，例えば，事業譲渡類似の株式の譲渡収益のうち破たんした金融機関株式の譲渡収益（日米租税条約第13条第3項）に該当しないものを国内に恒久的施設を有しない米国法人が得る場合には日本での課税が免除されます。ただし，日米租税条約のように特典制限条項を有する租税条約の適用により法人税の課税を受けず申告義務がない場合には，「租税条約に関する届出書」，「特典条項に関する付表」および居住者証明書の提出が要求されています（実施特例法施行省令第9条の2第9項）。

　また，国内に恒久的施設を有しない米国法人が国内業務に係る工業所有権等の譲渡対価を得る場合も日本での課税が免除されます。日米租税条約上の免税規定の適用を受ける米国法人は上記譲渡対価の支払いを受ける前に，当該対価を支払う内国法人を経由して所轄の税務署長に対し「租税条約に関する届出書」，「特典条項に関する付表」および居住者証明書を提出する必要があります（実施特例法第3条の2，同法施行省令第2条第1項）。

3　日本側当事者の税務

(1) 国内にある不動産等の譲渡

　国内に恒久的施設を有しない外国法人が国内にある不動産等の譲渡による対価

15　事業譲渡類似の株式の譲渡対価の課税関係については第5章第3節（190頁）において検討します。

について所得税の課税を受ける場合には，取引の相手方である日本側当事者に源泉徴収義務が生じます。その際の源泉徴収税額は不動産等の譲渡対価の額に10パーセント（復興特別所得税が付加されると10.21パーセント）の税率を乗じて計算した金額です。

（2）国内業務に係る工業所有権等の譲渡

国内業務に係る工業所有権等の譲渡対価は上記1（1）(a)ないし(g)（123頁）に掲げる資産の譲渡による所得には含まれていませんが，国内に恒久的施設を有しない外国法人が稼得した場合には，取引の相手方である日本側当事者に源泉徴収義務が生じます。その際の源泉徴収税額は工業所有権等の譲渡対価の額に20パーセント（復興特別所得税が付加されると20.42パーセント）の税率を乗じて計算した金額です。

なお，工業所有権等の譲渡対価を国内に恒久的施設を有しない米国法人に支払う場合には源泉徴収義務は生じません。

（3）その他の資産の譲渡

上記（1）および（2）以外の場合には国内に恒久的施設を有しない外国法人は国内にある資産の譲渡による所得について所得税の課税を受けないため，取引の相手方である日本側当事者には源泉徴収義務は生じません。

第5節　その他国内に源泉がある所得

本節では，その他国内に源泉がある所得の内容および国内に恒久的施設を有しない外国法人がかかる所得を稼得する場合の課税関係を検討します。

1　国内税法の定め

（1）その他国内に源泉がある所得の意義

「その他国内に源泉がある所得」とは，「その他その源泉が国内にある所得とし

第1編 恒久的施設を有しない外国法人／第1章 事業活動に関する課税

て政令で定めるもの」と規定されています（法人税法第138条第1項第6号）。そして、法人税法はその他国内に源泉がある所得として以下の所得を列挙しています（法人税法施行令第180条）。下記(a)ないし(d)は限定列挙ですが、下記(e)は広い範囲の経済的な利益に係る所得が含まれていることに注意が必要です。

(a) 国内において行う業務または国内にある資産に関し受ける保険金、補償金または損害保険金に係る所得
(b) 国内にある資産の贈与を受けたことによる所得
(c) 国内において発見された埋蔵物または国内において拾得された遺失物に係る所得
(d) 国内において行う懸賞募集に基づいて懸賞として受ける金品その他の経済的な利益に係る所得
(e) 上記のほか国内において行う業務または国内にある資産に関し供与を受ける経済的な利益に係る所得

(2) 国内税法における課税関係

(a) 所得税

国内に恒久的施設を有しない外国法人はその他国内に源泉がある所得について所得税の課税を受けません[16]。なぜなら、外国法人に係る所得税の課税標準にはその他国内に源泉がある所得が含まれていないからです（所得税法第5条第4項、第7条第1項第5号、第161条第1項第17号、第178条、同法施行令第289条）。

---

16 「国内において行う懸賞募集に基づいて懸賞として受ける金品その他の経済的な利益に係る所得」（法人税法施行令第180条第4号）と「国内において行う事業の広告宣伝のための賞金として政令で定めるもの」（所得税法第161条第1項第13号、同法施行令第286条）は重なり合うところがあると考えられます。したがって、厳密にいうと、両者が重なり合う部分の賞金を国内に恒久的施設を有しない外国法人が稼得した場合には所得税および法人税がともに課されると考えられます。この点については第10章第4節1（386頁）を参照してください。

(b) 法人税

　国内に恒久的施設を有しない外国法人はその他国内に源泉がある所得について法人税の課税を受けます。なぜなら，国内に恒久的施設を有しない外国法人が法人税の課税を受ける国内源泉所得（法人税法第141条第2号）にその他国内に源泉がある所得（同法第138条第1項第6号）が含まれているからです。

　したがって，国内に恒久的施設を有しない外国法人は，その他国内に源泉がある所得を有する場合にはその所得を申告し法人税を納付しなければなりません（法人税法第144条の6第2項，第144条の10）。届出書や申告書の提出時期等については，第3節1（2）(b)（121頁）の場合と同様です。

2　租税条約の定め

　租税条約においては国内税法に規定されているような「その他国内に源泉がある所得」という所得分類はないため，それぞれの取引から生ずる所得や取引の対象となった資産の内容に応じて租税条約の関連規定を適用することになります。そして，租税条約の規定に該当しない取引から生ずる所得については，「その他所得」条項を有する条約の場合には「その他所得」条項の規定に従い免税となり，「その他所得」条項を有しない租税条約またはその他所得について源泉地国課税を認める租税条約の場合には国内税法どおりの課税関係となります（注9参照）。

3　日本側当事者の税務

　国内に恒久的施設を有しない外国法人はその他国内に源泉がある所得について所得税の課税を受けないため，取引の相手方である日本側当事者に源泉徴収義務が生ずることはありません。

第2章　人的役務の提供に関する課税

本章の概要

　本章では，国内に恒久的施設を有しない外国法人が国内で人的役務の提供を行う場合の課税関係を検討します。
　第1節　人的役務の提供とは何か
　提供される役務の種類によって課税関係が異なるため，「人的役務の提供事業」「芸能法人」「その他の人的役務の提供」に分類します。
　第2節　人的役務の提供事業
　外国法人が法律の定める一定の専門的・技術的な人的役務を提供する場合，その対価は6号所得（旧2号所得）に該当し，国内税法上は源泉徴収による所得税の課税を受けた後に法人税の課税を受けます。
　第3節　芸能法人
　原則として第2節と同じ課税関係ですが，租税条約上免税とされている芸能法人が受け取る対価については，まず源泉徴収による所得税の課税を受けた後に，芸能法人において芸能人への支払いとそれに伴う源泉徴収を完了した場合に，還付が認められます。
　第4節　その他の人的役務の提供
　その他の人的役務の提供の対価につき，外国法人は課税を受けません。

第1節　人的役務の提供とは何か

1　外国法人の人的役務の提供

「外国法人の人的役務の提供」とは，外国法人が当事者となって，日本側当事者に対し，外国法人と契約関係（雇用，委任など）にある個人を通じて，人的役務を提供するという形態を意味します。

(1) 取引の形態

外国法人の人的役務の提供は，次のような構成になります。すなわち，日本側当事者と外国法人との間の人的役務の提供契約（①）に基づき，派遣された個人が役務を提供し（②），これにより外国法人は対価を受け取ることになります。外国法人と派遣される個人（非居住者の場合と居住者の場合とがあります）との間の雇用契約など（③）に基づき，その個人が受け取る給与または報酬についての課税関係は第4部（657頁）で検討します。

例えば，外国のコンサルタント会社がその使用人であるコンサルタントを日本の会社に派遣してコンサルタント業務を行う場合や，外国の芸能プロダクションがその使用人である歌手を日本の興行主のもとで公演させる場合などに，外国法人が受け取る対価について，その外国法人がどのような課税を受けるかという問題です。

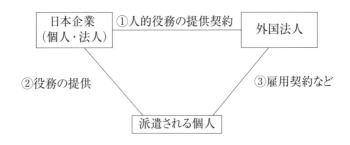

（2）支払いの方法

人的役務の提供に対する対価は，さまざまな方法で支払われます。

・日本企業が外国法人に対し直接支払う方法があり，これが通常だと思われます。

・日本企業が外国法人の人的役務の提供に必要な費用を立て替えて支払う方法があります。例えば，派遣される個人の航空運賃，ホテル代などです。これらは外国法人の所得になります（第2節1（2）注6（137頁））が，源泉徴収の関係で特別な定めがあります（第2節1（1）（136頁））。

・日本企業が派遣されてきた個人に直接支払う方法があります（第2節3注11（141頁））。

2　人的役務の提供の類型

人的役務の提供の類型により課税関係が異なるので，その類型を検討します。

（1）人的役務の提供事業

第一の類型は，「国内において人的役務の提供を主たる内容とする事業で政令で定めるものを行う」場合です（法人税法第138条第1項第4号，所得税法第161条第1項第6号)[1]。政令によると，これは以下の事業を意味します（法人税法施行令第179条，所得税法施行令第282条）。

・映画もしくは演劇の俳優，音楽家その他芸能人または職業運動家の役務の提供を主たる内容とする事業

---

[1]　「国内において」人的役務を提供するというのは，国内に個人が所在することを意味します。したがって，外国で設計した図面を日本に送ったり，外国で日本からの電話の問い合わせに応じたりしても，それは「国内において」人的役務を提供したことにはなりません。

　　ただし，消費税に関しては，「電気通信利用役務の提供」における「国内取引」につき，これと異なる定義がされていることに注意が必要です（第2節1（4）（139頁）。

・弁護士，公認会計士，建築士その他の自由職業者の役務の提供を主たる内容とする事業
・科学技術，経営管理その他の分野に関する専門的知識または特別の技能を有する者の当該知識または技能を活用して行う役務の提供を主たる内容とする事業[2]（機械設備の販売その他事業を行う者の主たる業務に付随して行われる場合における当該事業[3]および恒久的施設の定義に規定する建設，据付け，組立てその他の作業の指揮監督の役務の提供を主たる内容とする事業を除く）

これらの事業は一般に「人的役務の提供事業」とよばれ，外国法人がそれに関して受け取る対価は，6号所得（所得税法第161条第1項）に該当します。このうち，「……俳優，音楽家その他芸能人」の役務の提供を行う，いわゆる「芸能法人」については特別な定めがありますので，節をあらためてその特例を検討します。

なお，ある特定の人的役務の提供が人的役務の提供を「主たる内容とする」事業に関するものであるかどうかは，その提供者（外国法人）の事業全体から判断するのではなく，個々の人的役務の提供についての契約だけから判断されます（所得税基本通達161-20）[4]。例えば，外国のメーカーが，物の販売に付随してでは

2　航空機の乗務員を航空会社に派遣する事業務が，「科学技術，経営管理その他の分野に関する専門的知識または特別の技能を有する者の当該知識または技能を活用して行う役務の提供を主たる内容とする事業」に該当すると判断した裁決があります（平成24年10月24日裁決（裁決事例集89集100頁））。

3　この例外は，外国法人が日本企業に機械を販売し，その作動方法を指導するために，日本企業に技術者を派遣するような場合です（法人税基本通達20-2-12）。

4　この点につき，法人税基本通達には定めがありませんが，法人税法の解釈についても，本文に掲げた所得税基本通達の定めに従うべきものと考えられます。

　この場合に限らず，国内源泉所得について，法人税法と所得税法とでまったく同じ規定が置かれているにもかかわらず通達の段階では一方に定めがあるだけだったり，両方に定めがあっても表現が異なっていたりする例があります。

　それらの食い違いの中には，法人税法が申告納税という観点から定め，所得税法が源泉徴収という観点から定めているために当然生じたものもあります。しかし一

なく独立して，その技術者を日本の会社に派遣し技術指導を行う場合，そのメーカー全体の主たる事業が製造業であったとしても，その技術指導についての契約だけをみると人的役務の提供を主たる内容とするものなので，そのメーカーは「人的役務の提供を主たる内容とする事業」を行っていることになります。

(2) その他の人的役務の提供

人的役務の提供の第二の類型は，(1)以外の人的役務の提供です。例えば，外国法人が，コマーシャルの制作のために，(芸能人には該当しない)モデルを広告代理店に派遣するなどの場合です。

外国法人がそのような人的役務の提供に関して受け取る対価は，国内源泉所得に該当しません。

(3) 関連する諸対価との区別

人的役務の提供に伴い支払われるさまざまな対価が税法上どのような種類の国内源泉所得に該当するかにつき，通達がいくつかの定めを置いています[5]。

方，通達の作成された時点が違っていたり，細部まで調整していなかったりしたために生じたと思われる食い違いもあり，それらは相互に補充し合って合理的に解釈すべきであると考えられます。

5 以下に概略を掲げます。
・所得税基本通達161-22。
芸能人の実演，実技，録音，録画に対して支払われる対価は，人的役務の提供の対価と合わせて支払われる場合は人的役務の提供事業の対価（6号所得）として扱われ，別に支払われる場合は使用料（11号所得）として扱われます。
・所得税基本通達161-36。
技術を提供するための図面や型紙などに対して支払われる対価は，技術の使用に応じて定めるものではなく，かつ実費に通常の利潤を加えた額に相当するものである場合は，使用料（11号所得）ではなく（国内における役務の提供に相当する部分が）人的役務の提供事業の対価（6号所得）として扱われます。

第2節　人的役務の提供事業

　日本国内に恒久的施設を有しない外国法人が，前節で分類した「人的役務の提供事業」に関する対価の支払いを受ける場合について検討します。なお，芸能法人については，本節の一般原則を修正する特例があります（第3節（142頁））。

1　国内税法の定め

　国内に恒久的施設を有しない外国法人が，国内における人的役務の提供事業の対価を受け取る場合の課税関係について，所得税，法人税の順で検討します。

（1）所得税

　国内に恒久的施設を有しない外国法人は，日本側当事者から受け取る国内における人的役務の提供事業の対価について，所得税の課税を受けます（所得税法第5条第4項，第7条第1項第5号，第161条第1項第6号，第178条）。その税率は20パーセントです（同法第179条第1号）。そして，日本側当事者は，外国法人に対して人的役務の提供事業の対価を支払う際に，20パーセントの税率で，所得税の源泉徴収をしなければなりません（所得税法第212条第1項，第213条第1号）。ただし，2013年1月1日から2037年12月31日までに行うべき源泉徴収については，所得税額の2.1パーセントに相当する復興特別所得税が付加される結果，20.42パーセントになります（復興財源確保法第26条～28条）。

　なお，以下の場合，日本側当事者は源泉徴収義務を負いません。

　(a)　実費の直接払い

　日本側当事者が，派遣される個人の旅費，宿泊費などを，航空会社，ホテルなどに直接支払い，それらが通常必要な範囲内の金額である場合には，外国法人は所得税の課税を受けず（所得税基本通達161-19ただし書き），したがって日本側当事者は源泉徴収義務を負いません。

(b) 不特定多数の日本側当事者

不特定多数の日本側当事者（例えばコンサートの聴衆）が支払う報酬については，外国法人は所得税の課税を受けず（所得税法第178条，同法施行令第303条の2第1号，所得税基本通達178-1），したがって日本側当事者は源泉徴収義務を負いません（所得税法施行令第328条第1号，所得税基本通達212-1）。

（2）法人税

国内に恒久的施設を有しない外国法人は，日本側当事者から受け取る国内における人的役務の提供事業の対価について，法人税の課税を受けます。なぜなら，国内に恒久的施設を有しない外国法人が法人税の課税を受ける国内源泉所得（法人税法第141条第2号）に，日本企業から受け取る人的役務の提供事業の対価が含まれているからです（同法第138条第1項第4号を掲げています）。

したがって，国内に恒久的施設を有しない外国法人は，上述のとおり源泉徴収による所得税の課税を受けた後に，受け取った対価を益金とし，支払った費用を損金とし，差額を所得として申告し（法人税法第144条の6第2項），法人税を納付しなければなりません（同法第144条の10）[6]。

具体的な手続は，まず，国内に恒久的施設を有しない外国法人は，人的役務の提供事業を開始した日以後2カ月以内に，納税地，国内において行う事業など一定の事項を記載した届出書を納税地の所轄税務署長に提出する必要があります（法人税法第149条）。そして，当該外国法人は，①事業年度終了の日の翌日から2カ月を経過した日の前日と，②人的役務の提供事業を廃止した日のうちいずれか早い日までに，所轄税務署長に対して，確定申告書を提出し（法人税法第144条の

---

[6] 法人税については，日本企業が派遣される個人の旅費や宿泊費を直接負担した場合も，人的役務の提供事業の対価に算入され（法人税基本通達20-2-10），所得税の場合のような例外（所得税基本通達161-19ただし書き。第2節1（1）（136頁））は認められていません。しかし，法人税において外国法人はそのような旅費や宿泊費を損金に算入できますので，結果としては課税されないことになります。

6第2項かっこ書き），法人税を納付しなければなりません（同法第144条の10）。

　外国法人の国内源泉所得に係る所得の金額は，内国法人の各事業年度の所得の金額に準じて計算されます（法人税法第142条の10が準用する第142条，同法施行令第191条が準用する第184条）。税率は，内国法人に対して適用される税率と同様，原則として23.2パーセントですが（法人税法第143条第1項），法人税額の4.4パーセント（2019年10月1日以降に開始する事業年度からは10.3パーセント）に相当する地方法人税が付加されます（地方法人税法第4条，第6条第1号ロ，第9条，第10条第1項）。

　対価の支払いの際に源泉徴収された所得税は，上述の法人税の額から控除されます（法人税法第144条が準用する同法第68条）。

（3）みなし源泉徴収

　外国法人が派遣される個人に対し給与または報酬を支払う場合の課税関係につき，注意すべき点があります。外国法人は，派遣される個人（非居住者）に対し国内で給与または報酬を支払う場合，源泉徴収義務を負います（所得税法第212条第1項）。しかし，その外国法人が日本企業から支払いを受ける際に源泉徴収を受けている場合は，個人に対する源泉徴収を行ったとみなされます（同法第215条）[7]。

---

[7]　例えば次のようになります（便宜上，復興特別所得税を無視します）。
　　日本企業から外国法人への支払い——100
　　源泉徴収税額——20（＝100×20％）
　　外国法人から個人への支払い——40
　　みなし源泉徴収税額——8（＝40×20％）
　　つまり，外国法人が個人に給与または報酬を支払うときに，自動的に8が源泉徴収されたものとみなされるわけです。この結果，外国法人は，12（＝20－8）についてのみ所得税額控除を認められることになります（法人税法第144条による同法第68条第1項の読み替え）。

（4）消費税

　外国法人が国内において人的役務の提供を行い，それが一定の要件に該当する場合，消費税の課税を受けます[8]。

　なお，「電気通信利用役務の提供」については，役務の提供を受ける者の住所または本店が国内にある場合に国内取引とされます（消費税法第4条第3項第3号）。「電気通信利用役務の提供」とは，電気通信回線を介して行われる電子書籍，音楽，ソフトウェアなどの配信の他，ネット広告の配信，クラウドサービスの提供，電話や電子メールなどを通じたコンサルティングなどが含まれます。外国法人が電気通信利用役務の提供を行った場合，提供を受けた者が国内事業者であるとその国内事業者が消費税の納税義務を負い（いわゆるリバースチャージ），提供を受けた者が消費者であると役務を提供した外国法人が消費税の納税義務を負います（同法第5条第1項）（第7章第5節8（315頁））。しかし，本節で検討している人的役務の提供事業が「電気通信利用役務の提供」に該当することは多くはないと思われます[9]。

　このリバースチャージは，経過措置により，当分の間は，当該課税期間について一般課税により申告する場合で，課税売上割合が95パーセント未満である事業者についてのみ適用されます。逆に言うと，簡易課税制度が適用される事業者や課税売上割合が95パーセント以上の事業者は，電気通信利用役務の提供の対価につきリバースチャージの義務を負いませんが，他方，同対価につき課税仕入として仕入税額控除を受けることもできません。

8　消費税法第2条第1項第8号（「資産の譲渡等」の定義），第4条第1項（課税の対象），第5条第1項（納税義務者）。

9　国税庁「国境を越えた役務の提供に係る消費税の課税の見直し等について（国内事業者の皆さまへ）」によると，「国外事業者に依頼する情報の収集・分析等」や「国外の法務専門家等が行う国外での訴訟遂行等」は該当しないとされています。

(5) 住民税・事業税

　国内に恒久的施設を有しない外国法人は，国内における人的役務の提供事業の対価に係る所得について，住民税（道府県民税・市町村民税）と事業税を課されません（地方税法第23条第1項第18号，第24条第3項，第72条第5号，第72条の2第6項，第292条第1項第14号，第294条第5項，同法施行令第7条の3の2，第10条，第46条の2の3）。

2　租税条約の定め

(1) 課税免除

　日米租税条約の適用がある場合，人的役務の提供事業に関する対価は「企業の利得」に含まれます。したがって，米国法人は国内に恒久的施設を有しない限り，そのような対価につき日本では法人税と所得税の課税を受けません（日米租税条約第7条第1項）。

　他の租税条約においても，外国法人は国内に恒久的施設を有しない限り，人的役務の提供事業に関する対価につき，法人税と所得税の課税を受けません[10]。ただし，芸能法人については重要な例外があります（第3節（142頁））。

(2) 適用の手続

　日米租税条約その他の租税条約により日本における課税の免除を受ける外国法人は，対価の支払いを受ける前に，対価を支払う日本側当事者を経由して，租税条約に関する届出手続をとれば，所得税の源泉徴収の免除を受けることができます（実施特例法施行省令第4条第1項）。なお，そのような外国法人は，対価の支払いを受ける前にこの届出手続をとらなくても，後に還付請求書とともに届出手

10　例外として，日印租税条約によると，インド法人は，技術上の役務の提供の対価につき，役務提供地を問わず，国内に恒久的施設を有しない場合でも課税を受けます（第12条第2項，第6項）。同様の定めが日本・パキスタン租税条約にもあります（第13条第2項，第5項）。

続をとれば，源泉徴収された税金の還付を受けることができます（実施特例法施行省令第15条第1項第3号）。

　法人税の免除については，原則として特別な手続は必要ありません。しかし，日米租税条約の適用により法人税の課税を免除される場合には，米国法人は「租税条約に関する届出書」，「特典条項に関する付表」および居住者証明書の提出を義務付けられています（実施特例法施行省令第9条の2第9項）。

3　日本側当事者の税務

　国内に恒久的施設を有しない外国法人に対して人的役務の提供事業の対価を支払う日本側当事者は，原則として20パーセント（復興特別所得税が付加されると20.42パーセント）の税率で源泉徴収義務を負います。ただし，源泉徴収の免除の手続（2(2)(140頁)）がされている場合は，源泉徴収を要しません。

　この源泉徴収義務は，日本側当事者が外国法人との間の人的役務の提供契約に基づき派遣されてきた個人に対して対価を支払う場合にも生じます[11]。

11　このような場合は，次の二つに分けられると考えられます。第一に，日本側当事者が外国法人に代わって，派遣されてくる個人（非居住者と仮定します）に対し給料または報酬を支払うという取決めであれば，12号所得（給与・報酬）に該当するため，日本側当事者は源泉徴収義務を負うと考えられます。なお，この点に関し，多少事案を異にしますが，松上秀晴編『源泉国際課税の実務（改訂新版）』（大蔵財務協会，2001）402頁は，日本側当事者が外国法人に「代わって」源泉徴収し，外国法人の名において納付すると述べています。しかし，法律上の根拠が明らかではなく，また日本企業が外国法人に代わって源泉徴収するという手続が現実的なものであるかについても疑問があります。

　第二に，派遣されてくる個人が外国法人に代わって，人的役務の提供事業の対価の支払いを受けるという取決めであれば，6号所得（人的役務の提供事業の対価）に該当するため日本側当事者は源泉徴収義務を負いますが，免除の届出書を提出してあれば源泉徴収は不要ということになります。

　しかし，この両者の区別は微妙であり，場合によっては課税当局との見解の相違も生じるおそれがあります。外国法人の人的役務の提供事業に関連して，派遣され

第3節　芸能法人

　国内に恒久的施設を有しない外国法人が，国内において映画もしくは演劇の俳優，音楽家その他芸能人または職業運動家（以下まとめて「芸能人」とよびます）の役務の提供を主たる内容とする事業（法人税法施行令第179条第1号，所得税法施行令第282条第1号）を行う場合について検討します（以下，このような外国法人を「芸能法人」とよびます）[12]。なお，「職業運動家」には，アマチュアやノンプロであっても競技などの役務を提供することにより報酬を受ける者を含みます（所得税基本通達161-23）。

　一定の種類の芸能法人については，租税特別措置法などが特別な規定を置いています。そして，その特別な規定を説明するためには，それに先立ち租税条約の定めを知っておく必要がありますので，本節は他の節と順番を変え，法人税法と所得税法の定めを確認したうえで租税条約の定めを検討し，最後に国内税法上の特別な定めについて説明します。

1　法人税法と所得税法の定めの確認

　法人税法と所得税法においては，芸能法人が行う事業は「人的役務の提供事業」に含まれます（法人税法施行令第179条第1号，所得税法施行令第282条第1号）。したがって，芸能法人はその人的役務の提供事業に関し受け取る対価について，まず所得税の源泉徴収（20パーセント。復興特別所得税が付加されると20.42パーセント）を受け，次に法人税の課税を受けます（第2節（136頁））。

　　てくる個人に対し何らかの対価を直接支払う場合には，慎重な検討が必要です。
[12]　芸能法人に関する課税の詳細については，伊東博之「外国の芸能人等及び芸能法人等に対する課税関係について」税務通信2238号15頁および小沢進「外国の免税芸能法人等に対する課税方式の改正」税務事例24巻8号47頁などがあります。

2 租税条約の定め

(1) 原則

　租税条約に特別な規定がない限り，芸能法人に対しても通常の租税条約の定め——すなわち「恒久的施設を有しない外国法人は事業所得について課税を受けない」——が適用されます。したがって，国内に恒久的施設を有しない芸能法人は，日本において課税を受けないことになります。

(2) 特別な規定

　しかし，(1)の原則によると，芸能人がダミーとして芸能法人を介在させて課税を免れるなどの弊害が生じるおそれがあります。そこで，多くの租税条約は，芸能法人が派遣する芸能人が一方の国において役務を提供する場合，その国が芸能法人に対して課税する権限を認める規定を置いています。

　典型的な例は次のとおりです。

(a) 芸能人の役務の提供を芸能法人の恒久的施設とみなす（日本・アイルランド租税条約第6条第4項，日本・ブラジル租税条約第4条第7項）。

(b) 芸能人が芸能法人を支配している場合は，その芸能人の役務の提供を芸能法人の恒久的施設とみなす（旧日豪租税条約第12条第2項）。

(c) 芸能人が芸能法人を支配している場合は，芸能法人に課税できる（日伊租税条約第17条第2項）。

(d) 芸能人の役務の提供の対価が芸能法人に帰属する場合は，芸能法人に課税できる（日米租税条約第16条第2項，日英租税条約第16条第2項，日仏租税条約第17条第2項(a)）。

　なお，日米租税条約において，所得が帰属する芸能法人が芸能人を指名することができる場合は上記の条項は適用されないこととされています（第16条第2項ただし書）。この定めは，特定の芸能人の出演が予定されているわけではなく，出演者に代替性がある場合（サーカス，オーケストラなど）には弊害がないという理由に基づくものです。

租税条約に上の(a)または(b)のような規定がある場合は，その適用を受ける外国法人は国内税法上も恒久的施設を有する外国法人として課税を受けることになります[13]。また，上の(c)または(d)のような規定がある場合は，国内税法どおりの課税関係になります（第2節1（136頁））。

3　国内税法上の特別な定め

租税条約に上の2（2）で説明したような芸能法人に課税する特別な規定があっても，その要件に該当しない（例えば，芸能人が支配していない）ために芸能法人が日本において課税を受けない場合，次のような課税漏れを生じるおそれがあります。

すなわち，国内に恒久的施設を有しない芸能法人は，雇用する芸能人を日本に派遣して日本で興行しても日本で課税を受けません。このような場合でも，芸能人個人には申告納税義務があるのが通例です[14]。しかし，芸能人がいったん出国してしまうと，そのような義務を守らないおそれがあります。

また，芸能法人は，芸能人に対し国内で報酬を支払う場合には源泉徴収義務を負います（所得税法第212条第1項）が，国外で報酬を支払う場合には源泉徴収義

13　租税条約に(a)または(b)のような「みなしPE」の規定がある場合は，国内税法上もPEを有するとされます（法人税法第2条第12号の19ただし書き，地方税法第24条第3項，第72条の2第6項，第294条第5項）。

14　一定の要件を満たす場合，芸能人個人に対する日本における課税を免除すると定める租税条約があります。

　　例えば，日米租税条約は，ある課税年度において芸能人の日本における活動の対価（日本側が負担する経費を含む）が10,000米ドルまたはそれに相当する日本円以下で，かつその所得が第7条（事業所得）および第14条（給与所得）によっても免除される場合には，日本における課税を免除すると定めています（第16条第1項）。

　　また，日韓租税条約は，芸能人の日本における活動の対価が，日韓政府で合意された文化交流計画に基づく場合（第17条第1項(b)）と，年間10,000米ドルまたはそれに相当する日本円もしくは韓国ウォン以下の場合（議定書第2条）には，日本における課税を免除すると定めています。

務を負いません。

そこで，以上のような不都合を避け徴税の実を上げるため，租税特別措置法は，「恒久的施設を有しない外国法人は事業所得について課税を受けない」との原則により日本において課税を受けない芸能法人につき，次のような特別な措置を定めています。

（1）免税芸能法人

芸能法人のうち，日本国内に恒久的施設を有しないこと（または恒久的施設を有していても当該所得が恒久的施設に帰属しないこと）を理由に租税条約の規定によって所得税が免除される法人（租税特別措置法第41条の22第1項）について，特別な措置が適用されます（以下「免税芸能法人」）。

（2）事前の免税手続の不適用

租税条約上の免除を受ける外国法人は，対価の支払前に，対価を支払う日本企業を経由して租税条約に関する届出手続をとっておけば，所得税の源泉徴収の免除を受けることができます（第2節2（2）（140頁））。

しかし，免税芸能法人はそのような事前の免除を受けることはできず，芸能人個人に対する支払いについて源泉徴収（下記（3）の場合に注意）を行った場合にのみ，還付請求書を提出して還付を受けることができます（実施特例法第3条第1項，第2項，第3項，同法施行令第2条）。なお，免税芸能法人は，この還付金を芸能人から徴収して納付すべき源泉税額に充当しその差額の還付を受ける方法を選択することもできます（同法施行省令第1条の2第2項，第3項）。

免税芸能法人が受け取る対価についての所得税の税率すなわち源泉徴収税率は，一定の届出書の提出を条件として15パーセントとされています（租税特別措置法第41条の22第3項）。ただし，2013年1月1日から2037年12月31日までに行うべき源泉徴収については，所得税額の2.1パーセントに相当する復興特別所得税が付加される結果，その税率は15.315パーセントになります（復興財源確保法第26条〜28条）。

法人税については、原則として特別な手続を経なくても免除されます。しかし、日米租税条約の適用により法人税が免除される場合には、「租税条約に関する届出書」などを提出することとされています。

(3) 国外払いについて源泉徴収義務の創設

国内において人的役務の提供事業を行う外国法人は、派遣される個人（非居住者）に対し「国内において」給与または報酬を支払う場合、源泉徴収義務を負います（所得税法第212条第1項）（第2節1（3）（138頁））。これは芸能法人についても同様です。

しかし、免税芸能法人は、派遣される芸能人（非居住者）に対し「国外において」給与または報酬を支払う場合にも源泉徴収義務を負います（租税特別措置法第41条の22第1項）。また、免税芸能法人が芸能人に対する支払いについて源泉徴収を行っても、「みなし源泉徴収」（所得税法第215条）は認められません（実施特例法第3条第4項）。これらの特例は、芸能人に対する課税漏れを防ぐためのものです。

(4) まとめ

以上のように、免税芸能法人に関する取扱いは次のようになります。

(a) 免税芸能法人に対し対価を支払う日本企業は15パーセント（復興特別所得税が付加されると15.315パーセント）の税率で源泉徴収を行う。

(b) 免税芸能法人は、芸能人（非居住者）に対し給与または報酬を支払う場合、その支払いが国内でなされても国外でなされても、20パーセント（復興特別所得税が付加されると20.42パーセント）の税率で源泉徴収を行う。

(c) 免税芸能法人は、(b)による源泉徴収を行った場合、(a)により源泉徴収を受けた税額の還付を受けられる。

なお、この特別な措置によって、租税条約上免税となる芸能法人が課税されることになるのではないかとの疑問があるかもしれません。しかし、この特別な措置は、まず源泉徴収を受け後に還付されるというものであり、結果として芸能法

人自体が免税であることに変わりはありません。

(5) 消費税法上の特別な定め

上に述べた所得税と法人税についての特別な定めに加え，芸能法人の役務の提供事業については，消費税の特例もあります。

すなわち，非居住者である芸能人や運動家の役務提供（消費税法第2条第1項第8号の5，同法施行令第2条の2。「特定役務の提供」）を行う国外事業者は，消費税の基準期間における課税売上高が1,000万円を超える場合，消費税の納税義務を負います。しかし，非居住者がそれを守らないおそれがあるため，特定役務の提供を受ける「国内事業者」（基準期間における課税売上高が1,000万円を超える場合）が消費税の納税義務を負うこととされています。なお，この適用に関しては経過措置があります（第2節1（4）（139頁））。

4　日本側当事者の税務

(1) 原則

国内に恒久的施設を有しない芸能法人に対して，国内における人的役務の提供事業の対価を支払う日本側当事者は，20パーセント（復興特別所得税が付加されると20.42パーセント）の税率で源泉徴収義務を負います（第2節3（141頁））。

(2) 免税芸能法人

免税芸能法人については，事前の届出による源泉徴収の免除が認められません（3（2）(145頁)）。そして，免税芸能法人に対して国内における人的役務の提供事業の対価を支払う日本側当事者は，15パーセント（復興特別所得税が付加されると15.315パーセント）の税率で源泉徴収義務を負います。

また，日本側当事者は消費税の納税義務を負うことがあります（3（5）（本頁））。

（3）個人に対する支払い

この源泉徴収義務は、日本側当事者が、外国法人との間の人的役務の提供契約に基づき派遣されてきた個人に対して対価を支払う場合にも生じます（第2節3（141頁））[15]。

第4節　その他の人的役務の提供

国内に恒久的施設を有しない外国法人が、「その他の人的役務の提供」（第1節2（2）（135頁））に関する対価の支払いを受ける場合について検討します。

1　国内税法の定め

国内に恒久的施設を有しない外国法人が日本側当事者から受け取る「その他の人的役務の提供」の対価は、所得税の課税を受けず（所得税法第161条第1項の定める国内源泉所得に該当しません）、法人税の課税も受けません（法人税法第138条第1項の定める国内源泉所得に該当しません）。

外国法人は、一定の場合、「その他の人的役務の提供」の対価について消費税を課されます（第2節1（4）（139頁））。

2　租税条約の定め

日米租税条約において、その他の人的役務の提供に関する対価は「企業の利得」に含まれます。したがって、米国法人は国内に恒久的施設を有しない限り、そのような対価につき、日本では課税を受けません（日米租税条約第7条第1項）。

他の租税条約においても、外国法人は　国内に恒久的施設を有しない限り、その他の人的役務の提供に関する対価につき、日本では課税を受けません。

この結論は国内税法と同じですので、租税条約の規定が国内税法を修正するこ

15　上記注11参照。

となしに，国内税法どおりの結論が維持されることになります。

3　日本側当事者の税務

以上のように，「その他の人的役務の提供」については，日本側当事者として留意する点は，とくにありません。

第3章　不動産に関する課税

> **本章の概要**
>
> 　本章では，国内に恒久的施設を有しない外国法人が国内にある不動産に関連する取引を行う場合に生ずる課税関係について検討します。
> 　なお，不動産に関連する取引には多様な形態がありますが，本章では問題を簡潔にするために，検討する取引を収用，交換，買換え等以外の一般的な売買および賃貸の形態に限定します。
> 　第1節　不動産を取得する
> 　外国法人が国内にある不動産を取得する場合，一般的には所得が生じないため，所得税，法人税の課税関係は生じません。無償または低額による不動産の譲受によって所得が生ずる場合には，所得税の課税は受けませんが，法人税の課税を受けます。
> 　第2節　不動産を賃貸する
> 　不動産の賃貸料は7号所得（旧3号所得）として，源泉徴収による所得税の課税を受けた後に，法人税の課税を受けます。
> 　第3節　不動産を譲渡する
> 　不動産の譲渡対価は5号所得（旧1号の3所得）として，源泉徴収による所得税の課税を受けた後に，法人税の課税を受けます。

第1節　不動産を取得する

　国内に恒久的施設を有しない外国法人が国内にある不動産を取得する場合の課

税関係について検討します。

1 国内税法の定め

(1) 時価による取得

　国内に恒久的施設を有しない外国法人が時価で国内の不動産を取得する場合、所得が発生しないため、所得税、法人税ともに課税されません。

(2) 時価よりも低い価額による取得

　国内に恒久的施設を有しない外国法人が時価よりも低い価額で国内の不動産を取得する場合には、時価と対価の額との差額に相当する経済的利益について所得税の課税は受けませんが[1]、法人税の課税を受けます。

　すなわち、国内に恒久的施設を有しない外国法人は一定の国内源泉所得について法人税の課税を受けますが（法人税法第141条第2号）、このような差額に相当する経済的利益は、「国内にある資産に関し供与を受ける経済的な利益に係る所得」（同法第138条第1項第6号、同法施行令第180条第5号）として法人税の課税を受ける国内源泉所得に該当すると考えられます。

　したがって、そのような外国法人は不動産の時価と対価の額との差額に相当する経済的利益を所得として申告し、法人税を納付しなければなりません（法人税法第144条の6第2項、第144条の10）。

　具体的な手続は、まず、国内に恒久的施設を有しない外国法人は上記所得を有することとなった日以後2カ月以内に、納税地、国内において行う事業など一定の事項を記載した届出書等を納税地の所轄税務署長に提出する必要があります（法人税法第149条）。そして、当該外国法人は事業年度終了の日の翌日から2カ月

1　このような差額に相当する経済的利益は、所得税法第161条第1項第17号に規定する国内源泉所得に該当しますが（所得税法施行令第289条第6号）、外国法人はこの17号所得について所得税の課税を受けません（所得税法第5条第4項、第7条第1項第5号、第178条）。

以内に所轄税務署長に対して確定申告書を提出し（同法第144条の6第2項），法人税を納付しなければなりません（同法第144条の10）。

外国法人の国内源泉所得に係る所得の金額は内国法人の各事業年度の所得の金額に準じて計算されます（法人税法第142条の10が準用する第142条，同法施行令第191条が準用する第184条）。税率は内国法人に対して適用される税率と同様，原則として23.2パーセントですが（法人税法第143条第1項），法人税額の4.4パーセント（2019年10月1日以降に開始する事業年度からは10.3パーセント）に相当する地方法人税が付加されます（地方法人税法第4条，第6条第1号ロ，第9条，第10条第1項）。

なお，国内に恒久的施設を有しない外国法人は，上記所得について法人住民税（道府県民税・市町村民税）および事業税を課されることはありません（地方税法第23条第1項第18号，第24条第3項，第72条第5号，第72条の2第6項，第292条第1項第14号，第294条第5項，同法施行令第7条の3の2，第10条，第46条の2の3）。

（3）無償による取得

国内に恒久的施設を有しない外国法人が無償で国内の不動産を取得する場合には，取得時の時価に相当する経済的利益について所得税の課税は受けませんが[2]，法人税の課税を受けます。

上記（2）（時価よりも低い価額による取得）で述べたように，国内に恒久的施設を有しない外国法人は一定の国内源泉所得について法人税の課税を受けます（法人税法第141条第2号）。そして，このような時価に相当する経済的利益は，「国内にある資産の贈与を受けたことによる所得」（法人税法第138条1項第6号，同法施行令第180条第2号）として法人税の課税を受ける国内源泉所得に該当します。

したがって，国内に恒久的施設を有しない外国法人は，不動産の時価に相当す

---

[2] このような時価に相当する経済的利益は，所得税法第161条第1項第17号に規定する国内源泉所得に該当しますが（所得税法施行令第289条第2号，第6号），外国法人はこの17号所得について所得税の課税を受けません（注1参照）。

る経済的利益を所得として申告し法人税を納付しなければなりません（法人税法第144条の6第2項，第144条の10）。

届出書や申告書の提出時期等については（2）(151頁）の場合と同様です。

(4) その他の税金

国内の不動産を取得する場合には，登録免許税，印紙税，不動産取得税，特別土地保有税がそれぞれの課税要件に応じて課税されます[3]。そして，これらの租税を不動産の取得価額に算入するか，損金の額に算入するかは，法人の選択に任されています（法人税基本通達7-3-3の2）。

2 租税条約の定め

時価による国内不動産の取得の場合には所得が発生しないため，租税条約の規定を考慮する必要はありません。

一方，国内に恒久的施設を有しない米国法人（日米租税条約が適用される場合）が国内の不動産を時価よりも低い価額または無償で取得することによる所得は「その他の所得」に該当し，日本では課税を受けないと考えられます（日米租税

3 　登録免許税——種々の特例が設けられていますが，売買による不動産の所有権移転登記の場合，課税標準は不動産の価額で税率は2パーセント（2013年4月1日から2019年3月31日までの間に登記を受ける場合の税率は1.5パーセント（租税特別措置法第72条第1項））です。

印紙税——不動産売買契約書に記載された契約金額に基づいて印紙税額が算出され，2014年4月1日から2020年3月31日までの期間に作成される不動産の譲渡に関する契約書の場合，最高税額は48万円です（租税特別措置法第91条第2項）。

不動産取得税——種々の特例が設けられていますが，原則として，課税標準は不動産の取得時の価格で標準税率は4パーセントです（地方税法第73条の13，第73条の15）。

特別土地保有税——基準面積以上の土地の取得および保有に対して課税されますが，さまざまな非課税規定が設けられています。土地の取得に対する課税では，課税標準は土地の取得価額で税率は3パーセントです（地方税法第593条，第594条）。

条約第21条第1項)[4]。

3　日本側当事者の税務

(1) 時価による譲渡

　国内に恒久的施設を有しない外国法人に対して国内の不動産を時価により譲渡する日本側当事者は，法人の場合には法人税法の，個人の場合には所得税法の規

---

[4]　日米租税条約第21条第1項は，「一方の締約国の居住者が受益者である所得（源泉地を問わない。）で前各条に規定がないもの（以下「その他の所得」という。）に対しては，当該一方の締約国においてのみ租税を課することができる。」と規定し，原則として受益者の居住地国にのみ課税権を認めています。この場合，当該米国法人は，上記免税規定の適用を受けるには，「租税条約に関する届出書」とともに，「特典条項に関する付表」と居住者証明書を提出する必要があります（同条約第22条，実施特例法省令第9条の2）。

　上記については，以下のとおり二つの疑問があります。

　第一に，不動産の無償または低額による譲受に係る所得は日米租税条約上，不動産所得（同条約第6条）に該当するのではないかという疑問です。このように考えると，同条第1項の規定により日本で課税を受けることになります。しかし，同条の不動産所得は，「不動産の直接使用，賃貸その他のすべての形式の使用から生ずる所得」を意味するのに対し（同条第3項），不動産の無償または低額による譲受に係る所得は不動産の使用ではなく，不動産の譲渡対価を全部または一部免除されることによって生じるものと解されますので，日米租税条約上，不動産所得ではなく「その他の所得」に該当すると考えられます。

　第二の疑問は，不動産の無償または低額による譲受に係る所得は日米租税条約上，企業の利得（同条約第7条）に当たらないかという点です。企業活動による利得はすべて「企業の利得」に含まれるという立場があり，この見解によると，外国法人が得る不動産の無償または低額による譲受に係る所得は，日米租税条約第7条第1項の定める「PEなければ課税なし」の原則に従い日本での課税を免除されることになります。したがって，「その他の所得」に該当すると考えた場合と結論は一致します。なお，「企業の利得」と「その他の所得」の区分の詳細については，井上康一・仲谷栄一郎『租税条約と国内税法の交錯［第2版］』（商事法務，2011）244～245頁の注24と25およびその本文を参照してください。

定に従って，譲渡益についてそれぞれ法人税または所得税の課税を受けます[5]。

(2) 無償または時価よりも低い価額による譲渡

　国内に恒久的施設を有しない外国法人に対して国内の不動産を無償または時価よりも低い価額で譲渡する日本側当事者には，その当事者が法人か個人かによって次のような税務上の問題が生じます。

(a) 日本側当事者が法人の場合

　まず，時価による取引（譲渡）が行われたものとして譲渡益が認識されます（法人税法第22条第2項）。そして，譲渡時の時価と譲渡価額との差額（時価よりも低い価額による譲渡の場合）または譲渡時の時価（無償譲渡の場合）に相当する経済的利益が日本側当事者から外国法人に対して供与されたとみなされ，寄附金として取り扱われます（同法第37条第7項，第8項）。寄附金については損金に算入される金額に限度額が設けられていることに注意する必要があります（同法第37

---

[5] 不動産の譲渡については，法人の場合には土地の譲渡等がある場合の特別税率の規定があります（租税特別措置法第62条の3，第63条）。これらの規定の概要は次のとおりですが，1998年1月1日から2020年3月31日までの期間に行った土地の譲渡等についてはこれらの規定は適用されません（租税特別措置法第62条の3第15項，第63条第8項）。
　土地の譲渡等（租税特別措置法第62条の3第2項第1号）については原則として，通常の法人税とは別に特別税率による追加課税を行うというものです。ここで適用される特別税率は，土地等（国内にある土地または土地の上に存する権利）の所有期間に応じて，5パーセント（長期所有の場合）（同法第62条の3第1項）または10パーセント（短期所有の場合）（同法第63条第1項）です。短期所有とは所有期間（取得の日の翌日から譲渡をした日の属する年の1月1日までの期間）が5年以下である場合をいいます（同法第63条第2項第1号）。長期所有については，租税特別措置法上，定義は設けられていませんが，短期所有以外の場合，すなわち，所有期間が5年超の場合をいいます。
　他方，個人の場合には長期譲渡所得および短期譲渡所得の課税の特例（租税特別措置法第31条，第32条等）の規定が適用されます。

条第1項,同法施行令第73条)。

なお,日本側当事者と50パーセント以上の資本関係があるなど特殊な関係にある外国法人(国外関連者)に対してこのような経済的利益を供与した場合には,損金算入限度額に関係なくその全額が損金不算入となります(租税特別措置法第66条の4第3項)。

(b) 日本側当事者が個人の場合

まず,譲渡価額が譲渡時の時価の2分の1以上である場合にはその譲渡価額による通常の譲渡所得の計算が行われます。これに対し,譲渡価額が時価の2分の1未満の場合(無償による譲渡の場合を含みます)には時価により譲渡が行われたものとみなして譲渡所得の計算が行われます(所得税法第59条第1項,同法施行令第169条)。

(3) その他の税金

国内の不動産を譲渡する日本側当事者が事業者[6]の場合で,かつ一定の要件に該当する場合には,土地等以外の不動産の譲渡について消費税が課されます[7]。

また,不動産の売買契約書に対しては印紙税が課されます((注3)参照)。

第2節　不動産を賃貸する

国内に恒久的施設を有しない外国法人が国内に有する不動産を内国法人に賃貸することにより受け取る対価(以下「賃貸料」)の課税関係について検討します。なお,賃貸用不動産を国内に保有していることによってただちに当該外国法人が国内に恒久的施設を有するということにはなりません[8]。

6　事業者とは個人事業者および法人をいいます(消費税法第2条第1項第3号,第4号)。

7　消費税法上,土地(土地の上に存する権利を含みます)の譲渡は非課税とされています(消費税法第6条第1項,別表第1第1号)。

1　国内税法の定め

(1) 所得税

　国内に恒久的施設を有しない外国法人は賃貸料について所得税の課税を受けます（所得税法第5条第4項，第7条第1項第5号，第161条第1項第7号，第178条）。その税率は20パーセントです（同法第179条第1号）。そして，内国法人は外国法人に対して賃貸料を支払う際，20パーセントの税率で所得税の源泉徴収をしなければなりません（所得税法第212条第1項，第213条第1項第1号）。

　ただし，2013年1月1日から2037年12月31日までの期間に行うべき源泉徴収については基準所得税額の2.1パーセントに相当する復興特別所得税が付加される結果，20.42パーセントの税率で源泉徴収の方法により所得税の課税が行われます（復興財源確保法第9条，第26条～第28条）。

(2) 法人税

　国内に恒久的施設を有しない外国法人は賃貸料について法人税の課税を受けます。国内に恒久的施設を有しない外国法人が法人税の課税を受ける国内源泉所得

8　後の国内税法の定めで述べるように，国内に恒久的施設を有しない外国法人が法人税の課税を受ける国内源泉所得（法人税法第141条第2号）の中には国内にある不動産の貸付による対価（同法第138条第1項第5号）が含まれています。この規定から，賃貸用不動産を保有することが必ずしも恒久的施設を有することにはならないと考えられます。

　非居住者（個人）の場合，国内に事業的規模（所得税基本通達26-9が定める「5棟10室」基準を満たす規模）の不動産を有し，不動産の貸付を行っているときには国内に恒久的施設を有するものとされているという考え方が示されています（高山政信・矢内一好『Q＆A租税条約（改訂版）』（財経詳報社，2008）104頁以下）。しかし，この基準は不動産所得の金額の計算における損失額の必要経費算入限度額などに関するものであり，恒久的施設の認定要素になり得るかどうかは疑問です。また，この基準は個人の所得税に関するものであり，外国法人を含む法人には適用がないと考えられます。

(法人税法第141条第2号)に賃貸料(同法第138条第1項第5号)が含まれているからです。

したがって,そのような外国法人は,賃貸料について上述のとおり源泉徴収による所得税の課税を受けた後に法人税の課税を受けます。

届出書や申告書の提出時期等については第1節1(2)(151頁)の場合と同様です。また,所得金額や法人税額の計算は次のように行われます。まず,外国法人の国内源泉所得に係る所得の金額は内国法人の各事業年度の所得の金額の計算の規定に準じて計算されます(法人税法第142条の10が準用する第142条,同法施行令第191条が準用する第184条)。税率は内国法人に対して適用される税率と同様,原則として23.2パーセントですが(法人税法第143条第1項),法人税額の4.4パーセント(2019年10月1日以降に開始する事業年度からは10.3パーセント)に相当する地方法人税が付加されます(地方法人税法第4条,第6条第1号ロ,第9条,第10条第1項)。

賃貸料の支払いの際に源泉徴収された所得税は,上に述べた法人税の額から控除されます(法人税法第144条が準用する同法第68条)。

なお,国内に恒久的施設を有しない外国法人は賃貸料について法人住民税(道府県民税・市町村民税)および事業税を課されることはありません(地方税法第23条第1項第18号,第24条第3項,第72条第5号,第72条の2第6項,第292条第1項第14号,第294条第5項,同法施行令第7条の3の2,第10条,第46条の2の3)。

(3) その他の税金

外国法人が国内の不動産を保有する場合には,固定資産税,都市計画税,特別土地保有税がそれぞれの課税要件に応じて課税されます[9]。そして,これらの租

---

9 固定資産税——課税標準や税額についての種々の特例や非課税の規定が設けられていますが,原則として,課税標準は賦課期日(毎年1月1日)における課税台帳への登録価格で標準税率は1.4パーセントです(地方税法第349条第1項,第350条,第359条)。

税は，各事業年度の所得の金額の計算上，損金の額に算入されます。なお，1998年以後の各年の課税時期において個人または法人が有する土地等については，地価税法の規定にかかわらず，当分の間，地価税は課税されません（租税特別措置法第71条）[10]。

また，国内の不動産の賃貸を行う外国法人が一定の要件に該当する場合には，土地等および住宅以外の不動産の賃貸について消費税が課されます[11]。

2　租税条約の定め

日米租税条約は，不動産の賃貸から生ずる所得（賃貸料）についてはその不動産の所在地国において租税を課すことができると規定しています（同条約第6条第1項）[12]。また，同条約は，賃貸料に対して課される所得税ないし法人税の税率

　　都市計画税——都市計画区域内に所在する不動産に対して課税されます。課税標準は原則として固定資産税の課税標準と同じで制限税率は0.3パーセントです（地方税法第702条，第702条の4）。また，固定資産税とあわせて賦課徴収されます（同法第702条の8）。

　　特別土地保有税——基準面積以上の土地の取得および保有に対して課税されますがさまざまな非課税規定が設けられています。土地の保有に対する課税では，課税標準は土地の取得価額で税率は1.4パーセントです（地方税法第593条，第594条）。

10　1998年分以後，地価税の課税は停止されていますが，地価税の概要は次のとおりです。

　　個人または法人が課税時期（その年1月1日午前零時）において有する国内にある土地等（土地および借地権等）の価額（相続税評価額）の合計額を課税価格とし，この課税価格から基礎控除額を控除した残額に税率（0.3パーセント）を乗じて税額を算出します。なお，各種の非課税措置が設けられています。

11　消費税法上，土地（土地の上に存する権利を含みます）の貸付（一時的な貸付等を除きます），住宅（人の居住の用に供する家屋または家屋のうち人の居住の用に供する部分をいいます）の貸付（その貸付に係る契約において人の居住の用に供することが明らかにされているものに限り，一時的な貸付等を除きます）は非課税とされています（消費税法第6条第1項，別表第1第1号，第13号，同法施行令第8条，第16条の2）。

について限度税率を設けていません。したがって，国内に恒久的施設を有しない米国法人が受け取る賃貸料についての課税関係は上に述べた国内税法の定めどおりとなります。

なお，国内税法においては，居住者もしくは内国法人に対する船舶もしくは航空機の貸付による対価は不動産の賃貸料等（7号所得）に含まれていますが，日米租税条約では，これらの貸付により生ずる所得は不動産所得（日米租税条約第6条）ではなく，企業の利得（同条約第7条）あるいは国際運輸業所得（同条約第8条）に含まれます（第8章第3節（330頁））。

3 日本側当事者の税務

国内に恒久的施設を有しない外国法人に対して賃貸料を支払う内国法人は，20パーセント（復興特別所得税が付加されると20.42パーセント）の税率で源泉徴収義務を負います。

なお，受益者が国内に恒久的施設を有しない外国法人で受託者が日本の信託銀行である受益者等課税信託（法人税法第12条第1項本文，所得税法第13条第1項本文）の信託財産が国内不動産である場合に，当該不動産の借主である内国法人が信託銀行に対して支払う賃貸料に係る源泉徴収の問題について文書照会が行われた事案があります[13]。同回答は上記の場合，税務上，外国法人が不動産賃貸料を内国法人から得る場合と同視されるとして，源泉徴収義務を肯定しています。

---

12 日本が締結している租税条約では，事業所得に関する条項に優先して不動産所得に関する条項を適用することとしており，恒久的施設の有無やその所得が恒久的施設に帰属するかどうかにかかわらず，その不動産の所在地国で課税することとしています。

13 2017年4月28日付けの東京国税局文書回答事例（http://www.nta.go.jp/about/organization/tokyo/bunshokaito/gensen/170428/index.htm）参照。

同回答は，まず，受益者等課税信託に係る規定の趣旨が信託という制度を導管とみなし，信託財産の法律上の帰属者である受託者への課税を排し，信託財産の経済上の帰属者である受益者が信託財産を有するものとみなして信託財産に帰せられる

第3節　不動産を譲渡する

　国内に恒久的施設を有しない外国法人が国内に有する不動産を譲渡する場合の課税関係について検討します。

1　国内税法の定め

（1）所得税

　国内に恒久的施設を有しない外国法人は国内の不動産の譲渡対価（手付金や中間金を含みます）について，原則として所得税の課税を受けます（所得税法第5条第4項，第7条第1項第5号，第161条第1項第5号，第178条）[14]。この場合の所得税の税率は10パーセントです（同法第179条第2号）。

収益に対し課税するということを確認したうえで，同規定が法人税法および所得税法において所得の帰属に関する通則として置かれており，所得税法第四編の源泉徴収に関する規定の適用上も当然の前提となると述べています。このような受益者等課税信託の税務上の取扱いを踏まえたうえで同回答は，借主から信託銀行に対する賃貸料の支払いは借主から受益者である外国法人に対する賃貸料の支払いとして取り扱われることから，借主が源泉徴収義務を負うことを肯定しています。

　なお，受益者等課税信託の意義については第10章第1節1（3）(b)(i)（367頁）を参照してください。

14　譲受人が個人の場合で，土地等（土地もしくは土地の上に存する権利または建物およびその附属設備もしくは構築物）の譲渡による対価の額が1億円以下で，かつ，当該土地等を自己またはその親族の居住の用に供するための譲受である場合には所得税は課されません（所得税法施行令第281条の3）。ただし，かかる土地等の譲渡につき所得税の源泉徴収が行われなくても法人税の課税対象になる点は変わりません。

　なお，「対価の金額が1億円以下かどうかの判定」にあたっては，例えば，当該土地等を居住の用と居住の用以外の用とに供するために譲り受けた場合にはそれぞれの部分に係る対価の金額の合計額により判定することとされています（所得税基

そして，不動産の譲受人（一定の個人は除かれます（（注14）参照））は外国法人に対してその対価を支払う際，10パーセントの税率で所得税の源泉徴収をしなければなりません（所得税法第212条第1項，第213条第1項第2号）[15]。

ただし，2013年1月1日から2037年12月31日までの期間に行うべき源泉徴収に

本通達161-18)。

また，「自己またはその親族の居住の用に供するために該当するかどうかの判定」にあたっては，当該土地等の譲受人が事業の用もしくは貸付の用，その他居住の用以外の用に供するため，または他への譲渡のために譲り受けた場合はこれに該当しません。これに対し，例えば，当該土地等の譲受後に居住の用に供していない場合でも，その土地等の譲受時の現況において自己またはその親族の居住の用に供するために譲り受けたことについて合理的な理由があるときはこれに該当することとされています（所得税基本通達161-17)。

15 国内不動産の譲渡対価については，譲渡人が外国法人の場合だけでなく非居住者（個人）の場合にも源泉徴収の問題が生じます。このような不動産譲渡に関し，譲渡人が非居住者に該当するかどうかが問題となった裁判例として以下のものがあります。

東京高裁平成23年8月3日判決・税務訴訟資料（250号〜）261号順号11727（最高裁平成24年9月18日決定・税務訴訟資料（250号〜）262号順号12038により確定）では，非居住者から土地を購入した内国法人A社（原告）に源泉徴収義務があるか，当該土地の譲渡人が非居住者であるか否かについての調査責任がA社にあるか等の点が争点となりました。東京高裁は，譲渡人が非居住者であるか否かの調査責任は譲受人にあるとしてA社の主張を退ける判断を下しました。

東京高裁平成28年12月1日判決・裁判所ホームページ登載は，不動産の売主が非居住者かどうかが問題となり，非居住者に該当すると結論付けた事案です。同判決は，旧所得税法第161条1号の3（現所得税法第161条第1項第5号），第212条が支払いの相手方が非居住者であるか否かを確認すべき注意義務を源泉徴収義務者（控訴人）に負わせていることを認めました。そのうえで同判決は，源泉徴収義務者がかかる注意義務を尽くしても「非居住者」であることを確認ないし判別できない場合等には源泉徴収義務を負わないと限定的に解すべきであるとする控訴人の見解を踏まえ，当該事案の事実関係を検討しています。その結果，裁判所は，控訴人において上記注意義務を尽くしても「非居住者」であるとの確認ないし判別することが

第1編　恒久的施設を有しない外国法人／第3章　不動産に関する課税

ついては基準所得税額の2.1パーセントに相当する復興特別所得税が付加される結果，10.21パーセントの税率で源泉徴収の方法により所得税の課税が行われます（復興財源確保法第9条，第26条～第28条）。

(2) 法人税

　国内に恒久的施設を有しない外国法人は国内にある不動産の譲渡により生ずる所得について法人税の課税を受けます。国内に恒久的施設を有しない外国法人が法人税の課税を受ける国内源泉所得（法人税法第141条第2号）に国内にある不動産の譲渡により生ずる所得（同法第138条第1項第3号，同法施行令第178条第1項第1号）が含まれているからです。

　したがって，そのような外国法人は，国内にある不動産の譲渡から生ずる所得について上述のように源泉徴収による所得税の課税を受けた後に法人税の課税を受けます。届出書や申告書の提出時期等については第1節1（2）(151頁)の場合と同様です。

　また，所得金額や法人税額の計算，そして源泉徴収された所得税の取扱いについても第2節1（2）(157頁)の場合と同様です（(注5)参照))。

　できないという場合には当たらないとして控訴人の源泉徴収義務を肯定しました。したがって，同判決は控訴人の上記見解の当否を含め，同見解に基づく検討をしているわけではありません。

　なお，源泉徴収の対象とされる国内にある土地の譲渡対価の支払いが居住者に対するものか非居住者に対するものかは，当該土地の引渡しの日において譲渡人が居住者であるか非居住者であるかを判定するという見解が公表されています（国税庁ホームページ，質疑応答事例 http://www.nta.go.jp/law/zeiho-kaishaku/shitsugi/gensen/06/64.htm）。この見解は，土地の譲渡対価については通常土地の引渡しがあった日が支払いをすべき日（譲渡人から見た場合は収入すべき日）となるので（所得税基本通達36-12），土地の引渡しがあった日においてその譲渡対価の支払いを受ける者が居住者であるか非居住者であるかによって源泉徴収義務の有無を判定すると述べています。しかし，この見解が源泉徴収義務が所得の支払時に成立するという原則（国税通則法第15条第2項第2号）と整合性があるのか疑問です。

なお，国内に恒久的施設を有しない外国法人が国内の不動産を無償または時価よりも低い価額で譲渡する場合には，時価による譲渡が行われたものとして譲渡益が認識されます（法人税法第142条の10，第142条，第22条第2項）。そして，譲渡時の時価と譲渡価額との差額（低額譲渡の場合）または譲渡時の時価（無償譲渡の場合）に相当する経済的利益は，外国法人が供与した寄附金として取り扱われ損金算入が制限されます（法人税法第142条の10，第142条，第37条）。

（3）その他の税金

国内の不動産を譲渡する外国法人が一定の要件に該当する場合には，土地等以外の不動産の譲渡に対して消費税が課税されます（（注7）参照）。また，不動産の売買契約書には印紙税が課されます（（注3）参照）。

2 租税条約の定め

日米租税条約は，不動産の譲渡により生ずる所得についてはその不動産の所在地国において租税を課すことができると規定し（日米租税条約第13条第1項），その所在地国に第一次課税権があることを明らかにしています。また，同条約は不動産の譲渡により生ずる所得に対して課される所得税ないし法人税の税率について限度税率を設けていません。したがって，国内に恒久的施設を有しない米国法人が国内にある不動産を譲渡する場合の課税関係は上に述べた国内税法の定めどおりとなります。

3 日本側当事者の税務

（1）時価による取得

国内に恒久的施設を有しない外国法人から国内の不動産を時価により取得する日本側当事者には所得が発生しないため，法人税，所得税が課されることはありません。

(2) 無償または時価よりも低い価額による取得

しかし，国内に恒久的施設を有しない外国法人から無償または時価よりも低い価額で不動産を取得する場合には，取得時の時価（無償で取得する場合）または時価と対価の額との差額（時価よりも低い価額で取得する場合）に相当する経済的利益の供与があったものとして，日本側当事者が法人の場合には法人税法の，個人の場合には所得税法の規定に従って，それぞれ法人税または所得税が課されます。

(3) 所得税の源泉徴収義務

国内に恒久的施設を有しない外国法人から国内の不動産を取得する日本側当事者（一定の個人は除かれます（（注14）参照））は，外国法人に対してその譲渡対価を支払う際，10パーセント（復興特別所得税が付加されると10.21パーセント）の税率で源泉徴収義務を負います。

(4) その他の税金

国内の不動産を取得する場合，登録免許税，印紙税，不動産取得税，特別土地保有税がそれぞれの課税要件に応じて課されます（（注3）参照）。

第4章　公社債に関する課税

本章の概要

　本章では，国内に恒久的施設を有しない外国法人が日本国の国債もしくは地方債または内国法人の発行する債券について取引を行う場合の課税関係を検討します。

　なお，公社債を分類する場合，上記「日本国の国債もしくは地方債または内国法人の発行する債券」のような発行主体による分類の他に発行形式による分類（例：利付債と割引債，公募債と非公募債）その他の分類が考えられますが，課税関係は所得の種類に応じて基本的にまず利付債か割引債かの発行形式別に規定されています。

　第1節　公社債を取得する

　公社債の取得からは通常所得は生じませんが，既発債の低額譲受等により所得が生ずる場合にのみ，外国法人は法人税の課税を受けます。

　第2節　公社債の利子を受け取る

　所得税法の8号所得（旧4号所得）に該当し，外国法人は所得税の課税を受け，日本側の当事者は源泉徴収義務を負います。ただし，振替公社債等の利子および民間国外債の利子については，外国法人による投資を促進する目的で，一定の手続要件を満たせば所得税は非課税となります。

　第3節　公社債を譲渡する

　公社債の譲渡による所得は国内に恒久的施設を有しない外国法人の課税所得には含まれないので所得税，法人税とも課税されません。

　第4節　公社債の償還を受ける

　償還差益には，原則として償還時に源泉徴収の方法により所得税が課され

ます。国内に恒久的施設を有しない外国法人は法人税の課税を受けません。なお，利子の場合と同様に償還差益についても国内に恒久的施設を有しない外国法人による投資を促進する目的で，一定の手続要件を満たせば所得税は非課税となります。

第1節　公社債を取得する

1　国内税法の定め

(1) 時価による取得

国内に恒久的施設を有しない外国法人が公社債を取得する場合，公社債の時価による取得からは所得は発生しませんので，法人税および所得税とも課税されません。

(2) 無償または時価よりも低い価額による取得

国内に恒久的施設を有しない外国法人が，無償または時価よりも低い価額で既発債の譲渡を受ける場合には，譲渡時の時価（無償譲渡の場合）または時価と対価の額の差額（低額譲渡の場合）に相当する経済的利益について，所得税の課税は受けませんが，法人の課税を受けます。

(a)　所得税

国内に恒久的施設を有しない外国法人が無償または時価よりも低い価額で既発債の譲渡を受ける場合，譲渡時の時価（無償譲渡の場合）または時価と対価の額の差額（低額譲渡の場合）に相当する経済的利益は，所得税法第161条第1項第17号に規定する国内源泉所得に該当しますが（所得税法施行令第289条第6号），外国法人は，この17号所得について所得税の課税を受けません（所得税法第5条第4項，第7条第1項第5号，第178条）。

(b) 法人税

　国内に恒久的施設を有しない外国法人は一定の国内源泉所得について法人税の課税を受けますが（法人税法第141条第2号），上記時価に相当する経済的利益は「国内にある資産の贈与を受けることによる所得」（法人税法第138条第1項第6号，同法施行令第180条第2号）として，また上記差額に相当する経済的利益は，「国内にある資産に関し供与を受ける経済的な利益に係る所得」（法人税法第138条第1項第6号，同法施行令第180条第5号）として，法人税の課税を受ける国内源泉所得に該当すると考えられます。

　したがって，そのような外国法人は，公社債の時価（無償取得の場合）または時価と対価の額との差額（低額取得の場合）に相当する経済的利益を所得として申告し，法人税を納付しなければなりません（法人税法第144条の6第2項，第144条の10）。

　具体的な手続は，まず，国内に恒久的施設を有しない外国法人は，上記所得を有することとなった日以後2カ月以内に，納税地，国内において行う事業など一定の事項を記載した届出書等を納税地の所轄税務署長に提出する必要があります（法人税法第149条）。そして，当該外国法人は，事業年度終了の日の翌日から2カ月以内に，所轄税務署長に対して，確定申告書を提出し（同法第144条の6第2項），法人税を納付しなければなりません（同法第144条の10）。

　外国法人の国内源泉所得に係る所得の金額は，内国法人の各事業年度の所得の金額に準じて計算されます（法人税法第142条の10が準用する第142条，同法施行令第191条が準用する第184条）。税率は，内国法人と同様，原則として23.2パーセントですが（法人税法第143条第1項），法人税額の4.4パーセント（2019年10月1日以降に開始する事業年度からは10.3パーセント）に相当する地方法人税が付加されます（地方法人税法第4条，第6条第1号ロ，第9条，第10条第1項）。

　なお，国内に恒久的施設を有しない外国法人は，上記国内源泉所得について，法人住民税（道府県民税・市町村民税）および事業税を課されることはありません（地方税法第23条第1項第18号，第24条第3項，第72条第5号，第72条の2第6項，第292条第1項第14号，第294条第5項，同法施行令第7条の3の2，第10条，第46条の2

の3）。

2　租税条約の定め

　日米租税条約は，米国法人が日本において得た所得で同条約に規定がないものについては，米国のみが課税できると定めています（日米租税条約第21条第1項）。国内に恒久的施設を有しない米国法人が，既発債を時価よりも低い価額または無償で取得することによる所得は「その他の所得」に該当し，日本では課税されないと考えられます[1]。

　同様に国内に恒久的施設を有しない英国法人が，既発公社債を時価よりも低い価額で取得した場合の所得については，日英租税条約第21条第1項の「その他の所得」に該当し，日本では課税されないと考えられます。

　なお，日米および日英租税条約のように特典制限条項を有する租税条約の適用により法人税の課税を受けず申告義務がない場合でも，「租税条約に関する届出書」「特典条項に関する付表」および居住者証明書の提出が要求されています（実施特例法施行省令第9条の2第9項）。

---

[1]　日米租税条約第21条第1項は，「一方の締約国の居住者が受益者である所得（源泉地を問わない。）で前各条に規定がないもの（以下「その他の所得」という。）に対しては，当該一方の締約国においてのみ租税を課することができる。」と規定し，原則として受益者の居住地国にのみ課税権を認めています。この場合，当該米国法人は，上記免税規定の適用を受けるには，「租税条約に関する届出書」とともに，「特典条項に関する付表」と居住者証明書を提出する必要があります（同条約第22条，実施特例法省令第9条の2）。

　なお，外国法人が得る既発債の無償または低額による譲受に係る所得に関する「企業の利得」と「その他の所得」の区分の詳細については，第3章第1節2の注4（154頁）を参照してください。企業の利得とする場合も，その他の所得とする場合と同様の租税条約の届出が必要です。

3 日本側当事者の税務

(1) 時価による取得

時価による公社債の譲渡については，日本側当事者には，通常の譲渡収益に係る課税関係以外に法人税および所得税の課税上特別の問題は生じません。

(2) 無償または時価よりも低い価額による譲渡

国内に恒久的施設を有しない外国法人に対して，無償または時価よりも低い価額で既発債を譲渡する日本側当事者が源泉徴収義務を負うことはありませんが，その当事者が法人か個人かによって，以下のような税務上の問題が生じます。

(a) 内国法人

内国法人が，国内に恒久的施設を有しない外国法人に対して，既発債を無償または時価よりも低い価額により譲渡した場合，時価による取引（譲渡）が行われたものとして譲渡益が認識されます（法人税法第22条第2項）。そして，譲渡時の時価と譲渡価額との差額（時価よりも低い価額による譲渡の場合）または譲渡時の時価（無償譲渡の場合）に相当する経済的利益が，内国法人から外国法人に対して供与されたとみなされ，寄附金として取り扱われます（同法第37条第7項，第8項）。寄附金については，損金に算入される額が制限されます（同法第37条第1項，同法施行令第73条）。

このような経済的利益を与える取引は，関連会社の間で行われることが多いと考えられますが，内国法人が50パーセント以上の資本関係があるなど一定の特殊な関係にある外国法人（国外関連者）に対して，このような経済的利益を供与した場合，その全額が損金に算入できません（租税特別措置法第66条の4第3項）。

(b) 居住者（個人）

居住者（個人）が国内に恒久的施設を有しない外国法人に対して，既発債を無償または時価よりも低い価額により譲渡した場合，譲渡価額が譲渡時の時価の2分の1以上であるときには，その譲渡価額による通常の譲渡所得の計算が行われます。これに対し，譲渡価額が時価の2分の1未満の場合（無償による譲渡の場

合を含みます)には,時価により譲渡が行われたものとみなして譲渡所得が計算されます(所得税法第59条第1項,同法施行令第169条)。

第2節　公社債の利子を受け取る

1　国内税法の定め

　国内に恒久的施設を有しない外国法人が受け取る公社債の利子に係る課税関係について,所得税,法人税の順で検討します。

(1) 原則

(a)　所得税

　公社債の利子のうち,(i)日本国の国債もしくは地方債または内国法人の発行する債券の利子および(ii)外国法人の発行する債券の利子のうち当該外国法人の国内にある恒久的施設を通じてその国内事業に帰せられる部分は国内源泉所得となります(所得税法第161条第1項第8号イ,ロ,以下まとめて「国内源泉所得となる公社債の利子」とよびます)。国内に恒久的施設を有しない外国法人は,国内源泉所得となる公社債の利子について所得税の課税を受けます(所得税法第178条)。

　所得税の課税標準は国内源泉所得となる公社債の利子のうち無記名の公社債の利子については支払いを受けた金額,その他の公社債の利子についてはその支払いを受けるべき金額です(所得税法第178条,第169条第1号)。

　所得税の税率は15パーセント(ただし,2013年1月1日から2037年12月31日までの間に行うべき源泉徴収については,所得税額の2.1パーセントの復興特別所得税が付加される結果,その税率は15.315パーセント)です(所得税法第179条第3号,復興財源確保法第26条〜28条)。なお,住民税利子割は外国法人を含む法人には課税されません[2]。

2　支払いを受けるべき利子等(地方税法第23条第1項第14号)の額を課税標準として課される道府県民税をいいます(地方税法第23条第1項第3号の2)。住民税利

この場合，利子の支払者には支払いの際に源泉徴収義務を課している（所得税法第212条第1項，第2項）ため，外国法人は受取利子から15パーセント（ただし，2013年1月1日から2037年12月31日までの間に行うべき源泉徴収については，その税率は15.315パーセント）の所得税を利子の支払者により源泉徴収されることになります（所得税法第213条第1項第3号，復興財源確保法第28条）。

(b) 法人税

国内に恒久的施設を有しない外国法人は，受け取る公社債の利子につき法人税の課税を受けません。なぜなら，国内に恒久的施設を有しない外国法人が法人税の課税を受ける国内源泉所得（法人税法第141条第2号）には国内源泉所得となる公社債の利子は含まれないからです（法人税法第138条第1項第2号の「国内にある資産の運用又は保有により生ずる所得」からは，所得税法第161条第1項第8号に該当するものが除かれています）。したがって，国内に恒久的施設を有しない外国法人については所得税の源泉徴収のみで日本における課税関係が完結することになります。

(2) 例外——振替国債等および振替社債等の利子の所得税の非課税

国内に恒久的施設を有しない外国法人で非課税適用申告書の提出等一定の要件を満たす者が支払いを受ける振替国債等[3]および振替社債等（ただし，利益連動債

子割の税率は5パーセントです。ただし，非居住者または外国法人を含む法人が支払いを受ける利子等については国内における事務所または事業所の有無にかかわらず住民税利子割は課されません（法人について地方税法第24条第1項第5号，非居住者について同法第25条の2第1項）。

3 振替債とは，「社債等の振替に関する法律」に基づく統一的な債券取引決済制度に従い，紙券という物理的な形をとらず，債券の保有者が金融機関等に開設した振替口座への保有額等の記録とその増減を処理することでペーパーレス化された取引（権利の移転等）が行われる対象となる債券です。取引後の受渡し決済時に本券の移動を伴わないために省力化やコストの軽減が図れます。2003年1月以降に発行された国債は，すべて振替債です。

および特殊関係者の発行するものを除く）の利子については，その全額について所得税を課さない旨規定されています（租税特別措置法第5条の2第1項，第5条の3第1項）。

(3) 例外――民間国外債の利子の所得税の非課税

なお，上述の課税関係の例外として民間国外債[4]の利子の非課税措置があります。この措置は，国外の市場において，外国の法人が発行する債券に対して内国法人が発行する民間国外債の販売競争力を維持するために所得税を非課税とするものです。

この民間国外債の利子は原則的には国内源泉所得として（所得税法第161条第1項第8号イ，ロ）所得税の課税の対象となりますが，国内に恒久的施設を有しない外国法人が国外で支払いを受けるもの（特殊関係者間で受け払いする利子を除く）については非課税適用申告書の提出等一定の手続を要件として所得税は課されません（租税特別措置法第6条第4項）。

2 租税条約の定め

租税条約においては利子の定義，所得源泉地および適用税率について国内税法と異なる定めを置いている場合があります。

租税条約において国内税法と異なる所得源泉規定を置いている場合，法人税法第139条および所得税法第162条の定めに従って国内税法上の所得源泉規定を租税条約上の所得源泉規定に読み替えることにより租税条約上の所得源泉規定を優先

　　国債以外の一般債についても2006年1月から一般債振替決済制度が開始された結果，現在では振替債が主たる発行形態となっています。
4　この特別措置の適用のある民間国外債とは，内国法人が国外において発行した債券のうち利子の支払いが国外で行われるものおよび外国法人により国外において発行された債券でその利子の全部または一部が恒久的施設を通じて国内事業に帰せられるものをいいます。

適用することになります。

さらに、適用税率については、国内税法上の税率に替えて租税条約上の限度税率を適用する旨定められています（実施特例法第3条の2、第2条第5号、復興財源確保法第33条第9項）。

具体例として日米租税条約と日英租税条約を見ることにします。

（1）利子の定義

日米租税条約第11条第5項により、同条約上の「利子」は「すべての種類の信用に係る債権（担保の有無及び債務者の利得の分配を受ける権利の有無を問わない。）から生じた所得、特に、公債、債券又は社債から生じた所得（公債、債券又は社債の割増金及び賞金を含む。）及びその他の所得で当該所得が生じた締約国の租税に関する法令上貸付金から生じた所得と同様に取り扱われるものをいう。」と定義されています。公社債の利子はこの定義により日米租税条約上も「利子」として取り扱われます。

日英租税条約上の利子の定義（日英租税条約第11条第3項）も、支払いの遅延に対して課される損害金を明示的に除外している点を除き、日米租税条約上の定義と同様に規定されています。

（2）所得源泉地

日米租税条約上の「利子」の源泉地については同条約第11条第7項により、利子は、その支払者が一方の締約国の居住者である場合には、当該一方の締約国内で生じたものとされると規定されています。これによれば、利子は一方の締約国の居住者[5]によって支払われる場合に限り当該一方の締約国内の源泉から生ずる所得として扱われます[6]。

---

5 租税条約上の「居住者」は国内法上の居住者に加えて内国法人をも包含する概念である点に注意してください（日米租税条約第4条第1項、第3条第1項(e)）。

6 ただし、利子の支払者の国外にある恒久的施設について生じた債務を基因とする

日英租税条約上の「利子」の源泉地は各締約国の国内法に基づいて判断することとなっています（日英租税条約第3条第2項）。したがって日英租税条約は1（1）（171頁）で述べた国内税法上の所得源泉地を変更しません。

結局，米国法人または英国法人が日本国の国債もしくは地方債または内国法人の発行する債券について国内で利子を受け取る場合，その所得源泉規定については国内税法上も租税条約上も日本の国内源泉所得として扱われますので両者の間に異なるものはありません。同様に，外国法人の発行する債券の利子のうち当該外国法人の国内にある恒久的施設を通じて，その国内事業に帰せられる部分が，日本の国内源泉となる点においては，国内税法も日米租税条約も日英租税条約も一致します。したがって，所得税法第162条の読み替えの適用はありません。

（3）適用税率

国内において公社債の利子が米国法人に支払われる場合，日米租税条約第11条の適用があれば日本側の課税は上限税率を10パーセントとすることになります[7]。これを受けて，上記国内税法の定めで見た所得税率の根拠条文である所得税法第179条第3号もしくは同第213条第1項第3号の税率が条約上の限度税率に替えられます（実施特例法第3条の2，第2条第5号）。なお，公社債の利子を受け取る米国法人が金融機関である場合には，日本での課税が免除されます（日米租税条約第11条第3項(c)）。

国内において公社債の利子が英国法人に支払われる場合，日英租税条約の適用があれば日本での課税が免除されます（同条約第11条第1項）。

利子が当該恒久的施設により負担される場合には当該恒久的施設の存在する国の源泉所得とされます（日米租税条約第11条第7項）。

[7] 2013年改正議定書第4条のもとでは利子に対する源泉地国での課税を免除し居住地国でのみ課税する原則を採用しています。この新条約が発効すると，国内に恒久的施設を有しない米国法人が受け取る利子は一定の例外を除いて日本で課税されないことになります。

なお，復興特別所得税についても，租税条約の限度税率または免税の定めが優先します（復興財源確保法第33条第9項）。

（4）適用の手続

租税条約上の限度税率または免税の適用を受けるには実施特例法施行省令第2条に定められるとおり，租税条約による所得税減免の届出が必要です。具体的には，米国法人または英国法人が減免規定の適用を受けようとする場合には，源泉徴収義務者ごとに，「租税条約に関する届出書」，「特典条項に関する付表」および居住者証明書を，最初に公社債の利子の支払いを受ける日の前日までに，当該源泉徴収義務者を経由して，当該源泉徴収義務者の納税地の所轄税務署長に提出しなければなりません。

3　日本側当事者の税務

国内に恒久的施設を有しない外国法人に対し国内源泉所得となる公社債の利子（ただし，非課税となる振替国債等，振替社債等の利子（172頁），非課税となる民間国外債の利子（173頁）を除く）を支払う内国法人は，15パーセント（復興特別所得税が付加されると15.315パーセント）の税率で源泉徴収義務を負います。

源泉所得税の課税標準は国内源泉所得となる公社債の利子のうち無記名の公社債の利子については支払いを受けた金額，その他の公社債の利子についてはその支払いを受けるべき金額です。日米租税条約が適用される場合には，源泉徴収税率は原則として10パーセントに軽減され，日英租税条約が適用される場合には源泉税は免除されます。

第3節　公社債を譲渡する

1　国内税法の定め

国内に恒久的施設を有しない外国法人が得る公社債の譲渡による所得について

は、所得税も法人税も課税されません（所得税法第178条、第161条第1項第3号。法人税法第141条第2号で課税対象となる同法第138条第1項第3号、同法施行令第178条の国内源泉所得に含まれていません）。

2 租税条約の定め

日米租税条約上、公社債の譲渡による所得は、譲渡収益に含まれ、譲渡者の居住地国でのみ課税されるのが原則です（同条約第13条第7項）。したがって、国内に恒久的施設を有しない米国法人は、公社債の譲渡による所得について、日本で課税されません。この結論は、国内法の定めるところと異なりません。

日英租税条約上も譲渡収益の課税権について同様の規定があり（日英租税条約第13条第6項）、したがって同様に日本で課税されません。

3 日本側当事者の税務

時価で公社債の譲渡を受けた日本側の当事者に法人税および所得税の課税関係は生じません。

これに対して、時価よりも低い価額で公社債を譲り受けた内国法人は、時価で当該公社債を取得したとみなされるとともに、時価と取引価額との差額について受贈益を計上することになります。

第4節　公社債の償還を受ける

1 国内税法の定め

(1) 原則

(a) 所得税

割引形式で発行される債券の償還金で国内で支払われるものについて（外国法人が受ける償還金にかかる所得税の源泉徴収の対象は国内において支払われる割引債の償還金に限定されています）、外国法人はその支払時すなわち償還時に、償還金

(買入消却の買入れの対価)にかかる差益金額につき所得税を課税され,15パーセント(ただし,2013年1月1日から2037年12月31日までの間に行うべき源泉徴収については,その税率は15.315パーセント)の税率で源泉徴収されます(租税特別措置法第41条の12の2第1項,第2項,第6項,復興財源確保法第26条〜28条)[8]。

(b) 法人税

法人税法上は,日本国の国債もしくは地方債または内国法人の発行する債券に係る償還差益は国内に恒久的施設を有しない外国法人の課税標準に含まれます(法人税法第141条第2号,第138条第1項第2号,同法施行令第177条第1項第1号,法人税基本通達20-2-7(1))が,これを租税特別措置法第67条の17第5項により法人税の課税標準から除外しています。したがって,国内に恒久的施設を有しない外国法人は上記償還差益につき法人税の課税を受けません。

(2) 例外——特定振替割引債の償還金に係る差益金額の所得税の非課税

国内に恒久的施設を有しない外国法人が支払いを受ける割引債の償還差益のうち特定振替割引債(振替国債等および振替社債等の特定振替機関等で振替記載等を受けている割引債)の償還差益については,非課税適用申告書の提出等一定の手続を要件として,所得税は課税されません(租税特別措置法第41条の13の3第1項で第41条の12の2を適用しないこととしています)。法人税は上述のとおり,何らの手続を要することなく非課税です。

---

8 2015年12月31日以前に発行された割引債の償還差益については,その発行時に源泉徴収により所得税が課税されていましたが,改正により,2016年1月1日以降に発行される割引債の償還差益については,その償還時に所得税が源泉徴収されることとなりました。外国法人については実際の償還差益ではなく「みなし償還差益」(租税特別措置法第41条の12の2第6項第3号が規定する「差益金額」)に基づいて源泉徴収されます。同日以降に償還される割引債のうち,発行時に源泉徴収対象となっていたものについては,償還時の源泉徴収の対象にはなりません。

2 租税条約の定め

　日米租税条約第11条第5項により，同条約上の「利子」は「すべての種類の信用に係る債権（担保の有無及び債務者の利得の分配を受ける権利の有無を問わない。）から生じた所得，特に，公債，債券又は社債から生じた所得（公債，債券又は社債の割増金および賞金を含む。）及びその他の所得で当該所得が生じた締約国の租税に関する法令上貸付金から生じた所得と同様に取り扱われるものをいう。」と定義されています。

　割引債の償還差益は日米租税条約上の「利子」に含まれますので，国内に恒久的施設を有しない米国法人は「租税条約に関する届出書」，「特典条項に関する付表」および居住者証明書の提出により，2015年12月31日以前に発行された割引債の償還差益でその発行時に源泉徴収された所得税については，条約上の限度税率10パーセントを超過する部分につき償還時に還付を受けられます（日米租税条約第11条第2項，実施特例法第3条の3第2項，同法施行令第3条第7項）。2016年1月1日以降に発行された割引債の償還差益については償還時の源泉徴収の際に租税条約上の限度税率まで源泉徴収の軽減が可能です。なお，割引債の償還差益を受け取る米国法人が金融機関である場合には，日本での課税が免除されます（日米租税条約第11条第3項(c)）。

　日英租税条約も，「利子」の定義については日米租税条約と同様の規定振りであるため（日英租税条約第11条），日本での課税が免除されます[9]。

　これに対して，割引債の償還差益を租税条約上利子として取り扱わないで，かつ，「その他所得」条項により，所得を受ける者の居住地国にのみ課税権を認める租税条約があります[10]。かかる租税条約の適用がある場合，国内に恒久的施設

9　米国と同様の取扱いを規定している租税条約相手国にはオランダ，スイス，ルクセンブルク，イタリア，シンガポール，フィリピン，中華人民共和国その他数カ国があります。

10　フィンランド等数カ国との間の租税条約がこれに該当します。

を有しない外国法人は日本の租税を課されませんので、当該外国法人は「租税条約に関する届出書」を提出することにより償還時に課されるべき所得税の源泉徴収の免除を受けることができます[11]。

なお、復興特別所得税についても、租税条約の免税規定が優先します（復興財源確保法第33条第3項）。

最後に、条約上、そもそも割引債の償還差益についての規定がなく、しかも居住地国の課税権のみを認める「その他所得」条項のない租税条約があります[12]。このような租税条約の適用がある場合には、国内税法の下での課税関係がそのまま維持されます。

3　日本側当事者の税務

割引債の発行者は原則としてその償還時に償還金（買入消却の買入れの対価）にかかる差益金額（みなし償還差益）につき15パーセント（復興特別所得税が付加されると15.315パーセント）の税率で所得税を徴収し、徴収日の属する月の翌月10日までにこれを国に納付しなければなりません。

11　2015年12月31日以前の割引債発行時に徴収された所得税がある場合、その一定部分につき割引債の償還の際に還付を受けられます（実施特例法第3条の3第2項、同法施行令第3条第7項）。

12　償還差益の取扱いが租税条約上規定されていないため国内法どおりの課税関係となる租税条約相手国には、タイその他数カ国があります。

第5章　株式に関する課税

本章の概要

　本章では，国内に恒久的施設を有しない外国法人が，内国法人の発行する株式について日本国内で取引を行う場合を想定し，取引類型に応じて検討します。なお，本章で取り扱う問題の一部については，第3編第1章（442頁）で詳しく検討しています。

　第1節　株式を取得する

　外国法人が新株の有利発行を受けたり発行済株式を時価よりも低額で譲り受けたりする場合には法人税が課されますが，それ以外の場合には法人税が課されません。いずれの場合でも，外国法人は所得税は課されず，したがって日本側当事者は源泉徴収義務を負いません。

　第2節　配当を受け取る

　外国法人が配当を受け取る場合，それは9号所得（旧5号所得）に該当し，所得税が課され，したがって日本側当事者は源泉徴収義務を負います。外国法人は法人税は課されません。

　第3節　株式を譲渡する

　外国法人が事業譲渡に類似するような方法で株式を譲渡するなどいくつかの例外的な場合には法人税が課されますが，それ以外の場合には法人税が課されません。いずれの場合でも，外国法人は所得税は課されず，したがって日本側当事者は源泉徴収義務を負いません。

　第4節　株式を発行会社に譲渡する

　外国法人が株式を発行会社に譲渡し「みなし配当」が生じる場合，それは9号所得（旧5号所得）に該当し，所得税が課され，したがって日本側当事

> 者は源泉徴収義務を負います。株式の譲渡益については，第3節と同様になります。
>
> 第5節　その他の取引
>
> 前節までで取り上げなかったその他の取引につき検討します。

第1節　株式を取得する

　国内に恒久的施設を有しない外国法人が，内国法人の発行する株式を取得する場合の課税関係について，所得税，法人税の順で検討します。

1　国内税法の定め

　国内に恒久的施設を有しない外国法人が株式を取得する主な方法として，次のようなものがあります。

　　（1）新株の発行を受ける
　　（2）株式を購入する
　　（3）株式の贈与を受ける

　以下，順次検討します。

(1)　新株の発行を受ける

　(a)　原則

　国内に恒久的施設を有しない外国法人が株式の発行を受けても，原則として所得は発生しませんので，法人税，所得税とも課税されません。

　(b)　有利発行

　国内に恒久的施設を有しない外国法人が，有利な発行価額により株主割当以外の方法で新株の発行を受ける場合[1]，所得税は課されませんが（当該所得は所得税法第178条に掲げられていません），法人税が課されます。

第1編　恒久的施設を有しない外国法人／第5章　株式に関する課税

　すなわち，国内に恒久的施設を有しない外国法人は，一定の国内源泉所得について，法人税の課税を受けますが（法人税法第141条第2号），有利な発行価額により株主割当以外の方法で新株発行を受けることによる利益は，「国内にある資産に関し供与を受ける経済的な利益に係る所得」（法人税法第138条第1項第6号，同法施行令第180条第5号）に該当します[2]。

　したがって，そのような外国法人は，株式の時価と発行価額との差額に相当する経済的利益を所得として申告し（法人税法第144条の6第2項），法人税を納付しなければなりません（同法第144条の10）。

　具体的な手続は，まず国内に恒久的施設を有しない外国法人は，上記所得を有することとなった日以後2カ月以内に，納税地，国内において行う事業など一定の事項を記載した届出書などを所轄の税務署長に提出する必要があります（法人税法第149条）。そして，当該外国法人は，事業年度終了の日の翌日から2カ月以内に，所轄税務署長に対して，確定申告書を提出し（同法第144条の6第2項），法人税を納付しなければなりません（同法第144条の10）。

　外国法人の国内源泉所得に係る所得の金額は，内国法人の各事業年度の所得の金額に準じて計算されます（法人税法第142条の10が準用する第142条，同法施行令第191条が準用する第184条）。税率は，内国法人に対して適用される税率と同様，原則として23.2パーセントですが（同法第143条第1項），法人税額の4.4パーセント（2019年10月1日以降に開始する事業年度からは10.3パーセント）に相当する地方法人税が付加されます（地方法人税法第4条，第6条第1号ロ，第9条，第10条第1項）。

　なお，国内に恒久的施設を有しない外国法人は，上記所得について，法人住民税（道府県民税・市町村民税）および事業税を課されることはありません（地方税法第23条第1項第18号，第24条第3項，第72条第5号，第72条の2第6項，第292条

1　「有利な発行価額」とは，原則として時価を10パーセント以上下回る発行価額であるとされています（法人税基本通達2-3-7（注1））。
2　中野百々造『会社法務と税務（全訂5版）』（税務研究会，2012）730頁。

1項第14号,294条第5項,同法施行令第7条の3の2,第10条,第46条の2の3)。

(2) 株式を購入する

(a) 時価による購入

国内に恒久的施設を有しない外国法人が時価により株式を購入しても,所得は発生しませんので,法人税,所得税とも課されません。

(b) 時価よりも低い価額による購入

国内に恒久的施設を有しない外国法人が時価よりも低い価額で株式を購入した場合,所得税は課されませんが(当該所得は所得税法第178条に掲げられていません),法人税が課されます。適用される条文や申告の時期,方法などは,(1)(b)(182頁)と同じです[3]。

(3) 株式の贈与を受ける

国内に恒久的施設を有しない外国法人が株式の贈与を受けた場合,所得税は課されませんが(当該所得は所得税法第178条に掲げられていません),法人税が課されます。適用される条文や申告の時期,方法などは,以下を除き,(1)(b)(182頁)と同じです。すなわち,株式の贈与を受けることによる利益は,「国内にある資産の贈与を受けたことによる所得」(法人税法第138条第1項第6号,同法施行令第180条第2号)に該当します。

2 租税条約の定め

日米租税条約には,米国法人が日本において得た所得で同条約に規定がないものについては,米国のみが課税できると定めています(日米租税条約第21条第1項)。上に述べた株式の取得による所得は,日米租税条約に規定がないため,日

---

3 この場合の所得の額の算定については,法人税法第142条により,同法第22条第2項が準用されるため,時価相当額と現実の対価との差額を益金としなければなりません。

本では課税されません。なお，日米租税条約のように特典制限条項を有する租税条約の適用により法人税の課税を免除される場合には，外国法人は「租税条約に関する届出書」，「特典条項に関する付表」および居住者証明書の提出を義務付けられています（実施特例法施行省令第9条の2第9項）。

3　日本側当事者の税務

(1) 源泉徴収義務はない

　国内に恒久的施設を有しない外国法人が株式を取得する場合，法人税が課されることはあっても所得税が課されることはないので，日本側当事者（発行会社，売主，贈与者）が源泉徴収義務を負うこともありません。

(2) 低額譲渡・贈与の場合

　国内に恒久的施設を有しない外国法人が法人税の課税を受ける場合のうち，株式を時価よりも低い価額により購入した場合（1 (2)(b)(184頁)）および株式の贈与を受けた場合（1 (3)(184頁)）は，日本側当事者（売主，贈与者）に以下のような問題が生じます。なお，新株の有利発行の場合（1 (1)(b)(182頁)）は，日本側当事者（発行会社）において資本取引（法人税法第22条第5項）に該当するため，課税関係を生じません（法人税法第22条第3項第3号）。

(a) 内国法人

　内国法人が，国内に恒久的施設を有しない外国法人に対して，株式を時価よりも低い価額により譲渡した場合または贈与した場合は，時価相当額と現実の対価との差額に相当する経済的利益が益金とされます（法人税法第22条第2項）。しかし，実際には収入がないため，このような利益の供与は社外流出となりますが，それは寄附金に該当するため（法人税法第37条第7項，第8項），損金に算入できる額が制限されます（法人税法第37条第1項）。

　このような経済的利益を与える取引は，関連会社の間で行われることが多いと考えられますが，内国法人が50パーセント以上の資本関係があるなど一定の特別な関係をもつ外国法人（国外関連者）に対して，このような経済的利益を与えた

場合，それはいっさい損金に算入できません（租税特別措置法第66条の4第3項）。

　(b)　**居住者（個人）**

　居住者（個人）が国内に恒久的施設を有しない外国法人に対し，株式を時価よりも低い価額で譲渡した場合または贈与した場合，状況に応じて次のようになります。

・譲渡価額が時価の2分の1以上である場合

　その譲渡価額によって譲渡所得が計算されます。

・譲渡価額が時価の2分の1未満の場合または無償（すなわち贈与）の場合

　時価により譲渡されたものとして譲渡所得が計算されます[4]。

(3)　その他の税金

　株券を作成する場合に印紙税（例えば，「1株についての発行価額×その株券で表章される株式数」が500万円以下のものにつき200円）が課されます（印紙税法第2条，第3条，別表第1第4号，同法施行令第24条第1号）。

　さらに，新株発行に伴う発行済株式総数の変更と資本金額の変更を登記する場合に，登録免許税（発行済株式総数の変更——30,000円。資本金額の変更——30,000円を最低限として増加した資本金額の1,000分の7）が課されます（登録免許税法第2条，第3条，別表第1第24号(1)ツ，ニ）。

第2節　配当を受け取る

1　国内税法の定め

　国内に恒久的施設を有しない外国法人が，内国法人の発行する株式から配当を受け取る場合の課税関係について，所得税，法人税の順で検討します[5,6]。

4　時価の2分の1未満の価額による譲渡につき——所得税法第59条第1項第2号，同法施行令第169条。贈与につき——所得税法第59条第1項第1号。

なお，会社法上，配当の原資となる剰余金には，「その他利益剰余金」と「その他資本剰余金」があります。「その他資本剰余金」を原資として配当されたものは，資本金等と利益積立金の比率に応じて，株式の譲渡収入金額（資本金等の払戻しに対応する部分）とみなし配当（利益積立金に対応する部分）として課税されます。本節では，配当として取り扱われる部分のみを検討し，譲渡損益として

---

5 会社法では，従来「利益の配当」とよばれていたものを含め，会社から株主に対して何らかの支払いがなされる場合を，「剰余金の配当」とひとまとめにし，統一的な規制（財源や手続）に服させています。本節では従来からの「利益の配当」を検討し，便宜上単に「配当」とよびます。

6 本文では，国内に恒久的施設を有しない外国法人が，所有する株式の名義書換（会社法第130条）を済ませていることを前提に検討していますが，外国法人が名義書換を済ませておらず，元の株主である内国法人の名義のままになっている場合についての問題を提起しておきます。

　まず，名義上の株主が配当（に相当する額）を受け取る場合，その株主は株主としての地位に基づいて配当に相当する額を受け取ったのではありませんから，法人税法第23条（受取配当等の益金不算入）の適用を受けることはできず（法人税基本通達3-1-2），また源泉徴収された税額を法人税から控除することもできません（法人税基本通達16-2-1の2）。配当を支払う会社は，名義上の株主に対し配当を支払う場合，源泉徴収義務を負います（所得税法第212条第1項または第3項）。

　次に，（まれな場合であると考えられますが）名義上の株主が受け取った配当に相当する額を実質上の株主である外国法人に対し支払う場合については，さまざまな問題があります。例えば，①それは外国法人において配当として取り扱われるのかそれともその他の性質の所得として取り扱われるのか，また，②租税条約はどのように適用されるのかなどです。しかし，これ以上詳しい検討は，この本の範囲を超えますので割愛します。

　この問題に関係するものとして，藤原忠文編『税務相談事例集——各税目の視点から解説（平成29年版）』（大蔵財務協会，2017）966頁，渡辺淑夫『コンサルタント国際税務事例（改訂増補版）』（税務研究会，1996）762頁，廣川昭廣・自閑博巳『金融商品の税務 Q&A（三訂版）』（ぎょうせい，1999）485頁以下および507頁以下，山内克己「名義書換が行われなかった場合の配当所得の源泉徴収」税務事例26巻8号49頁があります。

取り扱われるものについては、第3節（190頁）に譲ります。

（1） 所得税

　国内に恒久的施設を有しない外国法人には、内国法人から受け取る配当について、所得税が課されます（所得税法第5条第4項、第7条第1項第5号、第161条第1項第9号イ、第178条）。その税率は20パーセントです（同法第179条第1号）。そして、内国法人は、外国法人に対して配当を支払う際、20パーセントの税率で、所得税の源泉徴収をしなければなりません（同法第212条第1項、第213条第1項第1号）。

　ただし、2013年1月1日から2037年12月31日までに行うべき源泉徴収については、所得税額の2.1パーセントに相当する復興特別所得税が付加される結果、その税率は20.42パーセントになります（復興財源確保法第26条〜28条）。

　また、内国法人の発行する株式が上場株式の場合、税率は15.315パーセントになります（租税特別措置法第9条の3、復興財源確保法第26〜28条（2013年1月1日から2037年12月31日まで））。

　この課税関係は、合併、解散、株式の発行会社への譲渡（第4節（197頁））などの場合に生じるみなし配当（所得税法第25条）についても同様です。

（2） 法人税

　国内に恒久的施設を有しない外国法人には、内国法人から受け取る配当について法人税が課されません。なぜなら、国内に恒久的施設を有しない外国法人が課税を受ける国内源泉所得（法人税法第141条第2号）には、内国法人から受け取る配当は含まれていないからです（法人税法第138条第1項第2号の「国内にある資産の運用又は保有により生ずる所得」からは、所得税法第161条第1項第9号に該当するものが除かれています）。

　したがって、国内に恒久的施設を有しない外国法人は、上記の配当について、所得税の源泉徴収のみで日本における課税関係を終了します。

2　租税条約の定め

(1) 減免

　日米租税条約は，配当の源泉地につき，一方の締約国の法人が支払うものはその国の源泉となる旨を定めていますので，内国法人が支払う配当は国内源泉所得ということになり，この点は国内税法の定めと同じです。そして，日米租税条約には，配当に関し日本の租税を免除したり税率を制限したりする規定があります（日米租税条約第10条）。

　(a)　50パーセント超

　米国法人の持株割合が50パーセントを超え[7]，その米国法人が公開会社であるなどの一定の要件を満たす場合には，日本での課税を受けません（日米租税条約第10条第3項，第22条）。

　(b)　10パーセント以上

　米国法人の持株割合が10パーセント以上の場合には，日本での課税は配当の額の5パーセントに制限されます（同条約第10条第2項(a)）。

　(c)　10パーセント未満

　米国法人の持株割合が10パーセント未満の場合には，日本での課税は配当の額の10パーセントに制限されます（同条約第10条第2項(b)）。

　これらの税率（限度税率）は，そのまま国内税法における税率に置き換えられると定められています（実施特例法第3条の2第1項）ので，課税される場合には，それぞれ5パーセントまたは10パーセントの税率で課税される（源泉徴収を受ける）ことになります。

(2) 適用の手続

　日米租税条約上の免除または軽減された税率の適用を受ける米国法人は，配当の支払いを受ける前に，配当を支払う内国法人を経由して，所轄の税務署長に対

---

[7]　2013年改正議定書第3条第1項では「超え」が「以上」になります。

し,「租税条約に関する届出書」,「特典制限条項に関する付表」および居住者証明書を提出しておけば, 免除または軽減された税率の適用を受けることができます (実施特例法施行省令第2条第1項)。

なお, そのような米国法人は, 配当の支払前にこの届出書を提出しなくても, 後に還付請求書とともに届出手続をとれば, 源泉徴収された税金 (軽減の場合は限度税率を超えた部分) の還付を受けることができます (実施特例法施行省令第15条第1項第3号)。

3 日本側当事者の税務

国内に恒久的施設を有しない外国法人に対して配当を支払う内国法人は, 20パーセント (復興特別所得税が付加されると20.42パーセント) の税率で源泉徴収義務を負いますが, 上場株式の場合は税率が15パーセント (復興特別所得税が付加されると15.315パーセント) になります。また, 日米租税条約の適用がある場合は源泉徴収が不要かまたは税率が5パーセントもしくは10パーセントに軽減されます。

第3節　株式を譲渡する

1　国内税法の定め

国内に恒久的施設を有しない外国法人が, 内国法人の発行する株式を譲渡する場合の課税関係について, 所得税, 法人税の順で検討します。

(1) 所得税

国内に恒久的施設を有しない外国法人が内国法人の発行する株式を譲渡しても, 所得税は課されません (所得税法第178条に, 内国法人の発行する株式の譲渡により生ずる所得が掲げられていません)。

(2) 法人税

　国内に恒久的施設を有しない外国法人が株式を譲渡した場合，原則として法人税は課されません。

　しかし，次のような株式の譲渡から生じる所得については，例外的に法人税が課されます（法人税法第141条第2号に掲げられた同法第138条第1項第3号に「国内にある資産の譲渡により生ずる所得として政令で定めるもの」とあります）。株式の「譲渡」とは，有償，無償（法人税法第142条が準用する同法第22条第2項）を問わず株式を移転することで，売却，代物弁済，現物出資，贈与，解散に際しての現物分配などを含みます。

(a) 買集め株式の譲渡による所得（法人税法施行令第178条第1項第4号イ）

(b) 事業譲渡類似の株式の譲渡による所得（法人税法施行令第178条第1項第4号ロ）

(c) 不動産関連法人の株式の譲渡による所得（法人税法施行令第178条第1項第5号）

(d) 株式形態のゴルフ会員権の譲渡による所得（法人税法施行令第178条第1項第6号）

　配当のうち「その他資本剰余金」を原資とする部分は，資本金等と利益積立金の比率に応じて，株式の譲渡収入金額（資本金等の払戻しに対応する部分）またはみなし配当（利益積立金に対応する部分）として課税されます（第2節1（186頁））。

　なお，外国法人が発行会社に対し株式を譲渡したり，発行会社が清算されたりする場合も，株式の譲渡があったものとして課税され[8]，譲渡益に加えみなし配当が生じる可能性があります（第2部第3編第1章第6節以下の各節（466頁以下））。そのような場合，譲渡益部分については本節の課税関係があてはまり，後述の「事業譲渡類似の株式の譲渡」や「不動産関連法人の株式の譲渡」の定めが適用される可能性があります。

8　本文と前提を異にし，一部のみの譲渡や分配の場合，割合は法人税法施行令第178条第7項第3号により計算されます。

以下，法人税が課される場合の概略を説明します。

(a) 買集め株式の譲渡

外国法人が内国法人の「株券等の買集め」をし，その内国法人または「特殊関係者」にその株式を売却することにより生じる所得については，法人税の課税を受けます。これは，会社の「乗っ取り」を目的として株式を買い集め，それを防ごうとする関係者に株式を買い取らせた場合の所得のことです。

「株券等の買集め」とは，買集めがあると金融商品取引所が判断して売買内容の報告を求めた場合など，一定の条件に該当する買集めを意味し（法人税法施行令第178条第2項），「特殊関係者」とは，会社の役員，主要な株主，その親族などを意味します（同令第178条第3項）。

(b) 事業譲渡類似の株式の譲渡

内国法人の「特殊関係株主等」である外国法人が，その内国法人の株式を一定の条件のもとで譲渡することにより生じる所得については，法人税が課されます。これは，外国法人が内国法人を支配している場合，その内国法人の株式を譲渡することが実質的にはその内国法人の事業自体を譲渡するのと同視できるために課税するものです。

「特殊関係株主等」とは，その内国法人の株主，株主の親族など一定の関係にある個人，株主と50パーセント以上の資本関係にある会社，株主と組合などを通じてその会社の株式を保有している者などを意味します（法人税法施行令第178条第4項）。

そして，特殊関係株主等に該当する外国法人が，問題になる事業年度が終了する日以前3年内のいずれかのときに，その内国法人の発行済株式の25パーセント以上を所有していて，かつ問題になる事業年度中に，その内国法人の発行済株式の5パーセント以上を売却する場合には，法人税が課されます（法人税法施行令第178条第6項）。この持株割合や売却割合を判定する場合，問題となる外国法人の特殊関係株主等が所有する株式は，当該外国法人が所有する株式と合算されますが，特例適用投資組合契約等（投資事業有限責任組合契約および外国におけるこれに類するもの）の組合員である外国法人については，合算されずに個々の組合

員単位で判定されます（租税特別措置法第67条の16第4項，同法施行令第26条の31第1項，第39条の33の2第1項，第3項）。

(c) 不動産関連法人の株式の譲渡

外国法人は，一定の要件に該当する場合，「不動産関連法人」の株式の譲渡から生じる所得につき法人税が課されます（法人税法施行令第178条第1項第5号）。「不動産関連法人」とは，株式譲渡の日から遡って365日以内のいずれかの時点において（2018年3月31日以前に開始した事業年度については，「株式譲渡の日において」），資産の総額のうちに国内の土地などの不動産が占める割合が50パーセント以上の法人を意味します（同条第8項）。外国法人に法人税が課される要件は，場合に応じ以下のとおりです。

(i) 不動産関連法人の株式が上場されているものである場合

その発行済株式の5パーセントを超えて保有する外国法人（他の株主と組合などを通じて保有している場合は保有割合を合算）がその株式を（一部でも）譲渡した場合に課税を受けます（同条第9項第1号）。

(ii) 不動産関連法人の株式が上場されているものでない場合

その発行済株式の2パーセントを超えて保有する外国法人（他の株主と組合などを通じている場合は保有割合を合算）がその株式を（一部でも）譲渡した場合に課税を受けます（同条第9項第2号）。

(d) 株式形態のゴルフ会員権の譲渡

国内にあるゴルフ場が株式会社の形態で運営されている場合，その株式の譲渡により生じる所得については，法人税が課されます（法人税法施行令第178条第1項第6号）。

(e) 法人税の申告納税手続

国内に恒久的施設を有しない外国法人による内国法人の株式の譲渡につき法人税が課される場合，外国法人は譲渡益を所得として申告し（法人税法第144条の6第2項），法人税を納付しなければなりません（同法第144条の10）。

具体的な手続は，まず，国内に恒久的施設を有しない外国法人は，上記所得を有することになった日以後2カ月以内に，納税地，国内において行う事業など一

定の事項を記載した届出書などを所轄税務署長に提出する必要があります（法人税法第149条）。そして，当該外国法人は，事業年度終了の日の翌日から2カ月以内に，所轄税務署長に対して，確定申告書を提出し（法人税法第144条の6第2項），法人税を納付しなければなりません（同法第144条の10）。

外国法人の国内源泉所得に係る所得の金額は，内国法人の各事業年度の所得の金額に準じて計算されます（法人税法第142条の10が準用する第142条，同法施行令第191条が準用する第184条）。税率は，内国法人に対して適用される税率と同様，原則として23.2パーセントですが（法人税法第143条第1項），法人税額の4.4パーセント（2019年10月1日以降に開始する事業年度からは10.3パーセント）に相当する地方法人税が付加されます（地方法人税法第4条，第6条第1号ロ，第9条，第10条）。

なお，日本国内に恒久的施設を有しない外国法人は，内国法人の発行する株式の譲渡に係る所得について，住民税（道府県民税・市町村民税）および事業税を課されることはありません（地方税法第24条第3項，第72条の2第6項，第294条第5項，同法施行令第7条の3の5，第10条の2，第46条の4）。

2　租税条約の定め

(1) 日米租税条約

日米租税条約は，国内に恒久的施設を有しない米国法人が内国法人の株式を譲渡した場合の譲渡益につき，原則として日本では課税しないと定めています（第13条第7項）。ただし，例外として，①資産の総額のうちに土地などの不動産が占める割合が50パーセント以上の法人の株式を譲渡した場合（第13条第2項）[9]と，②公的資金の援助により破綻処理がなされた金融機関の株式を譲渡し国内税

---

[9] 不動産関連法人であっても，株式が上場されていて，株主が発行済株式の5パーセント以下しか保有していない場合には日本で課税されません（日米租税条約第13条第2項(a)ただし書き）。なお，国内税法において，他の株主と組合などを通じている場合は保有割合を合算すると定められていますが，日米租税条約でも「居住者及びその特殊関係者の所有する……株式の数」となっているので，同様です。

法の事業譲渡類似の株式譲渡の要件を満たす場合には、国内税法どおりの課税関係になります（第13条第3項）。

　日米租税条約の適用により法人税の課税を免除される場合には、米国法人は「租税条約に関する届出書」、「特典条項に関する付表」および居住者証明書の提出を義務付けられています（実施特例法施行省令第9条の2第9項）。

(2) その他の国との間の租税条約

　その他の国との間の租税条約では、次のようなさまざまな定め方があり、要件も個々に異なりますので、相手国に応じて慎重な検討が必要です[10]。

・国内税法どおりの課税を認める。

10　主な要件の違いは、以下のようなものです。
　(1) 事業譲渡類似
　　国内税法では問題になる事業年度が終了する日以前3年内のいずれかのときに株式を保有していることが要件とされますが、日英租税条約では問題になる事業年度中のいずれかのときに株式を保有していることが要件とされ（第13条第3項）、国内税法によって課税される範囲よりも狭い範囲が定められています。
　　日仏租税条約も同様です（第13条第2項）。なお、日仏租税条約の和文は「当該課税年度中のいかなる時点においても」とあり、課税年度中を通じて株式を保有し続けることが要件ではないかとも読めそうですが、日英租税条約と同様に「いずれかの」ときに保有していれば該当することになり、「いかなる」は訳語として不適切だと考えられます（仏文では "quelconque" すなわち "any" であり、「いずれか」を意味します）。
　(2) 不動産関連法人
　(a) 「外国法人」に限る
　　国内税法における「不動産関連法人」は「外国法人」を含むのに対し、日米租税条約において株式の譲渡益につき日本の課税権が認められている法人は「内国法人」に限られます（日米租税条約第13条第2項(a)は「他方の締約国の居住者である法人」としています）。したがって、米国法人が例えば仏国法人を通じて日本の不動産を保有していて、その仏国法人が「不動産関連法人」に該当する場合であっても、米国法人はその仏国法人の株式の譲渡から生じる譲渡益につき、日本で課税さ

インド（第13条第3項），カナダ（第13条第4項）など

・不動産関連法人の株式の譲渡のみにつき日本の課税を認める。

フィリピン（第13条第4項）など

・事業譲渡類似／不動産関連法人につき日本の課税を認める。

オーストラリア（第13条第2項，第3項），韓国（第13条第2項，第3項），シンガポール（第13条第4項），フランス（第13条第2項，第3項）など

・破綻金融機関／不動産関連法人につき日本の課税を認める（日米租税条約と同じ）。

英国（第13条第2項，第3項），オランダ（第13条第2項，第3項），スイス（第13条第2項，第3項）など

・日本の課税を免除する。

アイルランド（第14条第3項），ベルギー（第13条第3項）（なお，未発効の新条約では，不動産関連法人の株式の譲渡のみにつき日本の課税を認める（第13条第2項））など

れません。

　これに対し，日英租税条約およびその後に締結された租税条約では，株式の譲渡益につき日本の課税権が認められるのは内国法人が発行した株式に限られない規定になっています（日英租税条約第13条第2項など）。英国法人が仏国法人を通じて日本の不動産を保有していて，その仏国法人が不動産関連法人に該当する場合，英国法人はその仏国法人の株式の譲渡から生じる譲渡益につき，日本で課税されます。

　日米租税条約の2013年改正議定書第5条第1項(b)では「外国法人」を含むように改正されます。

(b)「直接保有」に限る

　不動産関連法人を直接保有する場合に限り課税を認め，別の法人を通じて間接的に不動産関連法人を保有しその別の法人の株式を譲渡する場合には課税権を認めない条約もあります。例えば，日本・シンガポール租税条約第13条第4項は，他の条約（例えば，日米租税条約第13条第2項）が「直接又は間接に」と規定しているのに対し，そのような文言がないことから直接保有に限られると解釈されています。

3 日本側当事者の税務

　国内に恒久的施設を有しない外国法人による内国法人の株式の譲渡につき法人税が課される場合であっても，所得税が課されることはないので，買主である日本側当事者が源泉徴収義務を負うこともありません。

第4節　株式を発行会社に譲渡する

　株主が発行会社に対して株式を譲渡する（発行会社が自己株式を取得する）場合としては，さまざまな状況が考えられます。本節では，株主と会社との合意に基づく譲渡の場合を検討します[11,12]。

　株主が株式を発行会社に譲渡し，発行会社から金銭などの資産の交付を受けた

11　株主が発行会社に対して株式を譲渡する状況としては，以下のようなものがあり，会社法上はすべて統一的に配当制限に服します（会社法第461条）。
・譲渡承認請求に不承認の場合（同法第138条）
・子会社から，または市場取引により自己株式を取得する場合（同法第156条）
・株主との合意により自己株式を取得する場合（同法第157条）
・全部取得条項付株式の譲渡（同法第173条）
・相続人に対する売渡請求（同法第176条）
・所在不明株主の株式の買取（同法第197条）
・端株処理のための譲渡（同法第234条）
　また，他にも株主が発行会社に対して株式を譲渡する状況としては，以下のようなものがあり，これらの場合は会社法上の配当制限には服しません。
・取得請求権付株式の譲渡（同法第166条）
・取得条項付株式の譲渡（同法第170条）
・譲渡制限設置に反対する場合（同法第464条）
　以上の場合の税法上の取扱いは，おおむね本文に述べた原則的な場合と同じです。なお，一定の場合に非課税になるなどの例外的な取扱いがありますが，詳細は割愛します。

場合，その対価は以下のように区分され課税されます。なお，ここでは，交付金額＞対象株式に対応する発行会社の資本金等の額＞帳簿価格という，典型的な場合を前提に検討します。

　交付金額－対象株式に対応する発行会社の資本金等の額＝配当とみなす（みなし配当）

　対象株式に対応する発行会社の資本金等の額－帳簿価格＝譲渡益

　みなし配当の部分については第２節（186頁）と同様の課税を受け，譲渡益の部分については，第３節（190頁）と同様の課税を受けます。

　この例外として，外国法人が株式を発行会社に対し市場（金融商品取引所市場と店頭有価証券市場）で売却したなどの場合，その対価はすべて譲渡収入金額とされ，みなし配当を構成する部分は存在しないとされます（法人税法第24条第１項第５号かっこ書き，同法施行令第23条第３項。所得税法第25条第１項第５号かっこ書き，同法施行令第61条第１項）。

　本節では，みなし配当の部分についてのみ検討します。

12　法人株主が市場売却により発行会社に株式を譲渡したなどの場合は，全額が譲渡収入金額になります（法人税法第24条第１項第５号かっこ書き）。なお，個人株主においては，市場売却により発行会社に株式を譲渡したなどの場合（所得税法第25条第１項第５号かっこ書き）と，一定の条件のもとで相続人が発行会社に株式を譲渡した場合（租税特別措置法第９条の７）には，いずれも全額が譲渡収入金額になります。

1　国内税法の定め

（1）所得税

　国内に恒久的施設を有しない外国法人が株式を発行法人に譲渡した場合、交付された金銭（またはその他の資産）が、譲渡した株式に対応する資本金等の額を超える部分については、配当とみなされます（所得税法第25条第1項第5号）。

　したがって、国内に恒久的施設を有しない外国法人は、内国法人から受け取る対価のうちみなし配当部分について、所得税を課されます（所得税法第5条第4項、第7条第1項第5号、第161条第1項第9号イ、第178条）。その税率は20パーセントです（所得税法第179条第1号）。そして、自己株式を取得する内国法人は、外国法人に対してその対価を支払う際、みなし配当に相当する額について20パーセントの税率で源泉徴収しなければなりません（所得税法第212条第1項、第213条第1項第1号）。

　ただし、2013年1月1日から2037年12月31日までに行うべき源泉徴収については、所得税額の2.1パーセントに相当する復興特別所得税が付加される結果、20.42パーセントの税率になります（復興財源確保法第26条〜第28条）。

（2）法人税

　国内に恒久的施設を有しない外国法人は、内国法人から受け取る株式の譲渡の対価のうちみなし配当部分について、法人税を課されません。なぜなら、国内に恒久的施設を有しない外国法人が課税を受ける国内源泉所得（法人税法第141条第2号）には、内国法人から受け取る配当（みなし配当を含む）は含まれていないからです（法人税法第138条第1項第2号の「国内にある資産の運用又は保有により生ずる所得」からは、所得税法第161条第1項第9号に該当するものが、除かれています）。

　したがって、国内に恒久的施設を有しない外国法人は、所得税の源泉徴収のみで日本における課税関係を終了します。

2　租税条約の定め

米国法人が内国法人から受け取る株式の対価のうちみなし配当に該当する部分は、日米租税条約上も「配当」として扱われます（日米租税条約第3条第2項）。したがって、場合により、日本の課税が免除されたり、源泉徴収される所得税の税率が5パーセントまたは10パーセントに制限されたりします（同条約第10条）（第2節2（189頁）参照）。

3　日本側当事者の税務

国内に恒久的施設を有しない外国法人に対して、自己株式の取得の対価を支払う内国法人は、そのうちみなし配当に該当する部分について20パーセント（復興特別所得税が付加されると20.42パーセント）の源泉徴収義務を負います。源泉徴収税率は、国内税法上は20パーセント（復興特別所得税が付加されると20.42パーセント）ですが、日米租税条約の適用がある場合は免除または5パーセントもしくは10パーセントに軽減されます。

第5節　その他の取引

本節では、前節までで取り扱っていない取引につき、ごく簡単に検討します。なお、企業組織再編をめぐる取引については、第2部第3編第1章第4節（459頁）、第9節（485頁）、第10節（493頁）で詳しく検討します。

1　種類株式の発行

種類株式の税法上の取扱いは前節までで説明したものと同様です。なお、種類株式については、その価額の評価が問題になり、国税庁は「種類株式の評価について（情報）」（2007年3月9日）というガイドラインを出していますが、詳細については不明な部分が多々あります。

種類株式を発行した会社はその種類ごとに資本金等の額を管理する必要があり

(法人税法施行令第8条第1項第17号,第2項,所得税法施行令第61条第2項第4号),発行会社に株式を譲渡する場合(発行会社が自己株式を取得する場合)のみなし配当は,その種類ごとに計算されることになります。

2 株式分割・株式無償割当て・株式併合

株式分割・株式無償割当て・株式併合によっては,何ら課税関係は発生せず,帳簿価格の付け替えを行う必要が生じるだけです(法人税法第142条により第61条の2が準用されます。株式分割・株式無償割当て——法人税法施行令第119条第1項第3号,第119条の4第3項,株式併合——同令第119条の3第7項)。

3 利益の資本組み入れ

「その他利益剰余金」を資本に組み入れた(会社法第450条,会社計算規則第25条第1項)場合,何ら課税関係は発生しません。

4 減資

減資とは資本金の額(数字)を減少させるだけの行為であり(会社法第447条),何ら課税関係は発生しません。なお,かつて「有償減資」とよばれていた手続は,会社法上は「減資」と「資本の払戻し(剰余金の配当)」の組み合わさったものと整理され,譲渡益(株式の譲渡は行われませんが,譲渡があったものとして課税を受けます)とみなし配当に対する課税が問題になります(第4節(197頁))[13]。

5 準備金の減少

準備金の減少とは準備金の額(数字)を減少させるだけの行為であり(会社法第448条),何ら課税関係は発生しません。それに伴い株主に対し支払いがなされる場合は,利益準備金を減少して「その他利益剰余金」に振替えて配当されたも

---

[13] 実際に譲渡したわけではありませんが譲渡したとみなされ,その割合は法人税法施行令第178条第7項第3号により計算されます。

のは税務上も配当として取り扱われます。資本準備金を減少して「その他資本剰余金」に振替えて配当されたものは、資本金等と利益積立金の比率に応じて、株式の譲渡収入金額（資本金等の払戻しに対応する部分）とみなし配当（利益積立金に対応する部分）に対する課税が問題になります。

6　株式の転換

かつて株式の「転換」（例えば、優先株を普通株に転換する権利が株主に付与された株式についての転換権の行使）とよばれていた手続は、会社法においては、取得請求権付株式についての株主による取得請求権の行使に伴う、発行会社による自己株式の取得と新株の発行の組み合わさったものと整理されました。税法上は従前の取扱いを踏襲し、「転換」の際にはとくに課税を生じないものとされています（法人税法第142条により準用される第61条の2第13項第1号）。

7　株式の消却

株式の消却自体からは何ら課税関係は発生しません。会社法の下では、株式の消却とは会社が保有する自己株式の消却のみを意味し、税務上は簿価ゼロの自己株式が消滅するだけのことだからです。なお、その前提として会社が自己株式を取得する場合には、譲渡益とみなし配当に対する課税が問題になります（第4節（197頁））。

第6章　貸付金に関する課税

> **本章の概要**
>
> 本章では，国内に恒久的施設を有しない外国法人が内国法人に対し，金銭の貸付を行う場合に生じ得る課税問題を以下のような順序で検討します。
>
> 第1節　金銭を貸し付ける
>
> 外国法人が内国法人に貸付をしても貸付の時点では所得は生じませんから，外国法人が課税を受けることはありません。
>
> 第2節　貸付金の利子を受け取る
>
> 国内業務に供される貸付金の利子は10号所得（旧6号所得）に該当するので，国内に恒久的施設を有しない外国法人が内国法人からかかる利子を受け取ると所得税の課税を受けます。当該利子の支払いを行う内国法人は，源泉徴収義務を負います。
>
> 第3節　貸付金債権を譲渡する
>
> 内国法人向けの貸付金債権の譲渡による所得は，国内に恒久的施設を有しない外国法人が課税を受ける国内源泉所得には該当しません。したがって，当該外国法人は，かかる貸付金債権の譲渡による所得について課税を受けません。
>
> 第4節　貸付金債権を放棄する
>
> 内国法人向けの貸付金債権（元本部分）の全部または一部の放棄によって，外国法人に所得が発生するわけではありませんから，外国法人が課税を受けることはありません。外国法人から債権放棄を受けた内国法人には債務の免除益が発生します。発生済みの利子の放棄については，内国法人の財務状況に応じて源泉徴収の有無が変わってきます。

> 第5節　その他の取引
> 本節では，国内に恒久的施設を有しない外国法人が稼得する債券現先取引から生ずる差益，貸付金に準ずるものの利子，延払債権の利子相当額ならびにかかる外国法人が行う保証および不良債権の時価による取得と回収に関する課税問題をそれぞれ取り上げます。

第1節　金銭を貸し付ける

　国内に恒久的施設を有しない外国法人が，内国法人に対して金銭を貸し付ける場合の課税関係は，以下のようになると考えられます。

1　国内税法の定め

　国内に恒久的施設を有しない外国法人が，内国法人に対し金銭を貸し付けても，貸し付けた時点では所得は発生しませんので，所得税，法人税ともに課されません。

　ただし，金銭の貸付に関する契約書が日本国内で作成された場合には，その契約金額の区分に応じ一定の印紙税が課されます（印紙税法第2条，第3条，第7条，別表第1第1号）。印紙税の納付が必要かどうかは，最終的にその契約書がどこで作成されたかによって決まり，完成後の契約書がどこで保管されるか等とは関係がありません（印紙税法基本通達第49条）。具体的には，外国で一方当事者が署名し，日本で他方当事者が署名して契約書を完成する場合には，印紙税を納付する必要があります。これとは反対に，日本で一方当事者が署名し，外国で他方当事者が署名して契約書を完成する場合には，印紙税を納付する必要はありません[1]。

---

[1]　国税庁消費税課『商社等で作成する文書に対する印紙税の取扱い』(1983) 126

2　租税条約の定め

日米租税条約は，米国法人が内国法人に対し金銭の貸付をする場合の課税関係につき特別な規定を置いていません。したがって，国内税法の下での検討の結果は，同条約によって変更を受けません。

3　日本側当事者の税務

外国法人から金銭の貸付を受ける日本側当事者としては，その貸付契約書に関して課される可能性のある印紙税について検討しておけばよいことになります。

第2節　貸付金の利子を受け取る

国内に恒久的施設を有しない外国法人が，内国法人に対する貸付金の利子を受け取る場合の課税関係は，以下のようになると考えられます。

1　国内税法の定め

国内に恒久的施設を有しない外国法人が，内国法人に対して行った貸付金の利子を受け取る場合の課税関係について，所得税，法人税の順で検討します。なお，国内税法の下では，外国法人または非居住者が受け取る利子を，公社債の利子，預貯金の利子等の8号所得と貸付金の利子の10号所得に区分しています（所得税法第161条第1項)[2]が，本章では10号所得のみを扱うこととします。8号所得

頁，宮武敏夫『国際租税法』（有斐閣，1993）204頁，小林幸夫「税務相談印紙税 外国法人と締結する契約書の課税関係」週刊税務通信3465号60頁。

2　このように利子を，8号所得（公社債の利子，預貯金の利子等）と10号所得（貸付金の利子）に分ける国内税法上の考え方は，一般に租税条約では採用されておらず，「利子」としてひとくくりとするのが通例です（松上秀晴編『源泉国際課税の実務（改訂新版）』（大蔵財務協会，2001）155頁）。

のうち公社債の利子については第4章第2節（171頁）を，また預貯金の利子等については第10章第1節（364頁）をそれぞれ参照してください。

（1）所得税

国内に恒久的施設を有しない外国法人は，内国法人から受け取る一定の貸付金の利子について，所得税の課税を受けます（所得税法第5条第4項，第7条第1項第5号，第161条第1項第10号，第178条）。具体的には，所得税法は，以下の場合に，貸付金の利子が国内源泉所得にあたると定めています。

(a) 国内において業務を行う者に対する貸付金のうち，当該国内における業務の用に供されている部分の貸付金に対応する利子（所得税法第161条第1項第10号，所得税基本通達161-29）[3]。

(b) 居住者または内国法人の業務の用に供される船舶または航空機の購入のために，その購入者に対して提供された貸付金に係る利子（所得税法施行令第283条第2項）。

以上のうち，(b)に該当するかどうかの判断は比較的容易と考えられます。しかし，(a)については，金銭に代替性があるために，外国法人から内国法人への貸付金が国内業務の用に供されたかどうかをどのようにして判定するかが問題となります[4]。内国法人は，通常国内において業務を行っていますから，外国法人が当

---

[3] 10号所得は，あらゆる貸付金の利子を含むのではなく，「国内において業務を行う者に対する」貸付金の利子に限定されており，国内業務との関連性が要件となっています。したがって，居住者である個人に対する貸付金で，その個人の業務の用に供されないもの（例えば，個人の居住用家屋の取得のための貸付金）の利子は，10号所得には該当せず，2号所得（国内にある資産の運用または保有による所得）に該当します（所得税法施行令第280条第1項第2号）（上記注2松上・源泉国際課税343頁）。

これに対し，内国法人のすべての活動は，業務に該当すると考えられますから，内国法人に対する貸付金は，すべて「業務を行う者」に対する貸付金となります（宮武敏夫「非居住者と外国法人の利子所得」国際税務7巻3号32頁）。

該内国法人の本店に対して運転資金のための貸付をすれば，その利子は国内源泉所得に該当することになります。これに対し，例えば，内国法人に対する貸付金であっても，それがもっぱら国外にある工場建設のための資金として使用される場合には，その利子は国内源泉所得に該当しません。このように，貸付金の使用地によって国内源泉所得かどうかを判断する原則を使用地主義といいます。

　以上のとおり，国内に恒久的施設を有しない外国法人は，内国法人から受け取る貸付金の利子で国内に源泉のあるものについて所得税の課税を受けます（所得税法第5条第4項，第7条第1項第5号，第161条第1項第10号，第178条）。その税率は20パーセントです（同法179条第1号）。そして，内国法人は，その支払いの際，

4　2016年3月に廃止された旧所得税基本通達161-20は，国内源泉所得とならない貸付金の利子として次に掲げる貸付金を挙げていました。
　(1)　非居住者・外国法人の業務の用に供される船舶・航空機の購入のためにその非居住者・外国法人に対して提供された貸付金
　(2)　国外において業務を行う個人・法人に対して提供された貸付金で当該国外において行う業務に係るもの
　(3)　非居住者に対して提供された貸付金で当該非居住者の行う業務に係るもの以外のもの。
　他方，所得税法第161条第1項第10号と同じ文言であった旧法人税法第138条第6号の解釈通達である旧法人税基本通達20-1-18は，その貸付を受けた者の国外において行う業務に係るものであることが明らかなものを除き，原則として以下のものを国内業務に係る貸付金の利子として取り扱うと規定していました。
　(1)　居住者・内国法人の国内にある事業所等に対して提供された貸付金の利子
　(2)　国内において業務を行う非居住者・外国法人に対して提供された貸付金の利子で，次のいずれかに該当するもの
　　イ　国内にある事業所等を通じて提供された貸付金の利子
　　ロ　当該非居住者・外国法人の国内源泉所得に係る所得の金額の計算上必要経費・損金の額に算入されるもの
　これらの廃止された通達も，旧法と現行法で，「国内において業務を行う者に対する貸付金……で当該業務に係るものの利子」という定義に変更がないため，その解釈の際に引き続き参考になると思われます。

20パーセントの税率で，所得税の源泉徴収をしなければなりません（同法第212条第1項，第213条第1項第1号）[5]。ただし，2013年1月1日から2037年12月31日までの期間に行うべき源泉徴収については，復興財源確保法に基づき，基準所得税額の2.1パーセントに相当する復興特別所得税が付加される結果，その税率は20.42パーセントになります（復興特別措置法第9条，第26条～第28条）。

なお，外国法人に対して支払う貸付金の利子が外貨で表示されている場合における邦貨換算の方法については，所得税基本通達213-1に規定されています。

（2）法人税

国内に恒久的施設を有しない外国法人には，内国法人から受け取る貸付金の利子については法人税が課されません。なぜなら，国内に恒久的施設を有しない外国法人が法人税の課税を受ける国内源泉所得（法人税法第141条第2号）には，内

---

[5] 本章の前提とは異なりますが，日本支店を有する外国法人が内国法人に対して行った貸付に係る債権につき譲渡担保を設定した場合に，当該貸付債権に係る利子の帰属が問題となった事案として，平成17年1月31日裁決・裁決事例集69集153頁があります。同裁決においては，日本支店を有する外国法人L社が内国法人（請求人）に対して有する貸付金債権について，外国法人であるP社を担保権者とする債権譲渡担保が設定された場合において，請求人が支払った当該貸付金債権に係る利子が，P社の国内源泉所得として源泉徴収税が課されるかどうかが問題となりました。

請求人の支払った利子がL社に帰属するのであれば，L社は所得税法第180条第1項による免除証明書を請求人に提出した外国法人であったため，当該利子について源泉徴収義務は課されません（第2編第2章第2節2（413頁））。これに対し，当該利子がP社に帰属するのであれば，P社は源泉徴収の免除を受けられない外国法人であるため，当該利子は源泉徴収に服することになります。審判所は，上記債権譲渡担保契約に基づく貸付金債権の譲渡は，担保を目的として形式的に行われたことが明らかであるため，所得税法上所得を生ずべき債権の譲渡はなかったものと解し，請求人の支払った利子は，L社に帰属するものと認め，請求人の源泉徴収義務を否定しました。

国法人から受け取る貸付金（国内業務の用に供されているもの）の利子が含まれていないからです（法人税法第138条第1項第2号の「国内にある資産の運用又は保有により生ずる所得」からは，所得税法第161条第1項第10号に該当するものが除かれています）。

したがって，国内に恒久的施設を有しない外国法人は，上記貸付金の利子について所得税の源泉徴収のみで日本における課税関係を終了します。

2　租税条約の定め

(1) 原則——所得の源泉地の定めと限度税率の定め

日米租税条約では，利子を広く定義した[6]うえで，利子に関する源泉地の判定についていわゆる債務者主義の原則を採用しています。すなわち，同条約第11条第3項は，利子は，その支払者が一方の締約国の居住者[7]である場合には，当該一方の締約国内において生じたものとされると規定しています。これに対し，国内税法は，先に1（1）(206頁)で述べたとおり，貸付金の使用地によって国内源泉所得かどうかを判断する使用地主義をとっています（所得税法第161条第1項第10号）。このように国内源泉所得について国内税法の規定と異なる定めが租税条約にある場合には，租税条約の規定が優先します（所得税法第162条第1項）。したがって，日米租税条約の適用がある場合には，当該貸付金がたとえ国内業務に関係していないときでも，債務者が内国法人または日本の居住者である限り，その貸付金の利子は日本源泉の所得となります。

さらに，日米租税条約は，利子についてかかる所得税の税率を10パーセントに

6　日米租税条約第11条第4項は，「利子」を「全ての種類の信用に係る債権……から生じた所得，特に，公債，債券又は社債から生じた所得（公債，債券又は社債の割増金及び賞金を含む。）及びその他の所得で当該所得が生じた締約国の租税に関する法令上貸付金から生じた所得と同様に取り扱われるもの」と定義しています。

7　日米租税条約にいう「居住者」には，法人も含まれます（同条約第4条第1項，第3条第1項(e)）。

軽減しています[8]（同条約第11条第2項）。復興特別所得税についても，日米租税条約の限度税率の定めが優先して適用されます（復興財源確保法第33条）。

（2）例外――免除

上記の例外として，日米租税条約は，以下のいずれかに該当する利子に対する源泉地国での課税を免除しています。

(a) 政府，中央銀行等が受け取る利子（同条約第11条第3項(a)，第4項）

(b) 政府，中央銀行等により保証等がなされた債権に関し支払われる利子（同条約第11条第3項(b)）

(c) 銀行，保険会社，証券会社等が受け取る利子（同条約第11条第3項(c)）

(d) 年金基金が受け取る利子（同条約第11条第3項(d)）

(e) 信用供与による設備または物品の販売の一環として生ずる債権に関する利子（同条約第11条第3項(e)）

したがって，国内に恒久的施設を有しない米国法人が内国法人から受け取る利

---

[8] 2013年改正議定書第4条の下では，利子に対する源泉地国での課税を免除し，居住地国でのみ課税する原則を採用しています（新条約第11条第1項）が，その例外として以下のいずれかに該当する利子については源泉地国での課税は免除されません。

(a) 債務者もしくはその関係者の収入，売上，所得等に連動する偶発的な利子については，源泉地国において支払額の10パーセントを限度として課税できます（同条約第11条第2項(a)）。

(b) 不動産により担保された債権等から生ずる利子の一定部分については，源泉地国の国内税法に従い課税できます（同条約第11条第2項(b)）。

(c) 独立企業間価格を超える部分の利子については，源泉地国において支払額の5パーセントを限度として課税できます（同条約第11条第6項）。

以上より，新条約が発効すると，国内に恒久的施設を有しない米国法人が内国法人から受け取る利子が上記(a)または(c)に該当する場合には，当該利子についてかかる所得税の税率が軽減されます。復興特別所得税についても，条約の定める限度税率の定めが優先して適用されます（復興財源確保法第33条）。

子が，上記(a)ないし(e)のいずれかに該当する場合には，日本での所得税が免除されます。上記(e)の例としては，後に第5節3（4）（224頁）で述べる商品等の延払債権の利子相当額や，設備または物品の売主（米国法人）との売買契約の申込と合わせて，当該売主の関係会社（米国法人）に対して融資の申込をした場合に支払われる貸付金の利子が挙げられます[9]。

（3）適用の手続

日米租税条約上の限度税率の適用を受ける米国法人は，利子の支払いを受ける前に，利子を支払う内国法人を経由して，所轄の税務署長に対し「租税条約に関する届出書」「特典条項に関する付表」および居住者証明書を提出しておけば，限度税率の適用を受けることができます（実施特例法第3条の2，実施特例法施行省令第2条第1項）。

なお，そのような米国法人は，利子の支払前にこの届出書等を提出していなくても，後に還付請求書とともに届出手続をとれば，限度税率を超えて源泉徴収された税金の還付を受けることができます（同省令第15条第1項第3号）。

米国法人が日米租税条約の適用により所得税の免除を受けることができる場合にも，同様の届出手続をとる必要があります。

3 日本側当事者の税務

国内に恒久的施設を有しない外国法人に対して，国内業務に供される貸付金の利子を支払う内国法人は，20パーセント（復興特別所得税が付加されると20.42パーセント）の税率による源泉徴収義務を負います。また，当該内国法人は，日米租税条約の適用がある場合には，貸付金の使途とは関係なく，原則として源泉徴収義務を負うことになりますが，源泉徴収税率は原則として10パーセントに軽減さ

---

[9] 住澤整ほか『改正税法のすべて　平成16年版』（大蔵財務協会，2004）353〜354頁，税理士法人トーマツ『Q&Aでわかる新日米租税条約の実務詳解』（中央経済社，2005）173〜175頁。

れます。さらに，一定の要件を満たす場合には，米国法人に対して支払われる利子に係る源泉徴収税が免除されます。

なお，内国法人が支払った貸付金の利子は損金に算入できる（法人税法第22条第3項）のが原則ですが，貸主である外国法人と借主である内国法人との間に一定の資本関係等があり，過少資本税制（租税特別措置法第66条の5）や過大支払利子税制（同法第66条の5の2）の適用がある場合は，一定の範囲で利子の損金算入が否定されます。過少資本税制および過大支払利子税制については，それぞれ第3編第2章（502頁）と第3章（522頁）を参照してください。

第3節　貸付金債権を譲渡する

国内に恒久的施設を有しない外国法人が，内国法人に対する貸付金債権を，他の内国法人または外国法人に対して譲渡する場合の課税関係は，以下のようになると考えられます。

1　国内税法の定め

国内に恒久的施設を有しない外国法人が内国法人に対する貸付金債権を譲渡したことにより生ずる所得について，所得税が課されることはありません[10]。

かかる外国法人が内国法人に対する貸付金債権を譲渡したことにより生ずる所得について，法人税が課されることもありません。国内に恒久的施設を有しない外国法人が法人税の課税を受けるのは，一定の国内源泉所得に限られており（法人税法第141条第2号），内国法人に対する貸付金債権を譲渡したことにより生ずる所得はその対象外だからです[11]。

10　このような所得が，所得税法第161条第1項第3号の所得に該当することはありえます（同法施行令第281条第1項第8号）が，いずれにせよ3号所得は，外国法人に係る所得税の課税対象となる所得には含まれていません（同法第178条）。

11　このような貸付金債権の譲渡により生ずる所得は，法人税法第138条第3号に規

以上のとおり、国内税法の下では、外国法人には所得税も法人税も課されません[12]。

2 租税条約の定め

(1) 租税条約適用の結果

日米租税条約は、国内に恒久的施設を有しない米国法人が内国法人に対して有する貸付金債権を譲渡したことにより生ずる所得について、日本での課税を免除する旨の規定を置いています（同条約第13条第7項）。したがって、本件のような場合に、譲渡人たる米国法人に所得税も法人税も課されないという国内税法の下での検討の結果は、同条約によって変更を受けません。

(2) 債権譲渡と租税条約の適用

このように、国内に恒久的施設を有しない外国法人が、国内税法の下でも、租税条約の下でも、本件のような貸付金債権の譲渡により生ずる所得について、日本で課税されることはありません。しかし、貸付金債権の譲渡に関し租税条約の適用関係が問題となる事案が考えられます。

具体的には、A国の法人甲が内国法人乙に対して有する貸付金債権を、貸付期間の途中で発生済みの利子に対する請求権とともに、B国の法人丙に譲渡した場合、弁済期に乙が丙に対して支払う利子について、A国との租税条約、B国との租税条約のいずれが適用されることになるかという問題です（図1参照）[13]。

定する「国内にある資産の譲渡により生ずる所得」には含まれない（法人税法施行令第178条）ため、国内に恒久的施設を有しない外国法人が法人税を課されることはありません（法人税法第141条第2号）。

12 木村寛富「国際的債権譲渡と租税条約の適用」国際税務3巻9号14頁、20頁参照。

13 上記注12木村論文14頁。

図1

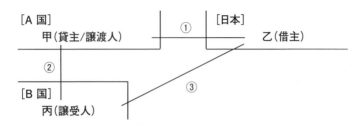

①甲が乙に対し,金銭を貸し付け
②甲が丙に対し,発生済みの利子と元本債権を譲渡
③乙が丙に対し,利子と元本を一括返済

　この債権譲渡後に発生する利子の課税関係について，B国との租税条約の適用があることには異論がありません。問題は，A国の法人甲が元本債権を有していた間に生じた発生済みの利子の課税関係に関して，A国とB国のいずれの国との租税条約の適用があるかという点です。この場合，甲と丙が元本債権の所有者であったそれぞれの期間を区別して，それぞれの期間ごとにA国またはB国との租税条約を適用するという考え方をとることも理論的には可能です。しかし，日本においては，実務上，債権譲渡前に発生している利子の課税関係についても，最終の元本債権者である丙を基準にB国との租税条約のみを適用するという立場をとっているようです[14]。

3　日本側当事者の税務

　国内に恒久的施設を有しない外国法人が保有する貸付金債権を内国法人に譲渡した場合でも，当該外国法人は，貸付金債権の譲渡により生ずる所得につき日本で課税されないので，譲受人たる内国法人が源泉徴収義務を負うこともありません。

14　上記注12木村論文20頁。

他方，日本側当事者に対する貸付金債権が譲渡され，その譲受人が譲渡人とは別の国の法人であるときには，日本側当事者は，債権譲渡後の利子（債権譲渡前の発生済みの利子を含む）の支払いの際，譲受人の国との租税条約が適用されることに留意する必要があります。

第4節　貸付金債権を放棄する

国内に恒久的施設を有しない外国法人が，内国法人に対して有する貸付金債権を，全額または一部放棄する場合の課税関係は，以下のようになると考えられます。

1　貸付金債権を全額放棄した場合

（1）国内税法の定め

(a)　元本

国内に恒久的施設を有しない外国法人が，内国法人に対して有する貸付金債権（元本部分）を全額放棄した場合，当該外国法人について所得は発生しませんので，日本で課税関係が発生する余地はありません。

(b)　利子

これに対し，発生済みの利子の放棄については別途の考慮を要します。これは，源泉徴収義務の対象となる所得の「支払」には，現実に金銭を交付する行為のほか，元本への繰入れなどその支払債務が消滅するいっさいの行為が含まれており（所得税基本通達181～223共－1），債務者が債権者から債務の免除を受けたことによる債務の消滅も「支払」に含まれると解されているからです[15]。したがって，その場合の課税関係については，第2節1（205頁）を参照してください。

ただし，債務の免除が支払者である内国法人の債務超過の状態が相当期間継続

15　三又修・樫田明・一色広己・石川雅美共編著『所得税基本通達逐条解説　平成29年版』（大蔵財務協会，2017）1075頁。

し，その支払いをすることができないと認められる場合に行われたときには，その免除を受けたことにより源泉徴収をする必要がないこととされています（所得税基本通達181～223共－2ただし書き）。

以上より，発生済みの利子の放棄については，放棄を受ける内国法人の財務状況に応じて源泉徴収の問題が生じ得ることに注意を要します。

(c) 損金算入

債権の放棄が，債務者である内国法人に対する貸倒れ等による場合に，放棄した債権の額が当該外国法人の本国における所得の計算上損金の額に算入できるかどうかは，その本国法によって決まります。

(2) 租税条約の定め

日米租税条約には，国内に恒久的施設を有しない米国法人が内国法人に対して有する貸付金債権（元本部分）を放棄する場合の課税関係について，特別な規定はありません。したがって，国内税法の定めどおり，当該米国法人は日本で課税されません。

他方，国内に恒久的施設を有しない米国法人が内国法人に対する発生済みの利子を放棄した場合には，放棄を受ける内国法人の財務状況に応じて源泉徴収の問題が生じることがありますが，日米租税条約の下では，源泉徴収税率が軽減されるのが原則です。さらに，一定の要件を満たす場合には，同条約の適用により源泉徴収の免除を受けられます。詳しくは，第2節2（209頁）を参照してください。

(3) 日本側当事者の税務

外国法人から債権（元本部分）の放棄を受けた内国法人には，債務の免除益が発生します（法人税法第22条第2項）。

これに対し，発生済みの利子の免除を受けた内国法人については，損金算入される利子と免除益が両建てされる結果，特に課税関係は生じません。他方，発生済みの利子の放棄を受ける内国法人には，日米租税条約の免税規定の適用がない場合には，その財務状況に応じて源泉徴収の問題が生じることに注意する必要が

あります。

2　貸付金債権を一部放棄した場合

　国内に恒久的施設を有しない外国法人が内国法人に対して行っていた貸付金債権を発生済みの利子分も含めて全部放棄するのではなく，一部放棄にとどめた場合の課税関係がどのようになるかがここでの問題です。

　まず，発生済みの利子に加えて元本の一部の放棄が行われた場合の課税関係は，上記1の全額放棄の場合と同様になります。すなわち，貸付金元本の一部放棄をした外国法人には日本で課税関係が発生せず，かかる一部放棄を受けた内国法人には債務の免除益が発生することになります。他方，発生済みの利子の放棄については，放棄を受ける内国法人の財務状況に応じて，源泉徴収の問題が生ずることがあります。

　これに対し，当事者が内訳を明示せず，発生済みの利子総額を下回る金額を免除したにすぎない場合には，残額のうちに含まれている元本相当額と金利相当額をどのように計算すべきかが問題となります。この点について参考となるのが，昭和59年11月5日裁決・裁決事例集28集149頁です。当該事案において，原処分庁は，上記のような減額がもともとの元本と利子との金額の割合に応じて行われたと考えるべきであると主張しました。しかし，同裁決は，この主張を排斥し，通常取引における値引き等の場合に原価相当額を確保し，利益相当額部分を減額する一般取引慣行があることから，その減額はまず利子相当額からなるものとして，貸付金の利子の支払額を認定すべきであるという判断をくだしました[16]。

16　元本，利息及び費用を支払うべき場合につき充当の順序を定める民法第491条（債権法改正後の民法第489条）に照らして考えても同様の結論が導かれると考えられます。

　なお，発生済みの利子の放棄については，放棄を受ける内国法人の債務超過の状態が相当期間継続しその支払いをすることができないと認められる場合に行われたかどうかによって源泉徴収の要否が決まってきますが，この点は昭和59年11月5日裁決の直接の争点になっていません。

第5節　その他の取引

　以上，国内に恒久的施設を有しない外国法人が内国法人に対し，通常の金銭の貸付を行った場合を前提として，いくつかの典型的な課税問題について検討してきました。以下では，貸付金に関連するその他の取引についての課税問題を簡単に説明します。

1　債券現先取引から生ずる差益

　債券現先取引から生ずる差益は，10号所得（旧6号所得）に含まれています（所得税法第161条第1項第10号かっこ書き，同法施行令第283条第3項，第4項）[17]。「債券現先取引」はレポ取引ともよばれ，二当事者間で，債券の売買（スタート取引）を，当該売買対象債券と同種同量の債券をあらかじめ合意する価格で将来の一定期日としてあらかじめ合意する日に再売買（エンド取引）することをスタート取引と同時に約して行う取引等を意味します。また，「債券現先取引から生ずる差益」とは，スタート取引とエンド取引の対価の額の差額相当額と定義されていま

17　日本の銀行が米国所在の子会社を代理人として米国債等の現先取引（レポ取引）を，米国等の多数の金融機関と行ったところ，同銀行が取引先に支払った現先取引から生ずる差益（レポ差額）が，旧所得税法第161条第6号の「貸付金（これに準ずるものを含む。）……の利子」に該当するかが争われた事件として，東京高裁平成20年3月12日判決・金融商事判例1290号32頁（最高裁平成20年10月29日上告不受理決定により確定）があります。
　　東京高裁は，「貸付金（これに準ずるもの）」の解釈にあたり，「租税要件明確主義に反しない解釈とならないためには，外延を不明確にすることのない解釈を行うべき」であるとし，レポ取引が法形式的に売買であることを重視し，結論としてレポ差額が旧6号所得に該当しないと判断しました（同判決につき，山田二郎・大塚一郎編『租税法判例実務解説』（信山社，2011）294頁［宮崎裕子執筆部分］参照）。上記判決が確定した直後に，債券現先取引から生ずる差益を旧6号所得に含める平成21年度税制改正が行われ，同改正法が2009年4月1日から施行されています。

す。

　したがって，国内に恒久的施設を有しない外国法人が，内国法人との間で，債券現先取引を行ったことによって得る差益は，10号所得に含まれます。ただし，外国金融機関等が特定の金融機関等の間で行う一定の債券現先取引から生ずる差益については，所定の手続を踏むことにより所得税を免除されます（租税特別措置法第42条の2，同法施行令27条の2）。

2　貸付金に準ずるものの利子

　所得税法上，国内源泉所得となる貸付金の利子に係る「貸付金」には，これに準ずるものも含まれています（所得税法第161条第1項第10号）。この貸付金に準ずるものの例としては，所得税基本通達161-30が以下のとおり規定しています[18]。

18　「貸付金に準ずるもの」について定めていた旧所得税基本通達161-16は，下記のものを例示していたにとどまりますので，現通達161-30は例示の範囲を広げました。
　（1）　勤務先に対する預け金で預貯金に該当しないもの
　（2）　取引先等に対する保証金，預け金
　（3）　売買，請負，委任の対価または物もしくは権利の貸付もしくは使用の対価に係る一定の延払債権
　（4）　(3)に定める対価に代わる性質を有する損害賠償金等に係る延払債権
　なお，所得税法第161条第1項第10号と同じ文言であった旧法人税法第138条第6号の解釈通達である旧法人税基本通達20-1-19は，現所得税基本通達161-30と同内容でした。
　ただし，下記注20で言及する大阪高裁平成21年4月24日判決は，通達に依拠して「貸付金に準ずるもの」の解釈を拡大することに非常に批判的であることに留意する必要があります。
　なお，内国法人と外国法人との間の債権債務の相殺残高が，当該外国法人から内国法人に対する貸付金または少なくとも貸付金に準ずるものであるとし，それに付された支払利息は，当該外国法人の国内源泉所得にあたるという判断をくだした裁決があります（昭和58年4月18日裁決・裁決事例集26集107頁）。

(1) 預け金のうち預貯金以外のもの
(2) 保証金，敷金その他これらに類する債権
(3) 前渡金その他これに類する債権
(4) 他人のために立替払をした場合の立替金
(5) 取引の対価に係る延払債権
(6) 保証債務を履行したことに伴って取得した求償権
(7) 損害賠償金に係る延払債権
(8) 当座貸越に係る債権

したがって，例えば，内国法人が外国法人に製品を輸出するにあたり，輸出代金を前受金として預り，その前受金額と前受期間に応じて一定の利率により計算した金額を当該外国法人に支払う場合の前受金は，上記(1)の預け金または(3)の前渡金に該当し，その前受金について生ずる利子相当額は「貸付金の利子」に含まれます[19]。

他方，造船の建造契約の解除による造船代金の分割払金の返還の際に支払った年率8パーセントの割合で算出した金員が，「貸付金に準ずるものの利子」に該当するかどうかが争いとなった事案では，「貸付金に準ずるもの」が厳格に解釈され，旧6号所得には該当しない旨の判断がくだされました[20]。

---

19 上記注2松上・源泉国際課税339頁，渡辺淑夫『コンサルタント 国際税務事例（改訂増補版）』（税務研究会，1996）772頁。
20 大阪地裁平成20年7月24日判決・判例タイムズ1295号216頁を維持した大阪高裁平成21年4月24日判決・税務訴訟資料（250号〜）259号順号11188（上告されずに確定）は，「貸付金（これに準ずるものを含む。）」とは，消費貸借に基づく貸付債権を基本としつつ，その性質，内容等がこれとおおむね同様または類似の債権をいうものと解するのが相当であること，そして，この点に関する控訴人（国）の主張（すなわち金銭の交付からその返還までに一定の期間が設けられること等により，債務者に対して信用が供与される金銭債権であって，その期間において債務者が元本を使用することができ，その対価としての利子が生じ得るものをいうとの解釈）を採用することができないことを明示しました。

なお，上記(5)の延払債権の利子相当額については，規定が若干複雑なので，次項であらためて説明します。

以上のとおり，所得税法第161条第1項第10号にいう「貸付金の利子」の中には，貸付金に準ずるものの利子相当額も含まれるわけですが，このことは，日米租税条約の適用がある場合にも，変更はないと考えられます。これは，同条約が「利子」の定義を，最終的にはそれぞれの国内法に委ねているからです（同条約第11条第5項）。

以上をまとめると，国内に恒久的施設を有しない米国法人が，内国法人から受け取る貸付金に準ずるものの利子相当額については，「租税条約に関する届出書」，「特典条項に関する付表」および居住者証明書の提出を条件として，10パーセントの税率で源泉徴収を受けるのが原則です。前述した免税要件（第2節2(2)(210頁)）を満たす場合には，米国法人は，同様の届出手続を踏むことにより，日本での課税を免除されます。

3　延払債権の利子相当額

延払債権の利子相当額については，国内税法上，規定が若干込み入っていますので，ここでは商品の輸入代金を例にとって，以下のように整理しておきます。

(1) 履行期間が6カ月以内の延払債権の場合

まず，商品の輸入代金が延払いされ，履行期間が6カ月以内の場合には，その間の利子相当額は，所得税法第161条第1項第10号にいう「貸付金の利子」に該当しません（所得税法施行令第283条第1項）。6カ月以内のような短期の延払債権

なお，上記大阪高裁判決は，「所得税基本通達及び法人税基本通達等の規定は，課税庁内部では拘束力をもつが，裁判所が拘束されるものではないのであって，その上位規範である所得税法の規定を解釈するに当たり参考となり得ても，その解釈基準の根拠として取り扱うことは，前提において失当である」と判示し，法令解釈によらず，もっぱら通達に依拠して課税処分をなすことを戒めています。

の利子まで「貸付金の利子」として取り扱うのは，貿易取引の円滑化を阻害することになり，また課税技術上の困難性もあって，「貸付金の利子」の範囲から除外されています[21]。

したがって，上記の範囲の利子相当額は，日本での源泉徴収に服することはありません。この利子相当額は，輸出者である外国法人にとって，所得税法上「国内にある資産の運用又は保有により生ずる所得」（所得税法第161条第1項2号）に含まれない（同法施行令第280条第2項，第283条第1項）ため，国内源泉所得には該当しないとして整理されています。同様に，法人税法上も「国内にある資産の運用又は保有により生ずる所得」（法人税法第138条第1項2号）に含まれない（同法施行令第177条2項）ため，国内源泉所得には該当しません。

以上より，国内に恒久的施設を有しない外国法人がこのような利子相当額を得たとしても，日本で所得税も法人税も課されません（所得税法第178条，法人税法第141条第2号）[22]。

（2）履行期間が6カ月超の延払債権の場合

次に，商品の輸入代金に係る延払いの期間が6カ月を超える場合には，その利子相当額は，所得税法第161条第1項第10号にいう「貸付金の利子」に該当することになります（所得税法施行令第283条第1項）。ただし，これには例外があって，当該利子相当額が，商品の代金に含めて関税の課税標準とされるものであるときは，当該利子相当額は，同号にいう「貸付金の利子」に該当しないものとし

---

21 上記注2松上・源泉国際課税156頁。なお，使用料の遅延利息等につき第7章第3節5（279頁）参照。

22 履行期間が6カ月以内の延払債権の利子は，平成26年度税制改正前には「国内において行う事業から生ずる所得」（旧1号所得）として整理されていた（旧所得税法施行令第283条第2項，旧法人税法施行令第180条第2項）ため，国内に恒久的施設を有しない外国法人がかかる所得を稼得する場合には所得税も法人税も課されていませんでした（旧所得税法第178条，旧法人税法第141条第4号）。したがって，適用条文は変わりましたが，課税なしという結論に変更はありません。

て扱うことができます（所得税基本通達161-31）。そこで，関税法の規定を見ますと，輸入貨物の関税の課税価格は，輸入貨物の輸入取引がされたときに，買手により売手に対しまたは売手のために，現実に行われたまたは行われるべき支払いの総額（関税定率法基本通達4-2にいう現実支払価格）に運賃等の額を加えた「取引価格」を意味します（関税定率法第4条第1項）。そして，輸入取引が延払条件付である場合における延払金利は，この現実支払価格の中に含まれないのが原則です（同法施行令第1条の3第4号）。しかし，その延払金利の額を明らかにすることができないときは，その額を含んだ支払いの総額を現実支払価格とすることになっています（同令第1条の3ただし書き）[23]。

（3）国内税法のまとめ

以上より，国内に恒久的施設を有しない外国法人と内国法人との間の商品の輸入取引に係る延払金利に関する国内税法の下での課税関係は，以下のように整理できます。

(a) 延払金利の額が明確でないとき（延払いの期間は無関係）

金利の額は関税の課税価格に含まれるが，その金利に対する源泉徴収も法人税課税もない。

(b) 延払金利の額が明確であるとき

　(i) 延払期間が6カ月以内の場合

金利の額は関税の課税価格に含まれないし，その金利に対する源泉徴収も法人税課税もない。

　(ii) 延払期間が6カ月超の場合

金利の額は関税の課税価格に含まれないが，その金利に対して源泉徴収がなされる。

以上，商品の輸入代金に係る延払債権を例にとって説明してきましたが，この

23　関税定率法基本通達4-4参照。日本関税協会『関税評価303（改訂7版）』（日本関税協会，2017）139頁，141頁。

説明は，関税に関する部分を除き，出演料または工業所有権もしくは機械，装置等の使用料に係る延払債権についてもあてはまります（所得税基本通達161-32）。すなわち，これらの延払債権の延払金利の額が明確でないとき（延払期間は関係なし），または延払金利の額は明確だがその期間が6カ月以内の場合には，その金利に対して源泉徴収は行われません。これに対し，延払金利の額が明確で，かつ延払期間が6カ月超の場合には，その金利に対し源泉徴収が行われます。

なお，念のため以下の二点を指摘しておきます。

第一に，上記の使用料に係る延払債権の延払金利の問題と使用料の支払いが遅延したことによって発生する遅延利息等の問題とは異なります。例えば使用料の遅延利息とされる額で使用料に代わる性質を有するものは，10号所得ではなく，11号所得に含まれます（所得税基本通達161-46）[24]。したがって，国内源泉所得に該当する使用料の遅延利息については，その延滞期間が6カ月超かどうかによって源泉徴収の有無が決まるわけではなく，すべて源泉徴収の対象になります。

第二に，上記のように延払期間が6カ月以内かどうかによって源泉徴収の有無を分ける考え方は，一定の延払債権（所得税法施行令第283条第1項）にのみあてはまります。一般の貸付金債権の利子は，貸付期間の長短に関係なく常に「貸付金の利子」に該当し，源泉徴収の対象になります。

（4）日米租税条約の適用

先に第2節2（2）（210頁）で説明したとおり，日米租税条約の下では，信用供与による設備または物品の販売の一環として生ずる債権に関する利子に対しては源泉地国での課税が免除されます（同条約第11条第3項(e)）。このため，内国法人が国内に恒久的施設を有しない米国法人から商品等を輸入し，その代金を延払いする際に発生する利子相当額は，上記免税要件を満たすことになると考えられます。

したがって，日米租税条約の下では，たとえ米国法人が内国法人から受け取る

24　上記注2松上・源泉国際課税364頁，上記注21参照。

延払金利の額が明確で，しかも延払期間が6カ月を超える場合でも，当該金利に係る日本での源泉徴収は免除されます[25]。免除を受けるために必要な届出手続等は，貸付金の利子の減免を受ける場合と同様です（第2節2（3）（211頁））。

4 保証

貸付金に関する課税問題に関連するものとして，保証取引に関するものがあります。ここでは，保証債務を履行した場合の利子相当額の支払いと保証料の支払いの二つの問題を取り上げ，日本での課税関係を簡単に説明します。なお，保証は関連会社間で行われることが多いため，以下の説明でも外国法人と内国法人との間に親子関係がある事例を前提としています。しかし，総論部分（第1部第1章第5節3（15頁））で述べたとおり，外国法人の日本における子会社または親会社は，原則として当該外国法人の恒久的施設には該当しません。したがって，国内に恒久的施設を有しない外国法人の課税関係について述べた本章のこれまでの説明は，以下の事例を検討するうえでも共通の前提になります。

(1) 保証債務の履行の場合の利子相当額の支払い

内国法人の外国子会社が，外国で使用するために，外国銀行から借入を行うに際して，当該内国法人（親会社）が外国子会社の借入債務を保証することがあります。このような場合，保証人たる当該内国法人（親会社）が，保証債務の履行をしたときの利子相当分が，日本でどのように課税されるかがここでの問題です（図2参照）。

---

25 上記注9 トーマツ・新日米条約170～172頁。

図2

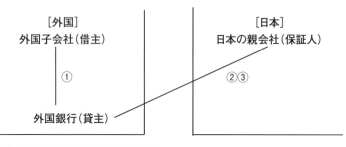

①外国子会社が外国銀行から借入
②日本親会社が外国子会社の借入債務を保証
③日本親会社が外国銀行に保証債務を履行

　その解答を導くためには，まず，このような利子相当分の源泉地をどのようにして判定するかを明らかにしなければなりません。この点については，主たる債務者である外国子会社から外国銀行が利子を受領した場合と同様に捉えて，源泉地が判断されるものと考えられています[26]。先に第2節1（1）（206頁）で説明したとおり，国内税法は，貸付金の利子の源泉地についていわゆる使用地主義をとっていますから，本件の場合，外国子会社がその貸付金を使用した当該外国に源泉があることになると考えられます（注4で引用した旧所得税基本通達161-20(2)参照）。したがって，日本の親会社が保証債務を履行することにより，外国銀行が受け取る利子相当分は，国内源泉所得には該当せず，日本では課税されないことになります。

　これに対して，日米租税条約のように，貸付金利子の源泉地に関しいわゆる債務者主義をとっている租税条約の適用がある場合には，利子相当分の源泉地はどのように定められるのかが問題となります。すなわち，その源泉地を，主たる債務者である外国子会社の所在地（その場合には国外源泉）か，実際の支払者であ

26　島谷博・古川稔・小堺克巳『外国法人課税の実務と理論（2訂版）』（税務研究会，1993）148頁。

る日本の親会社の所在地（その場合には国内源泉）のいずれを基準に判定すべきかという問題です。この点について、日米租税条約等では少なくとも文言上は、「支払者」を基準に源泉地を定めているように読めます。しかし、実際には上記のように「支払者」と「債務者」が異なるケースにおける源泉地の決定は、「債務者」を基準とすると解されており、これが、このような源泉地の定め方を債務者主義とよぶ所以です[27]。すなわち、日本の親会社が外国の子会社の債務を支払ったからといって、支払利息相当分の源泉地が日本に変わるわけではありません。したがって、日米租税条約を含め、債務者主義をとる租税条約の適用がある場合にも、上記の国内税法の下での結論は変わらず、貸主である外国銀行は日本で課税されません。

（2）保証料の支払い

保証債務に関連して、主たる債務者が保証人に対して支払ういわゆる保証料が「貸付金の利子」に該当するかという問題があります。例えば、外国法人の日本における子会社が日本の銀行から融資を受けるに際して、外国法人が保証するケースについて考えてみましょう（図3参照）。

---

27 上記注12木村論文18頁。

ちなみに、米国の非居住者の米国における課税関係について定める米国内税法は、米国の居住者または米国法人からの利子を、原則として米国源泉の所得として扱う債務者主義を採用しています（内国歳入法（Internal Revenue Code）第861条(a)(1)）。したがって、利子の源泉地につき、日米租税条約は、内国歳入法と同じ原則を採用していることになります。しかも、内国歳入法の細則について定める規則§1.861-2(a)(5)は、米国の居住者の債務に基づき、米国の非居住者が、その居住者の債務の保証人として利子を支払った場合、その利子は、米国源泉の所得として取り扱われることを明記しています。

図3

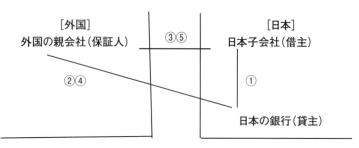

①日本子会社が日本の銀行から借入
②外国親会社が日本子会社の借入債務を保証
③日本子会社が外国親会社に保証料を支払い
④外国親会社が銀行に保証債務を履行
　（外国親会社は日本子会社に対する求償権を取得）
⑤日本子会社が親会社に求償債務を履行

　その際に、日本の子会社が外国親会社に対し支払う保証料は、信用力の貸与または危険負担の対価であり、金銭の使用の対価ではありませんから、「貸付金の利子」とは一般に考えられていません[28]。保証の引受行為は一種の事業と認められ、平成26年度税制改正前には、保証料は「国内において行う事業から生ずる所得」（旧法人税法第138条第1号に該当する所得）として整理されていました[29]が、同改正後は、国内に恒久的施設を有しない外国法人が稼得する上記保証料は、国内源泉所得に該当しないことになりました（法人税法第138条第1項第1号参照）。先に4冒頭（225頁）で述べたとおり、外国法人の日本における子会社は、原則として親会社である外国法人の恒久的施設に該当しないので、このような外国法人が日本の子会社から上記保証料の支払いを受けたとしても、日本では課税されません。

　なお、上記の結論は、日米租税条約の下でも変更を受けません。同条約の議定

28　上記注2松上・源泉国際課税342頁、上記注3宮武論文・国際税務7巻5号21頁。
29　上記注26島谷・古川・小堺・外国法人課税の実務と理論149頁。

書8は，保証料や融資枠契約の手数料が恒久的施設と実質的な関連を有するものでない場合に源泉地国での課税がなされない旨規定しています。この規定は，通常金融機関が行うこれらの取引に係る所得が，「利子」ではなく「企業の利得」（同条約第7条）として取り扱われることを確認的に規定したものであると考えられています[30]。

（3）求償債務の履行

上記（2）の例で，保証人たる外国親会社が保証債務を履行した場合，当該外国親会社は，主たる債務者である日本の子会社に対し求償権を取得することになります。そこで，最後に，子会社がこの求償債務を履行した場合の課税関係について考えてみます（図3（228頁）参照）。

この求償権は，貸付金に準ずる債権に該当します（所得税基本通達161-30(6)）から，国内税法の下では，この求償債務について新たに発生する利子は10号所得に含まれ，日本での源泉徴収に服します。問題は，日本の子会社が外国の親会社に対し求償債務自体を履行した場合に，求償額の中に含まれている主たる債務の元本相当分，利子相当分，保証料相当分の課税上の取扱いです。これらは，それぞれ性質を異にするので，その課税関係もその性質の相違を踏まえて検討する必要があります。

第一に，上記求償額のうち元本相当額が「貸付金の利子」に含まれないことは明らかです。

第二に，主たる債務の利子相当分については，そもそも保証人が取得する求償権の性質をどう捉えるかによって結論が異なり得ると考えられます。あたかも債権譲渡の場合のように，同一性をもって利子相当分の請求権が債権者から保証人に移転すると考えるなら，10号所得に含めて考える余地があるかもしれません。しかし，少なくとも日本法の下では，求償権が主たる債務者と保証人の内部関係

30　阿部泰久『完全ガイド／新「日米租税条約」のすべて』（清文社，2005）106頁，浅川雅嗣編著『コンメンタール改訂日米租税条約』（大蔵財務協会，2005）265頁。

より生じ，その発生・範囲が内部関係に従って決定されることから考える（民法第459条，第462条）と，求償権の発生と債権の譲受けを同視することはできないと思われます。したがって，結論として日本の子会社が保証人たる外国親会社に償還する利子相当額は，10号所得に含まれないと考えられます。

第三に，先に（2）(227頁）で述べたとおり，保証料は，もともと金銭使用の対価でないということで「貸付金の利子」に含まれませんから，日本の子会社が償還する保証料相当額も10号所得に該当する余地はないと考えられます[31]。

5　不良債権の時価による取得と回収

国内に恒久的施設を有しない外国法人が，内国法人から時価で不良債権を取得し，取得価額を超える金額の回収をした場合の課税関係は，以下のようになると考えられます。なお，ここで譲渡の対象となる不良債権は，すべて国内の債務者向けのものであることを前提とします。

(1) 国内税法の定め

(a) 取得

国内に恒久的施設を有しない外国法人が，内国法人から時価で不良債権を取得した場合には，取得の時点で所得は発生しません。したがって，この時点で所得税，法人税ともに課されません。

(b) 回収

国内に恒久的施設を有しない外国法人が，取得した不良債権の回収により，取得価額を上回る金額（元本部分）を回収した場合には，かかる所得は，「国内の資産の運用又は保有により生ずる所得」に該当するものと考えられます[32]。すな

31　上記注2松上・源泉国際課税342頁は，この利子相当分も保証料相当分も「貸付金の利子」（旧6号所得）に該当するという立場をとっていますが，その結論には本文で述べたとおり疑問があります。

32　法人税基本通達20-2-7(2)は，貸付金債権をその債権額に満たない価額で取得し

わち，国内に恒久的施設を有しない外国法人が稼得する上記所得については，所得税の課税を受けることはありません（所得税法第5条第4項，第7条第1項第5号，第161条第1項第2号，第178条）が，法人税の課税を受けます（法人税法第138条第1項第2号，第141条第2号）。したがって，かかる外国法人は，上記所得につき所得の申告をし，法人税を納付しなければなりません（法人税法第144条の6第

た場合におけるその満たない部分の金額が，「国内の資産の運用又は保有により生ずる所得」に該当することを明記しています。同通達は，貸付債権を債権額未満で取得したときの取得価額との差額を取得時に「国内の資産の運用又は保有により生ずる所得」として認識するケースについて言及したもので，いわゆるファクタリング業（売掛債権等の買い取りを中心とする業務）の所得がその典型例であるといわれています（小原一博編著『法人税基本通達逐条解説（8訂版）』（税務研究会，2016）1536頁）。すなわち，同通達は，正常債権の買い取りから生ずる所得について規定したもので，この本で問題にしている不良債権の買い取りの結果生ずる所得について規定するものではありません。

しかしながら，両者は，ともに取得価額を上回るリターンを得られるという点では同じであり，そのリターンが確定する時点が異なるにすぎないと捉えることができます。つまり，買い取りの対象が正常債権であれば取得時に直ちに所得を認識すべきであるのに対し，買い取りの対象が不良債権であれば将来の回収額が不確定であるため，取得の時点で所得が実現したとはいえません。不良債権の場合には，買い取り額を上回る回収を実際に行ってはじめて所得が実現すると考えられます。上記法人税基本通達逐条解説163頁は，債務者の信用リスクを反映して債権金額より低く不良債権を取得した場合につき同趣旨のことを述べ，法人税基本通達2－1－34（債権の取得価額に係る調整差損益の計上）の適用がないことを明記しています。

したがって，この本で取り上げた不良債権の回収から得られる所得も，法人税基本通達20－2－7(2)に規定するところに準じて，「国内の資産の運用又は保有により生ずる所得」に含まれるものと思われます。平成26年度税制改正前の国内税法を前提として，中村隆一「法人税法第138条第1号又は所得税法第161条第1号の規定の解釈と適用についての一考察——外国法人・非居住者の稼得する不良債権の回収益を素材として——」税大論叢49号107頁も上記と同様の結論をとっています。

なお，「国内の資産の運用又は保有により生ずる所得」の課税関係の一般的な説明については，第1章第3節（118頁）を参照してください。

2項)³³。

　なお，当該外国法人の回収分に利子相当額が含まれている場合の課税関係は，すでに第2節1（205頁）で述べたとおりです。

（2）租税条約の定め

（a）取得

　国内に恒久的施設を有しない米国法人が，不良債権を時価で取得した時点で所得が発生せず，いっさい課税がないという結論は，日米租税条約の下でもそのまま維持されます。

（b）回収

　国内に恒久的施設を有しない米国法人が不良債権のうちの元本部分を回収する

33　国内に恒久的施設を有しない外国法人は，「国内の資産の運用又は保有により生ずる所得」を有することになった日から2カ月以内に，納税地，国内において行う事業など一定の事項を所轄の税務署長に届け出る必要があります（法人税法第149条）。そして，当該外国法人は，事業年度終了の日の翌日から2カ月以内に，所轄税務署長に対し，確定申告書を提出し（同法第144条の6第2項），法人税を納付しなければなりません（同法第144条の10）。

　外国法人の国内源泉所得に係る所得の金額は，内国法人の各事業年度の所得の金額に準じて計算されます（法人税法第142条の10が準用する第142条，同法施行令第191条が準用する第184条）。税率は，内国法人に対して適用される税率と同様，原則として23.2パーセントですが（同法第143条第1項），法人税額の4.4パーセント（2019年10月1日以降に開始する事業年度からは10.3パーセント）に相当する地方法人税が付加されます（地方法人税法第4条，第6条第1号ロ，第9条，第10条第1項）。

　なお，国内に恒久的施設を有しない外国法人は，「国内の資産の運用又は保有により生ずる所得」について，法人住民税（道府県民税・市町村民税）および事業税を課されることはありません（地方税法第23条第1項第18号，第24条第3項，第72条第5号，第72条の2第6項，第292条第1項第14号，第294条第5項，同法施行令第7条の3の2，第10条，第46条の2の3）。

際の課税関係は，日米租税条約の適用により，以下のとおり変更されるものと考えられます。すなわち，かかる米国法人が，事業として不良債権の取得と回収を行っている場合には，その回収行為から生ずる所得は，日米租税条約上「企業の利得」に該当するものと考えられます。したがって，同条約の適用がある場合には，当該米国法人は，日本で法人税の課税を受けません（日米租税条約第7条1項)[34]。これに対し，当該米国法人の回収分に利子相当額が含まれている場合の課税関係については，第2節2（209頁）を参照してください。

(3) 日本側当事者の税務

(a) 取得

国内に恒久的施設を有しない外国法人が不良債権を時価で取得するときには，所得が発生しませんから，このような不良債権を譲渡する内国法人について，源泉徴収の問題が発生することもありません。不良債権を譲渡した内国法人は，不良債権の売却損益を実現します[35]。

(b) 回収

国内に恒久的施設を有しない外国法人が不良債権を回収するときには，それが

---

34 米国法人が，日米租税条約による法人税の免除を受けるためには，「租税条約に関する届出書」とともに「特典条項に関する付表」と居住者証明書を提出しなければなりません（実施特例法施行省令第9条の2）。

35 内国法人が，かつて全額出資していた外国法人に対して保有していた長期貸付債権を第三者たる資産運用会社へ売却し，それによって生じた債権売却損を損金の額に算入することが許されるかどうかが問題となった事案として，平成17年2月14日裁決（裁決事例集未登載）があります。

税務当局は，当該債権に市場流動性がなく，経済取引の客体になじまないものであること，譲渡価額の決定も恣意的であること等を理由に，上記債権譲渡の実体は，当該外国法人に対する債権放棄であり，資産運用会社を当事者として不正に介在させた仮装取引であると認定し，当該外国法人に対する寄附金にあたるとして債権売却損の損金算入を否定する趣旨の法人税の更正処分を行いました。しかし，審判所は，上記債権の譲渡性を否定できないこと，資産運用会社が不正に介在した事

元本部分の回収である限り，回収により実現する所得については，法人税課税を受けるにとどまり，所得税の課税を受けることはありません。したがって，債権の元本部分の返済を行う日本側当事者が源泉徴収義務を負うこともありません。これに対し，日本側当事者が外国法人に対し利子相当分の返済を行う場合の源泉徴収義務については，第2節3（211頁）を参照してください。

実は認められないこと，上記債権の譲渡は，金融機関から不良債権処理を求められた内国法人が貸借対照表からの消去を目的として行った正当な取引と認められること等を根拠に，上記更正処分を全部取り消しました。

第7章 知的財産に関する課税

本章の概要

　本章では，国内に恒久的施設を有しない外国法人が，内国法人との間で知的財産に関する取引を行う場合の課税関係について検討します。そのような取引の典型例は，外国法人が内国法人に対し，特許発明，ノウハウ等を一定範囲で使用することを認める契約を締結し，これに従いロイヤルティ等の対価を受け取る取引です。このような契約を一般に実施許諾契約またはライセンス契約といい，実施許諾をする者をライセンサー，実施許諾を受ける者をライセンシーとよびます。

　知的財産をめぐる取引は，動産，不動産等の有体物の取引あるいは人的役務の提供等とは異なる特質を有しているため，課税上特別な取扱いが定められていたり，複雑な問題が生じたりします。そこで，本章では，知的財産の本質にさかのぼり，知的財産に関する取引の税務について以下の順序で検討します。

　第1節　知的財産とは何か

　知的財産の意義を明らかにし，知的財産に関連する取引，それに伴う対価の支払いとしてどのような形態があるかを具体的に説明します。そのうえで，知的財産に関連する取引の税務問題を検討するために，どのような点に着目すればよいかを整理します。

　上記整理を踏まえ，第2節以降で取引の類型ごとの課税関係を検討します。

　第2節　ランニング・ロイヤルティを受け取る

　外国法人からライセンスを付与された知的財産の使用が国内業務に関して

行われる場合には，そのランニング・ロイヤルティは11号所得（旧7号所得）に該当します。したがって，内国法人からかかる対価を受け取る外国法人は所得税の課税を受けます。当該対価の支払いを行う内国法人は源泉徴収義務を負います。

第3節　ライセンス契約に基づくその他の対価を受け取る

ライセンス契約締結時に支払われることがあるイニシャル・ペイメントもしくは技術情報等の開示を受けた者が支払うオプション・フィーの課税上の取扱い，ライセンス契約に付随して支払われる図面，見本等の費用もしくは技術者派遣に対する支払いまたは知的財産権の侵害に基づく損害賠償金，和解金の支払いの課税関係，さらには技術等の現物出資に伴う課税問題を取り上げます。ここでは，これらの対価が知的財産権に係るランニング・ロイヤルティと同様に税務上取り扱われるかどうかを中心に検討します。

第4節　知的財産を譲渡する

その使用が国内業務に関して行われる知的財産を外国法人が譲渡する場合には，当該譲渡対価は11号所得（旧7号所得）に含まれます。したがって，内国法人からかかる譲渡対価を受け取る外国法人は所得税の課税を受けます。当該譲渡対価の支払いを行う内国法人は源泉徴収義務を負います。

第5節　ソフトウェアに関連する取引

ソフトウェア関連の取引に伴う課税問題について，場合分けをしたうえで検討を行います。なお，インターネット等の電気通信回線を介して行われるソフトウェア等の提供に関する消費税の課税関係が2017年10月1日以降変更になっていますので，その点も簡単に説明します。

第6節　その他の取引

クロス・ライセンス契約，研究開発契約，エンドースメント契約，フランチャイズ契約，テレビ放映権契約および独占的販売契約の課税関係を取り上げます。

なお，日米租税条約，日英租税条約および日仏租税条約に加え，近年締結

された先進国との多くの租税条約の下では，使用料に対する源泉地国での課税が全面的に免除されています。このため，少なくともこれらの条約相手国の法人との間で行われる知的財産関連の取引については，日本での課税問題が発生しないのが原則です。しかし，これら条約相手国の法人が租税条約上の特典を受けられない場合や，取引の相手方が上記以外の国の外国法人である場合には，依然として知的財産関連取引の対価が日本でどのように課税されるかが問題となります。そこで，本章では，日米租税条約だけでなく，とくにソフトウェア関連取引の課税関係について検討する第5節では日本・イタリア租税条約を取り上げます。

第1節　知的財産とは何か

1　知的財産の意義と分類

(1) 知的財産とは

(a) 知的財産の分類

　知的財産とは，人間の知的・精神的活動の成果物および営業上の信用を化体した標識を意味し，知的財産法はそれらを保護する法律の総称と捉えることができます[1]。なお，知的財産（権）と同じ意味で，知的所有権または無体財産権とい

1　中山信弘『工業所有権法〈上〉（第2版）』（弘文堂，2000）11頁。中山信弘『特許法（第3版）』（弘文堂，2016）6頁は，社会経済状況の激変とともに「知的財産法」の概念の特定が困難になっていることに言及したうえ，ある種の情報に対して権利を付与して保護する法制を中心にその周辺領域を含んだものと定義をしています。
　なお，知的財産基本法第2条第1項では，知的財産とは，「発明，考案，植物の新品種，意匠，著作物その他の人間の創造的活動により生み出されるもの（発見又は解明がされた自然の法則又は現象であって，産業上の利用可能性があるものを含

う語が使われることがありますが,本章では「知的財産（権）」に統一します。

このような知的財産を分類し,関連する法律とともに,主なものを以下に具体的に列挙します[2]。

　(i)　人の知的・精神的活動による成果物（創作法）

　　①　著作物（著作権法）

　　②　発明（特許法）

　　③　考案（実用新案法）

　　④　意匠（意匠法）

　　⑤　集積回路（半導体集積回路の回路配置に関する法律）

　　⑥　植物新品種（種苗法）

　　⑦　営業秘密（不正競争防止法）

　　⑧　その他

　(ii)　営業上の信用を化体した標識（標識法）

　　⑨　商標（商標法）

　　⑩　商号（商法）

　　⑪　原産地表示（不正競争防止法）

　　⑫　その他の標識（不正競争防止法）

本章では,上記の知的財産のそれぞれについて逐一説明する紙幅の余裕がありません。そこで,以下(b)ないし(e)では,知的財産のうちでもっとも取引の対象となることが多いと考えられる,特許権（上記②参照）,ノウハウ（上記⑦参照）,商標権（上記⑨参照）および著作権（上記①参照）について簡単に説明するにとどめます。

なお,国内税法では「工業所有権」という語を使用しているため,その意味を知的財産（権）と対比して明らかにしておきます。

　　む。),商標,商号その他事業活動に用いられる商品又は役務を表示するもの及び営業秘密その他の事業活動に有用な技術上又は営業上の情報」と定義されています。

　2　中山信弘『工業所有権法〈上〉』（弘文堂,1993）23頁。

一般に「工業所有権」という言葉には，広義と狭義の二とおりの使用法があると考えられています。狭義の「工業所有権」とは，特許権，実用新案権，意匠権，商標権の四法にかかる権利（上記②，③，④，⑨参照）に限定されます。

これに対し，広義の「工業所有権」とは，沿革的には知的財産（権）から著作権を除いたもの（上記②ないし⑫参照）と考えられてきました[3]。

(b) 特許権

特許権者は，特許権に基づき業として特許発明を独占的に実施する権利を付与されます（特許法第68条）。特許権は，特許庁に出願して審査を受け，登録を受けると成立しますが，その成立までの手続の概要は以下のとおりです。

まず，特許出願は，願書に明細書，必要な図面，要約書を添付し，特許庁に提出されます（同法第36条第1項，第2項）。そして，出願日から1年6カ月が経過すると，全出願について出願内容が自動的に公開されます（同法第64条）。

この公開の制度とは別に，出願内容については特許庁の担当審査官が特許の要件（同法第29条）を備えているかどうかを審査します（同法第47条）。ただし，この審査は，出願があると自動的に行われるのではなく，出願人による審査請求をまって行われます（同法第48条の2）。この審査請求は，出願日から3年以内に行うことができ，その間に審査請求がないと出願が取り下げられたものとみなされます（同法第48条の3第1項，第4項）。

特許庁による審査の結果，特許要件を備えていると判断されたときには，特許査定がなされます（同法第51条）。そして，所定の特許料が納付されると，特許権の登録が行われます。登録を受けると，原則として出願日から20年間特許権者にその発明を独占的に実施する権利が与えられます（同法第66条，第68条）。

3　上記注2中山・工業所有権法〈上〉18〜20頁。著作権法が文化の発展を目的にしているのに対し，工業所有権法は産業の発達を目的としているという意味での両者の区別が，とくに近年著作権法が産業や技術の領域に深く食い込んでいる実情に照らし，歴史的な意味しかもたなくなっていることについて上記注1中山・特許法3頁参照。

特許権の登録があると，特許公報への掲載が行われます（同法第66条第3項）。なお，特許公報の発行日から6カ月以内に限っては特許異議の申立てを行うことが認められています（同法第113条）。

(c) ノウハウ

(i) ノウハウの意義

ノウハウについて確定した定義があるわけではありませんが，一般にはノウハウとは，産業上実際に利用することができる技術的思想の創作またはこれを実施するのに必要な具体的な技術的知識，技術情報，経験であって，その秘密性が保持されているものをいうと理解されています[4]。本章でもこの用例に従うことにします。

なお，ノウハウは，広義では上記の技術上の情報だけでなく，顧客データ等の営業上の情報を含み，いわゆる営業秘密（トレードシークレット）と同義に用いられることがあるので注意が必要です。一定の要件を満たす営業秘密については，不正競争防止法によりその侵害行為に対し差止請求権と損害賠償請求権が認められています（不正競争防止法第2条第1項第4第9号，第6項，第3条，第4条）。

(ii) 特許権との比較

特許権と狭義のノウハウを比較した場合，いずれも技術上の情報を対象としているという共通性がありますが，両者には顕著な相違があります。この点について以下に簡単にまとめておきます[5]。この相違は，後に両者に関連する取引の課

---

[4] 吉藤幸朔（熊谷健一補訂）『特許法概説（第13版）』（有斐閣，2002）49頁。なお，知的財産のうち技術に関するもののみを対象とし，技術の利用に係る制限行為に対する独占禁止法の適用に関する考え方を包括的に明らかにした「知的財産の利用に関する独占禁止法上の指針」（2007年9月28日公表，2016年1月21日一部改正）では，ノウハウとして保護される技術とは，非公知の技術的知識と経験またはそれらの集積であって，その経済価値を事業者自らが保護・管理するものを指し，おおむね不正競争防止法上の営業秘密のうちの技術に関するものがこれに該当すると述べています。

[5] 野口良光（石田正泰補訂）『特許実施契約の実務——ノウハウ実施契約を含む契

税関係を考えるうえでの前提となるので留意する必要があります。

① 秘密性と保護の態様

特許権については、その技術の内容が公開され、その公開の代償として特許権者には排他的な独占権が一定期間に限り与えられます。これに対し、ノウハウには、特許権のような確定的な保護期間は存在せず、秘密である限りにおいて事実上保護されます。

② 権利範囲の確定性

特許権については、特許請求の範囲によってその権利の技術的範囲が確定します。これに対し、ノウハウの場合には、その内容が登録されるわけではないので、対象となる技術的範囲の確定は一般に困難です。

③ 属地性と独立性

特許権については、属地主義の原則と独立の原則の適用があります。属地主義の原則とは、国際私法上の一原則であり、特許権についていえば、その成立、移転、効力等がすべてその権利を付与した国の法律によって規定され、かつ、その効力はその領域内に限定されていることを意味します[6]。他方、独立の原則とは、各国の特許権自体の無効、消滅、存続期間等が、他国の特許権に影響を与えることはないという原則で、同原則は、工業所有権の保護に関する1883年3月20日のパリ条約(以下「パリ条約」)第4条の2で明らかにされています(特許法第26条)[7]。したがって、特許権は、国ごとに独立の存在であって、しかも一国で付与された特許権の効力は他国には及びません。

これに対し、ノウハウの効力についてはこのような地域的限定がありません。

約書詳説――〈改訂増補版〉』(発明推進協会、2002)255頁以下。なお、「知的財産の利用に関する独占禁止法上の指針」(上記注4)では、ノウハウは特定の法律で独占的排他権が付与されるものではないため、特許権等によって保護されるものと比べ、保護される技術の範囲が不確定であること、保護の排他性が弱いこと、保護期間が不確定であること等の特質を有すると説明されています。

6 東京地裁平成6年7月22日判決・判例タイムズ854号84頁、89頁。
7 東京地裁平成6年7月22日判決・判例タイムズ854号84頁、89頁。

(d) 商標権

　商標とは，商品，サービスについて使用するマークを意味します（商標法第2条第1項）。商標権も，特許庁に出願をして登録を受けることにより成立するという点では特許権と同様です。商標権の成立までの手続の概要は以下のとおりです。

　まず，商標出願では，商標の見本を添え（同法第5条），その際使用する商品または役務を指定します（同法第6条）。商標出願の場合，特許出願と異なり，全出願が自動的に実質審査の対象となります。審査の結果，審査官が出願を拒絶する理由がないと判断した場合には，商標登録の査定がなされます（同法第16条）。

　出願人が登録料を納付（同法第40条，第41条）して商標登録を受けると商標権が成立し，商標権者には登録の日から10年間，指定された商品，サービスについて，その商標を独占的，排他的に使用する権利が与えられます（同法第18条，第19条第1項，第25条）。商標の登録があると，商標公報への掲載が行われます（同法第18条第3項）。この商標公報への掲載から2カ月以内に限り登録異議の申立てを行うことが認められています（同法第43条の2）。

　なお，一定期間に限って認められる特許権と異なり，商標権の存続期間は更新できます（同法第19条第2項）。

　以上のとおり，特許権が一定の技術発明思想について付与されるのに対し，商標権は商品やサービスに関する営業上の標識に対し与えられます。したがって，両権利の対象とするものはまったく異質ですが，両者にはいくつかの重要な共通点があります。例えば，特許庁に出願しその審査を経たうえで登録されてはじめて正式な権利が生ずるという意味では，特許権も商標権も同一です。また，二国以上で登録された商標権も，特許権の場合と同様それぞれ独立したものとして取り扱われます（パリ条約第6条第3項）。

(e) 著作権

(i) 著作権の意義

　著作権は，著作物に対して認められる権利で，思想または感情の表現の保護を目的としています。著作権は著作をすれば当然に発生し，著作権の成立のために

は，特許権や商標権のような登録の手続は不要です（著作権法第17条第2項）。また，著作権は一定の存続期間を経過すれば消滅します（同法第51～第58条）。

著作物とは，「思想又は感情を創作的に表現したもの」（同法第2条第1項第1号）であり，小説，音楽，映画，写真等がその典型例です（同法第2条第1項）が，コンピュータ・プログラムやデータベースも著作物に含まれます（同法第2条第1項第10号の2，第10号の3）。

著作権法は，著作権を一つの権利ではなく，著作物の利用形態に応じて複製をはじめとした支分権の束として規定する（著作権法第21条以下）一方で，著作者の一身専属的な権利として著作者人格権を確認的に規定しています（同法第59条)[8]。

(ii) **著作権の国際的保護**

著作権や実演等は国境を越えて利用され流通するものであるため，19世紀後半からその国際的な保護が図られてきました[9]。今日では，著作権および著作隣接

---

[8] 中山信弘『著作権法［第2版］』（有斐閣，2014）239，469～472頁参照。

著作（財産）権は，所有権類似の物権的な権利と考えられており，複製権，上演権・演奏権，上映権，公衆送信権・公衆伝達権，口述権，展示権，譲渡権，貸与権，翻訳権・翻案権，二次的著作物の利用に関する権利（著作権法第21条～第28条）からなります。著作（財産）権は，複製権を中心とした上記のような支分権の束であり，その中には使用権（例えば，本を読むこと，料理の本を見て料理を作ること）が含まれていないことにとくに注意してください（中山信弘『ソフトウェアの法的保護（新版）』（有斐閣，1988）139頁）。

他方，著作者人格権は，公表権，氏名表示権，同一性保持権（同法第18～第20条）からなり，著作者の一身に専属するため譲渡の対象にはなりません（同法第59条）。

[9] 著作権制度と国際的保護に関しては，作花文雄『著作権法制度と政策（第3版）』（発明協会，2008）375頁以下，作花文雄『詳解著作権法（第5版）』（ぎょうせい，2018）552頁以下参照。なお，ベルヌ条約を含め著作権関係の条約加盟国の状況については，著作権情報センターのホームページ（著作権データベース・著作権関係条約締結状況）http://www.cric.or.jp/db/treaty/status.html を参照してくだ

権についてさまざまな条約が存在しており，並立し多重的な国際的な保護が与えられています。著作権に関するもっとも基本的な条約は，1886年に制定された「文学的及び美術的著作物の保護に関するベルヌ条約」（以下「ベルヌ条約」）です。ベルヌ条約には，2017年11月末現在で175カ国が加盟しており，日本は，このベルヌ条約に規定するルールにより加盟国の著作者に内国民と同様の保護を与えています。

（２）国内税法の規定

(a) 11号所得の定義

所得税法第161条第1項第11号は，以下に掲げる使用料または譲渡による対価（ただし，下記(ハ)については使用料のみが対象となります）で，支払者が国内で行う業務の用に供しているものを，国内源泉所得と定義しています。

(イ) 工業所有権その他の技術に関する権利，特別の技術による生産方式またはこれらに準ずるもの（以下「工業所有権等」）

(ロ) 著作権（出版権及び著作隣接権その他これに準ずるものを含む）（以下「著作権等」）

(ハ) 機械，装置その他政令で定める用具（以下「機械装置等」）

(b) 主要な注意点

上記の所得税法の規定にはいくつか注意すべき点があるので，それをまずまとめておきます。

(i) 使用料・譲渡対価の意義

「使用料」または「譲渡による対価」については法律上何ら定義はなく，11号所得に該当するかどうかは，もっぱら何の使用料または譲渡対価であるかによって区別されます[10]。したがって，11号所得と他の所得とを区別するためにも，ど

さい。

10 宮武敏夫「非居住者と外国法人の使用料所得（第7号所得）の税務」国際税務12巻9号23頁。

のようなものが上記(イ)ないし(ハ)に含まれるかを明確にすることが重要です。

(ⅱ) 使用地主義の原則

使用料または譲渡対価が，11号所得として国内源泉所得となるためには，国内において業務を行う者から受け取り，かつ当該業務に係るものであることが必要です。これは，いわゆる使用地主義の原則を定めたもので，支払者の居住地国によって使用料等の源泉地を定める債務者主義に対する考え方です。この使用地主義の意義については第2節（250頁）以降で具体的に検討します。

(ⅲ) 工業所有権等の範囲

所得税法第161条第1項第11号イは「工業所有権」という語を使用していますが，その意味するところは狭義の工業所有権（上記（1）(a)（237頁））であると考えられます[11]。狭義の工業所有権は，いずれも登録によって成立する権利であるためその範囲は明確です。しかし，上記(イ)の工業所有権等には，狭義の工業所有権以外に「その他の技術に関する権利」，「特別の技術による生産方式」，「これらに準ずるもの」が列挙されており，それらが具体的に何を意味するかは必ずしも明確ではありません。この点について具体例を示しつつ説明を補足します。

第一に，狭義の工業所有権の目的にはなっていないが，「繰り返し使用しうるまでに形成された創作」といえる技術または生産方式等に関するノウハウが，上記(イ)の工業所有権等に含まれることは明らかです（所得税基本通達161-34）。

第二に，これに対し，海外技術の動向，製品の販路等の情報または機械，装置，原材料等の鑑定もしくは性能の調査，検査等は，上記(イ)の工業所有権等の範囲には含まれず（所得税基本通達161-34），これらの情報等の収集，提供等の対価は，人的役務の提供の対価と考えられています[12]。

第三に，技術または生産方式等に関係しない営業上，商業上のノウハウ（便宜的に「商業ノウハウ」とよびます）が，上記(イ)の工業所有権等の範囲に含まれるかどうかという問題があります。このような商業ノウハウの例としては，顧客デー

11　上記注10宮武論文・国際税務12巻9号28頁。なお，所得税基本通達161-34参照。
12　松上秀晴編『源泉国際課税の実務（改訂新版）』（大蔵財務協会，2001）360頁。

タ,販売マニュアル,営業戦略,原価表,財務データ等があります。こうした商業ノウハウは,狭義の工業所有権のいずれにも類似しておらず,「工業所有権に準ずるもの」に含めて考えることはできませんし,「技術に関する権利」や「生産方式」に準ずるというのも文言上無理があります[13]。したがって,このような商業ノウハウは,上記(ｲ)の工業所有権等に含まれないと解する余地があります[14]。

(iv) 著作権等の範囲

所得税法第161条第1項第11号ロにいう著作権には,先に(1)(e)(i)(242頁)で説明した著作(財産)権だけでなく,出版権,著作隣接権[15]が含まれていることに注意が必要です(所得税基本通達161-35)。なお,後に第5節(290頁)で述べるとおり,著作物の複製物の使用の対価や譲渡対価を税務上どう取り扱うべきかについては,著作権の本質論とも関連する難しい問題があります。

---

13 上記注10宮武論文・国際税務12巻9号34頁。同論文によると,ネガティブ・データについても,前記(ｲ)の範囲には含まれず,それらを有償取引してもその対価は,旧7号所得にはあたらないとされています。なお,ネガティブ・データとは,新薬開発上の失敗に至った膨大な数のデータ等を意味し,このデータを入手した者は,無駄な研究開発投資を避けることができるという意味で,ネガティブ・データには財産的価値があります(中山信弘「営業秘密の保護に関する不正競争防止法改正の経緯と将来の課題(上)」NBL470号6頁以下,11頁,山本庸幸『要説新不正競争防止法(第4版)』(発明協会,2006)144頁)。

14 上記注10宮武論文・国際税務12巻9号34頁,吉田行雄「特許権等の使用料をめぐる税務実務」税経通信1990年2月号64頁,66頁。ただし,反対の立場もあります(「トピックス 使用料の国内源泉所得規定を見直しへ――国税庁・販売ノウハウや放映権料等に配慮――」国際税務14巻9号2頁)。

15 著作権の利用許諾一般については,債権的な利用権のみが規定されています(著作権法第63条)が,出版についてだけは,著作物利用の典型的な形態であるため物権的な利用権としての出版権(同法第80条)の規定があります(上記注8中山・著作権法433頁以下)。他方,著作隣接権は,著作物の伝達・媒介に従事する実演家,レコード製作者,放送事業者,有線放送事業者に与えられる特殊な権利(著作権法第89条,第90条)をいいます(同書537頁以下)。

(ⅴ) 機械装置等の範囲

　所得税法第161条第1項第11号ハは，機械，装置等の動産の使用料について規定しています。上記(イ)の工業所有権等および(ロ)の著作権等が，無体物である知的財産の使用料等について規定していることと対比して考えると，同じ使用料といってもその対象は大きく異なっています。本章では，知的財産関連の取引にまつわる課税問題を検討することを目的としていますので，上記(ハ)の機械装置等の使用料については第8章第2節（327頁）で別途取り上げます。

　なお，工業所有権等または著作権等の譲渡対価が11号所得に含まれるのに対し，機械装置等の譲渡対価は11号所得に含まれません。

2　知的財産に関連する取引の形態

　知的財産に関連する取引でもっとも代表的なものは，ライセンサーがライセンシーに対し知的財産の使用を一定範囲で認めるライセンス契約です。また，ライセンスを受けた者がさらに第三者に対し，その権利の全部または一部の再実施を許諾することもあります。このような契約は一般にサブライセンス契約とよばれ，許諾者をサブライセンサー，その許諾を受ける者をサブライセンシーといいます。

　次に，ライセンス契約のように一定の使用権を相手方に与えるにとどまらず，知的財産自体を譲渡する取引もあります。事業譲渡の一環として知的財産の譲渡が行われる場合がその典型例です。

　さらに，知的財産を保有する者同士が，相互にライセンスをし合うクロス・ライセンス契約を締結する場合もあります。また，一方が他方に研究開発を委託し，あるいは共同で一定の研究に従事し，研究費用の負担や研究開発の結果生ずる知的財産の帰属等について取り決める研究開発契約が結ばれることもあります。

　このように知的財産に関する取引の形態はさまざまですから，個々の取引の性格を十分理解したうえで課税関係の検討を行う必要があります。

3 対価の性質と支払いの形態

ライセンス契約だけを取り上げてみても，その対価の支払方法にはさまざまな形態があります。まず，もっとも典型的なのは，ライセンスの対象となった知的財産の使用の回数や量に応じて支払われるランニング・ロイヤルティです。また，このようなランニング・ロイヤルティとあわせて一定額の頭金（イニシャル・ペイメント）が，ライセンス契約の締結の際にライセンシーからライセンサーに支払われることがあります。さらに，ライセンス契約では，図面，見本，資料等の実費の負担について定めることや，技術指導のための技術者派遣の際の費用負担の定めを置くこともしばしば見受けられます。

なお，ライセンス契約以外の取引においても，取引の性質に応じて多様な対価の支払形態が考えられます。

4 検討の視点

(1) 主要な注意点

以上から明らかなとおり，一口に知的財産に関連する取引といっても，そもそも，対象となる知的財産自体に多様なものが含まれており，また取引の形態もさまざまです。さらに，それぞれの取引の種類に応じていろいろな対価が支払われ，その支払形態も一様ではありません。したがって，知的財産に関連する取引の課税問題を検討する際には，少なくとも以下のような点に着目する必要があります。

(a) 対象となる知的財産の特定

第一に，取引の対象となっている知的財産が何であるかを特定しなければなりません。例えば，一定の技術に関する取引であるというのでは不十分で，その技術が特許権の対象となっているのか，ノウハウなのか，あるいは双方を含むのかを明らかにすることが重要です。また，契約によっては，取引の対象として外国特許等の外国で登録された知的財産を含む場合もあるので注意が必要です。

(b) 取引類型の特定

　第二に，問題となっている取引の類型が何にあたるかを特定しなければなりません。それが知的財産について使用権を設定するライセンス契約なのか，それとも知的財産自体の譲渡契約であるのか，あるいはその他の類型の取引であるのかを明らかにする必要があります。

(c) 使用地の確認

　第三に，取引の対象となっている知的財産がどこで使用されるかを検討しなければなりません。これは，国内税法が，使用料の対象となる権利が使用される場所を所得の源泉地とする使用地主義の原則を定めているためです。なお，どこで知的財産が使用されるかを考えるうえでは，そもそもどのような知的財産が取引の対象となっているかの特定が先決問題となります。

(d) 対価の性質・支払形態の確認

　第四に，問題となっている取引において，支払われる対価の性質や支払形態を明らかにすることが重要です。先に3（248頁）で述べたとおり，知的財産に関連する取引においてはさまざまな形で対価の支払いが行われるため，その対価が何に対するものであるかを正確に把握しないと課税関係を正確に特定することができません。

(2) 検討の対象

　本章では，すべての知的財産に関連する取引について逐一検討することはできませんので，実務上取引が行われることが多いと考えられるものに検討の対象を絞ります。このような知的財産としては，先に1（1）（237頁）で述べたとおり，特許権，ノウハウ，商標権および著作権があります。このうち，商標権については，課税上の問題を取り扱ううえでは特許権と共通する側面が多いのでこれを割愛します。また，著作権の保護の対象になるソフトウェアに関連する取引については特別な考慮を要するので，まとめて検討する方が理解しやすいと考えられます。

　以上より，本章では，国内に恒久的施設を有しない外国法人が内国法人に対し

て行う以下の取引を順に検討します。なお，外国法人が自社で知的財産を開発したり，内国法人から時価で知的財産を購入したりする場合には，日本での課税問題は発生しないので，この点については検討の対象としません。

(a) 特許権をライセンスしランニング・ロイヤルティを受け取る（第2節1）
(b) ノウハウをライセンスしランニング・ロイヤルティを受け取る（第2節2）
(c) 著作権をライセンスしランニング・ロイヤルティを受け取る（第2節3）
(d) ライセンス契約に基づくその他の対価を受け取る（第3節）
(e) 特許権を譲渡し譲渡対価を受け取る（第4節1）
(f) ノウハウを譲渡し譲渡対価を受け取る（第4節2）
(g) 著作権を譲渡し譲渡対価を受け取る（第4節3）
(h) ソフトウェア関連の取引を行う（第5節）
(i) その他の取引を行う（第6節）

第2節　ランニング・ロイヤルティを受け取る

1　特許権のライセンス

特許権のライセンス契約とは，一般に特許権者（ライセンサー）が第三者（ライセンシー）に対し，一定の範囲で特許発明の実施[16]を許諾する契約を意味します。特許権者がライセンシーに対し，特許権の対象となっている製品の製造および販売を許諾するのがその典型例です。

上記のような性格を有する限りライセンス契約であることには変わりがなく，契約の標題が技術援助契約などとされていても，その標題によって契約の性格が

---

[16] 物の発明の場合の「実施」とは，その物を生産し使用し，譲渡し，貸し渡し，譲渡もしくは貸し渡しのために展示しまたは輸入する行為をいいます（特許法第2条第3項第1号）。

左右されるわけではありません[17]。

(1) 国内使用

　国内に恒久的施設を有しない外国法人（ライセンサー）と内国法人（ライセンシー）が，日本で登録された特許権の実施（具体的には日本における特許製品の製造および販売）を許諾するライセンス契約を締結したという設例について考えてみましょう。ここでは，ライセンサーがライセンシーに対し，もっぱら日本特許権のライセンスをするだけで，それに伴い技術指導をしたり，ノウハウを伝授したりしないケースを前提としています。そのような例としては，自社技術のみである製品の製造・販売を思い立った内国法人が，外国法人の有している日本特許に抵触していることを恐れ，当該外国法人からライセンスを受けるような場合が考えられます。

　先に第1節1（1）(b)（239頁）で説明したとおり，特許権者には特許発明を独占的に実施する権利が与えられています。したがって，たとえ内国法人が自己の技術だけで特許製品を製造することが技術的には可能でも，業としてその製品を製造し，販売するためには特許権者からライセンスを受けなければなりません。もちろん特許権のライセンスとともに，技術指導が行われ，ノウハウが伝授される事例もたくさんありますが，上記のとおり特許権のみのライセンスが行われる例もあります。

　ここでの検討対象は，ライセンシーである内国法人がライセンサーである外国法人に対し，特許実施許諾の対価としてランニング・ロイヤルティ（例えば，ライセンシーが製造する特許製品の販売高に一定率を乗じた額）を支払う場合の課税関係がどうなるかという点です。

　(a)　国内税法の定め

　　(i)　所得税

　国内に恒久的施設を有しない外国法人（ライセンサー）は，内国法人（ライセンシー）から受け取る一定の使用料について，所得税の課税を受けます（所得税法

17　上記注12松上・源泉国際課税362頁。

第5条第4項，第7条第1項第5号，第161条第1項第11号，第178条)。所得税法第161条第1項第11号は，特許権を含む工業所有権の使用が内国法人の国内業務に関して行われる場合に，その使用料を国内源泉所得とする使用地主義の原則を採用しています。そして，このような使用料に対して課される所得税の税率は20パーセントです（同法第179条第1号)。

上記設例のライセンス契約の場合，日本で登録された特許権のみがライセンスの対象となっていますから，ライセンシーたる内国法人が特許権を使用し，国内で特許製品の製造および販売を行うことが，その国内業務に関するものであることは明らかです。また，上記ランニング・ロイヤルティが，このような特許権の使用の対価であることも明白です。

以上より，内国法人は，外国法人に対し，上記ロイヤルティを支払う際に，源泉徴収義務を負い，20パーセントの税率で源泉徴収しなければなりません（所得税法第212条第1項，第213条第1項第1号)。

ただし，2013年1月1日から2037年12月31日までの間に行うべき源泉徴収については，基準所得税額の2.1パーセントに相当する復興特別所得税が付加される結果，20.42パーセントの税率で源泉徴収の方法により所得税が課されます（復興財源確保法第9条，第26条～第28条)。

(ⅱ) 法人税

国内に恒久的施設を有しない外国法人は，上記ライセンス契約に基づき内国法人から受け取る使用料について日本で法人税の課税を受けません。なぜなら，国内に恒久的施設を有しない外国法人が法人税の課税を受ける国内源泉所得（法人税法第141条第2号）には，内国法人から受け取る使用料は含まれていないからです（法人税法第138条第1項第2号の「国内にある資産の運用又は保有により生ずる所得」からは，所得税法第161条第1項第11号に該当するものが除かれています)。

したがって，国内に恒久的施設を有しない外国法人は，上記ロイヤルティについて，所得税の源泉徴収のみで日本における課税関係を終了します。

(ⅲ) 消費税

外国法人が内国法人に対し，日本においてのみ登録している特許権をライセン

スすることは，国内において事業者が行う（以下「国内要件」）「資産に係る権利の設定」に該当し，消費税法上かかる取引は課税取引に該当します（消費税法第2条第1項第8号，第2条第2項，第4条第3項第1号，同法施行令第6条第1項第5号，消費税法基本通達5-4-1）[18]。ただし，ライセンサーである外国法人が，消費税法上の免税事業者に該当する場合には消費税が課されません（同法第9条）。

(b) 租税条約の定め

(i) 所得の源泉地の定めと減免規定

日米租税条約は，特許権等の使用料の源泉地についてとくに規定を設けることなく，源泉地国での課税を全面的に免除しています（同条約第12条第1項）。したがって，日米租税条約の適用上，国内に恒久的施設を有しない米国法人が稼得する使用料のうち，国内使用分が国内源泉所得に該当することになります（同条約第3条第2項）が，かかる所得に対する日本での課税は免除されます。

日米租税条約以降に締結された日英租税条約（第12条第1項），日仏租税条約（改訂議定書第7条），日本・スイス租税条約（改正議定書第8条），日本・オランダ租税条約（第12条第1項）等も同様で，一部の国との租税条約を除き，使用料につき源泉地国免税を定める条約が増えています[19]。

---

18 外国法人が，日本と外国の双方に登録されている特許権の双方または一方を内国法人に対しライセンスした場合には，国内要件を満たさず消費税法上の課税取引に該当しません（消費税法施行令第6条第1項第5号かっこ書参照）。

19 2004年3月に署名された日米租税条約後に締結または改正された英国（2006年2月署名），フランス（2007年1月署名），スイス（2010年5月署名），オランダ（2010年8月署名），スウェーデン（2013年11月署名），ドイツ（2015年12月署名），ベルギー（2016年10月署名），ラトビア（2017年1月署名），オーストリア（2017年1月署名），リトアニア（2017年7月署名），ロシア（2017年9月署名），デンマーク（2017年10月署名），アイスランド（2018年1月署名）およびスペイン（2018年10月署名）との租税条約では，源泉地国での課税が免除されています。

他方，日米租税条約以降に締結または改正されたものでも，香港（2010年11月署名，5パーセント），サウジアラビア（2010年11月署名，10パーセント），ポルトガ

これに対し，日本が締結している他の租税条約では，源泉地国免税を定めておらず，使用料の源泉地に関する条項としては，以下のような例があります。

① 国内税法と同様，使用地主義の原則を表明している条約として，1971年日米租税条約（同条約第6条第3項）がありました。

② 租税条約の中には，国内税法のとる使用地主義の原則とは異なる定めをしているものが少なくありません。例えば，日本・イタリア租税条約では，使用料に関する源泉地の判定についていわゆる債務者主義の原則を採用しています。すなわち，同条約第12条第4項は，「使用料は，その支払者が一方の締約国……の……居住者である場合には，その締約国で生じたものとされる」と規定しています。

租税条約に異なる定めがある場合の国内源泉所得については租税条約の規定が優先します（所得税法第162条第1項）から，このような条約の適用がある場合には，債務者主義により使用料の源泉地が決定されます。ただし，本設例の場合，使用料の支払者であるライセンシーが内国法人であるため，仮にライセンサーがイタリアの会社で，日本・イタリア租税条約の適用があるときでも，当該使用料が日本の国内源泉所得であることに変わりはありません。

③ 租税条約の中には，使用料の源泉地の判定について使用地主義または債務者主義のいずれをとるかを表明していない例があります（日米租税条約のほか，例えば日本・スリランカ租税条約第8条）。この場合には，使用料が国内源泉所得にあたるかどうかの判断は，国内税法すなわち使用地主義に基づいて

ル（2011年12月署名，5パーセント），ニュージーランド（2012年12月署名，5パーセント），アラブ首長国連邦（2013年5月署名，10パーセント），オマーン国（2014年1月，10パーセント），カタール国（2015年2月署名，5パーセント），チリ（2016年1月署名，10パーセント），スロベニア（2016年9月署名，5パーセント），エストニア（2017年8月署名，5パーセント）およびクロアチア（2018年10月署名，5パーセント）との租税条約においては，源泉地国免税は定められておらず，それぞれ上記かっこ内に記した限度税率の定めが置かれています。

行われます（日本・スリランカ租税条約第2条第2項）。

さらに，使用料に関する減免措置の定め方によって，租税条約は以下のように区分されます。なお，復興特別所得税についても租税条約が定める減免規定が優先します（復興財源確保法第33条第3項）。

① 前記のとおり，2004年3月に署名された日米租税条約以降の租税条約においては，使用料に対する源泉地国での課税を免除するものが増えています。
② 2004年3月に締結された日米租税条約前に日本が締結した大多数の租税条約では，使用料に係る租税の税率を10パーセントに軽減しています。
③ 使用料を工業的使用料と文化的使用料に分けて，文化的使用料については税率の軽減または免税を認める租税条約例もあります（例えば，チェコ共和国，スロヴァキア共和国，ハンガリーとの租税条約）[20]。
④ 1967年日本・ニュージーランド租税条約のように使用料につき減免措置を定めない租税条約もあります。

(ⅱ) 適用の手続

租税条約の減免規定の適用を受ける外国法人は，使用料の支払いを受ける前に，使用料を支払う内国法人を経由して，所轄の税務署長に対し，「租税条約に関する届出書」を提出する必要があります（実施特例法第3条の2，同法施行省令第2条第1項）。使用料の支払前にこの届出書が提出されていない場合でも，後に還付請求書とともに届出手続をとれば，源泉徴収された所得税（限度税率の適用がある場合には限度税率を超えて源泉徴収された所得税額）の還付を受けることができます（同省令第15条第1項第3号）。

なお，日米租税条約などの特典制限条項のある租税条約の適用を受けるためには，上記届出書に加えて，「特典条項に関する付表」と居住者証明書を提出する必要があります（実施特例法施行省令第9条の5）。

(c) 日本側当事者の税務

国内に恒久的施設を有しない外国法人に対して，日本特許に係るライセンス契

---

20 上記注12松上・源泉国際課税185～187頁。

約を締結し、ランニング・ロイヤルティを支払う内国法人は、国内税法によれば20パーセント（復興特別所得税が付加されると20.42パーセント）の税率で源泉徴収義務を負います。

租税条約の定める減免規定の適用がある場合には、条約の規定に従い源泉徴収義務が免除されたり（日米租税条約、日英租税条約、日仏租税条約等）、源泉徴収税率が10パーセントに軽減されたりします（日本・イタリア租税条約等）。

(2) 国外使用

上記（1）（251頁）の設例を変更し、国外使用に係る特許権のライセンスの課税関係について次に検討します。すなわち、国内に恒久的施設を有しない外国法人（ライセンサー）と内国法人（ライセンシー）との間で、もっぱら外国で登録された特許権（日本での特許権なし）の実施を許諾するライセンス契約を締結した場合に、それに伴い支払われるランニング・ロイヤルティに対し日本でどのように課税されるかがここでの問題です。具体的には、ライセンサーの有する外国特許の対象製品を、ライセンシーが日本で製造し、その製品を当該外国に輸出して販売するようなケースが想定できます。外国特許権のライセンスに伴い、技術指導やノウハウの伝授がないという点は上記（1）（251頁）の設例と同様です。

先に第1節1（1）(c)(ii)③（241頁）で述べたとおり、特許権独立の原則に従い、特許要件の審査は各国が独立して行うのが原則ですから、審査の結果ある技術について日本では特許権が成立しなくても、外国で特許権が成立する可能性があります。また、そもそも、ある国で特許出願がなされ日本では特許出願すらなされなかったような場合には、その出願国でのみ特許権が成立し得るのです。

このように、外国特許権のみの対象となっている技術は、当該外国特許に関する公開制度を通じて新規性を喪失するため、日本で特許を受けることができなくなります（特許法第29条第1項）。しかも、属地主義の原則により、外国特許権の効力は日本には及びません。したがって、日本国内ではその技術を誰でも自由に実施できます。しかし、内国法人がその技術を使って製造した製品を特許権の登録のある国に輸出し、販売しようとすると、その国において特許権侵害の問題が

生じます。そこで、もっぱら外国特許権侵害の問題を回避するために、外国でのみ登録された特許権のライセンスを受ける場合があります。

(a) 国内税法の定め

(i) 所得税

先に第1節1（2）(b)(ii)（245頁）で説明したとおり、国内税法は、特許権等の工業所有権が国内における業務のために使用される場合に限り、その使用料を国内源泉所得とする使用地主義を採用しています。したがって、本設例のように、外国法人が内国法人に対し、日本で登録がなく外国のみで登録されている特許権についてライセンスし、当該内国法人が、その登録国向けの製品の販売分についてロイヤルティを支払うような場合には、そのロイヤルティは国内源泉所得には該当しません[21]。

本設例の場合、ライセンシーである内国法人は、ライセンス対象製品を日本国内で製造していますが、日本で特許権は成立していないため、それは、日本国内であれば誰でも自由にできる行為です。これは、先に第1節1（1）(c)(ii)③（241頁）で説明した属地主義の原則により、外国で登録された特許権の効力は、日本国内には及ばないことから導かれる結論です。このように、日本では特許権が成立していないため、日本国内では自由に製造し販売し使用できる製品でも、外国で登録された特許権の対象となっている場合には、当該外国でその製品を販売し使用するとその外国特許権侵害の問題を生じさせます。本設例のライセンス契約は、まさにこの外国特許権侵害の問題を回避するために締結されたものです。このようなライセンス契約の場合、内国法人による日本国内での特許権の使用はな

---

[21] 昭40直審（源）15（特許権の登録されている諸外国向け輸出分についてのみ支払われる使用料に対する源泉徴収の要否について）（原和雄編『源泉所得税の実務（昭和60年度版）』（清文社、1985）480頁以下、484頁以下、石黒一憲『国際知的財産権—サイバースペース vs.リアル・ワールド』（NTT出版、1998）255頁以下参照）、松上秀晴編『実例問答式　源泉所得税質疑応答集（平成12年）』（大蔵財務協会、2000）608〜610頁。

く，その製品を特許権の登録国で販売する際に，当該登録国（すなわち日本国外）での特許権の使用があるにとどまります。したがって，本設例で内国法人がライセンサーたる外国法人に支払うランニング・ロイヤルティは，すべて外国特許の使用の対価と考えられます[22]。

22　内国法人と米国法人との間の特許紛争に係る和解契約に基づき支払われた和解金（以下「本件金員」）が，1971年日米租税条約の定める使用地主義の原則に照らし，国内源泉所得に該当するかどうかが争われた事件としてシルバー精工事件があります。この事件は，最終的に最高裁判決により納税者勝訴で確定しましたが，その経緯は以下のとおりです。

　東京地裁平成4年10月27日判決・行集43巻10号1336頁は，上記和解契約の趣旨が，以下の合意を中心として米国特許権に関する紛争を解決したものであると認定しました。その合意とは，米国法人が米国特許権の侵害による争訟を提起しないことを約するのに対し，内国法人が米国特許権の過去および将来の使用についての対価を支払うことを約するというものです。ここでとくに注意すべきなのは，上記和解契約中には，米国法人は，米国特許の外国における対応特許（日本における出願権を含む）をその内国法人らが使用することについて，何らの請求もしない旨の規定が含まれており，しかも内国法人は，特許製品を日本で製造し，米国に輸出していた点です。この点につき東京地裁は，米国法人の上記義務と内国法人が支払う本件金員は対価関係にないと判断しました。そのうえで，同判決は，本件金員はもっぱら米国特許権実施の対価であるとし，国内源泉所得にはあたらないという結論を導きました。

　上記第一審判決の結論は，東京高裁でも維持されました（東京高裁平成10年12月15日判決・判例タイムズ1061号134頁）。同判決は，上記和解契約に基づき支払われた本件金員が，国内業務に係る部分（国内源泉所得になる可能性のある部分）と国外業務に係る部分（国内源泉所得に該当しない部分）の双方を含んでいるという認定を前提としたうえで，両者が明確に区分できない場合に裁量的に按分して課税することは予定されていないとの判断をくだしました。そのうえで，同判決は，対価の主要部分が国外業務に係るものと認められる場合には，当該対価につき課税し得る根拠を見いだすことは困難であるとし，「本件契約を客観的，合理的に解釈した場合に，本件金員は直接的，具体的，明示的には米国における販売（権利の使用）の対価と認められ，換言すると，本件金員の主要な部分が米国における販売の面の

以上より、本設例のような国外使用に係る特許権の使用料は、日本源泉の所得に該当しないため、当該使用料に所得税は課されません。

(ii) 法人税

法人税法上、国内に恒久的施設を有しない外国法人が受け取る国外使用に係る特許権の使用料は、「国内にある資産の運用又は保有により生ずる所得」に該当しません（法人税法第138条第1項第2号）。このため、上記ロイヤルティについては法人税も課されません（同法第141条第2号）。

(iii) 消費税

国内に恒久的施設を有しない外国法人が内国法人に対し、外国でのみ登録されている特許権のライセンスをする場合、消費税法上かかる取引は国内要件を満たさず、課税されません（消費税法施行令第6条第1項第5号参照）。

(b) 租税条約の定め

1(1)(b)(253頁)で説明したとおり、日本が締結した主な租税条約を、使用

対価であると認められる以上、我が国に源泉を有する所得であるとは認め難く、また、我が国を財産・権利の使用地であると認めることも困難である。したがって、結局において、我が国が課税することの根拠は薄弱であるといわなければならない。」と結論づけました。

これに対し、最高裁第一小法廷（最高裁平成16年6月24日判決・集民214号417頁）は、3対2の判断で、上記高裁判決を維持しました。同判決の多数意見は、和解契約締結の経緯と目的から、支払われた本件金員全額が国内源泉所得にあたらない（米国特許権の実施料にあたる）という結論をくだしたものと考えられます。このような捉え方が正しいとすると、仮に日本特許の使用分があったとしても、それは「付随」的なもの、「無償」のものであり、全額が国内源泉所得に該当しないことに変わりがないと考えられ、本件金員のうち、国内使用分がゼロであれば、そもそも按分の問題は生じません。

以上のような理解が正しいとすると、最高裁は、「一つの支払いのうちに国内源泉分とそれ以外の分が含まれているが明確に区分できないときに、裁量的に按分することが可能か」という問題に対しては正面から回答をしていないことになると思われます。

料の源泉地の規定の仕方から分類すると以下の三つに区分できます。

① 使用地主義の原則を明記する租税条約（1971年日米租税条約等）
② 債務者主義の原則を明記する租税条約（日本・イタリア租税条約等多数）
③ 使用地主義または債務者主義のいずれによるかを表明していない租税条約（日本・スリランカ租税条約，日米租税条約等）

さらに，使用料に関する減免措置の定め方によって，租税条約は以下のように区分できます。

イ　全面的な源泉地国免税を定める租税条約（日米租税条約，日英租税条約，日仏租税条約等）
ロ　文化的使用料について限度税率または源泉地国免税を定める租税条約（チェコ共和国，スロヴァキア共和国，ハンガリー等との租税条約）
ハ　限度税率の定めを置く租税条約（日本・イタリア租税条約等多数）
ニ　減免措置を定めない租税条約（1967年日本・ニュージーランド租税条約）

　上記①または③の租税条約の適用がある場合には，国内に恒久的施設を有しない外国法人が国外使用に係る特許権の使用料を受け取っても日本で課税されないという国内税法上の検討の結果は変更を受けません。租税条約の定める免税規定の適用がある場合にも同様です。

　これに対し，上記②の租税条約の適用がある場合には，特許権の使用場所を問わず，内国法人が支払う使用料は所得税法上の11号所得とみなされます（所得税法第162条第1項，第161条第1項第11号）。他方，債務者主義によって源泉地の置き換えが起こっても，法人税法上の「国内にある資産の運用又は保有により生ずる所得」には該当しない（法人税法第138条第1項第2号の「国内にある資産の運用又は保有により生ずる所得」からは，所得税法第161条第1項第11号に該当するものが除かれています）ので，結局，法人税は課されません（法人税法第141条第2号，第138条第1項）。この結果，本設例の下でのロイヤルティにも所得税が課され（所得税法第178条，第161条第1項第11号，第179条第1号），日本での源泉徴収に服することになります（同法第212条第1項，第213条第1項第1号）。

　さらに，上記②の租税条約のうちの一つである日本・イタリア租税条約による

と，この源泉徴収税率は10パーセントに軽減されます（日本・イタリア租税条約第12条第2項，復興財源確保法第33条第3項）。

イタリア法人が10パーセントの限度税率の適用を受けるためには，「租税条約に関する届出書」の提出を要します（実施特例法第3条の2，同法施行省令第2条第1項）。

なお，そもそも消費税については，租税条約の適用はありませんから，消費税が課されないという上記結論に変更はありません。

(c) 日本側当事者の税務

国内に恒久的施設を有しない外国法人に対し，外国特許権のライセンス契約に基づきランニング・ロイヤルティを支払う内国法人は，国内税法の下では源泉徴収義務を負いません。

源泉地の定めを置かずに，使用料に対する源泉地国課税を免除している租税条約の適用がある場合も同様です。

これに対し，債務者主義の原則をとる租税条約の適用がある場合には，内国法人は源泉徴収義務を負います。さらに，この場合には租税条約の定める限度税率の適用があるのが原則です。

(3) 日本特許と外国特許のライセンス

これまで，日本特許のライセンスと外国特許のライセンスを区別し，それぞれに基づき支払われるロイヤルティの課税関係を別個に検討してきました。しかし，現実のライセンス契約においては，日本と外国の特許権の双方を契約の対象とする場合が少なくありません。ロイヤルティの源泉地の判定が使用地主義に基づいて行われる場合には，このような契約の下で支払われるロイヤルティの使用地をどのように判定すべきかにつき慎重な考慮を要します。

このことが使用地主義の原則をとっていた1971年日米租税条約の下で問題となった事案として，以下の東京地裁昭和60年5月13日判決（判例タイムズ577号79頁）があるので若干のコメントとともに紹介しておきます。

なお，租税条約が使用料の源泉地について債務者主義の原則を採用している場

合には，内国法人が外国法人に対して支払う日本特許と外国特許のライセンスの対価は，その使用地とは関係なくすべて国内源泉所得に該当します。

さらに，消費税法上の課税関係についても補足しておくと，日本特許と外国特許のライセンスが行われる場合には国内要件を満たさず，消費税が課されることはありません。同一の特許権について二以上の国において登録されている場合には，ライセンサーの住所地によって資産の譲渡等が国内において行われたかどうかを判定することになるためです（消費税法第4条第3項第1号，同法施行令第6条第1項第5号）。

(a) 事案の概要と判決要旨

米国法人A社（ライセンサー）は，製品（コンプレッサー）の製造技術に関する特許権（米国特許を基本特許とし，日本およびその他の数国において申請中もしくは認可されたもの）を有しており，内国法人B社（ライセンシー）との間で，かかる特許権の独占的ライセンス契約を締結しました[23]。ライセンシーB社は，上記特許権の対象技術を使用して全製品をその日本国内の工場で製造し，B社の日本における子会社2社（C社とD社）に国内で販売していました。そして，D社が同製品を日本国内で販売していたのに対し，C社は同製品を海外に輸出していました。このような事案（図1参照）において，ライセンシーB社がライセンサーA社に対し支払うロイヤルティのうち，輸出分に相当する部分が国内源泉所得にあたるかどうかがここでの争点です。

ライセンシーB社は，本ライセンス契約に基づくロイヤルティのうち，輸出用の製品に関する部分は，輸出先国（とくに米国）での販売に関し輸出先国（とくに米国）の特許権を使用していることの対価として支払われているから，国内源

---

[23] なお，もともとライセンサーA社は，上記製品に関するノウハウも有しており，ライセンシーB社に対し，同ノウハウの実施も認めていたようですが，後に特許権のみのライセンス契約に変更され，本件では，もっぱらこの変更後の特許権のみのライセンス契約に基づき支払われたロイヤルティの日本での課税関係が問題となっているようです。

泉所得に該当しないと主張しました。これに対し，裁判所は，ライセンシーB社の実施の態様や本件ライセンス契約の条項の解釈に基づき，上記ロイヤルティは，輸出先国における特許権を販売段階で使用することの対価として支払われているのではなく，特許権の根源的使用である製造段階に着目して定められていると認定しました。そして，裁判所は，上記ロイヤルティ全額が国内源泉所得にあたると判断し，B社の主張を全面的に退けました。

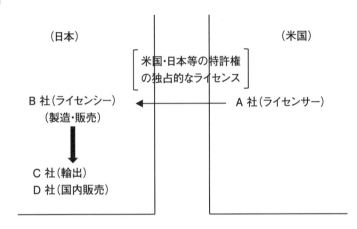

図1

(b) 若干のコメント

上記裁判例の射程範囲をどのように考えるかは難しい問題です。しかし，上記裁判例の趣旨を一般化し，日本で特許権が成立しており（または特許権の出願がされており），かつ日本で製造行為が行われている限り，外国での特許権の有無，販売地，ライセンス契約の条項の如何を問わず，そのロイヤルティは常に全額国内源泉所得であると断定するのは行きすぎであると考えられます[24]。また，上記裁判例は，製造が特許権の根源的使用であると述べていますが，この考え方の妥当性も自明なものとはいえませんし，この考え方と使用地の問題とをどのように

---

24 上記注10宮武論文・国際税務12巻11号41頁。

関連づければよいかも明らかではありません。現に、前記シルバー精工事件の一審判決である東京地裁平成4年10月27日判決（注22参照）は、特許権の使用のうち製造行為をもっとも重要視するということ自体十分な論証を経ているわけではなく、直ちに肯定できるものではないと述べています[25]。

上記の問題について妥当な結論を導くには、特許権の本質を見据えた議論が必要と考えられます。そのためには、先に第1節1（1）(c)(ii)③（241頁）で説明した属地主義の原則、特許権独立の原則とともに、以下に説明する「特許権の消尽（消耗、用尽）」の考え方を理解しなければなりません。

(i) **特許権消尽理論との関係**

「特許権の消尽」とは、適法に特許権を実施できる権利者（特許権者またはライセンシー）が特許に係る物を適法に流通に置いたということは、当該物に関する限り特許権はすでにその目的を達成しており、その物については特許権は消尽しているという考え方です[26]。すなわち、特許法の条文を文字どおり解釈すると、例えば特許権者から購入した物を再販売したり、自己使用したりする行為まで特許侵害にあたってしまいます（特許法第2条第3項）が、それでは不合理な結論となってしまうので、そのような場合には特許侵害にならないという結論を導くために、上記のような意味の特許権の消尽が一般に肯定されています。

ここで重要なのは、さらに一歩進めて特許権の国際的な消尽、すなわち二国以上で特許権の登録がある場合、一国において特許に係る製品が適法に流通に置かれ、他国に輸入されたとき（いわゆる真正商品の並行輸入）、その製品に関する限り他国の特許権も同時に消尽することを認めるかという点です。この点については、特許権に関する限り、かつては国際的消尽を否定する考え方が一般的と考えられてきましたが、1997年のBBS事件最高裁判決が下され、実務上は一応の決

---

25 行集43巻10号1370頁。
26 上記注1中山・特許法411頁以下。特許権消尽理論の結論自体は世界中どこでも当然のことと理解されており、その理論構成と限界事例における解釈、さらには海外での拡布における国際的消尽が残された問題と考えられます。

着をみています[27]。すなわち，最高裁は，一般論としては特許権の国際的消尽を否定しつつ，並行輸入につき特許権者が日本で権利行使できるのは，特許権者が特許製品の譲受人との間で販売先等から日本を除外する旨の合意をし，しかも当該合意を特許製品に明確に表示した場合に限られるという判断を示しました。

　以上のとおり，BBS事件最高裁判決によると，日本において特許権の国際的消尽が最終的に認められるかどうかは，上記のような合意と表示の有無によって左右されます。また，この問題に関する諸外国における取扱いも一律ではありません。そこで，特許権の国際的な消尽を否定する立場と肯定する立場のそれぞれを前提として，日本特許と外国特許のライセンスが行われる場合の使用地について，以下のような設例をもとに検討してみます。

　外国法人E社は，ある製品に関して日本とX国で同一内容の特許権を登録して

27　上記注1中山・特許法419頁以下。

　　特許権の国際的消尽を否定する裁判例として，大阪地裁昭和44年6月9日判決・無体集1巻160頁，東京地裁平成6年7月22日判決・判例タイムズ854号84頁（BBS事件）があります。

　　これに対して，BBS事件の控訴審判決である東京高裁平成7年3月23日判決・判例時報1524号3頁は，国際的消尽を肯定し，特許に係る真正商品の並行輸入行為が特許侵害を構成しないという判断をくだしました。さらに，BBS事件につき，平成9年7月1日に最高裁判決（判例時報1612号3頁）がくだされました。同判決は，「我が国の特許権者が国外において特許製品を譲渡した場合には，……特許権者は，特許製品を譲渡した地の所在する国において……対応特許権……を有するとは限らないし，対応特許権を有する場合であっても，我が国おいて有する特許権と譲渡地の所在する国において有する対応特許権とは別個の権利であることに照らせば，特許権者が対応特許権に係る製品につき我が国において特許権に基づく権利を行使したとしても，これをもって直ちに二重の利得を得たものということはできない」と述べ，特許権の国際的消尽を否定しました。しかしながら，同判決は，特許権者が特許製品の譲受人との間で販売先または使用地域から日本を除外する旨を合意し，しかもその合意を特許製品に明確に表示しない限りは，当該製品について日本の特許権を行使することは許されないという判断を示し，当該事案においては特許権者の権利行使を許さず，並行輸入を許容するという結論を導いています。

いる。内国法人F社は，日本で特許対象製品を製造し，X国に輸出しようと考えている。この場合，F社は，日本の特許権のみのライセンスを受ければよいか，それともX国の特許権のライセンスも必要とするか。

　(ii)　国際的消尽否定説の立場から

　先に(i)(264頁)で説明したとおり，内国法人F社が外国法人E社から日本特許のライセンスを受け，日本で製造し販売したライセンス製品に関する限り，その販売により日本で登録された特許権が消尽することに異論はありません。しかし，特許の国際的消尽を否定する考え方に立てば，ライセンス製品が日本で流通に置かれたことによって消尽するのはあくまでも日本の特許権だけであり，同時にX国で登録された特許権が消尽するわけではありません。したがって，F社が日本で流通に置いたライセンス製品が，X国に輸入され流通すれば，それはX国特許権侵害の問題を発生させます。そこで，F社がこの問題を回避するためには，E社から日本での特許権のみならず，X国での特許権のライセンスも受けておく必要があります。

　以上の説明から明らかなように，日本特許とX国特許の双方をライセンスする場合に支払われるロイヤルティには，日本でのライセンス製品の製造と販売に係る対価部分と同製品のX国での流通に係る対価部分の二つの異なる側面があります。したがって，それぞれの対価を合理的な基準[28]に従い決定するのであれば，前者は日本の特許権の使用料（国内源泉所得）であるのに対し，後者は外国特許権の使用料（国内源泉所得に非該当）であると考えられます[29]。

28　当事者が契約締結の目的や経済的実質に背き，日本での課税負担を回避するような形で区分を行ったという場合には，そのような恣意的な区分は税務上否定されると前記シルバー精工事件の東京地裁平成4年10月27日判決（上記注22参照）は述べています（行集43巻10号1373頁参照）。

29　本文で述べたことは，東京地裁昭和60年5月13日判決（第2節1（3）(261頁)）のケースのように，A社が日本と米国で特許権を有しているところ，B社が国内で製造したライセンス製品全部を他の内国法人C社に対し国内で販売し，C社が同製品を米国に輸出する場合にも同様にあてはまるものと考えられます。この点につい

(iii) 国際的消尽肯定説の立場から

　以上の説明は，特許権の国際的消尽を否定する議論を前提としていますが，実は同様の結論は，特許権の国際的消尽を肯定する立場からも導くことが可能です。すなわち，たとえ特許権の国際的消尽を肯定したとしても，当事者間で例えば内国法人F社は，外国法人E社との間で，日本で特許対象製品を製造し販売する限りにおいてはaというロイヤルティを支払うが，同製品をX国に直接または間接に輸出する場合にはa＋bというロイヤルティを支払うという契約を締結することは可能です[30]。この場合，F社がaというロイヤルティしか払っていない

て，特許権の国際的消尽を否定する立場を前提として説明すると以下のとおりです。

　まず，A社がB社に対し日本特許権のみのライセンスをしたと仮定すると，B社がC社に対しライセンス製品を日本国内で販売する行為は，当該製品につきA社の日本特許権を消尽させるだけで，当然にA社の米国特許権を消尽させるものではありません。したがって，このままC社が米国に輸出したライセンス製品が米国内で販売され使用されると，米国特許権侵害の問題を発生させてしまいます。これを回避するには，C社がA社より独自に米国特許権のライセンスを受けるか，あるいはB社がC社の米国輸出分についてもあらかじめA社より米国特許権のライセンスを受けておく必要があります。

　以上より，B社がA社から日米両特許権のライセンスを受け，B社が支払うロイヤルティが，合理的な基準によって日本での製造販売分とC社を通じた米国輸出分に区分される場合には，前者の使用地は日本であるけれども，後者の使用地は米国と考えられます。そして，このようなロイヤルティ支払いの事実を加味してB社は，C社またはD社に対するライセンス製品の販売価格を決定することになると思われます。

　なお，シルバー精工事件の東京高裁平成10年12月15日判決（上記注22参照）は，国内源泉所得部分とそれ以外の部分が明確に区分できない場合には，1971年日米租税条約および国内税法上，裁量的に両者を按分することは予定されていないと述べています（判例タイムズ1061号146頁）。

30　上記注1中山・特許法414頁は，国内における特許消尽が認められる前提の下でも，例えば特許権者が特許製品を販売するに当たり，北海道以外での販売を禁止し

特許対象製品をX国に輸出した場合，当然にライセンス契約違反の問題が生じます。しかし，特許権の国際的消尽が肯定される以上，ライセンシーF社が日本で当該製品を流通に置いた時点で日本特許権だけでなくX国特許権も消尽しているため，X国内で当該製品を使用したり，再販売したりする第三者は，X国特許権侵害の責任を問われることはありません。

このように特許権の国際的消尽を肯定する立場からは，上記bというロイヤルティをはたしてX国特許権の使用の対価として認めてよいかが問われることになります。

国際的消尽肯定説の立場に立っても，上記の日本とX国の特許権が，ライセンサーE社が日本とX国でそれぞれ別途費用をかけて特許出願をし，別々に特許料を納付して維持している二つの別個の権利であることに変わりはありません。したがって，ライセンス契約の当事者であるE社とF社間で，日本特許とは別にX国特許に独立の価値を認め，後者の使用の対価をbとして評価し合意することは，たとえ国際的消尽を肯定する立場に立ったとしても必ずしも経済的実質に背くものではありません。

以上のとおり，特許権の国際的消尽を否定する考え方の方が，特許権の使用地を厳密に分ける考え方と結びつきやすいことは確かですが，国際的消尽肯定説に立った場合でも，使用地を厳密に区分し対価の設定をする考え方をとることは可能です。

2 ノウハウのライセンス

(1) 国内使用

国内に恒久的施設を有しない外国法人（ライセンサー）が内国法人（ライセンシー）に対し，ある製品の製造に関するノウハウを供与し，日本国内でその製品

たときに，契約の効果として契約当事者を拘束する（したがって，債務不履行の問題を生ずる）が，その製品を購入した第三者による北海道以外での販売を止めることはできない（当該第三者は特許権の消尽を主張し得る）と，説明しています。

を製造し販売することを許諾するライセンス契約を締結したという設例について検討します。ここでは，ライセンスの対象である技術について，いずれの国でも特許権等が成立していないことを前提とします。ここでも，特許権のライセンスの場合と同様，上記ノウハウのライセンスの対価としてランニング・ロイヤルティが支払われる場合の課税関係の検討が中心となります。

(a) 国内税法の定め

(i) 所得税

第1節1 (2)(b)(iii)(245頁) で説明したとおり，製品の製造ノウハウは，所得税法第161条第1項第11号イの「工業所有権その他の技術に関する権利，特別の技術による生産方式若しくはこれらに準ずるもの」に含まれます（所得税基本通達161-34）。また，上記設例では，ライセンシーたる内国法人がノウハウの提供を受け，ノウハウを使用して製品を製造，販売するのが日本国内であることから，その使用地は明らかに日本であり，上記ランニング・ロイヤルティがその使用の対価であることも明白です[31]。

したがって，国内使用に係る特許権のライセンスの場合とまったく同様に，国内に恒久的施設を有しない外国法人は，内国法人から受け取る上記ランニング・ロイヤルティについて所得税が課されます（所得税法5条第4項，第7条第1項第5号，第161条第1項第11号，第178条）。その税率は20パーセントです（同法第179条第1号）。そして，内国法人は，その支払いの際，20パーセントの税率で所得税の源泉徴収をしなければなりません（同法第212条第1項，第213条第1項第1号）。

ただし，2013年1月1日から2037年12月31日までの間に行うべき源泉徴収については，基準所得税額の2.1パーセントに相当する復興特別所得税が付加される結果，20.42パーセントの税率で源泉徴収の方法により所得税の課税が行われます（復興財源確保法第9条，第26条〜第28条）。

---

31 2014年7月に廃止された旧法人税基本通達20-1-20(1)は，内国法人の国内にある事業所等に対して提供された知的財産権の使用料は，原則として「国内業務に係る使用料等」に該当する旨規定していました。

(ii) 法人税

上記ランニング・ロイヤルティは，法人税法上は国内源泉所得には含まれていません（法人税法第138条第1項第2号の「国内にある資産の運用又は保有により生ずる所得」からは，所得税法第161条第1項第11号に該当するものが除かれています）。

したがって，国内に恒久的施設を有しない外国法人は，上記ロイヤルティについて所得税の源泉徴収のみで日本における課税関係を終了します。

(iii) 消費税

消費税法上，ノウハウのライセンスは，「資産を使用させる一切の行為」（消費税法第2条第2項，同法基本通達5-4-2(3)）に含まれ，それが国内において行われた場合には消費税の課税対象となります（同法第4条第1項）。しかし，本設例のように外国法人がノウハウのライセンスを行う場合には，国内要件を欠くため消費税法上の課税取引には該当しません（同法第4条第3項第1号，同法施行令第6条第1項第7号）。

(b) 租税条約の定め

日米租税条約にいう「使用料」の中には，ノウハウの使用の対価が含まれています（日米租税条約第12条第2項）。したがって，特許権の使用料の場合と同様，日米租税条約には特別の源泉地規定がないため，その源泉地は国内税法どおりであり，かつ源泉地国での課税が免除されます（同条約第12条第1項）。復興特別所得税について日米租税条約の免税規定が優先する点も同様です。日米租税条約以外の租税条約の適用関係についても，1(1)(b)(253頁)で述べたとおり，国内使用に係る特許権のライセンスの場合と同じです。また，租税条約の適用を受けるための手続もまったく同様です。

(c) 日本側当事者の税務

国内に恒久的施設を有しない外国法人に対して，上記ノウハウ・ライセンス契約に基づきランニング・ロイヤルティを支払う内国法人は源泉徴収義務を負います。この源泉徴収税率は，国内税法によれば20パーセント（復興特別所得税が付加されると20.42パーセント）ですが，使用料につき源泉地国での課税を免除する日米租税条約等の適用がある場合には源泉徴収は免除されます。また，限度税率

を定める日本・イタリア租税条約等の下では源泉徴収税率は10パーセントに軽減されます。

(2) 国外使用

先に第1節1（1）(c)(ii)③（241頁）で説明したとおり，特許権については特許権独立の原則がとられているため，日本では特許権が成立していないのに，外国では特許権が成立しているような事例が十分あります。また，属地主義の原則に照らし，外国特許権のみの対象となっている製品を日本で製造し，当該外国で販売するケースでは，特許権の日本国内での使用はなく，特許権はもっぱら国外で使用されたと考えられます。しかし，ノウハウの場合には，特許権の場合と異なり，第1節1（1）(c)(ii)③（241頁）で説明したとおり地理的範囲の制限がありませんから，ノウハウの対象となる製品を日本で製造し，外国でのみ販売する場合でも，その製造段階において必ず日本国内でのノウハウの使用があります。

したがって，ライセンシーが内国法人である場合に国外使用に係るノウハウのライセンスの例として考えられるのは，ノウハウの対象となる製品をもっぱら外国で製造し，外国でのみ販売するようなケースです[32]。

---

32 島谷博・古川稔・小堺克巳『外国法人課税の実務と理論（2訂版）』（税務研究会，1993）53頁，渡辺淑夫『コンサルタント国際税務事例（改訂増補版）』（税務研究会，1996）789頁，藤原忠文編『税務相談事例集——各税目の視点から解説（平成29年版）』（大蔵財務協会，2017）1002頁。

なお，平成13年3月30日裁決（裁決事例集61集293頁）は，衣料品の輸入販売業を営む内国法人が，リヒテンシュタイン公国所在のA社，スイス所在のB社およびイタリア所在のC社との間で，3社が提供するカジュアル衣料品の独占的販売を目的として締結した契約の下で，当該内国法人がA社に対し支払ったデザインフィーの性質と源泉地が主として問題になった事案です。上記契約に基づき，内国法人は，B社の所有する登録商標の使用権を取得し，A社から商品企画，デザイン画等の提供を受け，これを基に商品の製造をC社に発注し，同社がイタリアで製造した上記登録商標付きの商品を輸入し日本で独占的に販売していました。日本とリヒテ

もう一つの例として考えられるのは，外国法人（G社）からノウハウのライセンスを受けた内国法人（H社）が別の外国法人（I社）対し，当該ノウハウのサブライセンスを付与し，I社がもっぱら外国でノウハウを使用するようなケースです（図2参照）。

図2

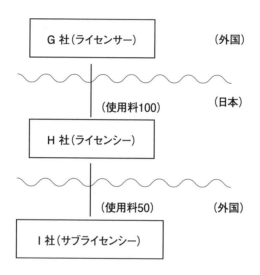

この場合，ライセンシーであるH社が，ライセンサーであるG社に対し支払う使用料の全部（図2の「100」）が日本の国内源泉所得になるわけではありません。ライセンシーであるH社が支払う使用料（図2の「100」）のうち，サブライセンシーI社の使用に係る部分の使用料（図2の「50」）は，日本の国内源泉所得には

ンシュタイン公国との間には租税条約はありませんから，ここでは国内税法の解釈がもっぱら問題となっています。同裁決は，内国法人がA社に対し支払ったデザインフィーが「特別の技術による生産方式若しくはこれらに準ずるもの」の使用料に該当すると認めたうえで，上記契約書等の解釈に基づき上記デザイン画等が，商品を日本国内においてのみ独占的に販売するために使用されているとの判断をくだし，デザインフィー全額の源泉地（すなわちデザイン画等の使用地）が日本であるという結論を導きました。

該当しません（所得税基本通達161-33）。

　上記のような国外使用に係るノウハウのライセンスのランニング・ロイヤルティに関する課税関係は，国外使用に係る特許権のライセンスの場合と同様です（1（2）（256頁））。

3　著作権のライセンス

(1) 国内使用

　国内に恒久的施設を有しない外国法人である出版社が，小説（当該小説が日本の著作権法の保護を受けることを前提とします）につき外国の著作権者から世界的規模の独占的な出版権の設定を受けたうえで，日本の出版社である内国法人に対し，日本国内においてその翻訳本を出版する権利を独占的に許諾する設例について検討します。このような翻訳本の出版の対価として，発行部数に応じて日本の出版社が外国の出版社に支払うロイヤルティに関する課税関係が検討の対象です。

　上記設例を検討するためには，日本の出版社が外国の出版社から受けた権利がいかなる性質の権利であるかをまず特定しなければなりません。

　そもそも，出版を目的として著作権者と出版者との間で締結される契約は，出版者の取得する権利の性質または範囲に応じて以下の①ないし④のとおり分類されます[33]。

①　著作権譲渡契約：著作物に関する財産権としての著作権全体を出版者に移転する契約

②　複製権譲渡契約：著作権の一部である複製権だけを出版者に移転する契約

③　出版権設定契約：著作権者または複製権者と出版者との間の出版権の設定

33　三山裕三『著作権法詳説——判例で読む14章（第10版）』（勁草書房，2016）426頁以下参照。2014年の著作権法第80条の改正により，出版権が拡大され，CD-ROM等の電子書籍にも，電子書籍の公衆送信にも，それぞれ出版権が及ぶことになりましたが，この本では紙媒体の出版を前提に説明します。

を目的とする排他的な契約
④　出版許諾契約：著作権者または複製権者が出版者に対して出版を許諾する契約（非独占的または独占的契約）

　上記のうち，①と②の契約の相違は明らかですが，③と④の違いはそれほど明確ではありません。そこで，「出版権」の意義を確認するとともに両者の相違をまず説明します。

　著作権法は，「頒布の目的をもって原作のまま印刷その他の機械的又は化学的方法により文書又は図画として複製する権利」を「出版権」と定義しています（同法第80条第1項第1号）。このような排他的な出版権が設定される（出版権設定契約）と，出版者は，単に出版の許諾を受けた場合（出版許諾契約）と異なり，より強い法的な地位を得ることができます。例えば，第三者が違法出版行為をした場合，出版権の設定を受けている出版者は，自ら出版権侵害を理由として，当該第三者に対し差止請求や損害賠償請求を行うことができるのに対し，単に出版の許諾を受けているにすぎない出版者は，このような請求権を行使することは一般に困難であると解されています[34]。

(a)　国内税法の定め

　(ⅰ)　所得税

　本設例において日本の出版社が外国の出版社から許諾を受けた権利は，出版権ではありません。出版権は，その目的である著作物を「原作のまま」複製する権利であるため，翻訳物について出版権を設定できるのは翻訳者であり，原著作者（または原著作者から複製権の譲渡を受けた者）はその地位にないと解されるからです[35]。したがって，本設例の日本の出版社は，外国の出版社から，小説を翻訳し（著作権法第27条），日本という独占的地域内において当該翻訳を複製して公衆に頒布する権利（同法第28条，第21条）を許諾されたものと考えられます[36]。

34　上記注9作花・詳解著作権法462頁，上記注33三山・著作権法詳説430頁。

35　上記注9作花・詳解著作権法465頁。ただし，原著作者の複製権の処理をする必要はあります。

本設例の日本の出版社は，上記のような著作権の許諾の対価として，発行部数に応じてロイヤルティを支払うので，かかるロイヤルティが著作権の使用料に該当することは明白です。また，小説の翻訳本を複製し，販売するのが日本国内であることから，その使用地は明らかに日本です。したがって，国内使用に係る特許権またはノウハウのライセンスの場合（1（1）(a)（251頁），2（1）(a)（269頁））と同様に，国内に恒久的施設を有しない外国法人が受け取る本設例のロイヤルティにも，所得税が課されます（所得税法5条第4項，第7条第1項第5号，第161条第1項第11号，第178条）。その税率は20パーセントです（同法第179条第1号）。そして，内国法人は，その支払いの際，20パーセント（復興特別所得税が付加されると20.42パーセント）の税率で所得税の源泉徴収をしなければなりません（所得税法第212条第1項，第213条第1項第1号）。

---

36 生活用品の企画，製造，販売等の事業を行う内国法人A社（原告・控訴人）が，韓国法人B社から商品を輸入し，日本国内で販売を行うに際し，B社，C（当該商品のモデルであり，韓国の俳優）およびD社（Cの所属事務所）との間で，モデル使用ならびに広告の企画，制作および使用等に関する四社契約（以下「本件契約」）を締結し，本件契約に基づきA社がB社に対し支払った金員（以下「本件金員」）が旧所得税法第161条第7号に当たるかどうかが問題となった事案として，仙台高裁平成29年3月29日判決（確定）（判例集未登載）があります。

　裁判所は，そもそも当事者間において契約に基づいて支払われる金員が国内源泉所得となる著作権の使用料に当たるか否かの判断に当たっては，当該契約に基づいて支払われる金員が著作権者以外の者が著作権を利用することおよびその許諾を受けることの対価か否かを，当該契約における名目だけでなく，その実質，目的や内容を検討して当事者の意思を合理的に解釈して判断すべきであると述べました。そのうえで，裁判所は，本件契約の目的は，B社が著作権を有する広告物等（Cを使った画像等）をA社が利用し，日本向けに改変するなどして新たな広告物等を作成し，日本国内での広告活動に供するために，B社からその許諾を得ることにあり，本件金員はその対価として支払われたものと解すべきであるから，旧7号所得に該当するとの結論を導きました。

(ⅱ) **法人税**

上記ロイヤルティは，法人税法上は国内源泉所得には含まれていません（法人税法第138条第1項第2号の「国内にある資産の運用又は保有により生ずる所得」からは，所得税法第161条第1項第11号に該当するものが除かれています）。したがって，国内に恒久的施設を有しない外国法人は，上記ロイヤルティについて所得税の源泉徴収のみで日本における課税関係を終了します。

(ⅲ) **消費税**

消費税法上，著作権のライセンスも「資産を使用させる一切の行為」に含まれます（消費税法第2条第2項，同法基本通達5-4-2(2)）が，本設例の場合著作権等の貸付けを行う者の住所地が外国であるため，国内要件を満たしません（同法施行令第6条第1項第7号）。したがって，結局，本設例のロイヤルティに消費税が課されることはありません（同法第4条第3項第1号）。

(b) **租税条約の定め**

日米租税条約にいう「使用料」の中には，著作権の使用の対価が含まれています（日米租税条約第12条第2項）。特許権またはノウハウの使用料の場合と同様（1（1）(b)（253頁），2（1）(b)（270頁）），日米租税条約には特別の源泉地規定がないため，その源泉地は国内税法どおりであり，かつ源泉地国での課税が免除されます（同条約第12条第1項）。復興特別所得税について日米租税条約の免税規定が優先する点も同様です。

日米租税条約以外の租税条約の適用関係についても，国内使用に係る特許権やノウハウのライセンスの場合と同様に考えればよいことになります。

(c) **日本側当事者の税務**

国内に恒久的施設を有しない外国法人に対し，上記出版許諾契約に基づきロイヤルティを支払う内国法人は，源泉徴収義務を負います。この源泉徴収税率は，国内税法によれば20パーセント（復興特別所得税が付加されると20.42パーセント）ですが，使用料につき源泉地国での課税を免除する日米租税条約等の適用がある場合には源泉徴収は免除されます。また，限度税率を定める日本・イタリア租税条約等の下では源泉徴収税率は10パーセントに軽減されます。

（2）国外使用

先に第1節1（1）(e)(ii)（243頁）で説明したとおり，日本は，ベルヌ条約の加盟国の著作者に内国民と同様の保護を与えています。

したがって，内国法人が翻訳本を日本で複製し，外国でのみ販売する場合でも，その複製の段階において日本の著作権法で保護された権利の使用があります。

国外使用の例として考えられるのは，原著作物の翻訳および複製ならびに販売をすべて外国で行うようなケースです。このような国外使用に係る著作権のライセンスに関する課税関係は，国外使用に係る特許権やノウハウのライセンスの課税関係と同様です（1（2）（256頁），2（2）（271頁））。

第3節　ライセンス契約に基づくその他の対価を受け取る

1　イニシャル・ペイメント

ライセンス契約の締結時に支払われる一時金，いわゆるイニシャル・ペイメントは，国内税法上，工業所有権等の使用料にあたると考えられています（所得税基本通達161-35）。

このようなイニシャル・ペイメントは，そもそも譲渡対価ではなく，一定の技術の使用の対価として支払われるものですから，その課税関係は，ランニング・ロイヤルティの場合とまったく同様です[37]。

2　オプション・フィー

ノウハウ等の技術情報の開示を受けた者が，一定期間内にノウハウ等のライセ

---

[37] 1971年日米租税条約に関する事例につき上記注12松上・源泉国際課税362頁参照。

ンスを受けるかどうかの選択権を取得し、この開示の対価として、ノウハウ等を有する者に対し、何らかの金銭を支払う取引が行われることがあります。このような選択権はオプションともよばれ、上記対価は一般にオプション・フィーといわれています。

このようなオプション・フィーは、後にライセンス契約が正式に締結された場合には、使用料の一部に充当される場合もありますし、充当されないこともあります。また、ノウハウ等の開示を受ける者がオプション・フィーを支払っても、開示された技術情報の使用権は発生せず、単にライセンス契約を締結するかどうかの判断資料を受けるにすぎません。そして、何らかの理由により後に正式にライセンス契約が締結されない場合でも、このオプション・フィーは支払者に返還されないのが通常です。

このようなオプション・フィーは、以上いずれの場合でも、税法上「使用料」として取り扱われています[38]。オプション・フィーを受け取る側であるノウハウ等の保有者の立場から見ると、このオプション・フィーは、ライセンス契約の目的となり得るノウハウ等の技術の存在があるからこそはじめて生ずるものであり、その意味で技術等の使用の対価に含まれると考えられるからです[39]。

3　図面、見本等の費用の負担

ライセンサーがライセンシーに対し、ライセンス契約に伴って付随的に図面、仕様書、見本等を提供する場合があります。これらに要する費用は、ロイヤルティの中に含まれることもありますが、別途ライセンシーからライセンサーに対し実費を支払うのが通常です。そして、このような費用は、実費の程度を超えず、かつロイヤルティと明確に区分されている場合には、税法上「使用料」に該当しないものとして取り扱われます（所得税基本通達161-37）。

なお、上記とは異なり、ライセンス契約とは関係なく独立して、図面、型紙、

---

[38]　上記注12松上・源泉国際課税363頁、上記注10宮武論文・国際税務13巻2号23頁。
[39]　上記注32渡辺・コンサルタント811頁。

見本等を提供する取引が行われたり，あるいは人的役務を提供する取引が行われたりすることがあります。この場合に，その対価が技術の提供の対価として11号所得に該当するのか，それとも他の国内源泉所得に該当するのかという問題があります（所得税基本通達161-36）[40]。

4 技術者派遣に関する支払い

ライセンス契約に基づき，ライセンサーがライセンシーに対し，技術指導のために技術者等を派遣したり，ライセンサーがライセンシーの技術者の訓練を引き受けたりすることがよく行われます。このような技術者派遣や訓練に関する費用を，ライセンシーがライセンサーに対し支払う場合も，上記図面，見本等の費用と同様，実費の程度を超えず，かつロイヤルティと明確に区分されている場合には，税法上「使用料」に該当しないものとして取り扱われています（所得税基本通達161-37）。

5 損害賠償金，和解金

ライセンス契約に伴う支払いとは直接関係ありませんが，特許権等の侵害に基づく損害賠償金，和解金，紛争解決金等が税務上どのように取り扱われるかについても簡単に検討しておきます。結論として，このような損害賠償金等は，税務上名目の如何を問わず「使用料」に含まれると考えられています（所得税基本通達161-46）。

なぜこのような損害賠償金が，税務上「使用料」と同様に取り扱われるかについては，ライセンスの本質にさかのぼって考えると分かりやすいと思われます。これまで特許権等のライセンス契約の意義を，特許発明等について一定の使用権を与える契約というように説明してきました。しかし，ライセンスの本質とは，

---

[40] 現所得税基本通達161-36と同内容の旧所得税基本通達161-24の沿革については，上記注10宮武論文・国際税務12巻10号47～49頁参照。同通達に関する事例については，上記注32渡辺・コンサルタント792頁参照。

その対象となる発明の実施に関し特許権者に差止等の妨害排除請求または損害賠償請求を行使させないという不作為請求権であると考えられます[41]。したがって，ライセンシーが特許権者に対し，特許権の行使を受けないように前もって支払うのが，ライセンス契約に基づくロイヤルティであり，特許権を行使されて事後的に支払うのが損害賠償金等であることからすれば，両者の法的性格は同じといえます。それゆえ，特許権侵害により支払われる損害賠償金等も，税務上「使用料」と同様に取り扱われます[42]。

なお，使用料や上記損害賠償金等の支払いが遅延したことによって外国法人に支払われる遅延利息で，当該対価等に代わる性質を有するものも，「利子」（10号所得）ではなく「使用料」（11号所得）に含まれるものとして取り扱われています（所得税基本通達161-46（注）参照）。この点は，すでに第6章第5節3（3）（223頁）で説明したとおりです。

6 技術等の現物出資

国内に恒久的施設を有しない外国法人が内国法人に対し，現金出資に代えて自己が有する特許権等（権利自体またはライセンス）を現物出資する場合があります。このようなケースでは，当該外国法人は，現物出資した技術等の見返りに内国法人の株式等を取得します。

---

41 上記注1中山・特許法497頁，中山信弘・小泉直樹編『新・注解特許法上巻』（青林書院，2011）1230頁［中山信弘執筆部分］。
42 上記注12松上・源泉国際課税364頁。
　なお，外国法人の標章等を眼鏡枠等に不正使用したことを理由とする損害賠償請求事件に関し，内国法人が外国法人に支払った和解金が国内源泉所得（旧所得税法第161条第7号イの使用料）に該当する旨の判断をくだした裁決があります（平成6年6月21日裁決（裁決事例集47集360頁））。
　また，ソフトウェアに係る著作権を侵害したとして，内国法人が米国法人に対し支払った金員が著作権の使用料に該当するとされた事例として，平成15年11月19日裁決（裁決事例集66集200頁）があります。

この場合の課税関係の検討の仕方にも，これまでの説明が基本的にあてはまります。すなわち，現物出資の対象となった知的財産を特定したうえで，それが単なるライセンスの設定なのか，知的財産自体の譲渡なのかを区別する必要があります（所得税基本通達161-38）[43]。また，国内税法または使用地主義をとる租税条約および源泉地を定めない租税条約との関係では，現物出資の対象となった知的財産がどこで使用されるかにより所得源泉地が国内かどうかを判断しなければなりません。

ただし，この場合に特殊なことは，使用料または譲渡対価として外国法人が受け取るものが，金銭でなく内国法人の株式等であるという点です。したがって，その使用料または譲渡対価が国内源泉所得にあたり，しかも租税条約の適用により源泉地国である日本での課税が免除されない場合には，出資を受け入れた内国法人は，外国法人に割り当てた株式等を時価評価し，別途源泉徴収する必要があります。グロスアップを避けるには，外国法人は内国法人に対し，源泉徴収税相当額の金銭を別途支払う必要があります。

第4節　知的財産を譲渡する

1　特許権の譲渡

第1節1（1）(b)（239頁）で説明したとおり，特許権は，特許庁で設定の登録をすることにより発生します（特許法第66条第1項）。そして，特許権の譲渡は，

---

[43] なお，所得税基本通達161-38(2)を見ると，現物出資の対象がノウハウの場合，取得する株式等は常に使用料に該当するように読めます。しかし，後に述べるとおり（第4節2（284頁）），ノウハウは，ライセンスの対象となるばかりでなく，譲渡の対象にもなるので，現物出資によりノウハウの真正な譲渡が行われている場合には，出資者が取得する株式等の時価相当額は使用料ではなく譲渡対価に該当すると考えられます。

原則として譲渡自体の登録がなければその効力が生じません（同法第98条第1項第1号）。したがって，特許権のライセンスとその譲渡は明確に区別できます。

以下では，国内に恒久的施設を有しない外国法人が内国法人に対し，日本で登録された特許権を譲渡する場合の課税関係を検討します。この場合，特許権の譲渡の対価が，特許ライセンス契約のロイヤルティと税務上同様に取り扱われるかどうかが主たる問題となります。

(1) 国内税法の定め

(a) 所得税

所得税法の下では，特許権の譲渡の対価は，特許権の使用料と同様に取り扱われています（所得税法第161条第1項第11号，所得税基本通達161-38（注））。したがって，特許権の譲渡対価が，国内業務に係るものであれば国内源泉所得に該当し，20パーセント（復興特別所得税が付加されると20.42パーセント）の税率で所得税が課されます（所得税法5条第4項，第7条第1項第5号，第161条第1項第11号，第178条，第179条第1号）（第2節1（1）(a)(i)（251頁））。譲渡対価が国内業務に係るものであるかどうかを判定することは，特許権の譲渡の場合きわめて簡単です。先に第1節1（1）(c)(ii)③（241頁）で述べたとおり，特許権は国ごとに独立していますから，日本で登録された特許権の譲渡対価のみが国内源泉所得に該当します[44]。

---

44 国内で登録された特許権の譲渡対価のみが国内源泉所得に該当するという考え方は，そのまま商標権にもあてはまります。このことを旧7号所得について明らかにしたのが，平成5年6月30日裁決（裁決事例集45集241頁）です。同裁決の事案においては，商標およびノウハウ売買契約書に基づき，内国法人が外国法人から，国外で使用されることが明らかなハム・ソーセージの製造技術ならびに国内および国外で登録されている商標権を譲り受けたときの対価が国内源泉所得に該当するかどうかが問題となりました。この点に関し，審判所は，上記支払対価のうち，国内で登録された商標権に対応する部分の金額のみが国内源泉所得に該当することを明言しました。さらに，審判所は，上記売買契約が全体の対価を定めるのみで，日本で登録された商標権の譲渡対価を特定していなかったにもかかわらず，審判の過程で

以上より、日本で登録された特許権を、国内に恒久的施設を有しない外国法人から譲り受ける内国法人は、その譲渡対価の支払いの際、20パーセント（復興特別所得税が付加されると20.42パーセント）の税率で、所得税の源泉徴収をしなければなりません（所得税法第212条第1項、第213条第1項第1号、復興財源確保法第9条、第26条～第28条）。

(b) 法人税

国内に恒久的施設を有しない外国法人は、日本で登録された特許権の譲渡対価について法人税の課税を受けません。かかる特許権の譲渡対価は、法人税法上は国内源泉所得には含まれていないからです（法人税法第138条第1項第3号、第141条第2号、同法施行令第178条）。したがって、国内に恒久的施設を有しない外国法人は、上記譲渡対価について所得税の源泉徴収のみで日本における課税関係を終了します。

(c) 消費税

消費税法の下では、特許権の譲渡の場合もライセンスの場合と同様の基準によって国内要件が満たされているかどうかが判定されます（第2節1（1）(a)(iii)(252頁)）。

すなわち、特許権が日本でのみ登録されている場合には、日本で特許権の譲渡が行われたと判定されることになり、外国法人が内国法人に対し、かかる特許権を譲渡する場合には、この取引は消費税法上の課税取引に該当します（消費税法第2条第1項第8号、第2項、第4条第2項、第3項、同法施行令第6条第1項第5号）。ただし、日本の特許権を譲渡する外国法人が、消費税法上の免税事業者にあたるときには、結局消費税が課されることはありません（同法第9条）。

なお、同一の特許権が日本と外国双方で登録されているときに、外国法人が内国法人に対し日本特許権のみを譲渡した場合には、国内要件を満たさないため消費税は課されません（消費税法第4条第3項第1号、同法施行令第6条第1項第5

当該内国法人が主張した対価の算定方法の妥当性を吟味し、その算定方法を合理的なものであると認定しました。

号)。

(2) 租税条約の定め

日米租税条約第12条第2項の定義する「使用料」には，使用料の起因となる権利の譲渡による収益は含まれず，特許権の譲渡対価には，第13条の「譲渡収益」に関する条項が適用されます[45]。しかし，結論は使用料の場合と同じで，国内に恒久的施設を有しない米国法人が，日本で登録された特許権を譲渡したことにより受け取る対価については日本で課税されません（同条約第13条第7項）。復興特別所得税について日米租税条約の免税規定が優先する点も同様です。

米国法人が日米租税条約の免除規定の適用を受けるには，「租税条約に関する届出書」，「特典条項に関する付表」および居住者証明書の提出を要します（第2節1（1）(b)(ⅱ)（255頁））。

(3) 日本側当事者の税務

内国法人が国内に恒久的施設を有しない外国法人に対し，日本で登録された特許権の譲渡対価を支払う場合には，国内税法によれば20パーセント（復興特別所得税が付加されると20.42パーセント）の税率で源泉徴収する義務を負います。これに対し，内国法人が，国内に恒久的施設を有しない米国法人に対し，日本で登録された特許権の譲渡対価を支払う場合には源泉徴収義務を負いません。

2 ノウハウの譲渡

国内に恒久的施設を有しない外国法人が内国法人に対し，ノウハウを譲渡する場合の課税関係について検討します。先に第1節1（1）(c)（240頁）で説明したとおり，ノウハウは，特許権と異なりその権利関係が登録によって明確にされていないので，はたして本当にノウハウの譲渡があったと考えられるかどうかが重要な争点となる場合があります。

---

[45] Technical Explanation 第12条パラグラフ2参照。

(1) 国内税法の定め

　第一に，所得税法の下では，ノウハウの譲渡の対価もその使用料と同様に取り扱われています（所得税法第161条第1項第11号）。すなわち，国内に恒久的施設を有しない外国法人は，内国法人から受け取る国内業務に係るノウハウの譲渡対価について，20パーセントの税率で所得税が課されます（同法5条第4項，第7条第1項第5号，第161条第1項第11号，第178条，第179条第1号）。そして，内国法人は，その支払いの際，20パーセントの税率で源泉徴収をしなければなりません（同法第212条第1項，第213条第1項第1号）。2013年1月1日から2037年12月31日までの間に行うべき源泉徴収については，復興特別所得税が付加されるため，その税率が20.42パーセントになる点も同様です（復興財源確保法第9条，第26条〜第28条）。

　なお第1節1（1）(c)(ii)（240頁）で説明したとおり，ノウハウの場合には，地理的範囲が限定されていませんから，国内で業務を行っている内国法人が，何らの制限なくノウハウを譲り受ける限り，その譲渡対価は譲受人である内国法人の国内業務に係るものであると考えられます[46]。

46　旧法人税基本通達20-1-20(1)は，内国法人の国内にある事業所等に対して提供された知的財産権の譲渡対価は，原則として「国内業務に係る使用料等」に該当する旨規定していました。

　ただし，ノウハウの保有者が，地域を特定して，ノウハウを譲渡すること（譲受人に当該地域でのノウハウの独占的排他的使用を認め，譲渡人は自らまたは第三者を通じて当該ノウハウの使用を当該地域ではしないことを約すること）も，税務上認められているようです（三好毅「ノウ・ハウの譲渡対価にかかる日米租税条約の適用」税務通信1496号34頁）。したがって，例えば，日本以外の地域を定めたノウハウの譲渡の対価は，使用地主義の原則に照らし国内源泉所得に該当しないと考えられます。

　また，上記注44で述べた平成5年6月30日裁決において問題となったように，譲受人である内国法人が日本国内にハム・ソーセージの製造設備を有しておらず，ハム・ソーセージの製造ノウハウ取得の目的がもっぱらライセンシーに外国でハム・ソーセージを製造させるためのライセンスを付与することにあると認められるよう

第二に，上記ノウハウの譲渡対価は，法人税法上は国内源泉所得には含まれていません（法人税法第138条第1項第3号，第141条第2号，同法施行令第178条）。

結局，この場合，国内に恒久的施設を有しない外国法人は，上記の源泉徴収のみで日本における課税関係を終了します。

第三に，上記のノウハウの譲渡は，国内要件を満たさず消費税法上の課税取引に該当しません（消費税法第4条第3項第1号，同法施行令第6条第1項第7号）。

（2）租税条約の定め

日米租税条約の下では，ノウハウの譲渡による収益は，特許権の譲渡対価と同様に「使用料」ではなく「譲渡収益」に該当すると考えられます。したがって，国内に恒久的施設を有しない米国法人が受け取るノウハウの譲渡による収益は，日本で課税されません（同条約第13条第7項）。復興特別所得税について日米租税条約の免税規定が優先する点も同様です。米国法人が日米租税条約の免税規定の適用を受けるには，「租税条約に関する届出書」，「特典条項に関する付表」および居住者証明書の提出を要します（1（2）(284頁)）。

なお，当事者が，ノウハウの譲渡とよんでいても，譲渡後も譲受人のノウハウの使用について必要以上の条件または限定が加えられている場合には，真実の譲渡ではないとされます。この場合には，譲渡益免税を定める上記条項の適用はありませんが，使用料の免税規定の適用があります（日米租税条約第12条第1項）。

（3）日本側当事者の税務

内国法人が国内に恒久的施設を有しない外国法人に対し，ノウハウの譲渡対価を支払う場合には，国内税法の下では20パーセント（復興特別所得税が付加されると20.42パーセント）の税率で源泉徴収する義務を負います。これに対して，ノウ

な場合には，譲り受けたハム・ソーセージの製造ノウハウは，国外で使用されることが明らかであるといえます。このような場合のハム・ソーセージの製造ノウハウの譲渡対価は，使用地主義の原則に照らし国内源泉所得には該当しません。

ハウの譲渡対価を内国法人が米国法人に支払う場合には，源泉徴収する必要はありません。

3 著作権の譲渡

　ここでは，前記第2節3（273頁）の設例を若干変更し，国内に恒久的施設を有しない外国法人である出版社が，小説（当該小説が日本の著作権法の保護を受けることを前提とします）につき外国の著作権者から，世界的規模で著作権の譲渡を受けたうえで，日本の出版社である内国法人に対し，一部の地域に限定して当該著作物に係るすべての著作権を譲渡する設例を検討することにします。このような著作権の譲渡の対価として日本の出版社が外国の出版社に対して一括して支払う対価の課税関係が，検討の対象です。

　なお，第1節1（1）(e)（242頁）で説明したとおり，著作権（著作財産権）が譲渡の対象になる（著作権法第61条）のに対し，著作者人格権は，著作者の一身に専属する（同法第59条）ため，そもそも譲渡することはできません。

(1) 国内税法の定め

　所得税法の下では，著作権の一部の譲渡の対価もその使用料と同様に取り扱われています（所得税法第161条第1項第11号）。したがって，国内に恒久的施設を有しない外国法人が，内国法人から受け取る著作権の譲渡の対価が国内業務に係るものであれば国内源泉所得とされ，20パーセントの税率で所得税が課されます（同法第5条第4項，第7条第1項第5号，第161条第1項第11号，第178条，第179条第1号）。そして，内国法人は，その支払いの際，20パーセントの税率で所得税の源泉徴収をしなければなりません（同法第212条第1項，第213条第1項第1号）。ただし，2013年1月1日から2037年12月31日までの間に行うべき源泉徴収については，復興特別所得税が付加されるため，その税率は20.42パーセントになります（復興財源確保法第9条，第26条～第28条）。

　それでは，著作権の譲渡対価が，国内業務に係るものであるかどうかは，どのように判定されるのでしょうか。すでに第1節1（1）(e)(ii)（243頁）で説明した

とおり，日本は，ベルヌ条約の加盟国の著作者に内国民と同様の保護を与えています。したがって，日本の著作権法の保護を受ける著作物の著作権の全部または一部を内国法人が譲り受ければ，原則としてその譲渡対価は国内業務に係るものと考えることができます[47]。この原則の例外として考えられるのは，著作権者が地域を特定して著作権の全部または一部を譲渡するケースです。すなわち，日本以外の地域を定めて著作権を譲渡した場合，その対価は，使用地主義の原則に照らし国内源泉所得には該当しないと考えられます。

以上より，外国法人が内国法人に対し譲渡する著作権の対象地域を外国に限定しない限り，その譲渡対価は国内源泉所得に該当し，日本での源泉徴収に服します。上記設例に即していえば，外国の出版社が日本の出版社に対し，例えば日本および米国の二つの地域を定め，当該著作物に係るすべての著作権を譲渡した場合，日本を対象とする部分の譲渡対価は国内源泉所得に該当しますが，米国を対象とする部分の譲渡対価は国内源泉所得に該当しないと考えられます。そして，国内源泉所得に該当する部分についてのみ所得税の課税を受けるが，法人税の課税を受けないことは，特許権またはノウハウの譲渡対価の場合と同様です（1（1）(b)（283頁），2（1）（285頁））。結局，この場合，国内源泉所得に該当する部分の譲渡対価について，20パーセント（復興特別所得税が付加されると20.42パーセント）の税率による源泉徴収のみで日本における課税関係が終了します。

さらに，著作権のライセンスの場合と同様，外国法人が行う著作権の譲渡は国内要件を満たさず消費税は課されません（消費税法第4条第3項第1号，同法施行令第6条第1項第7号）（第2節3（1）(a)(iii)（276頁））。

（2）租税条約の定め

日米租税条約の下では，著作権の譲渡による収益は，特許権やノウハウの譲渡

---

[47] 旧法人税基本通達20-1-20(1)は，内国法人の国内にある事業所等に対して提供された知的財産権の譲渡対価は，原則として「国内業務に係る使用料等」に該当する旨規定していました。

対価と同様に「使用料」ではなく「譲渡収益」に該当すると考えられます。したがって、国内に恒久的施設を有しない米国法人が受け取る著作権の譲渡による収益は、日本で課税されません（同条約第13条第7項）。復興特別所得税について日米租税条約の免税規定が優先する点も同様です。米国法人がかかる免税規定の適用を受けるには、「租税条約に関する届出書」、「特典条項に関する付表」および居住者証明書の提出を要します（1 (2)(284頁)）。

(3) 日本側当事者の税務

国内に恒久的施設を有しない外国法人に対して、著作権の全部または一部の譲渡対価を支払う内国法人は、国内税法の下では20パーセント（復興特別所得税が付加されると20.42パーセント）の税率で源泉徴収義務を負います。

しかし、内国法人が米国法人に対して支払う上記譲渡対価については源泉徴収の必要はありません。

4 著作権の譲渡と著作物の複製物の譲渡

著作権の譲渡と混同されやすいが厳密に区別して考えなければならないものに、著作物の複製物の譲渡があります。国内税法上、一定の著作権の譲渡の対価が11号所得に該当するのに対し、著作物の複製物の譲渡の対価は11号所得には含まれないため、この区別は重要です。

例えば、小説は思想または感情を創作的に表現したものとして、著作物の一つに該当し（著作権法第2条第1項第1号、第2号、第10条第1項第1号）、その創作者である著作者は、当該小説に関し著作権を有します（同法第17条）。かかる著作（財産）権は、第三者に譲渡することができます（同法第59条、第61条）。これが著作権の譲渡です。

これに対し、著作物である小説を掲載した本は、著作物を印刷により有形的に再製したもので、著作物の複製物に該当します（著作権法第2条第1項第15号）。したがって、本の譲渡は著作物の複製物の譲渡にあたります。なお、著作者（または著作者から著作権の譲渡を受けた著作権者）は、その著作物を複製する権利を

専有する（同法第21条）ので、第三者が著作者（または著作権者）から許諾を受けずに本を印刷すると著作権の支分権である複製権の侵害になります。

　このように、著作物である小説に関する著作権と著作物の複製物である本は、まったく別のものであり、それぞれの譲渡も厳密に区別しなければなりません。ただし、実際には、著作物の複製物の所有権を譲渡したために、これに対する一定の著作権もともに移転したものと解すべき取引が行われる場合があります。また、逆に、著作権を譲渡したときに、その著作物の複製物の所有権もともに譲渡したと考えられる取引もあります。しかし、あくまでも著作権の譲渡と著作物の複製物の所有権の譲渡とは別物ですから、両者が一体としてなされた場合には、支払われる対価がいずれに対するものであるかを特定することが必要です。

　この点につき参考になるのが、旧7号所得に関する東京地裁昭和35年5月7日判決（行集11巻5号1431頁）です。同判決は、著作物（の複製物）の譲渡と著作権の譲渡の区別の重要性と両者が両立し得るものであることを指摘したうえで、映画用の宣伝材料（スチル写真、ポスタ）の取得の対価の意味について検討を加えています。同判決は、まず、その取引が、宣伝材料を複製して、頒布する権利（著作権の一部）を譲渡するとともに、宣伝材料（著作物の複製物）の所有権を譲渡するものであると認定しました。そのうえで、裁判所は、諸事情を考慮し、その取引に基づく対価が、配布する材料自体の制作原価相当の金額（すなわち著作物の複製物の所有権の対価）のみであり、その複製頒布権の譲渡は無償でなされたものであると判示しました。

第5節　ソフトウェアに関連する取引

1　問題の所在

　コンピュータ・ソフトウェアは、著作物として著作権法による保護の対象になりますが、そもそも著作権法上ソフトウェアに関するいかなる行為に対し著作権が及ぶかについては難しい解釈問題があります。また、ソフトウェアに関連する

取引にはさまざまな形態があり，それに伴い支払われる対価の性質決定も容易ではありません。これに対し，国内税法そのものは，ソフトウェア関連の取引につき支払われる対価の課税関係を具体的に明らかにする規定を置いていません。したがって，ソフトウェア関連取引の課税問題を扱う際には慎重な検討を要します。

このような観点から，本節では，まずソフトウェアの意義を明らかにしたうえで，国内税法および租税条約が著作権の「使用料」をどのように定義しているかについて検討を加えます。

なお，2004年3月に締結された日米租税条約以降に署名されたうちの多くの租税条約は，著作権の使用料につき源泉地国免税を定めている（第2節1（1）(b)(i)(253頁)）ため，ソフトウェア関連取引に伴い支払われる対価が「使用料」または「事業所得」のいずれに該当するかは，これらの条約が適用される限り，重要な争点ではなくなりました。そこで，本節では，日米租税条約ではなく，使用料の所得源泉地につき債務者主義を採用し，10パーセントの限度税率を定める日本・イタリア租税条約を取り上げて説明します。

（1）ソフトウェアの著作権法上の位置づけ

本節で取り上げるソフトウェアとは，コンピュータ・ハードウェアに対する概念で，コンピュータの使用方法または計算方法のことを意味します。ソフトウェアの中心は，コンピュータ・プログラムですが，広義ではプログラムの川上あるいは川下にあるシステム設計書，フローチャート（流れ図），ユーザー・マニュアル等も含まれます[48]。

コンピュータ・プログラムは，著作権法上「電子計算機を機能させての結果を得ることができるようにこれに対する指令を組み合わせたものとして表現されたもの」と定義されており（著作権法第2条第1項第10号の2），著作物の一つとして例示されています（同法第10条第1項第9号）。これに対し，上記システム設計

---

48 上記注8中山・ソフトウェア4〜5頁，上記注9作花・詳解著作権法96頁。

書，フローチャート（流れ図），ユーザー・マニュアル等は，通常の言語や図表等の著作物として，プログラムとは別に著作権法による保護を受けます[49]。

　この本では，議論の対象を明確にするために，コンピュータ・プログラムの意味に限定してソフトウェアという言葉を使用し，かかるソフトウェアに関連する各種取引の課税関係を検討します。

(2)「著作権の使用料」の定義
(a) 国内税法の定義

　第1節1（2）(a)(244頁)で確認したように，国内税法の下では11号所得となる著作権の「使用料」は，「著作権（出版権及び著作隣接権その他これに準ずるものを含む。）の使用料」（なお，説明の便宜上著作権の譲渡対価に関する部分は省略）と定義されています（所得税法第161第1項第11号ロ）。

　さらに，所得税基本通達161-35は，上記の定義を敷衍して「著作権の使用料とは，著作物（著作権法第2条第1項第1号に規定する著作物をいう。……）の複製，上演，演奏，放送，展示，上映，翻訳，編曲，脚色，映画化その他著作物の利用又は出版権の設定につき支払を受ける対価の一切をいう」と規定しています。

(b) 租税条約の定義

　他方，「使用料」を定義するOECDモデル条約第12条第2項のうち，著作権に関連する部分は，「文学上，美術上若しくは学術上の著作物(映画フィルムを含む。)の著作権……の使用若しくは使用の権利の対価として……受領するすべての種類の支払金」と規定しています。

　また，上記OECDモデル条約と同様な形で，日本・イタリア租税条約の「使用料」の定義のうち著作権に関連する部分を取り出す（同条約第14条第2項(a)）と，「文学上，美術上若しくは学術上の著作物（映画フィルムを含む。）の著作権……の使用若しくは使用の権利の対価として……受け取るすべての種類の支払金」となります。

49　上記注8中山・ソフトウェア52〜54頁，上記注9作花・詳解著作権法96頁。

(c) 検討

以上の三つの定義規定を対比してみると、まずOECDモデル条約の定義と日本・イタリア租税条約の定義はほぼ同一で、ソフトウェアの取扱いについて条約上明文の規定を置いていないことも両条約について共通です。

これに対し、国内税法の定義規定は、出版権の設定、著作隣接権その他これに準ずる権利の使用の対価が含まれることを明記している点で、条約の定義の仕方とは若干異なっています。しかし、先に第2節3（1）(273頁) で説明したとおり、「出版権」は、「頒布の目的をもつて、原作のまま印刷その他の機械的又は化学的方法により文書又は図画として複製する権利」を意味します（著作権法第80条第1項第1号）から、出版権は著作権の内容の一部です。したがって、国内税法が出版権の設定にわざわざ言及したのは例示の意味にとどまります。

他方、「著作隣接権」は、著作権法上、実演家、レコード製作者、放送事業者、有線放送事業者の著作物利用に関して与えられる権利であり（同法第89条～第104条）、著作権自体とは別個の権利です（同法第90条）[50]。しかし、このような著作隣接権は、ソフトウェア関連の取引には通常関係がありません。さらに、上記基本通達は、「複製、上演、演奏、放送、展示、上映、翻訳、編曲、脚色、映画化その他著作物の利用」に言及していますが、これらはいずれも著作権の中に含まれる個々の権利の行使の形態を列挙したにすぎません。

以上より、国内税法は、ソフトウェア関連の取引に関する限り、要するに著作物であるソフトウェアの著作権の使用の対価が11号所得に該当することを規定しているにとどまると考えられます。このように考えると、国内税法と租税条約の定義規定との間にも実質的な違いがあるとは思われません。

---

[50] 実演家などの著作隣接権者は、著作物を創作するものではありませんが、著作物の社会への伝達において重要な役割を果たしており、また著作物の創作に準じた活動を行っているという観点から法的保護が付与されています（加戸守行『著作権法逐条講義（6訂新版）』（著作権情報センター、2013）551頁、上記注9作花・詳解著作権法474頁）。

2 OECDコメンタリー

(1) コメンタリーの改訂

　OECD租税委員会は，2000年4月29日に，OECDモデル条約第12条（使用料条項）のコメンタリーを大幅に改訂し，ソフトウェア関連取引についていくつかの重要な課税の原則を明らかにしました[51]。さらに，2008年7月のコメンタリーの改訂にあたり，パラグラフ14.4が追加されました。これらのうち，本節における検討のために，とくに重要と考えられるものを抽出または要約し，第12条に関する上記改訂後のOECDコメンタリーの関連するパラグラフの番号とともに以下に列挙します。

　(a)　パラグラフ13.1

　著作権の部分的な権利の取得のための支払いは，ライセンスがなければ著作権侵害を構成するような形態において，その対価がプログラムを使用する権利を付与するためのものである場合には使用料に該当する。このような例としては，著作権で保護されたプログラムを含むソフトウェアを複製し，公衆に頒布する取り決め，あるいはプログラムを変更し，公衆に展示する取り決めが含まれる。このような状況下での支払いは，プログラムの著作権を使用する権利（すなわちライセンスがなければ著作権者が専有している権利の利用）のために行われるものである。

　(b)　パラグラフ14

　上記以外の類型の取引においては，著作権に関し取得される権利は，ユーザーがプログラムを操作するために必要な権利（例えば，譲受人が当該プログラムを複製する限定的な権利を付与されている場合）に限定される。これは，プログラムの複製物の取得のための取引においてよくあることで，このような場合に移転され

51　このOECDコメンタリーの改訂を解説した文献として，互井卓郎・荒井優美子「ソフトウェア取引の国際課税の動向改訂OECDモデル条約（第12条使用料条項）を中心に」国際税務21巻4号19頁以下，同21巻5号19頁以下があります。

る権利はコンピュータ・プログラムの性格上特有なものである。この結果，ユーザーは，例えばコンピュータのハード・ドライブ上にまたはアーカイブの目的で，当該プログラムを複製することが可能になる。その権利が法律上付与されているか，著作権者とのライセンス契約により付与されているかにかかわりなく，コンピュータのハード・ドライブもしくはランダム・アクセス・メモリー上に，またはアーカイブ用にコピーする目的で，プログラムを複製することは，当該プログラムを利用するうえでの不可欠なステップである。したがって，かかる複製行為に関連する権利は，ユーザーによるプログラムの効果的な操作を可能にする以上のものでない限り，税務上当該取引を分析する際には無視されるべきである。かかる類型の取引における支払いは，第7条に従い商業上の所得 (commercial income) として取り扱われることになろう。

(c) パラグラフ14.1

使用料に該当するかどうかを判断するうえで，コンピュータ・プログラムを譲受人に移転する方法は関係がない。また，譲受人のソフトウェアの使用につき制限が課され得ることも関係がない。

(d) パラグラフ14.2

「サイト・ライセンス」や「ネットワーク・ライセンス」のように，譲受人が自己の営業の範囲内に限定して使用するために，プログラムを複数複製する権利を取得することがある。しかし，当該権利は，ライセンシーのコンピュータやネットワーク上で当該プログラムの操作を可能にする目的に必要な権利に限定されており，そのライセンスの下では他の目的のための複製は許されていない。かかる取り決めのための支払いは，たいていの場合，第7条に従い事業利得 (business profits) として取り扱われるであろう。

(e) パラグラフ14.4

ソフトウェアの著作権の保有者と流通販売業者との間の取決めの下では，流通販売業者に対し，当該プログラムの複製権なしで当該プログラムの複製物を頒布する権利を付与することがしばしば行われる。このような取引においては，その著作権に関連して取得される権利は，流通販売業者がソフトウェア・プログラム

の複製物を頒布するために必要なものに限定されている。かかる取引において販売業者は、ソフトウェアの複製物を取得するためだけの支払いをなしているにすぎず、ソフトウェアの著作権に係る権利の利用に対する支払いをなしているわけではない。したがって、販売業者が（ソフトウェアを複製する権利を得ることなく）ソフトウェアの複製物を取得し、頒布するために支払いを行う取引において、当該取引の税務上の性格を分析する際には、頒布の行為に関連する権利は無視されるべきである。このような種類の取引における支払いは、第7条による商業上の所得として取り扱われる。このことは、頒布される複製物が有形の媒体によって引き渡されるか、または（販売業者に当該ソフトウェアを複製する権利を与えないで）電子的に引き渡されるかにかかわらないし、当該ソフトウェアのインストレーションのために軽微なカスタマイゼーションが行われるかどうかを問わない。

(2) 主な留意点

上記に関し、とくに以下の四点に留意する必要があります。

第一に、OECDコメンタリーは、ソフトウェア関連の取引に関する「使用料」の範囲を限定的に解釈しています。ライセンスの付与がなければ著作権侵害の問題が発生するようなソフトウェアの使用行為だけを取り上げ、このような使用を認める権利の対価のみが「著作権の使用料」に該当するという立場をとっているものと考えられます（上記(1)(a)および(b)参照）。

第二に、OECDコメンタリーは、ソフトウェア本来の使用に当然必要な権利の付与、例えばソフトウェアを起動させるためにコンピュータのハード・ドライブ上に当該ソフトウェアを複製する行為を許諾することを、税務上著作権の使用とみなしてはいません（上記(1)(b)参照）。このため、かかるソフトウェア本来の使用のための対価が支払われても、その対価は「使用料」には含まれません（上記(1)(b)および(d)参照）。なお、後に本節7(2)(b)(304頁)で述べるとおり、日本の著作権法上、上記のようなソフトウェアの使用のためにコンピュータのランダム・アクセス・メモリー上に過渡的に記憶させることが「複製」に該当するかどうかについては争いがあります。

第1編　恒久的施設を有しない外国法人／第7章　知的財産に関する課税　　297

　第三に，OECDコメンタリーは，ソフトウェア取引に関しては，もっぱらライセンスの対象となっている権利に着目して「使用料」に含まれるかどうかを判断しようとするものであり，それ以外の要素，例えばいかなる媒体によってソフトウェアのライセンスがなされるか，ライセンシーにいかなる使用制限が課されるかは，この判断には関係がありません（上記（1）(c)および(e)参照）。

　第四に，OECDコメンタリーは，ソフトウェアの複製権とソフトウェアの複製物の頒布権を明確に区別し，ソフトウェアの複製権を与えることなく，その複製物を取得し頒布する権利を付与することの対価として支払われるものは，頒布の形態を問わず「使用料」に含まれないという立場をとっています（上記（1）(e)参照）。

3　OECDコメンタリーのもつ意味

　OECDコメンタリーは，OECDモデル条約の逐条解説ですが，現実の租税条約の規定を解釈する際にも参照されるべき資料とされています[52]。

　OECDコメンタリーがこのような性格を有し，しかもOECDコメンタリーの上記改訂について日本が明示的な留保をしていない以上，日本・イタリア租税条約を含む現実の租税条約の用語の解釈をする際にも同コメンタリーを参酌すべきであると考えられます[53]。そして，著作権の使用料に関する限り，OECDモデル条約と日本・イタリア租税条約の定義規定の文言がほぼ同一と考えてよいことは，先に1（2）(292頁)で確認したとおりです。

4　本節の検討の対象

　以上を前提としたうえで，本節においては，国内に恒久的施設を有しない外国

52　最高裁平成21年10月29日判決（民集63巻8号1881頁）が，日本・シンガポール租税条約の解釈に際して，OECDコメンタリーを条約法に関するウィーン条約第32条にいう「解釈の補足的な手段」と位置づけたことについて，第1部第3章第1節2（注5）(58頁)参照。

法人が内国法人との間で，以下のようなソフトウェア関連の取引を行うことを前提とし，各取引の下で内国法人が外国法人に対し支払う対価の課税関係について順に検討します。そして，租税条約の適用関係を説明する際には，日本・イタリア租税条約を取り上げます。

(1) ソフトウェアを複製し，顧客に販売することを許諾する（5（本頁））
(2) ソフトウェアに関する著作権の全部または一部を譲渡する（6（301頁））
(3) ソフトウェアの複製物を顧客に販売する（7（3）（306頁））
(4) ソフトウェアの複製物を顧客に賃貸する（7（4）（309頁））
(5) ソフトウェアの複製物を内国法人に供給し，当該内国法人が顧客に当該複製物を提供する（7（5）（310頁））

なお，インターネット等の電気通信回線を介して行われるソフトウェア等の提供に関する消費税の課税関係が2017年10月1日以降変更になっていますので，その点については8（315頁）でまとめて説明します。

5 ソフトウェアの複製許諾契約

(1) 国内使用

国内に恒久的施設を有しない外国法人（ライセンサー）が内国法人（ライセンシー）に対し，コンピュータ・ソフトウェア（日本の著作権法の保護を受けていることを前提とします）を日本で複製し，国内の顧客に対し販売することを許諾す

---

53 谷口勢津夫『租税条約論』（清文社，1999）27頁は，OECDモデル条約およびコメンタリーについて，現実の租税条約の解釈基準となるという意味での法的拘束力を認め得るとの見解を表明しています。ただし，谷口教授は，現実の租税条約の当事国が援用することができるOECDモデル条約およびコメンタリーから明らかになる用語の意味は，原則として当該租税条約の締結の時点で妥当していたものに限定されると述べています（同書18頁）。したがって，同教授の見解に従えば，2000年4月に改訂されたOECDコメンタリーの規定は，1969年に締結され，1980年に改正された日本・イタリア租税条約の用語の解釈上は直ちには参酌されないことになります。

るライセンス契約を締結する設例について検討します。かかる契約に基づきライセンシーがライセンサーに対し支払うランニング・ロイヤルティの課税関係が検討の対象です。

(a) 国内税法の定め

(i) 所得税

上記ライセンス契約に基づくランニング・ロイヤルティが，著作権（その一支分権である複製権）の使用の対価であり，しかもその使用地が日本であることは明らかです（所得税法第161条第1項第11号ロ）。したがって，上記ロイヤルティは，国内源泉所得に該当し，国内使用に係る特許権やノウハウのライセンスの場合（第2節1（1）(a)（251頁），2（1）(a)（269頁））とまったく同様の課税関係となります。

すなわち，国内に恒久的施設を有しない外国法人は，上記ロイヤルティにつき20パーセントの税率で所得税が課されます（所得税法第5条第4項，第7条第1項第5号，第161条第1項第11号，第178条，第179条第1号）。そして，内国法人は，その支払いの際，20パーセントの税率で所得税の源泉徴収をしなければなりません（同法第212条第1項，第213条第1項第1号）。ただし，2013年1月1日から2037年12月31日までの間に行うべき源泉徴収については，復興特別所得税が付加されるため，その税率は20.42パーセントになります（復興財源確保法第9条，第26条〜第28条）。

(ii) 法人税

上記ロイヤルティは，法人税法上は国内源泉所得には含まれていません（法人税法第138条第1項第2号の「国内にある資産の運用又は保有により生ずる所得」からは，所得税法第161条第1項第11号に該当するものが除かれています）。

したがって，国内に恒久的施設を有しない外国法人は，上記ロイヤルティについて所得税の源泉徴収のみで日本における課税関係を終了します。

(iii) 消費税

本設例の場合，著作権のライセンスにより著作権等の貸付を行う者の住所地が外国であるため国内要件を満たしませんので，上記ロイヤルティにつき消費税が

課されることはありません（消費税法第2条第2項，第4条第3項第1号，同法施行令第6条第1項第6号，同法基本通達5-4-2(2)）。ただし，複製の対象となるソフトウェアの提供が電気通信回線を介して行われる場合には，リバース・チャージ方式の適用があります（8（2）(316頁)）。

(b) 租税条約の定め

日本・イタリア租税条約にいう「使用料」には，著作権（その一支分権である複製権）の使用の対価が含まれます（同条約第12条第3項）。本設例におけるソフトウェアの複製権の許諾の対価が著作権の使用料に含まれることは，OECDコメンタリー第12条パラグラフ13.1（2（1）(a)(294頁)）が明記しています。さらに，日本・イタリア租税条約の下では，債務者主義により所得の源泉地が決められ（同条約第12条第4項），かつ源泉徴収税率は10パーセントに軽減されます（同条約第12条第2項）。復興特別所得税についても，日本・イタリア租税条約が規定する限度税率が優先して適用されます（復興財源確保法第33条第3項）。

イタリア法人が10パーセントの限度税率の適用を受けるためには，「租税条約に関する届出書」の提出を要します（実施特例法第3条の2，同法施行省令第2条第1項）。

なお，1971年日米租税条約の下で，内国法人が米国法人に支払った金員が，ソフトウェアのマスターコピーの複製権の使用料および公衆送信権の使用料として旧7号所得に該当するため，内国法人が源泉徴収義務を負うことになるとされた事例として，平成19年3月23日裁決（裁決事例集未登載）があります。

(c) 日本側当事者の税務

本設例のようなソフトウェアの複製許諾契約に基づき，国内に恒久的施設を有しない外国法人に対し上記ロイヤルティを支払う内国法人は，源泉徴収義務を負います。この源泉徴収税率は，国内税法では20パーセント（復興特別所得税が付加されると20.42パーセント）ですが，日本・イタリア租税条約の下では10パーセントに軽減されます。

(2) 国外使用

　ライセンシーが内国法人であるソフトウェアの複製許諾契約において，国外使用の例として考えられるのは，ソフトウェアをもっぱら外国で複製し，販売するようなケースです。この場合の国内税法の下での課税関係は，国外使用に係る特許権のライセンスの課税関係と同様になります（第2節1（2）（256頁））。

6　ソフトウェアに関する著作権の譲渡

　国内に恒久的施設を有しない外国法人が内国法人に対し，特定のソフトウェアに関する著作権（著作財産権）の全部または一部を譲渡する取引を行う設例を念頭に置いたうえで，その譲渡対価の課税関係を検討します。

(1) 国内税法の定め

　第一に，国内に恒久的施設を有しない外国法人は，内国法人から受け取る著作権の譲渡の対価で国内業務に係るものについて，20パーセントの税率で所得税の課税を受けます（所得税法第5条第4項，第7条第1項第5号，第161条第1項第11号，第178条，第179条第1号）。そして，内国法人は，その支払いの際20パーセントの税率で所得税の源泉徴収をしなければなりません（同法第212条第1項，第213条第1項第1号）。ただし，2013年1月1日から2037年12月31日までの間に行うべき源泉徴収については，復興特別所得税が付加されるため，その税率は20.42パーセントになります（復興財源確保法第9条，第26条～第28条）。

　第二に，上記のような譲渡対価は，法人税法上は国内源泉所得には含まれていません（法人税法第138条第1項第3号，第141条第2号，同法施行令第178条）。結局，この場合，当該外国法人は，上記譲渡対価について源泉徴収のみで日本における課税関係を終了します。

　第三に，著作権のライセンスの場合と同様，外国法人が行う著作権の譲渡は，国内要件を満たさないため消費税の課税を受けません（消費税法第4条第3項第1号，同法施行令第6条第1項第7号）。

（2）租税条約の定め

日本・イタリア租税条約の下で国内に恒久的施設を有しないイタリア法人が，内国法人から受け取る著作権の譲渡対価については，使用料条項（同条約第12条）ではなく，譲渡収益の免税を定める同条約第13条の適用があります[54]。復興特別所得税についても日本・イタリア租税条約が定める免税規定が優先します（復興財源確保法第33条第3項）。

なお，イタリア法人が同条約の免税規定の適用を受けるためには，「租税条約に関する届出書」の提出を要します（実施特例法第3条の2，同法施行省令第2条第1項）。

（3）日本側当事者の税務

国内に恒久的施設を有しない外国法人に対して，国内業務に供される著作権の譲渡対価を支払う内国法人は，国内税法の下では20パーセント（復興特別所得税が付加されると20.42パーセント）の税率で源泉徴収義務を負います。

これに対して，イタリア法人に対して支払われる著作権の譲渡対価については日本での源泉徴収は不要です。

7 ソフトウェアの複製物の使用ライセンス

ソフトウェアの複製物の譲渡あるいはソフトウェアの複製物の使用に関連する取引の形態としてはさまざまなものが考えられ，しかもそれらの取引に伴い支払われる対価の課税関係について確定的な考え方が確立しているわけではありません。ここでは，取引の形態をある程度類型化したうえで，それぞれの取引に伴い支払われる対価の課税関係を検討します。

---

54 OECDモデル条約コメンタリーは，使用料条項である第12条のパラグラフ8.2において，支払いがこの定義で言及される財産の要素の部分のすべての権利の移転の対価である場合には，当該支払いは当該財産の「使用若しくは使用の権利の」対価とはならず，それゆえ使用料に該当しないことは明らかであると規定しています。

(1) 売切型と賃貸型の区別

　ソフトウェアの複製物とは，具体的には著作物であるソフトウェアをCD-ROM等の媒体上に磁気的に記憶することによって作成された記憶媒体そのものを意味します。このようなソフトウェアの複製物に関する取引は，ユーザーへの提供の仕方によって，複製物の所有権を移転する売切型のタイプと，所有権は移転せずに複製物を一定期間有料で使用させる賃貸型のタイプの二つに大別されます。一般に小型のコンピュータ・プログラム，ゲーム・ソフト等の場合には売切型によるものが多く，大規模で高価なソフトウェアの場合には賃貸型で取引されることが多いといわれています[55]。また，ソフトウェアの種類に関係なく，売切型よりも賃貸型の方が著作権者にとって一般的に有利であるという理由から賃貸型が選択されることも少なくないようです。

　さらに，ソフトウェアの複製物が有形の媒体で引き渡されるのではなく，インターネット等を通じて電子的に引き渡される形態もあります[56]が，以下ではもっぱら有形の媒体で取引されるケースを取り上げます。

(2) ソフトウェアの複製物の譲渡とソフトウェアの使用の意義

　このようなソフトウェアの複製物とその使用について，著作権法上とくに注意すべきは以下の2点です。

(a) 著作権の譲渡との区別

　先に第4節4（289頁）で説明したとおり，ソフトウェアに関する著作権自体の全部または一部の譲渡とソフトウェアの複製物の譲渡は，厳密に区別して考え

---

[55] 久保利英明・内田晴康・横山経通『新版著作権ビジネス最前線（第3版）』（中央経済社，2007）167頁以下。

[56] OECDコメンタリーは，ソフトウェアの著作権の保有者と流通販売業者との間のソフトウェアの複製物に関する取引の性質を分析する際には，それが有形媒体で引き渡されるか，（当該流通販売業者が当該ソフトウェアの複製権を有することなしに）電子的に引き渡されるかは，無関係であると述べています（第12条に関するパラグラフ14.4（前記2（1）(e)295頁））。

なければなりません。通常上記のようなソフトウェアの複製物の譲渡とは，著作物の複製物の販売を意味し，著作権そのものが譲渡されるわけではありません。これは，本（著作物の複製物）の販売と，その本に係る著作権（例えば複製権）そのものの譲渡がまったく別物であることから考えても明らかです。

(b) ソフトウェアの使用の意義

ソフトウェアの複製物の譲渡を受けた者は，通常自己のコンピュータでそのソフトウェアを使用することになりますが，この使用が著作権法上どう位置づけられるかを確認しておくことが重要です。

そもそも，著作権は，複製権を中心とした権利の束であり，その中には使用権が含まれていない（著作権法第113条第2項等は例外です）[57]ため，自己が購入したソフトウェアの複製物は自由に使用できるのが大原則です[58]。これは，購入した本を自由に読んで差し支えないのと同様に捉えることができます。

しかし，ソフトウェアの複製物の使用に際して複製を伴う場合には，複製権の侵害の問題が生じ得るので注意が必要です。具体的には，まず，コンピュータ上でソフトウェアを使用する場合には，コンピュータ本体の内部記憶装置（ランダム・アクセス・メモリー）に蓄積する行為が必要となりますが，かかる行為が「複製」にあたるかどうかが問題となります。この点については，少なくともわが国においては，通常それが過渡的で永続性，反復使用可能性のないものである限り複製とは解されず，著作権侵害の問題は生じないという考え方が有力でした[59]。

---

57 上記注8中山・ソフトウェア139頁，上記注9作花・詳解著作権法282頁。なお，著作権法の規定振りをみると，基本的に，著作物の無体的側面に着目した著作物の用い方を表す場合には「利用」という言葉を用い，著作物の有体物的側面に着目した著作物の用い方を表す場合には「使用」という言葉を用いていると指摘するものとして，上記注9作花・詳解著作権法210頁参照。

58 著作権審議会報告書第二小委員会（コンピューター関係）報告書（1973年6月）・文化庁文化部著作権課内著作権法令研究会編『著作権関係法令実務提要第2巻』（第一法規）3801頁以下所収，3822頁，上記注8中山・ソフトウェア145頁注(3)，上記注9作花・詳解著作権法282〜283頁。

また、著作権法第47条の3により、プログラム著作物の複製物の所有者には、自己利用に必要な限度での複製が認められています。さらに、2009年の改正によって著作権法第47条の8が設けられ、電子計算機を用いて著作物を利用する際に情報処理の過程においてメモリーやハードディスク上で行われる情報の蓄積について、その情報処理を円滑かつ効率的に行うために必要な限度で行われる場合には著作権が及ばないことが明らかになりました[60]。そして、2018年の改正法(2019年1月1日施行)は、上記第47条の8を新第47条の4第1号に統合しました。

したがって、少なくとも上記2009年改正法(2010年1月1日施行)以降は、ソフトウェアの複製物の適法な所持者が、コンピュータを使用するという目的のために行う過渡的、付随的な蓄積行為には、著作権法上の複製権は及ばないと考え

---

59 著作権審議会報告書第六小委員会(コンピュータ・ソフトウェア関係)中間報告(1984年1月)・上記57実務提要第2巻4063頁以下所収、4108頁、上記注58第二小委員会報告書・実務提要第2巻3835頁。また、東京地裁平成12年5月16日判決・判例時報1751号128頁も、ランダム・アクセス・メモリー(RAM)におけるデータ等の蓄積は一時的・過渡的な性質を有するものであるから、RAM上の蓄積物が将来反復して使用される可能性のある形態の再製物とはいえないことを理由に、RAMにおけるデータ等の蓄積は著作権法上の「複製」には当たらないと判示しました。

ただし、上記注9作花・詳解著作権法811～812頁は、一律の判断ではなく、蓄積の状態を類型化した上で法的評価を行うべきであると述べています。

60 上記注50加戸・著作権法逐条講義372～373頁。

これに対し、例えば、1991年のコンピュータ・プログラムの保護に関するECディレクティブでは、一時的蓄積も複製としつつ、適法な所持者が所期の目的のためにプログラムを使用する上で必要とされる行為は、「特段の契約の定めがない限り」自由にできるとされているようです(上記注9作花・詳解著作権法812頁)。

61 東京地裁平成24年11月30日判決(裁判所ホームページ登載)(知財高裁平成25年7月2日判決(裁判所ホームページ登載)により控訴棄却)は、2009年の著作権法改正前の事案に関し、電子計算機の情報処理過程で生じる複製行為の違法性の有無につき、改正法の趣旨に鑑み、複製された著作物の内容、複製の態様、複製に至る経緯等を総合的に考慮して判断すべきであるとしたうえで、被告の複製行為を違法な行為であると認めることはできないという結論を導きました。

られます[61]。他方,ソフトウェアの複製物の適法な所持者であっても,その所有者以外の者が,過渡的,付随的とはいえない形態でソフトウェアの蓄積を行うと,厳密には著作権法上の「複製」に該当することになると思われます。

以下では,このような考え方に従いソフトウェアの複製物の売切型と賃貸型の取引の課税関係を検討します。

(3) ソフトウェアの複製物の売切型の取引

(a) 国内税法の定め

先に(2)(a)(303頁)で述べたとおり,ソフトウェアの複製物を一定額で購入し,その適法な所持者が通常に使用する取引を考えた場合,それは,著作物の複製物の譲渡ではあるものの,著作権自体の譲渡や著作権の使用とは直接関係ありません。すなわち,売切型で譲渡対価が一定額の場合,それはソフトウェアの複製物の所有権の対価であり,ソフトウェアの使用(自己使用のために必要な複製等を含む)は,その所有権取得の当然の効果として認められます(著作権法第47条3)。したがって,本の所有権を取得した者が,その本を自由に読んでよく,本の売買代金は,もっぱらその所有権取得の対価と捉えられるのと同様に考えて良いと思われます。そうすると,内国法人が,このようなソフトウェアの複製物の譲渡対価を外国法人に対し支払う場合,当該対価は,所得税法上著作権の「譲渡対価」または「使用料」には含まれないと考えられます[62]。

ただし,ソフトウェアの場合には,本と異なり,ソフトウェアの複製物自体の所有権とは独立した「使用権」という概念が実務界で定着していることに注意を要します[63]。すなわち,実務においてはソフトウェアの売切型・賃貸型に関係な

---

62 上記注10宮武論文・国際税務13巻2号24～26頁。また,パッケージ・ソフトウェアの販売対価が旧7号所得に該当しないという結論をとるものとして,上記注12松上・国際源泉課税355～356頁,上記注32渡辺・コンサルタント804頁,藤枝純「コンピュータ・ソフトウェアの対価の支払いと源泉徴収に関する一考察」国際税務15巻3号31頁以下参照。

63 上記注8中山・ソフトウェア145頁注(3)。

く，著作権者とユーザーとの間で使用許諾契約を締結することが一般的です。しかし，そもそも著作権には使用権が含まれておらず，ソフトウェアの著作権者は，当該ソフトウェアを使用することに対してまで排他的な権利を有しているわけではありません。したがって，実務界で定着しているソフトウェアの使用許諾契約は，著作権法に基づき著作権者に与えられている権利を超えて著作権者の保護を高めるために，一定の制限をソフトウェアのユーザーに課そうとするところに主たる目的があると考えられます[64]。

このように考えると，ソフトウェアの複製物の売買と同時にソフトウェアの使用許諾契約が締結され，それに伴い対価が支払われる場合には，著作権自体の使用料が含まれると考える余地はありません。その対価の中に「使用権」の対価部分が含まれるとしても[65]，著作権法上ソフトウェアの「使用権」が著作権に含まれないので，税務上もその「使用権」の対価部分を「著作権の使用料」と認めるべきではないと考えられます。

以上より，国内に恒久的施設を有しない外国法人が内国法人に対し，ソフトウェアの複製物を販売し，当該ソフトウェアの複製物を使用許諾契約に基づき自己使用させる場合に受け取る対価は，著作権の使用料には該当しません。また，かかる取引によってソフトウェアに関する著作権自体の全部または一部が譲渡さ

---

[64] ただし，ソフトウェアの使用に関する制限規定が私法上どこまで有効かどうかという別の議論があります（上記注9作花・詳解著作権法295頁以下）。

[65] 通常の場合，ソフトウェアの複製物の購入がコンピュータ上で使用するためになされることから考えれば，ソフトウェアの複製物の購入対価の中に使用の対価が含まれているのはむしろ当然といえます。しかし，そうだからといってソフトウェアの複製物の「使用権」という権利が当然に認められるわけではありませんし，ましてかかる「使用権」がソフトウェアに関する著作権と同視されるわけではありません。このことは，本と対比して考えればより明確です。本の購入対価には，本を使用する（本を読む，料理の本を見て料理を作る）ことの対価が当然含まれているとはいえても，本の購入者は，本の「使用権」の対価を払っているとは通常考えられていませんし，ましてこの購入対価を「著作権の使用料」と見る余地はありません。

れるわけではありませんから、上記対価が著作権の譲渡対価として11号所得に該当することもありません。さらに、国内に恒久的施設を有しない外国法人が内国法人から受け取る上記対価は、法人税法上も国内源泉所得には含まれていません（法人税法第138条第1項第3号、第141条第2号、同法施行令第178条）。

なお、上記結論は、「使用権」の対価部分を「著作権の使用料」と認める余地がないという考え方に基づくものですから、ソフトウェアの複製物の対価が高額であるかどうかにかかわりなくあてはまります[66]。

(b) 租税条約の定め

先に1（2）(b)（292頁）で説明したとおり、日本・イタリア租税条約は、要するに「著作物の著作権の使用または使用の権利の対価」を「使用料」と定義しているのみで、とくにソフトウェア関連の取引の対価のうちのいかなるものが「使用料」に該当するかを明らかにしているわけではありません。

他方、上記(a)（306頁）で詳細に検討したように、ソフトウェアの複製物の売買とともにソフトウェアの使用許諾契約が締結されることが実務上定着しているにしても、日本の著作権法の下では、かかる複製物の「使用権」は著作権自体の支分権に含まれていません。したがって、ソフトウェアの複製物の売買の対価が著作権の使用料と同視されることはありません。

このような国内税法の考え方が日本・イタリア租税条約の解釈上もそのまま尊重される（同条約第2条第2項）と考えれば、イタリア法人が内国法人に対し、ソフトウェアの複製物を販売し、当該ソフトウェアの複製物を使用許諾契約に基づき自己使用させる場合に受け取る対価は、日本・イタリア租税条約上も「著作権の使用料」には該当しないことになります。

さらに、OECDコメンタリーの第12条に関する注釈が日本・イタリア租税条約の解釈上も参照されることを前提とすると、上記結論はますます確固たるものになります。すなわち、同コメンタリーのパラグラフ14（2（1）(b)（294頁））に

---

66 同様の考え方を示すものとして、冨永賢一「税務相談／源泉所得税／ソフトウェア製品の購入の対価に対する源泉課税の可否」税務通信2630号51頁。

明記されているとおり，ソフトウェア本来の使用に当然必要な権利の付与の対価部分は「使用料」に含まれません。

(c) 日本側当事者の税務

国内に恒久的施設を有しない外国法人が内国法人に対し，ソフトウェアの複製物を販売し，当該ソフトウェアの複製物を使用許諾契約に基づき自己使用させる場合に受け取る対価は，著作権の使用料には該当しません。この結論は日本・イタリア租税条約の適用がある場合でも同様です。したがって，かかる対価を支払う日本側当事者は，源泉徴収を行う必要はありません。

(4) ソフトウェアの複製物の賃貸型取引

賃貸型の取引の場合，その対価の決め方にはいくつかの異なるパターンがあります。賃貸型とはいっても売切型とほとんど変わらないような一括で対価を支払う場合もありますし，ソフトウェアの使用期間や使用頻度に応じて対価が決まってくるようなケースもあります。

賃貸型の場合，ソフトウェアのコンピュータ上での蓄積が過渡的，付随的なものであれば，結論は売切型と同様になると考えられます。これに対し，その蓄積が，過渡的，付随的とはいえない形態の場合には著作権法上も「複製」に該当することになり，しかも賃借人は，ソフトウェアの複製物の所有者には該当しないため，当該蓄積が著作権法第47条の3の適用対象であるともいえません（(2)(b)(304頁)）。

このような考え方に依拠しているのが，平成16年3月31日裁決（裁決事例集未登載）です。同裁決は，ソフトウェアの複製物の所有権を取得せず，賃借により業務に使用する場合には，著作権法第47条の2（現第47条の3）（プログラムの著作物の複製物の所有者による複製等）および第30条（私的使用のための複製）の規定の適用がないことを根拠に複製権の許諾があるとし，ソフトウェアの複製物の賃借料のすべてが著作権の使用料に該当するという判断をくだしました。

国内税法の下では上記のように考えられるにしても，日本・イタリア租税条約を含むOECDモデル条約第12条に準拠した租税条約の適用がある場合には別途

の考慮が必要です。これは，OECDコメンタリーの第12条のパラグラフ14等（2(1)(294頁)）が明記するように，ソフトウェアを自己使用するために不可欠なステップとしての複製行為に関連する権利は，税務上の対価の性質決定においては無視されるべきであるとされているからです。したがって，日本・イタリア租税条約の下では，ユーザーが自己使用目的でソフトウェアの複製物を賃借する取引に基づき支払われる対価は，事業所得（同条約第7条）として取り扱われることになると考えられます。上記裁決の事案では，1971年日米租税条約と日本・カナダ租税条約の適用が問題となっていますが，同裁決は，OECDコメンタリーに法的拘束力がない旨述べ反対の結論をとっています。しかし，このような裁決の考え方は，最高裁平成21年10月29日判決（3(297頁)）に照らしもはや支持されず，OECDコメンタリーを参照し，事業所得であるとの結論を導くべきであったと考えられます（(3)(b)(308頁)）。

以上より，国内に恒久的施設を有しない外国法人が内国法人から受け取るソフトウェアの複製物の賃貸型取引の対価については，国内税法の下では当該ソフトウェアの使用が，過渡的，付随的ではない形態の蓄積を通じて行われる場合には，11号所得に該当することになると考えられます。これに対し，日本・イタリア租税条約の適用がある場合には事業所得条項（第7条）の適用があり，上記対価を支払う内国法人は，源泉徴収する必要はないと思われます。

(5) ソフトウェアの複製物の再販売または転貸

(a) 問題の所在

最後に，上記売切型および賃貸型の取引の変形として，国内に恒久的施設を有しない外国法人が，自己のソフトウェアの複製物を日本における総代理店に供給し，その総代理店が日本国内のユーザーに対し，当該複製物をそのまま提供するという取引を検討します。ここでは，総代理店は，ソフトウェアの一個の複製物を日本のユーザー一社のみに提供し，しかも当該ユーザーは，当該複製物を自社のコンピュータ上でのみ使用することを前提とします。上記取引の下で，日本の総代理店が外国法人に対し支払う対価が，日本でどのように課税されるかがここ

での検討対象です。

　上記取引は，法律的に見れば通常以下の(i)ないし(iii)のいずれかの形態で行われると思われます。なお，ユーザーとの間のソフトウェアの使用許諾契約は，外国法人との間で直接締結されることが多いと考えられますが，外国法人の許諾の下に日本の総代理店とユーザーとの間で締結されることもあります。

(i) **売買・再販売型**
① 外国法人が総代理店にソフトウェアの複製物を販売する。
② 総代理店がユーザーに当該複製物を再販売する。

(ii) **賃貸・転貸型**
① 外国法人がソフトウェアの複製物の所有権を留保したうえで，総代理店に当該複製物を賃貸する。
② 総代理店がユーザーに当該複製物を転貸する。

(iii) **売買・賃貸型**
① 外国法人が総代理店にソフトウェアの複製物を販売する。
② 総代理店がソフトウェアの複製物の所有権を留保したうえで，ユーザーに当該複製物を賃貸する。

　上記の取引形態のうち，(i)の売買・再販売型の取引における総代理店から外国法人に対する支払いが「著作権の使用料」と見るべきでないことは，上記（3）(306頁) で述べたのとまったく同じ理由により導き得る結論です。

　これに対し，(ii)および(iii)の場合，すなわち総代理店が日本のユーザーに対し，ソフトウェアの複製物を貸与する権利を付与される場合には，これまでの議論とは別の角度からの検討が必要です。これは，著作権の支分権の中に貸与権（著作権法第26条の3）が含まれているため，総代理店が外国法人に対し支払う対価の中に，外国法人から付与された貸与権の使用料が含まれているのではないかという別個の問題があるからです。そして，外国法人が日本の総代理店から受け取る対価が，貸与権の使用料であることが肯定されると，当該対価は11号所得に該当することになります。ここでは，この問題に絞って検討します。かかる検討のためには，著作権法の定める「貸与権」の概念を理解することが必要です。

(b) 検討

(i) 貸与権の意義

そもそも、著作権法で著作権の支分権として定義されている「貸与権」は、映画の著作物を除く著作物の複製物の貸与により公衆に提供する権利を意味します（同法第26条の3）。そして、「貸与」とは、いずれの名義または方法をもってするかを問わず、これと同様の権原を取得させる行為を含むと広く定義されています（同法第2条第8項）。また、著作権法は、「公衆」自体の定義を置くことなく「『公衆』には、特定かつ多数の者を含む」と規定しているだけです（同法第2条第5項）。「特定」というのは、行為者との間に個人的な結合関係があるものを指し、「多数」が何人からかというのは、具体的なケースに即して相対的に決められることになります[67]が、少なくとも「特定かつ少数人」は著作権法上の「公衆」に含まれません。

この論点に関し判断した裁判例として、東京地裁平成16年6月18日判決（判例タイムズ1179号320頁、判例時報1881号101頁）があります。同判決は、リース会社による特定の第三者の使用に供することのみを許諾されたプログラムの貸与につき貸与権の侵害が問題となった事案につき、少数であっても不特定の者が貸与の相手方となる場合には、著作権法第26の3にいう「公衆」に対する提供があったものとして、貸与権侵害が成立するという判断をくだしました。同判決は、「特定」というのは、貸与者と被貸与者との間に人的な結合関係が存在することを意味し、リース会社にとってのユーザーのような営業行為の対象は、「特定」の貸与の相手方とは評価できない旨判示しました。

上記裁判例のように、「公衆」の意義を広く解釈すると、営利目的で（著作権法第38条第4項参照）ソフトウェアの複製物を貸与する行為は、親兄弟親友に賃貸するような例外的な場合を除き、ほぼすべて貸与権の侵害になることを意味します[68]。

---

67 上記注50加戸・著作権法逐条講義73頁。
68 金子敏哉「リース先の変更と貸与権侵害・貸与先への不当利得返還請求——NTT

しかしながら，そもそも「貸与権」を新設する1984年の著作権法の一部改正は，貸レコード問題を契機として，著作物の複製物を貸与する方法で著作物の財産的価値を実現する方途が急増するという事態に対して著作者を保護するために行われたものである[69]ことに留意する必要があります。このような貸与権の創設の趣旨に照らし，限定的な当事者間でのリースにおいて，「人的な結合関係」が存在しないことを理由として，直ちに公衆への貸与といってよいかどうか自体が問題であり，かかる貸与行為について排他的権利を認めることには疑問があります[70]。そのように解釈すると，著作物の複製物を特定の一ユーザーに対してのみ貸与する行為は，貸与権の侵害に該当しないと考えられます。

(ⅱ) **本件の検討**

本件の設例と同様と考えられる取引形態において，「貸与権」を根拠に，内国法人が外国法人に支払った対価を「著作権の使用料」であると認定した裁決例として，平成9年8月25日裁決[71]および平成12年3月25日裁決（いずれも裁決事例集未登載）があります。

さらに，先に（4）（309頁）で言及した平成16年3月31日裁決（裁決事例集未登載）は，外国法人が開発したソフトウェア製品を内国法人が代理店になって日本国内の顧客に供給する取引について，①売買・再販売型，②賃貸・転貸型および③売買・賃貸型の三つの形態に区分したうえで，①の対価については原則として著作権の使用料には該当しないが，②および③の対価については著作権の使用料に該当する旨の結論を導いています。すなわち，上記裁決は，上記②について，代理店（内国法人）と開発会社（外国法人）間の賃貸借契約には，明文の条項の

リース事件」ジュリスト1304号184頁。
69 上記注50加戸・著作権法逐条講義208頁以下，上記注9作花・詳解著作権法270頁。
70 上記注9作花・詳解著作権法215頁は，同様の疑問を呈しているものと考えられます。
71 本裁決の概要をまとめ解説した文献として，川田剛「判例，裁決例からみた国際課税の動向Ⅷパッケージ・ソフトと源泉徴収」国際税務20巻6号46頁以下参照。

有無にかかわらず，顧客が当該ソフトウェア製品を賃借し，コンピュータ上で使用するための複製権の利用の許諾が含まれていると解し，著作権の使用料に該当するという判断をくだしました。次に，同裁決は，上記③について，購入代金とは別に，代理店（内国法人）が顧客にソフトウェア製品を賃貸することに関し開発会社（外国法人）に支払う対価がある場合には，当該対価は，複製権の使用料または貸与権の使用料として著作権の使用料に該当するものと解されるという判断を示しています。

　上記のような裁決例と，「公衆」の範囲をきわめて狭く解釈する前記東京地裁平成16年6月18日判決（312頁）を併せ考えると，特定かつ少数であるユーザーに対し，ソフトウェアの複製物を貸与している本件設例の総代理店も，貸与権を行使していることになりそうです。

　しかし，そのように解することについては，貸与権の創設の趣旨に照らし疑問があります。仮に本件の総代理店が多数のユーザーに対し，同一のソフトウェアの複製物を短期間で反復継続的に賃貸し賃貸料収入をあげる形で提供し続けたとしたら，それはまさに貸レコード業者と同様，著作物の複製物を貸与する方法で著作物の財産的価値を実現している（貸与という方式を通じて複製を行っているのに等しい）といえると思われます。しかし，本件設例の総代理店は，特定かつ少数であるユーザーに対し，ソフトウェアの複製物を貸与しているだけで，その営業形態が貸レコード業者の業態と異なることは明らかです。そのように考えると，「貸与権」を根拠に，「使用料」の範囲を広く解し，本件設例において総代理店が支払う対価を「使用料」に含めることには問題があると考えられます。

　さらに，租税条約の適用がある場合に，OECDコメンタリーを参照して条約の文言を解釈し，それが国内税法に優先すると考えれば，賃貸・転貸型であろうと，売買・賃貸型であろうと，日本の総代理店が外国法人に支払う対価は，総代理店がソフトウェア自体の複製権を得ない限り，「使用料」には該当しないと思われます（(3)(b)(308頁)，(4)(309頁)）。

8 国境を越えて行われるソフトウェアの提供と消費税

(1) 電気通信利用役務の提供に関する消費税法の改正

　国内に恒久的施設を有しない外国法人が，インターネット等の電気通信回線を通じて，ソフトウェアを国内の事業者または消費者向けに配信し対価を得る取引を行う場合があります。このような対価に係る所得税および法人税の課税関係は，7（302頁）で述べたとおりですが，消費税については特別な考慮を要します。これは，平成27年度税制改正（2015年10月1日以降適用開始）により，電子書籍，音楽，ソフトウェア等の著作物の電気通信回線を介して行われる役務の提供が，消費税法上「電気通信利用役務の提供」と定義され（消費税法第2条第1項第8号の3，消費税法基本通達5-8-3），電気通信利用役務の提供が国内取引に該当するかどうかの判定基準が変更されたためです。

　上記改正前は，役務の提供が国内取引か否かは，原則として役務提供が行われた場所により判定し，役務の提供が運輸，通信その他国内および国外にわたって行われるものなどの場合には，役務の区分に応じた判定基準が設けられていました。そして，国境を越えて行われる情報の提供等や役務提供場所が明らかでないものに係る内外判定は，役務提供を行う事業者の事務所等の所在地を基準に行われていました。このため，電子書籍，音楽，ソフトウェア等の配信が，国内で行われれば国内取引として課税されるのに対し，国境を越えて行われれば国外取引とされ，消費税は課されませんでした。このように，国内外の事業者間で競争条件に不均衡があることが問題視され，それを是正するために，同改正は，電気通信利用役務に係る内外判定の基準を「役務の提供を受ける者の住所地等」に変更しました（消費税法第4条第2項第3号）。

　以下では，国内に恒久的施設を有しない外国法人が電気通信回線を介して行うソフトウェアの提供が，国内の事業者向けの場合と国内の消費者向けの場合に区分したうえで，消費税の課税関係の概要を説明します。

（2）国内事業者向けの電気通信利用役務の提供

　消費税法の下では，課税資産の譲渡等を行った事業者が，当該課税資産の譲渡等に係る消費税の申告・納付を行うのが大原則ですが，国外事業者が国境を越えて日本国内の事業者向けに行う電気通信利用役務の提供[72]については，その例外としてリバースチャージ方式が導入されました。つまり，通常であれば役務の提供を行う事業者が消費税の納税義務者になるところ，国外事業者が国境を越えて事業者向けの電気通信利用役務を提供すると，役務の受け手である国内事業者に納税義務が課されます（消費税法第5条第1項）。この場合，国外事業者は，あらかじめ当該取引がリバースチャージの対象である旨の表示を行わなければなりません（消費税法第62条）。

　リバースチャージによって申告・納税義務を課される国内事業者は，その課税仕入れについて仕入税額控除の対象にすることができますが，さらに課税売上割合が95パーセント以上である課税期間については，当分の間その課税期間におけるリバースチャージ対象取引は申告対象から除外されます（平成27年改正法附則第42条）。この結果，上記経過措置を受けられる国内事業者には，リバースチャージ方式による新たな事務負担は発生しません。

　したがって，例えば，外国法人が国内事業者との間で，個別の契約によって取引条件を定めた上で，国境を越えてインターネットを介してソフトウェアを提供するような場合には，リバースチャージ方式により，当該ソフトウェアの提供を受けた国内事業者が，当該取引に係る消費税の申告納税義務を負います。ただし，当該国内事業者が，上記経過措置の適用を受けられる場合には，同取引は消費税の申告対象から除外されます。

---

[72] 「事業者向け電気通信利用役務の提供」とは，役務の性質または当該役務の提供に係る取引条件などから，当該役務の提供を受ける者が通常事業者に限られるものをいいます（消費税法第2条第1項第8号の4，消費税法基本通達5-8-4）。上記の条件を満たさないものは，消費者向け電気通信利用役務の提供に該当することになります。

(3) 国内消費者向けの電気通信利用役務の提供

　国外事業者が国内の消費者向けに電気通信利用役務の提供を行う場合には，原則どおり当該国外事業者が消費税の申告・納税義務を負います（消費税法第4条第3項第3号，第5条第1項）。しかし，納税義務者である国外事業者は，国外に所在するため，申告・納税義務を必ずしも遵守するとは限りません。このため，消費者向け電気通信利用役務の提供を受けた国内の課税事業者が無条件で仕入税額控除を利用できる（消費税法第30条第1項）ことになると，納税なき仕入税額控除を生むおそれがあります。

　そこで，国外事業者から受けた消費者向け電気通信利用役務の提供については，当分の間仕入税額控除制度の適用対象外とする経過措置を設けた（平成27年改正法附則第38条第1項本文）うえで，国税庁長官による登録制度の適用を受けた国外事業者に関しては，その例外として取り扱うこととされています（同項ただし書き）。すなわち，かかる登録国外事業者は，消費税の適正な申告納税をする蓋然性が高いと認められるので，当該事業者から消費者向け電気通信利用役務の提供を受けた国内の課税事業者は，仕入税額控除を受けられます。

　したがって，例えば，外国法人が国境を越えて国内の消費者向けに，インターネットを介してソフトウェアを提供するような場合には，当該外国法人は，消費税の申告納税義務を負います。かかる外国法人から国内で課税仕入れをする課税事業者が，仕入税額控除を受けられるようにするには，当該外国法人は，国税庁長官による登録制度の適用を受ける必要があります。

第6節　その他の取引

　本節では，知的財産に関連するその他の取引を取り上げ，同取引の課税関係を検討します。かかる取引の対価が11号所得に該当するかどうかが，主たる検討事項になります。

1 クロス・ライセンス契約

クロス・ライセンスとは，当事者が相互にライセンスをし合う形の契約を意味します。この場合，一方が他方にロイヤルティを支払う場合もありますし，相互に無償で提供し合うこともあります。

ここでは，内国法人が，国内に恒久的施設を有しない外国法人との間で，無償のクロス・ライセンス契約を締結した場合の課税関係について検討します。

このようなクロス・ライセンスの場合，合理的な基準に基づいて算定される使用料が相互に発生しており，それを当事者間で同額とみなして相互に相殺していると考えることも理論的には可能です[73]。そうすると，内国法人から外国法人に対し支払われたと考えられる理論上の使用料相当額について，源泉徴収が必要なのではないかという疑問が生じます。しかし，この点について，実務では使用料の支払いがまったくないものと同様に取り扱い，内国法人は，源泉徴収しなくても差し支えないと考えられています[74]。

---

73 源泉徴収による所得税の納税義務は，所得の支払いのときに発生します（国税通則法第15条第2項第2号）が，この「支払い」には，現実の金銭の交付だけでなく，支払債務が消滅するいっさいの行為を含みます（所得税基本通達181〜232共-1）。

74 渡辺淑夫『精選法人税事例』（税務研究会，1987）95頁，高久隆太『知的財産をめぐる国際税務』（大蔵財務協会，2008）148頁，伊東博之「クロスライセンス契約と源泉徴収の関係は？」旬刊速報税理2012年10／1号19頁。

　なお，所得税個別通達昭31直所2-121は，外国ニュース映画フィルムの使用料が旧所得税法第161条第7号に掲げる「著作権の使用料」に該当することを肯定したうえで，代金の決済がニュース映画の相互提供の方法によっているものについては，当分の間しいて課税するに及ばないという考え方を示しています。

　他方，外国法人との間の特許実施権のクロス・ライセンス契約から生ずる消費税については，相殺部分（適正な時価見積もり部分）を含めたグロスの金額で課税関係を考えることになります（上杉秀文『国際取引の消費税QA（6訂版）』（税務研究会，2017）165頁以下，木村剛志編『実務家のための消費税実例回答集（十訂版）』（税務研究会，2015）113頁）。したがって，例えば，外国法人と内国法人が，日本でのみ登録され

2　研究開発契約

　研究開発契約とは，一方が他方に一定の技術開発のための研究を委託し，あるいは当事者が共同でこのような研究を行うための契約をいいます。研究開発契約では，研究開発費用の負担，各当事者の役割と責任，開発成果の権利帰属等について定めるのが通常です。研究開発費については，一方のみが負担する場合もあれば，共同で研究開発を行い，その費用を共同で負担し合う場合もあります。

　内国法人が，国内に恒久的施設を有しない外国法人との間で，このような研究開発契約を締結し，内国法人が当該外国法人に対し，その研究開発費を支払う場合に，それが税務上「使用料」と同様に扱われるかどうかがここでの問題です。この問題については，以下のとおり区別して考える必要があります[75]。

(1) 成果の全部取得

　内国法人が外国法人に一定の技術開発のための研究開発を委託し，委託費を全面的に負担する代わりに，その成果に関するすべての権利を無償で取得する場合が考えられます。このような委託費は，外国法人が行う人的役務の対価であり，税務上「使用料」としては取り扱われません。

　ている特許権を互いに無償でクロス・ライセンスする場合には，ライセンスの価額を適正に見積もり，その価額に基づき，消費税の課税関係を検討しなければなりません。すなわち，外国法人による上記ライセンスは，国内要件を満たし，課税取引に該当します（第2節1（1）(a)(ⅲ)（252頁））。また，内国法人による上記ライセンスも，課税取引に該当しますが，非居住者に対して行うものなので，輸出免税の対象になります（消費税法施行令第6条第1項第5号，第17条第2項第6号）。

[75] 上記注10宮武論文・国際税務13巻2号23頁。なお，小島俊朗「プログラム開発を海外に委託する場合の手数料への課税とその所得区分について」税大ジャーナル8号70頁は，プログラムの委託開発において一般にその著作権が受託者に帰属すること，役務提供と著作権の譲渡は異なる取引であることを前提としたうえで，委託費の額が人件費相当額であれば著作権の譲渡対価は零であるという考えを示しています（同90頁）。

(2) 成果の一部取得

　内国法人が，研究開発の成果の一部（例えば日本における独占的ライセンス）を取得する場合について検討します。このような研究開発費の負担は，内国法人が研究開発の成果につき将来ライセンスを取得するための対価の前払いであるから，税務上「使用料」にあたるのではないかという疑問が生じます。

　しかし，使用料が確立された技術等の使用の対価であると考えられるのに対し，研究開発の負担金とは，人的，物的，時間的な投資をすることにより技術等を確立する作業（人的役務の提供）のための企業の負担と考えられ，両者は，そもそも質的に異なるものと捉えることができます。このため，研究開発契約締結時には，成果が生まれるかどうかが不確定で，かつ負担金の額が実費相当額に限られる場合には，かかる負担金には「使用料」の前払いとしての性格は含まれておらず，税務上「使用料」に該当しないものとして取り扱われます[76]。

3　エンドースメント契約

　芸能人等の氏名や肖像をある商品について使用することを認める契約は，一般にエンドースメント（使用を許諾した商品を保証または推薦するという意味に由来する）とよばれています[77]。このような芸能人の氏名や肖像が商標登録されている

76　上記注12松上・源泉国際課税365頁。

　　ただし，内国法人が外国法人に対して，開発委託契約に基づき支払ったゲームソフトの開発委託費が，著作権の譲渡等の対価（旧7号所得）であると認められた平成21年12月11日裁決（裁決事例集78集208頁）があるので，注意を要します。同裁決は，開発委託契約の目的が，外国法人の保有する原著作物であるゲームソフトを基礎とする新たなゲームソフト（二次的著作物）の開発および販売であること，その本体をなす合意が，二次的著作物の著作権を外国法人が原始的に取得したことを前提としたうえで，内国法人に対し，その著作権の2分の1の共有持分を譲渡するとともに，当該外国法人の共有持分につき使用許諾することにあると認め，内国法人が支払った開発委託費名目の金員全額が旧7号所得に該当するという結論を導きました。

場合（第1節1（1）(d)（242頁））には，エンドースメント契約は，商標権のライセンスそのものであり，その対価は，税務上「使用料」として取り扱われることは明らかです。しかし，このような商標の登録がない場合でも，商標に準ずるものの使用の対価として，エンドースメントの対価は税務上「使用料」にあたると考えられています[78]。

4 フランチャイズ契約

　一定の事業形態や製品を創造し，これに関しノウハウや技術を有する者（フランチャイザー）が，他の事業者（フランチャイジー）に対し，フランチャイザーの商号等の使用とその事業形態の経営を行うことを許諾したり，あるいはその製品の製造，販売を行うことを許諾し，事業展開のための指導，援助を行ったりする契約は，一般にフランチャイズ契約とよばれています。ファミリー・レストランあるいはコンビニエンス・ストアー等のチェーン店がフランチャイズ・システムの典型例です。

　このようなフランチャイズ契約の形態としては，きわめて多様なものが考えられるため，それに伴い支払われる対価が税務上「使用料」と同様に取り扱われるかどうかを判断するには，厳密には個々の契約を検討しなければなりません。しかし，ごく一般的にいえば，上記のようなフランチャイズ契約に基づき支払われる金銭が，商標（またはそれに準ずるもの）や，製品の製造販売に関するノウハウの使用の対価である限り，税務上「使用料」として取り扱われることになると考えられます[79]。

　これに対し，店舗のレイアウト，在庫管理，社員教育等に関する，いわゆる商業ノウハウは，そもそも所得税法第161条第1項第11号イに含まれないと解する余地があることは前述のとおりです（第1節1（2）(b)(ⅲ)（245頁））。この考え方に

77　上記注10宮武論文・国際税務13巻2号22～23頁。
78　上記注10宮武論文・国際税務12巻9号33頁。
79　上記注12松上・源泉国際課税172～174頁。

よると、フランチャイズ契約に基づく支払いが、もっぱらこのような商業ノウハウの使用の対価と解される場合には、それは税務上「使用料」に該当しないとして取り扱われることになります[80]。

5　テレビ放映権契約

　海外で開催されるイベント等の主催団体等から内国法人が国内でのテレビ放映権を取得し、内国法人が放映権料を支払うという取引が行われることがあります。このような放映権契約における放映権料が国内源泉所得に該当するかどうかが1971年日米租税条約の下で争われたのが、東京高裁平成9年9月25日判決・判例時報1631号118頁（原審東京地裁平成6年3月30日判決・行集45巻3号931頁、最高裁平成15年2月27日判決（税務訴訟資料235号順号9294）の上告棄却により確定）です。

　上記高裁判決は、内国法人が米国法人等主催の各種スポーツ競技を日本で放映することを目的とする上記放映権契約においては、以下の三つの権利が許諾されているものと認定しました。

① 国際映像を使用して日本でテレビ放送すること
② 競技の円滑な進行に影響を与えない限度で、競技場等で独自映像を撮影すること
③ 日本向けの放送にするために国際映像に独自映像や日本語のアナウンス、解説等を加えて日本で放送すること

　同判決は、上記①に関し、スポーツ競技を収録したビデオテープのみならず、

---

[80] そもそも商業ノウハウの使用料が11号所得に該当するかどうかという問題だけでなく、仮にそれが11号所得に該当しないとされた場合に、国内に恒久的施設を有しない外国法人が稼得する商業ノウハウの使用料が日本においてどのように課税されるかという難しい解釈問題があります。このような商業ノウハウの使用の対価が、法人税法第138条第1項第2号に規定する「国内にある資産の運用又は保有により生ずる所得」に当たるとすると、国内税法の下では、かかる外国法人は、日本で法人税の課税を受けることになります。その場合の課税関係については、第1章第3節（118頁）を参照してください。

生放送のための映像もともに「映画の著作物」(著作権法第2条第3項) にあたり，放映権料としての支払いのうち，上記映像等を使用して日本でテレビ放送することに対応する部分は，旧所得税法第161条第7号ロ (現第161条第1項第11号ロ) に規定する著作権等の使用料および1971年日米租税条約第14条第3項(a)[81]に定める（日本の国内源泉所得である）著作権等の使用の対価に該当するという判断をくだしました。

次に，同判決は，上記③については，改作利用権の許諾（著作権法第27条）およびその放送の許諾（同法第28条）にあたるので，放映権料の支払いのうち上記改作利用権の許諾およびその放送の許諾に対応する部分も，上記①の対価と同様に日本の国内源泉所得である使用料に該当すると判示しました。

他方，同判決は，上記②の対価は著作権等の使用料には該当しないという考え方を示しました。しかし，東京高裁は，②の部分の対価が契約上他の対価と区別されておらず，しかも独自映像の使用割合が放映時間中で占める割合も少ないといわざるを得ない事実関係に照らし，上記放映権契約に基づいて支払われた放映権料全体が日本の国内源泉所得に該当するという結論を導いています。

さらに，同判決は，主催者側から有形無形のサービスを受けるための対価である技術料等については放映権料と区別して取り扱うべきであるという控訴人の主張も退けています。東京高裁は，一部の契約中に控訴人の支払対価のうちの一律50パーセントを技術料等とする旨の約定があることは認めたものの，技術料等の対象となるサービスの内容が明確でないこと，技術料等の額と控訴人が受けた便宜との間に合理的な関連性があるとは認められないこと等を根拠として，技術料等は名目にすぎず，実質的にはすべて放映権料として支払われたものであると判断しました。

なお，現日米租税条約の下では，使用料について源泉地国での課税が免除され

---

81 1971年日米租税条約第6条第3項は，著作権等の使用料の源泉地につき使用地主義をとることを明記し（第2節1(b)(i)(253頁)），10パーセントの限度税率を定めていました。

るので、一定の届出手続を踏めば上記放映権料に対する源泉徴収はすべて免除されます。

6 独占的販売契約

内国法人が外国法人との間で、一定の地域を定め特定の商品の独占的販売契約を締結し、その独占権の対価を支払うことがあります。このような独占的販売権の対価は、商標権等のライセンスが付与されている場合を除いて、税務上「使用料」には該当しないと一般に考えられています[82]。

さらに、OECDモデル条約第12条に関するOECDコメンタリーのパラグラフ10.1は、一定の地域における製品またはサービスの独占的販売権の取得の対価の支払いは、第12条第2項に掲げられている知的財産の要素の使用または使用の権利の対価ではないので使用料にはあたらないと明記しています。そのうえで、同パラグラフは、かかる支払いは売上金額増加のために行われると見るのが適切であり、事業所得に含まれることを明らかにしています。

なお、外国法人が内国法人に対し、技術導入とともに一定の独占的販売権を認めるような契約を締結した場合、同契約に基づき支払われる金員が、はたして独占的販売権の取得の対価なのか、それとも技術情報の使用の対価なのかが争いになる場合があります。平成22年5月13日裁決（裁決事例集79集289頁）はその一例で、結論としてすべて「使用料」（旧7号所得）であると認定しました[83]。

---

82 上記注10宮武論文・国際税務13巻2号23頁、上記注21松上・源泉所得税質疑応答集616頁。

83 この裁決の事実関係は複雑で、内国法人による金員の支払いは、複数の経済的な便益を受けるために行われていたと考えられます。詳細は、広重隆司「複数の経済的便益に対する対価の『使用料』（所得税法161条第7号）該当性（平成22年5月13日裁決）」国際税務32巻4号84頁を参照してください。

第8章　動産の賃貸借に関する課税

本章の概要

　本章では，国内に恒久的施設を有しない外国法人が内国法人に対して動産の賃貸を行う場合について，まず第1節で国内税法の課税の態様に応じて動産を二つのグループに分類したうえで，第2節以降でそれぞれのグループの動産の賃貸取引についてそれらの課税関係を検討します。

　第1節　動産の種類による分類

　動産の賃貸借取引の課税関係は，機械装置等の賃貸と船舶および航空機の賃貸に分けて規定されています。

　第2節　機械装置等を賃貸する

　国内に恒久的施設を有しない外国法人が内国法人から受ける機械装置等の賃貸料のうち国内使用に係るものについて外国法人は所得税の課税を受け，日本側当事者（賃借人）は源泉徴収義務を負います。

　第3節　船舶または航空機を賃貸する

　国内に恒久的施設を有しない外国法人が内国法人から受ける船舶または航空機の賃貸料については，裸傭船料である場合には，債務者主義により7号所得（旧3号所得）に該当し，所得税および法人税の課税を受けます。日本側の当事者（賃借人）には源泉徴収義務が生じます。一方，定期傭船料の場合には，原則として，登録地主義により，船舶または航空機が日本登録の場合にのみ，法人税の課税を受けます。ただし，定期傭船料は国際運輸業所得に該当するので，別途定められた国内法上の免税規定があり，当該規定の適用あるいは租税条約の適用により免税となる可能性があります。

第1節　動産の種類による分類

　動産とは不動産以外の有体物（民法第86条第2項）を意味し、その賃貸から生ずる所得は、基本的には、資産の運用または保有から生ずる所得の一類型です。ただし、動産のうち船舶や航空機については運用可能な状態にしたうえでこれを時間貸しするという使用形態もあります。動産の賃貸から生ずる所得の国内税法上の取扱いを検討する場合、まずは課税対象となる国内源泉所得が生じるのか否か、またどの類型の国内源泉所得が生ずるのか、検討が必要です。このような視点で、国内源泉所得の規定ぶりを考慮すると、動産の賃貸から生ずる所得は動産の種類により二つに分類できます。

1　機械装置等

　国内において業務を行う者から受ける機械、装置その他政令で定める用具（所得税法第161条第1項第11号ハ）に該当しうる物、すなわち動産のうちとくに機械、装置、車両、運搬具、工具、器具及び備品（所得税法施行令第284条第1項、以下「機械装置等」）の使用料です。機械装置等の使用料の課税関係は、国内業務に供されるかどうかによって変わってきます。

2　船舶または航空機

　船舶または航空機の使用料は所得税法第161条第1項第11号ハが規定する機械装置等の使用料には該当しません。その課税関係は、貸付の際の契約、貸付先、船舶または航空機の登録地によって変わってきます。

　なお、船舶の上または航空機の上において使用されるもの（例えばコンテナ）で、本来所得税法第161条第1項第11号ハの所得源泉規定の適用対象とされる動産の使用料については、船舶または航空機が居住者または内国法人の業務の用に供されている場合にのみ同号に規定する国内源泉所得となり（所得税法施行令第284条第2項）、それ以外の場合の当該使用料は所得税法の2号所得かつ法人税法

の2号所得に該当する場合があります。

　動産をめぐる取引のうち本章において検討の対象としている賃貸借取引以外の取引に係る課税関係については第1章第2節（116頁）において国内活動からの所得の課税関係として既に検討済みです。

第2節　機械装置等を賃貸する

1　国内税法の定め

　国内に恒久的施設を有しない外国法人が機械装置等を賃貸する場合，賃借人が国内において業務を行う者で，かつ，当該機械装置等が賃借人の国内業務の用に供されている場合に，使用料は国内源泉所得となります。すなわち，機械装置等の使用地により所得源泉地を判定する使用地主義が採用されています（所得税基本通達161-33）。以下，所得税，法人税の順に検討します。

(1)　所得税

　国内において業務を行う者である賃借人[1]から受ける当該国内業務に係る機械装置等の使用料は所得税法の11号所得に該当し，国内に恒久的施設を有しない外国法人は，当該国内源泉所得につき所得税の課税を受けます（第161条第1項第11号ハ，所得税法第178条）。税率は20パーセントです（所得税法第179条第1号）。そして，内国法人は，その支払いの際，20パーセントの税率で，所得税の源泉徴収をしなければなりません（同法第212条第1項，第213条第1項第1号）。

　ただし，2013年1月1日から2037年12月31日までの期間に行うべき源泉徴収については，基準所得税額の2.1パーセントに相当する復興特別所得税が付加され

1　業務を行わない個人に対する機械装置等の賃貸の場合にはその使用料は所得税法第161条第1項第11号ハの規定には該当せず，同項第2号に該当します（所得税基本通達161-14(4)）。したがって，国内に恒久的施設を有しない外国法人はこの場合には所得税の課税を受けません（所得税法第178条）。

る結果，20.42パーセントの税率で，源泉徴収の方法により所得税の課税が行われます（復興財源確保法第9条，第26条〜28条）。

（2）法人税

国内に恒久的施設を有しない外国法人は，国内において業務を行う者である賃借人[2]から受ける当該国内業務に係る機械装置等の使用料につき法人税の課税を受けません。なぜなら，国内に恒久的施設を有しない外国法人が法人税の課税を受ける国内源泉所得（法人税法第141条第2号）にはこのような機械装置等の使用料は含まれないからです（法人税法第138条第1項第2号の「国内にある資産の運用又は保有により生ずる所得」からは，所得税法第161条第1項第11号に該当するものが除かれています）。

したがって，国内に恒久的施設を有しない外国法人については，上に述べた所得税の源泉徴収のみで日本における課税関係が終了します。

2　租税条約の定め

（1）日米租税条約

日米租税条約の下では機械装置等の賃貸から生ずる所得は「企業の利得」に含まれるため[3]，上で説明した国内税法の規定とは異なり，国内に恒久的施設を有

---

[2] 業務を行わない個人に対する機械装置等の賃貸の場合にはその使用料は所得税法第161条第1項第11号ハには該当しない（所得税基本通達161-14(4)）ので，法人税法第138条第1項第2号に該当します（法人税法基本通達20-2-7(4)）。国内に恒久的施設を有しない外国法人は業務を行わない個人から受ける当該所得につき法人税の課税を受けます（法人税法第141条第2号）。

[3] 機械装置等の動産の賃貸料については1992年OECDモデル条約において使用料の定義から除外し企業の利得に含むこととなりました。これを受けて米国モデル条約も動産の賃貸料は企業の利得に含まれるものと定義しています。日米租税条約においては企業の「利得」に係る定義規定はありませんが，そのTechnical Explanationにおいてこの「利得」は米国モデル条約の定義と同様の意義を有するものとしています。

しない米国法人が受ける機械装置等の使用料は，機械装置等の使用地にかかわらず，あるいは賃借人が国内において業務を行う者であるか否かにかかわらず，日本において課税されません（同条約第7条第1項）。源泉所得税の免除のためには，使用料の支払いを受ける前に，使用料を支払う内国法人を経由して，所轄の税務署長に対し，「租税条約に関する届出書」，「特典条項に関する付表」および居住者証明書の提出が必要です（実施特例法第3条の2，同法施行省令第2条第1項，第9条の5）。

（2）日英租税条約

　機械装置等の賃貸から生じる所得は「企業の利得」に含まれるため，国内に恒久的施設を有しない英国法人が受ける機械装置等の使用料は，機械装置等の使用地にかかわらず，あるいは賃借人が国内において業務を行う者であるか否かにかかわらず，日本において課税されません（日英租税条約第7条第1項）。源泉所得税の免除のためには，上記（1）と同様の租税条約に関する届出手続が必要です。

（3）その他の租税条約

　比較的古い租税条約（例えば日本・イタリア租税条約）においては，使用料の定義に産業上，商業上もしくは学術上の設備の使用もしくは使用の権利の対価が含まれています（日本・イタリア租税条約第12条第3項）。また使用料の源泉地はいわゆる債務者主義により判定されます（同条第4項）。そして租税条約に国内税法上の国内源泉所得と異なる定めがある場合には租税条約上の国内源泉所得を国内税法上の国内源泉所得と読み替えます（所得税法第162条第1項）。したがって，国内に恒久的施設を有しないイタリア法人が内国法人である賃借人から受ける機械装置等の賃貸料所得は，その機械装置等の使用地にかかわらず，日本の国内源泉所得として所得税が課税され，所得税の税率は使用料の限度税率である10パーセントに軽減されます（同条約第12条第2項）。

3　日本側当事者の税務

国内に恒久的施設を有しない外国法人に対して国内源泉所得に該当する機械装置等の使用料を支払う内国法人は，20パーセント（復興特別所得税が付加されると20.42パーセント）の税率で源泉徴収義務を負います。ただし，当該支払先外国法人が米国法人または英国法人で，かつ，租税条約に関する届出手続を行っている場合には源泉徴収は不要です。

第3節　船舶または航空機を賃貸する

第1節（326頁）において述べたとおり，国内に恒久的施設を有しない外国法人が内国法人から得る船舶または航空機の使用料は，機械装置等の動産の使用料（所得税法第161条第1項第11号ハ）には該当せず，貸付の際の契約内容により，次のようになります。裸傭船契約[4]による場合には，船舶または航空機の貸付による対価（所得税法第161条第1項第7号および法人税法第138条第1項第5号）に該当し，所得税法の7号所得は法人税法の2号所得から除外されていないため7号所得の内，日本登録の船舶または航空機の賃貸料は，重複して2号所得にも該当します。定期傭船契約による場合には，一定のものについて（日本登録の船舶または航空機（所得税基本通達161-12で登録された船舶または航空機の所在場所はその登録機関の所在地により判定する旨規定されています）），国内にある資産の運用または保有により生ずる所得（所得税法第161条第1項第2号ないし法人税法第138条第1項第2号）に該当する場合があります。

船舶または航空機の賃貸契約から生じる所得を整理すると下記のとおりです。

---

[4] 裸傭船契約とは，一定期間船主が乗員の配置を行わず，いわば裸の船舶だけを貸し出す契約をいいます。これに対し，定期傭船契約とは，一定の期間を決めて船主が乗員およびいっさいの属具を備えた運航可能な状態の船舶を貸し出す契約をいいます。

平成26年度税制改正以降は，所得税法上も法人税法上も，複数の号の国内源泉所得に該当することを妨げない規定になっています。

契約	貸付先	船舶または航空機の登録地（所在場所）	
		日本登録（＊1）	外国登録
定期傭船 (国際運輸業)		所得税法の2号所得 法人税法の2号所得	該当なし
裸傭船 (＊2)	居住者・内国法人への貸付	所得税法の2号所得 法人税法の2号所得 かつ， 所得税法の7号所得 法人税法の5号所得	所得税法の7号所得 法人税法の5号所得
	非居住者・外国法人への貸付	所得税法の2号所得 法人税法の2号所得	該当なし

（＊1）2号所得の該非判定は登録地主義による。なお，船舶または航空機が国内にあるかどうかは，登録地によることについて，所得税法基本通達161-12(3)，法人税法基本通達20-2-5(3)参照。

（＊2）7号所得の該否判定は債務者主義による。なお，法人税法の5号所得に含まれるのが，裸傭船だけであり，定期傭船を含まないことは，所得税法基本通達161-26，法人税基本通達20-2-13参照。

本節では，所得類型として，7号所得に該当しうる船舶または航空機の使用料を論述の便宜上「裸傭船料等」とよぶことにします。一方，2号所得である国内にある資産の運用または保有から生ずる所得に該当しうる使用料は定期傭船契約に基づく船舶または航空機の使用料であり，賃貸人が自ら運輸業を行っている場合の使用料がこれに該当します。この国内にある資産の運用または保有により生ずる所得に該当しうる船舶または航空機の使用料を論述の便宜上「国際運輸業所得」とよぶことにします[5]。

本節では，まず裸傭船料等に係る課税関係，次に国際運輸業所得に係る課税関係についてそれぞれ所得税，法人税の順に検討します。

1　裸傭船料等

(1) 国内税法の定め

(a) 所得税

国内に恒久的施設を有しない外国法人は，裸傭船料等の所得源泉規定が債務者主義によるため，内国法人である賃借人から受ける裸傭船料等につき，使用地にかかわらずその全額を国内源泉所得として所得税の課税を受けます（第161条第1項第7号，所得税法第178条）。なお，裸傭船に供される船舶または航空機が日本登録のものである場合の7号所得は2号所得にも重複して該当します（所得税基本通達161-12(3)）が，2号所得は外国法人の課税所得には含まれないので，国内に恒久的施設を有しない外国法人の所得税の課税関係は変わりません。7号所得に課せられる所得税の税率は20パーセントです（所得税法第179条第1号）。そして，内国法人は，その支払いの際，20パーセントの税率で，所得税の源泉徴収をしなければなりません（所得税法第212条第1項，第213条第1項第1号）。

ただし，2013年1月1日から2037年12月31日までの期間に行うべき源泉徴収については，基準所得税額の2.1パーセントに相当する復興特別所得税が付加される結果，20.42パーセントの税率で，源泉徴収の方法により所得税の課税が行われます（復興財源確保法第9条，第26条〜第28条）。

(b) 法人税

国内に恒久的施設を有しない外国法人は，内国法人である賃借人から受ける裸

5　一般的に，国際運輸業所得には，国際間の定期傭船契約に基づく船舶または航空機の賃貸から生じる所得に加えて，国際間の旅客または貨物の運送から生じる所得およびその他の国際運輸業の提供に伴って付随的に生じる所得（港への送迎サービス収入等）が含まれますが，本節では定期傭船契約に基づく船舶または航空機の賃貸料に絞って検討します。

備船料等につき法人税の課税を受けます。なぜなら、国内に恒久的施設を有しない外国法人が課税を受ける国内源泉所得（法人税法第141条第2号）には内国法人から受ける裸傭船料等（同法第138条第1項第5号）が含まれているからです。なお、所得税の7号所得は法人税の2号所得から除外されていないので船舶または航空機が日本登録のものである場合には同時に法人税の2号所得にも重複して該当します（法人税基本通達20-2-5(3)）。いずれに該当するとしても国内に恒久的施設を有しない外国法人に係る法人税の課税関係は同じです。

　具体的な手続は、まず、国内に恒久的施設を有しない外国法人は、国内源泉所得に該当する裸傭船料等を有することになった日から2カ月以内に、納税地、国内において行う事業など一定の事項を所轄の税務署長に届け出なければなりません（法人税法第149条）。そして、事業年度終了の日の翌日から2カ月以内に、所轄税務署長に対して、確定申告書を提出し（同法第144条の6第2項）、法人税を納付しなければなりません（同法第144条の10）。

　外国法人の国内源泉所得に係る所得の金額は、内国法人の各事業年度の所得の金額に準じて計算されます（法人税法第142条の10が準用する第142条、同法施行令第191条が準用する第184条）。税率は、内国法人に対して適用される税率と同様、原則として23.2パーセントですが（法人税法第143条第1項）、法人税額の4.4パーセント（2019年10月1日以降に開始する事業年度からは10.3パーセント）に相当する地方法人税が付加されます（地方法人税法第4条、第6条第1号ロ、第9条、第10条第1項）。裸傭船料等の支払いの際に源泉徴収された所得税は、上に述べた法人税の額から控除されます（法人税法第144条が準用する同法第68条）。

　なお、国内に恒久的施設を有しない外国法人は、裸傭船料等について、法人住民税（道府県民税・市町村民税）および事業税を課されることはありません（地方税法第23条第1項第18号、第24条第3項、第72条第5号、第72条の2第6項、第292条第1項第14号、第294条第5項、同法施行令第7条の3の2、第10条、第46条の2の3）。

(2) 租税条約の定め

(a) 日米租税条約

日米租税条約上，船舶または航空機を国際運輸に運用することに従事していない者で，相手国内に恒久的施設を有しない者が，船舶または航空機を賃貸する場合の当該船舶または航空機の使用または使用の権利の対価は企業の利得に含まれます（同条約第6条第2項，第7条第1項参照）。

したがって，租税条約の定めからは，国内に恒久的施設を有しない米国法人で船舶または航空機を国際運輸に運用することに従事していない者が内国法人から受ける裸傭船料等については租税条約に関する届出手続をとれば，日米租税条約第7条の事業所得条項の適用により所得税および法人税は課税されません。

米国法人が，日米租税条約による所得税および法人税の免除を受けるためには，「租税条約に関する届出書」とともに，「特典条項に関する付表」と居住者証明書を提出しなければなりません（実施特例法第3条の2，同法施行省令第2条第1項，第9条の2，第9条の5）。

なお，国際運輸に従事する者が国際運輸における運用に付随的に取得する裸傭船料等については国際運輸業所得に含まれるとされています（同条約第8条第2項）。国内に恒久的施設を有しない米国法人が受ける国際運輸業所得は，国内法の定めるところと同様に，日本で法人税を課税されません（より詳しくは本節2で説明します）。

(b) 日英租税条約

日英租税条約上，国際運輸業以外の事業を営んでいる者が受ける裸傭船料等は企業の利得（同条約第7条）に含まれるので，上記(a)と同様の租税条約に関する届出手続をとれば，日英租税条約第7条の適用により国内に恒久的施設を有しない英国法人は裸傭船料等につき所得税および法人税を課税されないこととなります。

(3) 日本側当事者の税務

船舶または航空機を国際運輸に運用することに従事していない者で国内に恒久

的施設を有しない外国法人に対して、内国法人が支払う当該船舶または航空機の使用または使用の権利の対価は、所得税法第161条第1項第7号に定める国内源泉所得に該当するので、その支払いの際に所得税の源泉徴収が必要です。裸傭船料等を支払う内国法人は、20パーセント（復興特別所得税が付加されると20.42パーセント）の税率で源泉徴収義務を負います。ただし、租税条約による免税規定の適用がある場合があります。例えば、米国法人または英国法人に対する支払いについては、租税条約に関する届出手続を要件として源泉徴収は不要です。

なお、海洋掘削装置（リグ）が旧所得税法第161条第3号の「船舶」に該当するものとし、内国法人が外国法人に支払ったその賃借料が「船舶の貸付による対価」（旧3号所得）に当たると判断した裁判例として、東京高裁平成26年4月24日判決・訟務月報61巻1号195頁（最高裁平成27年9月15日決定・税務訴訟資料（250号〜）265号順号12721により確定）があります。

また、内国法人（原告・控訴人）がパナマ法人に対して支払った金員が、裸傭船契約に基づく傭船料であり、旧所得税法第161条第3号所定の「船舶の貸付による対価」（旧3号所得）に該当すると判断した裁判例として、東京高裁平成25年1月24日（確定）・税務訴訟資料（250号〜）263号順号12135があります。当該内国法人は、上記金員が所有権留保付割賦売買契約に基づく売買代金の分割償還であると主張しましたが、裁判所は、これを認めませんでした。

2 国際運輸業者が受ける傭船料等

(1) 国内税法の定め

国際運輸業を行う者が受ける船舶または航空機の貸付に係る賃貸料は、定期傭船契約に基づくもののみでなく裸傭船契約に基づくものもあります。本節の冒頭で整理したとおり、その船舶または航空機が日本登録のものであれば、その賃貸契約が定期傭船契約か裸傭船契約か、また、貸付先が居住者・内国法人かを問わず、常に2号所得に該当します。さらに、居住者・内国法人に対する裸傭船契約による貸付の場合には、同時に7号所得にも該当します。いずれの場合にも国内に恒久的施設を有しない外国法人には法人税が課税されるとともに、7号所得に

該当する場合には所得税も課税されます。

ただし，国際運輸業については相互主義による所得非課税の観点から，「外国居住者等の所得に対する相互主義による所得税等の非課税等に関する法律」（以下「外国居住者等相互免除法」）および同法施行令が定められています[6]。所得税法および法人税法において定められた課税関係と異なる課税関係が国内税法上も規定されている可能性があるため注意が必要です[7]。

6　国際運輸業所得については日本国が各国と租税条約を締結する以前から二重課税を排除するために，相互主義を条件として，1924年に国内税法において免税措置を定めています。その後1962年に「外国人等の国際運輸業に係る所得に対する相互主義による所得税等の非課税に関する法律」（以下「国際運輸業所得相互免除法」）が制定されています。その後平成28年税制改正の際に日台民間租税取決めに対応する国内法を整備するに当たり，法の趣旨が共通していることに鑑み，国際運輸業所得相互免除法の改正により行うこととされ，あわせて，法律の題名も「外国居住者等の所得に対する相互主義による所得税等の非課税等に関する法律」に改正されました（波戸本尚ほか『改正税法のすべて　平成28年版』（大蔵財務協会，2016）631，632頁）。相互主義による非課税については相手国との間で交換公文を取り交わして確認しています。

7　基本的には，外国居住者等所得相互免除法は，国内に恒久的施設を有する者についても国際運輸業所得につき非課税とするものです。租税条約と外国居住者等所得相互免除法の適用関係は次のとおりです。

　まず，国際運輸業所得の免税を規定する租税条約が新たに締結された場合において，租税条約の国際運輸業所得に係る条項が外国居住者等所得相互免除法の内容を踏襲している場合には，外国居住者等所得相互免除法およびその交換公文による非課税措置は機能を縮小して当該条約との重複を排除しています。他方，外国居住者等所得相互免除法および関連する交換公文と租税条約上の国際運輸業の非課税規定との間で，非課税措置の対象地域，対象税目等が異なる場合（米国およびオランダ）もあり，この場合には実際上も国内法と当該条約とがそれぞれ適用されることとなります。後者の場合にはまず租税条約の規定が適用され，さらに租税条約上非課税とされていない部分について国内税法が適用されることになります（外国居住者等所得相互免除法施行令別表備考1参照）。

以下では定期傭船契約の賃貸料について説明します。

(a) 所得税

国内に恒久的施設を有しない外国法人が，内国法人である賃借人から受ける国際運輸業所得が日本登録の船舶または航空機の定期傭船に係るものである場合には2号所得に該当し，それ以外の場合には，国内事業からの所得（第1章第1節(111頁)）に該当しますが，いずれの場合にも所得税の課税は受けません。なぜなら，前者の場合2号所得は外国法人の課税所得に含まれず（所得税法第178条），後者の場合このような国内事業からの所得は，所得税法上の国内源泉所得に含まれていないからです（同法第161条第1項）。

(b) 法人税

国内に恒久的施設を有しない外国法人は，内国法人である賃借人から受ける国際運輸業所得について，当該所得が国内登録の船舶または航空機を運用するものである場合にのみ法人税の課税を受けます（法人税法第138条第1項第2号）。外国籍船を運用する定期傭船契約から生ずる所得は法人税のどの国内源泉所得にも該当しないので法人税の課税を受けません（法人税法第138条第1項）。

法人税の課税を受ける場合の届出書や申告書の提出時期および所得金額や法人税額の計算については，第3節1（1）(b)（332頁）と同様です。

(2) 租税条約の定め

租税条約自体に国際運輸業所得を免税とする規定があるのに加えて国内税法上，外国居住者等所得相互免除法および同法施行令により条約本文に示された免税対象の国際運輸業所得が拡張されている場合や免税対象の税目が事業税や住民税にまで拡張されている場合があるため注意が必要です[8]。

---

8 例えば米国の場合，対象地域については，日米租税条約の適用対象地域に含まれない米領ヴァージン諸島（同条約第3条1(b)）をも含んでおり，また，対象税目については事業税をも含んでいます（外国居住者等所得相互免除法施行令別表）。

(a) 日米租税条約

　日米租税条約上，国際運輸業所得について第8条に規定があります。この規定によれば米国法人が船舶または航空機（船籍を問わず）を国際運輸に運用することによって生ずる所得については，日本の租税を免除することになっています（同条約第8条第1項）[9]。したがって，国内に恒久的施設を有しない米国法人が受ける国際運輸業所得が，外国居住者等所得相互免除法の適用により，日本で課税されないという国内税法の取扱いは日米租税条約によっても変更されません。なお，国際運輸業所得の免税措置は，恒久的施設の有無にかかわらず適用されます。さらに，免除の対象となる船舶または航空機の国際運航には，船舶または航空機（船籍を問わず）の裸傭船で，当該賃貸が船舶または航空機の国際運輸における運用に付随するものが含まれます（同条約第8条第2項）。

(b) 日英租税条約

　日英租税条約は第8条において国際運輸業所得が同所得を受ける企業の居住地国以外の締約国においては免税となる旨規定しています。英国は外国居住者等所得相互免除法の適用対象国ではないので，国内登録の船舶または航空機の運用により，国内に恒久的施設を有しない英国法人が稼得する国際運輸業所得は，国内法上は，原則のとおり，法人税の課税対象となります。このような国内税法上の取扱いは日英租税条約により免税へと変更されることになります。

---

[9] 1971年日米租税条約上の国際運輸業所得の免税措置は，相手国に船舶または航空機が登録されていることが条件とされており，いわゆる登録主義または船籍主義をとっていましたが，現行の同条約においてはいわゆる企業体主義（相手国の居住者により運航されている船舶または航空機については登録地を問わず免税にする）に変更されています。

　1971年日米租税条約以外に登録主義または船籍主義をとる条約として旧パキスタン条約がありましたが，これも2008年に発効した新パキスタン条約で企業体主義に変更されました。2008年以降新たに発効した租税条約については，租税に関する情報交換規定を主たる内容とする条約（国際運輸業所得に係る規定がないもの）を除き，いずれの租税条約においても企業体主義を採用しています。

(3) 日本側当事者の税務

　国内に恒久的施設を有しない外国法人は日本において国際運輸業所得につき課税を受けないため，取引の相手方である日本側当事者に源泉徴収義務が生じることはありません。

第9章 匿名組合に関する課税

本章の概要

　本章では，国内に恒久的施設を有しない外国法人が内国法人との間で当該内国法人を営業者とする匿名組合契約を締結し，その契約に基づいて当該内国法人の国内における事業に出資する場合に生ずる課税関係について検討します。具体的には，第1節，第2節において共同事業および匿名組合の概要を見たうえで，第3節から第6節で匿名組合に関する各取引の課税関係を解説します。

　第1節　共同事業の種類と課税関係

　匿名組合は共同事業の一形態であるため，共同事業の種類と課税関係全般についてその概略を見ていきます。

　第2節　匿名組合とは何か

　匿名組合の定義および税務上の取扱いを概観します。

　第3節　出資持分を取得する

　匿名組合契約に基づく出資持分の取得には，新たに出資を行う場合と出資持分の譲渡を受ける場合があります。このような場合には一般的には所得が生じないため，所得税，法人税の課税関係は生じません。ただし，無償または低額取得によって所得が生ずる場合には，所得税の課税は受けませんが，法人税の課税を受けます。

　第4節　利益の分配を受ける

　匿名組合契約に基づく利益の分配については16号所得（旧12号所得）として源泉徴収による所得税の課税を受け，課税関係が完結します。

　第5節　出資持分を譲渡する

第1編　恒久的施設を有しない外国法人／第9章　匿名組合に関する課税

> 匿名組合契約に基づく出資持分の譲渡については所得税，法人税ともに課税されません。
> 第6節　匿名組合契約が終了する
> 匿名組合契約に基づく出資の払戻しについては所得が発生しないために課税関係は生じませんが，利益の分配については源泉徴収による所得税の課税を受けます。

第1節　共同事業の種類と課税関係

1　共同事業の種類

　匿名組合は共同事業の一形態であるため，まず共同事業全般について説明します。共同事業とは，文字どおり複数の事業者がある事業を共同して遂行することで，その事業の対象は建築，製造，投資等広範囲にわたります。そして，共同事業の形態にも株式会社，合同会社，人格のない社団（法人でない社団で代表者または管理人の定めのあるもの。法人税法第2条第8号，所得税法第2条第1項第8号），民法上の組合（任意組合），匿名組合等多くの種類があります。

　共同事業を行う場合にいかなる形態を採用するかは，法律的，経営的そして税務的側面などを総合的に検討して決定されます。その際の具体的な検討項目としては，例えば，設立や撤退の手続，投資リスクの度合い，共同事業に参加する事業者の経営参加のあり方，独自の技術やノウハウの保護，課税上の取扱いが事業体課税か構成員課税かなどが挙げられます。

　上記いずれの形態も複数の事業者または投資家による共同出資により組織されるという点では共通していますが，その法律的属性は異なります。すなわち，株式会社，合同会社が法人格を備えた会社組織であるのに対し，人格のない社団や任意組合，匿名組合は法人格を有しません。また，典型的な任意組合や匿名組合

はいずれも社団ではないとされています。そして，任意組合と匿名組合との間においても，後に（注6）（345頁）で述べますが，組合財産の帰属や組合員の経営参加の有無という点で大きく異なっています。このように，一口に共同事業といってもその形態ごとに基本的な性格が異なるため，税務上の取扱いも異なります。

さらに，外国の共同事業体が日本の税法上，どのように取り扱われるかという問題があります。

2 共同事業の課税関係

(1) 株式会社，合同会社および人格のない社団

外国法人が対内活動としてこのような共同事業に参加する場合，株式会社，合同会社の形態では当該外国法人は共同事業のパートナーとともに国内に子会社を有することになります。そして，その子会社は内国法人として課税を受けます。また，日本における共同事業の形態が人格のない社団の場合にも，これを法人とみなして法人税法，所得税法の規定が適用されます（法人税法第3条，所得税法第4条）。

(2) 任意組合および匿名組合

任意組合や匿名組合は通達により，税法上，法人とみなされる人格のない社団等には含まれないことが確認されているため，組合自体が法人税の課税の対象（事業体課税）となることはなく，その構成員が課税を受けること（構成員課税）になります（法人税基本通達1-1-1，所得税基本通達2-5）。

外国法人が任意組合の形態で内国法人との共同事業に参加する場合には，当該外国法人は国内に恒久的施設を有することになると考えられています[1]。このよ

---

1 渡辺淑夫『コンサルタント国際税務事例（改訂増補版）』（税務研究会，1996）672頁。一定の留保のもとで同じ結論を認めるものとして，平野嘉秋『パートナーシップの法務と税務』（税務研究会，1994）290頁。なお，所得税基本通達164-4は，組合員である非居住者が恒久的施設を有するかどうかを各組合員がそれぞれ組合契約事業を直接行っているものとして判定する旨定めています。

うに、国内において恒久的施設を有するものとされる組合員たる外国法人は国内源泉所得について法人税および地方税の課税を受けます（第2部第2編第2章（409頁））。さらに、組合員たる外国法人が任意組合から受ける利益の配分については20パーセント（ただし、2013年1月1日から2037年12月31日までの間に行うべき源泉徴収については、復興特別所得税が付加されるため20.42パーセント）の税率による所得税の源泉徴収が行われます[2]（所得税法第5条第4項、第7条第1項第5号、

また、「投資事業有限責任組合契約に関する法律」に基づいて組成された組合についてはその共同事業性を規定していますが（同法第3条第1項）、その有限責任組合員である外国法人のうち実体として組合としての共同事業性が希薄であると考えることができる一定の要件を満たす者については、特例として所得税法および法人税法の適用上、国内に恒久的施設を有しない者に該当するものとみなす旨の規定がありました（旧租税特別措置法第41条の21第1項、第67条の16第1項）。同規定は、平成30年度税制改正（2019年1月1日施行）によって改正され、有限責任組合員である外国法人の一定の恒久的施設帰属所得に対する所得税および法人税を非課税とする措置に改められましたが（新租税特別措置法第41条の21第1項、第67条の16第1項）、改正前後で課税関係が変わるわけではありません。上記旧租税特別措置法のみなし規定は有限責任組合員も共同事業に参加する民法上の組合員と同様に取り扱われ、組合事業が国内において行われていれば事業所PEまたは代理人PEを有する者と認定される可能性が高いことを前提としていたものと解釈できます。

[2] 原処分庁が、インターネット関連事業を営む内国法人（請求人）の子会社q社が複数の外国法人と締結した契約（以下「本件契約」）について任意組合契約であると認定するとともに、本件契約の当事者がq社ではなく請求人であるとして行った源泉徴収税等の納税告知処分等の適法性が争われた事案として、平成28年7月6日裁決・裁決事例集104集120頁があります。審判所は本件契約が任意組合契約に当たることは認めましたが、本件契約の当事者がq社ではなく請求人であることを認める特段の事情はないと判断しました。所得税法第212条第5項は、国内において組合契約に基づいて行う事業から生ずる利益で当該組合契約に基づいて配分を受ける国内源泉所得については当該配分をする者を当該国内源泉所得の支払いをする者とみなして源泉徴収義務を課していますが、かかる源泉徴収義務を課されるのは組合員である本件契約の当事者に限られます。審判所は、本件契約の契約当事者、すな

第161条第1項第4号，第178条，第179条第1号，第212条第1項，第213条第1項第1号，同法施行令第281条の2，復興財源確保法第9条，第26条～第28条）。とくに，任意組合の計算期間の末日の翌日から2カ月以内に利益の分配が行われない場合には支払いが擬制されて源泉徴収義務が生ずることに注意する必要があります（所得税法第212条第5項）。なお，この源泉徴収された所得税は法人税の申告にあたり控除することができます（法人税法第144条が準用する同法第68条第1項，第78条第1項）。

匿名組合に関する課税関係については次節以後で検討します。

(3) 外国の共同事業体

外国の共同事業体の日本における課税関係が問題となった裁判において取り上げられたものとしては，米国ニューヨーク州のリミテッド・ライアビリティ・カンパニー，米国デラウェア州のリミテッド・パートナーシップ，ケイマンのリミテッド・パートナーシップ，バミューダのリミテッド・パートナーシップ等があります。前二者は「法人」に該当するとされ，後二者は「組合」に該当するとの判決があります[3]。ただし，これらの裁判例は，外国の共同事業体が対内取引を

わち組合員は請求人ではなくq社であるとの認定に基づき，請求人が所得税法第212条第5項にいう「配分する者」には該当しないという理由で同人の源泉徴収義務を否定しました。

3　それぞれの判決は，以下のとおりです。
  ・米国ニューヨーク州のリミテッド・ライアビリティ・カンパニー：東京高裁平成19年10月10日判決（確定）・訟務月報54巻10号1350頁。
  ・米国デラウェア州のリミテッド・パートナーシップ：最高裁平成27年7月17日判決・民集69巻5号1253頁。
  ・ケイマンのリミテッド・パートナーシップ：名古屋高裁平成19年3月8日判決・税務訴訟資料（250号～）257号順号10647（最高裁平成20年3月27日決定・税務訴訟資料（250号～）258号順号10933により確定）。
  ・バミューダのリミテッド・パートナーシップ：東京高裁平成26年2月5日判決・判例時報2235号3頁（最高裁平成27年7月17日決定・税務訴訟資料（～250号）265号順号12703により確定）。

行ったケース[4]ではなく，日本の居住者または内国法人が外国の共同事業体に投資をしていたケースに関するものです。

第2節　匿名組合とは何か

1　匿名組合の定義

　匿名組合契約とは，当事者の一方が相手方の営業のために出資をし，その営業から生ずる利益を分配することを約する契約で（商法第535条），匿名組合は，出資を行う者（匿名組合員）と営業を行う者（営業者）の二当事者からなっています[5]。

　匿名組合員の出資は営業者の財産に帰属し，匿名組合員は営業者の行為について第三者に対して権利および義務を有しません（同法第536条第1項，第4項）[6]。

4　日米租税条約第4条第6項は，日米両国において異なる取扱いを受ける事業体を通じ一方または他方の締約国の者が所得を得る場合には，原則としてその所得を得る者の居住地国における課税上の取扱いを基にして源泉地国の課税を減免するという考え方を採用しています。

5　匿名組合員は営業者の営業のために出資しなければならず，また，営業者の営業から生ずる利益の分配を受ける権利を有します。一方，営業者はこの利益を分配する義務を負っています。

6　これら組合財産の帰属や組合員の経営参加の有無という点で，匿名組合は民法上の組合（任意組合）と大きく異なっています。まず，組合財産の帰属という点では，任意組合の場合，「各組合員の出資その他の組合財産は，総組合員の共有に属する。」（民法第668条）とされています。また，組合員の経営参加の有無という点では，任意組合は，「組合契約は，各当事者が出資をして共同の事業を営むことを約することによって，その効力を生ずる。」（同法第667条第1項）と規定されているように，各組合員が出資したうえで共同事業を遂行することを目的とし，そして，「組合の業務の執行は，組合員の過半数で決する。」（同法第670条第1項）とされているように，全組合員が業務執行の意思決定に参画します。

匿名組合員の出資の目的は金銭その他の財産のみに限られ，また，匿名組合員は営業者の業務および財産の状況を検査することができますが，営業者の業務を執行し，または営業者を代表することはできません[7]（同法第539条，第536条第3項）。

2　匿名組合の税務上の取扱い

第1節2（342頁）で述べたように，日本の税務上，人格のない社団等は法人とみなされ，法人税，所得税が課税されますが，商法第535条（匿名組合契約）の規定による匿名組合は人格のない社団には含まれません（法人税基本通達1-1-1，所得税基本通達2-5）。したがって，匿名組合自体が法人として課税を受けることはありません。匿名組合の損益はその構成員である匿名組合員または営業者の損益として課税されます[8]。

また，匿名組合契約の対象となっている事業に関する損益の計算については特

---

[7] 匿名組合契約の営業者は，匿名組合員に対し善管注意義務を負うと考えられています。このことを前提に，営業者の行為が営業者の関係者と匿名組合員との間に実質的な利益相反関係が生ずるものであったこと，営業者の行為が匿名組合員の利益を害する危険性の高いものであったことを踏まえ，営業者が匿名組合員の承諾なくかかる行為を行うことは善管注意義務に違反する旨判断した事例として，最高裁平成28年9月6日判決・裁判所時報1659号1頁があります。

[8] 匿名組合契約に係る損益について，法人が匿名組合員である場合においては，その匿名組合営業について生じた利益の額または損失の額は現実に利益の分配を受け，または損失の負担をしていない場合であっても，匿名組合契約によりその分配を受け，または負担をすべき部分の金額をその計算期間の末日の属する事業年度の益金の額または損金の額に算入します（法人税基本通達14-1-3）。他方，法人が営業者である場合における当該法人の当該事業年度の所得金額の計算にあたっては，匿名組合契約により匿名組合員に分配すべき利益の額または負担させるべき損失の額を損金の額または益金の額に算入することとされています（同通達）。

このように，匿名組合はその損益が直接匿名組合員に帰属するという構成員課税（パススルー課税）を認めるものではありませんが，匿名組合契約を使うと営業者は，営業者の段階で課税されることなく匿名組合員に利益の分配を行うことができます。

別な規定は設けられておらず、一般に公正妥当と認められる会計処理の基準に従って計算され、そして、この匿名組合の損益は計算期間の末日に匿名組合契約に基づき匿名組合員に分配されます。他方、匿名組合契約に基づき匿名組合員に分配すべき利益の額は営業者（法人）の損金の額に算入され、匿名組合員に負担させるべき損失の額は営業者（法人）の益金の額に算入されます。

第3節　出資持分を取得する

1　国内税法の定め

（1）新たに出資を行う場合

　国内に恒久的施設を有しない外国法人が内国法人との間で匿名組合契約を締結し匿名組合員として当該内国法人（営業者）の事業に金銭により出資する場合、出資の時点では所得が発生しないため、所得税、法人税が課されることはありません[9]。

（2）出資持分を譲り受ける場合

（a）時価による譲受

　国内に恒久的施設を有しない外国法人が内国法人（営業者）との間の匿名組合契約に基づく出資持分（以下「匿名組合出資持分」）を時価[10]により他の匿名組合員から譲り受ける場合には、所得が発生しないため、所得税、法人税が課される

9　匿名組合員が金銭に代えて含み益のある資産（例えば土地）により出資を行う場合には、原則として出資の時点で課税関係が生ずると考えられます（佐藤一雄『不動産特定共同事業法その理論と実践』（住宅新報社，1995）119頁）。

10　「匿名組合契約に係る権利の評価」については財産評価基本通達185を準用し、課税時期において匿名組合契約が終了したものとみて匿名組合員が分配を受けることができる清算金純資産価額（ただし，法人税等相当額の控除なし）で評価する旨を述べた質疑応答事例が国税庁ホームページ（https://www.nta.go.jp/law/shitsugi/

ことはありません。

(b) 無償または時価よりも低い価額による譲受

しかし，国内に恒久的施設を有しない外国法人が無償または時価よりも低い価額で他の匿名組合員から匿名組合出資持分を譲り受ける場合には，取得時の時価相当額（無償による譲受の場合）または時価と対価の額との差額相当額（時価よりも低い価額による譲受の場合）について所得税の課税は受けませんが[11]，法人税の課税を受けます。

すなわち，国内に恒久的施設を有しない外国法人は一定の国内源泉所得について法人税の課税を受けますが（法人税法第141条第2号），このような時価相当額または差額相当額の経済的利益は法人税の課税を受ける一定の国内源泉所得（「その他その源泉が国内にある所得」（第1章第5節（128頁））に該当します（同法第138条第1項第6号，同法施行令第180条第2号（無償による譲受の場合），第5号（時価よりも低い価額による譲受の場合））。したがって，国内に恒久的施設を有しない外国法人はこれらの経済的利益を所得として申告し法人税を納付しなければなりません（法人税法第144条の6第2項，第144条の10）。

具体的な手続は，まず，そのような外国法人は，上記所得を有することとなった日以後2カ月以内に納税地，国内において行う事業など一定の事項を記載した届出書等を納税地の所轄税務署長に提出する必要があります（法人税法第149条）。そして，当該外国法人は事業年度終了の日の翌日から2カ月以内に，所轄税務署長に対して確定申告書を提出し（同法第144条の6第2項），法人税を納付しなければなりません（同法第144条の10）。

外国法人の国内源泉所得に係る所得の金額は内国法人の各事業年度の所得の金額に準じて計算されます（法人税法第142条の10が準用する第142条，同法施行令第

---

hyoka/08/06.htm）に公表されています。

11　このような時価相当額または差額相当額の経済的利益は所得税法第161条第1項第17号に規定する国内源泉所得に該当しますが（所得税法施行令第289条第2号，第6号），外国法人はこの17号所得について所得税の課税を受けません（所得税法第5条第4項，第7条第1項第5号，第178条）。

191条が準用する第184条）。税率は内国法人に対して適用される税率と同様，原則として23.2パーセントですが（法人税法第143条第1項），法人税額の4.4パーセント（2019年10月1日以後に開始する事業年度からは10.3パーセント）に相当する地方法人税が付加されます（地方法人税法第4条，第6条第1号ロ，第9条，第10条第1項）。

なお，国内に恒久的施設を有しない外国法人は，上記のような「その他その源泉が国内にある所得」について法人住民税（道府県民税・市町村民税）および事業税を課されることはありません（地方税法第23条第1項第18号，第24条第3項，第72条第5号，第72条の2第6項，第292条第1項第14号，第294条第5項，同法施行令第7条の3の2，第10条，第46条の2の3）。

2　租税条約の定め

(1) 日米租税条約

国内に恒久的施設を有しない外国法人が内国法人との間で匿名組合契約を締結して匿名組合員として当該内国法人の事業に金銭により出資する場合，あるいは匿名組合出資持分を時価により他の匿名組合員から譲り受ける場合には，そもそも所得が発生しないため，租税条約の規定を考慮する必要はありません。

一方，日米租税条約の適用上，匿名組合出資持分を無償または時価よりも低い価額で取得することによる所得についての課税関係は以下のとおりになると考えられます。

日米租税条約第21条第1項は，「一方の締約国の居住者が受益者である所得（源泉地を問わない。）で前各条に規定がないもの（以下「その他の所得」という。）に対しては，一方の締約国においてのみ租税を課することができる。」と規定しています（以下「その他所得」条項）。匿名組合出資持分を無償または時価よりも低い価額で取得することによる所得については日米租税条約には規定がありませんから，「その他所得」条項の適用があると考えられます。したがって，国内に恒久的施設を有しない米国法人は，匿名組合出資持分を無償または低額で取得する場合であっても日本では課税されません。

なお、日米租税条約の議定書13(b)は、「条約のいかなる規定も、日本国が、匿名組合契約又はこれに類する契約に基づいてある者が支払う利益の分配でその者の日本国における課税所得の計算上控除されるものに対して、日本国の法令に従って、源泉課税することを妨げるものではない。」と規定しているので、同規定が上記結論に影響を与えるかどうかという問題があります。この規定の対象は文字通り匿名組合契約からの利益の分配であり、匿名組合出資持分の無償または低額譲受による所得は含まれていないので上記結論は変わりません。

米国法人が、日米租税条約の「その他所得」条項による法人税の免除を受けるためには、「租税条約に関する届出書」とともに「特典条項に関する付表」と居住者証明書を提出しなければなりません（実施特例法施行省令第9条の2第9項）。

（2）日本・オランダ租税条約

国内に恒久的施設を有しないオランダ法人は、匿名組合出資持分を無償または低額で取得することによって得る所得について日本で課税されないと考えられます。かかる所得には、「その他所得」条項（日本・オランダ租税条約第20条第1項）が適用されることになると考えられるからです。

他方、日本・オランダ租税条約の議定書9は、「条約のいかなる規定も、日本国が、匿名組合契約又はこれに類する契約に基づいて取得される所得及び収益に対して、日本国の法令に従って源泉課税することを妨げるものではない」と規定しており、日米租税条約の議定書13(b)の規定とは表現が異なっています。このため、上記議定書の対象に国内に恒久的施設を有しないオランダ法人が匿名組合出資持分を無償または時価よりも低い価額で取得する場合を含むか否かは必ずしも明確ではありません。

上記規定は、「匿名組合契約……に基づいて取得される所得及び収益」（下線付加）という文言を見る限り、匿名組合をパススルー事業体であるとみなしてあたかも匿名組合員が匿名組合営業者が稼得する所得（income）や収益（gains）の一部を直接取得するかのような前提をとっているものと思われます。しかし、匿名組合員が匿名組合契約に基づいて取得する所得および収益として考えられるのは

匿名組合契約に基づき分配される利益だけであり，匿名組合出資持分の無償または低額譲受による所得は匿名組合契約に基づいて取得されるものではありません。したがって，匿名組合出資持分の無償または低額譲受により生じる所得は，上記規定にいう所得（income）や収益（gains）には該当しないと考えられます。

オランダ法人が日本・オランダ租税条約の「その他所得」条項による法人税の免除を受けるためには，「租税条約に関する届出書」，「特典条項に関する付表」および居住者証明書を提出する必要があります（実施特例法施行省令第9条の2第9項）。

(3) 日英租税条約

国内に恒久的施設を有しない英国法人は，匿名組合出資持分を無償または低額で取得することによって得る所得について日本で課税されないと考えられます。かかる所得には日英租税条約第21条第1項が定める「その他所得」条項の適用があると考えられるからです。

他方，日英租税条約第20条は，「この条約の他の規定にかかわらず，匿名組合契約その他これに類する契約に関連して匿名組合員が取得する所得，利得又は収益に対しては，当該所得，利得又は収益が生ずる締約国において当該締約国の法令に従って租税を課することができる。」（下線付加）と規定しており，日本・オランダ租税条約の議定書9ともやや異なる規定ぶりになっています。「関連して」を広く解すると，同条は英国法人が匿名組合出資持分を無償または低額で取得することによって得る所得にも適用があるように読めます。しかし，同条は，2006年日英条約で設けられたものですが，匿名組合契約に基づく利益が日本国内における事業活動を行う営業者の課税所得の計算上損金に算入できるのに対し，当該利益に対する国内税法上の日本の課税権を放棄するのは妥当でないという考慮に基づくものです[12]。したがって，日英租税条約第20条の適用対象は匿名組合契約に基づく利益に限られ，匿名組合出資持分の無償または低額取得による所得は含まれないと考えられます。

英国法人が日英租税条約の「その他所得」条項による法人税の免除を受けるた

めには,「租税条約に関する届出書」,「特典条項に関する付表」および居住者証明書を提出する必要があります(実施特例法施行省令第9条の2第9項)。

3 日本側当事者の税務

(1) 新たに出資を受ける場合

国内に恒久的施設を有しない外国法人との間で匿名組合契約を締結し当該外国法人から出資を受ける内国法人(営業者)には所得が発生しないため,課税関係は生じません。

(2) 出資持分を譲渡する場合

(a) 時価による譲渡

国内に恒久的施設を有しない外国法人に対して匿名組合出資持分を時価により譲渡する日本側当事者(匿名組合員)は,法人の場合には法人税法の,個人の場合には所得税法の規定に従って,譲渡益についてそれぞれ法人税または所得税の課税を受けます。

(b) 無償または時価よりも低い価額による譲渡

日本側当事者(匿名組合員)が無償または時価よりも低い価額で匿名組合出資持分を譲渡する場合には次のような税務上の問題が生じます。

日本側当事者(匿名組合員)が法人の場合には,まず,時価による取引(譲渡)が行われたものとして譲渡益が認識されます(法人税法第22条第2項)。そして,譲渡時の時価(無償譲渡の場合)または時価と譲渡価額との差額(低額譲渡の場合)に相当する経済的利益が日本側当事者から外国法人に供与されたとみなされ,寄附金として取り扱われます(同法第37条第7項,第8項)。ここで,寄附金については損金に算入される金額に限度額が設けられていることに注意する必要があります(同法第37条第3項)。

また,日本側当事者である内国法人が当該法人と50パーセント以上の資本関係

---

12 青木孝徳ほか『改正税法のすべて 平成18年版』(大蔵財務協会,2006)513頁。

があるなど特殊な関係にある外国法人（国外関連者）に対してこのような経済的利益を供与した場合には，損金算入限度額に関係なくその全額が損金不算入となります（租税特別措置法第66条の4第3項）。

一方，日本側当事者が個人の場合には次のような取扱いとなります。まず，譲渡価額が譲渡時の時価の2分の1以上である場合には当該譲渡価額による通常の譲渡所得の計算が行われます。これに対し，譲渡価額が時価の2分の1未満の場合（無償による譲渡の場合を含みます）には時価による譲渡が行われたものとみなして譲渡所得の計算が行われます（所得税法第59条第1項，同法施行令第169条）。

第4節　利益の分配を受ける

1　国内税法の定め

(1)　所得税

国内に恒久的施設を有しない外国法人（匿名組合員）は，内国法人（営業者）との間の匿名組合契約に基づく利益の分配について所得税の課税を受けます（所得税法第5条第4項，第7条第1項第5号，第161条第1項第16号，第178条）。その税率は20パーセントです（同法第179条第1号）。そして，内国法人は当該利益を支払う際，20パーセントの税率で所得税を源泉徴収しなければなりません（所得税法第212条第1項，第213条第1項第1号）。

ただし，2013年1月1日から2037年12月31日までの期間に行うべき源泉徴収については基準所得税額の2.1パーセントに相当する復興特別所得税が付加される結果，20.42パーセントの税率で源泉徴収の方法により所得税が課されます（復興財源確保法第9条，第26条～第28条）。

(2)　法人税

国内に恒久的施設を有しない外国法人（匿名組合員）には匿名組合契約に基づく利益の分配について法人税は課されません。なぜなら，国内に恒久的施設を有

しない外国法人が法人税の課税を受ける国内源泉所得（法人税法第141条第2号）にはこのような匿名組合契約に基づく利益の分配が含まれていないからです（所得税法第161条第1項第16号に該当するものは，法人税法第138条第1項第2号の「国内にある資産の運用又は保有により生ずる所得」から除かれています）。

したがって，国内に恒久的施設を有しない外国法人は，内国法人との間の匿名組合契約に基づく利益の分配については所得税の源泉徴収のみで日本における課税関係が終了します。

なお，匿名組合契約に基づき営業者（原告・控訴人）が匿名組合員（外国法人を含む）に対して利益の分配として金員を支払っていたものの（以下「本件各支払い」），実際には利益が生じておらず粉飾決算をしていたため，本件各支払いは匿名組合員に対する出資の払戻しにすぎないから源泉徴収の対象とならないとして破産した営業者の破産管財人が納税告知処分等を争った事案として，東京高裁平成29年1月19日判決・訟務月報63巻8号2059頁（最高裁平成29年9月29日決定（判例集未登載）により確定）があります。東京高裁は，営業者である破産会社においても匿名組合員においても匿名組合契約に基づく利益の分配として本件各支払いがなされ，これにより匿名組合員に本件各支払いに係る経済的利益が帰属し課税要件が充足されたと認定し，営業者と匿名組合員との間で匿名組合員に帰属した経済的利益の解消のための性質改定やそれに沿った清算処理等がなされていない以上，上記納税告知処分等は適法であるという結論を導きました。

2 租税条約の定め

(1) 日米租税条約

日米租税条約は，「その他の所得」について居住地国での課税のみを認める「その他所得」条項（同条約第21条）を設ける一方で，第3節2（1）（349頁）で述べたとおり同条約の議定書13(b)において匿名組合契約に基づく利益の分配について日本の課税権が留保されることを明記し，議定書は同条約の不可分の一部をなすとしています[13]。したがって，国内に恒久的施設を有しない米国法人が内国法人との間の匿名組合契約に基づく利益の分配を受ける場合には，上に述べた

国内税法の定めどおりの課税関係となります。

(2) 日本・オランダ租税条約

　日本・オランダ租税条約の議定書9は,「条約のいかなる規定も,日本国が,匿名組合契約又はこれに類する契約に基づいて取得される所得及び収益に対して,日本国の法令に従って源泉課税することを妨げるものではない」と規定し,議定書は同条約の不可分の一部をなすとしています。したがって,国内に恒久的施設を有しないオランダ法人は,内国法人（営業者）との間の匿名組合契約に基づく利益の分配について国内税法の定めに従って所得税の課税を受けます。

　他方,1992年日本・オランダ租税条約は,匿名組合契約に基づく利益の分配について「その他所得」条項により居住地国でのみ課税するという原則をとっていました[14]。なお,1992年日本・オランダ租税条約と同様に,今でも「その他所得」条項により居住地国にのみ課税権を認めている租税条約があります[15]。

13　議定書とは租税条約に付随して作成される附属文書で,一般にいずれかの国のみに関係する事項について条約上の取決めを置く場合に用いられます（第1部第3章第1節1（55頁））。日本では議定書は条約本文とともに国会の承認を受けるため,その効力は条約本文と同じです（国際税務実務研究会編『国際税務の実務と対策3巻』（第一法規）5055頁）。

14　オランダ法人が受け取る匿名組合契約に基づく利益の分配に係る日本での課税を1992年日本・オランダ租税条約の「その他所得」条項により否定した事例として,東京地裁平成17年7月6日判決・判例時報1985号40頁があります。この東京地裁判決は東京高裁平成19年6月28日判決・判例時報1985号23頁でも是認されました。その後,平成20年6月5日に最高裁が上告不受理決定（税務訴訟資料（250号～）258号順号10965）をしたために納税者勝訴の東京高裁判決は確定しました。

　また,アイルランド法人に対して支払われた匿名組合契約に基づく利益の分配につき日本・アイルランド租税条約第23条（「その他所得」条項）によって源泉徴収

（3）日英租税条約

　日英租税条約第20条に従い，国内に恒久的施設を有しない英国法人が内国法人（営業者）から受け取る匿名組合契約に基づく利益の分配については源泉地国である日本の課税権が確保されます。したがって，英国法人はこのような利益の分配について国内税法の定めに従って所得税の課税を受けます。

（4）租税条約の適用の手続

　日米租税条約，日本・オランダ租税条約および日英租税条約のように，匿名組合契約に基づく利益の分配について国内税法の下での課税関係に変更を加えない場合には，租税条約上の手続をとる必要はありません。

　他方，「その他所得」条項により居住地国でのみ課税するという原則をとる租税条約の適用がある場合には，以下の手続を踏む必要があります。

　内国法人との匿名組合契約に基づく利益の分配について租税条約の規定の適用により所得税の源泉徴収の免除を受けようとする外国法人は，その支払いを受ける日の前日までに内国法人（源泉徴収義務者）を経由して「租税条約に関する届出書」を当該源泉徴収義務者の納税地の所轄税務署長に提出する必要があります

　　税が免税となるかどうかが争われた事案として，東京高裁平成26年10月29日判決（税務訴訟資料（250号～）264号順号12555）があります。同判決は，日本・アイルランド租税条約には源泉徴収税の免除を制限し同条約第23条の適用を否定する具体的な条項が定められていないことを根拠に，控訴人（国）の主張を全面的に退け納税者勝訴の結論を導いています。

15　例えば，イタリアとの租税条約がこれに該当します。なお，匿名組合契約に基づく利益の分配については1980年日英租税条約の下では「その他所得」条項（同条約第23条第1項）により源泉地国での課税が免除されていましたが，2006年日英租税条約（2013年一部改正後も同じ）では日本の課税権が確保されています（同条約第20条）。日仏租税条約（同条約第22条，改正議定書第13条），日本・スイス租税条約第21条のAについても同様です。

　　このように，近時の条約改正においては匿名組合契約に基づく利益の分配に対する日本の課税権を確保する傾向があります。

（実施特例法施行省令第9条第1項）。また，上記届出書の提出がなく国内税法の規定に従って所得税の源泉徴収が行われた場合には，後に還付請求書とともに上記届出書を提出することにより源泉徴収された所得税の還付を受けることができます（同省令第15条第1項第3号）。

なお，匿名組合契約に基づく利益の分配を「その他所得」に含め源泉地国での課税を免除している租税条約には特典制限条項はありませんから（第1部第3章第3節4（71頁）），「特典条項に関する付表」や居住者証明書の提出は不要です。

3　日本側当事者の税務

国内に恒久的施設を有しない外国法人（匿名組合員）に対して当該外国法人との間の匿名組合契約に基づく利益の分配を行う内国法人（営業者）は，当該利益を支払う際，20パーセント（復興特別所得税が付加されると20.42パーセント）の税率で源泉徴収義務を負います。

なお，租税条約の規定の適用により日本での課税が免除される場合には，匿名組合契約に基づく利益の分配を行う内国法人（営業者）は源泉徴収義務を負いません。ただし，上記の「租税条約に関する届出書」の事前の提出が必要です。

第5節　出資持分を譲渡する

1　国内税法の定め

(1) 所得税

国内に恒久的施設を有しない外国法人（匿名組合員）が匿名組合出資持分を譲渡する場合，その譲渡により生ずる所得について所得税は課されません[16]。

そして，匿名組合出資持分の取得者は外国法人に対してその対価を支払う際，所得税を源泉徴収する必要はありません。

(2) 法人税

　国内に恒久的施設を有しない外国法人（匿名組合員）は匿名組合出資持分の譲渡について法人税の課税を受けません。匿名組合出資持分の譲渡により生ずる所得は国内に恒久的施設を有しない外国法人が法人税の課税を受ける一定の国内源泉所得に含まれていないからです[17]。

　したがって，国内に恒久的施設を有しない外国法人は匿名組合出資持分の譲渡により生ずる所得について，所得税も法人税も課されません。

　また，匿名組合出資持分の無償または時価よりも低い価額による譲渡の場合にも，譲渡人たる外国法人に対して日本での課税関係は生じません。

2　租税条約の定め

(1) 日米租税条約

　匿名組合出資持分の譲渡により生ずる所得の課税関係については，譲渡収益について居住地国においてのみ課税を認める日米租税条約第13条第7項の規定が適用されるものと考えられます。したがって，国内に恒久的施設を有しない米国法人が匿名組合出資持分を譲渡することによる所得について所得税も法人税も課されないという国内税法上の取扱いは，日米租税条約によって変更されません。

16　所得税法第161条第1項第3号は国内にある資産の譲渡による所得のうち所得税法施行令第281条に規定するものを国内源泉所得として掲げていますが，その中には匿名組合出資持分の譲渡による所得は含まれていません。また，そもそも外国法人は3号所得について所得税の課税を受けません（所得税法第5条第4項，第7条第1項第5号，第178条）。

17　法人税法第138条第1項第3号は，国内にある資産の譲渡による所得のうち法人税法施行令第178条に規定するものを国内源泉所得として掲げていますが，その中には匿名組合出資持分の譲渡による所得は含まれていません。したがって，国内に恒久的施設を有しない外国法人がかかる所得について法人税の課税を受けることはありません（法人税法第9条第1項，第141条第2号）。

(2) 日本・オランダ租税条約

　匿名組合出資持分の譲渡により生ずる所得の課税関係については日本・オランダ租税条約第13条第6項が適用されるものと考えられます。同項の規定によると，譲渡収益については居住地国においてのみ課税権が認められているため，国内に恒久的施設を有しないオランダ法人の匿名組合出資持分の譲渡により生じる所得について国内税法の定めに従って課税なしという結論は同条約によって変更されません。

　なお，日本・オランダ租税条約の議定書9は「条約のいかなる規定も，日本国が，匿名組合契約又はこれに類する契約に基づいて取得される所得及び収益に対して，日本国の法令に従って源泉課税することを妨げるものではない。」と規定していますが，第3節2（2）(350頁) で説明したとおり，この規定は匿名組合をパススルー事業体であるとみなすという前提に立っていると考えられるため，ここでいう収益（gains）は匿名組合契約に基づいて営業者が取得するキャピタルゲインを指しているものと解釈されます。そうすると，匿名組合出資持分の譲渡により生ずる所得については上記規定の適用はないと考えられます。また，この場合，そもそも国内税法の規定では課税されないので，いずれにしろ国内税法上の取扱いが条約によって変更されることはありません。

(3) 日英租税条約

　日英租税条約の適用がある場合も日本・オランダ租税条約の適用がある場合と同様の結論になると考えられます。国内に恒久的施設を有しない英国法人は匿名組合出資持分の譲渡により生ずる所得について国内税法の下で課税されないという取扱いは，日英租税条約第13条第6項（譲渡収益について居住地国においてのみ課税を認める規定）および第20条（匿名組合契約に基づく利益の分配について源泉地国の課税を認める規定）によって変更を受けません。

3　日本側当事者の税務

(1) 時価による譲受

　国内に恒久的施設を有しない外国法人（匿名組合員）から匿名組合出資持分を時価により譲り受ける日本側当事者には所得が発生しないため，法人税，所得税が課されることはありません。

(2) 無償または時価よりも低い価額による譲受

　日本側当事者が国内に恒久的施設を有しない外国法人（匿名組合員）から無償または時価よりも低い価額で匿名組合出資持分を譲り受ける場合には，譲受時の時価（無償譲渡の場合）または時価と対価の額との差額（低額譲渡の場合）に相当する経済的利益の供与があったものとされます。このため，日本側当事者が法人の場合には法人税法の，個人の場合には所得税法の規定に従って，それぞれ法人税または所得税が課されます（法人税法第22条第2項，所得税法第34条，所得税基本通達34-1(5)）。

(3) 所得税の源泉徴収義務

　1(1)(357頁)で述べたように，匿名組合出資持分を譲り受ける日本側当事者は外国法人に対してその対価を支払う際，所得税を源泉徴収する必要はありません。

第6節　匿名組合契約が終了する

1　国内税法の定め

　匿名組合契約の終了原因には，その契約期間の満了や契約の一般的消滅原因の発生のほかに，当事者の意思による解除（商法第540条）と当事者の意思によらない終了原因（同法第541条）があります。匿名組合は匿名組合員と営業者との間の

債権債務関係であるため，匿名組合契約が終了した場合には，匿名組合員と営業者はその債権債務を精算することになります。

具体的には，営業者は匿名組合員に対してその出資の価額（出資が損失によって減少している場合にはその残額）を返還するとともに（同法第542条），利益の分配を行います。

したがって，国内に恒久的施設を有しない外国法人（匿名組合員）は，内国法人（営業者）との間の匿名組合契約が終了する場合には，当該内国法人から出資の払戻しとその終了の日の属する計算期間に係る利益の分配を受けることになります。この場合に，出資の払戻しについては所得が発生しないために課税関係は生じませんが，利益の分配については第4節1（353頁）の場合と同様の課税関係が生じます。

2　租税条約の定め

(1)　日米租税条約

国内に恒久的施設を有しない米国法人が内国法人（営業者）との間の匿名組合契約の終了に伴って出資の払戻しを受ける場合には，所得が発生しないために日米租税条約の規定を考慮する必要はありません。

一方，第4節2（1）（354頁）で述べたように，日米租税条約は匿名組合契約に基づく利益の分配の取扱いについて国内税法に従う旨を規定しています。したがって，米国法人が内国法人（営業者）との間の匿名組合契約の終了に伴って利益の分配を受ける場合には，第4節1（353頁）で述べた国内税法の定めどおりの取扱いとなります（日米租税条約議定書13(b)）。

(2)　日本・オランダ租税条約

まず，出資の払戻しについては所得が発生しないため，日本・オランダ租税条約の場合も日米租税条約の場合と同様に租税条約の規定を考慮する必要はありません。

次に，匿名組合契約の終了に伴って利益の分配を受ける場合には，第4節2

(2)（355頁）で述べたとおり，国内税法の定めに従って所得税の課税を受けることになります。

(3) 日英租税条約

日英租税条約の適用がある場合も日本・オランダ租税条約の適用がある場合と同様の結論になります。

3 日本側当事者の税務

国内に恒久的施設を有しない外国法人（匿名組合員）に対して当該外国法人との間の匿名組合契約の終了に伴って出資の払戻しと利益の分配を行う内国法人（営業者）は，出資の払戻しについては課税関係は生じませんが，利益の分配については第4節3（357頁）の場合と同様，源泉徴収義務を負うのが原則です。

第10章　金融商品等に関する課税

本章の概要

　本章では，前章までで取り上げられていない国内源泉所得の課税関係を簡単に説明します。国内に恒久的施設を有しない外国法人が金融商品等に投資するケースの検討が中心となりますが，それだけに限定されるわけではありません。

　具体的には，本章では，国内に恒久的施設を有しない外国法人が受け取る①預貯金の利子および信託収益の分配金，②生命保険契約，損害保険契約等に基づき支給を受ける年金等，③金融類似商品により給付を受ける給付補填金，利息，利益，差益，ならびに④広告宣伝用の賞金の課税関係について検討します。

第1節　預貯金・信託

　銀行の国内支店などに預け入れられた預貯金の利子を受け取る外国法人は，所得税の課税を受けます。また，信託銀行の国内営業所に信託された一定の信託収益の分配金を受け取る外国法人も，所得税の課税を受けます。当該利子および信託収益の分配金の支払いを行う者は，源泉徴収義務を負います。

第2節　生命保険契約，損害保険契約等

　国内にある営業所または契約締結を代理する者を通じて締結した生命保険契約，損害保険契約等に基づく年金等を受け取る外国法人は，所得税の課税を受けます。かかる年金等の支払いを行う者は，源泉徴収義務を負います。

第3節　金融類似商品

　国内にある営業所等が受け入れた一定の契約等に基づく給付補填金もしく

は差益，または国内にある営業所等を通じて締結された一定の契約等に基づく利息，利益もしくは差益を受け取る外国法人は，所得税の課税を受けます。かかる給付補填金等の支払いを行う者は，源泉徴収義務を負います。

第4節　広告宣伝用の賞金

国内事業の広告宣伝のための賞金等を受け取る外国法人は，所得税の課税を受け，かかる賞金等の支払いを行う者は，源泉徴収義務を負います。さらに，当該外国法人は，法人税の課税も受けます。

なお，金融商品としては，スワップ取引，オプション取引等も考えられますが，この本の性質上割愛します。

第1節　預貯金・信託

1　預貯金の利子・信託収益の分配金とは

(1) 所得の分類

すでに第4章第2節（171頁）で述べたとおり，外国法人が取得する一定の公社債の利子は，8号所得として国内源泉所得に該当し日本で課税されます。また，第6章第2節（205頁）で述べたように，外国法人が受け取る一定の貸付金の利子は，10号所得として日本で課税されます。

さらに，国内税法の下では，以下のとおり，外国法人が取得する一定の預貯金の利子は8号所得として，信託収益の分配金は8号所得または9号所得として，それぞれ国内源泉所得に該当します（所得税法第161条第1項第8号ハ，ニ，第9号）。本節では，国内に恒久的施設を有しない外国法人がこのような預貯金の利子および信託収益の分配金を受け取る場合に限定してその課税関係の概要を説明します。

①　国内にある営業所等に預け入れられた預貯金の利子[1]（以下「預貯金の利

子」）

② 国内にある営業所等に信託された合同運用信託, 公社債投資信託または公

---

1 内国法人が外国法人に対し支払う預貯金の利子は, 源泉徴収課税の対象になりますが, 内国法人が内国法人に対し国内において支払う預貯金の利子についても, 同様に所得税の源泉徴収が行われます（所得税法第174条第1号, 第212条第3項）。内国法人同士の金融取引において, 銀行業を営む内国法人が支払った金員が「預金の利子」に該当するかどうかが問題となった事案として, 東京高裁平成17年12月21日判決・訟務月報54巻2号472頁（最高裁平成19年8月23日決定・税務訴訟資料（250号～）257号順号10765により確定, 原審・東京地裁平成17年7月1日判決・訟務月報54巻2号493頁）があります。同判決の概要は, 以下のとおりですが, その判示は, 外国法人が受け取る8号所得を解釈する上で参考になると思われます。
　銀行業を営む内国法人（原告・控訴人）は, 社債を発行した17の内国法人との間で, 原告が各会社の債務の履行を引き受けることなどを内容とする契約（デット・アサンプション契約）を締結し, 各会社から金員（以下「A金員」）を受領し, 相当な期間経過後の約定に係る支払日に, 各会社に代わって金員（以下「B金員」）の支払いをする取引を行いました。主たる争点は, 原告が各会社に代わって支払ったB金員から原告が各会社から受領したA金員を控除した差額（すなわち, 「B金員－A金員」の金額（「本件金員」）) が, 所得税法第212条第3項所定の「利子等」に当たるかどうかです。裁判所は, デット・アサンプション契約の法的性質が金銭消費寄託の性質をも有すること, A金員が「預金」の一般的な用語の意味に該当することを認めたうえで, 本件金員がA金員の預け入れに対する利息の性質を有することを肯定しました。
　なお, 上記裁判では, 原告がデット・アサンプション契約の取扱店をロンドン支店からケイマン支店に変更しており, 当該変更後の本件金員の支払地が国内であるかどうかも争点となっています。本件金員の支払いが内国法人に対するものであるため, 仮にそれが国外払いであれば, 原告は源泉徴収義務を負わない（所得税法第212条第3項）ので, この点についても争われました。裁判所は, ケイマン支店には, 現地の物的施設および現地で勤務する職員が存在せず, 同支店の口座管理等は, 原告本店の担当者が行っていたことを認めたうえで, 本件金員の支払いは, ケイマン支店の口座を利用し, 原告本店において取り扱われていたとの判断をくだし, 原告の源泉徴収義務を肯定しました。

募公社債等運用投資信託の収益の分配(以下「8号所得となる信託収益の分配金」)

③ 国内にある営業所等に信託された投資信託(上記②に掲げる公社債投資信託および公募公社債等運用投資信託を除きます)または特定受益投資証券発行信託の収益の分配(以下「9号所得となる信託収益の分配金」といい,8号所得となる信託収益の分配金とあわせて「信託収益の分配金」と総称します)

(2) 預貯金の利子

上記のとおり,①の預貯金の利子の源泉地は,預貯金(所得税法第2条第1項第10号,同法施行令第2条)を受け入れる営業所等の所在地によって決まります。具体的には,外国法人が,日本の銀行の国内支店に資金を預け入れ利子を受け取るケースが考えられます。また,上記規定は,預貯金の受入先として「国内にある営業所」を要件としているのであって,「内国法人の営業所」に限定しているわけではありません。したがって,預貯金の受入先が外国銀行の国内支店である場合も,その国内支店に預け入れられた預貯金の利子は,国内源泉所得に該当します[2]。

なお,外国法人が国内において支払等を受ける懸賞金付預貯金等の懸賞金等についても,預貯金の利子と同様に課税されます(租税特別措置法第41条の9第2項,第3項)。

(3) 信託収益の分配金

(a) 信託の意義

上記(1)②および③(365〜366頁)の信託収益の分配金が具体的にどのようなものを意味するのかを明らかにするには,まず,信託の意義と種類を理解する必要があります。

---

2 宮武敏夫「非居住者と外国法人の利子所得」国際税務7巻2号16頁,松上秀晴編『源泉国際課税の実務(改訂新版)』(大蔵財務協会,2001)322頁。

「信託」とは，特定の者が，契約，遺言等の方法により，一定の目的に従い財産の管理または処分およびその他の当該目的の達成のために必要な行為をすべきものとすることを意味します（信託法第2条第1項）。信託は，財産権その他の権利を有する者が委託者となり，特定の者を受託者として，財産権その他の権利を移転し，受託者はその目的に従って財産権その他の権利を管理処分し，委託者が利益を与えようと意図した受益者に経済的利益を帰属させる構造をとります[3]。

(b) 信託の分類

信託は自由な制度であるため，その形態はきわめて多様であり，さまざまな観点からの分類が可能です。ここでは，どの段階で課税を受けるかに従い以下の三つに分類して整理します[4]。

(i) 受益者等課税信託——受益者段階課税（発生時課税）

所得税法第13条第1項本文および法人税法第12条第1項本文は，受益者（信託の変更権限を現に有し，かつその信託財産の給付を受けることとされている者を含む）が存在する場合には，受益者は信託財産に属する資産および負債を有するものとみなし，かつ信託財産に帰せられる収益および費用が受益者に帰属するという原則を定めています。信託財産の所有権は，法律上は委託者から受託者に移転するため，そこから生ずる所得は受託者に帰属しますが，実際には受託者は，信託財

---

[3] 三菱UFJ信託銀行『信託の法務と実務（6訂版）』（金融財政事情研究会，2015）5頁以下。

　なお，贈与税に関する事案ですが，米国ニュージャージー州法に準拠して設定された信託について相続税法（平成19年法律第6号による改正前のもの）第4条第1項の適用が問題となった事案として，名古屋高裁平成25年4月3日判決・訟務月報60巻3号618頁（最高裁平成26年7月15日決定・税務訴訟資料（250号～）264号順号12505により確定）があります。原審（名古屋地裁平成23年3月24日判決・訟務月報60巻3号655頁）が，判示の事情の下においては，原告（被控訴人）は，同信託による利益を現に有する地位にあるとはいえず，同項の「受益者」に当たるとは認められないと述べたのに対し，上記高裁判決は，反対の結論を導きました。

[4] 上記注3三菱UFJ信託・信託の法務と実務256頁。

産を分別して管理し，一定の信託報酬を受け取るのみで，それを控除した信託財産はすべて経済的には受益者に帰属します。このように，信託財産から生ずる所得は受託者段階では課税されず，受益者に直接課税するという意味で，これらの規定の適用対象となる信託（以下「受益者等課税信託」）は，法律上の帰属を無視し経済的帰属に従って課税する仕組みを採用しています。

なお，受益者等課税信託を通じて外国法人が得る国内不動産に係る賃貸料の課税関係について文書照会が行われた事案があります（第3章第2節3（注13）（160頁））。

(ii) 集団投資信託等——受益者段階課税（受領時課税）

所得税法第13条第1項ただし書きおよび法人税法第12条第1項ただし書きは，集団投資信託（所得税法第13条第3項第1号，法人税法第2条第29号），退職年金等信託（所得税法第13条第3項第2号，法人税法第12条第4項第1号）につき，受益者等課税信託とは異なる原則を定めています。すなわち，集団投資信託や退職年金等信託は，所得の発生時に受益者段階で課税するという仕組みを採用していません。同時に，集団投資信託や退職年金等信託に帰せられる収益および費用は，受託者たる信託会社等の収益および費用とはしないこととされている（法人税法第12条第1項，第3項）ので，受託者段階での課税もありません。結局，集団投資信託や退職年金等信託の収益は，それが受益者に実際に分配されたときに受益者の段階で一回限り課税されることになるため，信託財産につき所得が発生したときから受益者に分配されるときまで課税が繰り延べられます。

上記の集団投資信託に含まれるものとしては，下記(c)（369頁）で説明する合同運用信託や一定の投資信託が挙げられます。これらの信託が集団投資信託として位置づけられている理由は，多数に上る受益者は信託財産につき一種の持分権を有しているにすぎず，収益の発生時課税の原則を貫くと処理が煩瑣になってしまうことと集団投資信託が預貯金等と経済的性質が類似しているため，同様の税制にするのが平等であることに求められます。また，退職年金等信託については，その信託に係る年金制度に基づいて受給者が年金を受け取ることとされていることを踏まえ，その年金を受給する段階でこれを受け取る受給者に課税することが

実態に合っているため、受益者に受領時に課税することが認められています。

　(ⅲ)　**法人課税信託──信託段階法人課税**

　上記とは別に法人課税信託制度があります（法人税法第4条の6第1項、第4条の7、所得税法第6条の2第1項）。この法人課税信託制度の適用がある場合には、信託段階で受託者を納税義務者として法人税が課されます。このような法人課税信託に該当するのは、集団投資信託、退職年金等信託、特定公益信託を除く信託のうち受益者がいない信託、法人が受託者となる信託のうち一定の要件を満たす自己信託等です（法人税法第2条29号の2）。

　上記のうち、本章で検討するのは、国内に恒久的施設を有しない外国法人が上記(ⅱ)の集団投資信託等の中の一定のもの（具体的には、合同運用信託、投資信託または特定受益投資証券発行信託）に投資し、分配金を得るケースです。

(c)　**8号所得となる信託収益の分配金**

　8号所得となる信託収益の分配金とは、具体的には合同運用信託、公社債投資信託または公募公社債等運用投資信託に係る収益の分配金を意味します。

　まず、「合同運用信託」とは、信託会社が引き受けた金銭信託で、共同しない多数の委託者の信託財産を合同して運用するものをいいます（所得税法第2条第1項第11号、法人税法第2条第26号）。

　次に、「公社債投資信託」とは、証券投資信託[5]のうち、その信託財産を公社債に対する投資として運用し、株式または出資に対する投資として運用することを目的としないものをいいます（所得税法第2条第1項第15号）[6]。

5　証券投資信託とは、信託財産を委託者の指図に基づいて特定の有価証券に対する投資として運用することを目的とする信託であって、その受益権を分割し、不特定かつ多数の者に取得させることを目的とするものをいいます（所得税法第2条第1項第13号、投信法第2条）。

6　したがって、所得税法上は、その運用対象として1株でも株式が組み入れられたものは、公社債投資信託ではないことになりますが、これは、所得税法が、公社債投資信託の収益金は利子所得（所得税法第23条第1項）、それ以外の証券投資信託の収益金は配当所得（同法第24条第1項）として区別しているためです。

最後に,「公募公社債等運用投資信託」とは,受益証券の募集が公募により行われた公社債等運用投資信託を意味します(所得税法第2条第1項第15号の3,同法施行令第2条の3)。そして,「公社債等運用投資信託」とは,証券投資信託以外の投資信託のうち,信託財産として受け入れた金銭を公社債等に対し運用するもので,一定の要件を満たす投資信託をいいます(同法第2条第1項第15条の2,同法施行令第2条の2)。「投資信託」には,投資信託及び投資法人に関する法律(以下「投信法」)に基づき設定された投資信託だけでなく,外国投資信託も含まれます(所得税法第2条第1項12号の2)。

このような合同運用信託,公社債投資信託および公募公社債等運用投資信託の収益分配金は,運用実績に応じた収益の分配であるため,法律的性格は利子ではありませんが,税法によって利子とみなされています[7]。

預貯金の利子と同様に,8号所得となる信託収益の分配金の源泉地もその信託を受託する営業所の所在地によって決まります。したがって,信託銀行の国内営業所に信託された合同運用信託,公社債投資信託および公募公社債等運用投資信託の収益の分配として外国法人が受け取る分配金は,8号所得として国内源泉所得に該当します。

(d) 9号所得となる信託収益の分配金

配当と同様に,9号所得となる信託収益の分配金とは,具体的には投資信託(公社債投資信託および公募公社債等運用投資信託を除きます)または特定受益証券発行信託の収益の分配金を意味します。

まず,「投資信託(公社債投資信託および公募公社債等運用投資信託を除きます)」の収益の分配に係る所得は,所得税法上配当所得に分類されています(所得税法第24条第1項)。上記(c)(369頁)で説明したとおり,公社債投資信託および公募

---

[7] 上記注2宮武論文・国際税務7巻2号16頁。なお,これらの信託約款では,受託者による元本保証がなされ,その経済的実質は貯蓄の果実として預貯金利子に類似しているため,その収益分配金を「利子」とみなすことにも合理性はあると考えられます(同論文同頁)。

公社債等運用投資信託に係る分配金は，8号所得となる信託収益の分配金に該当するので，9号所得となる信託収益の分配金からは除外されています。

次に，「特定受益証券発行信託」とは，受益証券を発行する信託（信託法第185条第3項）のうち，受託者が税務署長の承認を受け，利益留保割合が信託元本総額の2.5パーセントを超えない等の一定の要件を満たした信託を意味します（所得税法第2条第1項第15号の5，法人税法第2条第29号ハ，同法施行令第14条の4）。このような特定受益証券発行信託の収益の分配に係る所得も，所得税法上配当所得に分類されています（所得税法第24条第1項）。

9号所得となる信託収益の分配金の源泉地も，8号所得となる信託収益の分配金の場合と同様に，その信託を受託する営業所の所在地によって決まります。

2 国内税法の定め

(1) 利子等の課税関係

(a) 原則的な課税関係

国内に恒久的施設を有しない外国法人が受け取る上記の預貯金の利子および8号所得となる信託収益の分配金（以下，両者をあわせて「利子等」と総称します）については，所得税の課税を受け（所得税法第5条第4項，第7条第1項第5号，第161条第1項第8号，第178条），その税率は15パーセントです（同法第179条第3号）。そして，上記利子等を支払う内国法人等は，その支払いの際，15パーセントの税率で所得税の源泉徴収をしなければなりません（同法第212条第1項，第213条第1項第3号）。ただし，2013年1月1日から2037年12月31日までの間に行うべき源泉徴収については，基準所得税額の2.1パーセントに相当する復興特別所得税が付加される結果，15.315パーセントの税率で源泉徴収の方法により所得税の課税が行われます（復興財源確保法第9条，第26条〜第28条）。

国内に恒久的施設を有しない外国法人には，上記利子等について法人税が課されません。なぜなら，国内に恒久的施設を有しない外国法人が法人税の課税を受ける国内源泉所得（法人税法第141条第2号）には，利子等が含まれていないからです（法人税法第138条第1項第2号の「国内にある資産の運用又は保有により生ずる

所得」からは，所得税法第161条第1項第8号に該当するものが除かれています）。

したがって，国内に恒久的施設を有しない外国法人は，利子等について所得税の源泉徴収のみで日本での課税関係を終了します。国内に恒久的施設を有しない外国法人が国内において支払等を受ける懸賞金付預貯金等の懸賞金等についても同様です（租税特別措置法第41条の9第2項，第3項）。

なお，利子等に対して5パーセントの税率で課される道府県民税の利子割は，2016年1月1日以降に支払いを受けるべきものについては，その納税義務者が個人に限定されました（地方税法第23条第1項第14号，第24条第1項第5号，第71条の5，第71条の6）。したがって，利子等の支払いを受ける者が外国法人である場合には，道府県民税の利子割が課されないので，特別徴収も不要です（同法第71条の9）。

(b) 例外

上記の例外として，国内税法上，以下のような特別の取扱いが認められています。

(i) 特別国際金融取引勘定（オフショア勘定）において経理された預金等の利子の非課税

外国為替及び外国貿易法第21条第3項に規定する金融機関が，1998年4月1日以後に，一定の証明を受けた外国法人から受け入れた預金または借り入れた借入金で，「特別国際金融取引勘定（オフショア勘定）」において経理したものに関し，当該外国法人に支払う利子には所得税が課されません（租税特別措置法第7条）[8]。この特別国際金融取引勘定とは，国外から借り入れた資金を，国外への貸付金として運用する，いわゆる「外—外取引」の円滑化を図るために設けられた，国内金融市場と遮断された特別金融取引勘定をいいます[9]。

---

8 なお，租税特別措置法第7条は，預金者等が外国法人であることを条件としており，個人である非居住者や内国法人等には，この非課税の特典はありません（上記注2松上・源泉国際課税138頁）。

9 上記注2松上・源泉国際課税138頁。

したがって，国内に恒久的施設を有しない外国法人が受け取る上記のような預金等の利子については日本で所得税が課されません[10]。

(ii) 主権免税

特に明文の規定はないものの，外国政府またはその中央銀行が，国内の金融機関の営業所に預託した預貯金の利子について，個々に事実を確認したうえで，相互主義に基づき，源泉所得税を課さないという主権免税の慣行が確立しています[11]。

これに対して，利子等を受け取る外国法人が，日本の公益法人に類する法人である場合でも，その利子等について日本で非課税の取扱いを受けるわけではありません[12]。

(iii) 国際運輸業所得として取り扱われる利子の非課税

国際運輸業者である外国法人の運賃収入等の暫定的な保管に伴い，付随的に発生する普通預金の利子等は，それが銀行等の国内にある営業所に預け入れられている場合でも，国際運輸業所得（第8章第3節2（335頁））の一部として日本で課

---

10 なお，国内に恒久的施設を有する外国法人が，特別国際金融取引勘定で経理された預貯金等の利子を受け取る場合，その利子のうち，その外国法人の国内の事業に帰せられない部分については，所得税だけでなく，法人税も課されません。このことは，従来，旧租税特別措置法第67条の11が規定していましたが，平成26年度税制改正によって，法人税法が総合主義から帰属主義に移行したこと（第2編第2章第3節4（417頁））により，外国法人の恒久的施設に帰属しない上記利子については法人税の課税対象とならなくなったため，同条は削除されました（関禎一郎ほか『改正税法のすべて 平成26年版』（大蔵財務協会，2014）814頁）。

11 上記注2宮武論文・国際税務7巻2号18頁。なお，外国政府等の日本における源泉徴収義務および納税義務一般について検討した論考として，近石泰範「外国政府・外国大使館等の源泉徴収義務及び納税義務」税務大学校論叢45号79頁以下参照。

12 かつては財務大臣が個別に外国公益法人等の指定をすることにより，利子，配当等の国内源泉所得について非課税とする制度が設けられていましたが，同制度は廃止されました。

税されない取扱いが認められています[13]。

　なお、同じ預貯金の利子でも、1年を超えるような定期預金等の利子は、いわゆる投資所得に属し、国際運輸業所得には含まれないと考えられているようです。したがって、このような利子は原則どおり日本で課税されます[14]。

(2) 9号所得となる信託収益の分配金の課税関係

　国内に恒久的施設を有しない外国法人は、9号所得となる信託収益の分配金について所得税の課税を受け（所得税法第5条第4項、第7条第1項第5号、第161条第1項第9号、第178条）、その税率は20パーセントです（同法第179条第1号）。そして、上記分配金を支払う内国法人等は、その支払いの際、20パーセントの税率で所得税の源泉徴収をしなければなりません（同法第212条第1項、第213条第1項第1号）。ただし、2013年1月1日から2037年12月31日までの間に行うべき源泉徴収については、基準所得税額の2.1パーセントに相当する復興特別所得税が付加される結果、20.42パーセントの税率で源泉徴収の方法により所得税の課税が行われます（復興財源確保法第9条、第26条～第28条）。

　国内に恒久的施設を有しない外国法人には、9号所得となる信託収益の分配金について法人税が課されません。なぜなら、国内に恒久的施設を有しない外国法人が課税を受ける国内源泉所得（法人税法第141条第2号）には、9号所得となる信託収益の分配金が含まれていないからです（法人税法第138条第1項第2号の「国内にある資産の運用又は保有により生ずる所得」からは、所得税法第161条第1項第9号に該当するものが除かれています）。

　したがって、国内に恒久的施設を有しない外国法人は、9号所得となる信託収益の分配金について、所得税の源泉徴収のみで日本での課税関係を終了します。

13　上記注2松上・源泉国際課税326頁、永田勝身「海外取引質疑応答室・国際運輸業所得の免税の範囲について」国際税務15巻4号29頁。

14　上記注2松上・源泉国際課税326頁。

3 租税条約の定め

(1) 利子等の課税関係

(a) 日米租税条約上の「利子」

日米租税条約の下では,利子は,「全ての種類の信用に係る債権(担保の有無及び債務者の利得の分配を受ける権利の有無を問わない。)から生じた所得,特に,公債,債券又は社債から生じた所得(公債,債券又は社債の割増金及び賞金を含む。)及びその他の所得で当該所得が生じた締約国の租税に関する法令上貸付金から生じた所得と同様に取り扱われるもの」と定義されています(同条約第11条第5項)。

国内税法の定める預貯金の利子は,「すべての種類の信用に係る債権……から生じた所得」に該当するので,日米租税条約上も,「利子」に該当することは明らかです。また,8号所得となる信託収益の分配金は,国内税法上,利子と同様に取り扱われているので,日米租税条約の適用においても,「利子」に含まれることになると考えられます。

(b) 所得の源泉地の定め

(i) 預貯金の利子

日米租税条約は,「利子」の源泉地について,債務者の所在地によって源泉の有無を決する債務者主義の原則をとっています[15](同条約第11条第7項本文)。

したがって,例えば,国内に恒久的施設を有しない米国法人が,日本の銀行の国内支店に預け入れた預貯金の利子は,日米租税条約上日本の国内源泉所得に該当します。

それでは,米国法人が外国銀行の日本支店に預け入れた預貯金の利子については,どのように取り扱われるのでしょうか。先に1(2)(366頁)で述べたとおり,国内税法は,国内にある営業所に預け入れられた預貯金の利子は,その営業

---

15 2013年改正議定書第4条の下でも,引き続き債務者主義が採用されています(新第11条第3項本文)。

所が日本の銀行の営業所か外国の銀行の営業所であるかを問わず,すべて日本の国内源泉所得に該当する旨定めています。他方,日米租税条約第11条第7項本文だけを見ると,利子の支払者(債務者)の居住地国により源泉地を定める原則をとっています。このため,この限りでは,米国法人に対し外国銀行の日本支店が支払う利子は,その銀行の本店の所在する国に源泉がある所得(日本の国内源泉所得に該当しない)ということになり,日本での課税ができないかのように読めます。

しかし,同条約第11条第7項ただし書きの(a)によると,同条約の当事国の居住者であるかどうかを問わず,利子の支払者が国内に恒久的施設を有し,その預貯金債務がその恒久的施設について生じ,しかもその利子をその恒久的施設が負担する場合には,当該恒久的施設の所在地に源泉があることになります。このただし書きの適用がある結果,日米租税条約の下でも,国内税法のみの適用がある場合と同様に,米国法人が外国銀行の日本支店に預貯金を預け入れ受け取る利子は,日本で課税できることになります[16]。

同様に,米国法人が,邦銀の米国支店に直接預け入れた預貯金の利子の源泉地は,日米租税条約第11条第7項ただし書きの(a)により,邦銀の本店がある日本ではなく,その利子を支払う支店がある米国になります。

　(ⅱ)　8号所得となる信託収益の分配金

8号所得となる信託収益の分配金の源泉地も,預貯金の利子と同様の原則により判断されることになります。例えば,米国法人が信託銀行の国内の営業所から受け取る8号所得となる信託収益の分配金は,日米租税条約上も日本の国内源泉所得に該当します。

　(c)　限度税率の定め

日米租税条約は,「利子」について係る所得税の税率を原則として10パーセントに軽減しています[17](同条約第11条第1項)。復興特別所得税についても,日米

16　上記注2松上・源泉国際課税322頁は,1980年日英租税条約について同様のことを説明しています。

租税条約の限度税率の定めが優先して適用されます（復興財源確保法第33条第4項）。

日米租税条約上の限度税率の適用を受ける米国法人は、利子の支払いを受ける前に、利子を支払う内国法人等を経由して、所轄の税務署長に対し、「租税条約に関する届出書」、「特典条項に関する付表」および居住者証明書を提出しておけば、限度税率の適用を受けることができます（実施特例法第3条の2、同法施行省令第2条第1項）。なお、そのような米国法人は、利子の支払前にこの届出書を提出しなくても、後に還付請求書とともに届出手続をとれば、限度税率を超えて源泉徴収された税金の還付を受けることができます（同省令第15条第1項第3号）。

(d) 国内税法上の特則との関係

先に2（1）(b)（372頁）で述べたとおり、国内税法の下では、一定の条件を満たす利子等については、日本での所得税を課さない特別の取扱いが認められています。このような特則の適用の対象となるケースでは、たとえ日米租税条約上、その利子等に対して、日本での課税が可能なように読めても、同条約の文言に従い日本で課税されるわけではありません。それらの特則の適用は、同条約の規定にかかわらずそのまま維持されます。なぜなら、締約国の課税権の行使を肯定す

17　2013年改正議定書第4条は、「利子」について源泉地国で免税とするという原則を定めた上で、以下のものを例外としています（新第11条第1項）。
　(1)　債務者もしくはその関係者の収入、売上、所得等に連動する偶発的な利子については、源泉地国において支払額の10パーセントを限度として課税できます（新第11条第2項(a)）。
　(2)　不動産により担保された債権等から生ずる利子の一定部分については、源泉地国の国内税法に従い課税できます（新第11条第2項(b)）。
　(3)　独立企業間価格を超える部分の利子については、源泉地国において支払額の5パーセントを限度として課税できます（新第11条第6項）。
　2013年改正議定書が発効すると、国内に恒久的施設を有しない米国法人が受け取る預貯金の利子については、原則どおり免税となります。これに対し、8号所得となる信託収益の分配金は、運用実績に応じた収益の分配であるため、上記(1)に該当し10パーセントの限度税率の適用があるにとどまると考えられます。

る租税条約の規定には課税権を創設する効力は認められず，国内税法に課税権を行使するための規定があれば，その行使を妨げないという意味を有するにすぎないからです。したがって，上記租税条約の規定にかかわらず，一定の利子等について免税を認める国内税法の特則が常にそのまま適用されることは，プリザベーションの原則によるまでもなく当然のことであると考えられます[18]。

(2) 9号所得となる信託収益の分配金の課税関係

(a) 日米租税条約上の「配当」

日米租税条約は，「配当」を「株式その他の利得の分配を受ける権利（信用に係る債権を除く。）から生ずる所得及び支払者が居住者とされる締約国の租税に関する法令上株式から生ずる所得と同様に取り扱われる所得」と定義しています（同条約第10条第6項）。所得税法の下では，9号所得となる信託収益の分配金は配当所得に分類されていますから，分配を行う者が内国法人である限り，当該分配金は日米租税条約の適用上も「配当」に含まれます[19]。

(b) 所得の源泉地の定め

日米租税条約は，「配当」の源泉地を，これを支払う法人の居住地国としています（同条約第10条第2項）。9号所得となる信託収益の分配を行う者が内国法人である限り，当該分配金は，日米租税条約の適用上も日本の国内源泉所得に該当することになると考えられます。

(c) 限度税率の定め

日米租税条約は，議決権株式の保有割合に応じて，「配当」について各種の限度税率を定めている（同条約第10条第2項～第5項）ので，そのうちのどの税率が，9号所得となる信託収益の分配金に適用になるかが問題となります。信託収益の分配金の場合には，米国法人は，委託者の株式を保有しているかどうかとは無関

---

18 詳細については，第1部第3章第3節3（69頁），井上康一・仲谷栄一郎『租税条約と国内税法の交錯（第2版）』（商事法務，2011）257頁以下参照。

19 浅川雅嗣編著『コンメンタール改訂日米租税条約』（大蔵財務協会，2005）111頁。

係に，その分配金を受けることになるため，常に10パーセントの限度税率が適用になるものと思われます。復興特別所得税についても，日米租税条約の限度税率の定めが優先して適用されます（復興財源確保法第33条第4項）。

上記限度税率の適用を受けるためには，米国法人は，9号所得となる信託収益の分配を受ける前に，当該分配を行う内国法人を経由して，所轄の税務署長に対し，「租税条約に関する届出書」，「特典条項に関する付表」および居住者証明書を提出する必要があります（実施特例法第3条の2，同法施行省令第2条第1項）。なお，そのような米国法人は，9号所得となる信託収益の分配の前にこの届出書を提出しなくても，後に還付請求書とともに届出手続をとれば，限度税率を超えて源泉徴収された税金の還付を受けることができます（同省令第15条第1項第3号）。

4　日本側当事者の税務

(1)　利子等の課税関係

国内税法によれば，2(1)(b)(372頁)の特則の適用がある場合を除き，国内に恒久的施設を有しない外国法人に対して，預貯金の利子や8号所得となる信託収益の分配金を支払う内国法人等は，15パーセント（復興特別所得税が付加されると15.315パーセント）の税率による源泉徴収義務を負います。

国内に恒久的施設を有しない米国法人に対して，預貯金の利子や8号所得となる信託収益の分配金を支払う内国法人等は，源泉徴収義務を負いますが，日米租税条約によりその源泉徴収税率は10パーセントに軽減されます。

なお，外国法人を含む法人が受ける利子等については，道府県民税利子割が課されないので，特別徴収の必要はありません。

(2)　9号所得となる信託収益の分配金の課税関係

国内に恒久的施設を有しない外国法人に対し，9号所得となる信託収益の分配金を支払う内国法人等は，国内税法によれば20パーセント（復興特別所得税が付加されると20.42パーセント）の税率による源泉徴収義務を負います。また，日米

租税条約の適用がある場合には，その源泉徴収税率は10パーセントに軽減されるものと考えられます。

第2節　生命保険契約，損害保険契約等の年金等

1　国内税法の定め

(1) 検討の対象

　国内税法の規定によれば，国内にある営業所または契約締結の代理をする者を通じて締結した一定の生命保険契約，損害保険契約等に基づき支給を受ける年金等は，14号所得として国内源泉所得に該当します[20]。すなわち，一定の生命保険契約，損害保険契約等に基づいて支給を受ける年金等の源泉地は，当該契約を締

20　所得税法第161条第1項第14号，同法施行令第287条は，14号所得に当たる年金等に係る契約の範囲を，同法施行令第183条第3項および第184条第1項を引用し，以下のとおり定めています。

(1)　生命保険契約および生命共済に係る契約
(2)　一定の要件をみたす退職金共済契約（所得税法施行令第73条第1項第1号）
(3)　退職年金に関する信託，生命保険または生命共済に係る契約
(4)　確定給付企業給付年金法に定める一定の確定給付企業年金に係る規約（所得税法第3条第1項）
(5)　小規模企業共済法に基づく一定の共済契約（所得税法第75条第2項第1号，小規模企業共済法第2条第2項，所得税法施行令第208条の2）
(6)　確定拠出年金法に規定する一定の企業型年金規約（所得税法第4条第3項）および個人型年金規約（同法第56条第3項）
(7)　一定の要件を満たす損害保険契約等（所得税法施行令第184条第1項，所得税法第76条第6項第4号，第77条第2項，同法施行令第326条第2項）

　なお，このような年金保険により年金等の支給を受けるのは，個人に限られません。例えば，保険契約者を法人，被保険者を法人の代表取締役，年金受取人を法人とする個人年金契約に基づき，法人が年金を受け取るケースが考えられます。

結する者の営業所または契約締結の代理をする者の所在地によって決まります。具体的には，外国法人が日本の生命保険会社と個人年金保険契約を締結し，年金の給付を受けるケースが考えられます。

（2）課税関係

　国内に恒久的施設を有しない外国法人が受け取る上記の年金等については，所得税の課税を受けます（所得税法第5条第4項，第7条第1項第5号，第161条第1項第14号，第178条）。その税額は，その年金等の額から，その契約に基づいて払い込まれた保険料等の額のうち，その年金等の額に対応する金額を控除した残額に20パーセントを乗じた額です（同法第179条第1号，第169条第5号，同法施行令第296条）。そして，上記年金等を支払う内国法人等は，その支払いの際，上記金額の所得税の源泉徴収をしなければなりません（同法第213条第1項第1号ハ，第212条第1項）。ただし，2013年1月1日から2037年12月31日までの間に行うべき源泉徴収については，基準所得税額の2.1パーセントに相当する復興特別所得税が付加される結果，その税率は20.42パーセントになります（復興財源確保法第9条，第26条～第28条）。

　国内に恒久的施設を有しない外国法人には，上記年金等について法人税が課されません。なぜなら，国内に恒久的施設を有しない外国法人が課税を受ける国内源泉所得（法人税法第141条第2号）には，上記年金等が含まれていないからです（法人税法第138条第1項第2号の「国内にある資産の運用又は保有により生ずる所得」からは，所得税法第161条第1項第14号に該当するものが除かれています）。

　したがって，国内に恒久的施設を有しない外国法人は，上記年金等について所得税の源泉徴収のみで日本での課税関係を終了します。

2　租税条約の定め

　日米租税条約には，個人に支払われる退職年金および保険年金については第17条に規定がありますが，法人に対して支払われる年金等についてはとくに規定がありません。日米租税条約は，同条約に明示の規定のない「その他の所得」につ

いて居住地国でのみの課税を認める原則をとっています（同条約第21条）。このため，日米租税条約の下では，上記年金等に対する日本での課税は免除されます。復興特別所得税についても，日米租税条約の免税規定が優先します（復興財源確保法第33条第4項）。

日米租税条約上の免税規定の適用を受ける米国法人は，上記年金等の支払いを受ける前に，上記年金等の支払いを行う内国法人を経由して，所轄の税務署長に対し「租税条約に関する届出書」，「特典条項に関する付表」および居住者証明書を提出しておけば，所得税の免除を受けることができます（実施特例法第3条の2，同法施行省令第2条第1項）。なお，そのような米国法人は，上記年金等の支払前にこの届出書等を提出しなくても，後に還付請求書とともに届出手続をとれば，源泉徴収税の還付を受けることができます（同省令第15条第1項第3号）。

3 日本側当事者の税務

国内税法によれば，国内に恒久的施設を有しない外国法人に対して，上記年金等を支払う内国法人等は，上記課税標準額に20パーセント（復興特別所得税が付加されると20.42パーセント）の税率を乗じた額の所得税の源泉徴収義務を負います。上記年金等の支払いを受けるのが米国法人の場合には，日米租税条約により源泉所得税が免除されます。

第3節　金融類似商品

1　国内税法の定め

(1) 検討の対象

国内税法によれば，以下の金融類似商品により給付を受ける給付補填金，利息，利益，差益は，国内にある営業所等が受け入れた場合または国内にある営業所等を通じて締結された場合には，15号所得として国内源泉所得に該当します（所得税法第161条第1項第15号）。

(a) 定期積金に係る契約に基づく給付補填金（所得税法第174条第3号）[21]
(b) 相互掛金契約に基づく給付補填金（同条第4号）[22]
(c) 抵当証券の利息（同条第5号）[23]
(d) 金貯蓄口座等の利益（同条第6号）[24]
(e) 外貨投資口座の差益（同条第7号）[25]

---

21 定期積金とは，銀行，信用金庫，信用組合等が期限を定めて一定金額の給付を行うことを約して，定期にまたは一定の期間内に数回にわたり受け入れた金銭をいいます。定期積金契約に基づき金融機関が積金者に支払う給付契約金は，掛金の総額より多く，その差額は金融機関が補填することになっています。この掛金と給付金は別個の契約に基づくものであり，この差額（補填金）は，預金利子とは異なるため，所得税法上は，雑所得（所得税法第35条，所得税基本通達35-1(4)）に分類されます（国際税務実務研究会編『国際税務の実務と対策 第1巻』（第一法規）2128頁，754～755頁）。

22 銀行法第2条第4項の相互掛金契約とは，一定の期間掛金を払い込みその期間中または満了のときに一定額の給付金を受け取る仕組みの契約をいい，その給付金と掛金総額の差額は，後になるほど減少し，ついには逆に給付金が掛金総額を上回るようになります（上記注21実務と対策2128頁，755頁）。そして，この超過金額は，所得税法上雑所得（所得税法第35条，所得税基本通達35-1(4)）として取り扱われます。このように，相互掛金は定期積金と類似した商品ですが，相互掛金では，中途給付（借入），自動継続，増額払込みができることになっています（上記注21実務と対策2128頁，755頁）。

23 抵当証券は，抵当証券法に基づき登記所によって発行されるもので，不動産の抵当権と抵当権付き債権を証券化したものです（上記注21実務と対策2128頁，755頁）。抵当証券の利息は，所得税法上雑所得として取り扱われます。

24 金貯蓄口座等の利益とは，金融機関等が販売した金（貴金属のキン）あるいはその他の物品を一定期間経過後にその期間に応じた価額で買い戻すことにより，投資家が売買差益という形で利益を得るものをいいます（上記注21実務と対策2128頁，756頁）。その例としては，金貯蓄口座がありますが，金の販売時点での現物価格と一定期間後に買い取られる先物価格との差を利用した確定利付商品になっています。なお，金貯蓄口座に係る金の売買益は，所得税法上譲渡所得（所得税法第33条）に該当するものとして扱われています（上記注21実務と対策2128頁，756頁）。

(f) 一時払い養老（損害）保険の差益（同条第8号）[26]

上記契約に基づいて支給を受ける給付補填金，利息，利益，差益（以下，これらをまとめて「給付補填金等」と総称します）の源泉地は，上記(a)，(b)，(e)については，国内にある営業所で受け入れられたかどうかにより，また上記(c)，(d)，(f)については，国内にある営業所（(f)の場合には「国内において契約の締結の代理をする者」でもよい）を通じて契約が締結されたかどうかによって，それぞれ決まります。したがって，外国法人が上記の要件を満たす金融類似商品を購入した場合には，外国法人が当該金融類似商品により受け取る給付補填金等は，15号所得である国内源泉所得に該当します。

(2) 課税関係

国内に恒久的施設を有しない外国法人が受け取る給付補填金等で，国内源泉所得にあたるものについては，所得税の課税を受けます（所得税法第5条第4項，第7条第1項第5号，第161条第1項第15号，第178条）。その税額は，給付補填金等の額に15パーセントを乗じた額です（同法179条第3号）。そして，給付補填金等を支払う内国法人等は，その支払いの際，上記金額の所得税の源泉徴収をしなければなりません（同法第212条第1項，第213条第1項第3号ハ）。ただし，2013年1月1日から2037年12月31日までの間に行うべき源泉徴収については，基準所得税額の2.1パーセントに相当する復興特別所得税が付加される結果，その税率は15.315パーセントになります（復興財源確保法第9条，第26条〜第28条）。

国内に恒久的施設を有しない外国法人には，上記給付補填金等について法人税

25　外貨投資口座の差益とは，外貨預金の預入れと同時に外国為替予約を締結することにより，解約時における元本および利息を邦貨により支払うことが確約されているものです（上記注21実務と対策2128頁，756頁）。

26　一時払い養老（損害）保険の差益とは，生命保険契約もしくは損害保険契約等で保険料または掛金を一時に支払うこと等を内容とするもののうち，保険期間または共済期間が5年以下のもの（5年を超えるもので，5年以内に解約されたものを含む）に基づく差益を意味します（上記注21実務と対策2128頁，756頁）。

が課されません。なぜなら、国内に恒久的施設を有しない外国法人が法人税の課税を受ける国内源泉所得（法人税法第141条第2号）には、給付補塡金等が含まれていないからです（法人税法第138条第1項第2号の「国内にある資産の運用又は保有により生ずる所得」からは、所得税法第161条第1項第15号に該当するものが除かれています）。

したがって、国内に恒久的施設を有しない外国法人は、給付補塡金等について所得税の源泉徴収のみで日本での課税関係を終了します。

なお、給付補塡金等に対して5パーセントの税率で課される道府県民税の利子割は、その支払いを受ける者が、外国法人を含む法人である場合には非課税とされています（地方税法第23条第1項第14号、第24条第1項第5号、第71条の5、第71条の6）。したがって、特別徴収も不要です（地方税法第71条の9）。

2 租税条約の定め

日米租税条約には、給付補塡金等についてはとくに規定がありません[27]。日米租税条約は、同条約に明示の規定のない「その他所得」について居住地国でのみ

---

[27] 日米租税条約第11条第5項によると、公社債の利子のほかすべての種類の信用に係る債権から生じた所得および日本の税法上貸付金から生ずる所得と同様に取り扱われるものは「利子」に該当することになります。給付補塡金等の経済的性質は、預貯金の利子等の利子所得と同様ですが、信用に係る債権から生じた所得といえるかどうか疑義があります。

また、所得税法上の国内源泉所得の定義との関連で見ると、貸付金の利子が10号所得に該当するのに対し、給付補塡金等は15号所得に該当し（所得税法第161条第1項）、源泉徴収税率も前者の場合が20パーセントであるのに対し、後者の場合には15パーセントです。このように、給付補塡金等は、国内税法上、貸付金から生ずる利子とは課税上の取扱いが異なります。したがって、給付補塡金等は、日米租税条約上「利子」として取り扱われる余地はなく、同条約には給付補塡金等に関する規定は存在しないと考えられます（1971年日米租税条約につき同様の結論を示すものとして、上記注2松上・源泉国際課税255頁、257頁参照）。

の課税を認める原則をとっている（同条約第21条）ので，給付補填金等に対する日本での課税は免除されます。復興特別所得税についても，日米租税条約の免税規定が優先します（復興財源確保法第33条第4項）。

　日米租税条約の免税規定の適用を受ける米国法人は，給付補填金等の支払いを受ける前に，当該支払いを行う内国法人等を経由して，所轄の税務署長に対し「租税条約に関する届出書」，「特典条項に関する付表」および居住者証明書を提出しておけば，所得税の免除を受けることができます（実施特例法第3条の2，同法施行省令第2条第1項）。なお，そのような米国法人は，上記給付補填金等の支払前にこの届出書等を提出しなくても，後に還付請求書とともに届出手続をとれば，源泉徴収税の還付を受けることができます（同省令第15条第1項第3号）。

3　日本側当事者の税務

　国内税法によれば，国内に恒久的施設を有しない外国法人に対して，国内源泉所得にあたる給付補填金等を支払う内国法人等は，15パーセント（復興特別所得税が付加されると15.315パーセント）の税率で源泉徴収義務を負います。給付補填金等の支払いを受ける者が米国法人の場合には，日米租税条約により源泉所得税が免除されます。

　外国法人が受け取る給付補填金等については，道府県民税利子割の特別徴収を行う必要はありません。

第4節　広告宣伝用の賞金

1　国内税法の定め

（1）検討の対象

　所得税法の規定によれば，国内において行われる事業の広告宣伝のために賞として支払われる金品その他の経済的利益は，13号所得として国内源泉所得に該当します（同法第161条第1項第13号，同法施行令第286条）。

このように，広告宣伝用の賞金等の源泉地は，国内において行われる事業の広告宣伝のためのものであるかによって決まるので，例えば，外国法人が日本企業の行う国内での広告宣伝キャンペーン等に応募して獲得した賞金等は，国内源泉所得に該当します。

（2）課税関係

　国内に恒久的施設を有しない外国法人が受け取る上記賞金等については，所得税の課税を受けます（所得税法第5条第4項，第7条第1項第5号，第161条第1項第13号，第178条）。その税額は，その賞金等の額から50万円を控除した残額に20パーセントを乗じた額です（同法第179条第1号，第169条第4号）。そして，上記賞金等を支払う内国法人等は，その支払いの際，上記金額の所得税の源泉徴収をしなければなりません（同法第212条第1項，第213条第1項第1号ロ）。ただし，2013年1月1日から2037年12月31日までの間に行うべき源泉徴収については，基準所得税額の2.1パーセントに相当する復興特別所得税が付加される結果，その税率は20.42パーセントになります（復興財源確保法第9条，第26条～第28条）。なお，賞金等が金銭以外のもので支払われる場合には，その価額の計算方法がさらに細かく規定されています（所得税法第213条第1項第1号ロ，同法施行令第329条第1項，第321条，所得税基本通達205-9～205-11）。

　国内に恒久的施設を有しない外国法人が得る上記賞金等については，日本で法人税が課されると考えられます。これは，国内に恒久的施設を有しない外国法人が課税を受ける国内源泉所得のうち，13号所得は「国内にある資産の運用又は保有により生ずる所得」（法人税法第138条第1項第2号）からは除外されているものの，その他国内に源泉がある所得（同項第6号）には含まれると解されるからです[28]。

　したがって，国内に恒久的施設を有しない外国法人は，上記賞金等を得た場合

---

28 「その他国内に源泉がある所得」（法人税法第138条第1項第6号）の中には，国内において行う懸賞募集に基づいて懸賞として受ける金品その他の経済的な利益に

には，その所得を申告し，法人税を納付しなければなりません（法人税法第144条の6第2項，第144条の10）。

　具体的な手続は，まず，国内に恒久的施設を有しない外国法人は，上記所得を有することとなった日以後2カ月以内に，納税地，国内において行う事業など一定の事項を記載した届出書等を納税地の所轄税務署長に提出する必要があります（法人税法第149条）。そして，当該外国法人は，事業年度終了の日の翌日から2カ月以内に，所轄税務署長に対して確定申告書を提出し（同法第144条の6第2項），法人税を納付しなければなりません（同法第144条の10）。

　外国法人の国内源泉所得に係る所得の金額は，内国法人の各事業年度の所得の金額の計算の規定に準じて計算されます（法人税法第142条の10が準用する第142条，同法施行令第191条が準用する第184条）。税率は，内国法人に対して適用される税率と同様，原則として23.2パーセントですが（法人税法第143条第1項），法人税額の4.4パーセント（2019年10月1日以降に開始する事業年度からは10.3パーセント）に相当する地方法人税が付加されます（地方法人税法第4条，第6条第1号ロ，第9条，第10条第1項）。賞金等の支払いの際に源泉徴収された所得税は，上記の法人税の額から控除されます（法人税法第144条が準用する同法第68条）。

　なお，国内に恒久的施設を有しない外国法人は，上記賞金等について，法人住民税（道府県民税・市町村民税）および事業税を課されることはありません（地方

係る所得が含まれます（同法施行令第180条第4号）。したがって，13号所得に当たる賞金等は，この中に含まれると考えられますが，他方で，法人税法第138条第1項第2号かっこ書きのように，13号所得を除外する旨の規定がありません。このため，国内に恒久的施設を有しない外国法人が得る上記賞金等については，日本で法人税が課されると考えられます。

　平成26年度税制改正前の国内税法の下では，上記賞金等については法人税の課税はなく，所得税の源泉徴収のみで課税関係が終了していました（仲谷栄一郎・井上康一・梅辻雅春・藍原滋『外国企業との取引と税務（第5版）』（商事法務，2013）353頁）から，同税制改正によって課税関係が変わったことになると考えられます。これは立法上の過誤かもしれません。

税法第23条第1項第18号,第24条第3項,第72条第5号,第72条の2第6項,第292条第1項第14号,第294条第5項,同法施行令第7条の3の2,第10条,第46条の2の3)。

2 租税条約の定め

　日米租税条約には,賞金等についてはとくに規定がありません。日米租税条約は,同条約に明示の規定のない「その他所得」について居住地国でのみの課税を認める原則をとっている(同条約第21条)ので,上記賞金等に対する日本での課税は免除されます。復興特別所得税についても,日米租税条約の免税規定が優先します(復興財源確保法第33条第4項)。

　日米租税条約の免税規定の適用を受ける米国法人は,所得税については,上記賞金等の支払いを受ける前に,当該支払を行う内国法人等を経由して,所轄の税務署に対し,「租税条約に関する届出書」,「特典条項に関する付表」および居住者証明書を提出しておけば,免除を受けることができます(実施特例法第3条の2,同法施行省令第2条第1項)。さらに,米国法人は,法人税については,事業年度終了の日の翌日から2カ月以内に,「租税条約に関する届出書」(特典条項関係書類の添付を要す)を提出することで申告義務を免除されます(実施特例法施行省令第9条の2第9項)。

3 日本側当事者の税務

　国内税法によれば,国内に恒久的施設を有しない外国法人に対して,上記賞金等を支払う内国法人等は,上記課税標準額に20パーセント(復興特別所得税が付加されると20.42パーセント)の税率を乗じた額の所得税を源泉徴収する義務を負います。上記賞金等の支払いを受ける者が米国法人の場合には,日米租税条約により源泉所得税が免除されます。

第 2 編

恒久的施設を有する外国法人

第1章 恒久的施設とは

本章の概要

　外国法人に係る日本の課税関係を検討する場合，当該外国法人が国内に「恒久的施設」を有するか否かにより課税の有無や法人税の課税標準の計算の枠組みが異なりうるので，恒久的施設の有無を確認することが重要です。本章では「恒久的施設」の意義を明らかにします。
　第1節　恒久的施設の意義
　第2節　国内税法の定め
　第3節　租税条約の定め

第1節　恒久的施設の意義

　国際税務においては事業所得[1]に関して「恒久的施設（PE[2]）なければ課税なし」という基本的原則があります。例えばA国内で事業所得を稼得する外国法人がある場合，この外国法人がA国内に恒久的施設を有しなければA国は当該事業所得について課税権を有しないことになります。このように，事業所得の源泉地

1　詳細については第2部第1編第1章（110頁）を参照してください。
2　一般的に「恒久的施設」="Permanent Establishment"はその頭文字をとってPEとよばれています。恒久的施設の歴史的発展については，Skaar, Arvid A., Permanent Establishment : Erosion of a Tax Treaty Principle（1991, Kluwer）65頁以下に詳述されています。

国における課税権の有無を判定する際のメルクマールとなるのが恒久的施設の存在です[3]。

OECDモデル条約第5条第1項において恒久的施設は,「この条約の適用上,『恒久的施設』とは,事業を行う一定の場所であって企業がその事業の全部または一部を行っている場所をいう。」と定義されています。この定義を受けて同項のコメンタリーパラグラフ6は恒久的施設の本質的属性について,事業を行う場所があること,事業を行う場所はある程度の恒久性をもって一定の場所に固定されていること,および,事業を行う一定の場所において現に事業活動が遂行されていることを挙げています[4]。

第2節　国内税法の定め

国内税法上の恒久的施設の定めを検討するにあたっては,OECDにおける議論の展開と読み合せることが,帰属主義への移行やBEPS行動7（恒久的施設認

---

[3] 恒久的施設があると判定された場合,源泉地国の課税方法にはいわゆる総合主義による課税（エンタイアインカム方式）と帰属主義による課税（アトリビュータブルインカム方式）の二つの方法がありますが,日本が現在締結しているすべての租税条約で事業所得に係る規定があるものにおいては帰属主義をとっています。日本の国内税法も平成26年度税制改正により総合主義から帰属主義へと移行しました。

[4] 2017年OECDモデル条約第5条は以下の9項よりなっています。
  第1項　恒久的施設の定義
  第2項　恒久的施設に含まれる具体的な場所の例示
  第3項　建設PEに含まれる工事等の期間
  第4項　恒久的施設を構成しない事業活動・場所
  第4.1項　第4項の濫用防止規定
  第5項　代理人PEの範囲
  第6項　独立代理人の除外
  第7項　子会社
  第8項　企業と密接に関連する者の定義

定の人為的回避の防止)への対応のなかでさらに有用になっています[5]。本節でも,そのように検討を進めていきます。

なお,国内法の適用にあたって,租税条約において恒久的施設につき国内法の定めと異なる定めがある場合には,租税条約上の定めが優先することが規定され

1961年の OECD 発足後に公表された1977年モデル条約以来2014年モデル条約に至るまで,恒久的施設の定義規定である第5条の条文自体は変更されていません。その間2011年の恒久的施設に関する discussion draft 以降2017年 OECD モデル条約のリリースまで第5条のコメンタリーも改訂されていません。その後 BEPS 行動7(恒久的施設認定の人為的回避の防止)最終報告書(2015年10月5日)の勧告を反映して2017年 OECD モデル条約第5条条文およびコメンタリーが改訂されています。下記の3点で恒久的施設の定義を拡張しています。
1. 代理人 PE の定義の拡張(コミッショネア・モデル等による代理人 PE 認定回避への対応)のために第5項,第6項を改訂
2. 第4項に列挙された PE 認定対象から除外される活動のうち(a)から(d)の範囲を準備的または補助的な性格のものに縮小するよう改訂
3. 契約細分化による建設 PE 認定回避への対応のために第3項のコメンタリーを改訂

平成30年度税制改正において上記の OECD 勧告を国内法令等に反映する改正が行われています。ただし,既存の租税条約の規定が常に国内法に優先して適用される(法人税法第2条第12号の19ただし書き)ので,実効性を担保するという観点からは,国内法令等の改正に加えて,既存の租税条約においても,行動7の勧告を反映した改正が必要です。諸外国との条約改定交渉を一つに取りまとめることでこれを迅速に可能にするための手段として,2017年6月7日に,日本を含む各国が「税源浸食及び利益移転を防止するための租税条約関連措置を実施するための多数国間条約」(BEPS 防止措置実施条約)に署名しています。ただし,モデル条約第5条の改訂については留保している国もあります。留保されたものについては別途各国毎に改訂交渉することになります。

5 「恒久的施設をめぐる国内外の状況に鑑み,恒久的施設認定を人為的に回避することによる租税回避に対応する等のため,国内法上の恒久的施設認定の範囲を国際的なスタンダードにあわせることとされました。」とされています。(寺崎寛之ほか『改正税法のすべて 平成30年版』(大蔵財務協会,2018) 658頁)。

ています（法人税法第2条第12号の19ただし書き）。

1 恒久的施設の種類

法人税法第2条第1項第12号の19においてその形態別に次の3種類の恒久的施設が列挙されています[6]。

(1) 事業所PE

外国法人の国内にある支店，工場その他事業を行う一定の場所で政令で定めるものとされています（法人税法第2条第12号の19イ）。

政令で定める場所は，(i)支店，出張所その他の事業所もしくは事務所，工場または倉庫（倉庫業者がその事業の用に供するものに限る），(ii)鉱山，採石場その他の天然資源を採取する場所，(iii)その他事業を行う一定の場所で(i)(ii)に掲げる場所に準ずるものです（法人税法施行令第4条の4第1項）。

(iii)の「準ずるもの」の例示として倉庫，サーバー，農園，養殖場，植林地，貸しビル等，事業活動の拠点としているホテルの一室，展示即売場等その他これらに類する場所が挙げられています（法人税基本通達20-1-1）。

---

[6] 平成26年度税制改正により，法人税法第2条第12号の19において「恒久的施設」の定義規定が新設されています。各PEの呼称につき，平成26年度税制改正前には「1号PE」などと旧法人税法第141条の号数による略称が多用されていましたが，同改正後は「号」ではなく第2条第12号の19「イ」「ロ」「ハ」となったため同様の略称が難しくなりました。この本では従前の「1号PE」「2号PE」「3号PE」をそれぞれ「事業所PE」「建設PE」「代理人PE」とよぶことにします。また，この改正以前は恒久的施設の種類（事業所，建設，代理人）により課税方法が異なっていましたが，同改正後は恒久的施設に帰属する所得は恒久的施設が担う機能および負担するリスクに応じて算定されることとなり，恒久的施設の種類による課税対象所得の違いはなくなりました。また，恒久的施設に帰属しなくても法人税を課税される所得の課税標準の計算はPE帰属所得の計算とは別に定められています。なお，平成30年度税制改正は以上の点をそのまま踏襲しています。詳細は次章で検討します。

なおサーバーも PE になり得ますが、東証のコロケーションサービスを利用して取引に参加する外国投資家が国内に恒久的施設を有するものと認定されるかにつき国税庁に照会し、外国投資家が東証のサーバー内に取引のためのコンピュータプログラム等のデータを格納するのみであり、そのサーバーを自由に処分することも使用収益することもできないのであれば、恒久的施設の認定はないことを確認したとしています（2011年6月16日付け東証 HP 公表）。この回答は OECD が事業所 PE 認定のための要件として挙げているものを満たしていない点で OECD の立場[7]と整合性があるものとなっているようです。

（2）建設 PE

外国法人の国内にある建設もしくは据付けの工事またはこれらの指揮監督の役務の提供を行う場所その他これに準ずるものとして政令で定めるものをいいます（法人税法第2条第12号の19ロ、法人税基本通達20-1-4）。

政令で定めるものとは、外国法人の国内にある長期建設工事等（建設もしくは据付けの工事またはこれらの指揮監督の役務の提供で1年を超えて行われるもの）を行う場所をいいます（法人税法施行令第4条の4第2項）。さらに建設工事の契約の分割による人為的な PE 認定回避に対応しています（同条第3項）。

一定の作業の指揮監督の役務の提供が恒久的施設に含まれる点に注意してください。このような国内法に対して、作業の指揮監督の役務の提供を恒久的施設の

---

[7] 2017年モデル条約第5条のコメンタリーパラグラフ10は「The term "place of business" covers any premises, facilities or installations used for carrying on the business of the enterprise whether or not they are used exclusively for that purpose. A place of business may also exist where no premises are available or required for carrying on the business of the enterprise and it simply has a certain amount of space at its disposal. （中略） This may be the case for instance where the foreign enterprise has at its constant disposal certain premises or a part thereof owned by the other enterprise.」と述べており、企業が一定の空間を継続的に制約なく自由に使える状態を事業所 PE を認定するための要件としています。

定義に含まない租税条約も数多くあります。

（3）代理人 PE

外国法人が国内に置く自己のために契約を締結する権限のある者その他これに準ずる者で政令で定めるものをいいます（法人税法第2条第12号の19ハ）。

政令で定める者とは，国内において外国法人に代わって，その事業に関し，反復して次に掲げる契約を締結し，または当該外国法人によって重要な修正が行われることなく日常的に締結される次に掲げる契約の締結のために反復して主要な役割を果たす者を意味します（法人税法第2条第12号の19ハ，同法施行令第4条の4第7項の「契約締結代理人等」，法人税基本通達20-1-5～7）。問屋（商法第551条）も契約締結代理人等に該当します[8]。

一　当該外国法人の名において締結される契約
二　当該外国法人が所有し，または使用の権利を有する財産について，所有権を移転し，または使用の権利を与えるための契約
三　当該外国法人による役務の提供のための契約

8　上記注4（393頁）の2017年 OECD モデル条約第5条における代理人 PE の拡張に対応して，国内法上も同様に拡張しています。さらに2017年 OECD モデル条約第5条と平仄を合わせるために，平成30年度税制改正で在庫保有代理人および注文取得代理人にかかる国内法の規定を削除しています。在庫保有代理人については，契約締結には一切関与せず，単に資産の引渡しという事実行為のみを行う場合については，後述のとおり，法人税法施行令第4条の4第5項により，本人の国内における活動の全体が準備的または補助的な性格のものであるか否かにより事業所 PE 該当性を判定し，一方で，その行為が契約締結に関与する場合には，注文取得代理人とともに契約締結代理人等の規定に吸収されたと考えられます。また，いわゆる同業者代理人（同改正前法人税法施行令第4条の4第3項第1号かっこ書き）についても規定を削除しています。同業者代理人は後述の独立代理人の規定と重複していたからであると考えられます。

2 恒久的施設から除かれるもの

次の活動の区分に応じた各場所は、恒久的施設から除かれます（法人税法施行令第4条の4第4項）。

(1) 事業所PEに該当しない場所——準備的・補助的活動

次のような準備的・補助的活動を行う各場所は事業所PEに含まれないものとされています（法人税法施行令第4条の4第4項、法人税基本通達20-1-2～3）。

(a) 外国法人に属する物品または商品の保管、展示または引渡しのためにのみ施設を使用する場合の当該施設（同項第1号）

(b) 外国法人に属する物品または商品の在庫を保管、展示または引渡しのためにのみ保有する場合の当該保有のみを行う場所（同項第2号）

(c) 外国法人に属する物品または商品の在庫を他の事業を行う者による加工のためにのみ保有する場合の当該保有のみを行う場所（同項第3号）

(d) 事業のために物品もしくは商品を購入し、または情報を収集することのみを目的として、法人税法施行令第4条の4第1項に掲げる事業所を保有する場合の当該場所（同項第4号）

(e) 前記(a)から(d)の活動以外の活動を行うことのみを目的として事業所を保有する場合の当該場所（同項第5号）

(f) 前記(a)から(e)を組み合わせた活動を行うことのみを目的として事業所を保有する場合の当該場所（同項第6号）

例えば、外国法人の駐在員事務所には上記(d)のような機能を果たしているものが多く見られますが、この除外規定の適用により、当該外国法人が(d)のような準備的または補助的な活動のためにのみこのような場所を有していることのみによっては事業所PEを有すると認定されることはありません。

なお、事業所PEから除外されるものについては、一定の場合除外を認められない例外が設けられています。すなわち、外国法人本人およびその代理人および関連者それぞれの事業を行う一定の場所が一体的な業務の一部として補完的な機

能を果たす場合には，その一体的な活動の全体が準備的または補助的な性格のものである場合に限り，それらの場所は事業所PEから除外されるものとしています（法人税法施行令第4条の4第5項により事業所PEから除外される場所に制限を加えています）。

　この点につき外国事業者が行うインターネット販売に関連して国内において当該事業の用に供されていたアパートおよび倉庫が当該事業者の恒久的施設に該当するとする判決がありました（東京高裁平成28年1月28日判決・訟務月報63巻4号1211頁（最高裁平成29年4月14日決定（判例集未登載）により確定），原審東京地裁平成27年5月28日判決・税務訴訟資料（250号〜）265号順号12672）。納税者は，日米租税条約の恒久的施設に関する条項において恒久的施設から除外される活動「企業に属する物品の保管または商品の保管，展示または引渡し」にのみ施設が使用されている場合には恒久的施設に当らない旨の主張を行いましたが，裁判所はこれに対してそのような活動自体が外国事業者の事業にとって準備的または補助的な性格の活動でなければならないとしたうえで，その外国事業者の活動が在庫の単なる保管，引渡しを超えた重要かつ必要不可欠の機能であるとして恒久的施設に該当するものと判断しています。この判決では，日米租税条約第5条第4項（恒久的施設から除外される場所または活動）(a)〜(d)について，それらの場所または活動が，さらに，企業の活動にとって「準備的または補助的な」性格のものであることが要件であると解釈されています。この点については，その後出た2017年OECDモデル条約コメンタリーを見ると，議論なしとは言えないようです[9]。ま

9　2017年モデル条約以前は，OECDモデル条約第5条第4項(a)から(d)に該当すればPEから除外されるように定められていましたが，2017年モデル条約ではさらに「準備的または補助的」の要件が必要とされました。なお，この点を含むPE関連の論点について2010年改訂以降に行われたPEに関する議論の成果は2014年モデル条約には反映しないでさらに議論を継続し，BEPS行動7（恒久的施設認定の人為的回避の防止）2015年最終報告書でとりまとめた勧告内容が，2017年モデル条約において一括して反映されています。BEPS行動7の2015年最終報告書のBackgroundのパラグラフ4および2017年OECDモデル条約第5条のコメンタリーパラグラフ

た，外国事業者の事業全体との関係で国内における活動が本質的で重要な部分を形成するか否かの事実認定においても疑問なしとは言えないようです。

(2) 代理人PEに設当しない者——独立代理人

代理人がその業務を外国法人から独立して行い，かつ，通常の方法により行う場合で，代理人等が自己と一定の特殊の関係にある本人に対して専属的に業務を行う者でない場合には，当該代理人等は法人税法施行令第4条の4第7項にいう契約締結代理人等には含まれません（法人税法施行令第4条の4第7項，第8項，法人税基本通達20-1-8）[10]。

(3) 代理人PEに該当しない者——準備的・補助的活動としての購入契約の代理人等[11]

外国法人に代わって国内において反復して契約し，または契約締結のために主要な役割を果たす者であっても，当該契約がその外国法人が物品もしくは商品を

　　4には，この改訂がそれ以前の第5条の解釈に遡及的に影響をおよぼすべきものではないことを述べています。

10　平成20年度税制改正により恒久的施設とされる代理人等の範囲から独立代理人が除かれたのですが，これに併せて，国外ファンドと投資一任契約を締結し特定の投資活動を行う国内の投資運用業者が独立代理人にあたるかどうかの判定について，2008年6月27日に金融庁が「参考事例集」および「Q&A」を公表しています。この中に専属的代理人（その事業活動の全部（または相当部分）を本人との取引に依存して行っている代理人）の本人からの経済的独立性等にかかる参考事例があります。「独立」の要件等，特に，平成30年度税制改正により規定された法人税法施行令第4条の4第8項ただし書き（代理人が「専ら又は主として一又は二以上の自己と特殊の関係にある者に代わって行動する場合はこの限りではない。」）が，この経済的独立性に係る参考事例を修正するのかどうか，注意が必要です。

11　平成30年度税制改正以前は「購入代理人」として一切の購入契約の代理業務が明文で代理人PE認定対象業務から除外されていましたが，同改正後は代理人の行う業務が本人の事業活動にとって準備的・補助的な活動にとどまる限りにおいて購入代理人はPEに該当しないという整理になっています。

購入するための契約である場合で、その購入活動が外国法人の事業の遂行にとって準備的または補助的な性格のもののみである場合には当該代理人は「契約締結代理人等」には該当しません（法人税法施行令第4条の4第7項本文かっこ書き、第4項第4号は準備的または補助的性格の購入活動があることを示唆しています）。

(4) PE帰属所得を非課税とする場合──投資組合の一定の外国組合員

投資組合契約（投資事業有限責任組合契約に関する法律第3条第1項に規定する投資事業有限責任組合契約および外国組合契約）に基づいてPEを通じて事業を行う投資組合について、一定の外国法人組合員についてはPEに帰属する組合からの所得（所得税法上の4号所得、法人税法上のPE帰属所得）に対する所得税および法人税を課さないことと規定されています（租税特別措置法第41条の21第1項、第2項、第67条の16第1項）。

3　恒久的施設から除かれるものの例外

事業所で行う活動が細分化されている場合（法人税法施行令第4条の4第5項）、および長期建設工事現場等における活動が契約により細分化されている場合（同条第6項）には、それらの活動が準備的・補助的活動か否かの判定は細分化活動の全体を見て判定することとなっています。

第3節　租税条約の定め

租税条約は両締約国間における二重課税の回避および脱税の防止を目的に締結されるものですが、事業所得に係る国家間の課税権の調整にあたっては先に第1節（392頁）で述べたとおり恒久的施設なければ課税なしとする国際税務の基本的原則が適用されることになります。各条約中ではまず「恒久的施設」の内容、とくにその範囲が定義されています。なお、法人税法第2条第12号の19において法人税法上の恒久的施設の定義を租税条約上の恒久的施設の定義に読み替える旨規定されています。

1　日米租税条約

ここで日米租税条約第5条の恒久的施設の定義を検討します。なお，日米租税条約は2017年OECDモデル条約には準拠していません。

恒久的施設の有無は次の各条の適用関係に影響します。まず第7条（事業所得）について恒久的施設なければ課税はありません。次に第10条（配当），第11条（利子），第12条（使用料）の各条に定められた源泉税の限度税率については，源泉地国にある恒久的施設にそれらの所得が帰属する場合にはその適用はなく，第7条が適用されます。また，第13条（譲渡収益）および第21条（その他の所得）にそれぞれ規定される一定の所得についても，恒久的施設への帰属[12]の有無により源泉地国の課税権が異なります。第5条各項の内容を要約すると以下のとおりです。

第1項　恒久的施設の定義
第2項　第1項中の「事業を行う一定の場所（a fixed place of business）」の例示
第3項　12カ月超の期間存続する建設等は恒久的施設を構成すること
第4項　「事業を行う一定の場所」に関する機能面からの例外
第5項　代理人が恒久的施設に該当する場合
第6項　第5項の例外（独立代理人）
第7項　関係会社の事業活動を資本関係を通じて間接的に支配している事実は恒久的施設の判定において考慮しないこと

12　日米租税条約第13条第4項においては，譲渡収益が恒久的施設の事業用資産を構成する財産（不動産を除く）の譲渡から生じる収益である場合には，恒久的施設の所在地国において租税を課すことができると規定しています。また第21条第2項においては，その他の所得の受益者が恒久的施設を通じて事業を行う場合において，所得の支払いの起因となる権利または財産がその恒久的施設と実質的な関連を有するものである場合には，その所得は第7条の適用対象とする旨規定しています。いずれの場合も恒久的施設への帰属とは少し異なる規定ぶりとなっています。

(1) 第1項

事業を行う一定の場所でそれを通じて企業がその事業の全部または一部を行っている場所を恒久的施設としており，法人税法上の事業所PE，建設PE，代理人PEを包括する定義となっています。

(2) 第2項

第1項の定義に該当する場所を例示列挙しています。OECDモデル条約と同様に「事業の管理の場所（a place of management）」も例示されています。

(3) 第3項

建設工事等の恒久的施設を規定しています。法人税法上の建設PE（長期建設工事現場等）に対して，日米租税条約上は建設工事等の指揮監督の役務提供を含まない点において，より狭い規定となっています[13]。なお，恒久的施設が認定されるための建設工事等の存続期間は12カ月超であり，国内法と同じです。

(4) 第4項

第4項においては，事業を行う一定の場所のうち恒久的施設にならないものとして次の機能のためにのみ用いられる場所を列挙しています[14]。

(a) 企業に属する物品または商品の保管，展示または引渡しのためにのみ施設を使用すること

(b) 企業に属する物品または商品の在庫を保管，展示または引渡しのためにの

---

[13] OECDモデル条約と実質的に同様の規定となっています。2017年OECDモデル条約第5条のコメンタリーパラグラフ50（2010年OECDモデル条約第5条コメンタリーパラグラフ17と同じです）によれば「建設工事現場または建設もしくは据え付けの工事」には建物の建設に加えて道路，橋，運河の建設，パイプラインの敷設，掘削工事，浚渫工事が含まれます。

[14] 2017年改正以前のOECDモデル条約第5条第4項と同様の規定となっています。上記注9参照。

み保有すること
(c) 企業に属する物品または商品の在庫を他の者による加工のためにのみ保有すること
(d) 企業のために物品もしくは商品を購入しまたは情報を収集することのみを目的として事業を行う一定の場所を保有すること
(e) 企業のためにその他の準備的もしくは補助的な性格の活動を行うことのみを目的として事業を行う一定の場所を保有すること
(f) (a)から(e)に掲げた活動を組み合わせた活動を行うことのみを目的として事業を行う一定の場所を保有すること。ただし、当該一定の場所における活動の全体が準備的または補助的な場合に限る。

先に第2節2（1）（398頁）で見たとおり、国内税法が事業所PEから除外する場所は上記(a)から(f)の日米租税条約がPEから除外する場所と同様の場所となっていますが、国内税法上は(a)から(d)についても外国法人の事業の遂行にとって準備的または補助的な性格の活動であることを要件として付加しています。この点で日米租税条約の事業所PEは国内税法の事業所PEより狭くなっています[15]。

（5）第5項

日米租税条約をはじめ多くの租税条約上では、代理人PEが契約締結権限を有していることが要件になっているようです。

なお、2010年OECDモデル条約第5条第5項のコメンタリーパラグラフ33によれば、正式な書面や授権がなくても実質的に合意し、その結果として当事者に

---

15 この点については本章第2節2(1)で取り上げた東京高裁平成28年1月28日判決（399頁）においても争点となっています。日米租税条約第5条第4項およびこれに対応するOECDモデル条約の条項にかかる従来の一般的な解釈としては、第5条第4項(a)から(d)の場所であれば、準備的または補助的という要件の充足の有無にかかわらず、事業所PEに該当しないというものでした。上記注9にあるとおり、2017年モデル条約で第5条第4項自体を改訂することで、OECDは従来の一般的な解釈とは異なる立場を新たに採用したようです。

法的拘束力を及ぼすことができる法的な権限を有する者は代理人PEに該当する権限を行使する者に該当するものとしています[16]。この考え方は，日米租税条約の解釈上も参酌されると考えられます。

(6) 第6項

第6項は，仲立人，問屋その他の独立の地位を有する代理人であって通常の方法でその業務を行う者，いわゆる独立代理人について規定しています。同項によると，契約締結権限を常習的に行使する者を通じて事業を行う場合であっても同者が本人に対して独立性を有する代理人に該当する限りは恒久的施設を有することにはなりません。

なお，平成30年税制改正により国内法上は問屋は恒久的施設に該当することとなった（法人税法第2条第12号の19ハ，同法施行令第4条の4第7項第2号）と考えられますが，日米租税条約上は，問屋（コミッショネア）は委託者本人を法的に拘束しない点で代理人PEに該当しないと考えられます[17]。この点に関して日米租税条約第5条第6項は2017年改訂以前のOECDモデル条約と同じ規定ぶりと

---

16 2010年モデル条約第5条第5項のコメンタリーパラグラフ33第4文は以下のとおり規定しています。

A person who is authorized to negotiate all elements and details of a contract in a way binding on the enterprise can be said to exercise this authority "in that State", even if the contract is signed by another person in the State in which the enterprise is situated or if the first person has not formally been given a power of representation.

なお，2017年モデル条約第5条第5項のコメンタリーパラグラフ87においても，契約に実質的に合意し，その結果として当事者に法的拘束力を及ぼすことができる法的な権限が実質的に与えられていれば第5項の常習代理人に該当することが述べられています。

17 日米租税条約第5条第5項と同様の規定である2017年改訂以前のOECDモデル条約第5項の解釈について仲谷栄一郎・中島真嗣「問屋（コミッショネア）の税務問題（下）」NBL1031号55頁参照。

なっています。そこでは仲立人（broker）や問屋（general commission agent）という法律的な代理人には該当しないものがあたかも代理人の一類型として記載されています。この general commission agent はコミッショネアを意味するものとされています[18]。しかし，問屋（コミッショネア）はそもそも法律上の代理人に該当しないので，本人に対して独立か否かを問わず日米租税条約上は代理人 PE に該当しないと考えられます。

（7）第7項

　一方の締約国の居住者と資本関係を有する者が他方の締約国で事業を行う場合，一方の締約国の居住者が他方の締約国に恒久的施設を有するかどうかの判定にあたっては，当該資本関係を通じて間接支配している事実を考慮しないというものです。したがって，子会社が恒久的施設に該当するかどうかの判定においても，第1項から第6項の各要素にのみ基づいてこれを検討することになります。米国法人が日本国内に子会社を有する場合には，通常，当該子会社が米国法人の代理人 PE に該当するかどうかという形で問題となります。

2　その他の租税条約

　日米租税条約以外の租税条約が定める恒久的施設の基本的な枠組みもおおむね国内税法で定めるもの，あるいは日米租税条約で定めるものに重なるものとなっていますが，細かく見ていくと，租税条約ごとに若干の違いがみられます。租税条約上の恒久的施設の範囲が広ければ納税者の居住地国からより多くの課税権が事業所得の源泉地国に配分され，狭ければ逆に源泉地国の課税権が及ぶ範囲も狭くなります。一般的にいえば資本輸入国あるいは発展途上国が一方の締約国である租税条約においては恒久的施設の範囲が広くなる傾向にあります。法人税法第

18　宮武敏夫「恒久的施設の定義に関する2011年10月12日付 OECD ディスカッションドラフトについて」租税研究752号261頁。

2条第12号の19において法人税法上の恒久的施設の定義を租税条約上の恒久的施設の定義に読み替える旨規定されているところ、とくに次のものを恒久的施設に含むか否かの点、および建設作業等の期間の長短に注意する必要があります。

― 在庫保有代理人[19]
― 注文取得代理人[20]
― 建設工事の期間の長短[21]
― 建設作業の指揮監督の役務提供の期間の長短[22]
― 芸能人等の役務提供[23]

---

19 在庫保有代理人を恒久的施設に含める租税条約相手国はアイルランド、インド、インドネシア、スリランカ、タイ、トルコ、ニュージーランド、パキスタン、フィリピン、ブラジル、ヴィエトナム、マレーシアです。

20 注文取得代理人を恒久的施設に含める租税条約相手国はインド、タイ、中国、フィリピンです。

21 日本・タイ租税条約では3カ月超、東南アジア諸国、インド、パキスタン、中国、韓国、メキシコおよびブラジルとの租税条約では6カ月超、その他大多数の国との条約では国内税法と同様に12カ月超の期間に及ぶ建設工事が恒久的施設とされます。

22 建設作業の指揮監督の役務(コンサルタントの役務を含む)の提供自体が恒久的施設とならない条約相手国は米国のほかヨーロッパ各国、アフリカ各国(南アフリカを除く)、カナダ、ニュージーランド、スリランカ、バングラデシュ、ブラジルです。なお、当該役務提供が一定の場所を通じて行われている場合PEに該当するのではないかとの疑問がありますが、2017年OECDモデル条約第5条のコメンタリーパラグラフ50によれば、"On-site planning and supervision of the erection of a building are covered by paragraph 3."とあり、指揮監督の対象である建設作業等自体とこれにかかる指揮監督の役務提供を建設作業と同列のものとしてOECDモデル条約第5条第3項で取り扱っています。したがって指揮監督の役務を提供する法人にとって、建設現場の事業を行う一定の場所を通じて当該役務提供が行われていたとしても指揮監督の対象である建設工事自体に恒久性が欠けている(建設期間が12カ月未満)場合には当該役務もまた事業所PEにはならないと考えられます。

23 芸能人等の役務提供が恒久的施設となる「みなしPE」の規定のある租税条約の

― サービス PE[24]

― 保険業 PE[25]

　なお，租税条約上規定する恒久的施設が，いつの時点ではじめて認定され，またいつの時点でなくなったと認定されるのかは，各条約上は必ずしも明らかではありません。この点については2017年モデル条約コメンタリー第5条パラグラフ44に関連する記述があり，恒久的施設は，その設置のための活動期間を除き，事業活動が開始した時点から，その事業活動の全てが永続的に停止する時まで存在するものとされています。

　　相手国はアイルランド，ブラジルです。
24　上記注22の役務提供以外の一定の役務提供についてこれを恒久的施設とみなして源泉地国に課税権を認めるもの。これを定める租税条約相手国はヴィエトナム（事業関連役務），チリ（企業が行う役務），カタール（プロジェクト関連役務），ニュージーランド（製造・加工役務），オーストラリア（製造・加工役務）です。また，台湾との間の民間租税取り決め（プロジェクト関連役務）ならびにその内容を日本国内で実施するための外国居住者等所得相互免除法およびその関連法令の体系においても同様とされています。
25　保険料を受領すると恒久的施設を認定されるもの，これを定める租税条約相手国はインドネシア，カタール，サウジアラビア，ヴィエトナムです。

第2章　恒久的施設を有する外国法人に対する課税

本章の概要

　平成26年度税制改正において，恒久的施設を有する外国法人に対する課税が大きく変更され，2016年4月1日以降に開始する事業年度から適用されています。そして，改正の前後で結論に変更がなくても，適用される条文や考え方の筋道が異なる場合もあります。

　そこで本章では，恒久的施設を有する外国法人に対する課税の概要を検討し，さらに，改正法の解釈や租税条約との関係について問題が残る点のいくつかを提起します。検討の順序は以下のとおりです。

　　第1節　恒久的施設を設置する場合
　　第2節　恒久的施設を通じて取引を行う場合――所得税の課税
　　第3節　恒久的施設を通じて取引を行う場合――法人税の課税
　　第4節　恒久的施設を廃止する場合
　　第5節　租税条約の定め
　　第6節　日本側当事者の税務

　第1節から第4節において，恒久的施設を有する外国法人のさまざまな活動について生じる課税問題を国内税法のみの観点から検討します。次いで，第5節において，国内税法に基づく課税関係が租税条約によってどのように変更されるのか，あるいはされないのかを検討し，第6節において，恒久的施設を有する外国法人と取引を行う日本側当事者の税務を検討します。

　平成26年度税制改正により，恒久的施設を有する外国法人に対する課税について大きく変更されたのは，以下の点です。

(1)　恒久的施設の種類（事業所，建設，代理人）を問わず，課税方法が同一に

なりました。
(2) 恒久的施設に帰属する所得にはすべて法人税が課されることになり，①恒久的施設に帰属する所得と②恒久的施設に帰属しなくても法人税が課される所得（不動産の譲渡益など）とは課税標準を異にすることになりました（第3節5（422頁））。
(3) 恒久的施設に帰属する所得に係る所得の金額を算定するにあたり，OECDの考え方が取り入れられました。すなわち，OECDは2010年にモデル租税条約とコメンタリーを改定し，恒久的施設を独立した経済主体と仮定して，その恒久的施設と本店や他の国の恒久的施設との間の取引を，あたかも独立した企業の間で行われたものとみなして所得を計算するという考え方を徹底しました。これは"Authorized OECD Approach"（略称"AOA"）とよばれています（第3節4（1）（418頁））。

第1節　恒久的施設を設置する場合

本節では，外国法人が恒久的施設を設置する場合の課税について検討します。外国法人がこれまで恒久的施設を有さずまた国内でいかなる活動も行っていなかったことを前提にします。

1　恒久的施設を設置するまで

外国法人は，恒久的施設を設置するまでは，恒久的施設を有しない外国法人としての課税を受けます。

なお，外国法人が恒久的施設の設置を準備するために支出した費用は，直接必要なものであれば恒久的施設の損金に算入できるとされています[1]。

1　支店の設置の場合につき，渡辺淑夫「外国銀行の日本支店開設費用の取扱いはど

2 恒久的施設を設置した後

(1) 登記との関係

　会社法によると、「外国会社は、日本において取引を継続してしようとするときは、日本における代表者を定めなければなら」ず、「代表者のうち一人以上は、日本に住所を有する者でなければな」りません（会社法第817条第1項）。そして、外国会社は、日本における代表者を定めたときは、3週間以内に、以下の事項を登記しなければなりません（同法第933条第1項）。

・営業所を設けていない場合は日本における代表者（日本に住所を有する者に限る）の住所

・営業所を設けた場合は営業所の所在地

　外国会社の日本における代表者は「一切の裁判上又は裁判外の行為をする権限を有」します（会社法第817条第2項）。そして、そのような権限に基づき、実際に外国会社のために一定の活動（法人税法第2条第12号の19ハ、同法施行令第4条の4第3項）を行うのであれば、代理人PEに該当します。営業所は「取引を継続してしようとする」場合に設置するものなので、原則として事業所PEに該当します。

　ただし、登記は会社法上の要請にすぎず、代表者や営業所を登記していても何も活動をしていない場合は恒久的施設には該当せず、逆に、登記はしていなくても実態として法人税法の定める恒久的施設の要件を満たす場合は恒久的施設に該当します。いずれも事実認定の問題です。

　建設工事または建設工事の監督につき、建設業法上の許可を要する場合には国内に営業所の登記が要求されるため、結果として事業所PEを有することになります。建設業法の定める要件に該当せず許可が不要な場合には、登記などの手続

うなるか」『コンサルタント国際税務事例（改訂増補版）』（税務研究会、2006）731頁、島谷博・古川稔・小堺克已『外国法人課税の実務と理論（2訂版）』（税務研究会、2003）201頁。

をとる必要はありません。外国法人の建設工事または建設工事の監督が建設PEになるかどうかも，登記とはかかわりなく事実認定の問題です。

(2) 税務上の手続

外国法人が日本国内に恒久的施設を設置した場合，設置の日から2カ月以内に，納税地の所轄税務署長に対し，所定の事項を記載した届出書を，本社の貸借対照表，本社の定款，日本における登記などとともに，提出しなければなりません（法人税法第149条，同法施行規則第64条）。

複数の恒久的施設（種類を問わず）を有する外国法人は，それらをまとめて一つの恒久的施設を有するものとみなされます（法人税基本通達20－5－1）。

第2節　恒久的施設を通じて取引を行う場合 ——所得税の課税

恒久的施設を有する外国法人は，一定の種類の所得につき所得税の源泉徴収を受けます。

1　原則

外国法人は，恒久的施設の有無にかかわらず，所得税法に定められた国内源泉所得につき所得税の課税を受け（所得税法第5条第4項，第7条第1項第5号，第178条，第179条），それは源泉徴収の方法で徴収されます（同法第212条第1項，第161条第1項）。それぞれの詳細は割愛しますが，以下の種類の所得です[2]。参考のために改正前の号数を付記します。

2　源泉徴収については恒久的施設の有無にかかわらず同一の取扱いですが，恒久的施設を有する場合には所得税の非課税（すなわち源泉徴収の免除）の特例があります（2（413頁））。

所得税法第161条第1項	改正前
第4号　組合の利益分配	第1号の2
第5号　不動産譲渡による所得	第1号の3
第6号　人的役務提供事業の対価	第2号
第7号　不動産賃料	第3号
第8号　利子所得	第4号
第9号　配当所得	第5号
第10号　貸付金利子	第6号
第11号　使用料	第7号
第12号　給与報酬	第8号
第13号　広告宣伝の賞金	第9号
第14号　保険年金	第10号
第15号　金融類似商品からの所得	第11号
第16号　匿名組合の利益分配	第12号

　所得税法には第12号（改正前第8号）が規定されていますが、性質上、法人には生じないため、所得税法第212条第1項において法人については源泉徴収の対象として規定されていません。

　なお、改正前は、所得税法上の国内源泉所得と法人税法上の国内源泉所得はほぼ同一でした。これに対し、改正後は、法人税法上の国内源泉所得が改正前と大きく変わり（第3節4（417頁））、所得税法上の国内源泉所得と異なるようになりました。

2　特　例

　恒久的施設を有する外国法人は、上記1の原則によれば所得税の課税を受けるべき国内源泉所得の一部につき、一定の条件を満たす場合、所得税が課税されず（所得税法第180条第1項第1号）、したがって源泉徴収も受けません（同法第212条第1項かっこ書き）。

　これは、恒久的施設を有する外国法人をできる限り内国法人と同様に取り扱う

という趣旨に基づくもので[3]、この特例の適用を受けると、恒久的施設を有する外国法人は、内国法人につき所得税が課税（源泉徴収）される所得（所得税法第174条各号）とほぼ同じ種類の所得（国内源泉所得）につき所得税が課され、源泉徴収の方法で徴収されます。

恒久的施設を有する外国法人は、以下に掲げられた国内源泉所得を稼得し、それが恒久的施設に帰せられる場合には、一定の条件のもとで、所得税が課されず源泉徴収を受けません。

所得税法第161条第1項
第4号　組合の利益分配
第5号　不動産譲渡による所得[4]
第6号　人的役務提供事業の対価
第7号　不動産賃料
第10号　貸付金利子
第11号　使用料
第13号　広告宣伝の賞金
第14号　保険年金

恒久的施設を有する外国法人が所得税の免除を受けるためには、まず法人税の納税地の所轄税務署長に対し、申請書および一定の条件を満たすことを示す書類を提出し（所得税法施行令第304条、第305条）、同税務署長から証明書の発行を受け、次にその証明書を所得の支払者に提示しなければなりません。例えば、恒久的施設を有する外国法人が、内国法人に金銭を貸し付け、利子を受け取る場合、

3　租税条約上「PE無差別の原則」というものがあり、恒久的施設に対する課税を、居住者に対する課税よりも不利にしてはならないとの要請があります（例えば、日米租税条約第24条第2項）。そこで、とくに租税条約を締結している相手国の法人の場合、この原則に従う必要があると考えられます。

4　不動産の譲渡の対価については、一定の信託財産に帰せられる場合に限り源泉徴収が免除されるだけで、通常の場合には免除されません。

そのような証明書を借主である内国法人に提示すると，所得税の課税（源泉徴収）を受けません。

なお，この証明書は，有効期限の定めがある場合その有効期限が経過したときなどに効力を失うことがある点に注意する必要があります（所得税法第180条第6項）。

第3節　恒久的施設を通じて取引を行う場合 ——法人税の課税

恒久的施設を有する外国法人に対する法人税の課税につき，外国法人についての特別な定めを中心に検討します。

1　納税義務者

外国法人は，国内源泉所得（法人税法上のもの。以下，本節において同じ）を有するときは法人税を納付する義務があります（法人税法第4条）。改正前は，恒久的施設の有無やその種類などにより，一定の種類の国内源泉所得のみに法人税が課されましたが，改正後は，国内源泉所得にはすべて課税されるようになりました（4（417頁））。

2　事業年度

事業年度とは，法人の財産および損益の計算の単位となる会計期間で，法令または定款において定められているもの[5]をいい，法令または定款にその定めがない場合には，納税地の所轄税務署長に届け出た会計期間または納税地の所轄税務

---

[5] 日本における恒久的施設が外国法人自体の事業年度と異なる事業年度を定めることはできません。ただし，日本の業法が事業年度を一定の期間にすることを要求している場合を除きます。なお，外国法人が事業年度を「毎年12月の最終金曜日から翌年12月の最終木曜日まで」と定めている場合，それを法人税法上の事業年度とす

署長が指定した会計期間をいいます（法人税法第13条第1項）。なお，これらの期間が1年を超える場合には，その期間を開始の日以後1年ごとに区分した各期間（最後に1年未満の期間を生じたときは，その1年未満の期間）となります（同法第13条第1項）。

　事業年度の中途において，外国法人の恒久的施設につき異動が生じた場合は次のようになります。

（1）外国法人が事業年度の中途において国内に恒久的施設を設置した場合

　その事業年度開始の日から設置した日の前日までの期間，および，設置の日からその事業年度終了の日までの期間が，それぞれ事業年度とみなされます（法人税法第14条第23号）。

（2）国内に恒久的施設を有する外国法人が事業年度の中途において恒久的施設を廃止した場合

　その事業年度開始の日から廃止した日までの期間，および，廃止した日の翌日からその事業年度終了の日までの期間が，それぞれ事業年度とみなされます（以下，（1）と（2）を合わせて「みなし事業年度」といいます）（法人税法第14条第24号）。

3　納税地

　恒久的施設を有する外国法人は，その恒久的施設の所在地において納税しなければならず，恒久的施設が複数ある場合は，主たるものの所在地において納税しなければなりません（法人税法第17条第1号）。なお，その納税地が外国法人の事業や資産などから見て不適当であると認められる場合は，その納税地を所轄する国税局長は，他の適切な場所を納税地として指定できます（同法第18条第1項）。

　　ることは認められるようです（上記注1島谷・古川・小堺・外国法人課税の実務と理論28頁）。

4 課税所得の範囲——国内源泉所得

　外国法人には，恒久的施設の有無に応じて，その稼得する国内源泉所得について法人税が課されます（法人税法第9条）。国内源泉所得とは以下の所得で，参考のために改正前の号数を付記します。改正前後で内容は必ずしも一致せず，改正前の第4号（利子所得）以下が改正により削除されたのが注目すべき点です。

　改正前は，恒久的施設を有する外国法人は恒久的施設への帰属の有無を問わずすべての国内源泉所得に課税されていた（いわゆる「総合主義」）のに対し，改正後は，恒久的施設を有する外国法人は（一部の例外（第2号から第6号）を除き）恒久的施設に帰属する所得にのみ課税される（いわゆる「帰属主義」）ことになったため，恒久的施設に帰属しなくても課税されていた国内源泉所得（改正前第4号以下）の一部が削除されたからです（5（422頁））。

法人税法第138条第1項		改正前
第1号	恒久的施設に帰属する所得	第1号
第2号	資産の運用保有による所得（所得税法第161条第1項第8〜11，13〜16号に該当するものを除く）	第1号
第3号	資産の譲渡による所得（政令で定めるもの）	第1号
第4号	人的役務提供事業の対価	第2号
第5号	不動産の賃料	第3号
第6号	その他（政令で定めるもの）	第1号

　なお，改正後の法人税法第138条第1項第2号以下に該当する所得（恒久的施設に帰属しなくても課税される所得）が恒久的施設に帰属する場合，その所得は同項第1号に該当する所得にも重複して該当することになりますが，課税標準の段階で同項第1号に該当する所得に振り分けられます（5（422頁））。

(1) 恒久的施設帰属所得（法人税法第138条第1項第1号）

　恒久的施設に帰属する所得（以下「PE 帰属所得」）は，法人税法第138条第1項第1号により，以下のように定められています（抜粋）。

　　恒久的施設が外国法人から独立して事業を行う事業者であるとしたならば，当該恒久的施設が果たす機能，当該恒久的施設において使用する資産，当該恒久的施設と当該外国法人の本店等との間の内部取引その他の状況を勘案して当該恒久的施設に帰せられるべき所得

　これは，前述のように，OECD の AOA に従ったものです。このような意味において，恒久的施設に帰せられるべき所得は，すべて国内源泉所得に該当し法人税が課されます。そして，PE 帰属所得は他の類型の国内源泉所得と課税標準を異にし，独立して課税されます（5 (422頁)）。

　改正前は，外国法人が国内外で事業を行っている場合につき，国内源泉所得（国内において行う事業から生ずる所得）に該当する所得を，事業の類型ごとに規定していました（旧法人税法施行令第176条）。その判断基準は，AOA とは異なるものであり，とくに，国内において仕入れた資産を国外において譲渡する場合には国内源泉所得は生じないものとされ（仕入非課税。同条第2項），（本支店間の）内部取引から損益は発生しないものとされていた（同条第3項）のが大きな相違点です。

　また，改正前は，旧国外源泉所得の類型に属する所得が恒久的施設に帰属する（例えば，国内の事業所を通じて海外の不動産を販売したことによる所得）場合，国内源泉所得として課税されるか否かという問題があり，この問題に対しては，恒久的施設に帰属しても旧国外源泉所得の類型に属する所得は旧国外源泉所得のままで，日本では課税されないという扱いだった模様です[6]。しかし，改正後は，そのような所得は PE 帰属所得として国内源泉所得に該当し課税されます。

6　改正前における恒久的施設に帰属する旧国外源泉所得の問題につき，井上康一・仲谷栄一郎『租税条約と国内税法の交錯（第2版）』（商事法務, 2011) 353頁以下。

(2) 資産の運用保有による所得(第2号)

　国内にある資産の運用または保有により生ずる所得で，所得税法第161条第1項第8～11，13～16号に該当するものを除いたものは，国内源泉所得に該当し課税されます。所得税法に掲げる一定の所得が国内源泉所得から除かれている結果，それらの所得には法人税が課されずに所得税の源泉徴収のみで日本における課税が完了することになります。

　国内にある資産の運用または保有により生ずる所得の起因となる資産として，国債，地方債，社債，約束手形などが挙げられています(法人税法施行令第177条第1項。法人税基本通達20-2-5)。これらは例示であり，これら以外の所得でも国内にある資産の運用または保有により生ずる所得に該当するものがあります[7]。

(3) 資産の譲渡による所得(第3号)

　国内にある資産の譲渡により生ずる所得として政令で定めるものは，国内源泉所得に該当し法人税が課されます。政令には以下の所得が限定列挙されています[8]。

法人税法施行令第178条第1項
第1号　国内にある不動産の譲渡による所得
第2号　国内にある不動産の上に存する権利の譲渡による所得
第3号　国内にある山林の伐採または譲渡による所得
第4号　内国法人の発行する株式の譲渡で，買い集めた株式の譲渡による所得に

---

[7] 法人税法施行令第177条第1項は「次に掲げる……所得は，……国内源泉所得に含まれるものとする」と規定しているため，例示列挙であることが明らかです。改正前は「次に掲げる所得は……国内源泉所得……とする」と規定しており，同様に例示列挙と解されていました(小松芳明『国際税務』(ぎょうせい，1985)24頁)。

[8] 各号の所得の詳細につき，第2部第1編の第3章(150頁)と第5章(181頁)をご参照ください。

	該当するものおよび事業譲渡類似の株式の譲渡による所得に該当するもの
第5号	不動産関連法人の株式の譲渡による所得
第6号	国内にあるゴルフ場の所有に係る法人の株式の譲渡による所得
第7号	国内にあるゴルフ場の利用権の譲渡による所得

　なお，資産の譲渡による所得は改正前にも国内源泉所得として規定されていましたが，改正後のほうが改正前よりも法人税が課される範囲が狭いです。例えば，改正前には，国内に所在する有価証券の譲渡による所得（旧法人税法施行令第177条第2項第2号ハ）は，外国法人が恒久的施設を有する場合にはそれに帰属しなくても課税されていましたが，改正後には削除されています。

(4) 人的役務提供事業の対価（第4号）

　国内において人的役務の提供を主たる内容とする事業で，政令（法人税法施行令第179条）で定めるものを行う法人が受けるその対価は，国内源泉所得に該当し法人税が課されます。以下の種類の人的役務提供の事業の対価が国内源泉所得に該当します。

法人税法施行令第179条
第1号　芸能人，プロスポーツ選手
第2号　自由職業者
第3号　専門的知識，特別の技能を有する者

(5) 不動産の賃料（第5号）

　国内にある不動産の貸付などの対価は，国内源泉所得に該当し法人税が課されます。

(6) その他 (第6号)

　上に掲げたものの他，国内源泉所得として政令で定めるものに法人税が課されます。政令には，国内業務や国内資産に関する損害賠償金や国内資産の贈与を受けたことによる所得（法人税法施行令第180条第1号，第2号）などが定められています。

　同条に掲げられた所得は限定列挙ですが，第5号で「国内において行う業務又は国内にある資産に関し供与を受ける経済的な利益に係る所得」と定められているため，広い範囲の所得が含まれます[9]。

9　法人税法施行令第180条第5号の文言は平成26年度税制改正前第178条第5号と同一であるため，改正前の議論が改正後にも通用します。例えば，外国法人が内国法人から債務免除を受けた場合，日本で課税されるかという問題が未解決であると考えられます。これについては，以下のような見解がある模様です。

課税説（国内源泉所得説）
　「外国法人自身が国内において事業を行い，又は資産を有していることを要しない」で，外国法人が内国法人から受けた債務免除益は国内源泉所得に該当するという見解があります（上記注7小松27頁）。
　この見解の法律的な根拠としては，民法第484条（金銭債務は債権者の所在地において支払わなければならない）が考えられます。しかし，債権の準拠法が日本法とは限らず，また，日本法が準拠法であっても同条は強行規定ではないため当事者は別の合意をすることもできるため，同法を根拠として債権者の所在地が債権（すなわち債務）の所在地であるとすることには疑問があります。

非課税説（非国内源泉所得説）
　これに対し，債権の所在地は債務者（外国法人）の所在地と考えられることを理由に，外国法人が日本法人から受けた債務免除益は，国内源泉所得には該当しないとする見解があります（武田昌輔「外国子会社のリストラのための債権の免除，資産の贈与と国内源泉所得」国際税務15巻2号48頁）。
　この見解の法律的な根拠としては，相続税法第10条第1項第5号（貸付金債権は債務者の所在地に所在するものとする）が考えられます。しかし，仮にそうだとしても，相続税法の規定がそのまま法人税に適用されるかが疑問です。

個別説
　この考え方を以下のように理解してよいかどうか確証はありませんが，具体的な

5 課税標準

恒久的施設を有する外国法人の課税標準は，以下の二つに分けられます（法人税法第141条第1号イとロ）。

(1) PE帰属所得（法人税法第138条第1項第1号）
(2) 恒久的施設に帰属しなくても法人税が課される所得（同法第138条第1項第2〜6号）

この二つの種類の所得につき，課税標準の額は個別に計算され，相互間の損益通算は認められず，税率と所得税額控除も個別に適用されます（法人税法第143条第1項，第2項，第144条）。なお，外国税額控除（同法第144条の2）は，PE帰属所得（法人税法第141条第1号イ）のみに認められます。

なお，上記(2)の「恒久的施設に帰属しなくても法人税が課される所得」（同号ロ）が恒久的施設に帰属する場合，それはPE帰属所得（同号イ）「のみ」に該当するものとされます（同号ロかっこ書き）。例えば，恒久的施設を有する外国法人が，その恒久的施設を通じて日本国内の土地を譲渡して得た所得は，恒久的施設に帰属しなくても法人税が課される所得（同号ロ，第138条第1項第3号）に該当しますが，恒久的施設に帰属するため，PE帰属所得（第141条第1号イ）のみに該当するものとして扱われます。

事情を考慮して，問題となる債務の免除が「国内において行う業務に関して」と判断できる場合は，国内源泉所得に該当するとの見解も明らかにされています（「日本支店を有する米国法人の債務免除益は課税されるか」上記注1渡辺・コンサルタント国際税務事例720頁，永峰潤「米国法人の債務免除益に対する課税関係」国際税務16巻3号40頁）。

平成26年度税制改正後，恒久的施設を有する外国法人については，恒久的施設に帰属する債務免除益は国内源泉所得であると言えますが，恒久的施設を有しない外国法人の債務免除益および恒久的施設を有する外国法人の恒久的施設に帰属しない債務免除益については，なお未解決です。

それぞれの見解をこのように理解してよいかを含め，さらに検討を要します。

6 所得金額の計算

　外国法人の所得のうちPE帰属所得に係る所得の金額[10]の計算については，法人税法の内国法人についての規定（法人税法第22条から第65条まで）が準用されます（同法第142条第2項）が，準用から除外されている規定も多々あり，租税条約上の「PE無差別の原則」（注3参照）との関係で問題がある可能性がある規定もあると考えられます（例えば，外国子会社配当益金不算入の除外）。PE帰属所得に係る所得の計算については，他にも特別な定めがあります（同条第3項，同法施行令第184条）。

　また，PE帰属所得以外の国内源泉所得に係る所得の金額の計算についても，PE帰属所得についての定めが準用されます（同法第142条の10。以下本条の引用を省略します）。

　PE帰属所得の具体的な所得の金額の計算については，AOAに基づく詳細な計算方法が規定されていますが，その詳細は割愛し[11]，重要な点のみを簡単に検討します。

（1）内部取引（法人税法第142条第3項第1号）

　内部取引とは，本店と恒久的施設との間で行われる資産の移転や役務の提供な

10　一般論として，「……所得」とはグロス（受け取った総額）で，「……所得に係る所得の金額」とはネット（必要経費や損金を控除した純利益の額）であるとされています。この点につき，法人税法第138条第1項第1号は「国内源泉所得」（グロス）を「機能……資産……その他の状況を勘案して，当該恒久的施設に帰せられるべき所得」と規定しています。例えば，棚卸資産の販売による収入は物理的には不可分ですが，そのうちPEに帰属する部分のみが「国内源泉所得」に該当することになります。そして，それから販売原価や販売費などを控除した金額が「国内源泉所得に係る所得の金額」になります。

11　計算方法の詳細につき，宮武敏夫「外国法人及び非居住者に対する新所得課税」国際税務35巻4号44頁以下連載。

どを意味します。改正前においては，（金融機関の内部利子を除き）内部取引からは損益が発生しないとされていましたが，改正により内部取引からの損益を認識すべきことになりました。

内部取引については債務の確定しないものを含むとされています。これは，そもそも内部取引は同一法人内のものですから，「債権債務」が生じないことを前提に，それが確定しなくても損金算入できることを定める規定です。

内部取引の対価が独立企業間価格と異なる場合は独立企業間価格でなされたものとみなされ（租税特別措置法第66条の4の3第1項），PEから本店に対し寄附に相当する内部取引がなされた場合は，その価額はPEにおいて損金算入できません（同条第3項）。

（2）本店経費の配賦（法人税法第142条第3項第2号，同法施行令第184条第2項）

外国法人の本店に発生した一般管理費のうち，特定の支店について発生した費用，および各支店に共通な費用を，何らかの合理的な方法で各支店に配分したものは，その支店の費用として認められます（法人税基本通達20-5-9）。これを一般に本店経費の配賦とよびます。

（3）資本取引（法人税法第142条第3項第3号）

本支店間の送金のうち，本店による資本の元入れ（設立のために要する費用，運転資金の援助など）や剰余金の引き出しは，損益を生ずるものではないため資本取引とされ，原則として法人税が課されません[12]。

（4）所得計算の特例

所得計算については，その他にいくつかの個別の規定があります。法人税法に

12　特殊な場合に，支店に対する本店からの赤字補填金が，支店の国内源泉所得と解釈され得る点につき，平成26年度税制改正以前の議論ですが，上記注1島谷・古川・小堺・外国法人課税の実務と理論68頁。

付されている題名を簡略化して，条文番号とともに以下に列挙しておきます。
- 還付金の益金不算入（法人税法第142条の２）
- 保険会社の投資資産と投資収益（第142条の３）
- 負債利子の損金不算入（第142条の４）――本支店間には過少資本税制（租税特別措置法第66条の５）は適用されませんが，この規定により同様の帰結になります。
- 銀行の負債利子の損金算入（第142条の５）
- 外国税額の損金不算入（第142条の６）
- 書類保存がない場合の本店配賦経費の損金不算入（第142条の７）
- PEの閉鎖に伴う資産の時価評価損益（第142条の８）
- 特定の内部取引の金額の計算（第142条の９）

（5） 法人税法第62条の２以下（企業組織再編税制）

　法人税法第62条の２以下が定めるいわゆる企業組織再編税制によると，一定の要件を満たした合併や会社分割の場合，課税の繰延べや繰越欠損金の引継ぎなどが認められます。これらの特例は外国法人にも適用されます（法人税法第142条第２項）[13]。

7　税　率

　外国法人に対する法人税の税率は原則として23.2パーセントです（法人税法第143条第１項）。
　ただし，事業年度終了時に資本金額が１億円以下の法人は，その所得のうち800

---

[13] 外国法に基づく組織再編行為にも組織再編税制が適用されると一般に解釈されています。いずれも平成26年度税制改正以前のものですが，五枚橋實「企業組織再編税制にかかる誤り事例と留意点について」租税研究2004年８月号58頁以下，66頁，谷口勝司「組織再編税制の概要と申告上の留意点」租税研究2005年４月号24頁以下，32頁。

万円以下の部分については，税率が19パーセントに軽減されます（法人税法第143条第2項）。

　資本金が1億円以下の法人に対する軽減税率の特例は，自らの資本金額が1億円以下であっても，大法人（資本金額が5億円以上の法人など）との間に完全支配関係がある法人には適用されず，すべての所得について税率は23.2パーセントになります（法人税法第143条第5項）。

　なお，特定同族会社の特別税率（同法第67条）は，外国法人には適用されません（外国法人の税率を定める同法第143条に定められていません）。

8　税額控除

（1）所得税額控除

　外国法人は，一定の種類の国内源泉所得について，支払いを受ける時点で，所得税の源泉徴収を受けます。この所得税は法人税の先取りなので，法人税の申告納税を行う時点で，法人税の税額から，源泉徴収の方法により徴収された所得税の額を控除して，納付すべき税額が決定されます（法人税法第144条により準用される同法第68条）。

（2）外国税額控除

　外国法人のPE帰属所得が，その外国法人の本店所在地国以外の外国でも課税されることがあり得ます。例えば，外国法人Xが，恒久的施設を通じ外国法人Xの本店所在地国以外の国の外国法人Yの株式を保有しており，その株式から配当を受け取る場合，外国法人Yの本店所在地国でも課税されることがあります。そのような場合，一定の条件のもとで，外国法人Yの本店所在地国で課税された税額を日本の法人税額から控除できます（法人税法第144条の2）。なお，外国法人Xの本店所在地国において課される法人税は外国税額控除の対象になりません（法人税法施行令第195条第5項第1号）。

（3）仮装経理の場合の税額控除

仮装経理の場合の税額控除（法人税法第70条）は，外国法人には認められません。

9 申告・納付・還付

外国法人の申告・納付・還付については，おおむね内国法人と同様の定めになっています（法人税法第144条の3〜13）。確定申告書の提出期限は事業年度終了の日の翌日から2カ月で（同法第144条の6第1項），災害などの場合には指定された期間（同法第144条の7による第75条の準用），会計監査人の監査を受けなければならないなどの事情がある場合には1カ月の延長が可能です（同法第144条の8による第75条の2の準用）。

10 青色申告

外国法人の青色申告については，内国法人に関する規定が一括して準用されています（法人税法第146条）。

11 文書化

恒久的施設を有する外国法人がPE帰属所得を有する場合，恒久的施設に帰せられる取引に係る明細につき，一定の文書を作成しなければなりません（法人税法第146条の2）。本店配賦経費につき文書の作成を怠った場合には，損金算入が認められません（同法第142条の7）。これに対し，内部取引につき文書の作成を怠った場合の定めはありません。したがって，内部取引に基づく費用については，別の方法で証明できれば損金算入が認められると考えられます。

12 更正・決定

外国法人の更正，決定については，内国法人に関する規定（法人税法第130〜第132条の2，第133条，第134条）が一括して準用されています（同法第147条）が，第130条の3は連結法人が対象のため外国法人には準用されていません。

これに加えて、外国法人の行為または計算で、PE帰属所得に係る「法人税の負担を不当に減少させる結果となると認められるもの」は、これを否認することができるとの規定が創設されました（法人税法第147条の2）。

上に引用した「法人税の負担を不当に減少させる結果となると認められるもの」との文言は、既存の否認規定と同一であるところ、既存の否認規定については近時の判例により相互に少しずつ異なる解釈が示されているようにも見受けられます[14]。このPE帰属所得に係る否認規定が、既存の否認規定のうちのいずれかと解釈が同一なのかまたはいずれとも相違するかが、今後の問題になると思われます。

13 所得に関するその他の租税

恒久的施設を有する外国法人の所得に関しては、すでに述べた所得税と法人税のほか、以下のような税金が課されます。

（1）住民税

恒久的施設を有する外国法人が国内源泉所得を得る場合、道府県民税（地方税法第24条第3項、同法施行令第7条の3の5）および市町村民税（地方税法第294条第5項、同法施行令第46条の4、第7条の3の5）が課されます。

（2）事業税

恒久的施設を有する外国法人は、事業税（地方税法第72条の2第6項）の申告納付義務を負います。

（3）地方法人税

法人税を納める義務がある外国法人は、恒久的施設の有無を問わず、地方法人

14　仲谷栄一郎・田中良「包括的否認規定の行く先──『不当に』を『不当に』拡張してはならない」税務弘報64巻1号41頁。

税の申告納付義務を負います（地方法人税法第4条）。

（4）地方法人特別税

恒久的施設を有する外国法人は，地方法人特別税の申告納付義務を負います（地方法人特別税等に関する暫定措置法第5条，第6条ほか）。

14　その他の租税

恒久的施設を有する外国法人は，その他にもさまざまな税金が課されます。詳細は割愛しますが，代表的なものは，消費税（消費税法第5条第1項），印紙税，登録免許税です。

第4節　恒久的施設を廃止する場合

外国法人が日本に有する恒久的施設を廃止する場合は以下のようになります。

1　手　続

恒久的施設のうち事業所を廃止するというのは，抽象的には営業活動を行わなくなることを意味します。理論的には廃止の登記とは無関係ですが，実務上は登記の有無が判断基準の重要な要素になると思われるので，営業活動を行わなくなった場合には，すみやかに廃止の登記をすべきです[15]。

その他の種類の恒久的施設（建設，代理人）を廃止するというのは，建設工事が終了したり代理人が活動しなくなったりしたことですから，とくに登記などの手続は要しません。

恒久的施設を有する外国法人が，事業年度の中途においてこれらの恒久的施設を廃止した場合には，その事業年度開始の日から廃止した日までの期間が事業年度（以下「最終事業年度」）とみなされます（法人税法第14条第24号）。

15　永峰潤「米国法人の日本支店閉鎖に伴う課税関係」国際税務15巻4号35頁。

最終事業年度の確定申告書の提出期限は，納税管理人の届出の有無により以下のように異なります。

(1) 納税管理人の届出を行った場合

　恒久的施設の廃止の日までに納税管理人の届出を行った場合には，確定申告書の提出期限は事業年度終了の日の翌日から2カ月で（同法第144条の6第1項），災害などの場合には指定された期間（同法第144条の7による第75条の準用），会計監査人の監査を受けなければならないなどの事情がある場合には1カ月の延長が可能です（同法第144条の8による第75条の2の準用）。

　納税管理人の届出は，納税者の納税地，納税管理人の氏名および住所または居所，ならびに納税管理人を定めた理由を記載した書面により，納税地の所轄税務署長に対して行います（国税通則法第117条第1項，第2項，同法施行令第39条第1項）。

(2) 納税管理人の届出を行わなかった場合

　納税管理人の届出を行わずに恒久的施設を廃止した場合には，事業年度終了の日の翌日から2カ月以内と廃止の日のいずれか早い日までに，確定申告書を納税地の所轄税務署長に対し提出しなければならず（法人税法第144条の6第1項かっこ書き），期限の延長は認められません（同法第144条の7かっこ書き，第144条の8かっこ書き）。

2　課税関係

(1) 原　則

　恒久的施設を廃止して，その資産・負債を本店に移管した場合，恒久的施設に帰せられる資産の評価損益は，PE帰属所得に係る所得の金額の計算上，益金または損金の額に算入することとされています（法人税法施行令第142条の8）。また，恒久的施設を廃止するにあたり，恒久的施設自体を譲渡すると，それに係る所得はPE帰属所得として課税されます（法人税法第138条第1項第1号かっこ書き）。

恒久的施設を廃止した後は，当該外国法人は恒久的施設を有しない外国法人として課税されることになります。

（2）事業税・地方法人特別税の損金算入についての特例

一般に，法人税法上，申告納税方式による租税（法人の各事業年度の所得の金額の計算上，損金の額に算入されないものを除く）の損金算入時期は，原則として納税申告書が提出された日の属する事業年度とされています（法人税基本通達9-5-1）。したがって，申告納税方式をとる事業税・地方法人特別税については，中間申告分を除き，当事業年度分の税額は，翌事業年度に損金算入されることになります。

しかし，この取扱いによると，日本国内に恒久的施設を有していた外国法人がその恒久的施設を廃止した場合には，最終事業年度に係る事業税・地方法人特別税については，中間申告分を除き，その損金算入の機会がなくなってしまいます。そこで，外国法人が国内業務の全部を廃止した場合には，最終事業年度に係る事業税・地方法人特別税（それぞれの課税見込額）を，その最終事業年度の損金の額に算入することができます[16]。

第5節　租税条約の定め

本節では，前節までに述べた日本国内に恒久的施設を有する外国法人についての国内税法における取扱いが，租税条約の適用によりどのように変更されるかを検討します。

16　最終事業年度の事業税を損金に算入できる点については，旧法人税基本通達20-3-8が明記していましたが，この規定は2016年3月31日をもって廃止され，新通達に同様の規定は見あたりません。しかし，これにより損金算入が認められなくなったと解釈するのは不合理なので，従前同様，認められると考えられます。

1 恒久的施設の定義

租税条約が国内税法の恒久的施設と異なる定義をしている場合、それは国内税法の恒久的施設の定義に置き換わります（法人税法第2条第12号の19ただし書き）[17]。

2 源泉地の置き換え

外国法人は国内源泉所得につき法人税の課税を受け、一定の国内源泉所得につき所得税の源泉徴収を受けるところ、租税条約により所得の源泉地が国内税法と異なって定められている場合は、租税条約の定めに従うとされています（法人税法第139条第1項、所得税法第162条第1項）[18]。

3 課税免除や限度税率の不適用

租税条約が一定の所得についての源泉地国の課税権を制限している場合、その適用により法人税や所得税（源泉徴収）が免除されたり、税率が軽減されたりします。しかし、一般に、租税条約が相手国の居住者（法人を含む）に対して認める課税免除や税率の軽減は、恒久的施設を有する外国法人の恒久的施設に帰属する所得には適用されません。

例えば、日米租税条約では、恒久的施設に帰属する「企業の利得」については、税率の軽減や課税の免除は定められていません（同条約第7条第1項）。そして、他の種類の所得については、国際運輸業所得（恒久的施設に帰属しても免税—第8

---

[17] 平成30年度税制改正前の状況につき、上記注6井上・仲谷・租税条約と国内税法の交錯323頁以下。同改正後において生じ得る問題につき、仲谷栄一郎・井上康一「平成30年度税制改正による『PE置き換え規定』の意義と問題点」国際税務38巻2号56頁。

[18] 平成26年度税制改正以前の法人税法第139条と所得税第162条の解釈につき、さまざまな見解がありました（上記注6井上・仲谷・租税条約と国内税法の交錯177頁以下）。改正後も同様の議論があてはまるものと考えられます。

条)を除き[19]，それが恒久的施設に帰属する場合には，税率の軽減や課税の免除

---

[19] 租税条約の文理上，国際運輸業所得だけでなく譲渡収益と「その他の所得」も，恒久的施設に帰属しても免税になるのではないかという疑問があります。例えば，譲渡収益につき，日米租税条約第13条第4項は次のように定めます。

……，一方の締約国の企業が他方の締約国内に有する恒久的施設の事業用資産を構成する財産（不動産を除く。）の譲渡から生ずる収益（当該恒久的施設の譲渡又は企業全体の譲渡の一部としての当該恒久的施設の譲渡から生ずる収益を含む。）に対しては，当該他方の締約国において租税を課すことができる。

これによると，恒久的施設の「事業用資産を構成する」財産（例えば，什器備品）の譲渡益については所在地国で課税されますが，恒久的施設に「帰属する財産」（例えば，子会社株式）の譲渡益については課税されるかどうかが明らかではないとの議論があり得ます。なぜなら，例えば，配当所得については恒久的施設と「実質的な関連」を有する場合は第7条（企業の利得）の規定に従う（何ら減免を受けることなく課税される）と定める条文（第10条第7項）がありますが，譲渡収益については上の第13条第4項は第10条第7項と文言が異なり，恒久的施設の「事業用資産を構成する」となっているからです。

しかし，恒久的施設に帰属する譲渡収益の一部を非課税とするのは合理的ではなく，「恒久的施設と実質的な関連を有する」ものと「恒久的施設の事業用資産を構成する」ものとは同義と解釈すべきであると考えられます。この点につき，OECDモデル租税条約コメンタリー第10条のパラグラフ32.1は，配当につき"a holding in respect of which dividends are paid will be effectively connected with a permanent establishment, and will therefore form part of its business assets"と述べ，両者を同義としています。また，同コメンタリー第13条のパラグラフ24は，恒久的施設の事業用資産を構成する動産（不動産以外のすべての資産とされている）の譲渡益について所在地国の課税権を認める規定は，"which corresponds to the rules of business profits（Article 7）"と述べ，事業所得の条項と同趣旨としています。

また，「その他の所得」については，上の第10条第7項や第13条第4項のような規定がない租税条約があります（例えば，日本・イタリア租税条約第22条）。これについては，恒久的施設は事業を行うためのものですから，恒久的施設に帰属する所得は，およそ「その他の所得」には該当せず，事業所得に該当すると考えるべきでしょう（上記注6井上・仲谷・租税条約と国内税法の交錯248, 249頁）。

なお，「その他の所得」条項において，従来は恒久的施設に帰属する場合は課税

は認められないと定められています。例えば，配当については，第10条で課税の減免が定められていますが，恒久的施設に帰属する配当については同条の減免は適用されず，第7条（企業の利得）の規定に従うと定められています（第10条第7項）。

4　PE帰属所得金額の計算

恒久的施設を有する外国法人の所得につき，租税条約が法人税法と異なる定めをしている場合，租税条約の定めに従うとされています（法人税法第139条）。そして，PE帰属所得に係る所得の金額の計算という観点からは，租税条約は大きく二つの種類に分けられます。それは，OECDの定めたAOA（第3節4（1）（418頁））に対応している租税条約（以下「AOA型租税条約」）と対応していない租税条約（以下「非AOA型租税条約」）です。それぞれの租税条約が国内税法の定めを変更するかどうかが問題になります[20]。

（1）AOA型租税条約

2014年に締結された日英租税条約をはじめとし，日独租税条約（2015年），日本・スロベニア租税条約（2016年），日本・ベルギー租税条約（2016年）などがAOA型租税条約です[21]。その条文上の特徴は，事業利得を定める条項の文言で

　するという規定がなかった租税条約が，改訂後にそのような規定をおく例がしばしばあります。例えば，旧日本・オランダ租税条約第23条（その他の所得）は恒久的施設に帰属する場合についての規定がなかったところ，現在の日本・オランダ租税条約（2010年署名）第20条第2項は，「その他の所得」が恒久的施設に帰属する場合は第7条（事業利得）に従うと規定しています。

20　AOA型租税条約，非AOA型租税条約と平成26年度税制改正後の国内税法との関係につき，詳しくは，井上康一・仲谷栄一郎「租税条約とAOA化後の国内税法の交錯（上）」「同（下）」国際税務33巻9号126頁，10号110頁。

21　租税条約ではありませんが日台民間租税取決め（2015年11月26日署名）第7条第2項は従来からの非AOA型租税条約と同様の文言で，また同条第5項が仕入非課

す。日英租税条約第7条第2項は以下のように定めます。

　……恒久的施設に帰せられる利得は，企業が当該恒久的施設及び当該企業の他の構成部分を通じて果たす機能，使用する資産及び引き受ける危険を考慮した上で，当該恒久的施設が同一又は類似の条件で同一又は類似の活動を行う分離し，かつ，独立した企業であるとしたならば，特に当該企業の他の構成部分との取引においても，当該恒久的施設が取得したとみられる利得とする。

　このように，AOA型租税条約の事業利得条項には，「機能」，「資産」，「危険」という語が入っているのが特徴です。

　そして，AOA型租税条約では，「仕入非課税」および「内部取引からの損益の不発生」（いずれも後述）を定めていません。

　AOA型租税条約は，独立企業原則の適用につき国内税法（法人税法第138条第1項第1号。第3節4（1）（418頁））と同一の立場なので，国内税法を変更するものではありません。

（2）非AOA型租税条約

　日英租税条約より前に締結されている租税条約は非AOA型租税条約ですが，日英租税条約以降の締結された租税条約がすべてAOA型租税条約であるとは限りません[22]。それは，租税条約の相手国がOECD非加盟国だったり，OECDに加

税を定めているところから，非AOA型と解釈できます。同取決めを受けた「外国居住者等の所得に対する相互主義による所得税等の非課税等に関する法律」第10条第1項は内部取引について非AOA型租税条約と同様の算定方式を定め，また，第7条第23項は仕入非課税を規定しており，非AOA型と考えられます。

22　日英租税条約後に改正・締結された租税条約としては，オマーン，インド，カタール，チリ，スロベニア，ベルギーなどとの間のものがあります。これらのうち，オマーン，カタール，チリなどとの間の租税条約の第7条（事業利得）第2項の文言は，日米租税条約などの非AOA型租税条約と同様で，また（日本・チリ租税条約を除き）「仕入非課税」を定めています。日本・インド租税条約の第7条（事業所得）は改正されていません。したがって，これらの租税条約は非AOA型と解釈で

盟していてもAOAを支持しなかったりするからです。

非AOA型租税条約の事業利得を定める条項の文言には，上記（1）に引用した日英租税条約のような「機能」，「資産」，「危険」という文言がありません。例えば，日米租税条約第7条第2項は次のように定めます。

　……当該恒久的施設が，同一又は類似の条件で同一又は類似の活動を行う個別のかつ分離した企業であって，当該恒久的施設を有する企業と全く独立の立場で取引を行うものであるとしたならば当該恒久的施設が取得したとみられる利得が，各締約国において当該恒久的施設に帰せられるものとする。

そして，非AOA型租税条約は，恒久的施設の利得の計算につき，「仕入非課税」を明文で定めているものがあります。また，明文では定められていないものの，「内部取引からの損益の不発生」を前提としていると考えられています。これらは，平成26年度税制改正後の国内税法の定めるAOA型の独立企業原則と異なります。

一般に，租税条約の定めは国内税法の定め（租税条約よりも後に施行されたものでも）に優先して適用されるので，非AOA型租税条約の定めは平成26年度税制改正後の国内税法の定めに優先して適用されます。法人税法第139条は，これらの点を確認的に規定しています。

(a) 仕入非課税

非AOA型租税条約は，外国法人が恒久的施設を通じて日本国内において購入した，棚卸資産をそのまま国外で販売する場合は，日本において課税しないと定めています[23]。例えば，日米租税条約第7条第5項は，以下のように定めていま

きます。

23 非AOA型租税条約で仕入非課税を定めていない租税条約としては，日本・ベトナム租税条約と日本・チリ租税条約があります。したがって，仕入非課税を定めているか否かは，AOA型か非AOA型かを分ける基準にはなりません。仕入非課税を定めていれば非AOA型と言えますが，仕入非課税を定めていなければAOA型と言えるわけではありません。

す。

恒久的施設が企業のために物品又は商品の単なる購入を行ったことを理由としては，いかなる利得も，当該恒久的施設に帰せられることはない。

平成26年度税制改正によると，このような場合にも，恒久的施設は独立した商社と同じように仕入手数料相当額の収益を計上すべきですが，「仕入非課税」を定める非AOA型租税条約が適用される場合は，その租税条約の定めに従い，恒久的施設において所得は発生しないものとされます（法人税法第139条第1項）[24]。

(b) 内部取引からの損益の不発生

非AOA型租税条約において，内部取引から損益が発生するかどうかは明示的には定められておらず，非AOA型租税条約は（金融機関の内部利子を除き）内部取引からは損益が発生しないと黙示的に定めているという解釈と，内部取引から損益が発生することを認めているという解釈があります[25]。

平成26年度税制改正は，前者の立場に立ち，非AOA型租税条約が適用される場合は，内部取引からは損益が発生しないと規定しました（法人税法第139条第2項，同法施行令第183条）[26]。

---

24 平成26年度税制改正により，資産の購入のみからも所得が発生するとされましたが，資産の購入のみを目的とする場所や代理人は恒久的施設に該当しないという定めは改正されていませんでした（法人税法施行令第4条の4第2項第1号，第3項第1号かっこ書き）。しかし，平成30年度税制改正により，それらの規定が削除されたため，購入のみを目的とする場所や代理人も，それが準備的または補助的な活動でない限り，恒久的施設に該当することになると考えられます（第1章第2節2（3）（400頁））。

25 上記注11宮武論文・連載(8)国際税務36巻4号52頁，とくに59頁以下。

26 仕入非課税と内部取引についての法人税法第139条の解釈は次のようになると考えられます。すなわち，同条第1項は，仕入非課税を定めている租税条約については，租税条約において「異なる定め」がある場合に該当し，その異なる定めが適用されると規定します。同条第2項は，内部取引から所得が生ずる旨を定める租税条約以外の租税条約（明記はされていませんが，非AOA型租税条約を意味します）が適用される場合は，内部取引を認めないと規定します。なお，上記注11宮武論

4　外国税額控除

　恒久的施設を有する外国法人は，PE帰属所得に該当する国外源泉所得に対し本国以外の国で課された税額を，PE帰属所得に対する日本の法人税額から控除できます。

　この「国外源泉所得」は法人税法で定義されています（法人税法第144条の2第4項）が，租税条約で異なる定義がされている場合は，租税条約の定義に従うものとされます（同条第5項。内国法人の場合は，同法第69条第6項）。例えば，日米租税条約第23条第1項は，「日本国の居住者が受益者である所得でこの条約の規定に従って合衆国において租税を課されるものは，合衆国の源泉から生じたものとみなす」と規定しています。なお，内国法人の外国税額控除においては，租税条約の相手国に課税権が認められて課税されている所得は国外源泉所得とするという規定がありますが（同法第69条第4項第15号），外国法人の外国税額控除において同様の規定はありません[27]。

第6節　日本側当事者の税務

　国内に恒久的施設を有する外国法人と取引を行う日本側当事者としては，その恒久的施設に対する支払いを行うときに，源泉徴収を行う必要があるかどうかに注意すべきです。そして，源泉徴収義務の範囲は，原則としては国内に恒久的施設を有しない外国法人の場合と同じ（第2節1（412頁））ですが，一定の場合に

　　文・連載(8)国際税務36巻4号61頁注134は，非AOA型条約においても内部取引からの損益の発生は認められており，これを認めない法人税法第139条と同法施行令第183条は租税条約違反だとします。

27　その他にも，内国法人の外国税額控除における法人税法第69条7項，第8項に相当する規定が，外国法人については規定されていません。その理由は明らかではありませんが，租税条約上の「PE無差別の原則」（上記注3）との関係で問題がある可能性があります。

は源泉徴収を行う必要がない（第2節2（413頁））ことに注意すべきです。

第 3 編

子会社を有する外国法人

第1章　子会社を有する外国法人に対する課税

本章の概要

　本章では国内に恒久的施設を有しない外国法人が株式の100パーセントを保有している内国法人（以下文脈により「子会社」または「100パーセント子会社」といいます）を有する場合に，下記のような取引に際してどのような課税を受けるかを，次のような順序で検討します。

　第1節　子会社を設立する
　第2節　子会社を運営する——親子会社間取引から生じる課税関係
　第3節　子会社株式を譲渡する
　第4節　子会社株式を他の内国法人の株式と株式交換する
　第5節　子会社から配当を受け取る
　第6節　子会社から資本の払戻しを受ける
　第7節　子会社に自己株式を取得させる
　第8節　子会社を解散する
　第9節　子会社を他の会社と合併する
　第10節　子会社を分割する

　法人グループに適用される税制としてグループ法人税制[1]がありますが，グループ法人税制の適用は，原則として完全支配関係にある内国法人間の取引に限定されていますので，取引の一方の当事者を外国法人とする本章の各取引類型についてはグループ法人税制の適用はありません。

　なお，恒久的施設を有しない外国法人の活動のうち以下に検討する活動以外のものに係る課税関係については第2部第1編第1章以下（110頁以下）を参照してください。子会社が外国法人の恒久的施設（代理人PE）に該当する

場合の課税関係については第2部第2編第2章（409頁）を参照してください。

第1節　子会社を設立する

　会社法上は会社がその総株主の議決権の過半数を有する株式会社または会社が他の会社等の財務および事業の方針の決定を支配している場合における当該他の会社等を「子会社」といいます（会社法第2条第3号，同法施行規則第3条第1項）。税法上には子会社の定義はなく，外国子会社配当益金不算入税制における外国子会社（法人税法第23条の2）等いくつかの類似の規定があるだけです。

　外国法人が金銭を出資して子会社を設立する場合，課税所得が生じることはありません。これに対して，外国法人が金銭以外の資産を出資して子会社を設立する現物出資[2]の場合，税務上は外国法人が出資資産を譲渡したことになり，一定の出資資産の譲渡益につき日本で課税される場合があります（以下本節においては文脈により現物出資を譲渡とよびます）。

　また，税務上現物出資資産の譲渡益の課税を繰り延べる制度として，適格現物出資の場合の簿価引継ぎの取扱いがあります（法人税法第62条の4）。ただし，国外から国内に含み損益（特に含み損）を持ち込んでこれを実現させることを防ぐために，外国法人が内国法人に対して国外にある資産等の移転を行う現物出資は適格現物出資に該当しないこととされています（法人税法第2条第12号の14）。国

1　グループ法人税制は100パーセントグループ内の内国法人の間で行う資産の譲渡に係る譲渡損益の繰延べ，寄附金の額の損金不算入と受贈益の額の益金不算入措置等を認める仕組みです。

2　なお，現物出資については，検査役の調査等の手続が必要です（会社法第33条第1項，第28条第1号）。ただし，現物出資財産の価額の総額が500万円以下である場合，現物出資財産が市場価格のある有価証券である場合，専門家の評価証明がある場合等には，検査役の調査を省略することができます（会社法第33条第10項各号）。

外にある資産等とは，国外にある事業所に属する資産または負債（国内にある不動産，国内にある不動産の上に存する権利，鉱業法の規定による鉱業権および採石法の規定による採石権を除く）をいいます（法人税法施行令第4条の3第11項）。

　国内に恒久的施設を有しない外国法人が，法人税法施行令第4条の3第11項にいう国外にある事業所に属する資産の現物出資により，子会社を設立する場合，非適格現物出資となり，外国法人の当該子会社株式の取得価額および子会社の当該資産の取得価額はいずれも時価相当額となります。ただし，これに関連して外国法人に生じる現物出資資産の譲渡益に係る日本での課税は限定的です。

　本節では国内に恒久的施設を有しない外国法人が国外にある事業所に属する資産（国内にある不動産，国内にある不動産の上に存する権利，鉱業法の規定による鉱業権および採石法の規定による採石権を除く）の非適格現物出資により100パーセント子会社を設立する場合に生じる課税関係について検討します[3]。

3　本節での前提と離れて，現物出資が適格現物出資となる場合には次のような課税関係となります。
　・現物出資する法人は，対象資産・負債をそれぞれ現物出資直前の税務上の簿価で被現物出資法人に譲渡したものとして取り扱うので，譲渡損益は生じません。
　・被現物出資法人の資産・負債の受入れは出資する法人の税務上の簿価によります。
　・現物出資により取得する被現物出資法人の株式の取得価額は，対象資産・負債の簿価純資産額に，取得に要した直接費用を加算した金額です。
　・現物出資する法人の資本金等の金額および利益積立金額に変動は生じません。
　・被現物出資法人の資本金等の増加額は受け入れる資産・負債の税務上の簿価純資産額になります。
　・11号所得が生じる知的財産の現物出資がある場合には，被現物出資法人に所得税の源泉徴収義務が生じるのが原則です（第1編第7章第3節6（280頁），第2編第2章第2節(412頁)）。適格現物出資に該当するのは，外国法人が国内にあるPEに属する知的財産を出資することが前提ですので，外国法人は知的財産を有していたPEの法人税申告において所得税額控除を行うことになると考えられます。
　・消費税の課税取引になります。

1 国内税法の定め

(1) 所得税

　国内に恒久的施設を有しない外国法人による非適格現物出資に伴う資産の譲渡から生じる譲渡益のうち所得税法第161条第1項第3号に定める資産の譲渡による所得については，所得税は課税されません。なぜならば外国法人の所得税の課税標準には同号に定める資産の譲渡による所得が含まれないからです（所得税法第178条）。

　ただし，国外にある事業所に属する資産等の譲渡の対価には，所得税法第161条第1項第3号が定める所得の他に一定の国内源泉所得に該当するものがありえます。すなわち，国内で使用される工業所有権その他の技術に関する権利，特別の技術による生産方式もしくはこれらに準ずるものの譲渡による対価および著作権の譲渡による対価です（所得税法第161条第1項第11号イ，ロ（第1編第7章第4節（281頁））。これらの11号所得については国内に恒久的施設を有しない外国法人は所得税を課税されます（所得税法第178条）。その税率は20パーセントです（同法第179条第1号）。そして，内国法人は，その支払いの際，20パーセントの税率で，所得税の源泉徴収をしなければなりません（同法第212条第1項，第213条第1項第1号）。ただし，2013年1月1日から2037年12月31日までの間に行うべき源泉徴収については，基準所得税額の2.1パーセントに相当する復興特別所得税が付加される結果，20.42パーセントの税率で，源泉徴収の方法により所得税の課税が行われます（復興財源確保法第26条～28条）。

　なお，恒久的施設を有しない外国法人が国内にある不動産等を100パーセント子会社に現物出資する場合には，適格現物出資となり，本節の前提とは異なりますのでここでは取り上げません。

(2) 法人税

　国外にある事業所に属する資産（法人税法施行令第4条の3第11項）を非適格現物出資することにより，外国法人の出資する資産（国内にある不動産，国内にある

不動産の上に存する権利，鉱業法の規定による鉱業権および採石法の規定による採石権を除く）の時価と簿価との差額が現物出資時点で資産の譲渡損益として実現するものと考えられます。この譲渡益が，国内に恒久的施設を有しない外国法人の課税標準として法人税法第141条第2号に列挙された第138条第1項第3号の国内源泉所得に該当する場合には法人税の課税対象になります。

ここに列挙された国内源泉所得のうち，非適格現物出資による資産の譲渡による所得に該当しうるものは，第138条第1項第3号の国内源泉所得にかかる施行令第178条第1項が限定列挙する一定の所得（株式の譲渡のうち事業譲渡類似の株式等の譲渡[4]，不動産関連法人の株式等の譲渡[5]，山林等の譲渡等による所得）です（第

---

4 事業譲渡類似の株式等の譲渡とは，次の要件(1)および(2)をともに満たす場合の外国法人の譲渡事業年度における(2)に規定する株式等の譲渡をいいます（法人税法施行令第178条第6項）。

(1) 譲渡事業年度終了の日以前3年内のいずれかのときにおいて，内国法人の特殊関係株主等（である外国法人）がその内国法人の発行済株式の総数または出資金額の25パーセント以上に相当する数または金額の株式または出資を所有していたこと。

(2) 内国法人の株式等の譲渡を行った外国法人を含む内国法人の特殊関係株主等（である外国法人）がその内国法人の発行済株式の総数または出資金額の5パーセント（譲渡事業年度が1年未満の場合には，5パーセントに当該事業年度の月数を乗じたものを12で除して計算した割合）以上に相当する数または金額の株式または出資の譲渡をしたこと。

なお，特殊関係株主等とは内国法人の株主等および当該株主等と同族関係（法人税法施行令第4条）にある者をいいます（法人税法施行令第178条第4項）。

上記株式等の「等」は株式会社以外の会社の出資持分を意味しています。以下の本文ではこれをも含めて「事業譲渡類似の株式の譲渡」とよびます。

5 株式譲渡の日から遡って365日以内のいずれかの時点において（2018年3月31日以前に開始した事業年度については，「株式譲渡の日において」）資産の総額のうちに国内にある土地などの不動産が占める割合が50パーセント以上の法人（外国法人を含む）は「不動産関連法人」とよばれ（法人税法施行令第178条第8項），外国法人は，一定の要件に該当する場合，不動産関連法人の株式の譲渡から生じる所得に

1編第1章第4節（122頁））。これらの資産の非適格現物出資の際には法人税の課税所得が生じます。

　外国法人の国内源泉所得に係る所得の金額は，内国法人の各事業年度の所得の金額に準じて計算されます（法人税法第142条の10が準用する第142条，同法施行令第191条が準用する第184条）。

　具体的な手続は，まず，国内に恒久的施設を有しない外国法人は，上記所得を有することになった日から2カ月以内に，納税地，国内において行う事業など一定の事項を記載した届出書等を納税地の所轄税務署長に提出する必要があります（法人税法第149条）。そして，当該外国法人は，事業年度終了の日の翌日から2カ月以内に，所轄税務署長に対して，確定申告書を提出し（同法第144条の6第2項），法人税を納付しなければなりません（同法第144条の10）。

　なお，国内に恒久的施設を有しない外国法人は，上記の譲渡による所得について，法人住民税（道府県民税・市町村民税）および事業税を課されることはありません（地方税法第24条第3項，第72条の2第6項，第294条第5項，同法施行令第7条の3の5，第10条の2，第46条の4）。

(3) まとめ

　以上より，国内に恒久的施設を有しない外国法人が国外にある事業所に属する資産（法人税法施行令第4条の3第11項）の現物出資により100パーセント子会社を設立する場合，現物出資資産の種類に応じて，以下のとおり課税関係が異なってきます[6]。

　　ついて法人税の課税を受けます（同条第1項第5号）。この一定の要件に該当する場合とは，不動産関連法人が上場会社である場合にはその発行済株式の5パーセント，上場会社以外の場合にはその発行済株式の2パーセントを超えて保有する外国法人（他の株主と組合などを通じて保有している場合は保有割合を合算）がその株式を（一部でも）譲渡した場合です（同条第9項，第10項）。

6　本節の前提とは異なるため，詳細については触れませんが，恒久的施設を有しない外国法人が国内にある不動産等を100パーセント子会社に現物出資する場合に

448　第2部　外国法人の対内取引

- 事業譲渡類似の株式の譲渡にあたる株式または不動産関連法人の株式：法人税課税
- 工業所有権，著作権等：源泉徴収の方法による所得税課税

なお，外国法人が金銭の払込みまたは金銭以外の資産の給付により取得した有価証券の取得価額は「その払込みをした金銭の額及び給付した金銭以外の資産の価額の合計額」とされています（法人税法施行令第119条第1項第2号）。金銭以外の資産の給付により取得した有価証券には非適格現物出資により取得した有価証券を含み，また，「資産の価額」とは出資資産の出資時の時価をいうものと解されています。

2　租税条約の定め

（1）日米租税条約

日米租税条約では現物出資資産が国内に所在する不動産等または当該不動産を所有する不動産関連法人[7]に該当する内国法人の株式（ただし，上場株式について特殊関係者の保有する株式の総数が5パーセント以下である場合を除く）である場合を除き，国内に恒久的施設を有しない米国法人は，譲渡益につき日本で課税されません（日米租税条約第13条第1項，第2項，第7項）。工業所有権等あるいは著作権を現物出資する場合も日本で課税されません（同条第7項）。

なお，国内税法における「不動産関連法人」は「外国法人」を含むのに対し，日米租税条約において株式の譲渡益につき日本の課税権が認められている法人は「内国法人」に限られており（日米租税条約第13条第2項(a)は「他方の締約国の居住者である法人」としています），この点で課税対象取引の範囲を国内税法より狭く

　　は，適格現物出資となる可能性が高く，その場合には当該資産の譲渡益は繰り延べられます。他方，所得税の源泉徴収の問題は残ると考えられます（第1編第3章第3節（161頁））。
7　一方の締約国の法人でその資産の価値の50パーセント以上が当該一方の締約国内に存在する不動産により直接または間接に構成される法人（日米租税条約第13条2(a)）。

限定しています[8]。例えば，米国法人Ａの子会社である米国法人Ｂが国内に不動産を保有していることで国内税法上の不動産関連法人に該当する場合，日米租税条約の適用がなければ米国法人Ａが米国法人Ｂの株式の譲渡により実現する譲渡益は日本で課税されることになりますが，日米租税条約の適用がある場合には，日本では課税されないことになります。

(2) 日英租税条約

　日英租税条約では，現物出資資産が，国内に所在する不動産，当該不動産を保有する法人（日英租税条約の場合には日米租税条約の規定とは異なり第三国法人も含みます）の株式（ただし，上場株式について特殊関係者の保有する株式の総数が 5 パーセント以下である場合を除く）または事業譲渡類似の株式の譲渡に該当する内国法人株式（ただし，居住地国において租税が課されない場合に限る）である場合を除き，国内に恒久的施設を有しない英国法人は日本では課税されません（日英租税条約第13条）。工業所有権等あるいは著作権を現物出資する場合も同条の適用により日本で課税されません（同条第 6 項）。

　なお，株式の譲渡が事業譲渡類似の株式の譲渡と判定される場合の要件については，法人税法上は出資比率要件の判定期間が「譲渡事業年度終了の日以前 3 年以内のいずれかの時点」であり，かつ，譲渡株式比率の判定においては，譲渡事業年度が 1 年未満の場合には月割計算により譲渡比率が年度ベースへ引き直されます（法人税法施行令第178条第 6 項）。これと比較すると，日英租税条約では，出資比率要件の判定期間が「当該課税年度又は賦課年度のいずれかの時点」へと短縮されるとともに，譲渡株式比率の判定においては，たとえ譲渡事業年度が 1 年

8　これに対し，日英租税条約およびその後に締結された租税条約では，不動産関連法人の株式の譲渡益につき日本の課税権が認められるのは内国法人が発行した株式に限られない規定になっています（日英租税条約第13条第 2 項など）。

　なお，日米租税条約の2013年改正議定書第 5 条第 1 項(b)では「外国法人」を含むように改正されます。

未満であっても月割計算による年度ベースへの引き直しがありません。

すなわち日英租税条約ではこれらの2点において課税要件をより厳格に規定することにより，課税対象取引の範囲を国内税法より狭く限定しています（第1編第5章第3節注10（195頁）を参照）。

（3）免税手続

米国法人または英国法人が，工業所有権，著作権等の現物出資につき租税条約による所得税の免除を受けるため，あるいは一定の株式の現物出資につき租税条約による法人税の免除を受けるためには，「租税条約に関する届出書」，「特典条項に関する付表」および居住者証明書を提出しなければなりません（実施特例法第3条の2，同法施行省令第2条第1項，第9条の2第9項）。

3　子会社の税務

国内税法の下では，工業所有権その他の技術に関する権利，特別の技術による生産方式もしくはこれらに準ずるもので，日本で使用されるものの譲渡対価，および著作権で日本で使用されるものの譲渡対価については20パーセント（ただし，復興特別所得税が付加されると20.42パーセント）の税率で，所得税の源泉徴収義務が子会社に課されます。

このような資産を対象とする非適格現物出資を受ける際には，その譲渡収入，すなわち，これらの出資資産の時価相当額につき，上記の税率での源泉徴収を要することになります。したがって，所得税課税の対象となる資産の出資を受ける場合には別途外国法人から金銭を預かるなどして源泉徴収税額相当額の資金を手当する必要があります。なお，工業所有権等の譲渡対価および著作権の譲渡対価につき，日米租税条約または日英租税条約が適用される場合には源泉徴収は不要です。詳しくは第1編第7章第4節（281頁）を参照してください。

第2節　子会社を運営する
　　　——親子会社間取引から生じる課税関係

　子会社の運営上生じる親子会社間取引の例としては，資金の貸付，棚卸資産の売買，固定資産の売買，経営指導等の役務提供等が考えられます。外国法人が子会社の出資持分を保有していること自体をもって当該子会社がその外国法人の恒久的施設と認定されることはありません[9]ので，このような親子会社間取引については，原則として，国内に恒久的施設を有しない外国法人と内国法人との取引として課税されることになります。この場合，実際に財貨の移転あるいは役務提供が行われ，かつ，それらの対価として妥当な価格が付されていれば第1編各章（110頁以下）で検討しているような課税関係になりますが，そうでない場合，移転価格税制の適用対象になります（第4章第3節（539頁））。この場合には取引価格の妥当性の判定基準としては独立企業間価格の考え方[10]が適用されます。

　本節では，親子会社間取引が独立企業間価格で行われていない場合の課税関係について，まず親会社に有利な場合，次に子会社に有利な場合の順に検討します。

---

[9]　ただし，子会社が外国法人を代理して取引を行っているのであれば当該外国法人の恒久的施設と認定される可能性はあります。代理人PEについては第2編第1章第2節1（3）（397頁）を参照してください。

[10]　独立企業間価格の算定方法としては，独立価格比準法，再販売価格基準法，原価基準法およびそれらに準ずる方法等が列挙されています（租税特別措置法第66の4第2項）。なお「価格」とありますが，単に物の対価の金額というのみでなく一定の取引条件を前提とした概念として使用されています。

1 親会社に有利な場合

(1) 国内税法の定め

　親子会社間取引が通常第三者間で付される価格で行われていない場合には，取引される財貨または役務に通常の第三者間取引において付される時価と親子会社間取引において実際に付された価格との間に差額が生じます。国内に恒久的施設を有しない外国法人は，このような差額に相当する経済的利益について，所得税の課税は受けませんが，法人税の課税を受けます。

(a) 所得税

　このような差額は，所得税法第161条第1項第17号のうち同施行令第289条第6号にいう国内において行う業務または国内にある資産に関し供与を受ける経済的な利益に該当する場合があると考えられますが，このような国内源泉所得は，国内に恒久的施設を有しない外国法人の課税標準に含まれないため所得税は課税されません（所得税法第178条）。

(b) 法人税

　このような差額に相当する経済的利益は国内において行う業務または国内にある資産に関し供与を受ける経済的な利益にかかる所得（法人税法第138条第1項第6号，同法施行令第180条第5号）として，国内に恒久的施設を有しない外国法人の課税標準に含まれる国内源泉所得に該当すると考えられます。したがって，そのような外国法人は当該国内源泉所得に係る所得を申告し，法人税を納付しなければなりません（法人税法第144条の6第2項，第144条の10）。

　国内に恒久的施設を有しない外国法人は，上記の所得を有することになった日から2カ月以内に，納税地，国内において行う事業など一定の事項を記載した届出書等を納税地の所轄の税務署長に提出する必要があります（法人税法第149条）。そして，当該外国法人は，事業年度終了の日の翌日から2カ月以内に，確定申告書を提出し（同法第144条の6第2項），法人税を納付しなければなりません（同法第144条の10）。

　外国法人の国内源泉所得に係る所得の金額は，内国法人の各事業年度の所得の

金額に準じて計算されます（法人税法第142条の10が準用する第142条，同法施行令第191条が準用する第184条）。税率は，内国法人に適用される税率と同様，原則として23.2パーセントですが（法人税法第143条第1項），法人税額の4.4パーセント（2019年10月1日以降に開始する事業年度からは10.3パーセント）に相当する地方法人税が付加されます（地方法人税法第4条，第6条第1号ロ，第9条，第10条第1項）。

なお，国内に恒久的施設を有しない外国法人は，上記の所得について，法人住民税（道府県民税・市町村民税）および事業税を課されることはありません（地方税法第23条第1項第18号，第24条第3項，第72条第5号，第72条の2第6項，第292条第1項第14号，第294条第5項，同法施行令第7条の3の2，第10条，第46条の2の3）。

（2）租税条約の定め

国内において行う業務または国内にある資産に関し供与を受ける経済的な利益が外国法人に生じている場合に，これを「その他所得」とするのかどうかについては議論があるところです。事業所得に含まれないとすると，租税条約上いわゆる「その他所得」条項に該当し，恒久的施設を有しない外国法人のその他所得について居住地国課税を定めている場合には，日本において親会社である外国法人に対する課税はありません。日米租税条約においては「その他所得」条項（同条約第21条）により，日英租税条約においても「その他所得」条項（同条約第21条）により，日本では課税されないことになります（第1編第3章第1節2（153頁））。

なお，日米および日英租税条約のように特典制限条項を有する租税条約の適用により法人税の課税を受けず申告義務がない場合でも，「租税条約に関する届出書」「特典条項に関する付表」および居住者証明書の提出が要求されています（実施特例法施行省令第9条の2第9項）。

（3）子会社の税務

親会社である外国法人の所得は所得税の課税標準に含まれないので，子会社に源泉徴収の問題は生じません。

ただし，親会社に有利な場合には，そのことが子会社に法人税の課税関係を引き起こす可能性があります。すなわち，租税条約の締約国は国外の特殊関連者（企業）[11]と取引を行う自国の企業に対し，独立企業間価格により取引が行われたものとして課税することができるとする規定（特殊関連企業条項）を置く租税条約があります。例えば，日米租税条約第9条は，そのような場合，独立企業間価格を適用して課税所得および納付税額の計算ができるとしています。

日英租税条約第9条も同様に，独立企業間価格を適用して企業の利得を算定しこれに課税することができるとしています。

ただし，これらの規定は相手国との関係で独立企業間価格に則った課税が行われ得ること，および独立企業間価格に適合しない課税は租税条約上問題となることを確認するだけのものであり，直接適用可能性に欠けています。この規定を実際に適用するためには，国内税法の定めが必要です。それが租税特別措置法第66条の4の定める国外関連者との取引に係る課税の特例，いわゆる移転価格税制です。この税制は，国外関連者[12]側との取引に付された価格が独立企業間価格と異なる場合で，一方の取引当事者である内国法人の所得が海外に移転したとみなされる場合には，当該取引が独立企業間価格で行われたものとみなして内国法人の法人税の課税を行うというものです。

これによれば，親子会社間取引において外国法人側に国内にある資産につき供

---

11 特殊関連者（企業）とは，日米租税条約第9条第1項および日英租税条約第9条第1項においては，一方の締約国の企業が他方の締約国の企業の経営，支配もしくは資本に直接もしくは間接に参加する場合，同一の者が一方の締約国の企業および他方の締約国の企業の経営，支配もしくは資本に直接もしくは間接に参加する場合の一方の企業に対する他方の企業と規定されています。

12 国外関連者とは，外国法人で内国法人と一定の特殊の関係にあるものをいいます。一定の特殊の関係には発行済株式の半数以上の保有・被保有を通じた形式的支配関係および役員の派遣，取引，資金関係を通じた実質的支配関係をいいます。特殊の関係の有無の判定は取引が行われたときの現況によります（租税特別措置法第66条の4第1項，同法施行令第39条の12第1項第1号～5号）。

与を受ける経済的利益が生じている場合には，子会社は親子会社間取引の取引価格を通じて国外関連者である外国法人に所得を移転したものとして，実際の取引価格と独立企業間価格との差額を損金に算入できなくなります（租税特別措置法第66条の4第4項）。

なお，以上のような本来の移転価格税制の適用による課税とは別に国外関連者に対する寄附金課税が租税特別措置法第66条の4第3項に規定されています。どのような場合に第3項が適用されるかについては移転価格事務運営要領2-19に規定されていますが，その規定は依然として不明確です。移転価格税制については第4章（529頁）においてさらに詳しく検討します。

2 子会社に有利な場合

(1) 国内税法の定め

(a) 所得税

子会社に有利な取引の場合，国内に恒久的施設を有しない外国法人である親会社につき所得が発生するわけではありませんから，所得税の課税は生じません。

(b) 法人税

同様に国内に恒久的施設を有しない外国法人である親会社につき，とくに法人税の課税は生じません。

(2) 租税条約の定め

国内法の課税関係どおり，とくに国内に恒久的施設を有しない外国法人である親会社に課税は生じません。

(3) 子会社の税務

親子会社間取引に係る取引条件を通じて子会社側に何らかの経済的利益が生じていて，それが親会社による無償または低額の資産の譲渡に係る経済的利益である場合には，当該経済的利益は子会社側で経済的利益が生じた日の属する事業年度の法人税の課税標準に含まれることになります（法人税法第22条および租税特別

措置法第66条の4第3項)[13]。この場合，当該資産の取得価額も同額だけ増加するので，爾後の償却や処分に伴って損金が遅れて計上されることになります。

他方，親会社から子会社への無償による役務の提供の場合には，子会社側で課税の問題が生じることはありません。例えば，親会社から子会社への無利息貸付を考えた場合，子会社の課税所得計算上は支払利子と受贈益が同一事業年度において両建計上され，結果として課税を受けません。

なお，親子会社間取引において，国内にある資産につき供与を受ける経済的利益が子会社側に生じている場合には，親会社側で親会社居住国の税法の適用により増額更正を受けることがあります。この場合，租税条約上の相互協議条項（例えば日米租税条約第25条）ならびに実施特例法第7条により，親会社側の増額更正に対応して日本側で減額更正をする，いわゆる対応的調整を受けることができる場合があります（第4章第12節（579頁））。

第3節　子会社株式を譲渡する

本節では国内に恒久的施設を有しない外国法人が行う100パーセント子会社の株式の譲渡に係る課税関係の概要を簡単に再検討します。外国法人が一般に内国法人の発行する株式を譲渡する場合の課税の詳細については第1編第5章第3節（190頁）を参照してください。

1　国内税法の定め

（1）所得税

国内に恒久的施設を有しない外国法人が子会社の株式を譲渡しても所得税は課税されません（所得税法第178条に内国法人の発行する株式の譲渡により生ずる所得が掲げられていません）。

13　租税特別措置法第66条の4においては無償取引と有償取引に区分して規定しています。詳しくは第4章の注22（569頁）を参照してください。

（2）法人税

国内に恒久的施設を有しない外国法人が株式を譲渡した場合，原則として法人税は課されません。

しかし，次のような株式の譲渡から生じる所得については，例外的に法人税が課されます（法人税法第141条第2号に掲げられた同法第138条第1項第3号に「国内にある資産の譲渡により生ずる所得として政令で定めるもの」とあります）。

(a) 事業譲渡類似の株式の譲渡による所得

国内に恒久的施設を有しない外国法人が100パーセント子会社の発行する株式の5パーセント以上を譲渡する場合，事業譲渡類似の株式の譲渡による所得に該当するため，法人税が課税されます（法人税法第141条第2号，第138条第1項第3号，同法施行令第178条第1項第4号ロ，第6項）。

(b) 不動産関連法人の株式の譲渡による所得

100パーセント子会社がその資産の総額のうちに土地などの不動産が占める割合が50パーセント以上の法人（不動産関連法人，法人税法施行令第178条第1項第5号，第8項）である場合で，その子会社株式を国内に恒久的施設を有しない外国法人が譲渡した場合，その所得について法人税の課税を受けます。

国内に恒久的施設を有しない外国法人による内国法人の株式の譲渡につき法人税が課される場合，外国法人は譲渡益を所得として申告し（法人税法第144条の6第2項），法人税を納付しなければなりません（同法第144条の10）。当該外国法人は，上記の株式譲渡益を有することになった日から2カ月以内に，納税地，国内において行う事業など一定の事項を所轄の税務署長に届け出る必要があります（法人税法第149条）。そして，事業年度終了の日の翌日から2カ月以内に，確定申告書を提出し（同法第144条の6第2項），法人税を納付しなければなりません（同法第144条の10）。

外国法人の国内源泉所得に係る所得の金額は，内国法人の各事業年度の所得の金額に準じて計算されます（法人税法第142条，同法施行令第188条）。税率は，内国法人と同様，原則として23.2パーセントです（法人税法第143条第1項）が，法人税額の4.4パーセント（2019年10月1日以降に開始する事業年度からは10.3パーセ

ント）に相当する地方法人税が付加されます（地方法人税法第4条，第6条第1号ロ，第9条，第10条第1項）。

なお，国内に恒久的施設を有しない外国法人は，上記の株式譲渡益について，法人住民税（道府県民税・市町村民税）および事業税を課されることはありません（地方税法第23条第1項第18号，第24条第3項，第72条第5号，第72条の2第6項，第292条第1項第14号，第294条第5項，同法施行令第7条の3の2，第10条の2，第46条の2の3）。

なお，上記の前提からは離れますが，不動産関連法人が上場会社の場合で株式所有割合が5パーセント以下の場合，および，不動産関連法人が非上場会社の場合で株式所有割合が2パーセント以下の場合には，それらの株式の譲渡は不動産関連法人株式の譲渡には該当しないので，国内に恒久的施設を有しない外国法人は，日本でその譲渡益には課税されません（法人税法施行令第178条第9項第1号，第2号）。

2　租税条約の定め

日米租税条約上は，一定の不動産関連法人の株式の譲渡益を除き，株式の譲渡益は譲渡する者の居住地国でのみ課税されます（日米租税条約第13条第2項(a)，第7項）。このため，国内に恒久的施設を有しない米国法人は，たとえ事業譲渡類似の株式の譲渡であっても，一定の不動産関連法人の株式の譲渡に該当しない限り，日本で譲渡益には課税されません。同条約上の不動産関連法人とは，その資産の価値の50パーセント以上が当該他方の締約国内に存在する不動産により直接または間接に構成される法人（当該締約国の居住者）と規定されています。なお，本節の前提からは離れますが，不動産関連法人株式であっても，上場株式で，かつ，その所有割合が5パーセント以下の場合には，源泉地国側の課税権は排除されています（同条第2項(a)ただし書き）。

日英租税条約上は，子会社株式の譲渡益については第13条第2項の要件を満たす不動産関連法人の株式の譲渡または同条第3項の要件を満たす事業譲渡類似の株式の譲渡の場合に日本で課税されることになります。なお，本節の前提からは

離れますが，不動産関連法人株式であっても，上場株式で，かつ，その所有割合が5パーセント以下の場合には，源泉地国側の課税権は排除されています（同条第2項ただし書き）。また，事業譲渡類似の株式の定義は国内税法の定義よりも狭く定義することで課税対象の取引をより限定している点（第1節2（2）（449頁））に注意を要します。

株式の譲渡益課税について，日米租税条約または日英租税条約が国内税法よりも狭い要件を定めているために，各租税条約の適用により法人税の課税を免除される場合には，米国法人または英国法人は，「租税条約に関する届出書」，「特典条項に関する付表」および居住者証明書を提出しなければなりません（実施特例法施行省令第9条の2第9項）。

3　日本側当事者の税務

第三者の内国法人が国内に恒久的施設を有しない外国法人からその100パーセント子会社の株式を購入する場合，上記のとおり当該外国法人の子会社株式譲渡益につき所得税の課税はないため，買手側の内国法人に源泉徴収義務は生じません。

なお，株式譲渡の対象となる100パーセント子会社が繰越欠損金を有している場合には，株式譲渡後にその使用が制限される場合があります（法人税法第57条の2）。

第4節　子会社株式を他の内国法人の株式と株式交換する

株式交換とは，一方の会社の株主が有するその会社の株式のすべてを他方の会社に移転し，一方の会社の株主は他方の会社の株式を取得する結果，他方の会社が一方の会社の100パーセント親会社となる関係を創設する会社法上の行為です。会社法第2条第31号には，「株式会社がその発行済株式の全部を他の株式会社又は合同会社に取得させること」と定義しています。会社法上，この100パー

セント親会社を株式交換完全親会社,100パーセント子会社を株式交換完全子会社とそれぞれよびます。

本節では国内に恒久的施設を有しない外国法人がその100パーセント子会社の株式を株式交換により他の内国法人の株式と交換する場合で同時に現金の交付があり,外国法人による支配の継続がない場合,すなわち金銭の交付を伴う非適格の株式交換の課税関係を検討します。なお,本節においては記述の便宜上文脈に応じて,外国法人を完全子会社となる法人の株主,外国法人がその株式の100パーセントを有する子会社である内国法人を完全子会社,他の内国法人を完全親会社とそれぞれよびます。

1 国内税法の定め

株式交換により完全子会社となる法人の株主である外国法人にとっては,株式交換は譲渡の一形態であるので,譲渡損益が生じる可能性があります。すなわち,税務上は一定の要件の充足の有無により適格株式交換と非適格株式交換があります。非適格株式交換に際しては,株式交換の時点で,完全子会社においてその保有資産の含み損益が実現し課税関係が生ずることになります[14]。また完全子

---

14 平成11年度の商法改正において,完全親子会社関係すなわち持株会社形態を円滑に創設するために,株式交換・移転制度が導入されました(旧商法第353条,第363条,会社法第2条第31号,第32号)。所期の目的である持株会社形態の創設の円滑化に加えて,企業の買収においてもこの制度を利用することにより,商法上の手続やキャッシュフローや税務コスト等の点で,親会社になる会社が自社の株式を対価として子会社となる会社をより円滑に買収できるようになりました。このような株式交換・移転を規定していた旧租税特別措置法においては株式交換の完全子会社において株式交換の時点で課税所得が生じることはありませんでした。しかし,平成18年度税制改正を受けて2006年10月1日以降に行われる株式交換および株式移転については,従来の租税特別措置法の規定は廃止され,既存の組織再編税制の中にその一形態として取り込まれることになりました。これにより,現在では,合併と同様に適格要件を満たさない株式交換に際しては,完全子会社となる会社において,資産の含み損益が実現して課税関係が生じることになっています。

会社の株主については，完全親会社の株式のみが交換の際に交付されるものについては，適格・非適格を問わず，譲渡損益の繰延べが可能であり，完全親会社の株式以外の資産の交付がある場合については譲渡損益の繰延べはできません。株式交換においてはみなし配当は生じません。

本節では現金の交付がある非適格株式交換の場合を前提にしていますので，株式交換の時点で外国法人に子会社株式の譲渡損益が生じることになります。また，完全子会社においては一定の資産につき時価評価することで含み損益が実現して課税関係が生じます[15]。

なお，本節の前提からは離れますが，完全親会社となる法人の株式のみの交付を受ける場合には，株式交換が適格か非適格かにかかわらず，完全子会社となる法人の株主である外国法人が株式交換により譲渡する旧株の帳簿価額に相当する金額を譲渡収入として計上することにより，譲渡損益の計上が繰り延べられる規定となっています（法人税法第142条の10，第142条，第61条の2第9項，同法施行令第119条第1項第8号）。

（1）所得税

国内に恒久的施設を有しない外国法人が子会社の株式を株式交換により譲渡しても所得税は課税されません（所得税法第178条に内国法人の発行する株式の譲渡により生ずる所得が掲げられていません）。

（2）法人税

国内に恒久的施設を有しない外国法人が100パーセント子会社の発行する株式を株式交換に供する場合には，すべての株式の譲渡なので[16]，事業譲渡類似の株

---

15 本節での前提と離れますが，株式交換が適格株式交換となる場合には完全子会社における一定の資産にかかる時価評価は不要です。

16 「譲渡とは有償であると無償であるとを問わず所有権その他の権利の移転を広く含む観念で売買や交換はもとより，競売，公売，収用，物納，現物出資等が含まれ

式の譲渡による所得に該当するため、法人税が課税されます（法人税法第141条第2号、第138条第1項第3号、同法施行令第178条第1項第4号ロ、第6項）。詳しくは第3節1（456頁）を参照してください。

2 租税条約の定め

第3節2（458頁）と同様です。すなわち、日米租税条約の下では、国内に恒久的施設を有しない米国法人が株主であった完全子会社が不動産関連法人に該当しない限り、日本での法人税課税はありません。他方、日英租税条約の下では、国内に恒久的施設を有しない英国法人が株主であった完全子会社の株式の譲渡は、同条約の定める事業譲渡類似の株式の譲渡に必ず該当するため、英国で譲渡益課税がされる場合を除き、日本での法人税課税を受けます（英国で譲渡益が課税される場合でも、完全子会社が不動産関連法人に該当する場合は日本での法人税課税を受けます）。各租税条約の適用により法人税の課税を免除される場合には、米国法人または英国法人は、「租税条約に関する届出書」、「特典条項に関する付表」および居住者証明書を提出しなければなりません（実施特例法施行省令第9条の2第9項）。

3 日本側当事者の税務

（1）完全親会社の課税関係

株式交換は、完全親会社からみれば、税務的には、完全親会社が完全子会社株式の現物出資を受け、これに対して完全親会社が新株を発行するという資本取引として処理されることになります。すなわち増加資本金等の金額および交付金銭等の時価相当額の合計額を原資として完全子会社株式を取得するという取引を記帳することになります。株式交換取引に関連して増加する完全親会社の資本金等の金額は法人税法施行令第8条第1項第10号に規定されています。

なお、本節の前提からは離れますが、完全親会社が現金以外の資産を資本関係

る。」（金子宏『租税法（第22版）』（弘文堂、2017）248頁）。

のない者に交付する場合，株式交換は完全親会社にとっては基本的には資本取引なので所得は生じませんが，交付資産等に含み損益がある場合にはその含み損益が実現することで課税所得が生じる場合があります。

（2）完全子会社の課税関係

本節では適格要件を満たさない場合を前提にしているので，完全子会社において一定の資産（帳簿価額が1000万円以上の時価評価対象資産）につき，株式交換時点ですでに生じていた資産の含み損益は，非適格株式交換の日の属する事業年度の所得の計算上，益金または損金に算入することになります（法人税法第62条の9第1項）。完全子会社は内国法人なのでこのような益金または損金はすべて当該事業年度の課税所得に算入されます。

第5節　子会社から配当を受け取る

会社法においては，同法第2編第5章第4節の規定に従って，株式会社から株主に対して何らかの会社財産を分配する行為を一括して「剰余金の配当」とし，財源および手続につき統一的な規制をかけています（会社法第453条～第465条）。剰余金の配当には，旧商法上の利益の配当に相当する分配でその他資本剰余金またはその他利益剰余金を原資とする剰余金の分配や旧商法上の有償減資に相当する取引として資本金を減少してその他資本剰余金に振替え，これを原資として分配を行うもの等が含まれます。自己株式の取得も株主に会社財産が分配される点で配当に類似しているので，同様の規制の対象になっています（会社法第461条）。

これに対して，税法上は払込資本と利益剰余金を峻別して株主への分配にかかる課税関係を規定しています[17]。

17　会社法の剰余金の配当のうち，資本剰余金の額の減少に伴わないもので，かつ，分割型分割によるものを除くものを，全額受取配当として取り扱う（法人税法第23

本節では国内に恒久的施設を有しない外国法人が100パーセント子会社から配当を受ける場合の課税関係のうち，とくに，法人税法第23条第1項の剰余金の配当，すなわちその他利益剰余金のみを原資として行われる剰余金の配当について，その課税の概要を簡単に検討します。なお，外国法人が一般に内国法人から配当を受ける場合の課税の詳細については第1編第5章第2節（186頁）を参照してください。また，これ以外の剰余金の配当，すなわちその他資本剰余金を原資の一部とする剰余金の配当として税務上はみなし配当と資本の払戻しよりなるものとされるもの，合併，分割，自己株式の取得については第6節以降（466頁以下）で検討します。

1　国内税法の定め

（1）所得税

国内税法上は，一般の配当と親子間配当に関してとくに異なるものはありませ

条第1項第1号）とともに，資本の払戻しや自己株式の取得他一定の事由により株主が受ける交付金銭等のうちこれに対応して減少する資本金等の額（法人税法第2条第16号）を規定して，この部分を資本金等の払戻しとみなし，交付金銭等のうち資本金等の払戻しを超える部分を受取配当とみなす金額（みなし配当）として取り扱うこととしています（同法第24条第1項）。

つまり，その他利益剰余金を原資として行われる剰余金の配当（法人税法第23条第1項第1号）はその全額を受取配当とし，その他資本剰余金を原資として行われる剰余金の配当（同法第24条第1項第3号），非適格合併（同項第1号），非適格分割型分割（同項第2号），自己株式の取得等（同項第4号〜第6号）については，これを受取配当（みなし配当）および資本の払戻し（法人税法第61条の2第17項，同条第1項により株式譲渡損益が計上される）からなるものとして，それぞれ取り扱うことになります。なお，これらの資本取引に伴って生じる資本金等の額および利益積立金額（法人税法第2条第18号）の増減額は，法人税法施行令第8条第1項各号および同法第9条第1項各号にそれぞれ規定されており，減少資本金等の額を原資とするものが資本の払戻しに，減少利益積立金額を原資とするものが配当となるような基本的な構造になっています。

ん。すなわち，いずれの場合も，国内に恒久的施設を有しない外国法人には，子会社から受け取る配当について，所得税が課されます（所得税法第5条第4項，第7条第1項第5号，第161条第1項第9号イ，第178条）。その税率は20パーセントです（同法179条第1号）。そして，子会社はその支払いの際，20パーセントの税率で所得税の源泉徴収をしなければなりません（所得税法第212条第1項，第213条第1項第1号）。ただし，2013年1月1日から2037年12月31日までの期間に行うべき源泉徴収については，基準所得税額の2.1パーセントに相当する復興特別所得税が付加される結果，20.42パーセントの税率で，源泉徴収の方法により所得税の課税が行われます（復興財源確保法第9条，第26条～第28条）。

（2）法人税

国内税法上は，一般の配当と親子間配当に関してとくに異なるものはありません。すなわち，国内に恒久的施設を有しない外国法人は，100パーセント子会社から受ける配当について，法人税を課税されません。なぜなら，国内に恒久的施設を有しない外国法人が課税を受ける国内源泉所得（法人税法第141条第2号）には，内国法人から受け取る配当は含まれていないからです（法人税法第138条第1項第2号の「国内にある資産の運用又は保有により生ずる所得」からは，所得税法第161条第1項第9号に該当するものが除かれています）。したがって，国内に恒久的施設を有しない外国法人は，100パーセント子会社から受け取る配当につき，所得税の源泉徴収のみで日本における課税関係を終了します。

2 租税条約の定め

多くの租税条約では，一般の配当に係る限度税率よりも親子間配当に係る限度税率の方が低くなっています。

日米租税条約においては，一般の配当に係る限度税率が10パーセントであるのに対して，配当を受ける米国法人が，当該配当の支払いを受ける者が特定される日に配当支払法人の議決権のある株式の10パーセント以上を所有している場合の配当については，源泉税の限度税率は5パーセント，配当の支払いを受ける者が

特定される日を末日とする12カ月の期間を通じて議決権のある株式の50パーセント超[18]を所有する法人の配当については，源泉税は免除されます（同条約第10条第2項第3項）。

日英租税条約においても，一般の配当に係る限度税率は10パーセントであるのに対して，配当の受益者である英国法人が利得の分配に係る事業年度終了の日を末日とする6カ月の期間を通じて配当支払法人の議決権のある株式の10パーセント以上を直接または間接に所有する場合には5パーセント，同じく50パーセント以上を所有する場合には源泉税は免除されます（同条約第10条第2項第3項）。

本節では100パーセント子会社からの配当を前提にしているので，日米租税条約および日英租税条約いずれの下においても保有期間要件を満たせば免税となります。なお，条約上の免税規定の適用を受けるためには，配当の支払いを受ける前に，配当を支払う子会社を経由して，所轄の税務署長に対し，「租税条約に関する届出書」，「特典条項に関する付表」および居住者証明書を提出しなければなりません（実施特例法第3条の2，実施特例法施行省令第2条第1項）。

3　子会社の税務

国内に恒久的施設を有しない外国法人に対して配当を支払う100パーセント子会社は，20パーセント（ただし，復興特別所得税が付加されると20.42パーセント）の税率で所得税の源泉徴収義務を負います。日米または日英租税条約の適用がある場合には，保有期間要件を満たすと源泉徴収税が免除されます。

第6節　子会社から資本の払戻しを受ける

株式会社は資本金または資本準備金を，目的による制限なしに，株主総会の決議により減少し，その他資本剰余金に振り替えることが可能です（会社法第447条，第448条）。この資本金・資本準備金の減少によって増加するその他資本剰余

18　2013年改正議定書第3条第1項では「超」が「以上」になります。

金を処分して損失を処理したり，剰余金の分配をしたり，自己株式の取得をしたりすることができます。資本金の減少すなわち減資（以下の説明は資本準備金の減少にもあてはまります）に伴って株主に対して会社の財産が分配されるか否かという点で減資をいわゆる無償減資と有償減資に分けることができます。

　会社財産の分配を伴う有償減資においては，会社法上は資本金を直接払い戻すことはできませんから，まず資本金をその他資本剰余金に振り替える株主資本内での計数の変動と，それにより生じたその他資本剰余金を原資とする剰余金の配当が行われます。その他資本剰余金を原資として行う剰余金の配当は，前節の冒頭（463頁）で検討したとおり，税務上は，資本剰余金の減少に伴う会社資産の分配であり，みなし配当と資本金等の額の払戻しの複合した取引として処理されることになります[19]。

　本節では，国内に恒久的施設を有しない外国法人がその有する100パーセント子会社の減資に伴い対応する資本金等の金額を上回る金銭その他の会社財産の交付を受ける場合の課税関係について検討します。

　なお，金銭その他の資産の交付を伴わない無償減資，すなわち会社財産の分配がない無償減資においては単なる計数の変動（資本金または資本準備金の減少およびその他資本剰余金の増加）のみが生じるものであり，株主においてみなし配当や譲渡損益は生じません。例えば，無償減資により資本金から振り替えたその他資本剰余金を原資にして欠損を補填する取引（利益剰余金がマイナスとなった場合にこれをその他資本剰余金で補填すること）が可能です。これにより会計表示上の損失が補填されますが，税務上はこのような取引はなかったものとして，資本金等の額を元通りに増加させ利益積立金を元通りに減少させる税務調整を行うことになります。

19　会社法上資本金等の減少と株式の併合や消却とは全く別の取引です。株式の消却は自己株式の取得を通じてのみ可能です。自己株式の取得および株式の消却については次節（474頁）で検討します。

1 基本的な考え方

ここでは、まず、資本剰余金の減少に伴う会社資産の外国法人株主への分配から、税務上の原則として、どのようにみなし配当や譲渡益が生じるかを検討します。

(1) みなし配当

(a) 所得税

所得税法上は、子会社の資本剰余金の額の減少に伴う剰余金の配当すなわち資本の払戻しとして外国法人が交付を受ける金銭その他の資産（以下「交付金銭等」）の額のうち、当該交付を受ける基因となった子会社株式に対応する子会社の資本金等の額を超える金額は剰余金の配当の金額とみなされます（所得税法第25条第1項第4号）。

みなし配当の金額を計算する基礎となる資本の払戻しに対応する資本金等の額は、資本の払戻し直前の資本金等の額を前期末簿価純資産額に占める交付金銭等の金額の割合で按分し、それをさらに発行済株式総数に占める払戻し等に係る株式数で按分したものとなります（所得税法施行令第61条第2項第4号）。

(b) 法人税

法人税法上は、子会社の資本剰余金の減少に伴う剰余金の配当として外国法人が受ける交付金銭等の金額のうち、当該交付を受ける基因となった子会社株式の減資払戻し額に対応する子会社の資本金等の額を超える金額は剰余金の配当の額とみなされます（法人税法第24条第1項第4号）。

みなし配当の金額を計算する基礎となる払戻し額に対応する資本金等の額（減資資本金額）は、所得税法の定めと同様に、資本の払戻し直前の資本金等の額を前期末簿価純資産額に占める交付金銭等の金額の割合で按分し、それをさらに発行済株式総数に占める払戻し等に係る株式数で按分したものとなります（法人税法施行令第23条第1項第4号、第8条第1項第18号）。

(2) 譲渡益

資本の払戻しを行う場合，資本の払戻しを受ける株主につき交付金銭等の金額に応じてみなし配当に加えて譲渡損益が生じる可能性があります。

(a) 所得税

資本の払戻しの際に生じる譲渡益は外国法人の課税標準に含まれないため，外国法人に対する課税には関係ないので，検討を割愛します[20]。

(b) 法人税

第3節（456頁）で説明したとおり，国内に恒久的施設を有しない外国法人が100パーセント子会社の発行する株式の5パーセント以上を譲渡する場合，事業譲渡類似の株式の譲渡による所得に該当するため，法人税が課税されます（法人税法第141条第2号，第138条第1項第3号，同法施行令第178条第1項第4号ロ，第6項）。これと同様に，100パーセント子会社による資本の払戻しにより減少した資本剰余金が子会社の払戻し前の簿価純資産に占める割合が5パーセント以上の場合には事業譲渡類似の株式の譲渡に該当します（法人税法施行令第178条第7項，第119条の9第1項，第23条第1項第2号）。この場合，法人税法上は，交付金銭等のうちみなし配当部分を除いた金額，すなわち資本の払戻しの時点で旧株の資本の払戻しに対応する資本金等の額（法人税法第24条第1項，同法施行令第23条第1項第4号，第8条第1項第18号）を譲渡に係る対価の額とし，これと帳簿価額をもとに算定される譲渡原価（法人税法第61条の2第18項，同法施行令第119条の9）の差額として譲渡損益が計算されます（法人税法第61条の2第1項）。譲渡原価は資本の払戻し前の子会社株式の帳簿価額を発行法人の簿価純資産価額に占める交付金銭等の金額で按分したものになります。

法人税法上，資本の払戻し後の子会社株式の取得価額は，資本の払戻し前の同株式の帳簿価額を発行法人の簿価純資産価額に占める交付金銭等の金額で按分し

---

20 所得税法上は，個人株主については，資本の払戻しにより受ける交付金銭等の金額のうちみなし配当を除く金額を株式等の譲渡所得等に係る収入金額とみなして譲渡所得を計算します（租税特別措置法第37条の10第3項第3号）。

たものを資本の払戻し前の同株式の帳簿価額から控除した金額になります[21]。

以上の関係を図示すると次のようになります。

図1　払戻し対応資本金等の額

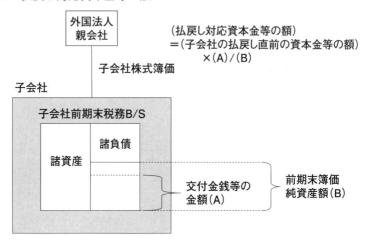

21　なお，本節の前提からは離れますが，100パーセント子会社が内国法人親会社に対して，すなわちグループ法人間で，資本を払戻すことでみなし配当が生じる場合には，譲渡原価と同額の譲渡対価を計上することにより譲渡損益を生じさせないこととなっています（法人税法第61条の2第17項）。

第3編　子会社を有する外国法人／第1章　子会社を有する外国法人に対する課税　471

A．（取得価額／帳簿価額）＞（払戻し対応資本金等の額）の場合

図2　資本の払戻しA

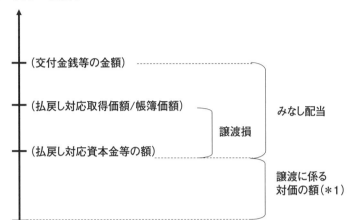

（＊1）の金額が譲渡に係る対価の額（法人税法第61条の2第1項第1号）となります。
　　　譲渡損の計算においてこの収入から控除する取得価額は旧株の取得価額のうち純資産減少割合に対応する金額です。

B．（取得価額／帳簿価額）＜（払戻し対応資本金等の額）の場合

図3　資本の払戻しB

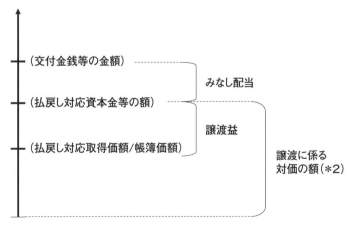

（＊2）の金額が譲渡に係る対価の額となります。譲渡益の計算において控除する取得価額の考え方は上の（＊1）で説明したものと同じです。

2　課税関係

(1)　所得税

(a)　みなし配当

内国法人から受けるみなし配当（所得税法第25条）は所得税法第161条第1項第9号イの国内源泉所得に該当します。国内に恒久的施設を有しない外国法人には，子会社から受け取る配当について，所得税が課されます（所得税法第5条第4項，第7条第1項第5号，第161条第1項第9号イ，第178条）。その税率は20パーセントです（同法179条第1号）。そして，子会社はその支払いの際，20パーセントの税率で所得税の源泉徴収をしなければなりません（所得税法第212条第1項，第213条第1項第1号）。ただし，2013年1月1日から2037年12月31日までの期間に行うべき源泉徴収については，基準所得税額の2.1パーセントに相当する復興特別所得税が付加される結果，20.42パーセントの税率で，源泉徴収の方法により所得税の課税が行われます（復興財源確保法第9条，第26条〜第28条）。

(b)　譲渡益

資本の払戻しの際に生じる譲渡益は外国法人の課税標準に含まれないため所得税は課税されません（所得税法第178条）。

(2)　法人税

(a)　みなし配当

国内に恒久的施設を有しない外国法人は，内国法人から受け取るみなし配当について，法人税を課されません。なぜなら，国内に恒久的施設を有しない外国法人が課税を受ける国内源泉所得（法人税法第141条第2号）には，内国法人から受け取る配当（みなし配当を含む）は含まれていないからです（法人税法第138条第1項第2号の「国内にある資産の運用又は保有により生ずる所得」からは，所得税法第161条第1項第9号に該当するものが除かれています）。

したがって，みなし配当については，国内に恒久的施設を有しない外国法人は，所得税の源泉徴収のみで日本における課税関係を終了します。

(b) 譲渡益

国内に恒久的施設を有しない外国法人がその100パーセント子会社から資本の払戻しを受ける場合，これに伴い税務上譲渡損益が生じることとされています（法人税法第61条の2第1項，第18項，同法施行令第119条の9，なお法人税法第142条の10，第142条により100パーセント子会社に係る譲渡損益をないものとする第61条の2第17項は外国法人には適用ありません）。そして，資本の払戻しにより減少する資本剰余金の減少前純資産税務簿価に占める割合を株式の譲渡割合として事業譲渡類似の株式の譲渡に該当するかどうかの判定を行います（法人税法施行令第178条第7項第3号）。事業譲渡類似の株式の譲渡に該当する場合には，国内に恒久的施設を有しない外国法人にも法人税が課税されます（法人税法第141条第2号，第138条第1項第3号，同法施行令第178条第1項第4号ロ，第6項）。ただし，外国法人の子会社株式の税務上の簿価は払い出した金額のうち譲渡原価に対応する金額だけ下がりますので，将来株式を譲渡する際には譲渡原価も小さくなります。外国法人の株式の譲渡益に関する法人税の課税については，詳しくは第3節1（2）（457頁）を参照してください。

(3) 租税条約の定め

(a) みなし配当

日米租税条約には，同条約第10条第6項に同条の適用対象となる「配当」の定義があります。これによれば「配当」とは，株式その他利得の分配を受ける権利から生ずる所得および支払者が居住者とされる締約国の租税に関する法令上株式から生ずる所得と同様に取り扱われる所得をいうものとされています。日英租税条約上も第10条第5項においても配当について同様の定義があります。

したがって，国内税法上のみなし配当は，日米租税条約上も日英租税条約上も「配当」として扱われることになり，100パーセント子会社の株主である米国法人または英国法人は，保有期間要件を満たせば，原則として源泉税が免除されるこ

とになります（日米租税条約第10条第3項，日英租税条約第10条第3項）。なお，条約上の免税規定の適用を受けるためには，みなし配当の支払いを受ける前に，みなし配当を支払う子会社を経由して，所轄の税務署長に対し，「租税条約に関する届出書」とともに，「特典条項に関する付表」と居住者証明書の提出が必要です（実施特例法第3条の2，同法施行省令第2条第1項）。

(b) 譲渡益

国内税法上，国内に恒久的施設を有しない外国法人も，資本の払戻しに伴って生じる譲渡益が，事業譲渡類似の株式の譲渡益に該当する場合には課税されますが，日米租税条約上はこのような株式譲渡益は譲渡者の居住地国でのみ課税される規定になっています。また，日英租税条約上は，事業譲渡類似の株式の譲渡益に限り源泉地国で課税できる規定になっています。課税要件の詳細については第3節2（458頁）を参照してください。

(4) 子会社の税務

交付金銭等の金額の合計額が，交付の基因となった株式に対応する子会社の資本金等の額を超える場合には，みなし配当が生じますので，租税条約の適用によりそのみなし配当が免税となる場合を除き，所得税の源泉徴収義務が課されます。

第7節　子会社に自己株式を取得させる

会社法上一定の場合について自己株式の取得ができます。自己株式の取得には株主に対する会社財産の分配を伴うため，会社法上は剰余金の配当の場合と同様の財源規制がかかります（会社法第461条）。税務上は，自己株式の取得を，その取得の経緯により，みなし配当の生じるもの（法人税法第24条第1項第5号）と生じないもの（同号かっこ書，同法施行令第23条第3項）に分けて規定しています。発行法人においては，前者の場合は資本金等および利益積立金の払戻しとしてそれぞれの額を減少させ（法人税法施行令第8条第1項20号，第9条第1項第14

号)，後者の場合は全額資本金等の払戻しとして資本金等の額を減少させる（法人税法施行令第8条第1項第21号）ことになります。すなわち，前者の場合に減少する資本金等の額は，自己株式の取得直前の資本金等の額を取得株式割合で按分した金額（取得資本金額）と定義され，取得の対価として株主に交付される金銭等の額からその取得資本金額を控除した金額だけ利益積立金額が減少します。これに対して後者の場合には，原則として取得対価の時価相当額だけ資本金等の額が減少しますが，課税繰延取引としての組織再編取引において自己株式を取得した場合等については別途定めがあります。一方，株主においては取得資本金額を譲渡対価として譲渡損益が計算され，減少した利益積立金額に相当するみなし配当が計上されます。

なお，会社法上発行済株式数を減少させる行為として株式の消却が定められており（会社法第178条），株式の消却は自己株式の消却を通じてのみ可能です。自己株式の取得の際には，その取得対価と同額のみなし配当（利益積立金の減少）と資本の払戻し（資本金等の額の減少）（合計額）が生じるので，自己株式の税務上の簿価はゼロとなります。その後の消却時にはとくに税務上の仕訳は不要であり，株式の消却自体からは何ら課税関係は生じません。なお，2006年4月1日以前に取得して保有していた自己株式の税務上の簿価は同日付で全額資本金等の額と相殺することとなっていますので，これについても税務上の簿価はゼロとなっています（平成18年法人税法施行令附則第4条第1項）。

本節では国内に恒久的施設を有しない外国法人がその100パーセント子会社に株主総会決議に基づく相対取引として自己株式を有償で取得させる場合を検討します。

1 基本的な考え方

自己株式の取得に伴い，株主にみなし配当および譲渡損益が生じます。

(1) みなし配当

(a) 所得税

　子会社による自己株式の取得に伴って子会社から株主に支払われる交付金銭等の金額のうちに含まれるその自己株式に対応する資本金等の額（取得資本金額）をまず計算します。取得資本金額は，直前資本金等の金額に対応する発行済株式総数に占める取得株式数で按分した金額になります（所得税法施行令第61条第2項第6号）。そして，この金額を超えて交付された金銭等の金額が利益積立金を原資として支払われたみなし配当になります（所得税法第25条第1項第5号）。

(b) 法人税

　所得税法と考え方は同じです。子会社による自己株式の取得に伴って子会社から株主に支払われる交付金銭等の金額のうちに含まれるその自己株式に対応する資本金等の額（取得資本金額）をまず計算します。取得資本金額は直前資本金等の金額に対応する発行済株式総数に占める取得株式数で按分した金額になります（法人税法施行令第8条第1項第20号）。そして，この金額を超えて交付された金銭等の金額が利益積立金を原資として支払われたみなし配当になります（法人税法施行令第9条第1項第14号）。

(2) 譲渡益

(a) 所得税

　自己株式の取得に伴い株主に生じる譲渡益は外国法人の課税標準に含まれないので，検討を割愛します。

(b) 法人税

　交付金銭等のうちみなし配当部分を除いた取得資本金額を譲渡に係る対価の額（法人税法第61条の2第1項第1号）とし，これと譲渡に係る原価の額との差額が譲渡損益になります。譲渡に係る原価の額は買入直前帳簿価額を直前保有株式数に占める買入株式数の割合で按分したものとなります（法人税法第61条の2第1項第2号）。残存株式の取得価額は当初の帳簿価額からこの譲渡に係る原価の額相当額を控除した残額として計算されます。

以上の関係を図示すると以下のようになります。

A．(取得価額／帳簿価額)＞(取得資本金額) の場合

図4　自己株式取得A

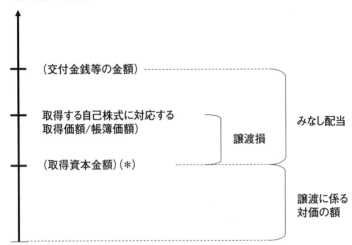

(＊) 取得した自己株式に対応する資本金等の額

B．(取得価額／帳簿価額)＜(取得資本金額) の場合

図5　自己株式取得B

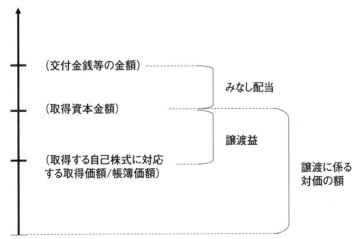

2 課税関係

(1) 所得税

(a) みなし配当

内国法人から受けるみなし配当(所得税法第25条)は,所得税法第161条第1項第9号の国内源泉所得に該当します。国内に恒久的施設を有しない外国法人には,子会社から受け取る配当について,所得税が課されます(所得税法第5条第4項,第7条第1項第5号,第161条第1項第9号イ,第178条)。その税率は20パーセントです(同法179条第1号)。そして,子会社はその支払いの際,20パーセントの税率で所得税の源泉徴収をしなければなりません(所得税法第212条第1項,第213条第1項第1号)。ただし,2013年1月1日から2037年12月31日までの期間に行うべき源泉徴収については,基準所得税額の2.1パーセントに相当する復興特別所得税が付加される結果,20.42パーセントの税率で,源泉徴収の方法により所得税が課税されます(復興財源確保法第9条,第26条~第28条)。

(b) 譲渡益

自己株式の取得に伴い生じる譲渡益は外国法人の課税標準に含まれないため所得税の課税はありません(所得税法第178条)。

(2) 法人税

(a) みなし配当

国内に恒久的施設を有しない外国法人は,内国法人から受け取るみなし配当について,法人税を課されません。なぜなら,国内に恒久的施設を有しない外国法人が課税を受ける国内源泉所得(法人税法第141条第2号)には,内国法人から受け取る配当(みなし配当を含む)は含まれていないからです(法人税法第138条第1項第2号の「国内にある資産の運用又は保有により生ずる所得」からは,所得税法第161条第1項第9号に該当するものが除かれています)。したがって,みなし配当については,国内に恒久的施設を有しない外国法人は,所得税の源泉徴収のみで日本における課税関係を終了します。

(b) 譲渡益

国内に恒久的施設を有しない外国法人がその100パーセント子会社に自己株式を取得させる場合，交付金銭等の金額が取得した自己株式に対応する帳簿価額を上回っている場合で同帳簿価額が取得した自己株式に対応する資本金等の額（取得資本金額）を下回っている場合には，譲渡益が生じます。これは有価証券の譲渡による所得に該当するため，国内に恒久的施設を有しない外国法人は，原則として法人税は課されません。

しかし不動産関連法人株式や事業譲渡類似の株式の譲渡から生じる所得に該当する場合には例外的に法人税が課されます（法人税法第141条第2号，第138条第1項第3号，同法施行令第178条第1項第4号，5号，第6項，第8項）。詳しくは第3節1（2）(457頁) を参照してください。

（3）租税条約の定め

(a) みなし配当

日米租税条約には，同条約第10条第6項に同条の適用対象となる「配当」の定義があります。これによれば「配当」とは，株式その他利得の分配を受ける権利から生ずる所得および支払者が居住者とされる締約国の租税に関する法令上株式から生ずる所得と同様に取り扱われる所得をいうものとされています。日英租税条約上も第10条第5項において配当について同様の定義があります。

したがって，国内税法上のみなし配当は，日米租税条約上も日英租税条約上も「配当」として扱われることになり，100パーセント子会社に自己株式を取得させることによりその株主である米国法人または英国法人に生じるみなし配当に係る源泉税は，保有期間要件を満たせば，原則として免除されます（日米租税条約第10条第3項，日英租税条約第10条第3項）。なお，条約上の免税規定の適用を受けるためには，みなし配当の支払いを受ける前に，みなし配当を支払う子会社を経由して，所轄の税務署長に対し，「租税条約に関する届出書」とともに，「特典条項に関する付表」と居住者証明書の提出が必要です（実施特例法第3条の2，同法施行省令第2条第1項）。

(b) 譲渡益

考え方は第3節2（458頁）の場合と同様です。すなわち、日米租税条約上は、不動産関連法人の株式の譲渡益を除き、株式の譲渡益は譲渡する者の居住地国でのみ課税されます（日米租税条約第13条第2項(a)、第7項）。このため、たとえ事業譲渡類似の株式の譲渡であっても、不動産関連法人の株式の譲渡に該当しない限り、日本で譲渡益は課税されません。

日英租税条約上は、子会社株式の譲渡益については第13条第2項(a)の要件を満たす不動産関連法人の株式の譲渡または同条第3項の要件を満たす事業譲渡類似の株式の譲渡の場合に限り日本で課税されることになります。なお、条約上の免税規定の適用を受けるためには、米国法人または英国法人は、「租税条約に関する届出書」を、「特典条項に関する付表」と居住者証明書とともに提出しなければなりません（実施特例法施行省令第9条の2第9項）。

(4) 子会社の税務

自己株式の取得は資本取引に該当します（法人税法第22条第5項）ので、子会社に税務上の損益は生じません。ただし、取得した自己株式についてみなし配当が生じますので、所得税の源泉徴収義務が生じます。100パーセント子会社からのみなし配当について日米租税条約または日英租税条約の適用がある場合には原則として免税になります。

第8節　子会社を解散する

本節では、国内に恒久的施設を有しない外国法人がその100パーセント子会社を解散し清算する場合に生じ得るみなし配当および譲渡損益の考え方を明らかにするとともに、それらの課税関係について検討します。

1 基本的な考え方

子会社を解散する際には残余財産の分配が行われます。この分配はその他資本

剰余金の減少に伴う剰余金の配当として，法人株主にみなし配当および株式譲渡損益を生じさせます。子会社の清算による残余財産の分配として外国法人が交付を受ける金銭等のうち子会社の資本金等の額を超過する部分がみなし配当，子会社の資本金等の額に対応する部分が株式譲渡損益計算上の譲渡収入になります。以下では原則として資本金等の額を上回る交付金銭等が分配される場合を前提に説明します。

（1）みなし配当

内国法人の解散により残余財産の分配として株主に金銭その他の資産が交付される場合も，資本の払戻しの場合と同様にみなし配当が生じる場合があります。

（a）所得税

交付金銭等の額のうち，当該交付を受ける基因となった子会社株式に対応する子会社の資本金等の額を超える金額は剰余金の配当の額とみなされます（所得税法第25条第1項第4号）。

（b）法人税

所得税法と同じです（法人税法第24条第1項第4号）。

（2）譲渡益

基本的な考え方は資本の払戻し時に生じる譲渡益と同じです。

（a）所得税

子会社の解散に伴い株主に生じる譲渡益は外国法人の課税標準に含まれないので，検討を割愛します。

（b）法人税

法人税法上は，帳簿価額と資本金等の額の差額が譲渡損益となります[22]。
この関係を図示すると次のようになります。

---

22 子会社の清算に伴って株式等の所有権が移転し，法人税法施行令第178条第1項第4号ロにいう「株式等の譲渡」に該当するものと考えます。「残余財産分配請求

A．(取得価額／帳簿価額)＞(資本金等の額)の場合

図6　解散A

B．(取得価額／帳簿価額)＜(資本金等の額)の場合

図7　解散B

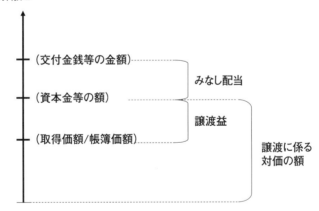

権（株主の受けた分配額）の実体は，いわば投下資本の回収（譲渡収入）部分と利益配当（みなし配当）部分に分解して理解されているといえよう。」とされています（中野百々造『会社法務と税務（全訂5版）』（税務研究会，2012）1597頁）。

2 課税関係

(1) 所得税

(a) みなし配当

内国法人から受けるみなし配当（所得税法第25条）は，所得税法第161条第1項第9号の国内源泉所得に該当します。国内に恒久的施設を有しない外国法人には，子会社から受け取る配当について，所得税が課されます（所得税法第5条第4項，第7条第1項第5号，第161条第1項第9号イ，第178条）。その税率は20パーセントです（同法179条第1号）。そして，子会社はその支払いの際，20パーセントの税率で所得税の源泉徴収をしなければなりません（所得税法第212条第1項，第213条第1項第1号）。ただし，2013年1月1日から2037年12月31日までの期間に行うべき源泉徴収については，基準所得税額の2.1パーセントに相当する復興特別所得税が付加される結果，20.42パーセントの税率で源泉徴収の方法により所得税が課税されます（復興財源確保法第9条，第26条～第28条）。

(b) 譲渡益

この場合の譲渡益は常に事業譲渡類似の株式の譲渡による所得となり，所得税法第161条第1項第3号の国内源泉所得に該当します。しかし当該所得は外国法人の課税標準に含まれないので所得税の課税はありません（所得税法第178条）。

(2) 法人税

(a) みなし配当

国内に恒久的施設を有しない外国法人は，内国法人から受け取るみなし配当について，法人税を課されません。なぜなら，国内に恒久的施設を有しない外国法人が課税を受ける国内源泉所得（法人税法第141条第2号）には，内国法人から受け取る配当（みなし配当を含む）は含まれていないからです（法人税法第138条第1項第2号の「国内にある資産の運用又は保有により生ずる所得」からは，所得税法第161条第1項第9号に該当するものが除かれています）。したがって，みなし配当については，国内に恒久的施設を有しない外国法人は，所得税の源泉徴収のみで日

本における課税関係を終了します。

(b) 譲渡益

交付金銭等の金額が内国法人の株式の帳簿価額を上回っている場合で，当該帳簿価額が資本金等の額を下回っている場合には，譲渡益が生じます[23]。これは常に事業譲渡類似の株式の譲渡に該当するため（法人税法施行令第178条第1項第4号ロ，第6項），国内に恒久的施設を有しない外国法人も，課税されることになります。なお，同時に不動産関連法人株式の譲渡に該当する場合もあります。詳しくは第3節1（2）（457頁）を参照してください。

(3) 租税条約の定め

(a) みなし配当

日米租税条約には，第10条第6項に同条の適用対象となる「配当」の定義があります。これによれば「配当」とは，株式その他利得の分配を受ける権利から生ずる所得および支払者が居住者とされる締約国の租税に関する法令上株式から生ずる所得と同様に取り扱われる所得をいうものとされています。日英租税条約上も第10条第5項において配当について同様の定義があります。

したがって，国内税法上のみなし配当は，日米租税条約上も日英租税条約上も，「配当」として扱われることになり，100パーセント子会社の解散に伴う残余財産の分配のうちのみなし配当部分については，日米または日英租税条約の適用がある場合には原則免税になります。復興特別所得税についても，租税条約の免税規定が優先します（復興財源確保法第33条第3項）。なお，租税条約上の免税規

---

[23] 交付金銭等に対応する資本等の額が決まり，その差額がみなし配当となり，資本金等の額を譲渡対価，子会社株式の帳簿価額を譲渡原価とし，それらの差額として譲渡損益が計算されます。本節では清算による交付金銭等の額が資本金等の金額を超える財務状況での通常清算を前提にして説明してきましたが，たとえ交付金銭等の金額が資本金等の額を下回る財務状況（その場合には，みなし配当は生じない）であったとしても交付金銭等の金額が子会社株式の帳簿価額を上回る限り譲渡益が生じます。

定の適用を受けるためには，米国法人または英国法人は，「租税条約に関する届出書」，「特典条項に関する付表」および居住者証明書を提出しなければなりません（実施特例法第3条の2，同法施行省令第2条第1項）。

(b) **譲渡益**

譲渡益についての考え方は第3節2（458頁）の場合と同様です。

すなわち，日米租税条約上は，不動産関連法人の株式の譲渡益を除き，株式の譲渡益は譲渡する者の居住地国でのみ課税されます（日米租税条約第13条第2項(a)，第7項）。このため，たとえ事業譲渡類似の株式の譲渡であっても，不動産関連法人の株式の譲渡に該当しない限り，日本で譲渡益は課税されません。

日英租税条約上は，子会社株式の譲渡益については第13条第2項の要件を満たす不動産関連法人の株式の譲渡または同条第3項の要件を満たす事業譲渡類似の株式の譲渡の場合に限り日本で課税されることになります。

なお，条約上の免税規定の適用を受けるためには，米国法人または英国法人は，「租税条約に関する届出書」，「特典条項に関する付表」および居住者証明書を提出しなければなりません（実施特例法施行省令第9条の2第9項）。

(4) 子会社の税務

みなし配当が生じる場合には所得税の源泉徴収義務が生じます。100パーセント子会社の支払い相手先が米国法人または英国法人の場合には，原則として免税になります。

第9節　子会社を他の会社と合併する

合併に際しては，税法上は合併消滅法人が合併存続法人に対して一定の資産および負債を移転し，その対価として合併存続法人の株式および（または）その他の資産を合併消滅法人が取得し，これを合併消滅法人の株主に交付するものと擬制されます（法人税法第62条第1項）。

本節では100パーセント子会社が他の会社と合併し消滅する場合，合併消滅法

人たる100パーセント子会社の株主である国内に恒久的施設を有しない外国法人に生じ得るみなし配当，譲渡損益の考え方を明らかにするとともに，それらの課税関係について検討します。ここでは合併消滅法人の外国法人株主に合併存続法人の株式およびその他の資産を交付する非適格合併であること，および合併比率が適切に算定されていることを前提とします[24]。なお，このような場合とは逆に子会社が合併存続法人となる場合には，後述する「合併存続法人の税務」に述べるところを除いて当該子会社に課税は生じず，また合併存続法人の株主である外国法人にも課税は生じません。

1 基本的な考え方

合併が適格合併（法人税法第2条第12号の8）の要件を満たす場合には，合併消滅法人の資産および負債はそれらの税務上の簿価で合併存続法人に引き継がれます（同法第62条の2第1項）が，非適格合併となる場合には資産および負債は時価で譲渡したものとされるので，合併消滅法人の最後事業年度（法人税法第14条第1項第2号，合併期日の前日の属する事業年度）において譲渡損益が生じます（同法第62条第2項）。

一方，合併消滅法人の法人株主においては，合併消滅法人の株式（旧株とよびます）を手放す対価として合併存続法人株式（新株とよびます）を受けることになります。税務上はこれを譲渡と取り扱いますが，新株のみを受ける場合（金銭

---

24 本節での前提と離れますが，合併が適格合併となる場合には，合併消滅法人の法人株主にはみなし配当が生じない規定になっています（所得税法第25条第1項第1号かっこ書き，法人税法第24条第1項第1号かっこ書き）。一方で，合併消滅法人の法人株主に譲渡益が生じるかどうかは，合併が適格か否かではなく，交付される資産が合併存続法人の株式のみかあるいはその他の資産も含まれるのかによります。

また，適格合併の場合，合併消滅法人の資産・負債は，税務上の簿価で合併存続法人へ引き継がれますので，合併消滅法人の最後事業年度に譲渡損益は生じません。さらに，合併消滅法人の資本金等の額および利益積立金額は合併存続法人に引き継がれます。

等不交付合併とよびます）と新株以外の資産をも受ける場合で譲渡対価とすべき金額が異なっています。すなわち、新株のみの場合には旧株の合併直前の税務簿価相当額を譲渡対価として新株を受けたものとし（法人税法第61条の2第2項），新株以外の資産をも受ける場合には，原則として，新株およびそれらの資産の時価相当額を譲渡対価として譲渡損益を計算することとしています（同法施行令第119条第1項第27号）。つまり，新株のみを受ける場合には実質的に合併消滅法人の法人株主に譲渡損益は生じないこととなっています。

さらに，合併自体が非適格合併の場合には合併消滅法人の最終の利益積立金がその旧株主に帰属するものとして処理されるので，合併消滅法人の株主に受取配当（みなし配当）が生じることになります。

以下ではまず合併消滅法人の株主の税務について説明します。

(1) みなし配当

(a) 所得税

所得税法上は，子会社の合併により外国法人が交付を受ける合併存続法人の株式および金銭その他の資産（交付株式等とよびます）の合併の日の時価の合計額のうち，当該交付を受ける基因となった子会社株式に対応する子会社の資本金等の額を超える金額は剰余金の配当の金額とみなされます（所得税法第25条第1項第1号）。

(b) 法人税

法人税法上も所得税法の定めと同様に，交付株式等の金額のうち，当該交付を受ける基因となった子会社株式に対応する子会社の資本金等の額を超える金額は剰余金の配当の額とみなされます（法人税法第24条第1項第1号）。

(2) 譲渡益

(a) 所得税

子会社の合併に伴い合併消滅法人の株主に生じる譲渡益は外国法人の所得税の課税標準に含まれないので，検討を割愛します。

(b) 法人税

　法人税法上も，所得税法上のみなし配当と同じ金額をみなし配当として算定するため，旧株の帳簿価額が資本金等の額を下回っている場合には，みなし配当に該当しない譲渡益が生じ，旧株の帳簿価額が資本金等の額を上回っている場合にはみなし配当と譲渡損の両建て計上となります。

　この場合新たに取得した合併存続法人株式（新株）の取得価額は取得のために通常要する価額，すなわち交付株式等の時価のうちみなし配当を除く部分からなる譲渡収入金額と付随費用の合計額となります（法人税法施行令第119条第1項第27号）。

　以上の関係を図示すると次のようになります。

A．（取得価額／帳簿価額）＞（旧株対応資本金等の額）の場合

　図8　合併A

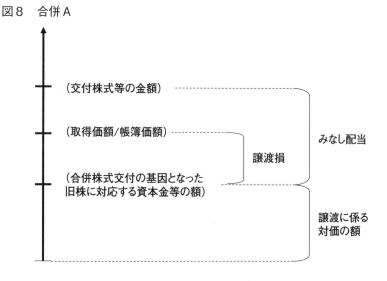

B．(取得価額／帳簿価額)＜(旧株対応資本金等の額) の場合

図9　合併B

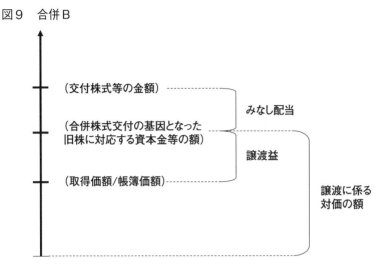

2　課税関係

(1) 所得税

(a) みなし配当

　内国法人から受けるみなし配当(所得税法第25条)は，所得税法第161条第1項第9号の国内源泉所得に該当します。国内に恒久的施設を有しない外国法人には，子会社から受け取る配当について，所得税が課されます(所得税法第5条第4項，第7条第1項第5号，第161条第1項第9号イ，第178条)。その税率は20パーセントです(同法179条第1号)。そして，子会社はその支払いの際，20パーセントの税率で所得税の源泉徴収をしなければなりません(所得税法第212条第1項，第213条第1項第1号)。ただし，2013年1月1日から2037年12月31日までの期間に行うべき源泉徴収については，基準所得税額の2.1パーセントに相当する復興特別所得税が付加される結果，20.42パーセントの税率で源泉徴収の方法により所得税が課税されます(復興財源確保法第9条，第26条〜第28条)。

(b) 譲渡益

合併に伴い合併消滅法人の株主に生じる譲渡益は外国法人の課税標準に含まれないので外国法人に所得税は課税されません（所得税法第178条）。

（2）法人税

(a) みなし配当

内国法人から受けるみなし配当（所得税法第25条）は，国内に恒久的施設を有しない外国法人が課税を受ける国内源泉所得に含まれないため（法人税法第141条第2号、第138条第1項第2号，所得税法第161条第1項第9号），みなし配当に対応する部分については所得税の源泉徴収のみで課税関係は終了します。

(b) 譲渡益

交付株式等の金額が合併消滅法人株式（旧株）の帳簿価額を上回っている場合で，かつ合併消滅法人株式（旧株）の帳簿価額が同株式に対応する資本金等の額を下回っている場合には，譲渡益が生じます[25]。これは事業譲渡類似の株式の譲渡（法人税施行令第178条第1項第4号ロ，第6項）に常に該当するため，その株式が不動産関連法人の株式に該当するか否かにかかわらず，国内に恒久的施設を有しない外国法人は法人税を課税されることになります（法人税法第141条第2号，第138条第1項第3号）。詳しくは第3節1（2）（457頁）を参照してください。

（3）租税条約の定め

(a) みなし配当

日米租税条約には，同条約第10条第6項に同条の適用対象となる「配当」の定義があります。これによれば「配当」とは，株式その他利得の分配を受ける権利から生ずる所得および支払者が居住者とされる締約国の租税に関する法令上株式

---

[25] 交付株式等の金額が対応する合併消滅法人の資本金等の額を下回る財務状況であったとしても交付株式等の金額が旧株の帳簿価額を上回る限り譲渡益が生じます。

から生ずる所得と同様に取り扱われる所得をいうものとされています。日英租税条約上も第10項第5項において配当について同様の定義があります。したがって、国内税法上のみなし配当は、日米租税条約上も日英租税条約上も、「配当」として扱われることになり、内国法人である100パーセント子会社を他の会社と合併させる外国法人が、受けるみなし配当については、日米または日英租税条約の適用がある場合には、保有期間要件を満たせば、原則として配当源泉税は免税となります。なお、条約上の免税規定の適用を受けるためには、みなし配当の支払いを受ける前に、みなし配当を支払う子会社を経由して、所轄の税務署長に対し、「租税条約に関する届出書」とともに、「特典条項に関する付表」と居住者証明書の提出が必要です（実施特例法第3条の2、同法施行省令第2条第1項）。

(b) 譲渡益

考え方は第3節2（458頁）の場合と同様です。すなわち、日米租税条約上は、不動産関連法人の株式の譲渡益を除き、株式の譲渡益は譲渡する者の居住地国でのみ課税されます（日米租税条約第13条第2項(a)、第7項）。このため、たとえ事業譲渡類似の株式の譲渡であっても、不動産関連法人の株式の譲渡に該当しない限り、日本で譲渡益は課税されません。

日英租税条約上は、子会社株式の譲渡益については第13条第2項の要件を満たす不動産関連法人の株式の譲渡または同条第3項の要件を満たす事業譲渡類似の株式の譲渡の場合に日本で課税されることになります。

なお、条約上の免税規定の適用を受けるためには、米国法人または英国法人は、「租税条約に関する届出書」を、「特典条項に関する付表」と居住者証明書とともに提出しなければなりません（実施特例法施行省令第9条の2第9項）。

(4) 日本側当事者の税務

(a) 子会社（合併消滅法人）

法人が事業年度の中途において合併により解散した場合には、その事業年度開始の日から合併の日の前日までの期間を最後事業年度とみなして、法人税等の申告をします。非適格合併においては、合併消滅法人はその保有する資産および負

債を合併の日の時価で合併存続法人に譲渡し，その対価として合併存続法人の株式等を時価で取得し，これを直ちに合併消滅法人の株主に交付したものとされますので，合併消滅法人の最後事業年度において資産および負債の譲渡損益について申告納税が必要です。なお，合併消滅法人の申告納税義務は合併存続法人に引き継がれます（国税通則法第6条）。

(b) 合併存続法人

交付株式等の金額が，その交付を受ける基因となった子会社株式に対応する子会社の資本金等の額を超える場合には，みなし配当が生じますので，所得税の源泉徴収義務を負うことになります。日米または日英租税条約の適用がある場合，源泉税は免税になります[26]。

非適格合併においては，合併受入資産の受入記帳価額にかかわらず，合併受入の時点で法人税の課税所得が生じることはありません。というのは，非適格合併においては，合併消滅法人が時価でその資産を合併存続法人に譲渡したものとして譲渡益がその最終事業年度で課税されるので，課税後の資産を時価で受け入れる合併存続法人側では，受入時点で法人税および所得税は生じないのです。

なお，合併存続法人は，非適格合併によって引き継いだ従業員に係る退職給付債務等およびその他の一定の引受債務に相当する負債を負債調整勘定として認識するとともに，非適格合併により交付した合併存続法人株式等の時価と合併により移転を受ける資産および負債の時価純資産価額との差額がある場合にはこれを資産調整勘定または負債調整勘定として計上した上で，その後，これらの調整勘定を月割計算により償却し，益金または損金に算入する必要があります（法人税法第62条の8）。

---

26 配当の交付の基因となる株式は合併消滅法人の株式なので，外国法人による100パーセント保有で保有期間の要件を満たす限り，常に免税となります。

第10節　子会社を分割する

　会社はその事業に関して有する権利義務の全部または一部を他の会社に承継させることができます。このような企業組織再編行為を会社分割，分割元の会社を分割法人，承継する他の会社を分割承継法人とよびます。

　会社分割はいくつかの視点から類型化できます。まず，分割承継法人が既存の法人か新設の法人かという視点があります。会社法は，分割承継法人が既存の法人か新設の法人かにより，前者を「吸収分割」，後者を「新設分割」と定義しています（会社法第2条第29号，第30号）。

　別の視点として，分割に係る承継の対価（分割対価資産）が分割法人に交付されるのか，または分割法人の株主等に交付されるのかというものがあります。前者を物的分割（分社型分割），後者を人的分割（分割型分割）とよびます。

　会社法上はこのような区別はなく，ただ物的分割のみを前提にして，上記のとおり，吸収分割と新設分割のみを定義しています。会社法から見た人的分割とは，物的分割により分割法人が受けた分割承継法人の株式等の分割対価資産を，その株主に現物配当するものとされています。なお，このような分割対価資産の現物配当は財源規制の対象外とされています（会社法第792条）。

　これに対して，法人税法上は，承継の対価すなわち分割対象資産負債の対価として分割承継法人が交付する株式その他の資産（分割対価資産）のすべてが，分割の日において，分割法人の株主等に対して交付されるのか，あるいは分割法人に対して交付されるのかにより，前者を分割型分割，後者を分社型分割と定義しています（法人税法第2条第12号の9，第12号の10）[27]。

---

[27] 平成12年改正商法により会社分割が新設され，平成13年度改正税法において会社分割を含む組織再編税制が整備されています。当時の商法上は現行の法人税法上の定義と同様に，物的分割と人的分割がそれぞれ規定されていましたが，平成17年会社法において物的分割のみに整理されています。

ただし，法人税法の定義上は分割型分割と分社型分割を区別していますが，分割型分割の課税関係については，分割法人が承継の対価として受けた分割対価資産を分割法人の株主へ交付するものと規定しています（法人税法第62条第1項，第62条の2第1項）ので，会社法の考え方に整合しています。

なお，実務上は，分割型分割か分社型分割か，いずれかの単純な選択のみではなく，一部分割型一部分社型のいわゆる複合型の分割も可能です。グループ内の分割のみでなく，共同事業を組成するための共同分割もあります。

本節では，このような分割のうち，分割法人の100パーセント親会社である国内に恒久的施設を有しない外国法人が，新設会社を承継法人として行う，金銭等交付分割型分割（分割承継法人から分割承継法人の株式以外の資産が分割法人の株主に交付される分割）により株式等の交付を受けた非適格分割型分割の課税関係について検討します[28]。

1 基本的な考え方

分割は，税務上は，原則として，分割法人から分割承継法人への資産および負債の譲渡として取り扱われます（法人税法第62条第1項）。本節で前提としている非適格分割の場合においては，分割法人から分割承継法人へ分割対象の資産および負債が時価譲渡されたものとして取り扱われるとともに，分割法人が分割対価資産を分割承継法人から時価により取得し，これを直ちに分割法人の株主に交付するものとして取り扱うこととしています（法人税法第62条第1項）。このようにして分割法人の株主に分割対価資産が交付される際には，その株主にみなし配当

---

28 本節での前提と離れて，分割型分割が適格分割型分割となる場合には次のような課税関係となります。
　・分割法人から分割承継法人に移転する資産・負債は税務上の簿価で引き継がれます。
　・分割法人においては，分割直前の純資産のうち分割により承継法人に移転した純資産に相当する資本金等の額および利益積立金額が減少します。

および譲渡損益が生じる場合があります。

(1) みなし配当

　分割型分割においては，移転資産負債の対価として分割法人である子会社が受け取った分割承継法人の株式は直ちに分割法人の株主である外国法人に交付されるものと構成されます。非適格分割の場合には，交付される分割承継法人の株式等の分割対価資産の時価のうち，分割法人の資本金等の額を，純資産の税務簿価に対する移転した純資産の税務簿価の割合で按分して得られる分割資本金等の額（法人税法施行令第8条第1項第15号）を分割法人の資本金等の額から減算するとともに，分割対価資産時価のうち減算する分割資本金等の額を超える金額の利益積立金が減少し（法人税法施行令第9条第1項第9号），同額が株主に分配されたものとしてみなし配当が計算されます（法人税法第24条第1項第2号）。なお，分割承継法人側では，上記の分割資本金等の額に対応する金額を含む分割対価資産時価相当額の資本金等の額が引き継がれます（法人税法施行令第8条第1項第6号）。非適格分割型分割においては利益積立金の分割承継法人への引継ぎはありません。

(2) 譲渡益

　金銭等交付分割型分割においては，分割法人の株主の譲渡収入は，分割資本金等の額すなわち分割承継法人から受ける株式交付金等の分割対価資産の時価からみなし配当とされる金額を控除した金額です[29]。分割法人の純資産の税務上の簿価に占める分割承継された純資産の税務上の簿価の割合を株主が保有する分割法人株式の税務上の簿価に乗じて株主の譲渡原価（分割純資産対応帳簿価額）（法人税法第61条の2第4項）を計算します。いわば分割法人株式の部分譲渡を行った

---

29 適格・非適格にかかわらず，金銭等不交付分割型分割については譲渡原価・譲渡収入とも分割純資産対応帳簿価額であり（法人税法第61条の2第4項後段），譲渡損益は生じない規定となっています。

ものとみなして株式譲渡損益が計算されます（法人税法第61条の2第4項，第1項）。

分割型分割実行後に株主が保有する分割法人株式の税務上の簿価は分割前簿価から上記の譲渡原価を控除した金額になり，分割承継法人株式の税務上の簿価は分割承継法人株式の分割時の時価となります。

以上の関係を図示すると次のようになります。

図10　分割資本金等の額

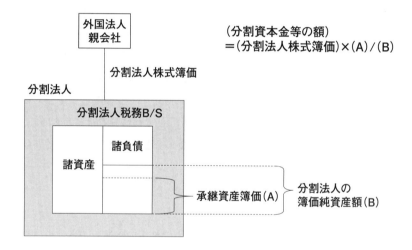

A.（取得価額／帳簿価額）＞（分割資本金等の額）の場合

図11　分割A

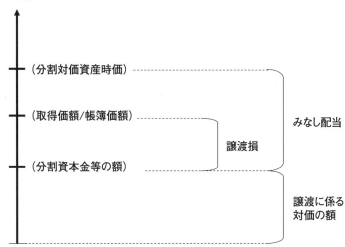

B.（取得価額／帳簿価額）＜（分割資本金等の額）の場合

図12　分割B

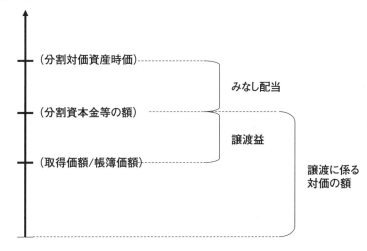

2 課税関係

(1) 所得税

(a) みなし配当

分割対価資産の時価のうち分割資本金等の額を超える金額は所得税法第25条第1項第2号のみなし配当として，同法第24条第1項の剰余金の配当に該当します。

国内に恒久的施設を有しない外国法人は，内国法人から受ける剰余金の配当につき，所得税が課されます（所得税法第161条第1項第9号イ，第178条）。その税率は20パーセントです（同法第179条第1号）。そして，内国法人は，その支払いの際，20パーセントの税率で，所得税の源泉徴収をしなければなりません（同法第212条第1項，第213条第1項第1号）。ただし，2013年1月1日から2037年12月31日までの期間に行うべき源泉徴収については，基準所得税額の2.1パーセントに相当する復興特別所得税が付加される結果20.42パーセントの税率で源泉徴収の方法により所得税が課税されます（復興財源確保法第9条，第26条〜第28条）。

(b) 譲渡益（分割法人株式に係るもの）

分割承継法人の株式以外の資産の交付がある金銭等交付分割型分割の際に分割法人の株主に生じる譲渡益は外国法人の課税標準に含まれないため所得税は課されません（所得税法第178条）。

(2) 法人税

(a) みなし配当

分割対価資産の時価のうち分割資本金等の額を超える金額は法人税法第24条第1項第2号のみなし配当に該当します。国内に恒久的施設を有しない外国法人には，内国法人から受け取る配当について法人税が課されません。なぜなら，国内に恒久的施設を有しない外国法人が課税を受ける国内源泉所得（法人税法第141条第2号）には，内国法人から受け取る配当は含まれていないからです（法人税法第138条第1項第2号の「国内にある資産の運用又は保有により生ずる所得」からは，

所得税法第161条第1項第9号に該当するものが除かれています)。

したがって，国内に恒久的施設を有しない外国法人は，上記のみなし配当については所得税の源泉徴収のみで日本における課税関係は終了します。

(b) 譲渡益(分割法人株式に係るもの)

外国法人がその全株式を保有する子会社を分割法人とし，分割承継法人が株式および株式以外の資産を分割法人に交付する金銭等交付分割型分割を行う場合には実際には株式の譲渡があるわけではないのですが，分割対象資産負債に対応する分割法人株式の部分譲渡を行ったものとみなして，分割法人の株主に税務上譲渡損益が生じることとされています(法人税法第61条の2第4項，同法施行令第119条の8)。

このみなし部分譲渡については，さらに，特殊関係株主等が保有する株式のうち分割法人の分割前純資産簿価に占める分割純資産簿価の割合に対応する分割法人株式が5パーセント以上となった場合には，事業譲渡類似の株式の譲渡に該当することとなります(法人税法施行令第178条第7項第1号)。金銭等交付分割型分割により分割法人の株主に生じる株式のみなし譲渡は，分割の割合によって事業譲渡類似の株式の譲渡(法人税法施行令第178条第1項第4号ロ)に該当する可能性があり，国内に恒久的施設を有しない外国法人にも法人税の課税はあります。詳しくは第3節1(2)(457頁)を参照してください。

(3) 租税条約の定め

(a) みなし配当

日米租税条約には，第10条第6項に同条の適用対象となる「配当」の定義があります。これによれば「配当」とは，株式その他利得の分配を受ける権利から生ずる所得および支払者が居住者とされる締約国の租税に関する法令上株式から生ずる所得と同様に取り扱われる所得をいうものとされています。日英租税条約上も第10条第5項において配当について同様の定義があります。

したがって，国内税法上のみなし配当は，日米租税条約上も日英租税条約上も「配当」として扱われることになり，米国法人または英国法人が100パーセント子

会社である分割法人の株主として非適格分割型分割により分割対価資産の交付を受けたことにより生じるみなし配当については，保有期間要件を満たせば，原則として国内での源泉所得税を免除されることになります。なお，条約上の免税規定の適用を受けるためには，みなし配当の支払いを受ける前に，みなし配当を支払う子会社を経由して，所轄の税務署長に対し，「租税条約に関する届出書」とともに，「特典条項に関する付表」と居住者証明書の提出が必要です（実施特例法第3条の2，実施特例法施行省令第2条第1項）。

(b) 譲渡益

考え方は第3節2（458頁）と同じです。

すなわち，日米租税条約上は，一定の不動産関連法人の株式の譲渡益を除き，株式の譲渡益は譲渡する者の居住地国でのみ課税されます（日米租税条約第13条第2項(a)，同第7項）。このため，たとえ事業譲渡類似の株式の譲渡であっても，日本で譲渡益は課税されません。

日英租税条約上は，子会社株式の譲渡益については第13条第2項の要件を満たす不動産関連法人の株式の譲渡または同条第3項の要件を満たす事業譲渡類似の株式の譲渡の場合に日本で課税されることになります。

なお，条約上の免税規定の適用を受けるためには，米国法人または英国法人は，「租税条約に関する届出書」を，「特典条項に関する付表」と居住者証明書とともに提出しなければなりません（実施特例法第3条の2，同法施行省令第9条の2）。

（4）日本側当事者の税務

(a) 子会社（分割法人）

所得税法上みなし配当が生じますので分割法人である子会社には所得税の源泉徴収義務が生じます。源泉徴収税は日米または日英租税条約の適用により免除される場合があります。

(b) 分割承継法人

分割承継法人においては分割対象資産負債を時価で受け入れるとともに，さら

に引き継いだ従業員に係る退職給付債務等およびその他の一定の引受債務に相当する潜在的な負債を認識します。そして，分割が事業等の移転を伴う場合には，これら資産負債の時価純資産額と分割対価資産時価の差額があれば，これをのれんに相当するものとして，差額と同額の資産調整勘定または負債調整勘定を計上し，分割が事業等の移転を伴わない場合には，このようなのれん相当の資産負債調整勘定は計上しません。事業等の分割に伴って資産・負債調整勘定を計上した場合にはその後これらの勘定を月割計算により償却することとなっています（法人税法第62条の8）。

第2章　過少資本税制

本章の概要

　これまでは国内に子会社を有する外国法人の原則的な課税関係について説明してきました。しかし，国境を越えて行われる取引にかかわる税務には国際的な二重課税の排除および国際的な租税回避行為の防止の観点から定められた特別な措置があります。

　本章では，国際的な租税回避行為の防止のための特別措置の一つであり主として外国法人の子会社に適用される過少資本税制を取り上げ，以下の順序で検討します。

　第1節　過少資本税制とは
　第2節　過少資本税制の要件と効果
　第3節　過少資本税制の特則

　国際的な租税回避行為の防止のための他の特別措置として外国法人に適用があるものには，過少資本税制と同様に過大な利払いによる損金算入に歯止めをかける過大支払利子税制と国際的な所得の適正配分の確保を目的とする移転価格税制があります。過大支払利子税制については次章で，移転価格税制については第4章で，それぞれ取り上げます。

第3編　子会社を有する外国法人／第2章　過少資本税制　　503

第1節　過少資本税制とは

1　過少資本税制の概要

　「過少資本税制」とは，基本的には，内国法人が外国法人である親会社等から資本金の3倍を超える借入を行い，当該親会社等に対して借入金利息を支払う場合に，その3倍を超える部分に対応する借入金利息については当該内国法人の課税所得の金額の計算上損金の額に算入しないというものです。

2　過少資本税制の趣旨

　子会社がその事業用資金等を調達する方法としては，一般的に，親会社から出資を受ける方法と親会社や銀行等から借入を行う方法があります。そして，子会社が親会社から調達した資金を還流するには，出資の場合には配当の支払いとなり，借入の場合には元本および利息の支払いとなります。配当は子会社の課税済みの配当可能利益から行われるため法人税の課税所得の金額の計算上損金の額に算入されませんが（法人税法第22条第5項），借入金利息は原則として損金の額に算入されます（同法第22条第3項）。

　このように，子会社の資金の調達方法の違いによりその資金を還流する際に子会社においてその税務上の取扱いが異なるという点に着目し，子会社の法人税の負担を減少させる取引形態が考えられます。つまり，子会社への出資を極力少なくし，子会社が必要とする資金の大部分を親会社から子会社への貸付金（子会社から見れば親会社からの借入金となります）で賄うという方法が考えられます（以下「過少資本」）。

　しかし，このような過少資本においても，親会社および子会社がともに内国法人である場合には親会社と子会社が負担する法人税の総額には影響を及ぼしません[1]。子会社において損金の額に算入された借入金利息相当額が親会社において受取利息として益金の額に算入され，結果として，親会社と子会社の法人税の課

税所得の合計額に変動がないためです。一方，親会社が日本国内に恒久的施設を有しない外国法人である場合には親会社と子会社が負担する法人税の総額に影響を及ぼします。なぜなら，子会社においては親会社に対して支払われた借入金利息は損金の額に算入され，その分だけ子会社の法人税の課税所得が減少しますが，利息を受け取った親会社は日本では法人税の課税を受けないからです[2]。

そこで，上述のような過少資本に基づく租税回避行為を防止する目的から，「国外支配株主等に係る負債の利子の課税の特例」（租税特別措置法第66条の5，以下「過少資本税制」）の規定が定められています。なお，上述のように，過少資本税制はその適用の対象として主に外資系の内国法人を想定していますが，一定の場合，本邦系の内国法人（第3節4（519頁））にも適用されます。

1　親会社および子会社がともに課税所得を有する場合（黒字の場合）です。ただし，資本金の額等により親会社と子会社で法人税の税率が異なる場合には（法人税法第66条第1項，第2項），親会社と子会社が負担する法人税の総額に影響があります。一方，親会社が赤字で子会社が黒字の場合には子会社において損金の額に算入された借入金利息相当額に対する法人税額が減少するので，両社が負担する法人税の総額が異なってきます。

2　このような受取利息は国内税法の規定に従って源泉徴収の方法により20パーセントの税率で所得税の課税を受けます（所得税法第5条第4項，第7条第1項第5号，第161条第1項第10号，第178条，第179条第1号，第212条第1項，第213条第1項第1号）。ただし，2013年1月1日から2037年12月31日までの期間に行うべき源泉徴収については基準所得税額の2.1パーセントに相当する復興特別所得税が付加される結果，源泉徴収税率は20.42パーセントになります（復興財源確保法第9条，第26条〜第28条）。この点については第1編第6章第2節1（205頁）を参照してください。

第2節　過少資本税制の要件と効果

1　過少資本税制適用の要件

　過少資本税制は，国外支配株主等または資金供与者等に対して負債の利子を支払う内国法人のうち，次の(1)および(2)のいずれの要件にも該当する内国法人に対して適用されます（租税特別措置法第66条の5第1項）。なお，「国外支配株主等」，「資金供与者等」，「利付負債」などの特殊な用語の意義については，後述の2（506頁）で詳しく説明します。

(1)　内国法人の各事業年度の国外支配株主等または資金供与者等に対する利付負債に係る平均負債残高が，当該事業年度の当該国外支配株主等の当該内国法人の資本持分の3倍に相当する金額を超えること。

　算式で表すと次のようになります。

$$\frac{(当該事業年度の国外支配株主等・資金供与者等に対する利付負債に係る平均負債残高)}{(当該事業年度の国外支配株主等の資本持分)} > 3$$

(2)　内国法人の各事業年度の総利付負債に係る平均負債残高が，当該内国法人の当該事業年度の自己資本の額の3倍に相当する金額を超えること。

　算式で表すと次のようになります。

$$\frac{(当該事業年度の総利付負債に係る平均負債残高)}{(当該事業年度の自己資本の額)} > 3$$

　上記(1)または(2)のいずれかに該当しなければ過少資本税制の適用はありません。

　実務上，過少資本税制の適用の有無を判定する場合にはその簡便性を考慮して，まず，上記(2)の要件，すなわち，内国法人の各事業年度の総利付負債に係る平均負債残高が当該内国法人の当該事業年度の自己資本の額の3倍を超えている

か否かを検討することになると考えられます。

2　過少資本税制上の用語の意義

ここでは以下の用語の意義について検討します。
（1）国外支配株主等
（2）資金供与者等
（3）総利付負債
（4）国外支配株主等・資金供与者等に対する利付負債
（5）国外支配株主等・資金供与者等に対する負債の利子
（6）平均負債残高
（7）自己資本の額
（8）国外支配株主等の資本持分

（1）国外支配株主等

国外支配株主等とは非居住者または外国法人で内国法人との間で次のような特殊の関係にある者をいいます（租税特別措置法第66条の5第5項第1号，同法施行令第39条の13第12項）。

(a)　親子会社

非居住者または外国法人が内国法人の発行済株式の総数または出資金額[3]（以下「発行済株式等」）の50パーセント以上を直接または間接に保有する場合，当該非居住者または外国法人は当該内国法人の国外支配株主等となります。

(b)　兄弟会社

内国法人と外国法人が同一の者（居住者および内国法人を含みます。第3節4（519頁））によってそれぞれの発行済株式等の50パーセント以上を直接または間

---

[3]　当該内国法人が有する自己の株式または出資は当該内国法人の発行済株式または出資金額から除かれます（租税特別措置法施行令第39条の13第12項第1号かっこ書き）。

接に保有されている場合，当該外国法人は当該内国法人の国外支配株主等となります。

(c) 実質的支配

内国法人がその事業活動に係る取引の相当部分を依存しその必要とされる資金の相当部分を借入もしくは保証により調達し，またはその役員の2分の1以上あるいは代表権限を有する役員の兼任などの事実が存在することにより，非居住者または外国法人が当該内国法人の事業の方針の全部または一部について実質的に決定できる場合[4]，当該非居住者または外国法人は当該内国法人の国外支配株主等となります。

(d) 保有割合の算定

上記(a)および(b)の保有割合による判定においては，非居住者または外国法人の内国法人の発行済株式等に係る直接保有割合と間接保有割合との合計により当該非居住者または外国法人が国外支配株主等に該当するか否かを判定します。ここで間接保有割合とは，非居住者または外国法人から直接または間接に発行済株式等の50パーセント以上の保有による連鎖関係が内国法人の株主等までつながっている場合の，当該株主等が保有する当該内国法人の発行済株式等の保有割合をいいます（租税特別措置法施行令第39条の13第13項が準用する同令第39条の12第2項，第3項）。

---

[4] 実質的支配関係の有無を判定する事実には次のようなものがあります（租税特別措置法関係通達66の5-4）。
  (1) 法人が非居住者または外国法人から提供される事業活動の基本となる工業所有権（特許権，実用新案権，意匠権および商標権をいいます），ノウハウ等に依存してその事業活動を行っていること。
  (2) 法人の役員の2分の1以上または代表する権限を有する役員が非居住者または外国法人によって実質的に決定されていると認められる事実があること。

図1

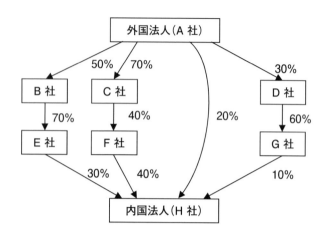

　例えば,上図のような場合,C社―F社,A社―D社の間で発行済株式等の50パーセント以上の保有による連鎖関係が途切れているため,外国法人A社の内国法人H社に係る間接保有割合はB社―E社を通じた30パーセントということになります。また,外国法人A社の内国法人H社に係る直接保有割合は20パーセントですから直接保有割合と間接保有割合との合計が50パーセントになり,したがって外国法人A社は内国法人H社の国外支配株主等となります。

(2) 資金供与者等

　資金供与者等とは内国法人への資金供与に関係する以下の者をいいます(租税特別措置法第66条の5第5項第2号,同法施行令第39条の13第13項)。

(a) 国外支配株主等が第三者を通じて内国法人に対して資金供与をしたと認められる場合の当該第三者

(b) 国外支配株主等が債務の保証をすることにより第三者が内国法人に対して資金供与をしたと認められる場合の当該第三者

(c) 国外支配株主等から内国法人に対し債券(国外支配株主等が保証をすることにより第三者から内国法人に対し貸し付けられた債券を含む)が貸し付けられ,その債券が他の第三者に担保として提供され債券現先取引(租税特別措置法

第42条の2第1項）で譲渡され，または現金担保付債券貸借取引（同法第66条の5第5項第8号）で貸し付けられることにより，当該他の第三者が内国法人に対して資金を供与したと認められる場合における当該第三者および当該他の第三者

（3）総利付負債

過少資本税制の適用要件の1(2)(505頁)の充足の有無を判定する際の総負債は利子の支払いの基因となるものに限られます（租税特別措置法第66条の5第1項かっこ書き）。

なお，（7）（512頁）で述べる自己資本の額を計算する際の総負債には利子の支払いの基因とならないものも含まれます。

（4）国外支配株主等・資金供与者等に対する利付負債

(a) 意義

国外支配株主等・資金供与者等に対する利付負債とは内国法人が国外支配株主等・資金供与者等に対して負っている利付負債をいいます（租税特別措置法第66条の5第4項第4号）[5]。

内国法人が国外支配株主等から直接供与された資金に係る負債だけでなく，国外支配株主等が第三者（資金供与者等）を通じて内国法人に対し供与した資金に係る負債も含まれることに留意する必要があります。

(b) 除かれるもの

国外支配株主等が日本国内に恒久的施設を有する外国法人で当該外国法人の恒久的施設帰属所得（法人税法第141条第1号イ，第138条第1項第1号）（租税条約の規定により法人税が軽減または免除される所得を除きます）として法人税の課税対象

---

[5] 負債は利子の支払いの基因となるものに限られるため，例えば，利子が付される預り敷金は利子が付される期間に限り利付負債に含まれます（租税特別措置法関係通達66の5-10）。

所得に含まれる利子に係る負債は、国外支配株主等に対する利付負債から除かれます（租税特別措置法第66条の5第5項第3号かっこ書き、第4号、第9号、同法施行令第39条の13第29項）[6]。

(5) 国外支配株主等・資金供与者等に対する負債の利子

(a) 意義

国外支配株主等に対する負債の利子には借入金に係る利子のほか、手形の割引料、社債発行差金その他経済的な性質が利子に準ずるものも含まれます（租税特別措置法第66条の5第5項第3号、同法施行令第39条の13第15項）。また、内国法人が国外支配株主等に直接支払う利子だけではなく、国外支配株主等に支払う債務の保証料、資金供与者等に支払う負債の利子、国外支配株主等・資金供与者等に支払う債券の使用料・債務の保証料なども含まれます（租税特別措置法第66条の5第5項第3号、同法施行令第39条の13第16項）。

なお、各事業年度において国外支配株主等に支払う負債の利子の金額は、当該事業年度において内国法人が実際に支払った金額ではなく費用として計上した金額によるものとされています（租税特別措置法施行令第39条の13第3項）。

(b) 除かれるもの

国外支配株主等・資本供与者等に対して支払われる負債の利子であっても、支払いを受ける者の課税対象所得に含まれるものについては過少資本税制の対象になる利子から除かれます（租税特別措置法第66条の5第5項第3号かっこ書き、第9

---

6 日本国内に恒久的施設を有する外国法人は恒久的施設帰属の国内源泉所得について法人税の課税を受けます。このため、当該外国法人が国外支配株主等となっている内国法人から受け取る利子が当該外国法人の法人税の課税対象所得に含まれる場合には、過少資本税制の適用上、第1節2（503頁）で述べた内国法人間の取引の場合と同様と捉えることができます。すなわち、当該内国法人において損金の額に算入された借入金利息相当額は当該外国法人において受取利息として益金の額に算入され、結果として当該外国法人と当該内国法人の法人税の課税所得の合計額に変動が生じないことになります（注1参照）。

号，同法施行令第39条の13第17項，第29項）。例えば，国外支配株主等が日本国内に恒久的施設を有する外国法人である場合には，当該外国法人が支払いを受ける利子でその恒久的施設に帰属する所得については法人税の課税対象になるため（法人税法第141条第1号イ，第138条第1項第1号），過少資本税制の対象になる利子から除外されます[7]。

このほか，負債の利子に関する通達があります[8]。

（6）平均負債残高

平均負債残高とは当該事業年度の利付負債の帳簿価額の平均的な残高として合理的な方法により計算した金額をいいます（租税特別措置法第66条の5第4項第5号，同法施行令第39条の13第19項）。また，合理的な方法により計算した金額とは利付負債の帳簿価額の日々の平均残高または各月末の平均残高等，当該事業年度を通じた利付負債の帳簿価額の平均的な残高をいい，当該事業年度の開始時および終了時の利付負債の帳簿価額の平均額は合理的な方法により計算した金額に該当しません（租税特別措置法関係通達66の5-13）。これは平均負債残高の恣意的な算出の可能性を排除するための規定と考えられます。

なお，帳簿価額は内国法人の会計帳簿に記載されている利付負債の金額によるものとされています（租税特別措置法施行令第39条の13第24項）。

---

[7] ただし，国外支配株主等が支払いを受ける利子が恒久的施設帰属所得に該当しても租税条約の規定により法人税が軽減または免除される場合には，原則に戻って過少資本税制の対象になる利子に該当します（租税特別措置法施行令第39条の13第29項）。

[8] 負債の利子に関する通達は次のとおりです。
・金銭債務の償還差損等（租税特別措置法関係通達66の5-5）
・短期の前払利息（同通達66の5-6）
・負債の利子の範囲（同通達66の5-7）
・原価に算入した負債の利子（同通達66の5-8）
・原価に算入した負債の利子の調整（同通達66の5-9）

(7) 自己資本の額

(a) 意義

自己資本の額は(i)の金額から(ii)の金額を控除した残額とされています（租税特別措置法第66条の5第5項第7号，同法施行令第39条の13第23項）。

(i) 内国法人の当該事業年度の総資産の帳簿価額[9]の平均的な残高として合理的な方法[10]により計算した金額

(ii) 内国法人の当該事業年度の総負債[11]の帳簿価額の平均的な残高として合理的な方法により計算した金額

ただし，上記の残額が内国法人の当該事業年度終了の日における資本金等の額（法人税法第2条第16号）に満たない場合には，資本金等の額を自己資本の額（資本金等の額が資本金または出資金の額に満たない場合は当該資本金または出資金の額を「自己資本」の額とします）とします（租税特別措置法施行令第39条の13第23項）[12]。なお，帳簿価額は内国法人の会計帳簿に記載されている資産または負債の金額によるものとされています（同令第39条の13第24項）。

---

[9] 総資産の帳簿価額および総負債の帳簿価額は会計帳簿に記載されているこれらの金額によるため，税務上の否認金がある場合でも当該否認金の金額は総資産の帳簿価額および総負債の帳簿価額に関係させません（租税特別措置法関係通達66の5-16）。

[10] 合理的な方法により計算した金額とは総資産または総負債の帳簿価額の日々の平均残高または各月末の平均残高等，当該事業年度を通じた総資産または総負債の帳簿価額の平均的な残高をいい，当該事業年度の開始時および終了時の総資産の帳簿価額の平均額および総負債の帳簿価額の平均額は合理的な方法により計算した金額に該当しません（租税特別措置法関係通達66の5-17）。これは平均残高の恣意的な算出の可能性を排除するための規定と考えられます。

[11] 総負債は外部負債であるか内部負債であるかを問わないため，貸倒引当金等だけでなく，税務上損金の額に算入されないものであっても法人が損金経理により計上した未払法人税，各種引当金等も含みます（租税特別措置法関係通達66の5-14）。

[12] 資本金等の額は税務上の金額によるため，例えば，資本金の額，出資金額または資本積立金額に税務上の払込否認金額がある場合には，当該払込否認金額を控除し

(b) 特則

　内国法人（C社）と国外支配株主等（A社）との関係が他の内国法人（B社）をはさんで孫会社と親会社の関係にある場合には，自己資本の額についての特則があります。すなわち，内国法人（C社）の当該事業年度終了の日における資本金等の額に他の内国法人（当該内国法人の親会社等）（B社）の当該内国法人（C社）に係る持株割合を乗じて計算した金額が当該他の内国法人（B社）の当該事業年度終了の日における資本金等の額を超える場合には，当該内国法人（C社）の自己資本の額は，当該自己資本の額からその超える金額と当該他の内国法人（B社）の当該事業年度終了の日における国外支配株主等に対する利付負債の額とのいずれか少ない金額（以下「控除対象金額」）を控除した金額とされます（租税特別措置法施行令第39条の13第25項）。この規定は，内国法人が他の内国法人を介して国外支配株主等から多額の資金の提供を受けている場合にもその実質的な資金の流れに着目して過少資本税制を適用するためのものです。

　この特則により，例えば，次のような場合における内国法人（C社）の自己資本の額は200とされ，第2節1（505頁）で述べたいずれの要件にも該当することになるため過少資本税制の適用を受けることになります。

(i)　内国法人（C社）の資本金等の額（500）に他の内国法人（B社）のC社に係る持株割合（80％）を乗じた金額：500×80％＝400

(ii)　B社の資本金等の額：100

(iii)　(i)＞(ii)の場合の超過額：400－100＝300

(iv)　B社の国外支配株主等（A社）に対する利付負債の額：300

(v)　(iii)と(iv)のいずれか少ない金額（控除対象金額）：300

(vi)　C社の自己資本の額：500－300＝200

　また，当該内国法人がさらに内国法人である子会社（国外支配株主等のひ孫会

た金額となります（租税特別措置法関係通達66の5-18）。例えば，現物出資に際して資産を出資時の時価を超過して受け入れた場合の，その超過額が払込否認金額に該当します。

社)を有する場合(当該内国法人が出資関連内国法人[13]に該当する場合)には、この控除対象金額は当該内国法人の国外支配株主等に対する利付負債の額に加算されます(租税特別措置法施行令第39条の13第26項)。

図2

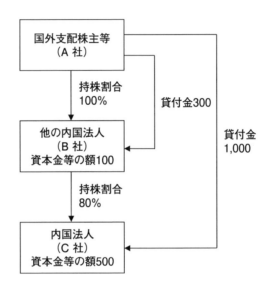

(8) 国外支配株主等の資本持分

国外支配株主等の資本持分は次の算式により計算されます(租税特別措置法第66条の5第5項第6号、同法施行令第39条の13第20項)。

$$
(\text{内国法人の当該事業年度に係る自己資本の額}) \times \frac{(\text{当該事業年度終了の日において国外支配株主等が有する当該内国法人に係る直接および間接保有の株式等})}{(\text{当該内国法人の発行済株式等})}
$$

---

[13] 出資関連内国法人とは内国法人と当該内国法人の株主等である他の内国法人との間にこれらの者と株式等の保有を通じて連鎖関係にある1または2以上の内国法人をいいます(租税特別措置法施行令第39条の13第25項)。

上記の算式における直接および間接保有の株式等とは国外支配株主等が直接に保有する株式等と間接に保有する株式等との総数または合計額をいいます（租税特別措置法施行令第39条の13第21項）。間接保有とは国外支配株主等が1または2以上の他の内国法人を介して当該内国法人の発行済株式等を保有する場合（当該内国法人が国外支配株主等の孫会社等である場合）をいい、間接保有の株式等は国外支配株主等から当該内国法人までの各段階における持株割合を乗じて計算されます（同令第39条の13第21項）。

図3

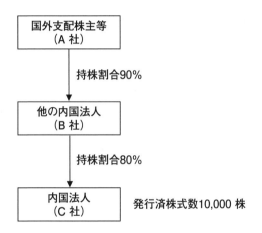

例えば、上図のような場合における国外支配株主等（A社）による内国法人（C社）の間接保有の株式等の数は、以下の計算のとおり7,200株となります。

国外支配株主等（A社）による内国法人（C社）の間接保有の株式等の数：
10,000株 × 90% × 80% = 7,200株

3　損金不算入額の計算

（1）計算方法

内国法人の各事業年度の国外支配株主等および資金供与者等に対する利付負債の平均負債残高が当該内国法人の当該事業年度の当該国外支配株主等の資本持分の3倍を超えている場合、その超える部分に対応する負債の利子の金額は当該内

国法人の課税所得の金額の計算上損金の額に算入されません（以下「損金不算入額」）。ただし，当該内国法人の当該事業年度の総利付負債に係る平均負債残高が当該内国法人の当該事業年度の自己資本の額の3倍以内であれば過少資本税制の適用はなく，損金不算入額の計算は必要ありません（租税特別措置法第66条の5第1項）。

損金不算入額は次により計算されます（租税特別措置法施行令第39条の13第1項）。

(a) 国外支配株主等および資金供与者等に対する負債の平均負債残高から国内の資金供与者等に対する負債の平均負債残高を控除した金額（以下「基準平均負債残高」）が国外支配株主等の資本持分の3倍以下である場合

$$\text{国内の資金供与者等に対する負債に係る保証料等の額} \times \frac{\text{平均負債残高超過額}}{\text{国内の資金供与者等に対する負債に係る平均負債残高}}$$

上記算式の「平均負債残高超過額」とは租税特別措置法施行令第39条の13第1項第1号に定義されており，同号イ（国外支配株主等に対する負債の平均負債残高）に掲げる金額から同号ハ（国外支配株主等の資本持分の3倍の金額）に掲げる金額を控除した残額をいいます。

(b) 基準平均負債残高が国外支配株主等の資本持分の3倍を超える場合

$$\text{国内の資金供与者等に対する負債に係る保証料等の額} + \left[\text{国外支配株主等および資金供与者等に対する負債に係る負債の利子等の額} - \text{国内の資金供与者等に対する負債に係る保証料等の額} \right] \times$$

$$\frac{\text{平均負債残高超過額}}{\text{国外支配株主等および資金供与者等に対する負債に係る平均負債残高}} - \frac{\text{国内の資金供与者等に対する負債に係る平均負債残高}}{\text{国内の資金供与者等に対する負債に係る平均負債残高}}$$

(2) 事例の説明

上記租税特別措置法39条の13第1項の規定は非常に複雑ですから、国外支配株主等である外国法人（P社）が100パーセント子会社である内国法人（S社）に対し貸付をし、P社のS社に対する平均負債残高がP社の資本持分の3倍を超えている典型的な場合について考えてみます。事案を簡略化するために資金供与者等が存在せず保証料等の支払いもないことを前提とします。

このような事例は上記のうち（1）(b)に該当しますが、資金供与者等も存在せず保証料等の支払いもないため、損金不算入額を求める上記計算式は以下のとおり大幅に簡略化されます。

$$\text{国外支配株主等に対する負債に係る負債の利子等の額} \times \frac{\text{平均負債残高超過額}^*}{\text{国外支配株主等に対する負債に係る平均負債残高}}$$

* （平均負債残高超過額）＝（国外支配株主等に対する負債の平均負債残高）−（国外支配株主等の資本持分の3倍の金額）

非常に極端な場合には、S社の資本金額を1円にし、P社がS社に対して行う資金供与のほぼ全額を貸付によって賄うことが考えられます。その場合には、上記計算式の分数の分子は分母にほぼ等しくなります。そうすると、上記計算式が示すとおり、S社がP社に対し支払う貸付金の利子のほぼ全額が損金不算入となります。

第3節　過少資本税制の特則

1　負債・資本比率の特例

過少資本税制の適用の対象となる内国法人は、国外支配株主等の資本持分および自己資本の額に係る各倍数、すなわち、第2節1（505頁）の判定における3

倍という倍数および第2節3 (515頁) の損金不算入額の算定における3倍という倍数に代えて，当該内国法人と同種の事業を営む内国法人で事業規模その他の状況が類似するもの（以下「類似内国法人」）の総負債の額の純資産の額に対する比率に照らし妥当と認められる倍数を用いることができます（租税特別措置法第66条の5第3項）。この場合の類似内国法人の総負債の額の純資産の額に対する比率は，当該類似内国法人の各事業年度終了の日における総利付負債の額の同日における資本金，法定準備金および剰余金の合計額に対する比率とされています（租税特別措置法施行令第39条の13第10項）。なお，当該比率の計算上，小数点以下2位未満の端数が生じた場合にはこれを切り上げます（同令第39条の13第10項）。

過少資本税制の適用の対象となる内国法人が3倍という倍数に代えて類似内国法人の総負債の額の純資産の額に対する比率に照らし妥当と認められる倍数を用いる場合には，その旨を記載した書面を確定申告書等[14]に添付し，かつ，その倍数が妥当なものであることを明らかにする書類その他の資料を保存しなければなりません（租税特別措置法第66条の5第8項）。なお，このような申告添付および資料等の保存要件の不遵守に対しては，やむを得ない事情があると認めるときは宥恕する旨の規定が設けられています（同法第66条の5第9項）。

2　一定の債券現先取引等の適用除外

過少資本税制は国外支配株主等および資金供与者等に対する利付負債が国外支配株主等に係る自己資本の一定の倍数を超える場合にその超過額に対応する負債の利子の損金算入を否定するという基本的な仕組みをとっており，個々の負債の内容等を考慮しないのが原則です。

この原則の例外として，国外支配株主等および資金供与者等に対する負債のうちに借入と貸付の対応関係が明らかな債券現先取引等（以下「特定債券現先取引

14　確定申告書等は法人税法第2条第30号に規定する中間申告書で同法第72条第1項各号に掲げる事項を記載したものおよび同法第2条第31号に規定する確定申告書をいいます（租税特別措置法第2条第2項第27号）。

等」）がある場合には，国外支配株主等および資金供与者等に対する負債ならびに国外支配株主等および資金供与者等に支払う負債の利子等の額から特定債券現先取引等に係るものが控除されます（租税特別措置法第66条の5第2項）。これは，金融機関においては国外支配株主等から債券現先取引等により借り入れた資金を自らの事業に用いずに国内の金融機関に貸し付ける取引が一般に行われており，その場合には国外支配株主等に係る負債に対する国外支配株主等に係る自己資本の倍数が3倍を大きく超えることがあることを考慮し，特定債券現先取引等に限って過少資本税制の適用対象から除外したものです。

上記特例の適用がある場合の負債・資本比率の倍数は3倍ではなく，原則として2倍となります（ただし，類似内国法人の負債・自己資本比率に照らし妥当な倍数を用いることもできます）（租税特別措置法第66条の5第2項，第3項，同法施行令第39条の13第10項）。

3　国外支配株主等が複数ある場合

国外支配株主等が2以上ある場合の過少資本税制の適用においては，国外支配株主等に対する利付負債に係る平均負債残高，国外支配株主等の資本持分および国外支配株主等に支払う負債の利子の額は，それらの額を合計した金額によるものとされています（租税特別措置法第66条の5第10項，同法施行令第39条の13第4項）。

4　本邦系内国法人への適用

過少資本税制は本邦系の内国法人に対しても適用されます。これは，内国法人が外国法人である子会社を介して内国法人である子会社に多額の資金を貸付の形で提供することによって法人税の課税所得を圧縮することを防ぐためです。

すなわち，内国法人と国外支配株主等との関係が租税特別措置法施行令第39条の13第11項第2号の関係（兄弟会社）で，これら両法人の発行済株式等の50パーセント以上を直接または間接に保有する同一の者が居住者または内国法人である場合には，当該同一の者を国外支配株主等とみなして国外支配株主等の資本持分

を計算します（租税特別措置法施行令第39条の13第21項）。例えば，次のような場合における内国法人（A社）による内国法人（C社）の持分割合は80パーセントでありA社は国外支配株主等とみなされるため，C社について過少資本税制の適用があります。

図4

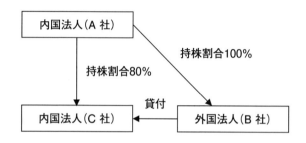

5　外国法人への適用

過少資本税制は日本国内において事業を行う外国法人が支払う負債の利子等で国内事業に係るものについても適用されていました（旧租税特別措置法第66条の5第10項，旧同法施行令第39条の13第30項，第31項）。しかし，平成26年度税制改正によって恒久的施設に帰せられるべき資本に対応する負債の利子の損金不算入制度が設けられたことに伴い（法人税法第142条の4），過少資本税制は外国法人には適用されないことになりました[15]。

15　外国法人の恒久的施設に帰せられるべき資本に対応する負債の利子の損金不算入制度は，恒久的施設に帰せられるべき資本の額に比して恒久的施設が計上した資本の額が過少である場合に恒久的施設に係る支払利子の控除を制限する制度ですから，過少資本税制と目的と手段が類似しているためこのような改正が行われました（関禎一郎ほか『改正税法のすべて平成26年版』（大蔵財務協会，2014）811頁）。すなわち，旧租税特別措置法第66条の5第9項は過少資本税制を国内において事業を行う外国法人にも準用していましたが，上記改正によって同項は削除されました。

6　公益法人等への適用

　過少資本税制の適用の対象となる内国法人が公益法人等（法人税法第2条第6号）または人格のない社団等（同法第2条第8号）である場合には，自己資本の額および国外支配株主等の資本持分は当該内国法人の当該事業年度に係る自己資本の額（第2節2（7）（512頁）で計算した自己資本の額）に当該事業年度終了の日における総資産の価額のうちに占める当該内国法人が営む収益事業（同法第2条第13号）に係る資産の価額の割合を乗じて計算されます（租税特別措置法施行令第39条の13第27項）。

7　過大支払利子税制との関係

　内国法人が関連者である外国法人に対して利子を支払うケースにおいて，過少資本税制の適用要件と過大支払利子税制（租税特別措置法第66条の5の2）（第3章（522頁））の適用要件の双方を満たす場合が考えられます。このような場合には，双方の制度の損金不算入額を比べて大きい方の制度が適用されることになっています[16]。

16　過大支払利子税制の適用による損金不算入額が過少資本税制の適用による損金不算入額以下となる場合には過大支払利子税制は適用されず，過少資本税制のみが適用されます（租税特別措置法第65条の5の2第7項，同法施行令第39条の13の2第17項）。これに対し，過少資本税制の適用による損金不算入額が過大支払利子税制の適用による損金不算入額を下回る場合には過少資本税制は適用されず，過大支払利子税制のみが適用されます（租税特別措置法第65条の5第4項，同法施行令第39条の13第11項）。

第3章　過大支払利子税制

本章の概要

本章では，「過大支払利子税制」につき，以下のように検討します。

第1節　過大支払利子税制とは
第2節　損金不算入額の算定
第3節　損金不算入額の繰越
第4節　適用除外
第5節　申告要件
第6節　他の制度との関係

なお，過大支払利子税制は，内国法人が外国に子会社を有しその子会社から借り入れる場合にも適用されますが，主な適用の場面は外国法人が日本に子会社を有しその子会社が外国法人から借り入れる場合だと思われますので，「外国法人の対内取引」に位置づけています。

第1節　過大支払利子税制とは

1　過大支払利子税制の概要

過大支払利子税制とは，法人が関連者に対し支払う利子がその法人の所得金額[1]

---

[1] 過大支払利子税制は，外国法人の日本における恒久的施設についても適用され，その恒久的施設を有する外国法人が関連者に対し利子を支払う場合に問題になりま

をもとに計算した所定の金額の50パーセントを超える場合，その超える部分の金額は損金に算入できないとする制度です（租税特別措置法第66条の5の2）。

2　過大支払利子税制の趣旨

過大支払利子税制は，法人が関連者に対し過大な利子を支払うことにより課税所得を減らすという租税回避を防止することを目的としています。

内国法人同士の取引にも適用されるように見えますが，対象になる支払利子のうち，これを受け取る法人において日本の法人税の課税所得に算入されるものは除かれます（租税特別措置法第66条の5の2第2項，同法施行令第39条の13第4項）ので，実質上は海外の関連者への支払利子を規制している制度であり，国際的な租税回避に対抗する措置といえます。同様の趣旨の制度として，「過少資本税制」があります（第2章（502頁））。

第2節　損金不算入額の算定

過大支払利子税制の大枠は，

$$\boxed{関連者純支払利子等の額} > \boxed{調整所得金額} \times 50\%$$

の場合，

$$\boxed{関連者純支払利子等の額} - \boxed{調整所得金額} \times 50\%$$

が損金不算入とされることです。そこで，適用の有無を判断し損金不算入額を計算するためには，上記の算式中の用語を理解する必要があります。

1　関連者純支払利子等の額

「関連者純支払利子等の額」とは，当該法人の「関連者支払利子等の額の合計額」から「控除対象受取利子等合計額」を差し引いた金額をいいます（租税特別

　す。この場合，恒久的施設に「帰属する」所得，利子などが算定の基礎になります（租税特別措置法第66条の5の2第9項）。

措置法第66条の5の2第1項)。

2 関連者支払利子等の額

　法人の「関連者」に対する「支払利子等」から以下のものを除いた額をいいます(租税特別措置法第66条の5の2第2項,同法施行令第39条の13の2第5項)[2]。
　(1) 借入と貸付の対応関係が明らかな債券現先取引等に係る支払利子等
　(2) 支払いを受ける関連者において日本の法人税の課税所得に算入されるもの

3 関連者

　「関連者」とは,適用の対象となる法人との間に以下のいずれかの関係がある者をいいます(租税特別措置法第66条の5の2第2項)。
　(1) 直接・間接に持分割合50パーセント以上の関係がある者(同項第1号,同法施行令第39条の13の2第8項第1号。個人の場合—同条第10項,第11項,第12項)
　(2) 同一の者との間に持分割合50パーセント以上の関係がある者(租税特別措置法第66条の5の2第2項第1号,同法施行令第39条の13の2第8項第2号)
　(3) 役員,事業活動,資金供与の点から,実質的に支配・被支配関係にある者(租税特別措置法第66条の5の2第2項第1号,同法施行令第39条の13の2第8項第3号)

---

[2] BEPS行動4最終報告書は利子を利用した利益移転による行き過ぎた国際的なタックスプランニングへの取組みをテーマにしており,EBITDA(Earnings Before Interest, Taxes, Depreciation, and Amortization)の一定割合を損金算入限度とする制度の導入を勧告しています(パラ23)。過大支払利子税制はこの趣旨に沿うものですが,同報告書においては,現行の過大支払利子税制と異なる(より厳しい)制度の導入が勧告されています。たとえば,現行の過大支払利子税制では,「関連者に対する」支払利子が問題とされていますが,同報告書では,「すべての」支払利子を損金算入制限の対象とするよう勧告しています。この点につき過大支払利子税制の見直しが予想されます。

(4) その法人に資金を供与する者および資金の供与に関係のある者として政令で定める者（同条第13項）

(4)の「政令で定める者」とは，関連者が第三者を経由して間接的に貸し付けた場合や，関連者が保証して第三者が貸し付けた場合の第三者です。

4　支払利子等

「支払利子等」とは，利子および利子に準ずるもの（支払手形の割引料，リース料のうち利子相当額など）をいいます（租税特別措置法第66条の5の2第2項，同法施行令第39条の13の2第2項，第3項）。

5　控除対象受取利子等合計額

「控除対象受取利子等合計額」とは，受取利子等の額の合計額に，「支払利子等の額の合計額」のうち「関連者支払利子等の額の合計額」が占める割合をかけたものをいいます（租税特別措置法第66条の5の2第3項，同法施行令第39条の13の2第16項）。

なお，国内関連者から受け取る利子は，控除対象受取利子等合計額から除かれます。仮にこれが除かれないとすると，過大支払利子税制の適用の対象となる法人が国内関連者に貸付を行って利子を受け取ることにより，関連者支払利子等の額を少なくして過大支払利子税制の適用を免れると同時に，国内関連者の課税所得を少なくするという租税回避が可能になります。そのような租税回避に対抗するため，国内関連者から受け取る利子は控除対象受取利子等合計額から除かれるとされているのです。

6　受取利子等

「受取利子等」とは，利子および利子に準ずるもの（支払手形の割引料，リース料のうち利子相当額など）をいいます（租税特別措置法第66条の5の2第3項，同法施行令第39条の13の2第15項）。

7　調整所得金額

「調整所得金額」とは，当期の所得金額に「関連者純支払利子等」，減価償却費等，益金不算入とされた受取配当[3]を加算し，その他所定の損益を加減した金額をいいます（租税特別措置法第66条の5の2第1項，同法施行令第39条の13の2第1項）。

「関連者純支払利子等」が「調整所得金額」の50パーセントを超える場合，本税制が適用されます[4]。

第3節　損金不算入額の繰越

ある事業年度において損金不算入とされた額は7年間繰り越すことができ，その間に損金算入額の枠に余裕ができた場合には，損金算入できます（租税特別措置法第66条の5の3）。

すなわち，ある事業年度の前7年以内に開始した事業年度において本税制の適用により損金不算入とされた金額があるとき，当事業年度の関連者純支払利子等の額が調整所得金額の50パーセント未満である場合，前7年以内に開始した事業年度において損金不算入とされた金額は，当事業年度における「調整所得金額×50％－関連者純支払利子等」の額を限度として，当事業年度の損金に算入できます。

---

[3] 調整所得金額には，益金不算入とされた受取配当を加算することとなっていますが，BEPS行動4最終報告書では，これを含まないEBITDAによるよう勧告されており，この点につき過大支払利子税制の見直しが予想されます（上記注2）。

[4] 調整所得金額に対する損金算入限度は50パーセントとされていますが，BEPS行動4最終報告書では10～30パーセント以内で設定するよう勧告されており，この点につき過大支払利子税制の見直しが予想されます（上記注2）。

第4節　適用除外

以下のいずれかに該当する場合，過大支払利子税制は適用されず，支払利子は原則どおり損金に算入できます（租税特別措置法第66条の5の2第4項）。

(1) 関連者純支払利子等の額が，1,000万円以下の場合
(2) 関連者支払利子等の額の合計額が，支払利子等の額（連結法人に対するものおよび支払いを受けた関連者において法人税の課税所得に算入されるものを除く）の合計額の50パーセント以下の場合

第5節　申告要件

過大支払利子税制の適用除外（第4節）は，確定申告書にその旨の記載がある書面およびその計算に関する明細書の添付があり，かつその計算に関する書類を保存している場合に限り認められます（租税特別措置法第66条の5の2第5項）。

第6節　他の制度との関係

1　連結納税

過大支払利子税制の適用にあたり，連結納税グループ全体の「関連者純支払利子等の額」と連結グループ全体の「連結調整金額」を基準として，過大支払利子の判定と損金不算入額の計算を行います（租税特別措置法第68条の89）。

2　過少資本税制

過大支払利子税制と過少資本税制とがともに適用される場合，それぞれの損金不算入額のうち，いずれか多い金額が損金不算入額とされます（租税特別措置法第66条の5の2第7項）。

なお，過大支払利子税制と過少資本税制とを比較すると，前者には損金不算入額の繰越（第3節）と適用除外（第4節）が認められるのに対し，後者にはいずれも認められないという違いがあります。

3　タックス・ヘイブン対策税制

過大支払利子税制は，内国法人が外国に子会社を有し当該子会社から資金を借り入れる場合にも適用されます。そして，当該子会社の受取利子がタックス・ヘイブン対策税制による合算課税の対象になる場合，その利子は内国法人の所得に合算されて課税を受けることになり，仮に内国法人の支払利子が過大支払利子税制の適用により損金算入を否定されることになると，二重課税が生じます。

それを防ぐため，その外国子会社への支払利子に相当する部分につき本税制による損金不算入額の計算にあたり，「タックス・ヘイブン対策税制による合算対象金額」または「調整所得対象金額」（定義は割愛します）のいずれか少ない金額を控除するとされています（租税特別措置法第66条の5の2第8項，同法施行令第39条の13の2第18項～第21項）[5]。

---

[5]　本税制については，平成31年度税制改正大綱により，以下の点などが改正される予定となっています。
　・対象となる純支払利子の額
　・対象外支払利子の額
　・調整所得金額
　・損金不算入額（現行の50パーセントを20パーセントとする）
　・適用免除基準（現行の1,000万円以下を2,000万円以下とするなど）
　・超過利子額の損金算入（現行の50パーセントを20パーセントとする）

第4章　移転価格税制

本章の概要

　本章では国内に恒久的施設を有しない外国法人が100パーセント被保有の子会社である内国法人を有する場合に，この内国法人がその国外関連者と行う取引を通じて所得が国外に移転することに対処するために設けられた移転価格税制を検討します。本章は次のような構成をとっています。

　第1節　移転価格税制の概要
　第2節　移転価格税制の執行の変遷
　第3節　移転価格税制の適用対象者および適用対象取引
　第4節　国外関連者
　第5節　独立企業間価格の算定方法
　第6節　独立企業間価格の適用による所得計算
　第7節　文書化
　第8節　質問検査権
　第9節　推定課税
　第10節　更正決定等の期間制限
　第11節　事前確認
　第12節　相互協議と対応的調整

　なお，本章においては，外国法人による対内取引を主として念頭におきつつ，便宜上内国法人による対外取引も含めて検討します。

第1節　移転価格税制の概要

1　移転価格税制とは

　移転価格税制は，法人がその「国外関連者」と行う取引の対価の額が独立企業原則に基づく「独立企業間価格」と異なることにより当該法人の課税所得が減少している場合に，その取引が独立企業間価格で行われたものとみなして課税所得を計算して申告することを求める税制です（租税特別措置法第66条の4第1項）。

　独立企業原則については経済協力開発機構（OECD）のモデル租税条約第9条（特殊関連企業）第1項に次の規定があります。

> 　商業上または資金上の関係において，双方の企業の間に，独立の企業の間に設けられる条件と異なる条件が設けられ，または課されているときは，その条件がないとしたならば一方の企業の利得となったとみられる利得であってその条件のために当該一方の企業の利得とならなかったものに対しては，これを当該一方の企業の利得に算入して租税を課することができる。

　さらにOECDにおいては，1970年代から移転価格の問題を議論しており，OECD租税委員会からは各種の指針や報告書が出されています。1995年7月に「多国籍企業及び税務行政のための移転価格算定に関する指針」（以下「OECD移転価格ガイドライン」）を出しています。この1995年OECD移転価格ガイドラインはその後順次改定を経て2017年OECD移転価格ガイドラインとなっています。

　これを受けて，例えば日米租税条約においては，第9条に独立企業原則が規定されており，その解釈につき議定書5を設けるとともに，さらに交換公文3において両締約国がOECD移転価格ガイドラインと整合的な移転価格課税を執行することを確認しています。

　2017年OECD移転価格ガイドライン第1章パラ1.6は，同条の独立企業原則を，比較可能な状況下での比較可能な非関連者間取引において，独立企業間であ

れば得られたであろう条件を参考にして利益を調整するものであり，多国籍企業グループの各構成企業を一つの統合された事業体の不可分な部分ではなく，別個の事業を営む主体として扱うアプローチとしています。OECD移転価格ガイドライン第1章パラ1.15では独立企業原則とは別のアプローチとして全世界的定式配分アプローチを挙げてこれを否定し，国際的合意として独立企業原則を維持していくことを明確にしています。

なお，移転価格税制においては，独立企業間価格と実際の対価の額の乖離およびその結果として所得配分に「歪み」が生じているか否かのみが問われるのであり，法人が租税回避の意図をもって恣意的な価格設定をしたか否かは問われません。なぜなら移転価格税制の目的は国際的な所得の適正配分を達成するということであり，この目的は租税回避の意図の有無とは無関係だからです。

2　移転価格税制関連規定

(1) 国内税法

移転価格税制は国際間の所得の再配分の問題を扱うものですが，この問題に対して適用され得る税法規定としては，法人税法第22条，第37条，第132条があります。しかし，これらの規定を国際的な所得移転に対して実際に適用するにはさまざまな問題があります。例えば，法人税法第22条の課税所得計算の通則的規定については，その所得計算規定の詳細さにおいて不十分なものがありますし，法人税法第37条の寄附金に関連する規定のみで価格を通じた国際間の所得移転を全てカバーするのは実務上無理がありますし，一定の損金算入限度額を認めることも不合理です。また，法人税法第132条の同族会社の行為計算の否認の規定については，その規定の詳細さにおいて不十分なものがありますし，そもそもこの規定は同族会社にしか適用されません[1]。

1　同族会社に係る同族関係者の範囲と，移転価格税制上の国外関連者の範囲とは同じではありません。すなわち，国外関連者には，持株要件は満たさないが実質的支配関係にある者を含むことになっています（第4節（541頁）を参照してください）

そこで、このような問題に対処するため、「国外関連者との取引に係る課税の特例」の規定が租税特別措置法第66条の4として別途設けられています[2]。つまり、内国法人の各事業年度の所得の金額の計算に関する基本である法人税法第22条に対する特例として規定されたのが租税特別措置法第66条の4の移転価格税制です。

また国税庁より事務運営指針として「移転価格事務運営要領の制定について」(2001年6月1日)(以下、「移転価格事務運営指針」)および「相互協議の手続について」(2001年6月25日)が発表されています。

移転価格税制に関連する事務運営指針には上記の二つの事務運営指針があり、2001年(平成13年)以降何度か改正されています。移転価格事務運営指針の体系は以下のとおりです。

第1章　定義および基本方針
第2章　国別報告書、事業概況報告書およびローカルファイル
第3章　調査
第4章　独立企業間価格の算定等における留意点
第5章　国外移転所得金額の取扱い
第6章　事前確認

が、このような者は同族関係者には含まれません。またアウトバウンド取引を行う内国法人が同族会社とは限りません。

2　本章の前提からは離れますが、内国法人が親会社で外国法人が子会社の場合の当該内国法人による所得の国外移転についても、移転価格税制の適用があります。後に第3部第4章(619頁)で述べるとおり、内国法人については、タックス・ヘイブン対策税制も適用されます。したがって、内国法人の対外活動においては、タックス・ヘイブン対策税制上の特定外国関係会社が同時に移転価格税制上の国外関連者に該当する可能性があります。この場合、両税制による更正が同時に適用可能で

（2）租税条約

租税条約上には特殊関連企業条項（例えば日米租税条約第9条）があります。しかし，同条項は所得の再配分の問題について直接適用可能なほどの明確で詳細な規定にはなっていません。

2010年OECD移転価格ガイドラインの構成は，第1章：独立企業原則，第2章：移転価格算定方法，第3章：比較可能性分析，第4章：移転価格の紛争の回避および解決のための税務執行上のアプローチ，第5章：文書化，第6章：無形資産に係る特別の配慮，第7章：グループ内役務取引に係る特別の配慮，第8章：費用分担取極，第9章：事業再編に係る移転価格の側面，です。その後BEPSの議論[3]を経て，これらのうち第5章（文書化），第6章（無形資産に係る特別の配

あるとすれば，理論的には，移転価格税制に基づく増額更正と，タックス・ヘイブン対策税制上の合算課税が二重に行われ得ることになります。

そこで，このような二重課税を救済する措置として，移転価格税制による所得の増額分相当額を特定外国関係会社の合算対象金額から除外する形での調整が定められています（租税特別措置法施行令第39条の15第1項第1号かっこ書き）。

3　BEPSとはBase Erosion and Profit Shifting（税源浸食と利益移転）の略称です。2012年後半にスターバックス，グーグル，アマゾン，アップル等企業のタックスプランニングが政治問題化されたのを契機として，2013年6月にG8サミットでの支持を受けてOECD租税委員会でBEPSに対抗するための行動計画を承認しています。2014年9月にOECDが第1次BEPS提言を発表し，その後2015年10月に最終報告書が公表されています。ここでのOECDのテーマは国際的二重非課税への対応です。OECDにおける15ある行動計画のうち移転価格に関連するものは行動8（無形資産取引に係る移転価格ルール），行動9（リスクと資本に係る移転価格ルール），行動10（その他の租税回避リスクの高い取引に係る移転価格ルール）という，移転価格の結果と価値創造の実態との整合性を求めるもの，および行動13（多国籍企業が行う活動に係る情報の文書化ルール），行動14（相互協議の効果的実施）です。このうち行動13については2015年10月にOECD租税委員会から国別報告書（Country-by-Country Reporting）を含む移転価格文書化の実施を勧告する文書化最終報告書が公表されました。この勧告を受けて平成28年度税制改正により国内法上も新文書化制度が導入されました（租税特別措置法第66条の4の4，第66条

慮），第8章（費用分担取極）を差し替えるものとして，BEPS行動13に対応する文書化最終報告書およびBEPS行動8-10に対応する無形資産等最終報告書が2015年10月に公表され2016年5月にOECD理事会において正式に承認されています。その後，2017年7月にこれらのBEPS最終報告書およびディスカッションドラフトの内容を基に，2010年版を大幅に改訂する移転価格ガイドラインが公表されています。

　OECD移転価格ガイドラインについては，ガイドラインのうち国内法制化されていない部分について日本の移転価格税制の執行上，これを参考にし，その記載を踏まえてしなければならないとされています（移転価格事務運営指針1-2(3)参照）。なぜなら移転価格に関して適切な国際課税を実施するためには各国間の適切な課税権の調整が必要であり，これを可能ならしめるのが，独立企業原則という国際間のコンセンサスに立脚したOECD移転価格ガイドラインだからです。この考え方を判示した判例があります[4]。

の4の5等）。

4　東京高裁平成27年5月13日判決・税務訴訟資料（250号〜）265号順号12659）（原審東京地裁平成26年8月28日判決・税務訴訟資料（250号〜）264号順号12520）

　　本件は，自動二輪車・四輪車の製造・販売を主たる事業とする内国法人（原告）が，ブラジルのマナウス自由貿易地域に所在する国外関連者に対して，自動二輪車の部品等の販売および技術支援の役務提供取引を行ってその対価を益金計上していたところ，課税庁からその対価が独立企業間価格に満たないことを理由に所得の増額更正を受けた事案です。更正にあたって課税庁は複数の国外関連取引を一の取引単位とし，マナウス自由貿易地域外に所在する社を比較対象法人として採用し，残余利益分割法を適用して独立企業間価格を算定していました。

　　原審東京地裁は本件で課税庁が採用した取引単位についてはその合理性を認めました。次に課税庁が採用したマナウス自由貿易地域外に所在する比較対象法人については，市場の類似性を否認するとともに差異調整が行われていない点を指摘し，比較可能性がないことを認めました。

　　以上により，原告が受けた国外関連取引の対価の額が独立企業間価格に満たないことについて課税庁から立証があったとは認められないとして本件移転価格課税は

なお，OECD租税委員会の報告書・ガイドライン等と本邦の移転価格税制関連規則をそれらが出された年度順に列挙すると以下のとおりです。

1976年	国際投資および多国籍企業に関するOECD加盟国政府の宣言，多国籍企業行動指針（OECD租税委員会）
1979年	移転価格と多国籍企業（OECD理事会報告書）
1984年	移転価格と多国籍企業　3つの課税問題（OECD租税委員会報告書）
1986年	本邦移転価格税制の創設（租税特別措置法第66条の4）
1995年	多国籍企業及び税務行政のための移転価格算定に関する指針（OECD移転価格ガイドライン）第1章から第5章（OECD租税委員会）
1996年	同上第6章から第7章（OECD租税委員会）
1997年	同上第8章（OECD租税委員会）
2001年	移転価格事務運営要領の制定について（国税庁事務運営指針）

できないものと結論づけています。

　さらに，本件は平成23年度税制改正以前の事案でありその時点においては法令上には残余利益分割法の規定がなくただ同改正前租税特別措置法関係通達66の4(5)-5に記載されているのみでした。そのために，残余利益分割法を用いることが租税法律主義に違反するのではないかという疑義が提示されたのですが，この点については東京地裁は「残余利益分割法は，平成23年政令第199号による措置法施行令第39条の12第8項の改正により明確化される以前から同項に規定されていたものと解することができる」と判示しました。つまり，2010年OECD移転価格ガイドラインの最適方法ルールの採用に関する改正を受けた平成23年度税制改正により加えられた残余利益分割法に関する規定（租税特別措置法施行令第39条の12第8項第1号ハ）はそれ以前から通達で明らかにされていたとおりの措置法施行令第39条の12第8項の解釈を確認したものであって，同改正により新たな方法を創設したものではないと判示されました。

　その後東京高裁における控訴審判決においても，マナウス税恩典措置の有無は比較可能性に重要な影響を及ぼすものであり，適切な差異調整が行われることなくされた課税処分は違法であり取り消されるべきものであるとして，原審の結論が支持されました。同判決は国が上告手続をとらなかったために確定しています。

2001年	相互協議の手続について（国税庁事務運営指針）
2007年	移転価格参考事例集（移転価格事務運営指針の別冊）（国税庁）
2010年	推定課税規定の改正を通じた移転価格文書化義務の法令化（租税特別措置法第66条の4第6項）
2010年	OECD移転価格ガイドライン第1章から第3章に係る改定（ベストメソッドルールの採用，第2章第3部「取引単位営業利益法」の整備，比較可能性分析に関して第3章を新設，すべての独立企業間価格算定方式についてレインジの存在を確認）および第9章（事業再編）の追加公表（OECD租税委員会）
2011年	独立企業間価格算定方法における優先順位の見直し（ベストメソッドルールの整備）（租税特別措置法第66条の4第2項），利益分割法の明確化（同法施行令第39条の12第8項）
2011年	独立企業間価格のレインジの取扱い，シークレットコンパラブルの適用要件（関連通達および事務運営指針）
2015年	2010年OECD移転価格ガイドライン「第5章 文書化」，「第6章 無形資産に対する特別の配慮」および「第8章 費用分担取極」を差替え「第7章 グループ内役務提供に対する特別の配慮」に低付加価値グループ内役務提供を追加改訂するものとして，それぞれ文書化最終報告書および無形資産等最終報告書公表（OECD租税委員会）
2016年	平成28年度税制改正による新文書化制度（租税特別措置法第66条の4の4，第66条の4の5等）
2017年6月	「移転価格ガイドブック」を公表（国税庁）
2017年7月	移転価格ガイドラインの改訂版を公表（OECD租税委員会）
2018年2月	企業グループ内における役務提供の取扱い他について移転価格事務運営指針改正（国税庁）
2018年6月	「評価が困難な無形資産」（HTVI: hard-to-value intangibles）に関するアプローチ（HTVIアプローチ）および利益分割法の適用に関するガイダンスを公表（OECD租税委員会）

第2節　移転価格税制の執行の変遷

1　国内における移転価格税制の展開

（1）概要

　移転価格税制とは独立企業原則に基づき，法人の国外関連者との取引価格と当該取引に係る独立企業間価格が乖離することを通じて当該法人の計上すべき課税所得の一部が国外関連者に移転することに対応するための税制です。我が国の移転価格税制は1986年に創設されています。以来現在までの30年あまりの間に移転価格を巡る状況の変遷に対応して様々な税制改正が施されています。

（2）調査対象の拡大

　1980年代後半には米国内国歳入庁により日本の自動車メーカー等への課税事案が生じていますが，日本の執行体制はいまだ整わず，事実として移転価格課税事案はほとんどありませんでした。1990年代に入ると外資系企業の欧米諸国への所得移転に係る本邦課税庁による移転価格課税が盛んに行われるようになりました。1990年代半ば以降は徐々に日系企業の移転価格課税事案が出てきています。2000年代には，本邦における移転価格調査のターゲットは主に日系企業の国外関連取引に移って行くとともに，その対象取引の相手国も欧米諸国のみでなくアジア諸国やBRICSを含む広い地域へと広がりを見せています。

（3）検証手法の変遷

　調査対象取引および移転価格の妥当性の検証手法については，所得配分のパラメーターとしての価格の妥当性を検証するアプローチから，所得配分そのものの妥当性を検証するアプローチへと展開してきています。前者のアプローチにおける検証手法としては伝統的な価格比較手法である基本三法であり，これを有形資産取引を中心に適用するものでした。

しかし，所得配分に大きな影響を及ぼしうる無形資産の得るべき利益についての検証がこの手法では比較可能性の点で困難なことから，検証手法として取引価格ではなく，結果としての所得配分そのものにより着目する取引単位営業利益法（TNMM）が適用されるようになりました。取引単位営業利益法は全体の利益を見ないで，バリューチェーンの片側だけを見て営業利益水準の妥当性を検証する手法なので，バリューチェーン全体の利益状況に照らして常に合理的な結果をもたらす保証はないものの，その執行の容易さゆえに，今日の移転価格実務においては，取引単位営業利益法が主たる移転価格設定・検証方法となっています。

2　BEPSに係る議論の進展と国内税法への影響

（1）概要

このような状況のもと，OECDが推進するBEPSの議論の結果として文書化義務の整備が進み，この中では企業のバリューチェーンの全体像と関係各課税管轄への所得配分が課税当局への報告対象となっています。また，OECDのBEPS行動8-10において無形資産の取扱いを中心とした移転価格分析のフレームワークを議論しており，その検討結果は無形資産等最終報告書として2017年OECD移転価格ガイドラインに反映されています。このような展開のなかで無形資産が得べかりし超過利益により一層の注目が集まるとすれば，利益分割法もまた注目されることとなり，現在主流となっている取引単位営業利益法による所得配分の議論にも一定の場合に見直しが入ることが予想されます。

（2）無形資産への注目

BEPS行動8-10の最終報告書におけるテーマは，重要な無形資産等取引が関係するバリューチェーンに関して，事業活動による価値創造の状況と移転価格の結果としての所得配分に整合性を確保することです。OECDはこのような観点では取引単位営業利益法等のようにバリューチェーンの一部分のみに着目して移転価格の妥当性を検証する方法ではなく，バリューチェーンの全体を視野に入れて移転価格の妥当性を検証する取引単位利益分割法にも有用性を認めているよう

です。しかしながら、この方法の問題点はその適用が容易でないことでした。この点についてはBEPS行動8-10の最終報告書以降さらに検討が加えられ、取引単位利益分割法がベストメソッドとなりうるのはどのような場合かという点を含め、2018年6月にOECDから「評価が困難な無形資産」（HTVI : hard-to-value intangibles）に関するアプローチ（HTVIアプローチ）および利益分割法の適用に関するガイダンスが公表されるとともに、それぞれ2017年OECD移転価格ガイドラインの第6章および第2章に追加的に組み込まれています。

今後は上記のガイドラインやガイダンスを受けて各国の移転価格税制・通達の改正が実施されると予想されます[5]。

第3節　移転価格税制の適用対象者および適用対象取引

1　適用対象者

移転価格税制の適用を受ける者には、内国法人、人格のない社団等のほか、法人税法第141条各号に定める国内源泉所得を有する外国法人が含まれますが、個

5　本邦の移転価格税制については、平成31年度税制改正大綱により、以下の点などが改正される予定となっています。
・移転価格税制の対象となる無形資産の明確化
・比較対象取引が特定できない無形資産取引等に対する独立企業間価格の算定方法としてディスカウント・キャッシュ・フロー法を追加
・評価困難な無形資産に係る取引（特定無形資産取引）に係る遡及的な価格調整措置（いわゆる利益相応性基準）の導入
・移転価格税制に係る更正期間および更正の請求期間等を7年に延長
・比較対象取引の利益率を参照する価格算定方法に係る差異調整について、一定の場合にいわゆる四分位法による差異調整を認めること
・関連制度の整備として、外国法人の内部取引に係る課税の特例及び内国法人等の国外所得金額の計算の特例について同様の見直しを行うこと

人は含まれていません。この理由としては、現在個人については国際間の所得移転の問題が特にないからということ等のようです[6]。

2 適用対象取引

(1) 原則

以下の二つの要件に該当する取引が移転価格税制の適用を受けます（租税特別措置法第66条の4第1項）。

(a) 法人が国外関連者との間で行う資産の販売、資産の購入、役務の提供その他の取引（以下「国外関連取引」。資本等取引は含まれません。）

(b) 法人が国外関連者から受けるその対価の額が独立企業間価格に満たない、または法人が国外関連者に支払うその対価の額が独立企業間価格を超える取引

なお、平成26年度税制改正において恒久的施設を有する外国法人に対する課税は従前の総合主義から帰属主義によることとなり、帰属所得の算定においては、OECDのAOAに従い、本支店間の内部取引に移転価格税制が実質的に適用されることとなっています（租税特別措置法第66条の4の3第1項、第2編第2章第3節4（1）（418頁））。

(2) 第三者介在取引への拡張

移転価格税制は、このような国外関連取引に加えて、第三者が介在する取引のうち一定のものについても適用があります（租税特別措置法第66条の4第5項、同法施行令第39条の12第9項）。これは、法人と国外関連者の間に、形式的には非関連者である第三者が介在しても、取引の対象資産が国外関連者または法人に譲渡されることがあらかじめ決められており、その譲渡の対価の額が法人とその国外関連者の間で実質的に決定されている場合には、そのような取引を国外関連取引

---

6 五味雄治・大崎満『国際取引課税』（財経詳報社、1996）37頁。なお、米国の移転価格税制は、個人に対しても適用されます。

とみなすものです。

(3) 法人税の課税対象取引の適用除外

国外関連者が国内に恒久的施設を有している場合で，かつ問題の取引による所得がその国外関連者の日本の法人税の課税所得に含まれている場合には，所得が課税権の及ばない国外に流出するものではない（すなわち国内で課税される）ので，移転価格税制は適用されません（租税特別措置法制6条の4第1項，同法施行令第39条の12第5項）。

第4節　国外関連者

1　意義

移転価格税制は，法人とその国外関連者との取引に適用されます。法人の国外関連者とは，外国法人で，当該法人との間に次の特殊の関係があるものをいいます（租税特別措置法第66条の4第1項，同法施行令第39条の12第1項）。

(1)　二の法人のいずれか一方の法人が他方の法人の発行済株式の総数または出資金額の100分の50以上の株式の数または出資の金額を直接または間接に保有する関係

(2)　二の法人が同一の者によってそれぞれその発行済株式の総数または出資金額の100分の50以上の株式の数または出資の金額を直接または間接に保有される関係

(3)　次に掲げる事実その他これに類する事実が存在することによりこの法人のいずれか一方の法人が他方の法人の事業の方針の全部または一部につき実質的に決定できる関係

　(a)　他方の法人の役員の2分の1以上または代表権を有する役員が，一方の法人の役員もしくは使用人を兼務しているか，または過去に一方の法人の役員または使用人であったこと

(b) 他方の法人がその事業活動の相当部分を当該一方の法人との取引に依存していること

(c) 他方の法人がその事業活動に必要とされる資金の相当部分を当該一方の法人からの借入により,または当該一方の法人の保証を受けて調達していること

上記(1)および(2)は出資持分割合という形式面に着目し,(3)は実質的支配関係の有無に着目するものです。ここでいう出資持分を媒介とした支配関係には直接の保有関係のみでなく,間接の保有関係も含むことになっています。

出資持分割合により国外関連者を判定する場合,一方の法人の他方の法人に係る直接保有割合と間接保有割合とを合計した割合が50パーセント以上であるか否かが問われることになります(租税特別措置法施行令第39条の12第2項第4項)。この場合の間接保有割合は租税特別措置法施行令第39条の12第3項により定められています。ここでの考え方は,一方の法人から直接または間接に50パーセント以上の株式等の保有による連鎖関係が他方の法人の株主等までつながっている場合に,当該株主等が保有する他方の法人の株式等の保有割合をもって一方の法人が他方の法人について有する株式等の間接保有割合とするというものです。

2 例示

以下の例では50パーセント以上の株式保有の連鎖関係はC-F,A-Dの間で途切れているため,外国法人Aの日本法人Hに係る間接保有割合はB-Eを通じた30パーセントということになります。直接保有分の20パーセントとあわせると合計保有割合は50パーセントとなり,外国法人Aは内国法人Hの国外関連者となります。

〈例〉
図1　国外関連者の例

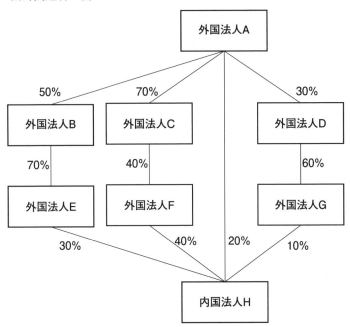

第5節　独立企業間価格の算定方法

1　独立企業間価格とは

（1）概要

租税特別措置法上，取引類型ごとに適用すべき独立企業間価格の算定方法を列挙しているのみであり，独立企業間価格そのものについての明文の一般的な定義規定はありません。独立企業間価格は，一般的には，一定の関連者間取引を前提とした場合に，当該取引と同様の取引が同様の状況の下で非関連者間で行われた

場合に成立すると認められる価格を意味すると考えられています[7]。

一定の取引が独立企業間価格で行われているか否かを判定するにあたっては，非関連者により同様の状況の下で行われる同種の取引を比較可能な取引または比較対象取引として，当該一定の取引に付すべき独立企業間価格を計算し，これと実際の取引価格との乖離の有無を検討します。

（2）取引単位

現実の国外関連取引においては一の内国法人と一の国外関連者の間で棚卸資産取引，無形資産取引，役務提供取引等複数の種類の取引を行っている場合もあります。このような場合にどのような取引を対象単位として独立企業間価格を算定するかという取引単位の問題があります。この点について租税特別措置法関係通達66の4(4)-1は次のように規定しています。

> 独立企業間価格の算定は，原則として，個別の取引ごとに行うのであるが，例えば，次に掲げる場合には，これらの取引を一の取引として独立企業間価格を算定することができる。
> (1) 国外関連取引について，同一の製品グループに属する取引，同一の事業セグメントに属する取引等を考慮して価格設定が行われており，独立企業間価格についてもこれらの単位で算定することが合理的であると認められる場合
> (2) 国外関連取引について，生産用部品の販売取引と当該生産用部品に係る製造ノウハウの使用許諾取引等が一体として行われており，独立企業間価格についても一体として算定することが合理的であると認められる場合

日本における過去の多くの争訟事案においては課税当局は複数の取引を一の取

---

7 「独立企業間価格」に関する定義としては，次のものがあります。
「自由競争市場において同一又は類似の条件の下に同様の取引が非関連者間で行われた場合の価格」（OECD報告書「移転価格と多国籍企業」（Transfer Pricing and Multinational Enterprises）1979年7月），「独立の企業の間に設けられる条件」（OECDモデル条約第9条第2項），「同一または類似の状況下における非関連者との独立の取引において課されまたは課されたであろう金額」（独立企業原則に係る米国財務省規則）

引単位として独立企業間価格を算定していますが、課税当局の採用した取引単位に合理性が否認された事案は少ないようです。

(3) 比較対象取引

　非関連者による一定の取引が比較対象取引に該当するか否かは取引の諸要素の類似性の程度をもとに判断することになります。租税特別措置法関係通達66の4(3)-3は、事業内容の類似性に加えて、棚卸資産の種類や役務の内容等、売手または買手の果たす機能、契約条件、市場の状況、売手または買手の事業戦略の五つの要素を列挙しています。これらは2017年OECD移転価格ガイドラインが示す五つの要素と同じです。

　比較対象取引の候補となる取引と実際の取引の間に差異がある場合でも、その差異が合理的に調整可能な場合には、その調整後の取引価格が比較の対象となり得ます。差異の調整方法については、移転価格事務運営指針4-3に規定があります。

(4) 算定方法の体系

　租税特別措置法第66条の4第2項では、対象取引をまず棚卸資産の販売または購入と、それ以外の取引とに区別し、棚卸資産の売買取引について伝統的な算定方法であるいわゆる基本三法（および各算定方法に準ずる方法）ならびに「その他政令で定める方法」をそれぞれ規定しています。その他政令で定める方法（同法施行令第39条の12第8項）には利益分割法[8]として比較利益分割法（同項第1号イ）、

---

[8] 利益分割法は、一定の取引においてそれぞれの関連者が一連の取引から得た利益をいったん合算し、その合計額を取引の両当事者それぞれの寄与度合に応じて再配分することにより、移転価格の適正水準を判定するものです。個別の取引ごとの取引価格あるいは粗利益率を直接比較するものではない点で基本三法と異なります。利益分割法で合算されて配分の対象となる「利益」は、一般的には営業利益です。これは、この方法が寄与度分析を前提としているところ、その分析は販売費および一般管理費が表現する機能の利益獲得への寄与を考慮に入れて行うことが妥当なこ

寄与度利益分割法（同項第1号ロ），残余利益分割法（同項第1号ハ）があり，さらに取引単位営業利益法（同項第2号〜5号）ならびに以上の方法に準ずる方法が定められています。

棚卸資産の売買取引以外の取引については棚卸資産取引に適用する各算定方法（およびそれらに準ずる方法）と同等の方法によることとされています。

以上をまとめると次のとおりです。

独立企業間価格の算定方法
（租税特別措置法第66条の4第2項イ〜ニ，同法施行令第39条の12第8項各号）

	棚卸資産の売買取引	棚卸資産の売買取引以外の取引
基本三法	(a) 独立価格比準法	左記のそれぞれの方法と同等の方法
	(b) 再販売価格比準法	
	(c) 原価基準法	
(a)から(c)のそれぞれに準ずる方法	(a)に準ずる方法	
	(b)に準ずる方法	
	(c)に準ずる方法	
その他政令で定める方法	(d) 比較利益分割法	
	(e) 寄与度利益分割法	
	(f) 残余利益分割法	
	(g) 取引単位営業利益法	
	(d)に準ずる方法	
	(e)に準ずる方法	
	(f)に準ずる方法	
	(g)に準ずる方法	

独立価格比準法や再販売価格基準法に「準ずる方法」と「同等の方法」は過去の判例や裁決においても実際に適用されている例があります。一定の価格算定方法に「準ずる方法」とは，注18の保証料に係る平成14年5月24日裁決によれば，対象取引の類型に応じ，取引内容に適合し，かつ，当該価格算定方法の考え方か

とが通常であるためです。

ら乖離しない合理的な方法ということのようですが、その限界は明確ではないようです。また、棚卸資産の販売または購入以外の取引に適用できる独立企業間価格の算定方法を規定した租税特別措置法第66条の4第2項第2号にいう「同等の方法」の意義について、租税特別措置法関係通達66の4(7)-1はこれを「有形資産の貸借取引、金銭の貸借取引、役務提供取引、無形資産の使用許諾又は譲渡の取引等、棚卸資産の売買以外の取引において、それぞれの取引の類型に応じて措置法第66条の4第2項第1号に掲げる方法に準じて独立企業間価格を算定する方法をいう。」と規定しています。

2　具体的な算定方法

　租税特別措置法上は棚卸資産の売買に適用される算定方法とそれ以外の取引に適用される算定方法のそれぞれについて規定されています。

(1) 棚卸資産の売買に適用される算定方法

　具体的な算定方法としては、基本三法として(a)独立価格比準法（租税特別措置法第66条の4第2項第1号イ）、(b)再販売価格基準法（同号ロ）、(c)原価基準法（同号ハ）およびこれらに準ずる方法があり、さらにその他政令に定める方法として、利益法には(d)比較利益分割法（同号ニ、同法施行令第39条の12第8項第1号イ）、(e)寄与度利益分割法（同号ロ）、(f)残余利益分割法（同号ハ）の三つの利益分割法および(g)取引単位営業利益法（同項第2号～第5号）ならびに(d)から(g)に準ずる方法が規定されています。これらの各算定方法の適用にあたっては、事案の状況に応じて独立企業原則に整合する最も適切な方法を選定すること（ベストメソッドルール）になっています（租税特別措置法第66条の4第2項）[9]。

9　2010年以前はOECD移転価格ガイドラインにおいて独立企業間価格の算定方法の適用上の優先順位が設けられていましたが、2010年7月に改定が行われ、事案の状況に応じて独立企業間原則に整合する最も適切な方法を適用することとされました。これを受けて本邦移転価格税制上も同様にいわゆるベストメソッドルールを採

なお，最も適切な方法の選定にあたっては，租税特別措置法関係通達66の4⑶-3に列挙された事業内容の類似性，棚卸資産の種類や役務の内容等，売手または買手の果たす機能，契約条件，市場の状況，売手または買手の事業戦略の各要素等に基づいて国外関連取引の内容等を適確に把握し，租税特別措置法関係通達66の4⑵-1に列挙された⑴各算定方法の長所および短所，⑵取引内容および当事者の機能に対する算定方法の適合性，⑶情報入手可能性，⑷国外関連取引と非関連者取引の類似性の程度，の各留意事項を勘案して検討することとしています（移転価格事務運営指針4-1）。ベストメソッドルールの下で課税当局が更正を行う場合，それが最も適切な価格算定方法に基づく課税であることの立証責任は課税当局側にあるとされています（ただし，注18子会社へのタイバーツ建貸付金利に係る事案後段参照）。

(a) 独立価格比準法（CUP法：Comparable Uncontrolled Price）

特殊の関係にない売手と買手が，国外関連取引に係る棚卸資産と同種の棚卸資産を当該国外関連取引と取引段階，取引数量その他が同様の状況の下で売買した取引の対価の額に相当する金額をもって当該国外関連取引の対価の額とする方法をいいます（租税特別措置法第66条の4第2項第1号イ）。この方法を適用するにあたっては比較対象取引との間の比較可能性の確保がとくに重要です。OECD移転価格ガイドラインにおいてはこの方法をCUP法とよび，理論的にはもっとも直接的な方法であり，独立企業間価格算定の基本であるとしています。

用する改正が行われています。なお「基本三法」は伝統的な取引基準法であり，より直接的な価格算定方法であるという考え方のもと，ベストメソッドルール移行後も引き続き「基本三法」あるいは「旧基本三法」とよばれています。この本では「基本三法」としています。

図2　独立価格比準法

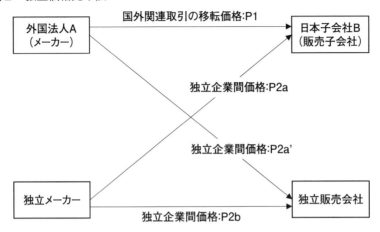

　この方法は比較可能な取引に係る独立企業間価格 P2a，P2a'または P2b を，国外関連取引に付すべき独立企業間価格とするものです（上記図参照）。独立価格比準法には，独立企業間価格 P2x を，日本子会社B（またはBの国外関連者である外国法人A）と非関連者との間の取引価格 P2a に求める内部価格比準法と，AもBも関与しない同種の棚卸資産に関する同様の状況の下で行われた取引の価格 P2b に求める外部価格比準法があります。価格 P2a の方が類似性の点で一般的には比較可能性が高いと考えられます。

　独立価格比準法は，調査対象の取引と比較可能な取引それぞれに付された価格を比較するため，もっとも直接的でかつ適切とされていますが，一方で，価格に重大な差異を生じさせないという意味で十分な類似性がある非関連者取引，すなわち比較可能な非関連者取引を見つけるのは簡単ではないという問題があります。

　なお，内国法人がパナマ所在の子会社との間で行った船舶建造請負取引につき，独立価格比準法を適用して独立企業間価格を算定した判例があります[10]。

10　高松高裁平成18年10月13日判決・訟務月報54巻4号875頁（最高裁平成19年4月

(b) 再販売価格基準法（RP法：Resale Price）

　国外関連取引に係る棚卸資産の買手が特殊の関係のない者に対して当該棚卸資産を販売した対価の額から通常の利潤の額（当該再販売価格に通常の利益率を乗じて計算した金額）を控除して計算した金額をもって当該国外関連取引の対価の額とする方法です（租税特別措置法第66条の4第2項第1号ロ）。ここでいう通常の利益率とは，類似の再販売取引（国外関連取引の買手が第三者に再販売する取引）に係る売上総利益率をいいます（租税特別措置法施行令第39条の12第6項）。この方法は再販売者の果たす機能の比較可能性，類似性をもとに一定期間にわたる類似取引の売上総利益率から独立企業間価格を算定するものであり，比較対象取引の価格そのものを独立企業間価格とするものではありません。

　10日決定・税務訴訟資料（250号〜）257号順号10683により確定，原審松山地裁平成16年4月14日判決・訟務月報51巻9号2395頁）
　　本件は，内国法人がパナマ法人である100パーセント子会社との間で行った船舶建造請負取引に関し支払いを受けた船価が独立企業間価格を下回るかどうかが争われた事案です。裁判所は，課税庁が，契約締結日との近接を基本的な選択条件として，当該内国法人と非関連者間の取引を比較対象取引として特定し，独立価格比準法（内部価格比準法）を適用して算定した独立企業間価格の適法性を肯定しました。
　　本件では，独立企業間価格に「幅」があるかどうかが争点の一つになっていましたが，裁判所は，本件の事案のように，比較対象取引が一つに決定できる場合には，調整の対象となる取引も一つになり，その結果として「独立企業間価格」も一つに決定されることを単に述べており，「幅」の存在を全面的に否定しているものでもないようです。その後平成23年度税制改正を受けた通達改正により，国外関連取引に係る比較対象取引が複数存在するために，独立企業間価格が一定の幅を形成している場合があることを確認しています（租税特別措置法関係通達66の4(3)-4）。

図3 再販売価格基準法

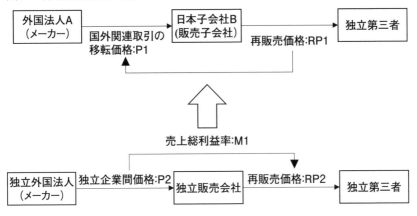

　この方法は比較対象取引において独立販売会社が得る売上総利益率M1を日本子会社Bが得るものとして，独立企業間価格たるRP1に（1−M1）を乗じてP1に係る独立企業間価格とするものです（上記図参照）。すなわち，（P1に対応する独立企業間価格）＝RP1×P2/RP2となります。この方法は，国外関連取引に係る棚卸資産の再販売価格から，通常の利潤の額を控除して独立企業間価格を算定するものです。この再販売価格基準法においても上記のような外部価格基準法と，内部価格基準法があります。

　再販売価格基準法においては，一定の取引に係る比較対象取引の売上総利益率をもとに独立企業間価格を算定するため，比較対象の法人間の当該取引に果たす機能の類似性が重要です。したがって，上記の例でいえば，日本子会社Bが単純な流通媒介機能以上の特異な機能を担うことにより特別な価値を付加している場合には，適切な比較可能性を有する非関連者取引を見出すのが困難になります。

　再販売価格基準法を用いて独立企業間価格を算定した裁決があります[11]。

11　平成17年6月23日裁決（裁決事例集未登載）。
　　本件は医療用具の輸入販売業を営む内国法人が海外の親会社等から医療用具を輸入した対価の額が独立企業間価格を超えるかどうかが問題となった事例です。

(c) 原価基準法（CP法：Cost Plus）

国外関連取引に係る棚卸資産の売手の購入，製造その他の行為による取得原価の額に通常の利潤の額（当該原価の額に通常の利益率を乗じて計算した金額）を加算して計算した金額をもって当該関連取引の独立企業間価格とする方法をいいます（租税特別措置法第66条の4第2項第1号ハ）。この場合の通常の利益率は，同種または類似の棚卸資産を非関連者からの購入または製造その他の行為により取得した販売者が当該棚卸資産を非関連者に販売する場合の売上総利益の原価の額に対する割合をいいます（租税特別措置法施行令第39条の12第7項）。

図4　原価基準法

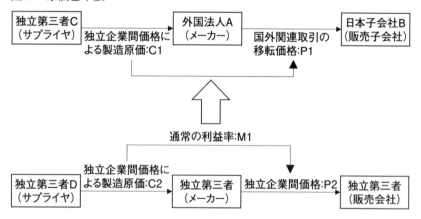

この方法は比較対象取引である第三者間取引について，製造原価に係る通常の利益率M1を算定し，独立企業間価格から算定される外国法人Aの製造原価C1に（1＋M1）をかけて，P1と比較すべき独立企業間価格とするものです。すなわち，（P1に対応する独立企業間価格）＝C1×（1＋M1）＝C1×P2/C2となります。この方法は，国外関連取引に係る棚卸資産につき，その売手である外国法人Aの取得原価に通常の利潤の額（＝売上総利益）を加算して買手である日本子会社Bの支払うべき独立企業間価格を算定するものです。

原価基準法においては，製造機能に関して再販売価格基準法と同様に類似性の

問題があります。さらに，この方法では，比較対象取引の通常の利益率の算定および当該通常の利益率を適用する原価そのものの確定につき，原価計算実務上の技術的な問題があり，その計算は複雑になりがちです。

原価基準法を用いて独立企業間価格を算定した裁決および判例があります[12]。

(d) 比較利益分割法

利益分割法（Profit Split Method, PS法）の一つであり，比較対象取引に係る所得の配分に関する割合に応じて所得を帰属させる方法をいいます（租税特別措置法施行令第39条の12第8項第1号イ）。ただし，非関連者間の比較対象取引に適用された利益分割割合に関する情報を入手するのは困難であり，実務における現実適用例はないと思われます。

(e) 寄与度利益分割法

利益分割法の一つであり，国外関連取引に係る棚卸資産の販売等に係る所得の発生に寄与した程度を推測するに足りるこれらの者が支出した費用の額，使用した固定資産の価額その他これらの者に係る要因に応じて所得を帰属させる方法をいいます（租税特別措置法施行令第39条の12第8項第1号ロ）。比較対象取引なしに独立企業間価格を算定する方法です。

寄与度利益分割法を用いて独立企業間価格を算定した裁決・判例があります[13]。

12　平成14年6月28日裁決（裁決事例集未登載）

　　内国法人が海外子会社に対し，棚卸資産の販売をした取引に関し，原価基準法により，比較対象取引につき各種の調整を加えて算定した対価の額を独立企業間価格とするのが相当であるとして原処分の一部が取り消された事案

　　日本圧着端子製造株式会社の棚卸資産取引に係る事案：大阪高裁判決平成22年1月27日・税務訴訟資料（250号～）260号順号11370（原審大阪地裁平成20年7月11日判決・判例タイムズ1289号155頁）

　　原告と国外関連者（香港法人およびシンガポール法人）との間で行われた圧着端子類等の販売取引につき，原告と台湾における複数の非関連者との取引を一体の比較対象取引として，原価基準法を適用した事案。

554　第 2 部　外国法人の対内取引

(f)　残余利益分割法（RPSM : Residual Profit Split Method）

　利益分割法の一つであり，国外関連取引に係る棚卸資産の販売等に係る所得のうち，まず基本的利益（いわゆるルーティンリターン）を各当事者に帰属させ，さらに基本的利益を除いた残余利益を当該残余利益の発生に寄与した程度を推測するに足りるこれらの者が支出した費用の額，使用した固定資産の価額その他これらの者に係る要因に応じて帰属させる方法をいいます（租税特別措置法施行令第39条の12第 8 項第 1 号ハ）。

　基本的利益は，再販売価格基準法，原価基準法または取引単位営業利益法に基づいて算定するとともに，独自の機能を除く機能に係る差異を調整すべきこととされています（租税特別措置法施行令第39条の12第 8 項第 1 号ハ(1)）。残余利益は「独自の機能」による寄与の結果生じた所得であり，その分割要因については寄与度利益分割法に係る規定（同項第 1 号ロ）と同様の規定となっています（同項第 1 号ハ(2)）。残余利益分割法を用いて独立企業間価格を算定した裁決があります[14]。

(g)　取引単位営業利益法（TNMM : Transactional Net Margin Method）

　国外関連取引における売手と買手の得た営業利益と比較対象となる非関連者間

13　平成19年 2 月27日裁決（裁決事例集73集376頁）
　　内国法人が海外の100パーセント子会社から購入する機械機器の独立企業間価格を，寄与度利益分割法で算定した課税処分の適法性を肯定した事案
　　平成25年 3 月 5 日裁決（裁決事例集未登載）
　　内国法人が国外関連者に対し棚卸資産を販売した取引に関し，本件国外関連者が営業利益に影響を及ぼすような重要な無形資産を有していないことから，課税庁の算定方法である寄与度利益分割法または取引単位営業利益法に準ずる方法が適法であるとされた事案
　　棚卸資産取引に対する寄与度利益分割法適用に係る事案：東京高裁平成25年 3 月28日判決・税務訴訟資料（250号～）263号順号12187（原審東京地裁平成24年 4 月27日判決・訟務月報59巻 7 号1937頁）
　　内国法人とそのバハマの兄弟会社とのバナナの取引に関し，寄与度利益分割法を適用し，独立企業間価格を算定した事案

取引における各者の営業利益を比較する方法をいいます[15]。取引単位営業利益法に用いる利益指標として，売上高営業利益率に加えて，営業費用（＝販売費および一般管理費）に対する売上総利益の比であるベリーレシオも規定されています。

14　平成22年1月27日裁決（裁決事例集未登載）
　　残余利益分割法については，内国法人と国外関連者間の棚卸資産の販売取引，棚卸資産の購入取引および無形資産の供与取引に関し，残余利益分割法の適用を肯定したうえで，取引単位他適用上の問題点を指摘し，課税処分の一部を取り消した事案
　　平成24年11月8日裁決（裁決事例集未登載）
　　個別性の高い製品の製造販売に係る無形資産の使用許諾取引および当該製造等に必要な技術指導等の役務提供取引が一体となった国外関連取引について，残余利益分割法により独立企業間価格を算定することが相当であるとし，原処分を一部取り消した事案
　　平成25年3月18日裁決（裁決事例集未登載）
　　内国法人が国外関連者との間で行った医療用医薬品の販売取引および当該医薬品に係る無形資産の使用許諾取引に関し，残余利益分割法および残余利益分割法と同等の方法の適用が問題となった事案。同裁決は，課税庁が上記国外関連取引に係る残余利益の配分計算を行う際に用いた重要な無形資産の価値の指標の算定に誤りがあることを理由として，原処分を取り消しました。
　　平成27年3月5日裁決（裁決事例集未登載）
　　内国法人が国外関連者との間で行った半製品等の販売取引および当該半製品を原料の一部とする製品の製造等に必要とされる無形資産の使用許諾取引を一体として，残余利益分割法と同等の方法の適用が問題となった事案。同裁決は，課税庁が，請求人および本件国外関連者の有する重要な無形資産に着目し，残余利益分割法と同等の方法を適用したことは有効かつ合理的な方法であるが，分割対象利益の計算上控除すべき費用の算定の一部に誤りがあるとして，原処分の一部を取り消しました。
　　平成28年6月21日裁決（裁決事例集未登載）
　　ライセンス契約に基づくロイヤルティにつき，残余利益分割法の適用が問題となった事案。同裁決は，同法の適用を肯定した上で，比較対象法人の選定および残余利益の分割に係る指標の誤りを指摘し，原処分を一部取り消しました。

日本側当事者による棚卸資産の購入が国外関連取引である場合と日本側当事者による棚卸資産の販売が国外関連取引である場合に分けて以下のように規定されています（租税特別措置法施行令第39条の12第8項第2号～5号）[16]。

(i) 日本側当事者による棚卸資産の購入

① 売上高営業利益率を用いる方法（第2号）

国外関連取引に係る棚卸資産の買手が非関連者に対して当該棚卸資産を販売した対価の額（以下「再販売価格」）から，当該再販売価格にイに掲げる金額のロに掲げる金額に対する割合（再販売者が当該棚卸資産と同種または類似の棚卸資産を非関連者に対して販売した取引（以下「比較対象取引」）と当該国外関連取引に係る棚卸資産の買手が当該棚卸資産を非関連者に対して販売した取引とが売手の果たす機能その他において差異がある場合には，その差異により生ずる割合の差につき必要な調整を加えた後の割合）を乗じて計算した金額に当該国外関連取引に係る棚卸資産の販売のために要した販売費および一般管理費の額を加算した金額を控除した金額をもって当該国外関連取引の独立企業間価格とする方法

イ 当該比較対象取引に係る棚卸資産の販売による営業利益の額の合計額

ロ 当該比較対象取引に係る棚卸資産の販売による収入金額の合計額

---

15 営業利益とは，売上高から売上原価を差し引いた「売上総利益」から，さらに営業費用＝「販売費および一般管理費（販管費）」を差し引いて計算します。

16 米国の移転価格税制においては伝統的な取引価格基準法以外のその他の方法として，利益比準法（Comparable Profit Method, CPM）があります。CPM は，判定の対象となる企業が国外関連取引から稼ぐべき営業利益の水準を，類似の独立企業が同様の取引から稼ぐ営業利益率をもとに算定するものです。取引単位営業利益法は取引単位での分析が基本ですが，CPM の場合には，その分析単位あるいは適用単位が拡張されて，企業単位あるいは産業セグメント単位での分析が行われていました。しかし，企業の営業利益の水準は移転価格のみではなくその他の諸要因にも影響されるので，企業単位あるいは産業セグメント単位で計算した営業利益の水準を適用して独立企業間価格を算定するのは不適切であるとの批判があり，この批判に応えるものとして取引単位営業利益法が規定されています。

② 営業費用売上総利益率（ベリーレシオ）を用いる方法（第4号）

　国外関連取引の買手である検証対象法人の第三者への再販売価格から検証対象法人が得るべき売上総利益を減算した金額を検証対象法人である内国法人の仕入にかかる独立企業間価格とするもの。検証対象法人が得るべき売上総利益は比較対象会社の営業費用（＝販売費および一般管理費）と売上総利益の比率を検証対象法人の営業費用に乗じて算定します。

　(ⅱ)　日本側当事者による棚卸資産の販売が国外関連取引である場合（第3号）
　①　売上高営業利益率を用いる方法（第3号）

　国外関連取引に係る棚卸資産の売手の購入，製造その他の行為による取得の原価の額（以下「取得原価の額」）に，イに掲げる金額にロに掲げる金額のハに掲げる金額に対する割合（販売者が当該棚卸資産と同種または類似の棚卸資産を非関連者に対して販売した取引と当該国外関連取引とが売手の果たす機能その他において差異がある場合には，その差異により生ずる割合の差につき必要な調整を加えた後の割合）を乗じて計算した金額およびイ(ロ)に掲げる金額の合計額を加算した金額をもって当該国外関連取引の独立企業間価格とする方法

　　イ　次に掲げる金額の合計額
　　　(イ)　当該取得原価の額
　　　(ロ)　当該国外関連取引に係る棚卸資産の販売のために要した販売費および一般管理費の額
　　ロ　当該比較対象取引に係る棚卸資産の販売による営業利益の額の合計額
　　ハ　当該比較対象取引に係る棚卸資産の販売による収入金額の合計額からロに掲げる金額を控除した金額
　②　営業費用売上総利益率（ベリーレシオ）を用いる方法（第5号）

　国外関連取引の売手である検証対象法人の取得原価に検証対象法人が得るべき売上総利益を加算した金額を検証対象法人である内国法人の販売に係る独立企業間価格とするもの。検証対象法人が得るべき売上総利益は比較対象会社の営業費用（＝販売費および一般管理費）と売上総利益の比率を検証対象法人の営業費用に乗じて算定します。

(ⅲ) まとめ

以上に説明した取引単位営業利益法の算式（2号から5号）をまとめると下記のようになります。

2号：<u>売上高営業利益率を用いる方法</u>（内国法人が買手の場合）

$$\text{独立企業間価格} = \text{検証対象（買手）の再販売価格} - \left[\text{検証対象の再販売価格} \times \text{比較対象会社の営業利益率} + \text{検証対象の販管費}\right]$$

3号：<u>総費用営業利益率を用いる方法</u>（内国法人が売手の場合）

$$\text{独立企業間価格} = \text{検証対象（売手）の総原価} + \left[\text{検証対象の総原価} \times \frac{\text{比較対象会社の営業利益}}{\text{比較対象会社の総原価}}\right]$$

4号：<u>営業費用売上総利益率（ベリーレシオ）を用いる方法</u>（内国法人が買手の場合）

$$\text{独立企業間価格} = \text{検証対象（買手）の再販売価格} - \left[\text{検証対象の販管費} \times \frac{\text{比較対象会社の売上総利益}}{\text{比較対象会社の販管費}}\right]$$

5号：<u>営業費用売上総利益率（ベリーレシオ）を用いる方法</u>（内国法人が売手の場合）

$$\text{独立企業間価格} = \text{検証対象（売手）の取得原価} + \left[\text{検証対象の販管費} \times \frac{\text{比較対象会社の売上総利益}}{\text{比較対象会社の販管費}}\right]$$

(h) 上記各算定方法に準ずる方法

以上のように具体的に規定された(a)から(g)の各独立企業間価格算定方法に加えて，(a)(b)(c)に準ずる方法（租税特別措置法第66条の4第2項ニ），および，(d)(e)(f)(g)に準ずる方法（同施行令第39条の12第8項第6号）がそれぞれ規定されています。

いずれの方法によるにしても，個々の事実関係に応じて算定方法の妥当性を判断するものとなっています[17]。

(2) 棚卸資産の売買以外に適用される算定方法

移転価格税制は棚卸資産の売買のみでなく，それら以外のすべての取引にも適用されます。棚卸資産の売買以外の取引についても，上記の棚卸資産の売買に適用される算定方法と同等の方法を適用すべきこととしており（租税特別措置法第66条の4第2項第2号），これらの各算定方法およびそれらに準ずる方法と同等の方法の各算定方法の選定にあたっては，事案の状況に応じて独立企業原則に整合するもっとも適切な方法を選定することになっています。

ここでは，それらの取引のうち，(a)動産の貸付，(b)金銭の貸付，(c)役務提供，(d)知的財産のライセンスの供与について検討します。

(a) 動産の貸付

動産の貸付において適正な賃貸料の水準を算定する際に，同種の動産につき同様の状況において比較対象となる非関連者取引がある場合には，一般的に独立価格比準法，原価基準法あるいはこれらに準ずる方法と同等の方法によることになるでしょう。

(b) 金銭の貸付

金銭の貸付を業としない法人による金銭の貸付の場合の独立企業間利率は，同様の貸付金につき，市場で付される利率によることになります。すなわち，通常金融取引においては独立価格比準法が適用可能と考えられます。この場合，比較

---

[17] 注10に述べたとおり，租税特別措置法関係通達66の4(3)-4において独立企業間価格に幅があり得ることが確認されています。また，OECD移転価格ガイドラインにおいても独立企業間価格幅が認められています。一定の取引について，各国の課税当局により採用される独立企業間価格の算定方法や算定の基礎となる比較対象取引は必ずしも一致するものではありません。しかし，それぞれの方法が計算する許容可能な価格幅がお互いに重なり合う場合には，その重なり合う価格幅の範囲で，取引価格が設定されていれば，両国で移転価格の更正は生じないわけです。

可能性を判定するにあたっては，通貨，金額，支払期日ほかの返済条件，為替リスクの負担関係，担保，借手の信用度等の諸条件を考慮することになります。移転価格事務運営指針3-7において，このような場合に適用を検討すべき独立価格比準法に準ずる方法と同等の方法として三つの利率を挙げその適用の優先順位を規定しています。

金銭の貸付を業とする法人による子会社への金銭の貸付の場合の独立企業間利率も，基本的には上記の諸要素を考慮して算定します。ただし，この場合には，比較対象となる市場取引が豊富にあるわけですから，これらの利率をもとに独立企業間利率が算定されることになります。

金銭の貸付および保証料に係る独立企業間価格を算定した裁決および判例があります[18]。

(c) 役務提供

提供される役務について比較対象取引があるか否か，さらに，役務提供に係る

18　平成17年9月30日裁決（裁決事例集未登載）

内国法人の国外関連者に対する貸付に係る利息の額が独立企業間価格に満たないと判断された事案。本裁決は，課税庁が，国外関連者である子会社以上の信用力が認められる請求人が同様の状況の下で金融機関等から借入をしたとした場合に通常付されるであろう利率に基づいて独立企業間価格を算定していることを是認しました。

子会社へのタイバーツ建貸付金利に係る事案：東京地裁平成18年10月26日判決（確定）・訟務月報54巻4号922頁

内国法人がタイ法人である子会社（原告が95パーセントの株式を保有）に金銭を貸し付け，利息を受け取っていたところ，その受取利息が独立企業間価格を下回るかどうかが争われた事案。裁判所は，独立価格比準法に準じる方法と同等の方法を適用し，非関連者である金融機関等からスプレッド融資を受けた場合を想定して求めた仮想取引を比較対象取引として認め，求めた金利を独立企業間価格とする課税庁の主張を全面的に肯定しました。

とくに，課税庁の主張する独立企業間価格の算定方法が租税特別措置法の規定に適合し，その数値に合理性が認められる場合には，これよりも優れた算定方法が存

原価とその役務の付加価値に相関性があるか否かにより，適用し得るあるいは適用すべき独立企業間価格の算定方法が異なります。

例えば，役務提供者に特殊あるいは高度な知識が要求されないような内容の役

在し，算出される数値にもより高い合理性が認められることについて納税者が主張・立証しない限り，課税処分を違法ということはできない旨判示した点が注目されます。

平成28年2月19日裁決（裁決事例集102集222頁）
　内国法人の国外関連者に対する貸付利息について，課税庁が，独立価格比準法に準ずる方法と同等の方法であるとして，貸手が金融機関から本件貸付と同様の状況の下で借り入れたとした場合に付されるであろう利率を用いる方法により，独立企業間価格を算定したことは相当であるとした事案。

平成14年5月24日裁決（裁決事例集63集454頁）
　内国法人が100パーセント子会社であるオランダ法人の発行する債券等について行っていた保証およびキープウェル契約（オランダ法人が債務を返済するに足る流動性資産をもたない場合には，当該オランダ法人に内国法人が十分な資金を供与することを内容とする契約）に係る保証料について，原処分庁が，銀行の債券保証取引を比較対象取引とする独立価格比準法に準ずる方法と同等の方法を適用し，独立企業間価格を算定した事案。
　同裁決は，キープウェル契約のうち1990年4月から同年11月までに実施された分については，銀行の債券保証取引を比較対象取引として，独立価格比準法に準ずる方法と同等の方法により独立企業間価格を算定しましたが，1991年以降の実施分については独立企業間価格を算定することは不可能であるとの判断を下したうえで，原処分庁の採用した独立企業間価格の算定方法は合理的ではないと判断しました。審判所は独立価格比準法に準ずる方法と同等の方法として，複数の銀行保証取引を比較対象として採用し，独立企業間価格としての保証料率を認定しました。
　なお，本裁決は，上記の保証およびキープウェル契約に加えて，内国法人がオランダ法人のために行っていた保証予約念書（オランダ法人の特定の債務について各金融機関から請求があり次第，協議のうえ保証人となることを内国法人が約した文書）および経営指導念書（内国法人がオランダ法人の親会社として当該オランダ法人の経営方針等を表明した文書）の差入れについては，これらを保証取引とみなして独立企業間価格を算定するのは相当でないという判断を示しています。

務の場合には，一般的にはその役務提供に係る原価とその役務の価値に相関性があるでしょうし，比較対象の非関連者間取引も見出せるでしょうから，原価基準法の適用が可能でしょう。

逆に，例えば，技術役務の提供の場合でその技術内容がユニークな場合には役務提供原価とその役務の付加価値に相関性はなく，また比較対象取引もないとすれば基本三法が最適方法になることはなく，その他の方法によることになります。さらに，以下の点が移転価格事務運営指針で明らかにされています。

(ⅰ) 重複活動・株主活動

移転価格事務運営指針3－9は，法人が国外関連者に対して行う活動が国外関連者に対する役務の提供に該当するかどうかという観点から，まず国外関連者にとって経済的または商業的価値を有するものではない活動として重複活動を除外し，さらに株主活動の例を列挙して除外しています。

(ⅱ) 本来業務に付随した役務提供

同3－10(1)は「本来の業務に付随した役務提供」について，さらに3－10(2)はそれ以外の役務提供で一定の活動を列挙して，それらの活動に重要性がないこと等を要件に，いずれも間接費配賦後の総原価を原価基準法に準ずる方法と同等の方法として容認しています。移転価格事務運営指針の「別冊移転価格税制の適用にあたっての参考事例集」の事例23でさらに企業グループ内役務提供に関する事例が提示されています。

(ⅲ) 低付加価値グループ内役務提供

2015年10月に公表されたOECD無形資産等最終報告書においては，低付加価値のグループ内役務提供取引について5パーセントマークアップの原価基準法を適用することが提案されています。これを受けて2017年OECD移転価格ガイドラインのパラグラフ7.61において同様の取扱いが記載されています。さらにこれを受けて企業グループ内における役務提供に関する移転価格事務運営指針3－9および3－10が改正され，一定のグループ内役務提供について5パーセントマークアップの原価基準法による対価の額を独立企業間価格として取り扱うこととしています。因みに，日本の税務執行上は従来から国外関連者のために市場調査や

連絡業務等の補助的業務を主たる業務として行う内国法人についていわゆる105パーセント会社が外国法人課税の実務として許容されていたようです。低付加価値のグループ内役務提供取引に関しては両者は整合的といえそうです。

役務提供取引に係る独立企業間価格を算定した裁決および判例があります[19]。

(d) 知的財産のライセンスの供与

知的財産のライセンスに係る独立企業間ロイヤルティの算定につき，確立され

---

19 平成11年3月31日裁決（裁決事例集未登載）
　内国法人が海外の子会社に対し行った一定の役務提供取引における独立企業間価格の算定について原価基準法に準ずる方法と同等の方法を適用した事案。本件では，①請求人たる内国法人が自ら販売した機械設備等の立上げ業務等，②請求人が購入をあっせんした機械設備等の立上げ業務等，③請求人の国外関連者に対する生産および品質管理状況等の確認業務等，④請求人の国外関連者のためにする各種システム構築等の業務，⑤請求人の国外関連者に対する出荷業務の応援および業務指導，ならびに⑥請求人が行う工場建設，地鎮祭，借地契約，土地の測量，宣伝調査および打ち合わせ業務が，移転価格税制の観点から問題となりました。本裁決は上記のうち②，④および⑤のみが，国外関連者から対価を収受すべき役務提供取引に該当する旨判断しました。そして，同裁決は，これらの役務提供取引について，原価基準法に準ずる方法と同等の方法を適用し，人件費と旅費交通費の合計額をもって独立企業間価格を算定したことが相当であると認めました。なお，本件では，役務提供取引のほかに，技術情報等の提供というロイヤルティ取引も移転価格税制の観点から問題とされています。

　平成20年7月2日裁決（裁決事例集未登載）
　請求人（実質的な事業活動は日本国内の支店でのみ行う外国法人）が，国外関連者との間でデリバティブ等の取引を一体となって行っていた，いわゆるグローバル・トレーディングに関し，利益分割法と同等の方法の適用を肯定したうえで，課税処分の一部を取消した事案。

　ソフトウェアの販売支援等役務提供取引に係る事案：東京高裁平成20年10月30日判決・税務訴訟資料（250号～）258号順号11061（原審東京地裁平成19年12月7日判決・訟務月報54巻8号1652頁）
　販売促進活動の支援業務としての役務提供取引の対価が独立企業間価格に満たないかどうかが争われた事案。本件は，コンピュータソフトウェアを扱う内国法人

た方法論はありません。というのは，そもそも，知的財産はそれがユニークだから知的財産たり得ているのであり，知的財産の所有者の外部に比較対象となる取引を見出すことが困難だからです。さらに，当該知的財産が知的財産の所有者が属する企業グループ内でのみライセンスされている状況であれば，内部的な比較対象取引もありません。独占的ライセンス契約も多く見られます。

　通常，独立企業間ロイヤルティの算定にあたっては，市場の相場に着目したり，知的財産の取得原価に着目したり，あるいは知的財産がもたらす超過収益に着目したりするわけですが，いずれのアプローチにも，欠点があります。それぞれの知的財産の特徴から見て欠点のより少ない方法を主たる算定方法として検討していくことになるでしょう。

　（原告）の国外関連者2社（オランダ法人とアイルランド法人で，原告の直接または間接的な100パーセント親会社）が日本国内で販売したソフトウェアについて，原告が当該国外関連者に対して行った販売促進活動の支援業務としての役務提供取引に係る対価の水準が移転価格税制の観点から問題となった事案です。裁判では，かかる役務提供取引に基づき当該国外関連者から原告に対し支払われた手数料が独立企業間価格に満たないかどうかが争いになりました。
　東京地裁は，原告が果たしている機能および負担しているリスクが，受注販売方式をとる再販売者が果たしている機能および負担しているリスクに類似していることに着目して，再販売価格基準法に準ずる方法と同等の方法により，独立企業間価格としての手数料額を算定することの合理性を肯定しました。そのうえで，東京地裁は，課税庁が選定した比較対象取引に比較可能性があり，適正な差異の調整が行われていることを認め，課税処分の適法性を全面的に認める結論を導いています。なお，課税庁が違法に質問検査権を行使し，比較対象取引に関する情報を入手した旨の原告の主張に対して，東京地裁は，課税処分の取消事由となるまでの重大な違法があるとはいえないとして，原告の主張を退けています。
　これに対し，東京高裁は，控訴人（原告）が果たす機能と負担するリスクと，課税庁が選定した比較対象取引における比較対象法人が果たす機能と負担するリスクが同一または類似であるということは困難であるとし，課税庁の行った独立企業間価格の算定過程は違法であるとし，納税者全面勝訴の結論を導きました。同判決は国が上告手続をとらなかったために確定しています。

特に取引対象たる無形資産等の重要性が高ければ当該取引に係る比較対象取引および独立企業間価格の認定はより困難になります。そのような状況でベストメソッドルールを適用するとなれば、基本三法というよりは取引単位営業利益法や利益分割法が選択対象になります。取引単位営業利益法はその適用が実務上より容易であることから現在の移転価格課税実務においては主流となる独立企業間価格算定方法です。今後文書化によりバリューチェーンの両側から全体の所得配分状況がある程度見えるようになれば、重要な無形資産等が関係する取引においては、利益分割法のうち取引単位での残余利益分割法等がベストメソッドとして検討対象になりうる可能性があります[20]。

なお、知的財産取引に係る独立企業間価格の算定方法を論点とする裁決があります[21]。

---

20 BEPSの事例の多くにおいては、重要な無形資産の所有権を軽課税国の関連会社に形式的に移したうえ、移転価格を通じてそこにより多くの所得を配分するという仕組みが利用されていました。つまり、多国籍企業グループにおける経済活動および価値創造の場所と課税の場所が乖離した状況が作り出されていました。2016年5月にOECD理事会により承認された移転価格ガイドライン第6章他を差し替え補足する無形資産等最終報告書は、2017年7月に公表された移転価格ガイドラインに盛り込まれ、経済活動が行われて価値が創造される場所と、移転価格の結果として関連する所得が課税される場所との間の整合性を確保することをテーマに、独立企業原則に基づいた移転価格分析のフレームワークを提示しています。

無形資産等最終報告書以前の2010年OECD移転価格ガイドラインは、「『無形資産』には、特許、商標、商号、デザイン、形式等の産業上の資産を使用する権利が含まれる。さらに、文学上、学術上の財産権、およびノウハウ、企業秘密等の知的財産権も含まれる。」と述べるだけでしたが、無形資産等最終報告書が提示するフレームワークにおいては「無形資産」とは「有形資産や金融資産ではなく、商業活動に使用するに際し所有または支配することができ、比較可能な状況で非関連者間取引において、その使用または移転の対価が支払われるものを指す」と明確に定義しています。

そしてこのような無形資産について、その法的所有権のみでなく、無形資産に係る開発、改良、メンテナンス、権利保護、活用の各機能に貢献した関連者もまた、

無形資産から生じる利益を得るべきことを提示しています。さらにこれらの各機能から生じる経済的リスクの負担と移転価格の関係についても分析しています。無形資産の定義の変更も含めて，今後これらの分析フレームワークが国内法制度にどのように取り込まれるのか注目されるところです。

また，無形資産等最終報告書においては取引時点においては評価困難な無形資産取引に係る独立企業間価格の算定の方法論としてDCF法や所得相応性基準に言及しています。これらについても今後国内法制度にどのように反映されるのか注目されます。

21　平成10年11月30日裁決（裁決事例集未登載）

内国法人が米国子会社に対して行った自動車部品製造に関する技術援助契約に基づくロイヤルティ取引について，独立価格比準法と同等の方法を適用して独立企業間価格を算定した事案。

平成11年3月31日裁決（裁決事例集未登載）

移転価格税制の観点から，内国法人が海外の子会社に対し，技術情報等の提供というロイヤルティ取引を行ったかどうかが問題となった事案。本裁決は内国法人が海外子会社に対しロイヤルティ取引を行ったことを肯定したうえで，当該取引について独立価格比準法に準ずる方法と同等の方法を適用して独立企業間価格を算定しました。

平成22年6月28日裁決（裁決事例集79集434頁）

請求人が国外関連者に許諾した製造・販売権の対価としてのロイヤルティ取引につき，双方に重要な無形資産が存在すると認めたうえで，残余利益分割法の適用の合理性を肯定した事案。同裁決は，分割指標とした人件費につき課税庁の主張を一部退け，課税処分の一部を取り消しました。

平成24年11月8日裁決（裁決事例集未登載）

本裁決は，個別性の高い製品の製造販売に係る無形資産の使用許諾取引および当該製造等に必要な技術指導等の役務提供取引が一体となった国外関連取引につき，残余利益分割法を適用しました。

平成28年6月21日裁決（裁決事例集未登載）

本裁決は，ライセンス契約に基づくロイヤルティにつき，残余利益分割法の適用を肯定しています。

第6節　独立企業間価格の適用による所得計算

　国外関連者との取引価格が独立企業間価格と異なる場合，その取引が独立企業間価格で行われたものとみなして，法人税法その他法人税に関する法令の規定を適用するものとされています（租税特別措置法第66条の4第1項）。すなわち，独立企業間価格を適用して所得金額の再計算が行われます。

1　高額仕入

　棚卸資産の輸入価格が独立企業間価格に比して高い場合には，その差額分は棚卸資産の取得価額から控除したうえで当該輸入取引を行っている法人の所得を再計算することになります。

　移転価絡に係る更正の結果生じる増差所得金額については，法人税申告書上で申告調整を行って処理することになります。すなわち，高額仕入により会計上過大に計上される仕入原価は，法人の各事業年度の課税所得の計算上は，売上に対応する原価として損金の額に算入することはできません（租税特別措置法第66条の4第4項）ので，会計上の所得金額に過大計上損金相当額を加算して税務申告調整することになります。

　この場合，税法は，所得移転の生じている課税期間について申告所得金額の増額更正を求めるものであり，移転価格に係る所得の移転の結果として移転された資産（すなわち実際取引額と独立企業間価格との差額相当分の代金）の返還を受けることまでは求めていません。返還するか否かは当事者の任意となっています。したがって，所得移転の結果として移転された資産を，内国法人が返還請求するか否かによって，申告調整の方法が異なることになります。

　所得移転の結果として移転された資産の返還を受けるのであれば，高額仕入を行った内国法人の側で，税務申告上，上記の過大計上損金額を加算処理する際に，いったん国外関連法人に対する仮払金等の債権を計上しておいて，実際に仮払金等の決済を行った時点で，会計上は資産の受入とこれに対応する収入を計上

し，この収入を相殺する形で，申告上同額の減算調整が行われます。

　逆に，所得移転の結果として移転された資産の返還を受けないのであれば，税務申告上，所得（資産）の国外移転額はその全額が国外関連者への所得移転金額すなわち所得の社外流出として処理され，利益積立金が同額減少することになります。この場合，国外に移転した所得金額は，損金の額にいっさい算入できません（租税特別措置法第66の4第4項）。

2 低額販売

　棚卸資産の輸出価格が独立企業間価格に比して低い場合には，その差額分は棚卸資産の販売価額に加算したうえで当該輸出取引を行っている法人の所得を再計算することになります。この場合も，上記の高額仕入の場合と同様の課税関係が生じます。

　すなわち，低額販売により国外に移転した所得金額に対応する資産の返還を受けるのであれば，低額販売を行った内国法人の側で，税務申告上，所得の国外移転金額を加算処理する際に，いったん国外関連法人に対する仮払金等の債権を計上しておいて，実際に仮払金等の決済を行った時点で，会計上は資産の受入とこれに対応する収入を計上し，この収入を相殺する形で，申告上同額の減算調整が行われます。なお，返還を受けた金額を益金に算入しない（減算調整する）ためには，一定の事項を記載した書面をあらかじめ課税当局に提出することが必要です（租税特別措置法関係通達66の4(9)-2）。

　逆に，返還を受けないのであれば，税務申告上，所得（資産）の国外移転金額は，その全額が所得の社外流出として処理され，利益積立金が同額減少することになります（租税特別措置法関係通達66の4(9)-1）。この場合，国外に移転した所得金額は，損金の額にいっさい算入できません（租税特別措置法第66条の4第4項）。

　ところで，租税特別措置法第66条の4第4項の国外移転所得金額と同第3項の国外関連者に対する寄附金の関係について注意が必要です。国外関連者に支払われた寄附金とは法人税法第37条第7項に該当する寄附金であり，対価性のない支

出をいいます。それは本来，移転価格税制が対象としている，独立企業間価格と乖離した取引価格を付した取引により生じる所得移転金額とは異なるもののようにも読めますが，法令文言上は不明確です。これらの支出はいずれにしても損金の額に算入できません。第3項の規定は，所得移転の手段として寄附金の損金算入限度額が使用されることを制限するために設けられたものです[22]。

ただし，第3項の寄附金を受けた国外関連者が，国内に恒久的施設を有する外国法人で，その寄附金相当額を当該恒久的施設の法人税の申告上益金の額に算入している場合には，内国法人側では，一般の寄附金と合算して通常の損金算入限度額の範囲内で，損金算入することができます（租税特別措置法第66条の4第3項かっこ書き）。

第7節　文書化

2015年10月に公表されたBEPS行動13に係る文書化最終報告書の勧告を受けて平成28年度税制改正により一定の文書化義務が新設されています。文書化の様式

22　租税特別措置法第66条の4第3項の国外関連者に対する寄附金と，同条第4項の国外移転所得金額との区分については，前者が対価性のない無償取引に関するものであり，有償取引の価格の多寡については後者の国外移転所得金額と解するのが一般的な見解でした。

しかし，この点について，その区分が曖昧となる規定が，2008年10月22日改正により移転価格事務運営指針3-19ロ，ハとして追加されました。すなわち，有償取引においても「国外関連者に実質的に資産の贈与又は経済的な利益の無償の供与をしたと認められる金額があるとき」には，国外関連者に対する寄附金の規定を適用しようというものです。有償取引において「実質的に」寄附したといえるかどうかの認定のための客観的な判断基準は実務上は不明確です。移転価格課税と寄附金課税の違いを納税者の国際的二重課税リスクという観点からみると寄附金課税は国内税法の問題なので相互協議の対象になりえないという日本の課税当局の立場が問題になります。実務上も両者の適用範囲を明確に切り分けられるような取扱いが望まれます。

については，文書化最終報告書が勧告する三階層アプローチを踏襲するものとして，国別報告書（「国別報告事項」），マスターファイル（「事業概況報告事項」），ローカルファイル（「独立企業間価格を算定するために必要と認められる書類」）の3階層の文書を規定し，これらの文書相互間の整合性が求められています。この法令改正に併せて移転価格事務運営指針の第2章に「国別報告事項，事業概況報告事項及びローカルファイル」が追加されています。

これらの各文書の概要は以下のとおりです。

なお，文書化の規定が全面的に適用になるのは，内国法人の対外取引の局面ですから，ここでは便宜的に内国法人を主体として説明します。

1　国別報告事項

国別報告事項とは，多国籍企業グループが事業を行う国または地域ごとの収入金額，税引前当期利益の額，納付税額，発生税額，資本金の額または出資金の額，利益剰余金の額，従業員の数および有形資産（現金および現金同等物を除く）の額，多国籍企業グループの構成会社等の名称，構成会社等の居住地国等の名称および主たる事業の内容，以上について参考となるべき事項と定義されています。

多国籍企業グループの最終親事業体である内国法人は，この国別報告事項を最終親会計年度終了の日の翌日から1年以内に，電子情報処理組織を使用する方法（e-Tax）により，当該内国法人の本店または主たる事務所の所在地の所轄税務署長に提供しなければならないと定められています（租税特別措置法第66条の4の4第1項，同施行規則第22条の10の4第1項）が，直前の最終親会計年度の連結総収入金額が1,000億円未満の多国籍企業グループについてはこの提供義務は免除されています。なお，国別報告事項の提供は英語により行うこととなっています（租税特別措置法施行規則第22条の10の4第4項）。提供を怠った場合には罰金に処せられる可能性があります（租税特別措置法第66条の4の4第7項，第8項）。

2　事業概況報告書（マスターファイル）

　事業概況報告事項（マスターファイル）とは，多国籍企業グループの組織構造，事業の概要，財務状況その他の財務省令で定める事項と定義されています。

　多国籍企業グループの構成事業体である内国法人または国内に恒久的施設を有する外国法人は，当該多国籍企業グループの各最終親会計年度に係る事業概況報告事項を，当該各最終親会計年度終了の日の翌日から１年以内に，特定電子情報処理組織を使用する方法（e-Tax）により，所轄税務署長に提供しなければならないと定められています（租税特別措置法第66条の４の５第１項，同施行規則第22条の10の５第１項）が，直前の最終親会社会計年度の連結総収入金額が1,000億円未満の多国籍企業グループについてはこの提供義務は免除されています。なお，事業概況報告事項の提供は日本語または英語により行うこととなっています（租税特別措置法施行規則第22条の10の５第２項）。提供を怠った場合には罰金に処せられる可能性があります（租税特別措置法第66条の４の５第４項）。

3　独立企業間価格を算定するために必要と認められる書類（ローカルファイル）

　国外関連取引を行った法人は国外関連取引に係る独立企業間価格を算定するために必要と認められる書類（ローカルファイル）（電磁的記録を含む）（租税特別措置法施行規則第22条の10第１項）を確定申告期限までに作成または取得（同時文書化）し，原則として７年間（欠損金額が生じた事業年度に係る書類にあっては10年間）保存しなければならないと定められています（租税特別措置法第66条の４第６項）。同時文書であるローカルファイルについては，税務調査時には要求日から45日以内の税務当局が指定する日を期限に，また，独立企業間価格を算定するために重要と認められる書類（同法施行規則第22条の10第５項）については同じく60日以内にそれぞれ提出が必要です。ローカルファイルに使用言語の指定はありません。

　なお，一の国外関連者との間の前事業年度の取引規模が一定金額未満（取引金額合計が50億円未満かつ無形資産取引金額合計が３億円未満）の内国法人について

は，同時文書化義務は免除されます（租税特別措置法第66の4第7項）。しかし，同時文書化義務が免除される場合にも，税務調査時に求められれば60日以内の税務当局が指定する日を期限に，独立企業間価格を算定するために重要と認められる書類（同法施行規則第22条の10第5項）を提出することが必要になります。以上の文書の提示もしくは提出を怠った場合には推定課税（租税特別措置法第66条の4第8項，第9項）が適用されるとともに，質問検査等の権限（同条第11項，第12項）が税務当局に与えられます（詳細は後述）。

　これらの文書のうちマスターファイルとローカルファイルは従来から移転価格税制で求められていた文書化の延長上にあるものですが，国別報告書はそれらとは作成の趣旨が異なっています。すなわち，国別報告書は企業グループの究極の親事業体の所在地国の課税当局に提出されるのですが，これを各国課税当局は自動的情報交換の枠組みにのせて情報を共有化し多国籍企業グループが活動する各国間の所得配分を確認できるようにするための文書です。

第8節　質問検査権

　税務当局の求めに対して同時文書化対象国外関連取引に係る独立企業間価格を算定するために必要と認められる書類，同時文書化対象国外関連取引に係る独立企業間価格を算定するために重要と認められる書類もしくは，租税特別措置法第66条の4第9項に規定する同時文書化免除国外関連取引に係る独立企業間価格を算定するために重要と認められる書類を課税当局が指定する期日までに提出しなかった場合に，独立企業間価格を算定するために必要と認められる範囲内において，当該法人の国外関連取引に係る事業と同種の事業を営む者（第三者）に対する質問検査を行う権限が税務当局に与えられています（租税特別措置法第66条の4第11項第12項）。同種事業者は，質問検査権の執行に協力しない場合には，罰金に処せられる可能性があります（租税特別措置法第66条の4第16項）。

　この権限をもとに納税者が通常知り得ない比較対象取引価格，いわゆるシークレットコンパラブルを採用することが可能となります。この採用は国外関連者が

情報を開示しない場合にのみ可能とされており，外国法人の対内取引で採用された事例があるようです[23]。シークレットコンパラブルの運用の明確化を図るために移転価格事務運営指針3-5により，課税当局が独立企業間価格の算定に必要な範囲内で期日を設けて納税者から一定の書類等の提出を求めるにあたり，租税特別措置法第66条の4第8項および第11項（同時文書化対象国外関連取引に係るもの）または第9項および第12項（同時文書化免除国外関連取引に係るもの）に基づく推定課税の適用および同種事業者への質問検査の実施のための要件について，より明確な説明責任を課税当局側に課す一方で，書類等が提出できないことの合理的な説明の範囲は狭く規定しています。

第9節　推定課税

　法人税法上，青色申告（法人税法第121条）を行う法人に対して，その課税標準または欠損金額について更正を行う場合には推計課税は認められていません（同法第131条）[24]。しかし，同時文書化対象取引を行う法人が独立企業間価格を算定

---

[23] 前記の東京高裁平成20年10月30日判決（上記注19）の事案では，シークレットコンパラブルの入手過程の違法が課税処分の違法性にどのような影響を与えるかが争点の一つとなっています。原審の東京地裁は，上記の点について検討したうえ，課税処分の取消事由になるまでの重大な違法性はないとの結論を導きましたが，東京高裁はこの点について判断していません。

[24] 法人税法および所得税法は推計による更正（法人税法第2条第39号，所得税法第2条第1項第43号）または決定（法人税法第2条第40号，所得税法第2条第1項第44号）ができる旨規定しています。この場合の推計とは，納税者の財産もしくは債務の増減の状況，収入もしくは支出の状況または生産量，販売量その他の取扱量，従業員数その他事業の規模によりその納税者に係る法人税または所得税の課税標準を算定することをいいます（法人税法第131条，所得税法第156条）。青色申告を行う法人は帳簿書類に基づいて申告を行うので，このような推計による課税は認められていません。これに対して，移転価格税制上は，青色申告法人であっても，他の者の行う比較対象取引から一定の方法により納税者の独立企業間価格を推定して，

するために必要と認められる書類として財務省令で定めるもの（租税特別措置法施行規則第22条の10第1項が限定列挙する同時文書としてのローカルファイル）を当局の要求日から45日以内の税務当局が指定する日を期限に提示または提出しない場合，あるいは，同時文書化対象取引もしくは同時文書化免除取引のいずれかを行う法人が独立企業間価格を算定するために重要と認められる書類で財務省令で定める書類（同条第5項）を要求日から60日以内の税務当局が指定する日を期限に提示または提出しない場合，税務署長は，当該法人が国外関連者と行った取引に係る事業と同種の事業を営む法人で事業規模その他の事業の内容が類似するものの当該事業に係る売上総利益率その他これに準ずる割合[25]を基礎として，再販売価格基準法もしくは原価基準法またはこれらに準ずる方法と同等の方法（それらの方法を用いることができない場合は租税特別措置法施行令第39条の12第8項第1号から第3号に規定する比較利益利益分割法，寄与度利益分割法，残余利益分割法あるいは取引単位営業利益法またはこれらと同等の方法）を用いて算定した金額を独立企業間価格と推定して，更正または決定をすることができるとされています（租税特別措置法第66条の4第8項，第9項）。同時文書は申告書の提出期限までに既に作成されているはずなので，それにはより短い提出期限を設定するということです。なお，独立企業間価格を算定するために重要と認められる書類として財務省令で定める書類については，租税特別措置法施行規則第22条の10第1項各号に掲げる書類に記載された内容の基礎となる事項を記載した書類，同項各号に掲げる書類に記載された内容に関連する事項を記載した書類その他独立企業間価格を算定する場合に重要と認められる書類とされています（同条第5項）。

　なお，推定課税に係る論点を含む裁決および判例があります[26]。

　　これをもとに更正または決定を行うことができる旨規定しています。
25　売上総利益の額の総収入金額に対する割合，または，売上総利益の総原価の額に対する割合をいいます。前者は再販売価格基準法による独立企業間価格の算定に用いられ，後者は原価基準法による独立企業間価格の算定に用いられます（租税特別措置法施行令第39条の12第13項）。

26 平成17年6月23日裁決（裁決事例集未登載）

　医療用具の輸入販売業を営む内国法人が海外の親会社等から医療用具を輸入した対価の額が独立企業間価格を超えるかどうかが問題となった本事案では，当該内国法人が独立企業間価格を算定するために必要と認められる書類を遅滞なく提出したものとは認められないとされ，租税特別措置法第66条の4第8項（現第12項）に基づく質問・検査権の行使と同条第6項（現第9項）による独立企業間価格の推定（再販売価格基準法の採用）が適法であるとされました。

　棚卸資産取引に対する推定課税処分にかかる事案：東京高裁平成25年3月14日判決・訟務月報60巻1号149頁（原審東京地裁平成23年12月1日判決・訟務月報60巻1号94頁，最高裁平成26年8月26日上告棄却，上告不受理決定・税務訴訟資料（250号〜）264号順号12517により確定）

　株式会社の代表取締役を中心とする同族関係者が当該内国法人と国外関連者の株主であるために，当該内国法人が国外関連者からDCモーターを輸入した取引に移転価格税制が適用された事案として，平成18年9月4日裁決（裁決事例集72集424頁）があります。同裁決は，国外関連者が有する帳簿書類等が独立企業間価格の算定に不可欠なものと認められる場合に，かかる帳簿書類等の提出がないため，推定規定を適用して移転価格課税を行った処分の適法性を肯定しました。同裁決の結論は，東京高裁平成25年3月14日判決（訟務月報60巻1号149頁）（原審東京地裁平成23年12月1日判決（訟務月報60巻1号94頁）でも肯定されました。

　東京地裁は，納税者が現に所持しているかどうかにかかわらず，その書類が独立企業間価格の算定に必要と認められる以上は，特段の事情のない限り，その書類が提出されない場合には，推定課税の要件が満たされること，推定課税が行われた場合でも納税者側が主張する金額が独立企業間価格であることを納税者が立証すれば推定が破られること，独立企業間価格と推定される金額の算定については，関連者取引を含んだ金額を基礎とすることが直ちに許されないものではないと解されること等の判断を示しました。東京高裁は，推定課税の要件の充足，推定課税においては関連者取引を含む金額を独立企業間価格算定の基礎としうること，シークレットコンパラブルも採用しうること，の各争点について原判決と同様の判断を示しました。

第10節　更正決定等の期間制限

1　更正決定等の除斥期間の延長

　更正もしくは決定（以下「更正決定」）または加算税の賦課決定は，国税通則法第70条各項の規定[27]にかかわらず，それぞれ次の期間行うことができることとされています（租税特別措置法第66条の4第21項）。この規定は諸外国の期間制限との均衡をとるために設けられています。
　(1)　法人がその国外関連者との取引を独立企業間価格と異なる対価の額で行った事実に基づいてする法人税に係る更正決定または当該更正決定に伴い課税標準，欠損金額，税額，還付金等に異動を生ずべき法人税に係る更正決定についてはこれらの更正決定に係る法人税の法定申告期限から6年間
　(2)　上記(1)の更正決定に伴い当該法人税に係る加算税についてする賦課決定についてはその納税義務成立の日（賦課決定通知書が送達された日）から6年間

2　国税徴収権の時効の中断

　国税の徴収権は，原則として法定納期限から5年で時効により消滅するため，更正決定または賦課決定の期間制限が6年に延長されているのにあわせて，法人がその国外関連者との取引を独立企業間価格と異なる対価の額で行ったことにより，納付すべき税額が過少となり，または還付金の額が過大となった法人税に係る国税徴収権は，その法人税の法定納期限から1年間は時効が進行しないこととなっています（租税特別措置法第66条の4第22項）。

27　国税の更正・決定の期間制限に関する国税通則法第70条の定めによれば，法人税に係る更正は，原則として，法定申告期限から5年間（ただし，偽りその他不正の行為により免れた税額に係る更正は法定申告期限から7年間）行うことができることとなっています。

第11節　事前確認

1　趣旨

　移転価格について更正を受ける場合には，その金額的影響は大きくなりがちです。このため，納税者とすれば，移転価格の設定額の妥当性あるいはその根拠資料の整備の程度に関して，取引の実行に先立って，課税当局の見解を確認したいという要求があります。一方，課税当局とすれば移転価格に係る事後的な税務調査を事前確認に代えることにより徴税コストを削減し得る可能性があります。このような納税者および課税当局双方の要求に対処するために設けられたのが事前確認です。

　事前確認とは「税務署長又は国税局長が，法人が採用する最も合理的と認められる独立企業間価格の算定方法及びその具体的内容等について確認を行うこと」と定義されています（移転価格事務運営指針1-1(35)）。事前確認の詳細については，移転価格事務運営指針の第6章に規定されています。なお，OECD移転価格ガイドラインにおいて事前確認としてAdvance Pricing Arrangementが規定されており，これを受けて事前確認（制度）を一般的にAPAとよびます。米国においては同様にAdvance Pricing Agreement（APA）（Revenue Procedure 96-53）が設けられています。

2　申出の方法

　事前確認制度による確認の申出は，所定の確認申出書（移転価格事務運営指針6-2(2)が定める別紙様式2）に必要事項を記載して，国税局調査課所管法人にあっては国税局調査課，税務署所管法人にあっては所轄税務署長に，これを提出することにより行われます（移転価格事務運営指針6-2～6）。

3　確認の対象

　確認の対象となるのは、申出法人が採用するもっとも合理的な独立企業間価格の算定方法、およびその価格がもっとも合理的な独立企業間価格であることを証明するために必要な資料です。申出を行うか、あるいは申出の範囲をどうするかはまったく法人の任意です。確認対象事業年度については原則として3事業年度から5事業年度とされています（移転価格事務運営指針6-7）。事前確認の申出は、対象となる最初の事業年度の開始の日までに提出する必要があります（移転価格事務運営指針6-2(2)）。

4　審査の手続

　申出書が所定の提出先へ提出されてそれが受理されると、申出の内容につき審査が行われます（移転価格事務運営指針6-11）。審査の結果は、確認の可否にかかわらず文書で申出法人に通知されます（移転価格事務運営指針6-15）。

5　確認の取消し

　申し出た事実関係の変化により、確認を受けた独立企業間価格の算定方法がもっとも合理的な方法でなくなった場合には当該確認は将来に向かって取り消されます（移転価格事務運営指針6-21(1)）。

6　確認の効果

　事前確認する旨の通知を受けた法人が確認事業年度において事前確認の内容に適合した申告を行っている場合には、事前確認を受けた国外関連取引は独立企業間価格で行われたものとして取り扱うことと規定されています（移転価格事務運営指針6-16）。

7 二国間事前確認（バイラテラルAPA）と国内事前確認（ユニラテラルAPA）

国外関連者の居住地国と本邦との間で租税条約が結ばれている場合にはバイラテラルAPAを選択し相互協議手続を申請することが可能です。租税条約がない場合にはユニラテラルAPAを申請することになります。バイラテラルAPAとユニラテラルAPAの違いは，相手国の課税当局を拘束するかどうかであり，これらがいずれも選択可能な場合には，その費用対効果を考慮していずれか一方を選択することになります。

第12節　相互協議と対応的調整

1　相互協議による経済的二重課税の解決

例えば，米国親会社が日本子会社に販売した製品の移転価格が低すぎるとして米国親会社がその申告所得につき米国側で増額更正された場合や，あるいは米国親会社が日本子会社から仕入れた製品の移転価格が高すぎるとして，同様に米国側で増額更正を受けた場合，同一の所得につき，米国親会社で米国の法人所得税が，また日本子会社で日本の法人税等が，それぞれ課され，結果として，企業グループとしてみれば，経済的二重課税[28]が生じます。

こうした経済的二重課税に係る対応としては租税条約上の権限のある当局[29]の

28　この場合の二重課税は同一の所得に対して，日米双方で，関連者ではあるが法人格の異なる法人にそれぞれ課税されるという意味の二重課税であり，OECDはこれを経済的二重課税とよんでいます。同一の法人が同一の所得について日米双方で課税を受けるというような通常の二重課税とは異なるものです。

29　権限のある当局（Competent　Authority）とは，例えば，日米租税条約第3条(1)(k)においては，日本側は「財務大臣又は権限を与えられたその代理者」，米国側は「財務長官又は権限を与えられたその代理者」とされています。日本においては，租税条約および国内法の執行に係る国際課税問題については，国税庁国際審議官

間の相互協議[30]を行うのが一般的です[31]。

　ただし，この相互協議条項は当局間の合意を義務づけるものではないので，両国協議が不調に終われば，対応的調整も行われないということがありえます。実際に両国協議が不調に終わる事案が増加しています。OECDはこのような状況の下，2007年2月に「租税条約上の紛争解決の改善（Improving the Resolution of Tax Treaty Disputes）」というタイトルの報告書を公表しています。さらに，このテーマはBEPSの行動14でも検討されており2015年10月に相互協議最終報告書が公表されています。これを受けてBEPS防止措置実施条約の署名に際し，我が国は，義務的かつ拘束力を有する仲裁に関する規定の適用を選択しました。同規定によると，相互協議が2年以内に合意に達しなかった場合には，原則として締約国を拘束する仲裁手続に進むことが義務づけられることになります。

　本邦の条約例でいえば，日本・オランダ租税条約第24条第5項において，相互

（国際担当）およびその補佐機関として国際業務課，租税条約の解釈等に係る問題については，財務省主税局長およびその補佐機関として国際租税課がそれぞれ「その代理者」になります。租税条約に基づく相互協議は，実質的には，国税庁長官官房相互協議室が委任を受けて業務を担っています。

[30] OECDモデル条約第9条第2項（1977年改訂時追加）は対応的調整を行うことを定めています。この条項に相当する規定が租税条約に盛り込まれている場合には両締約国は対応的調整を義務づけられることになります。例えば，1995年に調印された日本・ヴィエトナム租税条約では，この条項と同様の規定が第9条第2項に盛り込まれています。ただし，締結年が古い租税条約についてはこの規定はありません。この場合に，日本はOECDモデル条約第25条のいわゆる相互協議条項に相当する各租税条約上の定めに基づいて経済的二重課税を解決するという立場をとっています。

[31] 相互協議の手続については「相互協議の手続について（事務運営指針）」（2001年6月25日）に詳しく規定されています。また，この相互協議事務運営指針を補足するものとして，BEPS行動14最終報告書（2015年10月）における勧告に沿った「相互協議手続に関するガイダンス（Q&A）」が2017年7月に国税庁相互協議室から公表されています。

協議が不調に終わった場合の仲裁が規定されています[32]。他には，香港との租税協定，日英租税条約，日本・スウェーデン租税条約，日独租税条約にも仲裁条項があります。

2　対応的調整の意義

租税条約の規定に基づく権限のある当局間の相互協議の成立を受けて，国外関連取引の取引価格を独立企業間価格に置き換えることで一方の企業の所得が増額された場合に，取引の相手方である他方の企業の所得の減額更正が行われます（国税通則法第23条第2項第3号，同法施行令第6条第12項第4号）。当該更正を，一般的に対応的調整といいます。

3　第2次調整

日本の移転価格税制の執行上は，所得の移転に係る更正および対応的調整にあたっては所得を過年度に遡及して調整することとしています。所得の移転につき相手国で行われた増額更正に対応して行われる減額更正，すなわち，対応的調整を一般的には第1次調整とよびます。第1次調整においては，租税条約上の相互協議により権限ある当局の合意が得られた場合には，例えば，相手国の課税当局による増額更正に対応して，日本側法人から更正の請求が行われ，これを受けて日本の税務当局による更正が行われます。この場合，日本側の具体的な対応的調整は実施特例法第7条の定める方法等に従って実施されます。

この第1次調整の対象となった所得の移転に伴って移転した資産の返還が行われなかった場合に，税務上さらに一定の調整を必要とする国があります。このような調整を第1次調整に対して第2次調整とよびます[33]。

32　さらに2013年1月に署名された日米租税条約を改正する議定書第11条には（義務的）仲裁が規定されています。

33　例えば米国においては，第1次調整（Correlative Allocation）に伴って，移転し

4 第1次調整に対応して資産の返還が行われない場合の税務処理

相手国の増額更正に対応して日本側で行われる第1次調整に対応してその取引の相手方に資産の返還が行われない場合については、実施特例法第7条第2項の定めるところにより、移転した資産の金額のうち返還しないものの金額を、その他社外流出として更正通知書上減算処理することになります。この結果として、返還されない資産の金額相当額は、減算後も法人の利益積立金を構成することになります[34]。日本では第2次調整は行われません。

た資産の返還が行われない場合には、第2次調整が行われます。すなわち、親子会社間での所得移転について第1次調整が行われた際に、当該所得移転に伴い子会社から親会社に移転した資産につき親会社から子会社への返還が行われないときには子会社からの配当とみなし、逆に子会社から親会社への返還が行われないときには子会社への出資とみなして、それぞれ配当源泉税あるいは出資に係る資本税を米国において課すというのが、第2次調整です。なお、日米租税条約の適用により配当源泉税が免除される場合があります（第1編第5章第2節2（189頁）参照）。

これに対して、日本の税法上は、租税条約相手国の行う移転価格に係る増額更正に対応して第1次調整が行われる場合、当該調整はあくまで日本側の課税所得計算上の処理であり、これに対応して資産の返還を行うか否かはあくまで法人の任意であるとされています。したがって、第1次調整に伴って移転した資産の返還が行われるか否かにかかわらず、みなし配当あるいはみなし出資の認定は行われません。

なお、OECD移転価格ガイドラインでは、最初の増額更正を"Primary Adjustment"、これを受けて行われるいわゆる対応的調整を"Corresponding Adjustment"、さらに第2次調整を"Secondary Adjustment"とよんでいます。日本では、本文のような用例以外に、"Primary Adjustment"を第1次調整とよび、"Corresponding Adjustment"を対応的調整とよぶ場合、あるいは、両者をまとめて第1次調整とよぶ場合もあるようです。

第12節3（581頁）以降の本文では、日本の税務上の取扱い、すなわち、移転した資産が返還されないときにも第2次調整が行われない場合を前提にしています。

34 米国子会社と日本親会社の関係において、米国子会社の移転価格に関する増額更正を受けて、日本側で対応的調整を行い減額更正をする場合、一般的には返還しな

5　対応的調整の手続

　対応的調整の要件は，租税条約上の相互協議により権限ある当局の合意が得られた場合に，納税者がこれを受け入れて，更正の請求を行うことです。更正の請求は合意のあった日から2カ月以内に所轄税務署長に対して行う必要があります（国税通則法第23条第2項第3号，同法施行令第6条第1項第4号）。対応的調整に際しては過年度に遡及して所得が調整されるのですが，これに係る更正の請求の場合には，通常の更正の請求の期間制限（法定申告期限から5年間）は適用されない（同法第23条第1項）ので，対応的調整の対象期間のすべてにわたって更正の請求が可能です。

6　対応的調整の効力

　対応的調整は所得金額を合意内容に従って再計算することで行われます。対応的調整は，相手国で調整の対象とされた取引が実際に行われた各事業年度に遡及して行われます。

7　対応的調整と附帯税

(1) 延滞税

(a) 原則

　国税通則法第60条，第61条の定めるところにより，法人税に係る延滞税については，法定納期限の翌日から1年間，および，これ以後に増額更正を受けた場合には，当該増額更正通知書が発せられた日の翌日から当該増額更正に係る納期限

い資産の移転金額相当額は，米国税務上配当とみなされる可能性があり，日米租税条約で免税とされない限り，配当源泉税課税が生じます（前記注33参照）。なお，第2次調整として課されるみなし配当源泉税は外国税額控除の対象とならない外国法人税の額とされています（法人税法施行令第142条の2第7項第2号）。詳しくは第3部第2章第4節4（7）(b)（603頁）を参照してください。

の翌日以後2カ月を経過する日までの期間については，それぞれ7.3パーセントの税率により，延滞税が課されます。

なお，この原則的な延滞税の割合のうち当初の期間において適用される7.3パーセントの利率については，租税特別措置法により，国税通則法の規定にかかわらず，2013年12月31日までの各年に属する計算対象期間については，それぞれの暦年の前年11月30日を経過する時における日本銀行の商業手形の基準割引率（日本銀行法第15条第1号）に年4パーセントを加算した利率（旧特例基準割合）と7.3パーセントのいずれか小さい割合，2014年1月1日以降の各暦年中の計算対象期間については，「現特例基準割合」に1パーセントを加えた割合と7.3パーセントのいずれか低い割合と定められています（租税特別措置法第94条第1項）。なお，現特例基準割合とは各年の前々年の10月から前年の9月末までの各月における銀行の新規の短期貸出約定平均金利の合計を12で除して得た割合として各年の前年の12月15日までに財務大臣が告示する割合に年1パーセントの割合を加算した割合をいいます（租税特別措置法第93条第2項）。

(b) 納税の猶予が適用される場合

移転価格調査に基づく更正処分を受けた納税者が相互協議の申立てをした場合で，その者が納税の猶予の申請（租税特別措置法第66条の4の2第8項，同法施行令第39条の12の2第3項）を行った場合には，本税および加算税の額につき，その納期限から相互協議の合意に基づく更正があった日の翌日から1カ月（あるいは，合意がない場合には，権限ある当局の間で相互協議終了の合意があったことを通知した日から1カ月）を経過する日までの期間，納税の猶予が認められます（同法第66条の4の2第1項）。猶予期間に対応する延滞税は免除されます。地方税も同様です（地方税法第55条の2，第55条の4，第72条の39の2，第72条の39の4，第321条の11の2，第321条の11の3）。

(c) 特例

移転価格の更正において，権限ある当局の間の合意が成立した場合には，権限ある当局間で合意した期間について，租税条約相手国が還付加算金を付さないことを要件に，当該期間の延滞税を免除することとなっています（租税特別措置法

第66の4第25項,同法施行令第39条の12第16項,第17項)。

(2) 還付加算金

(a) 原則

租税条約相手国の移転価格の更正に伴い,相互協議による合意に基づいて日本側で対応的調整が行われる場合には,納税者による更正の請求により還付が行われます。この場合,還付加算金の起算日が更正の請求の日の翌日から3カ月を経過する日または更正の請求に基づく更正があった日の翌日から1カ月を経過する日のいずれか早い日となっているため(国税通則法第58条第1項第2号),通常還付加算金は生じません。これに対して,まず日本で移転価格の更正が行われ,これに係る相互協議による合意に基づいて当該課税処分の取消しが行われる場合には,税務当局の職権による減額更正が行われます。この場合には当初の課税処分に係る税額の納付があった日の翌日から還付加算金が付されます(国税通則法第58条第1項第1号イ)。

(b) 特 例

上記の原則に対して,租税条約による相互協議の合意が成立し,かつ,租税条約相手国が合意した期間について延滞税を免除する場合には,国税通則法第58条第1項の定めにかかわらず,還付加算金を付さないことができるものとされています(実施特例法第7条第4項,同法施行令第6条第2項)。

第 3 部

内国法人の対外取引

第1章　内国法人の対外取引に関する課税

> **本章の概要**
>
> 第3部では，内国法人が対外取引を行う場合の課税関係を検討します。本章では，内国法人が対外取引を行う場合の課税の大枠を以下のように概観します。
> 　第1節　原則的な課税関係
> 　第2節　対外取引に適用される特別な制度
> 　第3節　外国における課税
> 　第4節　租税条約

第1節　原則的な課税関係

　内国法人は，すべての所得について法人税の申告納税義務を負い，そのうち一定の所得については所得税の源泉徴収を受けます。

1　法人税

　内国法人は，すべての所得について法人税の課税を受け（法人税法第5条），申告期限までに申告書を提出し納税しなければなりません（同法第74条）。

　法人税の課税所得は益金から損金を控除したもので（法人税法第22条第1項），その「益金」と「損金」とは，企業会計が定める「収益」と「費用」を前提とし（同条第4項），それを法人税法の特別な定めに従って調整したものとされています（同条第2項，第3項にいう「特段の定め」）。

2 所得税の源泉徴収

内国法人は，公社債の利子などの内国法人課税所得について所得税の納税義務を負い（所得税法第5条第3項），それは源泉徴収の方法で徴収されます（同法第212条第3項）。外国における取引であっても日本の源泉税がかかる場合があります。例えば，外国会社の発行した社債の利子（租税特別措置法第3条の3）や，外国会社の発行した株式からの配当（同法第9条の2）を，国内の支払代理人から受け取る場合です。

なお，内国法人が源泉徴収を受ける所得の範囲は，外国法人が源泉徴収を受ける所得の範囲よりも狭く，例えば特許権の実施料を内国法人が受け取る場合は源泉徴収を受けませんが（所得税法第212条第3項に掲げられていません），外国法人が特許権を国内で実施する者からその実施料を受け取る場合は源泉徴収を受けます（同法第212条第1項，第161条第1項第11号イ）（第2部第7章第2節1（1）(a)(251頁））。この理由は，内国法人はいずれにせよすべての所得につき法人税の課税を受けるので，源泉徴収により徴収を確保する必要性が高くないのに対し，国内に恒久的施設を有しない外国法人は限られた種類の所得しか法人税の課税を受けないので，法人税の課税を受けず所得税の源泉徴収で完結する所得についての徴収を確保する必要が高いからだと考えられます[1]。

源泉徴収を受けた所得税の額は，法人税を申告納付する際に法人税の額から控除できます（法人税法第68条——所得税額控除）。この意味で，内国法人が源泉徴収により徴収を受ける所得税は法人税の「前払い」といえます。

3 地方税

内国法人は地方税（住民税，事業税）を納付する義務を負い，法人税と地方税

---

[1] この本では，日本側当事者が外国法人に対し何らかの支払いをする場合に負う源泉徴収義務は，第2部第1編第2章以下の各章（131頁以下）において「日本側当事者の税務」という項目で整理されています。

を総合すると約30パーセントが実効税率です。

第2節　対外取引に適用される特別な制度

　内国法人の対外取引に適用される特別な制度がいくつかあります。外国税額控除，外国子会社配当益金不算入税制，タックス・ヘイブン対策税制，移転価格税制，過少資本税制，過大支払利子税制です。

1　外国税額控除

　内国法人はすべての所得について法人税の課税を受けます。その所得の中に外国でも課税を受けるものがあると，国際的二重課税を生じます。これを防ぐために，内国法人は一定の要件を満たす場合，外国で課された税額を日本の法人税の税額から控除できます。これを外国税額控除とよびます（第2章（595頁））。

2　外国子会社配当益金不算入税制

　外国子会社配当益金不算入税制とは，二重課税を防ぎ，海外からの資金の還流を促すため，内国法人が外国子会社から受け取る配当の95パーセントに課税しないとする制度です（第3章（613頁））。

3　タックス・ヘイブン対策税制

　タックス・ヘイブン対策税制とは，海外に子会社（孫会社以下も含む）を設立して，その子会社が所得を得ることにより日本の課税を免れようとする試みに対抗すべく，子会社の所得を親会社の所得に合算して（すなわち益金に算入して）課税する制度です（第4章（619頁））。

4　移転価格税制

　移転価格税制とは，関連会社間の取引が第三者間の取引価格と異なる価格で行われることにより所得が海外に移転することを防ぐために，関連会社間の取引を

第三者間の取引価格で行われたものとみなし，それと乖離する金額を益金に算入させまたは損金への算入を認めないことにより課税する制度です（第2部第3編第4章（529頁））。

5　過少資本税制

外国の親会社が日本の子会社に資金を供与する場合，出資して配当の形で回収しようとすると，配当は子会社において税引き後になるのに対し，貸し付けて利子の形で回収しようとすると，利子は子会社において損金算入できるので，子会社の法人税を軽減することができます。

過少資本税制とは，外国の親会社が日本の子会社に出資するのではなく資金を貸し付けて，子会社の税金を軽減しようとする試みに対抗すべく，その貸付が一定の限度を超えた場合，子会社の支払利子の損金算入を認めない制度です。

この制度は主として外資系の内国法人に適用されるので，「子会社を有する外国法人」の箇所で検討します（第2部第3編第2章（502頁））。

6　過大支払利子税制

過大支払利子税制とは，過少資本税制と同様の趣旨に基づき，法人が関連者に支払う利子がその法人の所得金額をもとに計算した所定の金額の50パーセントを超える場合，その超える部分は損金に算入できないとする制度です。過少資本税制が資本と負債の比率を問題にするのに対し，過大支払利子税制は所得の額と支払利子の額の比率を問題にするという点で規制の着眼点が異なります。

この制度も主として外資系の内国法人に適用されるので，「子会社を有する外国法人」の箇所で検討します（第2部第3編第3章（522頁））。

第3節　外国における課税

内国法人が外国で何らかの取引を行う場合，その所得につき外国でも課税される可能性があります。

外国の税制は国によって違いますが、きわめておおまかには、その国に恒久的施設を有すると、その国において生じた純所得（益金から損金を差し引いたもの）に対しその国の法人税が課され、その国に恒久的施設を有しないと、その国において生じた一定の所得（おもに投資所得）の総額（損金を差し引かないもの）に対しその国の源泉税が課されるのみであることが多いようです。

内国法人は、日本ではすべての所得に課税されますので、外国でも課税されると、同じ所得について二重に課税されることになります。

これを調整するために、外国税額控除という制度があります。これは、一定の要件の下に、外国で支払った税金を日本の税金から控除する制度です（第2章（595頁））。

第4節　租税条約

国内税法における課税関係が、租税条約の適用により変更されることがあります。

1　内国法人の対外取引についての課税

租税条約は締約国の自国の居住者に対する課税に影響を与えないという原則があり、「セービングの原則」とよばれます（日米租税条約第1条第4項(a)）（第1部第3章第3節2（68頁））。しかし、一定の場合、国内税法の規定が修正されて適用されます。

（1）外国税額控除

租税条約により、外国税額控除のさまざまな要件が修正されていることがあり、その場合には、租税条約の定めが原則として適用されます（第2章第5節3（609頁））。

（2） 外国子会社配当益金不算入税制

内国法人が外国子会社の株式の25パーセント以上を6カ月以上保有している場合，その外国子会社から受け取る配当のうち95パーセントは益金不算入となります（第3章（613頁））。

この保有割合が，租税条約により軽減されていることがあります。例えば，日本・オランダ租税条約では10パーセントとされています（第22条第2項）。

また，外国子会社配当益金不算入税制が導入される前の租税条約で，間接外国税額控除の規定の適用につき，その対象となる子会社株式の保有割合が国内税法上の25パーセントよりも軽減されていた場合，その軽減された保有割合は外国子会社配当益金不算入税制上の保有割合にも適用されるとされています（法人税法施行令第22条の4第5項）。これは，外国子会社配当益金不算入税制と間接外国税額控除が，国際的な二重課税の緩和という同じ目的を有しているからです。例えば，日米租税条約では議決権のある株式の10パーセント以上を保有する米国法人につき間接税額控除が受けられるとされています（第23条第1項(b)）ので，外国子会社配当益金不算入税制の適用も議決権のある株式の10パーセント以上を保有する米国法人につき認められます[2]。

2 相手国における課税

国内税法の問題ではなく相手国における課税の問題ですが，租税条約により，内国法人の相手国における課税が免除されたり軽減されたりすることがあります。例えば，米国内に恒久的施設を有しない日本法人は，米国法人の株式の譲渡益について米国の課税を免除されるのが原則です（日米租税条約第13条第7項）。したがって，そのような譲渡益に対しては，米国では課税されないものと想定することができます。

---

[2] 2013年改正議定書第9条では，「議決権のある株式」が「発行済株式」と改正されています。

第2章　外国税額控除

> **本章の概要**
>
> 本章では，内国法人が同じ所得につき日本と外国で課税を受けた場合にそれを調整するための制度である「外国税額控除」を検討します。
>
> 　第1節　外国税額控除の概要
> 　第2節　外国税額控除の趣旨
> 　第3節　対象となる納税義務者
> 　第4節　対象となる外国法人税
> 　第5節　控除限度額
> 　第6節　みなし外国税額控除
> 　第7節　申告要件

第1節　外国税額控除の概要

　外国税額控除とは，外国で納付した税金の額を日本で納付すべき税金の額から控除する制度です。この制度は内国法人（法人税法第69条），外国法人（同法第144条の2）（第2部第2編第2章第3節8（2）(426頁)），居住者（所得税法第95条），非居住者（同法第165条の6）に適用されますが，本章では内国法人に対するもののみを検討し，居住者に対するものにつき適宜言及します。

第2節　外国税額控除の趣旨

　国際税務において解決すべき問題の一つに国際的二重課税があります。内国法人は所得の源泉を問わず，全世界における所得について法人税の申告納税義務を負います。したがって，ある所得について内国法人が外国でも課税されると，その所得については外国と日本とで二重に課税されることになります。それを避けるために，日本では外国で納付した税額を日本の税額から控除するという制度（外国税額控除）を採用しています[1]。

　外国税額は，課税所得の計算上，損金に算入することもできます（法人税法第41条）が，損金に算入するだけだとその金額に実効税率をかけた額の限度でしか二重課税を排除できません。これに対し，法人税額から外国税額そのものを控除できる外国税額控除のほうが有利です[2]。

　この外国税額控除の趣旨について，国際課税の基本的な原則なのか，それとも政策的に恩典を与える制度なのかについて見解が分かれていて，最高裁判所の近時の判例でも必ずしも明らかではありません[3]。

1　国際的二重課税を避けるための制度としては，国外の所得には課税しないというもの（国外所得免除方式）もあります。OECDモデル条約第23条は，A方式（国外所得免除方式）とB方式（外国税額控除方式）のいずれかを選択して用いるように定めており，日本が締結している租税条約では，日本は外国税額控除方式を採用することを確認的に定めています。

2　外国税額を損金に算入する場合，すべての外国税額についてでなければならず，一部の外国税額について外国税額控除を利用した場合，残りの外国税額の損金算入は認められません（法人税法第41条，法人税基本通達16－3－1）。

3　川端康之「最近の最高裁租税判例について」国際税務26巻9号50頁は，最高裁平成17年12月19日判決（判例時報1918号3頁），最高裁平成18年2月23日判決（判例時報1926号57頁）を取り上げ，「政策目的，政策的要請といってもむしろ立法趣旨というべき点を指摘しているに止まる」と評し，いずれとも断言できないと解釈しています。志賀櫻『詳解国際租税法の理論と実務』（民事法研究会，2011）14頁

第3節　対象となる納税義務者

　外国税額控除を受けられるのは，内国法人（法人税法第69条第1項），外国法人（同法第144条の2），居住者（所得税法第95条第1項），非居住者（同法第165条の6）のすべての種類の納税義務者です。

　平成26年度税制改正以前は，外国法人と非居住者については外国税額控除が認められませんでしたが，同改正により，恒久的施設を有する外国法人と非居住者も，同一の所得について，国内源泉所得として日本で課税されさらに本店所在地国以外の外国でも課税される可能性があるため，外国税額控除が認められます。なお，冒頭に述べたように，本章では内国法人と居住者に対するもののみを検討します。

は，「二重課税を排除するという国際的に成立した強固な合意に基づくものであるから，これを政策的措置であると解することは許されない。ましてや政府による恩恵の措置であるなどということはあり得ない」としています。

　なお，最近の判決で，外国税額控除は恩恵的措置ではなく権利であるという解釈に親和性があるとも考えられるものがあります。すなわち，外国税額控除を認められる金額は確定申告書に記載された金額を限度とすると定められていた（平成23年度税制改正前の法人税法第69条第10項）ため，後に計算違いなどが判明したとしても更正の請求は認められないのではないかとの疑問がありました。この点につき，申告書に誤記があった場合において，更正の請求を認めた判決がくだされています（福岡高裁平成19年5月9日判決（税務訴訟資料（250号〜）257号順号10708。最高裁平成21年3月23日上告受理申立棄却決定（税務訴訟資料（250号〜）259号順号11165）。同様の規定がある所得税額控除について更正の請求を認めたものとして，最高裁平成21年7月10日判決（民集63巻6号1092頁，判例タイムズ1307号105頁））。これらの判決を受けて，平成23年度税制改正により，「修正申告書」「更正請求書」への記載でもよいことになりました（第7節（612頁））。

第4節　対象となる外国法人税

外国税額控除の対象になる外国法人税は、日本の法人税に相当する租税であって、外国の法令に基づき外国またはその地方公共団体により所得を課税標準として課される税です（法人税法第69条第1項、同法施行令第141条第1項、所得税法第95条第1項、同法施行令第221条第1項）。

1　租税

「租税」とは、「国家が、特別の給付に対する反対給付としてではなく、公共サービスを提供するための資金を調達する目的で、法律の定めに基づいて私人に課する金銭給付」と定義されています[4]。税金という名前であっても実質がそうでないものは「租税」に含まれません[5]。

2　「所得」を課税標準とする

外国税額控除の対象になるのは、租税のうち「所得」（益金から損金を控除した純額）を課税標準とする租税です。したがって、わが国の税制上「所得」を構成しない金額に対する外国法人税や、総収入（損金を控除する前の受取額の全額）を課税標準とする外国法人税（ただし、3（3）（4）599頁））は控除の対象になりません。

3　「外国法人税」に含まれるもの

外国税額控除の対象になるのは、「所得」を課税標準とする租税であるとされていますが、国によって租税制度が異なるため厳密な意味での「所得」を課税標

---

[4] 金子宏『租税法（第22版）』（弘文堂、2017）8頁。
[5] 米国の社会保障税（Social Security Tax）は、「租税」に含まれないと考えられているようです。

準とする外国法人税のみを対象とすると不均衡が生じるおそれがあります。そこで，以下のものは外国法人税に含まれるとされています（法人税法施行令第141条第2項，所得税法施行令第221条第2項）。これは例示列挙であり，これらに限る趣旨ではありません[6]。

（1）超過利潤税その他法人の所得の特定の部分を課税標準として課される税

所得の少なくとも一部を課税標準としているため，「所得」を課税標準とする外国法人税に該当するとされています。

（2）法人の所得またはその特定の部分を課税標準として課される税の附加税

「所得」を課税標準とする税の附加税も，「所得」を課税標準とする外国法人税と同視できるので，外国法人税に該当するとされています。

（3）法人の所得を課税標準として課される税と同一の税目に属する税で，法人の特定の所得につき，徴税上の便宜のため，所得に代えて収入金額その他これに準ずるものを課税標準として課されるもの

益金から損金を差し引いた純所得を課税標準としない税であっても，純所得を課税標準とする税と同じ税目に属し，かつ，純所得の算定が困難であるなどの理由で便宜上収入金額などを課税標準とするものは外国法人税に該当するとされています。典型的な例は源泉徴収税です（法人税基本通達16-3-4）。

（4）法人の特定の所得につき，所得を課税標準とする税に代え，法人の収入金額その他これに準ずるものを課税標準として課される税

所得を課税標準とする税に代える税なので，外国法人税に該当するとされています。

---

6 「次に掲げる税は，外国法人税に含まれるものとする」との表現から明らかです。

(5) 租税条約による税目の拡張

　租税条約の中には，国内税法上の外国法人税に該当しない，または該当するかどうか明らかではない税目を掲げるものがあります。例えば，日本・スウェーデン租税条約の「芸能人税」（第2条第1項(b)(xiii)，第22条）や，日本・フィンランド租税条約の「教会税」（第2条第1項(b)(xiii)，第23条）などです。

　租税条約の規定は国内税法の規定に優先するため，このような税目は日本において外国税額控除の対象になる外国法人税に該当するものと考えられます[7]。

4　「外国法人税」に含まれないもの

　以下のものは外国法人税に含まれないとされています。これも例示列挙であり，これらに限る趣旨ではありません[8]。

　なお，これらの外国法人税について損金算入は可能と考えられます（法人税法第41条が，第69条第1項の対象になる外国法人税額は損金算入できないと規定していることの反対解釈）。

(1) 納税者が任意にその金額の全部または一部の還付を請求できる税

　納税者が任意に還付請求できるような税は，「課する」すなわち法律の定めに基づき「強制的に徴収する」という要件を満たさないため「租税」に該当せず，したがって外国法人税に該当しないとされています（法人税法施行令第141条第3項第1号，所得税法施行令第221条第3項第1号）。

(2) 納税者が税の納付が猶予される期間を任意に定めることができる税

　納税者が猶予期間を任意に定められるような税は，上記（1）同様，外国法人

---

[7]　井上康一・仲谷栄一郎『租税条約と国内税法の交錯（第2版）』（商事法務，2011）399頁。

[8]　「次に掲げる税は，外国法人税に含まれないものとする」との表現から明らかです。

税に該当しないとされています（法人税法施行令第141条第3項第2号，所得税法施行令第221条第3項第2号）。

（3）複数の税率の中から納税者と政府が合意で税率を決められる税

複数の税率の中から納税者と政府が合意で税率を決められる税は，上記（1）同様，外国法人税に該当しないとされています（法人税法施行令第141条第3項第3号，所得税法施行令第221条第3項第3号）。

（4）外国法人税に附帯して課される附帯税に相当する税その他これに類する税

附帯税は違反行為に対する制裁の意味をもつものであり，日本の税額からの控除を認めるのは不適当であるため，外国法人税に該当しないとされています（法人税法施行令第141条第3項第4号，所得税法施行令第221条第3項第4号）。

（5）負担が高率な部分

「外国法人税」のうち「負担が高率な部分」が除かれています（法人税法第69条第1項かっこ書き）。日本の税率を超える部分につき，日本の税収を犠牲にしてまで外国法人税を控除するのは不相当だからです。

「負担が高率な部分」とは，「所得」に対して課される外国法人税については，その課税標準額の35パーセントを超えて課される税額であり，「利子等」に対する外国の源泉徴収税については，原則として利子等の金額の10パーセントを超えて課される税額とされています（法人税法施行令第142条の2第1項，第2項）。

居住者についてこのような弊害が生じるおそれは低いため，「負担が高率な部分」の制限はありません。

（6）通常行われる取引と認められない取引に基因する税

通常行われる取引と認められない取引に基因して生じた所得に対する外国法人税は，「外国法人税」から除かれています（法人税法第69条第1項かっこ書き，所得税法第95条第1項かっこ書き）。

これは、裁判上争われていた外国税額控除を利用した租税回避行為[9]に対処するための個別否認規定で、除外の対象となる取引は政令に具体的に列挙されています（法人税法施行令第142条の2第5項、所得税法施行令第222条の2第1項）。

（7）日本の法人税が課されない所得に対する税

日本の法人税が課されない所得については二重課税が発生しませんので、そのような所得に対する税金が外国で課されたとしても、外国税額控除の対象になりません。以下の四つが限定列挙されています（法人税法施行令第142条の2第7項）。なお、居住者についても同様の趣旨の規定がありますが、除外される外国所得税の範囲が異なります（所得税法施行令第222条の2第4項）。

(a) みなし配当が発生する場合において株式の取得価額以下の部分に対応する

---

9 上記注3の最高裁平成17年12月19日判決のもとになったのは、以下のような事案です。

日本の金融機関Ｘ社は、非課税国または低率課税国で国外源泉所得を得ているため、外国税額控除の枠に余裕がありました。一方、外国法人Ａ社は、日本法人Ｂ社から借入を行おうとしましたが、それによりＢ社が外国法人税を負担しなくてはなりませんでした。そこで、Ｘ社はＡ社に対して貸付を行い、受け取る利息について外国法人税（源泉税）を負担し、同時にＢ社から預金を受け入れ、預金利息としてＡ社から受け取る利息（外国法人税を控除しない金額）から手数料（外国法人税より低額）を控除した金額を支払うという取引を実行しました。そうすることにより、外国税額控除を本来は利用することができないはずのＢ社に代わりＸ社が外国税額控除の枠を利用して節税できるため、両社にとって経済的に見合う取引になったわけです。

しかし課税当局は、Ｘ社の外国税の支払いは、法人税法第69条第1項（平成10年法24号による改正前のもの）の「外国法人税を納付することとなる場合」との文言にあたらないとして争っていました。最高裁判所は、本件取引を全体として見て、外国税額控除がなければ取引そのものからは損失が生ずるだけであり、外国税額控除を利用してわが国の他の納税者の負担のもとで取引関係者の利益を図るものであることなどを重視して、本件は外国税額控除制度をその趣旨から著しく逸脱して濫用するものであると判断して、外国税額控除の利用を否定しました。

税

外国法に基づく合併，会社分割，減資，解散などにより交付される金銭・資産が外国において配当と同様の課税を受ける場合であっても，株式の取得価額以下の部分は日本の税法上の「所得」（みなし配当）に該当しないため，その部分に対応する税金は外国法人税に該当しないとされています。

(b) 相互協議に基づく調整後に実際に支払われない金額を配当とみなして課す税

移転価格税制に基づく相互協議の結果として税務上の取引価格が調整されたにもかかわらず実際の取引価格を調整せずにいると，そのことにより配当の支払いがあったものとみなして課税する制度をとる国があります（第2部第3編第4章第12節注33（581頁））。しかし，そのような「配当」は日本の税法上の所得として認識されないため，それに対する税金は外国法人税に該当しないとされています。

(c) 外国子会社配当益金不算入税制の適用を受ける配当に対する源泉税

外国子会社配当益金不算入税制の適用を受ける配当については二重課税が生じませんので，それに対し外国で源泉税が課されても外国税額控除の対象になりません。

(d) 国外事業所から本店への支払いにつき，当該国外事業所の所在国で課される税

事業所から本店への支払いは日本の税法上の所得として認識されないため，それに対する税金は外国法人税に該当しないとされています。

(8) タックス・ヘイブン対策税制上の外国関係会社から受け取る配当に対する税

タックス・ヘイブン対策税制上の外国関係会社から受け取る配当のうち合算課税済みの部分については，株主である内国法人の益金に全額算入されません（租税特別措置法第66条の8第1項，第66条の9の4第1項）。したがって，その配当に対する外国源泉税は外国税額控除の対象になりません（法人税法施行令第142条の2第8項第1号ないし第4号）。

(9) 租税条約により軽減される外国法人税

　外国において納付すべき税額が，その国との間の租税条約の適用により減免される場合，当該国で減免手続をとらずに租税条約の定める限度税率を超える税率の税金を納付してしまうと，限度税率を超える税率で納付した部分については外国税額控除の適用を受けることができなくなります（法人税法施行令第142条の2第8項第5号，所得税法施行令第222条の2第4項第4号）。

　なお，前述のように，限度税率を超える部分の外国法人税について，損金算入は可能と考えられます（法人税法第41条が，第69条第1項の対象になる外国法人税額は損金算入できないと規定していることの反対解釈）[10]。そして，限度税率を超える部分が後に還付された場合，還付時において益金の額に算入されます。

第5節　控除限度額

　外国税額控除が認められる外国法人税の額は，法人税額にその課税年度分の所得の金額のうち国外所得金額（厳密には「調整国外所得金額」——後述1(5)）が占める割合を乗じて計算した金額を限度とされています（法人税法第69条第1項，同法施行令第142条，所得税法第95条第1項，同法施行令第222条）。その理由は，国外所得金額に相当するわが国の税額を超えて外国税額控除を認めると，日本の課税権が害されてしまうからです。

　このように，控除限度額を国外所得金額の総額に対して一括で設定する方式を「一括限度方式」といいます。これに対し，国別に控除限度額を設定する方式（国別限度方式）や，所得の種類ごとに控除限度額を設定する方式や，それらを組み合わせて限度額を設定する方式があります。

　一括限度方式による場合，国外所得金額の一部が非課税国または低率課税国における所得だとすると，その国外所得金額に対応する控除限度額に余裕ができ，

10　国税庁も同様の見解を明らかにしています（質疑応答事例「租税条約に定める限度税率を超える外国法人税の額の取扱い」）。

その余裕を利用して他の国の外国税額を控除できることになります（控除枠の流用）。このような流用に対抗するためにいろいろな制限が設けられています。

1 国外所得金額

「国外所得金額」とは国外源泉所得に係る所得の金額[11]を意味し，「国外源泉所得」は法律に定義されています（法人税法第69条第4項，所得税法第95条第4項）。

(1) 国外源泉所得

以下が国外源泉所得の概要です（法人税法第69条第4項，所得税法第95条第4項）。いずれにも，「国外にある」「国外において」「外国の」などの条件がつきます。

法人税法第69条第4項
＊所得税法第95条第4項では第10号に「給与，報酬，年金」が規定され，以下号数番号が繰り下がる。
1　恒久的施設に帰属する所得
2　資産の運用・保有からの所得
3　一定の資産の譲渡からの所得
4　人的役務の提供事業の対価
5　不動産の賃貸料
6　債券・預貯金の利子
7　配当
8　貸付金の利子
9　使用料
10　広告宣伝のための賞金
11　生命保険契約に基づく年金
12　金融類似商品からの所得

11　「国外源泉所得」とはグロス（受け取った総額）で，「国外源泉所得に係る所得」とはネット（必要経費や損金を控除した純利益の額）を意味します。

13　匿名組合からの利益の分配
　14　国際運輸業からの所得
　15　租税条約により相手国が課税できる所得
　16　その他政令で定める所得

(2) 国内源泉所得との関係

　「国内源泉所得」（法人税法第138条第1項，所得税法第161条第1項）は，外国法人がこれを稼得する場合には日本において課税されるという文脈における概念であり，「国外源泉所得」は，内国法人がこれを稼得する場合には日本において外国税額控除を利用することができるという文脈における概念です。

(3) 外国での課税の有無との関係

　国外源泉所得であるかどうかは，外国で課税されているか否かに関係ありません。すなわち，外国で課税されているからといって国外源泉所得に該当するわけではありません（ただし，3(2)（609頁））。国内源泉所得が外国でも課税される場合があり，その場合は国際的な二重課税を調整できないことになります。

　逆に，外国で課税されていないからといって国内源泉所得に該当するわけでもありません。国外源泉所得が外国で課税されない場合があり，その場合は下記(5)が適用されることになります。

　なお，租税条約の規定により条約相手国において租税を課することができるとされている所得で，現実に条約相手国において外国法人税を課されているものは，控除限度額の計算については「国外源泉所得」に該当するものとされます（法人税法第69条第4項第15号，同法施行令第145条の12。3(2)（609頁））。

(4) 国外所得金額の計算

　国外所得金額は，源泉地国の税法により計算された金額ではなく，日本の税法を適用して計算された金額を意味します（法人税基本通達16-3-9，所得税基本通達95-6）。

国外所得金額を計算するにあたり，国外の業務に直接関連する損金は控除しなければならず，国外業務と国内業務に共通して発生する損金（販売費・一般管理費，負債の利子，償却費，引当金など）は，一定の合理的な基準によって国内外の所得に配賦しなければなりません（法人税基本通達16-3-9の3～16-3-19の6）。

(5) 非課税の国外源泉所得の除外

国外源泉所得のうち，外国法人税が課されないものがある場合には，その非課税の国外源泉所得に係る所得の金額は国外所得金額から除外されます（法人税法施行令第142条第3項）。非課税の国外源泉所得には，租税条約の適用により非課税となるものも含まれます（同法施行令第142条第4項，法人税基本通達16-3-21）。

「国外源泉所得」のうち非課税のものについては，そもそも二重課税が生じません。また，非課税所得が控除限度額に算入されると，控除限度額の「枠」が他の高税率の外国法人税に流用されてしまうおそれがあります。それを防ぐため，非課税所得は控除限度額の算定にあたり除外されます。

「国外所得金額」から非課税の国外所得金額と繰越欠損金を除外した金額は「調整国外所得金額」と定義され（法人税法施行令第142条第3項），控除限度額を算定するにあたり（全世界所得を分母として）分子になります。

居住者についてこのような弊害が生じるおそれは低いため，所得税にはこのような措置はありません。

(6) 調整国外所得金額の割合の制限

調整国外所得金額は当該事業年度の全世界所得の金額の90パーセントを限度とし，これを超える部分については，国外所得金額に算入できないとされています（法人税法施行令第142条第3項）。

内国法人であればある程度の所得は国内において得ているべきであるとの前提，および，控除限度額が大きくなることによる日本の税収の減少の防止がこの制限の趣旨です。

居住者についてこのような弊害が生じるおそれは低いため，所得税には国外所

得金額の割合の制限はありません[12]。

2　控除限度額の過不足分の取扱い

　控除の対象になる外国法人税額が，以上のようにして計算された控除限度額を超過する場合と下回る場合があります。そのような過不足が生じた場合は，一定の範囲で調整することができます。

（1）住民税からの控除

　控除限度額を超える外国法人税額は，一定の範囲で住民税の額から控除することができます（法人税法施行令第143条，所得税法施行令第223条）。

（2）繰越

　ある課税年度において控除の対象になる外国法人税額が，その課税年度における控除限度額（法人税と住民税——以下同様）を超過した場合には，前3年以内の課税年度における控除限度額の余裕枠を繰越利用して控除することができます（法人税法第69条第2項，所得税法第95条第2項）。

　逆に，ある課税年度において控除の対象になる外国法人税額が，その課税年度における控除限度額に満たない場合には，前3年以内の課税年度における控除の対象になる外国法人税額のうち控除しきれなかった金額を，当該課税年度の控除限度額の余裕の範囲内で控除することができます（法人税法第69条第3項，所得税法第95条第3項）。

　このような繰越制度が認められているのは，ある課税年度で税額控除されるのは当該課税年度に納付される外国法人税（前年度の国外源泉所得に係る所得に対するものであり得る）であるのに対し，控除限度額は当該課税年度の国外源泉所得

---

[12] 所得税法施行令第222条第3項ただし書きは，所得金額が国外所得金額に満たない場合は国外所得金額を限度とすると定めていますので，国外所得金額全額まで外国税額控除を認められることになります。

(次年度に外国法人税を納付することもあり得る)を基準に計算されることから，外国法人税の納付時期と国外所得の発生時期とが異なる課税年度になる可能性があるからです[13]。

3 租税条約との関係

控除限度額を算定するにあたり，租税条約が国内税法の定めと異なる定めを置いている場合の取扱いが問題になります。

(1) 租税条約が源泉地を変更している場合

租税条約が国外源泉所得についての定めを置いている場合があります。例えば，日米租税条約第23条第1項は，「日本国の居住者が受益者である所得でこの条約の規定に従って合衆国において租税を課されるものは，合衆国内の源泉から生じたものとみなす」と定めています。このような場合，租税条約の定める国外源泉所得が国内税法上の国外源泉所得とみなされます（法人税法第69条第6項）。

(2) 租税条約が相手国の課税権を認めている場合

租税条約の規定の中には，日本や相手国に源泉があるとは定めずに，たんに日本や相手国の課税権を認めることのみを定めているものがあります。例えば，個人に対する課税の局面ですが，内国法人の役員が中国に出張して勤務したことによる所得に対し，中国が課税権を有するとされます（日中租税条約第15条第1項）（短期滞在者免税（同条第2項）が適用されない場合を前提にします）（第4部第3章第1節2注3（725頁））。他方，国内税法においては内国法人の役員の所得は国内源泉所得とされるため（所得税法第161条第1項第12号イかっこ書），内国法人の役

---

[13] 外国税額控除は外国法人税を「納付することとなる場合」（法人税法第69条第1項）に認められるところ，「納付することとなる場合」とは，「具体的にその納付すべき租税債務が確定したことをいう」とされています（東京地裁平成27年10月8日判決（税務訴訟資料（250号〜）265号順号12732））。

員が中国に出張して勤務したことによる所得は日本でも課税されます。そして，その所得は国外源泉所得に該当しないため（所得税法第95条第4項第10号イかっこ書き），中国で課された税額を外国税額控除の対象にしようとしても控除限度額の枠がありません（分子の国外所得金額がゼロとなるため）。

以上のような状況では国際的二重課税が解消されないため，租税条約の規定により条約相手国において租税を課することができるとされている所得で，現実に条約相手国において外国法人税を課されているものは，「国外源泉所得」に該当するものとされます（法人税法第69条第4項第15号，同法施行令第145条の12，所得税法第95条第4項第16号，同法施行令第225条の13）。したがって，上のような場合に中国で課税された所得は国外源泉所得とされ，控除限度額の算定にあたり国外所得金額に算入されます。

（3）租税条約が国別限度方式を定める場合

租税条約の中には国別限度方式を明示的に規定するものがあります。例えば，日本・イタリア租税条約は，日本の居住者がイタリアで納付した税金は，その居住者の日本における税額のうちイタリア源泉所得に対応する部分を超えない限度で，日本における税額から控除されるという「国別限度方式」を以下のように規定しています（第23条第1項ただし書き）。

> 日本国の居住者がこの条約の規定に従ってイタリアにおいて租税を課される所得をイタリアにおける源泉から取得するときは，その所得について納付されるイタリアの租税の額は，その居住者に対して課される日本の租税から控除される。ただし，その控除の額は，日本国の租税のうちその所得に対応する部分を超えないものとする。

しかし，このような国別限度方式を定める租税条約が適用される相手国との関係で国内税法の外国税額控除制度が国別限度方式に変更されることにはならないと考えられます。

その理由は，ある特定国との間で国別限度方式が適用されるとすると，控除限度額超過額や控除余裕額をどのように取り扱うかなど細かい点において適用関係

が明確ではなく，租税条約の規定が直接適用可能性を有しないからです。

また，仮に，上の直接適用可能性が認められるとしても，国別限度方式によると，一括限度方式に比べて外国税額控除を受けられる範囲が狭まるため，このような国別限度方式を定める租税条約の規定は，プリザベーションの原則（租税条約の規定は，国内税法における非課税，免税，所得控除などの租税の減免を制限してはならないとの原則（第1部第3章第3節3（69頁）））に違反すると考えられます。

いずれにせよ，このような国別限度方式を定める租税条約の規定にもかかわらず，国内税法の定める一括限度方式が優先して適用されると考えられます[14]。

第6節　みなし外国税額控除

みなし外国税額控除とは，内国法人が発展途上国の租税優遇措置によりその国において納付する租税の減免を受けている場合であっても，減免された租税を納付したものとみなして日本の法人税の額から控除するもので，国内税法の定めではなく租税条約の定めにより認められます。そして，そのみなし税額が外国税額控除の対象となる外国法人税の額とみなされ，外国税額控除の一般的な要件や制限のもと，日本の法人税額から控除されます。

みなし外国税額控除は，国際的二重課税を調整するための制度ではなく，外国税額控除の仕組みを利用して，外国の租税優遇措置を生かすための制度です。

例えば，日中租税条約第23条第4項は，次のように定め，中国で実際には納付されなかった租税を，日本において外国税額控除の対象に含めることを認めています。

> 2に規定する控除（引用者注：日本における外国税額控除）の適用上，「納付される中国の租税」には，次のいずれかのものに従って免除，軽減又は還付が行われないとしたならば納付されたとみられる中国の租税の額を含むものとみなす。（引用者注：以下略）

14　上記注7井上・仲谷・租税条約と国内税法の交錯403頁。

しかし，近年，みなし外国税額控除は課税の公平性や中立性に反するという認識から廃止・縮減の方向にあります。

第7節　申告要件

外国税額控除の規定は，確定申告書，修正申告書または更正請求書に控除を受けることのできる金額とその計算に関する明細が記載され，対象となる外国法人税の額を課されたことを証明する書類などが添付された場合に限り適用されることとされています（法人税法第69条第15項，所得税法第95条第10項）。

第3章　外国子会社配当益金不算入税制

> **本章の概要**
>
> 本章では，外国子会社配当益金不算入税制を以下のように検討します。
> 第1節　外国子会社配当益金不算入税制の概要
> 第2節　外国子会社配当益金不算入税制の趣旨
> 第3節　対象となる外国子会社
> 第4節　対象となる配当
> 第5節　益金不算入とされる額
> 第6節　配当に係る外国源泉税の取扱い
> 第7節　申告要件

第1節　外国子会社配当益金不算入税制の概要

「外国子会社配当益金不算入税制」とは，内国法人が外国子会社の株式の25パーセント以上を6カ月以上保有している場合，その外国子会社から受け取る配当のうち95パーセントを益金不算入とするものです。

第2節　外国子会社配当益金不算入税制の趣旨

外国子会社配当益金不算入税制は，二重課税を防ぎ，内国法人が外国子会社に留保した資金を国内に還流させ，日本経済を活性化しようとする目的のために創設されたものです。

本税制が創設される以前には、内国法人が外国子会社から受け取る配当についての国際的二重課税を排除するため、内国法人が外国子会社から受け取る配当は益金に算入するけれども（改正前法人税法第23条第1項かっこ書き）、外国子会社に課された税額のうち配当に対応する額を内国法人の法人税額から控除する「間接外国税額控除」制度がありました（改正前法人税法第69条第8項）。しかしそれでは、二重課税は排除できたとしても、日本の実効税率で配当に課税されることに変わりないため、海外の子会社から国内の親会社に資金を還流するための誘因にはなり得ませんでした。そこで、これを外国子会社からの配当には課税しないという制度に改めたものです。

第3節　対象となる外国子会社

1　原則——25パーセント以上を6カ月以上

本税制の対象となる外国子会社は、次の（1）と（2）の要件をいずれも満たすものとされています（法人税法第23条の2第1項、同法施行令第22条の4第1項）。

（1）次の(a)または(b)のいずれかが25パーセント以上であること
　(a)　外国法人の発行済株式の総数（自己株式を除く）に対し、内国法人が保有している株式数の占める割合
　(b)　外国法人の発行済株式のうち議決権を有する株式数に対し、内国法人が保有している議決権を有する株式数の占める割合

（2）（1）の状態が、配当の支払義務が確定する日以前6カ月以上継続していること

この要件については、適格組織再編が間に行われた場合は、その期間を通算してよいという定めがあります（法人税法施行令第22条の4第4項）。

2 租税条約による保有割合の修正

この25パーセントという保有割合が租税条約により修正されることがあります[1]。

(1) 明示の規定がある場合

租税条約が外国子会社配当益金不算入税制の対象になる子会社についての保有割合を修正している場合があります。例えば，日本・オランダ租税条約第22条第2項は，日本法人がオランダ法人の発行済株式数または議決権を有する株式数の10パーセント以上を保有している場合，同税制の適用があると定めています。

(2) 間接税額控除の適用についての規定がある場合

外国子会社配当益金不算入税制が創設される以前に締結された租税条約においては，同税制を想定した規定がないのは当然ですが，同税制の創設に伴い廃止された間接外国税額控除に関する規定の中に間接外国税額控除を認める対象になる子会社についての保有割合（外国子会社配当益金不算入税制と同様，発行済株式数または議決権を有する株式数の25パーセント以上でした）を緩和しているものがあります。その場合，その条約相手国については，租税条約が定める間接税額控除を認める対象になる子会社株式の保有割合が，制度目的を同じくする外国子会社配当益金不算入税制の適用を認められる子会社株式についての保有割合に置き換わるとされています（法人税法施行令第22条の4第5項）。このような租税条約相手国としては，以下の国があります。

・米国（第23条第1項(b)）

　議決権のある株式数の10パーセント以上

・オーストラリア（第25条第1項(b)），ブラジル（第22条第1項(2)(a)(ii)），カザフス

---

[1] 外国子会社配当益金不算入税制と租税条約との関係につき，井上康一・仲谷栄一郎『租税条約と国内税法の交錯（第2版）』（商事法務，2011）427頁参照。

タン（第22条第2項(b)）

発行済株式数または議決権のある株式数の10パーセント以上
・フランス（第23条第2項(b)）

発行済株式数または議決権のある株式数の15パーセント以上

　これは，従来認められていた間接外国税額控除に代わり外国子会社配当益金不算入税制を創設するにあたり，租税条約上の間接外国税額控除の要件が配当益金不算入の要件に自動的に適用されるわけではないので，租税条約上の日本の義務（一定の保有要件を満たす外国子会社については二重課税排除の措置をとる）を履行するために導入された措置です。

　なお，内国法人が米国法人の発行済株式の30パーセントを保有しており，それがすべて無議決権株式である場合には，本制度の適用を受けられないのではないかとの疑問があります。なぜなら，日米租税条約第23条第1項(b)によると，保有割合は「議決権のある株式」の10パーセント以上となっているからです。しかし，その内国法人は米国法人の発行済株式の25パーセント以上を保有しているので，本制度の適用を受けることができます（法人税法施行令第22条の4第1項第1号）。まとめると，内国法人が米国法人の発行済株式の25パーセント以上を保有する場合（法人税法施行令第22条の4第1項第1号）または米国法人の議決権のある株式の10パーセント以上を保有する場合（同法施行令第22条の4第5項により，同条第1項第2号の場合の保有割合が10パーセントと読み替えられる）には，当該米国法人からの受取配当につき本税制の適用を受けることができます[2]。

第4節　対象となる配当

　外国子会社配当益金不算入税制の適用を受ける配当は，剰余金の配当のうち保有する株式に係るもの，利益の配当（持分会社や特定目的会社などの場合）のうち

---

[2] 2013年改正議定書第9条では「議決権のある株式」が「発行済株式」に改正されています。

保有する株式・出資に係るもの（以上，法人税法第23条第1項第1号に掲げるもの），および「みなし配当」（同法第24条に掲げるもの）です。

　以上の定義は内国法人が支払う場合を前提とするものであり，本税制の適用にあたっては内国法人が外国子会社から受け取るものがどのようによばれているか（配当（dividends），分配金（distribution）など）にかかわらず，現地の会社法などを検討して，それが日本から見て「配当」に該当するかどうかを判断する必要があります。

　ただし，子会社の所在する外国において，当該子会社が支払配当を損金に算入できる場合，その配当は外国子会社配当益金不算入税制の適用対象になりません（法人税法第23条の2第2項）。これは国際的な二重非課税を避けるための措置です。

第5節　益金不算入とされる額

　要件を満たす外国子会社からの配当が全額益金不算入とされるわけではなく，配当の額からその配当を得るために要した費用の額に相当する金額を控除した額のみが益金不算入とされ（法人税法第23条の2第1項），その控除すべき額は配当の額の5パーセントとされています（法人税法施行令第22条の4第2項）。すなわち，配当の額の95パーセントが益金不算入となるわけです。

　この理由は，外国子会社から配当を受けるために要した費用を内国法人が損金算入できるとすると，受取配当が益金不算入であるにもかかわらず，それを得るための費用が損金算入されることになり，不合理だからです。理論的には，受取配当からそれを得るための費用を個別に控除してその額のみを益金不算入とするのが正確だということになりますが，それでは事務手続が煩雑になるため，費用を一律に5パーセントとみなしているのです。

第6節　配当に係る外国源泉税の取扱い

外国子会社から受け取る配当に課される外国の源泉税につき，以下のような定めがされています。

1　配当に係る外国源泉税の外国税額控除を否定

外国子会社配当益金不算入税制の適用を受ける配当については，日本の法人税が課されないため外国源泉税との二重課税は生じず，そのような配当についての外国源泉税は外国税額控除の対象になりません（法人税法施行令第142条の2第7項第3号）。

2　配当に係る外国源泉税の損金算入を否定

同様に，外国子会社配当益金不算入税制の適用を受ける配当についての外国源泉税は損金にも算入されません（法人税法第39条の2）。したがって，益金不算入となる配当の額の計算にあたり費用に相当するもの（5パーセント）として控除しなければならない額を計算する場合（第5節（617頁）参照）には，この外国源泉税に相当する額を加算しなければなりません。

第7節　申告要件

外国子会社配当益金不算入税制の規定は，確定申告書，修正申告書または更正請求書に適用の対象になる配当の額と計算に関する明細の記載があり，かつ一定の書類を保存している場合に限り適用されます（法人税法第23条の2第3項，同法施行規則第8条の5）。

第4章　タックス・ヘイブン対策税制

本章の概要

　本章では，内国法人が外国に子会社を設立して日本の税金を免れようとする試みに対抗する「タックス・ヘイブン対策税制」（tax　haven——租税回避地）と，それに関連する「コーポレート・インバージョン対策税制」（corporate inversion——親子会社逆転）を，以下のように検討します。

　第1節　タックス・ヘイブン対策税制の概要
　第2節　タックス・ヘイブン対策税制の趣旨の変遷
　第3節　対象となる外国法人
　第4節　対象となる納税義務者
　第5節　ペーパー・カンパニーなど
　　　　　——会社単位の全部合算課税
　第6節　経済活動基準を満たさない外国関係会社
　　　　　——会社単位の全部合算課税
　第7節　経済活動基準を満たす外国関係会社
　　　　　——受動的所得の部分合算課税
　第8節　税率による適用免除
　第9節　二重課税の調整
　第10節　申告要件
　第11節　コーポレート・インバージョン対策税制

第1節　タックス・ヘイブン対策税制の概要

タックス・ヘイブン対策税制[1]とは，外国法人を利用した租税回避を抑制するために，一定の条件に該当する外国法人の所得を，内国法人・居住者の所得とみなして合算し（内国法人については益金に算入。居住者については雑所得），日本で課税する制度です。

タックス・ヘイブン対策税制は内国法人に対するもの（租税特別措置法第66条の6）と居住者（個人）に対するもの（同法第40条の4）があり，その内容はほぼ同一なので，以下では内国法人に対するものを中心に検討します。居住者に対するものについては，内国法人に対するものと大きく異なっている部分についてとくに言及するにとどめ，それ以外は対応する条文を掲げるのみとします。

第2節　タックス・ヘイブン対策税制の趣旨の変遷

タックス・ヘイブン対策税制の趣旨は，時代とともに移り変わってきました。

(1) 創設時（昭和53年度税制改正）

内国法人は，いわゆるタックス・ヘイブン（所得に関する税金がないかまたは税

---

1 本税制は「タックス・ヘイブン対策税制」と通称されますが，いわゆる「タックス・ヘイブン」として著名なカリブ海諸国などに限らず，実際の所得と法人税額から算定される各事業年度の法人税率（第8節（645頁））が20パーセント未満であれば，いかなる国でも本税制の適用を受ける可能性があります。また，平成29年度税制改正以降は，税率による適用免除（第8節（645頁））は会社の事務手続負担に配慮した措置という位置づけになり，本税制は建前上「タックス・ヘイブン」に対処するためのものとはいえなくなりました。このことから，今後は，「CFC税制」（Controlled Foreign Companyの略）や「外国子会社合算税制」などの通称が，より多く用いられると思われます。

率が低い国・地域)の会社の株式を有し,その会社を通じて利益をあげてそこに留保することにより,日本の課税を免れることができます。それは不当であるとの理解に基づき,一定の要件のもとで,子会社に留保した所得を親会社の所得に合算して課税するというタックス・ヘイブン対策税制が定められました。なお,タックス・ヘイブンに該当する国や地域はあらかじめ指定されていましたが,平成4年度税制改正により,実効税率によって判定する方式に変更されました。

このように,タックス・ヘイブン対策税制は,外国子会社の所得を日本の親会社に配当せずに外国子会社に留保して課税の繰延べを図る行為を規制するものであり,間接的に親会社への配当を促す制度であるとも理解されていました。

(2) 平成21年度税制改正

平成21年度税制改正により,外国子会社からの配当が原則として益金不算入とされた(第3章(613頁))のに伴い,タックス・ヘイブン対策税制は,外国子会社の留保所得を親会社の所得に合算するという仕組みから,外国子会社の得た所得を(留保したか否かにかかわらず,すなわち,親会社に配当してもしなくても)発生した時点で親会社の所得に合算して課税するという仕組みになりました。

これにより,タックス・ヘイブン対策税制は間接的に親会社への配当を促す制度であるとの理解が成り立たなくなりました。

(3) 平成22年度税制改正

これまでのタックス・ヘイブン対策税制は,ある子会社が一定の要件に合致したら会社単位で子会社のすべての所得を親会社に合算する仕組みでしたが,平成22年度税制改正により,会社単位の合算課税を受けない子会社であっても,一定の受動的な所得(利子や配当などの資産性所得)については所得単位で合算されることになりました。これにより,タックス・ヘイブン対策税制は,子会社全体の所得を問題にするだけでなく,個々の所得をも問題にする税制へと変化してきました。

(4) 平成29年度税制改正

　平成29年度税制改正により，タックス・ヘイブン対策税制は外国子会社の実効税率に関係なく問題とされる仕組みになったため，同税制の趣旨は税率が低い国・地域の会社を通じた租税回避を規制するものであると理解することは困難になり，同税制の趣旨は外国会社を通じた租税回避を規制するものであると捉え直されることになったと考えられます。

　しかし，これは建前上のものであり，実際上，子会社の実効税率が一定の数値以上の場合には同税制は適用されないという取扱いは維持されているため，原則と例外を入れ替えただけで事実上は従前の趣旨が維持されているとの見方もあります。

第3節　対象となる外国法人

　タックス・ヘイブン対策税制の対象となる外国法人は，内国法人・居住者[2]によって支配されている外国法人であり，「外国関係会社」とよばれます。「外国関係会社」とは，以下に掲げる外国法人を意味します（租税特別措置法第66条の6第2項第1号。納税者が居住者の場合――同法第40条の4第2項第1号）。

2　タックス・ヘイブン対策税制は，おおまかにいうと，
　(1)　外国関係会社，すなわち内国法人・居住者が50パーセントを超えて有するなどして支配している会社について，
　(2)　その株主のうち10パーセント以上を有するなどしているもの
　に適用されます。
　このうち，タックス・ヘイブン対策税制の適用を受ける株主（上記(2)）については，外国関係会社の株式を10パーセント以上有していることが要件になっていますが，外国関係会社か否かを判定する基準（上記(1)）としては，個々の株主の持株比率は関係なく，（いかに少数の株式しか有していなくても）すべての内国法人・居住者の株式数を合算します。

1　内国法人・居住者に支配されている外国法人

　ここでいう内国法人・居住者による支配には，形式的な支配と実質的な支配があります[3]。

(1)　形式的な支配関係

　内国法人および居住者が，ある外国法人との関係で，以下に掲げる割合のいずれかが50パーセントを超える場合，その外国法人は「外国関係会社」に該当します。なお，内国法人や居住者の特殊関係非居住者[4]やこれらと実質支配関係（後述(2)）がある外国法人も，ここでいう内国法人および居住者に含まれます（租税特別措置法第66条の6第2項第1号イ。納税者が居住者の場合——同法第40条の4第2項第1号イ）（以下「居住者等株主等」）。
  (a)　当該外国法人の発行済株式（出資を含みますが，以下単に「株式」といいます）の総数に対し，居住者等株主等が直接・間接に有する株式数の割合を合計した割合。
  (b)　当該外国法人の議決権の総数に対し，居住者等株主等が直接・間接に有する議決権数の割合を合計した割合。
  (c)　当該外国法人の剰余金の配当等（法人税法第23条第1項第1号に規定する剰余金の配当，利益の配当または剰余金の分配をいいます）の総額に対し，居住者等株主等が直接・間接に有する株式の請求権に基づき受けることができる剰余金の配当等の額の割合を合計した割合。

「間接に有する」とは当該外国法人を外国法人株主を通じて間接的に有する場

3　外国金融機関（租税特別措置法第66条の6第2項第7号）に相当する外国法人については特則があります（同項第1号ハ）。
4　租税特別措置法第66条の6第2項第1号イ，同法施行令第39条の14の2第1項。納税者が居住者の場合——租税特別措置法第40条の4第2項第1号イ，同法施行令第25条の19の2第1項。

合をいいますが，その保有割合は，平成29年度税制改正前は，内国法人・居住者の外国法人株主に対する保有割合に，当該外国法人株主の対象の外国法人に対する保有割合を掛け算して算定されていました（掛け算方式）。

しかし，平成29年度税制改正は，この従来の掛け算方式をいわゆる連鎖方式に改めました。「連鎖方式」では，居住者等株主等がその株式の50パーセント超を保有している外国法人株主（居住者等株主等がその株式の50パーセント超を保有する他の外国法人が当該外国法人株主の株式の50パーセント超を保有しているような場合（対象の外国法人が孫会社に当たる場合）も含みます）を通じて対象の外国法人の株式を間接保有している場合は，当該外国法人株主の保有割合が居住者等株主等の間接保有割合とされます（租税特別措置法第66条の6第2項第1号イ，同法施行令第39条の14の2。納税者が居住者の場合——租税特別措置法第40条の4第2項第1号イ，同法施行令第25条の19の2）。

例えば，居住者等株主等が外国法人株主の株式の70パーセントを保有し，当該外国法人株主が対象の外国法人の株式の60パーセントを保有している場合，居住者等株主等の当該外国法人に対する間接保有割合は，平成29年度税制改正前は42パーセント（＝70パーセント×60パーセント）とされていましたが，同改正後は60パーセントとされます（70パーセント＞50パーセントなので）[5]。

5　平成29年度税制改正前は，内国法人が他社（外国法人）と50パーセント：50パーセントの割合で合弁会社（外国法人）を保有する場合，他社（外国法人）に一人でも居住者等株主等がいると合弁会社（外国法人）は外国関係会社に該当していたため，タックス・ヘイブン対策税制が合弁事業の妨げとなっていると指摘されていました。例えば，ある居住者等株主等が他社（外国法人）の株式の1パーセントを保有していると，居住者等株主等全体の間接保有割合は50.5パーセント（＝50パーセント＋1パーセント×50パーセント）となってしまうからです。平成29年度税制改正後は，居住者等株主等の他社（外国法人）に対する保有割合が50パーセント以下である限り間接保有割合に算入されず，上記と同様の事例では居住者等株主等全体の株式保有比率は50パーセント（＝50パーセント＋0パーセント）となり，合弁会社（外国法人）は外国関係会社に該当しないため，このような弊害は解消されるこ

（2）実質支配関係

　内国法人・居住者が，外国法人の残余財産のおおむね全部を請求する権利を有するか，当該外国法人の財産の処分の方針のおおむね全部を決定できる旨の契約その他の取決めが存在する場合も，その外国法人は「外国関係会社」に該当します（租税特別措置法第66条の6第2項第1号ロ，第5号，同法施行令第39条の16第1項。納税者が居住者の場合——同法第40条の4第2項第1号ロ，同法施行令第25条の21第1項)[6]。

2　外国関係会社の区分と課税関係

　タックス・ヘイブン対策税制の対象となる「外国関係会社」は，3つに区分され，区分によって合算課税の効果や適用除外の要件が異なります。

（1）外国関係会社の区分

　外国関係会社は，ペーパー・カンパニーなどに該当するか否か，および，経済活動基準（正常な事業活動であるか否かを判断するための基準。第6節）を満たすか否かにより，次の3つに区分されます（租税特別措置法第66条の6第2項第2号，第3号，第6号。納税者が居住者の場合——同法第40条の4第2項第2号，第3号，第6号）。全体像としては，①に該当しないものが，②または③のいずれかに該当するという構造になっています。

　①　ペーパー・カンパニーなど——「特定外国関係会社」（第5節）
　②　経済活動基準を満たさない会社——「対象外国関係会社」（第6節）

　　とになりました。
6　実質支配関係がある外国法人は，平成29年度税制改正で新たにタックス・ヘイブン対策税制の対象に加えられた類型です。上記1(1)の形式的な支配基準をすり抜ける外国会社を防ぎ，アンダー・インクルージョン（under inclusion；課税されるべきものが課税されていない状態）の問題を解消するために設けられた類型であるといえます。

③ 経済活動基準を満たす会社——「部分対象外国関係会社」(第7節)

(2) 区分ごとの課税関係

(a) 合算の対象

①(特定外国関係会社)および②(対象外国関係会社)は，会社単位の全部合算課税を受けますが(租税特別措置法第66条の6第1項。納税者が居住者の場合——同法第40条の4第1項)(第5節，第6節)，③(部分対象外国関係会社)は，一定の受動的所得のみについて部分合算課税を受けます(租税特別措置法第66条の6第6項。納税者が居住者の場合——同法第40条の4第6項)(第7節)。

(b) 適用免除の条件

②(対象外国関係会社)および③(部分対象外国関係会社)は，税負担が20パーセント以上である場合にタックス・ヘイブン対策税制の適用を受けませんが(租税特別措置法第66条の6第5項第2号，第10項第1号。納税者が居住者の場合——同法第40条の4第5項第2号，第10項第1号)，①(特定外国関係会社)は，税負担が30パーセント以上である場合にタックス・ヘイブン対策税制の適用を受けません(租税特別措置法第66条の6第5項第1号。納税者が居住者の場合——同法第40条の4第5項第1号)(第8節)。

		会社の類型		
		特定外国関係会社(ペーパー・カンパニーなど)	対象外国関係会社(経済活動基準を満たさない)	部分対象外国関係会社(経済活動基準を満たす)
外国関係会社の租税負担割合	30％以上	合算課税なし	合算課税なし	合算課税なし
	30％未満20％以上	会社単位の全部合算課税		
	20％未満		会社単位の全部合算課税	受動的所得の部分合算課税

第4節　対象となる納税義務者

　タックス・ヘイブン対策税制の適用を受ける外国関係会社の所得を合算しなければならない納税者は，その外国関係会社との間に以下の関係がある内国法人です（租税特別措置法第66条の6第1項各号，第6項。納税者が居住者の場合——同法第40条の4第1項各号，第6項）。

(1) 以下の割合のいずれかが10パーセント以上である内国法人（租税特別措置法第66条の6第1項第1号。納税者が居住者の場合——同法第40条の4第1項第1号）

　(a) 外国法人の発行済株式の総数に対し，当該内国法人が直接・間接に有する株式の数の合計が占める割合。

　(b) 議決権の総数に対し，当該内国法人が直接・間接に有する議決権数の合計が占める割合。

　(c) 株式の請求権に基づき受けることができる剰余金の配当等の総額に対し，当該内国法人が直接・間接に有する株式の請求権に基づき受けることができる剰余金の配当等の額の合計額が占める割合。

　ここでいう「間接に有する」割合は，掛け算方式により算定されます（租税特別措置法施行令第39条の14第3項～第5項。納税者が居住者の場合——同施行令第25条の19第5項～第7項）。

(2) 外国関係会社との間に実質支配関係がある内国法人（租税特別措置法第66条の6第1項第2号。納税者が居住者の場合——同法第40条の4第1項第2号）

(3) 内国法人と上記(2)の実質支配関係がある外国関係会社が他の外国関係会社と上記(1)に相当する関係を有する場合の，当該内国法人（租税特別措置法第66条の6第1項第3号。納税者が居住者の場合——同法第40条の4第1項第3号）

(4) 外国関係会社との間に上記(1)に相当する関係を有する1つの同族株主グループ（租税特別措置法第66条の6第1項第4号かっこ書）に属する内国法人（上記(1)の(a)ないし(c)の割合がゼロを超える内国法人に限る）（同号。納税者が居

住者の場合——同法第40条の4第1項第4号）

第5節 ペーパー・カンパニーなど
——会社単位の全部合算課税

　平成29年度税制改正は，租税回避リスクを租税負担割合ではなく所得や事業の内容によって把握する仕組みに改めるという観点から，租税回避リスクの高いペーパー・カンパニーなどを対象とする「特定外国関係会社」という新たな類型を設け，会社単位の全部合算課税（その会社のすべての所得を対象として合算される）の対象としました（租税特別措置法第66条の6第1項。納税者が居住者の場合——同法第40条の4第1項）。なお，特定外国関係会社について，租税負担割合が30パーセント以上であれば本税制の適用が免除されます。

1　特定外国関係会社

　外国関係会社のうち，下記（1）ないし（3）に掲げる会社を，「特定外国関係会社」といいます（租税特別措置法第66条の6第2項第2号。納税者が居住者の場合——第40条の4第2項第2号）。なお，それぞれの呼称は便宜上のもので，法律用語ではありません。

（1）ペーパー・カンパニー

　ペーパー・カンパニーとは，以下のいずれの基準も満たさない外国関係会社を意味します（租税特別措置法第66条の6第2項第2号イ。納税者が居住者の場合——同法第40条の4第2項第2号イ）。

①　実体基準

　その主たる事業を行うに必要と認められる事務所，店舗，工場その他の固定施設を有している

②　管理支配基準

　その本店所在地国においてその事業の管理，支配および運営を自ら行っている

第4章　タックス・ヘイブン対策税制　629

　ペーパー・カンパニーに係る実体基準は，主たる事業を行うために必要と認められる固定施設が世界のどこかに存在するのであれば満たされ，その外国関係会社はペーパー・カンパニーに該当しないことになります。これに対し，後述の対象外国関係会社に係る実体基準（第6節1（2）（633頁））は，そのような固定施設が「本店所在地国」に存在することを要件としています。

　なお，保険会社については，ペーパー・カンパニーに係る実体基準および管理支配基準の双方について，後述の対象外国関係会社の場合と類似の例外規定があります（租税特別措置法施行令第39条の14の3第1項，第2項）（第6節1（2）（633頁），（3）（634頁））。

　内国法人は，課税当局から，外国関係会社がペーパー・カンパニーに係る実体基準および管理支配基準を満たすことを明らかにする書類の提示・提出を求められた場合には，これらを提示・提出する必要があります。これらの提示・提出ができない場合，これらの実体基準または管理支配基準を満たさないと推定されます（租税特別措置法第66条の6第3項。納税者が居住者の場合――同法第40条の4第3項）。この点は，後述の対象外国関係会社に係る経済活動基準と同様です（第6節2（637頁））。

（2）事実上のキャッシュ・ボックス

　事実上のキャッシュ・ボックスとは，以下の要件をいずれも満たす外国関係会社を意味します（租税特別措置法第66条の6第2項第2号ロ，同法施行令第39条の14の3第3項，第4項。納税者が居住者の場合――同法第40条の4第2項第2号ロ，同法施行令第25条の19の3第1項，第2項）。

① 総資産の額に対する一定の受動的所得（部分合算課税（第7節（640頁））の対象となる受動的所得のうち，(11)（資産や人件費による裏付けのない異常所得）以外のもの）の額の割合が30パーセントを超える

② 総資産の額に対する一定の資産（有価証券，貸付金，貸付用固定資産，工業所有権・著作権などの無形資産。受動的所得を稼得する資産といえます）の額の合計額の割合が50パーセントを超える

(3) ブラック・リスト国所在会社

ブラック・リスト国所在会社とは，租税に関する情報交換に関する国際的な取組への協力が著しく不十分であるとして財務大臣が指定する国・地域（ブラック・リスト国）に本店または主たる事務所を有する外国関係会社を意味します（租税特別措置法第66条の6第2項第2号ハ。納税者が居住者の場合——同法第40条の4第2項第2号ハ）。

なお，2018年12月1日時点では，ブラック・リスト国を指定する告示はなされていません。

2　対象となる所得

後述の対象外国関係会社の全部合算課税と同様です（第6節3（638頁））。

3　合算割合——請求権等勘案合算割合

後述の対象外国関係会社の全部合算課税と同様です（第6節4（639頁））。

4　適用免除

特定外国関係会社の租税負担割合が30パーセント以上である場合，上記の会社単位の全部合算課税の適用は免除されます（租税特別措置法第66条の6第5項第1号，同法施行令第39条17の2。納税者が居住者の場合——同法第40条の4第5項第1号，同法施行令第25条の22の2）（第8節（645頁））。

第6節　経済活動基準を満たさない外国関係会社 ——会社単位の全部合算課税

外国関係会社を利用した租税回避はペーパー・カンパニーなど（第5節（628頁））に限ったものではありませんが，外国関係会社が正常な事業活動を行っている場合は，租税回避とすべきではありません。そこで，正常な事業活動であるか否かを判断するための基準が設けられ，それによって課税関係が分けられてい

ます。その基準は「経済活動基準」とよばれます。

外国関係会社が経済活動基準のいずれか一つでも満たさない場合，会社単位での全部合算課税を受けます（租税特別措置法第66条の6第1項，第2項第3号。納税者が居住者の場合——同法第40条の4第1項，第2項第3号）。このような外国関係会社は「対象外国関係会社」とよばれます。

これに対し，外国関係会社が経済活動基準をすべて満たす場合，会社単位での全部合算課税を受けずに，後述の受動的所得に対する部分合算課税（第7節（640頁））のみを受けます（租税特別措置法第66条の6第2項第6号，第6項。納税者が居住者の場合——同法第40条の4第2項第6号，第6項）。このような外国関係会社は「部分対象外国関係会社」とよばれます。

1　経済活動基準

経済活動基準は，以下の4つの下位基準から構成されています——「事業基準」，「実体基準」，「管理支配基準」，「非関連者基準または所在地国基準」。

(1) 事業基準

事業基準とは，外国関係会社の主たる事業が以下のいずれにも該当しないことです（租税特別措置法第66条の6第2項3号イ。納税者が居住者の場合——同法第40条の4第2項第3号イ）。これらの事業は所在地を問わずどこでも行うことができ，あえて国外に所在する必要がないためです。

「主たる」事業であるかどうかは，事業年度ごとに，所得・収入の額，使用人の数，固定施設の状況などを総合的に考慮して判断されます[7]。

(a)　株式または債券の保有

株式や債券の保有はどこでも可能な事業の典型です。ただし，「統括会社」と「外国金融子会社等」の例外があります。

---

[7]　最高裁平成29年10月24日判決（民集71巻8号1522頁）。租税特別措置法関係通達（法人税編）66の6-5。

(i) 統括会社

海外で複数のグループ会社を統括する立場の会社については正常な事業活動を行っているものと考えられるため,「統括会社」が「被統括会社」の「統括業務」を行っている場合は「株式の保有を主たる事業とする場合」から除かれ,事業基準を満たし得ます。「統括会社」とは一の内国法人によって直接・間接に100パーセント保有されている一定の外国関係会社,「被統括会社」とは統括会社の傘下にある一定の法人,「統括業務」とは被統括会社の事業活動の総合的な管理および調整を通じてその収益性の向上に資する業務をいいます。詳細な要件は政令で定められています（租税特別措置法第66条の6第2項第3号イ(1), 同法施行令第39条の14の3第5項～第8項。納税者が居住者の場合――同法第40条の4第2項第3号イ(1), 同法施行令第25条の19の3第3項～第6項)[8]。

(ii) 外国金融子会社等

外国金融子会社等に相当する持株会社（第7節2（1）(643頁)）も,同様に「株式の保有を主たる事業とする場合」から除かれます（租税特別措置法第66条の6第2項第3号イ(2)。納税者が居住者の場合――同法第40条の4第2項第3号イ(2)）。

(b) 工業所有権その他の技術に関する権利,特別の技術による生産方式または著作権の提供

工業所有権,著作権などの提供もどこでも可能な事業の典型です。

(c) 船舶または航空機の貸付

船舶または航空機の貸付もどこでも可能な事業といえるかもしれませんが,一定の場合には正常な事業活動に該当するとして,例外が認められています。

すなわち,航空機の貸付を主たる事業とする場合であっても,外国関係会社の

---

[8] 他の会社を統括し管理するための活動として事業方針の策定や業務執行の管理,調整等に係る業務（以下「地域統括業務」）は,株式の保有に係る業務に含まれません（注7最高裁平成29年判決）。そのため,主たる事業が地域統括業務であれば,そもそも「株式の保有を主たる事業とする場合」に該当せず,したがって,統括会社の特例の要件とはかかわりなく,事業基準は満たされます。

役員または使用人がその本店所在地国において航空機の貸付を的確に遂行するために通常必要と認められる業務のすべてに従事していることなどの要件を満たす場合は，例外として事業基準を満たすものとされます。

　航空機リース業界においては，アイルランドなどの一定の国に子会社を設けそこを拠点として事業を行うことが国際的に広く行われており，一律に会社単位の全部合算課税の対象とすることは妥当でないため，平成29年度税制改正で追加されたものです。詳細な要件は政令で定められています（租税特別措置法第66条の6第2項第3号イ(3)，同法施行令第39条の14の3第11項。納税者が居住者の場合——同法第40条の4第2項第3号イ(3)，同法施行令第25条の19の3第9項）。

(2) 実体基準

　実体基準とは，主たる事業を行うために必要と認められる事務所，店舗，工場その他の固定施設をその本店所在地国に有することです（租税特別措置法第66条の6第2項第3号ロ前段。納税者が居住者の場合——同法第40条の4第2項第3号ロ前段）[9]。

　ただし，保険会社については，英国ロイズ市場などで保険引受子会社と管理運営子会社を別会社とした上でこれらを一体として保険業を営む場合を適用除外とするため，これらを一体として実体基準の判定を行う例外規定が設けられています（租税特別措置法施行令第39条の14の3第13項）。これは，英国ロイズ市場におい

9　東京高裁平成25年5月29日判決（税務訴訟資料（250号〜）263号順号12220）は，現地法人がレンタルオフィス内の机1台分のオフィススペースを賃借し，現地在住取締役の執務スペースは兼任する他社の職務遂行のためにも使用されるなどしていたケースにおいて，これらのスペースはその事業に照らすと必要な規模であり，当該スペースの特定性，排他性，独占性が認められないともいえないとして，実体基準の充足を認めました。租税特別措置法関係通達（法人税編）66の6-6が「主たる事業を行う必要と認められる事務所等の意義」につき，同様に定めています。また，国税庁「平成29年度及び平成30年度改正外国子会社合算税制に関するQ&A」8頁（Q1）以下が，具体的な事案を前提とした解釈を示しています。

ては、現地法により保険引受会社と管理運営会社とは別法人にしなければならないため、そのことによりタックス・ヘイブン対策税制の適用の対象になることを防ぐための例外です。

(3) 管理支配基準

　管理支配基準とは、主たる事業の管理、支配および運営をその本店所在地国において自ら行っていることであり（租税特別措置法第66条の6第2項第3号ロ後段。納税者が居住者の場合——同法第40条の4第2項第3号ロ後段）、さまざまな事情を総合的に考慮して判断されます[10]。

　保険会社については、実体基準と同様に例外規定があります（租税特別措置法

10　注9東京高裁平成25年判決。最高裁平成4年7月17日判決（税務訴訟資料192号98頁）が是認した第一審判決（東京地裁平成2年9月19日判決（行集41巻9号1497頁））によると、「当該外国子会社等の重要な意思決定機関である株主総会及び取締役会の開催、役員の職務執行、会計帳簿の作成及び保管等が本店所在地国で行われているかどうか、業務遂行上の重要事項を当該子会社等が自らの意思で決定しているかどうかなどの諸事情を総合的に考慮し、当該外国子会社等がその本店所在地国において親会社から独立した企業としての実体を備えて活動しているといえるかどうかによって判断すべき」であるとしています。租税特別措置法関係通達（法人税編）66の6-8も同様に定めています。

　また、租税特別措置法関係通達（法人税編）66の6-7は、「事業の管理、支配及び運営を自ら行っている」とは、外国関係会社が事業計画の策定などを行い、その事業計画などに従い裁量をもって事業を執行することであり、これらの行為に係る結果および責任が当該外国関係会社に帰属していることをいうが、次の事実があってもそれだけでこの要件を満たさないことにはならないとしています。

(1)　当該外国関係会社の役員が当該外国関係会社以外の法人の役員または使用人を兼務していること。

(2)　当該外国関係会社の事業計画の策定などに当たり、親会社などと協議し、その意見を求めていること。

(3)　当該事業計画などに基づき、当該外国関係会社の業務の一部を委託していること。

施行令第39条の14の3第14項)。

(4) 非関連者基準または所在地国基準

　主たる事業の性質に応じ，以下の非関連者基準または所在地国基準のいずれかが要件とされます（租税特別措置法第66条の6第2項第3号ハ。納税者が居住者の場合——同法第40条の4第2項第3号ハ）。

① 非関連者基準

　主たる事業が卸売業，銀行業，信託業，金融商品取引業，保険業，水運業，航空運送業または物品賃貸業（航空機の貸付に限ります）であるときは，非関連者基準が適用されます。

　非関連者基準とは，関連者[11]以外の者（非関連者）との取引額が全体の50パーセントを超えていることです（租税特別措置法第66条の6第2項第3号ハ(1)，同法施行令第39条の14の3第16項。納税者が居住者の場合——同法第40条の4第2項第3号ハ(1)，同法施行令第25条の19の3第12項）。これらの業種については，そもそも国際的な色彩が強く，下記②の所在地国基準がとりにくいため，取引の相手方が基準にされています。

　ただし，非関連者との間の取引であっても，以下のいずれかに該当する場合は，関連者との間の取引とみなされます（租税特別措置法施行令第39条の14の3第17項。納税者が居住者の場合——同法施行令第25条の19の3第13項）。

(ⅰ) 外国関係会社から非関連者に移転・提供される資産・役務が関連者に移転・提供されることが当初から契約などによりあらかじめ定まっている

11　当該外国関係会社の所得を合算しなければならない納税者の要件（第4節（627頁））を満たす内国法人，当該内国法人の株式の50パーセント超を有する者，当該内国法人による実質支配関係がある外国法人などの，一定の関連性を有する者。租税特別措置法第66条の6第2項第3号ハ(1)，同法施行令第39条の14の3第15項。納税者が居住者の場合——同法第40条の4第2項第3号ハ(1)，同法施行令第25条の19の3第11項。

(ⅱ) 関連者から非関連者に移転・提供される資産・役務が外国関係会社に移転・提供されることが当初から契約などによりあらかじめ定まっている

　これは，関連者との取引に非関連者を介在させて非関連者基準を形式的に満たそうとする租税回避を防ぐためのものです[12]。

② 所在地国基準

　主たる事業が上記①に掲げる事業以外であるときは，所在地国基準が適用されます。所在地国基準とは，その事業を主として本店所在地国で行っていることです。これらの業種については，本店所在地国において主たる活動が行われていれば，租税回避の目的はないと判断できるからです。

　所在地国基準の詳細な要件は，主たる事業の類型ごとに政令で定められています。例えば，製造業の場合は主として本店所在地国において製品の製造を行っている場合をいい，これには製造における重要な業務を通じて製造に主体的に関与している場合が含まれます[13]（租税特別措置法第66条の6第2項第3号ハ(2)，同法施

---

[12] 平成29年度税制改正前は，非関連者を介在させる「相当の理由」がある場合を除き関連者との間の直接の取引とみなす（逆にいうと相当の理由があれば非関連者基準を満たす）とされていましたが，同改正により，非関連者を介在した関連者との取引であることが「あらかじめ」定まっている限り関連者との間で行われたとみなされることとなりました。例えば，従来，日本の保険業法上国内保険会社（非関連者）を介在させる「相当の理由」があるとして非関連者基準を満たすと考えられてきたキャプティブ（関連者）に係る取引は，再保険の締結が「あらかじめ」定まっているとして関連者取引とみなされる可能性があります（米村智恵子「タックスヘイブン対策税制の改正が企業に与える影響と対策」国際税務37巻6号42頁）。

[13] 平成29年度税制改正は，本文で述べたとおり，「製造における重要な業務を通じて製造に主体的に関与している場合」所在地国基準を満たすとしました。従来いわゆる来料加工取引（香港の子会社が，中国企業に材料，設備，人材を提供して製造させた製品を販売するという事業）をめぐり，いくつかの裁判で争われていました（来料加工取引事業は「製造業」であり，製造を中国で行っているため所在地国基準を満たさないとした東京高裁平成23年8月30日判決（訟務月報59巻1号1頁）など）。これに対しては，オーバー・インクルージョン（over inclusion；課税される

行令第39条の14の3第21項第3号,同法施行規則第22条の11第2項。納税者が居住者の場合——同法第40条の4第2項第3号ハ(2),同法施行令第25条の19の3第16項第3号,同法施行規則第18条の20第1項)。

2　推定規定

　内国法人は,外国関係会社が経済活動基準を満たすことを明らかにする書類をあらかじめ確定申告書に添付する必要はありませんが,課税当局からこれらの書類の提示・提出を求められた場合には,これらを提示・提出する必要があります。これらの提示・提出ができない場合,経済活動基準を満たさないと推定されます(租税特別措置法第66条の6第4項。納税者が居住者の場合——同法第40条の4第4項)[14]。

べきものでないものが課税されてしまっている状態)の問題が生じていると批判されていました。この改正により,(もちろん事実関係により異なりますが)来料加工取引に係る事業は主として本店所在地国において行っていると解釈され得るようになったため,所在地国基準を充足することが可能となりました。

14　平成29年度税制改正前は,確定申告書に適用除外基準の適用がある旨を記載した書面を添付し,かつその適用があることを明らかにする書類その他の資料を保存している場合に限り,適用することとされていました。平成29年度税制改正によりこれらの取扱いが廃止され,代わりに本文記載の推定規定が設けられました。ここでいう推定とは,訴訟法上の推定であり,経済活動基準を満たすことについての立証責任が納税者側に転換されるものと考えられます(藤枝純・角田伸広『タックス・ヘイブン対策税制の実務詳解　パナマ文書／抜本改正から判決事例まで』(中央経済社,2017)139頁))。なお,移転価格税制における「推定」(租税特別措置法第66条の4第8項)による課税(第2部第3編第4章第9節(573頁))がされた事案において,東京高裁平成25年3月14日判決(訟務月報60巻1号149頁)は,「租特法66条の4第7項[現第8項]所定の推定課税の制度は,……租特法66条の4第7項[現第8項]所定の要件を満たしている場合には,納税者の側にも独立企業間価格についての主張立証を求めている」としています。

3 対象となる所得

内国法人の所得に合算する前提として，対象外国関係会社の各事業年度において発生した所得に一定の調整を加える必要があります。この調整後の金額は「適用対象金額」とよばれ，具体的には以下の方法により計算されます（租税特別措置法第66条の6第1項，第2項第4号，同法施行令第39条の15。納税者が居住者の場合——租税特別措置法第40条の4第1項，第2項第4号，同法施行令第25条の20)[15]。

(1) 対象外国関係会社の所得を，日本の法律に従って算出するか，またはその本店所在地国の法律に従って算出した所得をもとに日本の法律との相違を調整して算出する[16]。

(2) 繰越欠損金の額[17]，法人所得税の納税額，子会社等から受ける配当の額，一定の株式譲渡益[18] を控除する。

---

15 タックス・ヘイブン対策税制は，一定の外国関係会社の「所得」を株主の課税所得に合算するという制度ですが，逆に外国関係会社の「欠損」を株主の課税所得から控除できるかという問題が争われた件があり，最高裁は欠損の控除を認めませんでした（最高裁平成19年9月28日判決（民集61巻6号2486頁，判例時報1989号18頁））。

16 減価償却費，資産の評価損，役員給与など調整すべき項目が規定されています（租税特別措置法施行令第39条の15第2項）。

17 控除できる欠損金の金額は，7年以内に開始した事業年度において生じた欠損金額のうち，対象外国関係会社または特定外国関係会社に該当しなかった事業年度に生じたものや租税負担割合が適用除外の要件（対象外国関係会社の場合20パーセント以上，特定外国関係会社の場合30パーセント以上）を満たす事業年度に生じたものを除くとされており（租税特別措置法施行令第39条の15第5項第1号），この点については不合理ではないかとの疑問が呈されていましたが（日本公認会計士協会・2011年4月12日付け「タックスヘイブン対策税制から外国子会社合算税制へ——問題点の分析と提言」21頁），平成29年度税制改正では手当てがされませんでした。

18 外国企業を買収した後に行うグループ内再編により生じる一定の株式譲渡益を合

4 合算割合——請求権等勘案合算割合

 上記の調整後の所得（適用対象金額）に，納税義務者である内国法人が直接・間接[19]に有する持分割合（以下「請求権等勘案合算割合」）を乗じた金額が，合算課税の対象となり内国法人の益金の額に算入されます。この金額を「課税対象金額」といいます（租税特別措置法第66条の6第1項，同法施行令第39条の14第1項，第2項。納税者が居住者の場合——租税特別措置法第40条の4第1項，同法施行令第25条の19第1項，第2項）。

 請求権等勘案合算割合は，株式の請求権の内容および実質支配関係の状況を勘案して計算されます。例えば，対象外国会社が請求権の内容が異なる株式を発行している場合にはその請求権に基づき受けることができる剰余金の配当等の額がその総額に占める割合を考慮して調整され，内国法人との間に実質支配関係がある場合は100パーセントとされます。より詳細な計算方法は，政令で定められています（租税特別措置法施行令第39条の14第2項。納税者が居住者の場合——同法施行令第25条の19第2項）。

5 適用免除

 対象外国関係会社の租税負担割合が20パーセント以上である場合，上記の会社単位の全部合算課税の適用は免除されます（租税特別措置法第66条の6第5項第2号，同法施行令第39条の17の2。納税者が居住者の場合——同法第40条の4第5項第2号，同法施行令第25条の22の2）（第8節参照）。

算対象から除外するもので，平成30年度税制改正により設けられました。詳細は租税特別措置法施行令第39条の15第1項第5号が定めています。
19 ここでいう「間接」は，掛け算方式です（租税特別措置法施行令第39条の14第2項第3号。納税者が居住者の場合——同施行令第25条の14第2項第3号）。

第7節　経済活動基準を満たす外国関係会社
　　　　——受動的所得の部分合算課税

　外国関係会社のうち，経済活動基準（第6節1（631頁））のすべてを満たすものを，前述のとおり「部分対象外国関係会社」といいます（租税特別措置法第66条の6第2項第6号。納税者が居住者の場合——同法第40条の4第2項第6号）。部分対象外国関係会社は，会社単位の全部合算課税は受けず，その所得のうち一定の受動的所得のみについて部分合算課税を受けます。経済活動基準を満たす会社であっても，自ら活動をしなくても得ることが可能な所得については，租税回避のおそれがあるためです。

1　対象となる所得——受動的所得

　部分合算の対象となる受動的所得は，以下のとおりです（租税特別措置法第66条の6第6項，同法施行令第39条の17の3，同法施行規則第22条の11。納税者が居住者の場合——同法第40条の4第6項，同法施行令第25条の22の3，同法施行規則第18条の20）。それぞれ，直接費用や譲渡原価などを控除した後の純額が対象になります[20]。

---

[20]　ただし，外国金融子会社等（2(1)（643頁））である部分対象外国関係会社が解散により外国金融子会社等に該当しない部分対象外国関係会社に該当することとなった場合には，その該当することとなった日から3年を経過する日までの期間内の日を含む事業年度の一定の金融所得は，部分合算課税の対象とされません。

(1) 剰余金の配当等

　発行済株式総数に対する保有割合が25パーセント未満である法人から受ける配当の場合に限ります。なお，当該法人が化石燃料を採取する事業を主たる事業とする一定の外国法人である場合は10パーセントが基準になります。

(2) 受取利子等

　手形割引料などの経済的な性質が利子に準じるものを含みます。ただし，業務の通常の過程で生じる預貯金の利子や，貸金業者による貸付に係る利子，割賦販売に係る利子，グループファイナンスに係る利子のうちで本店所在地国に事業の実体があることを示す一定の要件を満たすものを除きます。

(3) 有価証券の貸付による対価

(4) 有価証券の譲渡損益

　株式については，譲渡直前における発行済株式総数に対する保有割合が25パーセント未満であるものに限ります。

(5) デリバティブ取引に係る損益

　ヘッジ目的のものや，本店所在地国に事業の実体がある商品先物取引業者が行うものを除きます。

(6) 外国為替差損益

　投機的な取引を行わない事業に係る，業務の通常の過程で生じるものを除きます。

(7) 上記(1)から(6)に掲げる損益やこれらに類する損益を生じさせる資産の運用，保有，譲渡，貸付などにより生じる損益

　ヘッジ目的のものを除きます。

(8) 固定資産の貸付による対価

　主としてその本店所在地国において使用に供される固定資産の貸付，同国にある不動産の貸付，および本店所在地国に事業の実体があることを示す一定の要件を満たす外国関係会社が行う固定資産の貸付を除きます。

(9) 工業所有権，著作権などの無形資産の使用料

　自ら行った研究開発の成果に係る無形資産の使用料を除きます。

(10) 工業所有権，著作権などの無形資産の譲渡損益

自ら行った研究開発の成果に係る無形資産の譲渡に係る対価を除きます。

(11) 資産や人件費による裏付けのない異常所得

所得類型を限定列挙するだけでは租税回避に十分に対応できないという考えの下，外国関係会社の資産規模や人員等の経済実態に照らせばその事業から通常生じ得ず，発生する根拠のないと考えられる所得が，異常所得として，部分合算の対象とされています[21]。

部分合算課税の対象となる受動的所得の額（以下「部分適用対象金額」）は，上記(1)から(11)の受動的所得を，損失が生じうる所得類型とそれ以外の類型に分けた上で，以下のとおり合算して算定されます。

すなわち，損失が生じうる所得類型である上記(4)から(7)および(10)については，その金額を合算した上で（合算後がマイナスとなる場合はゼロとされます），過去7年以内にこれらの所得類型で生じた損失額の繰越控除[22]が適用されます（租税特別措置法第66条の6第7項，同法施行令第39条の17の3第30項。納税者が居住者の場合

---

21 部分合算の対象である異常所得は，他の部分合算対象の所得類型に係る本文の(1)から(10)の金額がないとした場合の所得の金額から，（総資産の額＋人件費の額＋減価償却累計額）×50パーセントを控除して算定されます（租税特別措置法第66条の6第6項第11号，同法施行令第39条の17の3第29項。納税者が居住者の場合――同法第40条の4第6項第11号，同法施行令第25条の22の3第27項）。

この算定にあたり，他の部分合算対象の所得の計算（本文の(1)から(10)）と異なり，直接費用が控除されていないことや，各種の限定（例えば(1)であれば，発行済株式総数に対する保有割合が25パーセント未満であること）が課されていないことに注意する必要があります。

22 控除できる損失の額は，7年以内に開始した事業年度において生じた損失の額のうち，2018年4月1日前に開始した事業年度において生じたもの，部分対象外国関係会社に該当しなかった事業年度に生じたものや租税負担割合が適用除外の要件（20パーセント以上）を満たす事業年度に生じたものを除くとされています（租税特別措置法施行令第39条の17の3第30項。納税者が居住者の場合――同施行令第25条の22の3第28項）。注17参照。

——同法第40条の4第7項，同法施行令第25条の22の3第28項）。それ以外の所得類型（上記(1)から(3)，(8)，(9)および(11)）については，単純にその金額が合算されます。そして，これらの合計額を合計して，部分適用対象金額が算定されます。

2　外国金融子会社等の対象となる所得

部分対象外国関係会社のうち，外国金融子会社等については，受動的所得のうち金融所得以外の所得（または異常な水準の資本に係る所得）が，所得割合などに応じて内国法人の課税対象となります。金融機関が本業から得る金融所得は，実体のある事業からの所得であるため，事業会社と同様の基準で受動的所得に該当するとして部分合算課税の対象とすることは妥当ではないためです。

(1) 外国金融子会社等

「外国金融子会社等」とは，部分対象外国関係会社のうち，その本店所在地国の法令に準拠して銀行業，金融商品取引業または保険業を行うもので，その本店所在地国においてその役員または使用人がこれらの事業を的確に遂行するために通常必要と認められる業務のすべてに従事しているもの，およびその持株会社で一定の要件を満たすものをいいます。保険会社については，英国ロイズ市場などで保険引受子会社と管理運営子会社を別会社とした上でこれらを一体として保険業を営む場合を含めるため，これらを一体として外国金融子会社等の判定を行う例外規定が設けられています（租税特別措置法第66条の6第2項第7号，同法施行令第39条の17。納税者が居住者の場合——同法第40条の4第2項第7号，同法施行令第25条の22）。

(2) 対象となる所得

以下の(a)と(b)のうちいずれか多い方の金額が合算課税の対象となります。これを「金融子会社等部分適用対象金額」といいます（租税特別措置法第66条の6第8項，第9項，同法施行令第39条の17の4，同法施行規則第22条の11第24項。納税者が居住者の場合——同法第40条の4第8項，第9項，同法施行令第25条の22の4，同法施行

規則第18条の20第17項)。

(a) 異常な水準の資本に係る所得

一つの内国法人およびこれとの間に発行済株式の100パーセントを直接・間接に保有するなどの関係のある内国法人が，発行済株式の100パーセントを直接・間接に保有している外国金融子会社等に対して，その事業規模に照らして通常必要とされる水準を大幅に超えた異常な水準の資本を投下している場合の，その異常な水準の資本から生じた所得です。詳細な計算方法は租税特別措置法第66条の6第8項第1号および政令に定められています。

(b) 受動的所得のうち金融所得以外の所得

上記1（受動的所得）のうち，(8)から(11)の所得です（以下に再掲します）。

(8) 固定資産の貸付による対価

(9) 工業所有権，著作権などの無形資産の使用料

(10) 工業所有権，著作権などの無形資産の譲渡損益

(11) 資産や人件費による裏付けのない異常所得

損失が生じうる所得類型である上記(10)については，過去7年以内に生じた損失額の繰越控除が認められていることは，上記1と同様です。

3 合算割合

納税義務者である内国法人は，受動的所得から計算された部分適用対象金額（上記1）または金融子会社等部分適用対象金額（上記2）に，請求権等勘案合算割合（第6節4（639頁））を乗じて計算した金額を，その益金に算入します。この金額を，それぞれ「部分課税対象金額」または「金融子会社等部分課税対象金額」といいます（租税特別措置法第66条の6第6項，第8項，同法施行令第39条の17の3第3項，第39条の17の4第1項。納税者が居住者の場合――同法第40条の4第6項，第8項，同法施行令第25条の22の3第3項，第25条の22の4第1項)。

4 適用免除

部分対象外国関係会社（外国金融子会社等を含みます）が以下のいずれかに該当

する場合，上記の受動的所得の部分合算課税の適用は免除されます（租税特別措置法第66条の6第10項，同法施行令第39条17の2，第39条の17の5。納税者が居住者の場合——同法第40条の4第10項，同法施行令第25条の22の2，第25条の22の5）[23]。

(1) 租税負担割合が20パーセント以上である（第8節（本頁））
(2) 部分適用対象金額（外国金融子会社等の場合は金融子会社等部分適用対象金額）が2,000万円以下である
(3) 所得の金額のうち部分適用対象金額（外国金融子会社等の場合は金融子会社等部分適用対象金額）が占める割合が5パーセント以下である

第8節　税率による適用免除

前述のとおり，外国関係会社の各事業年度の租税負担割合が一定割合（対象外国関係会社および部分対象外国関係会社は20パーセント，特定外国関係会社は30パーセント）以上の場合，合算課税は適用されません（租税特別措置法第66条の6第5項，第10項第1号。納税者が居住者の場合——同法第40条の4第5項，第10項第1号）（第5節4（630頁），第6節5（639頁），第7節4（644頁））[24]。なお，部分対象外国関係会社の場合，部分適用対象金額の額（2,000万円）および割合（5パーセント）による適用免除の制度もあります（第7節4（645頁））。

23　平成29年度税制改正前は，部分適用対象金額に係る合算課税の適用免除（本文(2)および(3)）は，確定申告書に適用免除の適用がある旨を記載した書面を添付し，かつその適用があることを明らかにする書類その他の資料を保存している場合に限り，適用することとされていました。平成29年度税制改正によりこれらの取扱いが廃止されました。
24　平成29年度税制改正前は，タックス・ヘイブン対策税制の対象となる外国法人の本店が法人税の存在しない国に所在する場合，たとえその会社の支店が別の国に所在しその国において支店が課税され，結果としてその会社が税率20パーセント以上の税率で課税されているとしても，その外国法人はタックス・ヘイブン対策税制の対象とされていました。これは，改正前の租税特別措置法施行令第39条の14第1項

(1) 租税負担割合

租税負担割合は，以下の分子を分母で割った率です（租税特別措置法施行令第39条の17の2。納税者が居住者の場合——同施行令第25条の22の2）。

分子——各事業年度の所得に対して課される外国法人税の額

分母——本店所在地国の法令により算定される所得の金額

　　　　＋ 非課税所得の金額（配当を除く）

　　　　＋ 損金に算入している支払配当の額

　　　　＋ 損金に算入している外国法人税の額

　　　　＋ 日本の法令によると損金に算入されない保険準備金の額など

　　　　− 益金に算入している還付外国法人税の額

(2)「非課税所得」の意味

ここで注意すべきなのは非課税所得が分母に算入される点ですが，実は「非課税所得」の意味が明らかではありません。次のような問題があります。

(a) 組織再編

外国関係会社の所在地国の法律で，一定の要件に該当する会社組織の再編（合

第1号が，外国関係会社の本店所在地国において法人の所得に対する税が存在しない場合，その外国関係会社は自動的にタックス・ヘイブン対策税制の適用対象である本店所在地国「におけるその所得に対して課される税の負担が本邦における法人の所得に対して課される税の負担に比して著しく低いもの」（改正前の租税特別措置法第66条の6第1項）に該当すると定めていたからです。

これに対し，同改正前の租税特別措置法施行令第39条の14第1項第2号は，外国法人の本店所在地国において法人の所得に対する税が「存在する」場合，その外国関係会社全体の税負担（支店に対する他の国の税も考慮に入れる）により判断すると定めていました。この点については，本店所在地国が無税国か否かにより機械的に取扱いを分けるのは不均衡であると指摘されていました。

平成29年度税制改正後は，本店所在地国において法人税が存在しない場合も存在する場合も支店に対する他の国の税負担を考慮するという点で一貫しています。

併, 分割など）から生じる所得につき課税繰延べを認められている場合, その所得は「非課税所得」に該当するのではないかとの疑問があります。この点については,「永久に課税されないものであれば非課税所得に該当し, 繰り延べが認められるだけのものであれば非課税所得には該当しない。ただし, 外国関係会社において永久に課税されなくなる場合であっても, 他の者において（代替的に）課税されることとなっているものは, 非課税所得には該当しない。」という見解があります[25]。

例えばAが分社型分割によりBを設立し, Aの資産の簿価がBに引き継がれた場合, Aにおいてはその譲渡益に永久に課税されず, 後にBにおいて課税される可能性があるにすぎません。しかし, この場合の譲渡益相当額は, 上記の見解だとAの非課税所得に該当しません。

(b) グループ・リリーフ

英国で認められるグループ・リリーフ（group relief）によると関連会社の損失を自社の課税所得から控除できますが, この制度により減少した課税所得も「非課税所得」に該当するのではないかとの疑問もありますが, 上記(a)で述べた見解の下, 非課税所得に該当しないと考えるのが有力です[26]。

(c) LLC

米国のLLC（limited liability company）という種類の会社は, 法人でありながら法人税の課税を受けずに株主が直接課税を受けるという方式を選択できます。その場合, 法人としての課税はゼロになるため税率による適用免除を受けることはできないことになりそうですが, この場合でも租税負担割合はゼロとはならず税率による適用免除を受け得るという考え方が有力です。この場合の租税負担割合

---

25 公益社団法人日本租税研究協会「〔国際課税実務検討会報告書〕外国子会社合算税制（タックス・ヘイブン対策税制）における課税上の取扱いについて」5頁, 秋元秀仁「外国子会社合算税制の適用に関する最近の事例研究（上）」国際税務27巻5号46頁, 同「外国子会社合算税制における税務(4)」国際税務36巻5号70頁。
26 上記注25日本租税研究協会報告書23頁。

の計算の仕方については,「LLCが稼得した所得のうち構成員である内国法人に帰せられる金額と,これに対して課される租税の額によって,租税負担割合を計算する。」という見解があります[27]。

第9節 二重課税の調整

タックス・ヘイブン対策税制は,外国法人の所得を内国法人の所得に合算するという制度のため,いろいろな二重課税が生じ得ます。それを調整する規定が置かれています。

1 外国関係会社に課される外国法人税についての外国税額控除

内国法人が,タックス・ヘイブン対策税制の適用により外国関係会社の所得を益金に算入して課税を受けた場合,その外国関係会社が支払った外国法人税と株主である内国法人が支払った日本の法人税とは,二重課税になります。

これを調整するため,外国関係会社が支払った外国法人税のうち,内国法人の課税対象金額に対応する金額は,当該内国法人が支払った外国法人税とみなして,内国法人に外国税額控除(法人税法第69条)(第2章(595頁))が認められます(租税特別措置法第66条の7第1項)。

なお,居住者についても同様の外国税額控除を認めるのが合理的だと考えられますが,居住者には同様の控除は認められておらず,外国関係会社が支払った外国法人税の額は基準所得金額から控除されるという方法で調整されることになります(同法施行令第25条の20第5項第2号)。

---

[27] 上記注25日本租税研究協会報告書18頁,秋元秀仁「外国子会社配当益金不算入制度における税務(5)」国際税務30巻4号37頁。

2　外国関係会社に課される日本の法人税や源泉所得税についての税額控除

　外国関係会社に日本の法人税や源泉所得税，地方法人税，法人住民税が課されている場合，内国法人がタックス・ヘイブン対策税制の適用により外国関係会社の所得を益金に算入して課税を受けると，日本の税金が二重に課されていることになります。

　これを調整するため，外国関係会社が支払った日本の法人税や源泉所得税，地方法人税，法人住民税のうち，合算対象とされた所得に対応する部分に相当する金額は，内国法人の法人税，地方法人税および法人住民税の額から控除されます（租税特別措置法第66条の7第4項，第10項，地方税法第53条第24項，第321条の8第24項）。

3　内国法人が外国関係会社から受け取る配当の益金不算入

　内国法人が，タックス・ヘイブン対策税制の適用により外国関係会社の所得を益金に算入して課税を受け，外国関係会社から配当を受け取った場合，合算された所得に対する課税と受取配当に対する課税とで二重課税になります。これを排除するために，以下のような対応策がとられています。なお，額の制限や外国関係会社が内国法人の孫会社にあたる場合の調整などの細かい技術的な規定は割愛します。

（1）外国関係会社からの受取配当につき，外国子会社配当益金不算入税制が適用されない場合

　外国関係会社からの受取配当につき，外国子会社配当益金不算入税制（法人税法第23条の2）（第3章（613頁））が適用されない場合（保有割合が25パーセントに満たない場合など），内国法人において受取配当が益金に算入される一方，外国関係会社の支払配当は合算課税の対象額から控除されずその全額が合算課税されるため，結果として二重課税となります。この二重課税を排除するため，租税特別

措置法において当該受取配当の全額が一定の限度額の範囲内で益金不算入とされています（同法第66条の8第1項）。なお，その受取配当についての源泉徴収税額は，損金不算入とする規定（法人税法第39条の2）の適用がないため，原則どおり損金算入できます。

（2）外国関係会社からの受取配当につき，外国子会社配当益金不算入税制が適用される場合

外国子会社配当益金不算入税制（法人税法第23条の2）が適用される場合（保有割合が25パーセント以上であるなどの要件を満たす場合），内国法人が外国法人から受け取る配当は，その95パーセントが益金不算入とされ，5パーセントにのみ課税されます（法人税法第23条の2第1項，同法施行令第22条の4第2項。第3章第5節（617頁））。この場合，上記（1）（全額が二重課税になる）と異なり，配当のうち5パーセントの部分のみが二重課税となります。

この二重課税を排除するため，法人税法第23条の2第1項が修正され，受取配当の95パーセントではなく全額が益金不算入とされています（租税特別措置法第66条の8第2項）。

なお，タックス・ヘイブン対策税制による合算の対象となった所得を原資とする配当について外国で源泉税が課される場合，その源泉税は株主である内国法人において損金算入できます（同法第66条の8第2項後段により，法人税法第39条の2（外国子会社から受ける配当等に係る外国源泉税等の損金不算入）の規定の適用が排除されているため）。

第10節　申告要件

外国関係会社に関して，タックス・ヘイブン対策税制上の納税義務者となる要件（株式保有割合が10パーセント以上であることなど。第4節（627頁））を満たす内国法人は，関係する以下の外国関係会社の貸借対照表および損益計算書などを確定申告書に添付しなければなりません（租税特別措置法第66条の6第11項。納税者

が居住者の場合——同法第40条の4第11項)。

(1) 特定外国関係会社以外の外国関係会社のうち，租税負担割合が20パーセント未満であるもの
(2) 特定外国関係会社のうち，租税負担割合が30パーセント未満であるもの

第11節　コーポレート・インバージョン対策税制

　タックス・ヘイブン対策税制が想定しているのは，内国法人が外国に子会社を設立するという方法での租税回避ですが，これと逆方向で租税回避を図ることも可能です。すなわち，内国法人が外国の会社の子会社になるという方法であり，「コーポレート・インバージョン」とよばれます。これに対抗する規制の概略を検討します。

1　適格組織再編の否認

　グループ内の組織再編において，対価として交付される株式が一定の軽課税国に所在する100パーセント親法人の株式である場合などは，適格組織再編に該当しないものとされます（租税特別措置法第68条の2の3）。
　この軽課税国に所在する法人とは，本店所在地国における所得に対して課される税の負担が日本と比べて著しく低いとされる外国法人であり，具体的には以下のとおりです（租税特別措置法第68条の2の3第5項第1号，同法施行令第39条の34の3第5項，第6項）。

(1) 法人の所得に対して課される税が存在しない国・地域に本店または主たる事務所を有する外国法人
(2) 過去2事業年度のいずれかにおいて租税負担割合が20パーセント未満である外国法人

2　組織再編時の株式譲渡益への課税

　非適格組織再編により交付を受けた株式が軽課税国に所在する法人（100パー

セント親法人)の株式である場合には，株主(法人・個人を問わず)は旧株の譲渡益に対し課税されます(租税特別措置法第68条の3。株主が居住者の場合——同法第37条の14の3)。

3　所得の合算

外国法人を通じて内国法人の株式の80パーセント以上を間接保有する株主(法人・個人を問わず)は，外国関係会社の合算課税とほぼ同様のルールにより，その外国法人の所得を合算して課税されます(租税特別措置法第66条の9の2。株主が居住者の場合——同法第40条の7)[28,29,30]。

28　外国関係会社の合算課税(第1節〜第10節)において設けられている，英国ロイズ市場などの保険子会社の特例，航空機の貸付の特例，製造における重要な業務を通じて製造に主体的に関与している場合の特例，化石燃料を採取する事業を主たる事業とする法人からの配当の特例，課税対象金額算定に当たっての実質支配関係の考慮規定は，コーポレート・インバージョンにおいては設けられていません。

29　タックス・ヘイブン対策税制については，平成31年度税制改正大綱により，以下の点などが改正される予定となっています。
・特定外国関係会社(ペーパー・カンパニーの範囲から，一定の持株会社，不動産保有会社，資源開発等プロジェクト会社を除外するなど)
・対象外国関係会社の非関連者基準(保険業についての判定基準を改正する)
・会社単位の合算課税制度における適用対象金額(本店所在地国の法令に従って外国関係会社の所得の金額を算出して調整する場合に，連結納税規定とパススルー規定の適用を除外する)
・適用免除基準における租税負担割合(本店所在地国の法令に従って外国関係会社の所得の金額と外国法人税の額を算出する場合に，連結納税規定とパススルー規定の適用を除外する)
・部分合算課税制度における部分適用対象金額(純額の保険料収入を加える)
・二重課税の調整(外国税額控除の適用にあたり，本店所在地国の法令に従って外国関係会社の外国法人税の額を算出する場合に，連結納税規定とパススルー規定を除外するなど)

30 本章の執筆には，梶原康平弁護士（アンダーソン・毛利・友常法律事務所）の多大な協力を受けました。同弁護士に謝意を表します。

第 4 部

個人の人的役務の提供

第1章　検討の視点と対象

本章の概要

　国際化の進展に伴い国境を越えた人の移動が飛躍的に増え，個人が自国外で人的役務を提供する場合が少なくありません。このような国外における人的役務の提供は，現象面から見ると以下の二つのパターンに区分できます。

　一つは，日本の「外から内へ」(inbound) という形態で，その例としては，来日した外国人が日本で勤務する場合や，海外の芸能人が日本で興行する場合を挙げることができます。もう一つは，日本の「内から外へ」(outbound) の形態で，内国法人が海外に従業員や役員を派遣するのがその典型例です。

　第4部では，上記のような二つのパターンで行われる個人の人的役務の提供に関する日本での課税関係を広く取り扱います。第1章は，その前提をなす部分で，以下の二つの節から構成されます。

　第1節　検討の視点
　第2節　検討の対象

　第1節では，国境を越えて個人が行う人的役務の提供に「外から内へ」と「内から外へ」の二つの形態があることを確認したうえで，どのような視点から日本での課税関係を考えていけばよいかを整理します。具体的には，提供する人的役務の提供者の地位，居住者性，対価の支払場所と対価の性質に着目することが重要です。

　第2節では，実務上の重要性の観点から第2章以下で取り上げる項目を具体的に列挙し，その項目をどこで検討するかを明らかにします。

　なお，平成26年度税制改正によって適用法令の条文番号等は変更されましたが，第4部で取り上げる個人の人的役務の提供に関する所得税の課税関係

にはとくに変更はありません。

第1節　検討の視点

国境を越えて行われる個人の人的役務の提供に関して日本でどのように課税されるかを正しく理解するためには、以下のような五つの点に着目する必要があります。

1　「外から内へ」と「内から外へ」の区別

一口に国境を越えて個人が人的役務を提供するケースといっても、現象面から見た場合、以下のように二つの異なる形態があります。

第一の形態とは、日本の「外から内へ」の場合で、具体的には外国の居住者が来日し国内で人的役務を提供し、その対価を受け取るようなケースを意味します。

第二の形態は、日本の「内から外へ」の場合で、日本の居住者が海外に派遣され、外国で勤務することにより給与等を得るケースがその典型例です。

後に具体的に見るとおり、二つの形態の日本における課税関係には共通する側面が多いのですが、両者は現象面では大きく異なっていますから、二つを区別して考えることが重要です。なお、以下の説明では、「外から内へ」のケースでは外国人が来日して人的役務を提供する場合を、「外から内へ」のケースでは日本人が海外で勤務する場合を、もっぱら取り上げることにします。

2　人的役務を提供する個人の地位

上記の「外から内へ」の場合にも「内から外へ」の場合にも共通していえることですが、人的役務を提供する個人が独立した地位を有するかどうかを区別することが重要です。具体的には、企業に属することなく独立の地位で人的役務を提

供するのか，あるいは特定の企業に所属し当該企業のために働いているのかを判別しなければなりません。さらに，特定の企業に所属する場合でも，日本と外国のいずれの企業に属しているのか，あるいは役員か従業員のいずれの地位を有しているのかによっても，人的役務を提供する個人の課税関係が異なってくる可能性があります。

上記の問題を漏れなく検討するためには，時系列に沿って確認することが有効です。

「外から内へ」の場合には，まず外国人が来日前にどのような地位を有しているか（例えば，独立の地位を有しているか，それとも特定の企業に所属しているか）を確認したうえで，来日の理由（例えば，短期出張か，それとも日本での駐在を予定しているか）を明らかにし，来日後にいかなる地位を有することになるか（例えば，独立の地位を維持するか，それとどの企業にどういう立場で所属することになるか）に着目することが重要です。

他方，「内から外へ」の場合も，同様に，日本人が海外渡航前にどのような地位を有し，いかなる目的で渡航し，渡航後にその地位が変わってくるか，変わる場合にはどのように変わるかを確認することが必要です。

このように前提事実を正確に把握することによって，個々の事例における課税関係を正しく理解することが可能になります。

3 「非居住者」「非永住者」「永住者」の区別

（1）所得税法上の区別

これも「外から内へ」と「内から外へ」のいずれの場合にも共通していることですが，人的役務の提供者たる個人の居住地がどこか，すなわち所得税法の適用上，「非居住者」「非永住者」「非永住者以外の居住者（永住者）」のいずれに分類されるかによってその課税関係が異なってきます。このため，個人が行う人的役務の提供に関する日本での課税関係を考える際には，これらの区別を常に念頭に置く必要があります。

「非居住者」「永住者以外の居住者（非永住者）」「永住者」の区別の仕方につい

ては、第1部第1章第3節（6頁）で説明してありますが、以下にその要点を示す表を改めて掲げます。

【居住者と非居住者の区別】

	国内に1年以上居所を有する	国内に1年未満居所を有する
国内に住所あり	居住者	居住者
国内に住所なし	居住者	非居住者

【居住者のうち永住者と非永住者の区別】

	過去10年以内に合計5年を超えて国内に住所または居所を有する	過去10年以内に合計5年以下の期間国内に住所または居所を有する
日本の国籍あり	永住者	永住者
日本の国籍なし	永住者	非永住者

検討の対象となる個人が永住者となる場合には、すべての所得に対して日本で課税され（所得税法第5条第1項、第7条第1項第1号）、その課税の方式は、日本人の居住者の場合とまったく同様です。しかも、永住者の日本における課税関係は、租税条約によって変更を受けません。したがって、第2章（669頁）以下で来日外国人の人的役務の提供に関する日本での課税関係を検討する際には、当該外国人が非居住者か非永住者の場合に限定して検討することにし、永住者の場合の検討は省略します。

（2）住民税上の区別

2012年7月9日に外国人登録法が廃止されるとともに、出入国管理及び難民認定法（以下「入管法」と略称）ならびに住民基本台帳法が改正されました[1]。

---

1 同改正とそれが外国人住民に対する住民税の課税関係にどのような影響を及ぼす

同改正前は，住民税の納税義務者の取扱いは，所得税における居住者の取扱いと同様であり，原則として所得税の居住者である外国人が，住民税の賦課期日（1月1日）に国内に居住していた場合に住民税（所得割・均等割）が課されていました[2]。

　これに対し，同改正後は，例えば，国内に在留資格をもって在留する外国人のうち日本に3カ月超1年未満の期間滞在する場合においても住民票が作成され，在留カードが交付されることになっています（住民基本台帳法第30条の45，入管法第19条の3）。この結果，住民税の賦課期日（1月1日）において，来日外国人が住民基本台帳に記録されている場合には，所得税法上の居住者・非居住者の区別に関わりなく，住民税の納税義務者になると考えられます（地方税法第24条第1項第1号，第2項，第294条第1項第1号，第2項）。住民税の所得割の課税標準は，前年の所得金額を基に計算されますが，所得税においては非居住者として扱われ住民税においては居住者として扱われる期間に関して，住民税の課税標準をどのように計算すべきかは明確ではありません[3]。

　なお，日本が締結している租税条約で，住民税を対象税目に掲げている条約[4]の締約国から来日する外国人の場合には，条約の双方居住者の規定に従い，一般的には日本に住所がないものとして住民税が課税されないことになると思われます[5]。

　　かの詳細な説明については，飯塚信吾「外国人住民に係る住民基本台帳制度の改正と住民税課税について」国際税務34巻9号60頁参照。
 2　上記注1飯塚論文61頁が引用する旧「外国人等に対する個人の住民税の取扱いについて」（昭41自治府54）参照。
 3　上記注1飯塚論文64～65頁。
 4　住民税を対象税目に掲げている租税条約の締約国は，英国，イタリア，オランダ，中国を含め多数ありますが，他方で，米国，インド，オーストラリア，カナダ等との租税条約の対象税目には住民税が含まれていません（第1部第3章第5節1（2）（87頁））。
 5　上記注1飯塚論文62～63頁。

4 対価の支払場所の区別

「外から内へ」と「内から外へ」のいずれの場合にも、国境を越えた人的役務の提供に係る対価の支払場所としては、国内と国外の二つのケースを想定できます。しかも、支払場所の相違に応じて課税関係が異なってくることがあるので、第2章（669頁）以下の具体的な検討においても、この点に留意して説明します。とくに源泉徴収との関係で、国外払いが国内払いとみなされる場合がある点に注意を要します[6]。

　住民税を対象税目に含める日英租税条約は、第4条第2項において、日英双方の居住者に該当する個人について、恒久的住居の所在地、両国に恒久的住居がある場合には人的および経済的な関係の密接性等の基準によって、いずれかの居住者に振り分ける旨規定しています。したがって、例えば、英国人が日本に3カ月超1年未満滞在する予定で来日し、住民税の賦課期日（1月1日）において住民基本台帳に記録されていたとしても、当該英国人が英国に恒久的住居を有している場合には、住民税の課税関係においても、英国の居住者とみなされることになると考えられます。

6　後に第2章第1節2（1）(a)(ii)（676頁）で説明しますが、外国法人が国内事務所等を有する場合には、非居住者に対する給与等の支払いが国外で行われても、国内払いとみなされて源泉徴収の対象となります。これに対し、居住者に対する支払いの場合には、国外払いが国内払いとみなされることはありません。
　なお、内国法人の各海外事業所が外国政府に納付した帰国社員（居住者）の海外事業所勤務中の賃金に係る所得税について、国内払いかどうかが争われた事案として、平成23年6月28日裁決（裁決事例集83集589頁）があります。同裁決は、上記外国所得税負担額の支払事務は、各海外事業所が行っていたものと認め、居住者に対する給与等の支払いが国内で行われたとする課税庁の主張を退けました。同裁決は、所得税法第17条にいう「国内において給与等の支払をする」とは国内の事業所等において給与等の支払事務を取り扱うことをいい、給与等の支払事務とは給与等の支払額の計算、支出の決定、支払資金の用意、金員の交付等の一連の手続からなる事務をいうという解釈を示しています。
　また、東京高裁平成27年12月2日（税務訴訟資料（250号～）265号順号12763）

5　対価の性質の区別

これまでの説明では，個人が従属的な立場で人的役務を提供する際の対価をとくに定義することなく給与等とよんできましたが，その中には通常の給与とは若干取扱いを異にする退職金等が含まれる場合があります。これは，とくに「内から外へ」の形態において問題になることが多いので，この本では内国法人の従業員・役員が海外で勤務するケースに関する説明の中で，これらの者に支給される退職金の課税関係にも言及します（第3章第3節（735頁））。

第2節　検討の対象

以上のような五つの視点に着目し，第4部で具体的に取り上げるケースを区分すると，以下の①ないし⑭のとおりです。

なお，第4部の検討では説明を簡単にするために，対象となる個人は，各節で取り上げるタイプの人的役務の提供以外の活動を行わないこと，そして当該個人が日本の非居住者である場合には，国内に恒久的施設を有しないことを前提としています。また，前記のとおり，来日外国人が永住者となる場合の課税関係の検討は省略します。

は，証券会社（内国法人）P1の従業員（居住者）が株式報酬制度に基づいて取得した外国親会社P2の株式報酬につき源泉徴収の有無が問題となった事案です。同判決は，P2の取締役会等で構成される委員会が株式報酬の付与を決定し，同委員会の指示に基づいて国外のプラン管理者が事務を行い，同従業員に株式報酬の付与を行っていたという認定のもとに，P1が付与コストの少なくとも一部を負担していたとしても，P2が株式報酬の付与者であり，債務者であるから，所得税法第183条第1項にいう「支払をする者」にあたるとし，P1によって源泉徴収されるべき所得税の額があるとはいえないという判断をくだしました。

第4部 個人の人的役務の提供

【国境を越えて行われる個人の人的役務の提供に関する日本での課税関係】

		外から内へ（来日外国人の人的役務の提供）				
	来日前の地位	来日の理由	来日後の地位	日本の居住者への該当性	対価の性質・支払場所	この本の該当頁
①	外国法人の役員・従業員	短期出張（＊1）	来日前と同じ	非居住者	給与の国外払い	674
②	外国法人の役員・従業員	日本の駐在員事務所・支店に駐在（＊2）	来日前と同じ	非居住者	給与の国内払いと国外払い	684
				非永住者	同上	687
③	外国法人の役員・従業員	日本の子会社に従業員として駐在（＊2）	外国法人の役員・従業員と子会社の従業員を兼務	非居住者	子会社による給与の国内払いと外国法人による給与の国外払い	691
				非永住者	同上	696
			外国法人との雇用関係等を解消（＊3）	非居住者	子会社による給与の国内払い	(702)
				非永住者	同上	(706)
④	外国法人の役員・従業員	日本の子会社に役員として駐在（＊2）	外国法人の役員・従業員と子会社の役員を兼務	非居住者	子会社による役員報酬の国内払いと外国法人による給与の国外払い	693
				非永住者	同上	696
			外国法人との雇用関係等を解消（＊3）	非居住者	子会社による役員報酬の国内払い	(703)
				非永住者	同上	(706)

第1章　検討の視点と対象　665

⑤	所属なし	内国法人での就労のために個人として来日（＊4）	内国法人の従業員・役員	非居住者	給与の国内払い	702
				非永住者	同上	706
⑥	所属なし	学生・事業修習者等として来日（＊4）	内国法人の従業員	非居住者	給与の国内払い	707
				非永住者	同上	710
⑦	所属なし	自由職業者（芸能人等を除く）として個人の資格で来日（＊5）	来日前と同じ	非居住者	人的役務の報酬の国内払い	711
⑧	所属なし	芸能人等としての活動のために個人の資格で来日（＊5）	来日前と同じ	非居住者	人的役務の報酬の国内払い	716
⑨	外国法人の役員・従業員	外国法人に派遣された芸能人等として来日（＊5）	来日前と同じ	非居住者	給与の国外払い	718
内から外へ（日本人の従業員・役員の海外勤務）（＊6）						
	海外渡航前の地位	海外渡航の理由	海外渡航後の地位	日本の居住者への該当性	対価の性質・支払場所	この本の該当頁
⑩	内国法人の従業員・役員	短期出張	渡航前と同じ	居住者	給与の国内払い	724

⑪	内国法人の従業員	海外駐在員として勤務	内国法人の従業員と海外現地法人の従業員・役員を兼務	居住者	内国法人による給与の国内払いと海外現地法人による給与の国外払い	727
				非居住者	同上	728
⑫	内国法人の役員	海外駐在員として勤務	内国法人の役員と海外現地法人の従業員・役員を兼務	居住者	内国法人による役員報酬の国内払いと海外現地法人による給与・役員報酬の国外払い	727
				非居住者	同上	729
⑬	内国法人の従業員・役員	海外駐在員として勤務（海外駐在中に退職）	内国法人の従業員・役員と海外現地法人の従業員・役員を兼務	海外駐在前は居住者，退職金の受領時点（海外駐在中）では非居住者	内国法人による退職金の国内払い	735
⑭	内国法人の従業員・役員	海外駐在員として勤務（帰国後に退職）	海外駐在時は海外現地法人の従業員・役員を兼務，帰国後は内国法人の従業員・役員のみ	海外駐在時は非居住者，帰国後の退職金の受領時点では居住者	内国法人による退職金の国内払い	739

（＊１）外国法人の従業員・役員の短期出張の場合

　外国法人が自己の従業員・役員を日本に出張させる場合，当該従業員・役員が継続的に日本で業務に従事すると，その外国法人は日本に恒久的施設を有すると認定されるおそれがあります。このような認定のなされる余地がない短期出張のケース（上記①参照）においても，当該外国法人が，日本企業に対し人的役務の提供事業

第1章 検討の視点と対象

を行い対価を得る場合と，かかる対価を得るのではなく商談等の用件でもっぱら当該外国法人のために出張させる場合があります。いずれの場合に該当するかによって，従業員・役員を派遣する外国法人自身の日本における課税関係は異なってきます[7]が，派遣される従業員・役員の日本における課税関係には違いがありません。したがって，第4部では，上記二つの場合を含めて短期出張のケース（第2章第1節2（674頁））として取り上げます。

（＊2）外国法人の従業員・役員が日本に派遣され駐在する場合

外国法人が，短期出張の目的ではなく長期にわたり日本に外国人の従業員・役員を派遣し，駐在させるケース（上記②ないし④参照）では，来日の理由，来日後の地位，居住者性の有無，対価の支払場所などの点に着目し，より細かな場合分けが必要となります。

（＊3）外国法人の従業員・役員が日本子会社に派遣され，派遣後に当該外国法人との雇用関係等が解消される場合

外国法人がその従業員・役員を日本の子会社に派遣し，派遣後に当該外国法人との雇用関係等が継続せず，解消されるケース（上記③と④の「外国法人との雇用関係等を解消」の項目参照）は，「内国法人での就労のために外国人が個人の資格で来日する場合」（上記⑤参照）と同様の課税関係になるので，独立の項目としては取り扱いません。適宜かっこ書きの該当頁を参照してください。

（＊4）外国人が個人の資格で来日し，内国法人の従業員・役員として勤務する場合

---

[7] なお，自己の従業員・役員に短期出張を行わせる外国法人自身の日本における課税関係は次のようになります。

第一に，国内に恒久的施設を有しない外国法人が内国法人に対し人的役務の提供事業を行い対価を得る場合の課税関係は，その人的役務の提供の類型に応じて，さらに二つに区分されます。

まず，6号所得の対象となる一定の人的役務の提供事業を行う場合の当該外国法人の課税関係については，第2部第2章第1節（132頁）および第2節（136頁）を参照してください。

他方，国内に恒久的施設を有しない外国法人が国内でその他の人的役務の提供事業を行い，その対価を得る場合の当該外国法人の課税関係については，第2部第2章第4節（148頁）を参照してください。

第二に，国内に恒久的施設を有しない外国法人が，その従業員・役員をもっぱら商談等の用件で日本に出張させる場合には，当該外国法人が日本でただちに所得を稼得するわけではないため，日本での課税関係は生じません。

外国法人から派遣されるのではなく，外国人が個人の資格で来日し，内国法人の従業員・役員として勤務する場合（上記⑤参照）および外国人の学生・事業修習者等が来日し，日本で勤務する場合（上記⑥参照）には，通常，非居住者としての地位を維持する場合と非永住者に該当する場合の二つのケースが考えられます。このため，両ケースを取り扱います。

（＊5）外国人である自由職業者や芸能人等が来日する場合

外国人である自由職業者や芸能人等が来日し，日本で人的役務を提供する場合には，個人の資格で来日するにせよ，外国法人に雇われて日本に派遣されるにせよ，非居住者としての地位を維持するのが通常と考えられます。このため，そのケースだけを取り上げます（上記⑦ないし⑨参照）。

（＊6）「内から外へ」の人的役務の提供の場合

「内から外へ」の形態に関しては，実務上もっとも問題が発生することが多いと考えられるケース，すなわち内国法人の日本人の従業員・役員が海外で勤務することに伴い，日本でどのような課税問題が生じるかに絞って検討します（上記⑩ないし⑫参照）。また，内国法人がこのような海外勤務の経験を有する従業員・役員に対し退職金を支払う場合にとくに注意すべき点についてもあわせて説明します（上記⑬および⑭参照）。

第2章　来日外国人の人的役務の提供

本章の概要

　本章では，非居住者である外国人が来日し，国内で人的役務を提供するという「外から内へ」という形態を広く取り上げ，日本での課税関係を検討します。具体的には，以下の五つのケースについて解説します。

　　第1節　派遣された外国人従業員・役員
　　第2節　個人の資格で来日した外国人従業員・役員
　　第3節　学生・事業修習者等
　　第4節　自由職業者
　　第5節　芸能人等

　上記のうち，とくに第1節ないし第3節では，網羅的な検討を行うために，来日外国人が非居住者である場合に限定するのではなく，非永住者となる場合を含めて説明します。他方，外国人である自由職業者や芸能人等が来日する場合には，非居住者としての地位を維持するのが通常と考えられるため，第4節と第5節では，非居住者の地位を維持する場合のみを取り上げます。いずれの場合も，租税条約の適用関係について説明するときには，主として日米租税条約を検討します。

　なお，来日外国人が永住者となる場合の日本での課税関係は，日本人の居住者の場合とまったく同様であるため，説明を省略します。

第1節　派遣された外国人従業員・役員

1　問題の所在

　外国法人の外国人の従業員・役員（非居住者）が来日し，国内で人的役務を提供する形態として多く見られるのは，例えば以下のようなケースです。
　第一に，短期出張のケースがあります。その例としては，外国法人が内国法人との商談のために，その従業員・役員を日本に派遣し，契約条件の交渉や契約調印等を行わせるような場合があります。また，外国法人が内国法人と締結した技術援助契約に基づき，外国人技術者を派遣し国内で短期間技術指導をさせるようなケースも短期出張の一例です[1]。このような短期出張のケースでは，来日する

---

[1] 外国法人が内国法人に対し，技術指導のために外国人技術者を短期間派遣するケースにおいて，内国法人が外国法人に対し技術指導の対価を支払うときには，①外国法人が内国法人に対して行う人的役務の提供事業の対価について当該外国法人が日本でどのように課税されるかという問題と②来日外国人が国内において提供する人的役務の提供の対価としての給与等に関し，当該外国人が日本でどのように課税されるかという問題の二つの異なる課税問題が発生するので，両者を区別して考えなければなりません。このうち①の課税問題については，第2部第2章第1節2（133頁）と第2節（136頁）を参照してください。本章第1節2（674頁）では，もっぱら②の課税問題を取り扱います。
　上記の例と異なり，国内に恒久的施設を有しない外国法人が内国法人との商談のために，外国人の従業員・役員を出張させるようなケースでは，当該外国法人自身が日本で課税されることはありません。このような場合，当該外国法人が日本でただちに所得を稼得するわけではないからです。他方，派遣される外国人の従業員・役員の日本における人的役務の提供の対価としての給与等について，日本でどのように課税されるかという問題は，技術指導の事案と同様に，この場合にも発生します。
　このように，第1節2（674頁）では，外国人が短期出張の目的で来日する場合の日本での課税関係を取り上げます。その説明は，外国法人が内国法人に対し人的

外国人の従業員・役員は，非居住者としての地位を維持するのが通常ですから，その場合だけを取り上げます。

　第二に，短期出張ではなく，外国人がもう少し長い期間日本に滞在することがあります。典型例としては，外国法人が，外国に居住していた外国人従業員・役員を，当該外国法人の日本の駐在員事務所・支店または日本の子会社に派遣するケースがあります。この場合には，当該外国人の日本での滞在予定期間あるいは実際の滞在期間の長短により，日本の居住者となるかどうかが分かれ，それに伴い課税関係が異なるので，さらに細かな場合分けが必要です。

　第三に，外国法人が外国に居住していた外国人従業員・役員を日本の子会社の従業員・役員として派遣する場合には，派遣元の外国法人との雇用関係等が維持され，子会社と外国法人の双方から給与等を受け取ることもあれば，日本滞在中は派遣元の外国法人との雇用関係等が解消されることもあります。それぞれのケースに応じて課税関係を正確に考えなければなりません。

　以下2および3では，上記のようなさまざまなパターンを順に検討していきますが，日米租税条約の適用関係を含め，最初に検討の結果を図表にまとめておきます。なお，日米租税条約に定める短期滞在者免税については，2（2）(a)（678頁）で説明します。

【外国法人の外国従業員・役員が日本に派遣された場合の課税関係の概要】

	派遣形態	雇用関係等	日本の居住者への該当性（＊1）	所得税法の定め（＊2）	日米租税条約の定め
①	日本へ短期出張	外国法人の役員・従業員	非居住者	通常は国外払いのため，国内勤務分の給与等につき申告納税	短期滞在者免税の適用可

　　役務の提供事業を行い，当該内国法人から対価を得るために外国人の従業員・役員を日本に出張させるケースと，このような直接的な対価を得るのではなくもっぱら自らの商用等のために出張させるケースの二つの場合に共通してあてはまります。

②	日本の駐在員事務所・支店に派遣	外国法人の役員・従業員	非居住者	国内勤務分の給与等につき源泉徴収課税（＊3）	短期滞在者免税の適用可（日本支店が給与等を負担しないことが前提）
			非永住者	国内払いの国内勤務分の給与等につき源泉徴収課税（＊4）さらに全課税所得（国内勤務分の給与等と国内払いまたは国外から送金された国外勤務分の給与等）につき申告納税	短期滞在者免税の適用なし
③	日本の子会社に従業員として派遣	外国法人との雇用関係等が維持される場合	非居住者	子会社の支払う給与等につき源泉徴収課税さらに外国法人が国外で支払う給与等に国内勤務分が含まれていれば申告納税	子会社の支払う給与等につき短期滞在者免税の適用なし他方、外国法人が負担し支払う国内勤務分の給与等につき短期滞在者免税の適用可
			非永住者	国内払いの国内勤務分の給与等につき源泉徴収課税（＊4）さらに全課税所得（国内勤務分の給与等と国内払いまたは国外から送金された国外勤務分の給与等）につき申告納税	短期滞在者免税の適用なし
		外国法人との雇用関係等が解消される場合（＊5）	非居住者	子会社の支払う給与等につき源泉徴収課税	短期滞在者免税の適用なし
			非永住者	子会社の支払う給与等につき源泉徴収課税のうえ、申告納税	短期滞在者免税の適用なし

④	日本の子会社に役員として派遣	外国法人との雇用関係等が維持される場合	非居住者	子会社の支払うすべての役員報酬につき源泉徴収課税 さらに外国法人が国外で支払う給与等に国内勤務分が含まれていれば申告納税	子会社の支払う役員報酬につき短期滞在者免税の適用なし 他方，外国法人が負担し支払う国内勤務分の給与等につき短期滞在者免税の適用可
			非永住者	子会社の支払うすべての役員報酬につき源泉徴収課税 さらに全課税所得（子会社の役員報酬全部と国内払いまたは国外から送金された国外勤務分の給与等）につき申告納税	短期滞在者免税の適用なし
		外国法人との雇用関係等が解消される場合（＊5）	非居住者	子会社の支払うすべての役員報酬につき源泉徴収課税	短期滞在者免税の適用なし
			非永住者	子会社の支払う役員報酬につき源泉徴収課税のうえ，申告納税	短期滞在者免税の適用なし

（＊1）外国法人から派遣される個人が永住者となる場合には，すべての所得に対して日本で課税され，しかも課税の方式は日本人の居住者の場合とまったく同様ですから，説明を割愛します。

（＊2）この表では，もっぱら所得税の課税関係を説明しています。地方税の課税関係については，第1章第1節3（2）（660頁）を参照してください。

（＊3）外国法人が国内事務所等を有する場合には，非居住者に対する給与等の支払いが国外で行われても，国内払いとみなされて源泉徴収の対象となります（所得税法第212条第2項）。

（＊4）非居住者に対する支払いと異なり，居住者に対する国外払いが国内払いとみなされることはありません（所得税法第183条第1項）。

(＊5) 外国法人が外国人の従業員・役員を日本の子会社に派遣し，派遣後に外国法人との雇用関係等が継続せず，解消されるケース（上記③と④の「外国法人との雇用関係等が解消される場合」の項目参照）は，「個人の資格で来日した外国人が内国法人の従業員・役員となる場合」（第2節（702頁））と同様の課税関係になるので，本節では独立の項目としては取り扱いません。

2　短期出張

(1) 国内税法の定め

(a) 従業員の給与等に対する課税

(i) 国内源泉所得の範囲——役務提供地国課税

外国法人の外国に居住する外国人従業員が来日し，短期出張の形態で国内において人的役務を提供する場合，日本国内における勤務期間はあらかじめ1年未満とされているのが通常です。その場合，日本に派遣される外国法人の従業員は，入国した後も非居住者としての地位を維持します（所得税法施行令第14条第1項第1号，所得税基本通達3-3）。

国内税法は，非居住者の人的役務の提供については，役務提供の行われた国を源泉地とし，当該源泉地での課税を認める役務提供地国課税の原則を採用しています（所得税法第161条第1項第12号イ）。そして，給与等の対象となる非居住者の勤務や人的役務の提供が国内および国外の双方にわたって行われた場合の国内源泉所得の計算は，以下の算式によって按分計算するのが原則です（所得税基本通達161-41）。ただし，この算式によって計算した国内源泉所得の金額が「著しく少額である」と認められる場合には，国内源泉所得として課税しなくても差し支えないとされています（同通達）。

$$給与等の総額 \times \frac{国内において行った勤務または人的役務の提供期間}{給与等の総額の計算の基礎となった期間}[2]$$

2　来日外国人がホーム・リーブ（海外赴任者に認められる帰国休暇）により国外に

なお，通勤費や旅費の非課税の規定（所得税法第9条第1項第4号，第5号）は，その者が給与所得者である限り，居住者であるか非居住者であるかを問わず適用されます。したがって，外国法人の外国人従業員（非居住者）が日本で行う人的役務の提供に関し支給される通勤費や旅費が非課税限度内であれば，課税されません[3]。

おいて滞在する期間がある場合には，「給与等の総額の計算の基礎となった期間」からそのホーム・リーブにより国外において滞在する期間を除外して計算することが合理的とされているようです（三好毅『海外勤務者をめぐる税務（平成26年版）』（大蔵財務協会，2014）156頁）。

3　上記注2三好・海外勤務者158頁。通勤費の非課税の規定が非居住者たる「給与所得を有する者」に適用されることにつき，松上秀晴編著『源泉国際課税の実務』（大蔵財務協会，2001）399頁参照。

なお，所得税基本通達161-19は，人的役務提供事業の対価（6号所得）には，往復の旅費，国内滞在費等の費用への充当部分も含まれるという一般原則を掲げたうえで，その費用が報酬の支払者から航空会社，ホテル等に直接支払われ，かつその金額が費用として通常必要であると認められる範囲内のものであるときには，日本で課税しなくても差し支えないと規定しています。同通達は，所得税基本通達161-40で，所得税法第161条第1項第12号イに掲げる個人の人的役務の提供の報酬にも準用されています。また，上記旅費等について源泉徴収をしなくて差し支えないとする所得税基本通達212-4も，同通達161-19が規定する場合（6号所得）だけでなく，同通達161-40の規定する場合（12号所得）にも適用があります。

同じ12号所得でありながら，航空会社等に直接支払われる旅費等につき所得税を課さなくても差し支えないとする所得税基本通達161-40等と通勤費・旅費の非課税を定める所得税法の規定の二つがあるため，両者の適用関係がどのように整理されるのかが問題となります。両者の適用関係は，以下のとおり適用対象者の違いによるものと整理できます。

まず，所得税基本通達161-40等の対象となっている12号所得は，事業所得者としての非居住者が国内における人的役務の提供の対価を得る場合で，かかる旅費・宿泊費が本人の必要経費（旅費・交通費）になる場合を念頭に置いているものと考えられます（三又修・樫田明・一色広己・石川雅美共編著『所得税基本通達逐条解説平成29年版』（大蔵財務協会，2017）1010頁参照）。これに対し，通勤費・旅費の非

(ⅱ) 課税の方式

　非居住者が上記のような国内源泉所得にあたる給与等を得る場合の課税の方式は，以下のようになります。国内税法には，後に(２)(a)（678頁）で述べる短期滞在者免税に関する規定はなく，国内での勤務期間の長短にかかわらず，国内勤務に対応する部分の給与等が日本で課税されることにとくに注意を要します。

　(A)　第一に，非居住者と雇用関係等を有する外国法人が国内に支店等の事務所を有しない場合には，給与等の支払いが国内で行われない限り，源泉徴収の必要はありません（所得税法第212条第２項）。

　しかし，当該非居住者は，その年の翌年の３月15日までに（同日前に国内に居所を有しないことになる場合にはその日までに），給与等について所得税の申告義務を負います（所得税法第５条第２項，第７条第１項第３号，第161条第１項第12号イ，第164条第２項第２号，第172条第１項）[4]。適用税率は，累進税率ではなく，20パーセントの定率です（所得税法第172条第１項，第170条）が，2013年から2037年までの各年分の確定申告については，復興財源確保法に基づき2.1パーセントに相当する復興特別所得税が付加されるため，20.42パーセントになります（同法第12条，第13条，第17条，第18条）。

　(B)　第二に，当該非居住者と雇用関係等を有する外国法人が，給与等を国内で支払う場合[5] あるいは国内で支払ったとみなされる場合には，所得税を源泉徴収

　　課税規定の適用があるのは，12号所得を稼得する非居住者のうち「給与所得を有する者」です。
4　橋本秀法編『Ｑ＆Ａ外国人の税務（三訂版）』（税務研究会，2014）62〜67頁。この場合に非居住者が提出する申告書は，準確定申告書と一般によばれています。
5　例えば，外国法人から派遣された非居住者の受入先である内国法人が，外国法人に代わって当該非居住者に対し一定額の滞在費を直接支給するような場合には，外国法人が国内で給与等を支払ったものとして取り扱われることになります。そして，この場合は，内国法人が外国法人に代わって所得税を源泉徴収し，当該外国法人の名において納付することになるようです（上記注３松上・源泉国際課税402頁）。

し納付しなければなりません（所得税法第5条第2項，第7条第1項第3号，第161条第1項第12号イ，第164条第2項第2号，第212条第1項，第2項，第213条第1項）[6]。その税率は，20パーセントですが，2013年1月1日から2037年12月31日までの期間に行うべき源泉徴収については，復興財源確保法に基づき2.1パーセントに相当する復興特別所得税が付加されるため，20.42パーセントになります（同法第12条，第13条，第28条）。

なお，上記の「国内で支払ったとみなされる場合」とは，具体的には，非居住者に対し給与等の支払いを行う外国法人が国内に支店等の事務所を有するケースを意味します。この場合には，たとえその支払いが国外で行われたとしても国内で支払ったものとみなされ，当該外国法人に源泉徴収義務が課されることに注意が必要です（所得税法第212条第2項）。

非居住者たる来日外国人に対しこのような源泉徴収がなされる場合には，それのみで日本における課税関係が終了します（所得税法第172条第1項）。

(b) 役員報酬に対する課税

以上のように人的役務の提供地を基準に源泉地国を判定する原則は，外国法人の外国人従業員だけでなく，外国法人の外国に居住する外国人役員が来日し，日本で人的役務を提供する場合にもあてはまります。したがって，国内税法の下では，外国法人の外国人役員が日本に短期出張した場合，国内勤務分に対応する役員報酬が国内源泉所得に該当します。そして，国内払い（国内払いとみなされる場合を含む）かどうかに応じて，日本における課税の方式が異なってくる点も同様です。

なお，役員報酬については，役務提供地を基準に国内源泉所得かどうかを判断する上記原則とは異なる特別な源泉ルールとして，内国法人の役員（通常の場合は非常勤）に非居住者が就任している場合には，その役務提供地がどこであるかにかかわらず，内国法人からの役員報酬はすべて国内源泉所得とする原則が採用

---

[6] 来日した米国の団体職員が日本で無料提供された社宅に係る経済的利益につき源泉徴収課税されることについて，上記注2三好・海外勤務者364～365頁参照。

されています（所得税法第161条第1項第12号イかっこ書き）。この特別なルールの適用があるのは、ここで検討しているような外国法人がその外国人役員を日本に派遣するケースではありません。この役員報酬に関する特別な源泉ルールについては、後に第3章第2節2（1）(b)（703頁）でまとめて説明します。

(c) 地方税

外国法人の外国人従業員・役員が短期出張のために来日する場合には、通常、在留期間が3カ月以内であるため、住民基本台帳制度の対象になることはありません（住民基本台帳法第30条の45、入管法第19条の3）。このため、かかる外国人従業員・役員には個人住民税は課されません（地方税法第24条第1項第1号、第2項、第294条第1項第1号、第2項）。

(2) 租税条約の定め

(a) 短期滞在者免税

(i) 制度の趣旨

国内での勤務期間の長短にかかわらず、国内勤務に対応する部分の給与等を国内源泉所得として日本で課税する国内税法の原則がそのまま貫かれてしまうと、居住地国と滞在地国との間で頻繁に二重課税の問題が発生します。その結果、納税や還付手続が必要となり、ひいては国際的な人的交流の阻害要因ともなりかねません。このため、租税条約では、短期滞在者免税に関する定めを設け、一定の条件を課したうえで、相手国居住者である従業員の給与等について、人的役務の提供地（源泉地国）での課税を免除しています。

例えば、日米租税条約の下では、米国の居住者（日本の非居住者）が、以下の①から③までの要件をすべて満たす場合には、役務提供地国である日本での課税が免除されます（同条約第14条第2項）。

① 当該課税年度において開始または終了するいずれの12カ月の期間においても、日本での滞在期間が183日を超えないこと。

② その個人の給与等が日本の居住者でない雇用者またはこれに代わる者から支払われるものであること。

③　その個人の給与等が米国企業（雇用主）の日本国内の恒久的施設によって負担されないこと。

　(ⅱ)　3要件に関する留意点

上記3要件の適用にあたっては，とくに以下の3点に留意する必要があります。

(A)　滞在期間

　　上記①の滞在期間が183日以下であるかどうかは，暦年単位ではなく，任意の連続した12カ月の期間内において合計して183日を超える滞在期間があるか否かにより判定します[7]。

(B)　雇用主

　　上記②の要件からも明らかなように，短期滞在者免税の対象は，日本以外の国の企業に雇用された者が，日本で比較的短期間勤務することにより，その雇用主から受け取る給与等に限られます。したがって，内国法人が非居住者を直接雇用して支払う給与や，内国法人が外国に居住する非常勤役員に対して支払う役員報酬については，短期滞在者免税の適用はありません。これらの場合には，国内税法により20パーセント（復興特別所得税が付加されると20.42パーセント）の税率による源泉徴収が行われます。

(C)　恒久的施設による負担

　　上記③の要件とは，日本に派遣される外国人の雇用主が日本国内に恒久的施設を有する場合に，当該外国人の給与等が当該恒久的施設によって負担されないこと，すなわちその課税所得の計算上損金に算入されないことを意味します。この要件が必要となるのは，当該給与等が日本国内に所在する恒久的施設によって負担されると，結果的に当該恒久的施設に対して日本で課される法人税が軽減されるため，そのうえに使用人給与の免税まで認めることは，過大であると考えられているからです。

---

[7]　OECDモデル条約の第15条のコメンタリーのパラグラフ4参照。

(iii) 手続的要件

上記短期滞在者免税の①から③までの要件すべてを満たす場合には，米国の居住者（日本の非居住者）が，日本国内で勤務したことにより受け取る給与等については日本で課税されません。ただし，短期滞在者免税の適用を受けるためには，以下の手続的な要件を満たす必要があります。

(A) 源泉徴収の場合

給与等の支払者である米国法人が，当該給与等を日本国内で支払うか，あるいは日本国内で支払ったものとみなされる場合（所得税法第212条第2項）には，その米国の居住者（日本の非居住者）が日米租税条約上の免税の恩典を受けるためには，「租税条約に関する届出書」，「特典条項に関する付表」および居住者証明書を提出する必要があります（実施特例法第3条の2，同法施行省令第2条第1項，第9条の5）。

(B) 申告納税の場合

国内税法によれば当該米国の居住者（日本の非居住者）が給与等につき源泉徴収を受けずに所得税の申告義務を負う場合にも，上記と同様の書類を提出することにより，日米租税条約上の免税の恩典を受けることができます（実施特例法施行省令第9条の2第9項）。

(b) 国際運輸業に従事する職員

国際運輸に運用される船舶または航空機内において行われる勤務に係る給与等については，その役務提供地国を明確に判定することが困難であるため，日米租税条約は，居住地国での課税権のみを認めています（同条約第14条第3項）。この条文は，国際運輸業に限って適用されるため，それ以外の事業を営む企業の職員には適用がありません。

適用のための届出手続は，短期滞在者免税の場合と同様です。

(c) 役員報酬に対する課税

日米租税条約[8]を含む多くの租税条約は，役員報酬に関し以下のような規定を

8　2013年改正議定書第6条は，日米租税条約第15条の適用対象を，「役員」から

置いています[9]。

　第一に、役員報酬が勤務に基因するものである限り、勤務地国において課税するという原則を採用しています（日米租税条約第14条第1項、日英租税条約第14条第1項）。

　第二に、上記のような勤務に基因する役員報酬に対しては、短期滞在者免税の規定の適用があると考えられます（日米租税条約第14条第2項、日英租税条約第14条第2項）[10]。

「取締役会の構成員」に変更しています。そして、同条の規定の適用があるのは、法人の取締役会の構成員としての職務に係る報酬に限定されることを確認しています（交換公文3参照）。「役員」とされる者の範囲が、日本においては、取締役、執行役、監査役等が含まれる（条約上に定義がないので、日本においては日本の国内法の定義（所得税基本通達2-8、法人税法第2条第15号）によります（日米租税条約第3条第2項））のに対し、米国においてはこれと異なっていたため、同条約第15条の対象者を両国においてできる限り整合的になるように、同改正が行われました（吉沢浩二郎ほか『改正税法のすべて　平成25年版』（大蔵財務協会、2013）757～758頁）。

9　藤原忠文編『税務相談事例集――各税目の視点から解説（平成29年版）』（大蔵財務協会、2017）1026～1027頁。
10　OECDモデル条約第16条は、日米租税条約第15条と同様に、一方の締約国の居住者が他方の締約国の法人の「役員の資格で取得する役員報酬」に対しては、当該役員の役務提供地を問わず、他方の締約国が課税できるという原則を定めています。そして、OECDモデル条約第16条のコメンタリーのパラグラフ2は、法人の取締役会の構成員が、通常の使用人、アドバイザー、コンサルタント等の別の機能を営むことがよくあることを認めたうえで、このような別の機能に対する報酬については、同モデル条約第16条の適用がないことを確認しています。このコメンタリーの記述によれば、一方の締約国の法人の役員を務める同国の居住者が他方の締約国を訪れ人的役務を提供し、役員としての資格ではなく人的役務提供自体の対価として報酬を得る場合には、同条約第16条の問題ではないことになります。すなわち、この場合には、人的役務の提供地国に課税権を認めたうえで、短期滞在者免税の特例を定める同モデル条約第15条の適用があると考えられます。

第三に，一方の締約国の居住者が他方の締約国の居住者である法人の役員の資格で取得する報酬については，当該法人の居住地国において課税できます（日米租税条約第15条，日英租税条約第15条）。

　上記のうち，第三の点は，ここで検討している外国法人の役員が日本に短期出張するケースとは関係がありません[11]。

　本ケースで適用があるのは，外国法人の外国人役員が日本に短期出張した際に国内において行う役務の提供に対応する部分の役員報酬のみが当該役員の国内源泉所得となるという原則（日米租税条約第14条第1項）で，これは国内税法の定めと同様です。このような役員の日本での役務提供に対応する報酬については，短期滞在者免税の規定（同条約第14条第2項）の適用があると考えられます。

(3) 日本側当事者の税務

　国内に恒久的施設を有しない外国法人の外国人従業員・役員（非居住者）が日本に短期出張をし，国内で人的役務を提供してその対価を受け取る場合，対価の支払者は，通常当該従業員・役員を派遣する外国法人です。このように対価の支払いにそもそも日本側当事者が関与しない場合には，とくに留意すべきことはあ

11　日米租税条約第15条は，内国法人の（非常勤）役員に非居住者が就任している場合には，役務提供地がどこであるかにかかわらず，内国法人からの役員報酬はすべて国内源泉所得とすることを原則とする国内税法の特別な源泉ルール（所得税法第161条第1項第12号イ）と共通の考え方に立つものです。具体的にいうと，米国法人の米国居住の役員（日本の非居住者）が日本の子会社の役員に就任し，その日本子会社の役員の資格で取得する報酬については，日本に課税権があることを意味します。

　なお，上記は「外から内へ」の事例ですが，上記租税条約の規定は，「内から外へ」のケースにも適用されます。典型例としては，内国法人がその役員を外国支店・外国子会社の現地駐在員（現地の居住者・日本の非居住者）として派遣する一方で，非常勤役員としての報酬を支払うような事例があります。このような事例の課税関係は，第3章第2節2（1）(b)（729頁）で説明します。

りません。

　他方，日本側当事者が当該非居住者（給与所得を有する者）の旅費・国内滞在費を支給する場合，その支払額が職務遂行上行う旅行のために通常必要であると認められるものである限り非課税となります（所得税基本通達9-3）。

　また，日本側当事者が，外国法人に代わって当該非居住者に一定額の滞在費（非課税とされる旅費の範囲を超えるもの）を直接支給するような場合（所得税基本通達28-3）には，外国法人が国内で給与等を支払ったものとして取り扱われることになります。そして，この場合は，日本側当事者が外国法人に代わって20パーセント（復興特別所得税が付加されると20.42パーセント）の税率で所得税を源泉徴収し，当該外国法人の名において納付することになるようです。ただし，この場合は，日本側当事者が上記滞在費を負担するわけではないので，租税条約の短期滞在者免税の適用が可能であると考えられます[12]。

3　日本の駐在員事務所・支店に勤務する

（1）問題の所在

　外国法人が外国に居住する外国人従業員・役員を日本に派遣し，当該外国法人の日本所在の駐在員事務所または支店に勤務させる場合について検討します。日本にある駐在員事務所や支店は，当該外国法人の一部をなすので，派遣元である外国法人と派遣された外国人従業員・役員との間の雇用関係等は，来日後もそのまま維持されます。

　上記の場合に国内で人的役務を提供する外国人の日本での課税関係を検討するうえでまず明らかにしなければならないことは，日本の税法上当該外国人が入国日の翌日から居住者として取り扱われるかどうかです。入国日の翌日から当該外国人が居住者として取り扱われる場合でも，さらに永住者に該当するかどうかにより日本での課税関係が異なります。

　来日外国人が永住者となる場合の課税の方式は，日本人の居住者の場合とまっ

12　上記注3松上・源泉国際課税402頁（1971年日米租税条約に関する設例）。

たく同様ですから、この本では検討しません。以下では、外国から来日し、国内で人的役務を提供する外国人が、非居住者としての地位を維持する場合および非永住者となる場合の二つに区分し、それぞれの場合の課税関係を説明します。

（2）非居住者の地位を維持する
(a) 国内税法の定め
(i) 国内源泉所得の範囲

来日した外国人駐在員の日本における滞在期間が契約等によってあらかじめ1年未満の期間と定められているような場合には、当該駐在員は、入国後も引き続き非居住者として取り扱われます（所得税法施行令第14条、所得税基本通達3-3）[13]。この場合の国内税法の下での課税関係は、以下のとおり短期出張のケースと同様です（2（1）(a)（674頁））。

まず、当該駐在員の国内勤務に基因する部分の給与等は、国内源泉所得とされ（所得税法第161条第1項第12号イ、所得税基本通達161-41）、日本で課税されます。ただし、以下の二点に留意する必要があります。

第一に、通勤費や旅費の非課税の規定（所得税法第9条第1項第4号、第5号）は、その者が給与所得者である限り、居住者であるか非居住者であるかを問わず適用されます（2（1）(a)(i)（674頁））。したがって、非居住者である外国人駐在員に支給される通勤費や旅費が非課税限度内であれば課税されません[14]。ただし、

---

13 当初1年未満の予定で来日した駐在員が、途中で1年以上国内勤務することに予定が変更された場合には、予定変更までの期間は非居住者に該当し、予定変更後は居住者として扱われます（上記注4橋本・外国人の税務31〜32頁）。逆に当初1年以上居住する予定で来日した駐在員が、途中で予定が変更になり、結果的に1年未満で出国することになった場合も、さかのぼって居住形態の判定を変更することはありません。この場合、入国の日から出国の日までの間は居住者となり、出国の日の翌日から非居住者として取り扱われます（同書24〜25頁）。

14 上記注2三好・海外勤務者158頁。通勤費の非課税の規定が非居住者たる「給与所得を有する者」に適用されることにつき、上記注3松上・源泉国際課税399頁参

居住者についてのみ適用される在勤手当の非課税規定（所得税法第9条第1項第7号）は，非居住者には適用されません[15]。

第二に，一般の日本人の居住者について適用される現物給与に関する特殊な課税上の取扱い（例えば社宅・食事の提供，創業記念品等の取扱い）についても同様に適用されます[16]。

(ii) 課税の方式

外国法人が国内にある駐在員事務所または支店を通じて，非居住者である外国人の駐在員に対し給与等を支払った場合，当該給与等につき20パーセントの税率により所得税の源泉徴収が行われます（所得税法第5条第2項，第7条第1項第3号，第161条第1項第12号イ，第164条第2項第2号，第212条第1項，第213条第1項）。たとえ国外で上記給与等の支払いが行われたとしても，当該外国法人は，国内に駐在員事務所または支店を有しているため，国内払いをしたものとみなされます（所得税法第212条第2項）[17]。上記駐在員は，このような源泉徴収がなされる場合には，それのみで日本における課税関係を終了します（所得税法第172条第1項）。

なお，2013年1月1日から2037年12月31日までの期間に行うべき源泉徴収については，復興財源確保法に基づき2.1パーセントに相当する復興特別所得税が付加されるため，20.42パーセントの税率が適用されます（同法第12条，第13条，第28条）。

(iii) 地方税

日本に駐在する外国人が所得税法上は非居住者に該当する場合でも，国内に在留資格をもって日本に3カ月超1年未満の期間滞在するときには，住民基本台帳

照。
15 　上記注2三好・海外勤務者158頁。
16 　上記注2三好・海外勤務者158～161頁。
17 　上記注4橋本・外国人の税務125～126頁は，フランス法人の日本支店に派遣されたフランス人（日本の非居住者であるが，日本に7カ月間滞在するため日仏租税条約に定める短期滞在者免税の規定の適用がない）が本国で受け取る給与の一部について，国内税法の下での課税関係を検討しています。

制度の対象になります（住民基本台帳法第30条の45，入管法第19条の3）。この結果，来日外国人が住民税の賦課期日（1月1日）において住民基本台帳に記録されている場合には，所得税法上の居住者・非居住者の区別に関わりなく，住民税の納税義務者になると考えられます（地方税法第24条第1項第1号，第2項，第294条第1項第1号，第2項）（第1章第1節3（2）（660頁））。

(b) **租税条約の定め**

先に2（2）(a)（678頁）で述べたとおり，日米租税条約は短期滞在者免税の規定を置いています（同条約第14条第2項）。同条約の定める要件をすべて満たす場合，当該駐在員は，「租税条約に関する届出書」，「特典条項に関する付表」および居住者証明書を提出することにより，源泉徴収を免除されます（実施特例法第3条の2，同法施行省令第2条第1項，第9条の5）[18]。

なお，日米租税条約の対象税目には住民税が挙がっていない（同条約第2条第1項(a)）ため，来日米国人が住民基本台帳に記録され住民税の納税義務者になる場合には，同条約によって住民税の課税関係は変更されないと考えられます[19]。

(c) **日本側当事者の税務**

外国法人から日本の駐在員事務所や日本支店に派遣された外国人駐在員（非居住者）の給与等を当該外国法人のみが支払う場合，日本側当事者がそもそも関与することはありません。

他方，当該外国法人自身は，国外で給与等を支払ったとしても，国内払いをしたとみなされるため，当該駐在員に短期滞在者免税の適用がない限り，源泉徴収義務を負います。

---

18 米国法人がその日本支店に派遣した従業員（非居住者）の国外払いの給与について，当該米国法人が源泉徴収義務を負うが，日米租税条約の短期滞在者免税の適用により源泉徴収義務が免除されることに関し，上記注9藤原・税務相談事例集1026〜1027頁。

19 飯塚信吾「外国人住民に係る住民基本台帳制度の改正と住民税課税について」国際税務34巻9号60頁以下，62〜63頁。

(3) 非永住者となる

(a) 国内税法の定め

(i) 非永住者の課税所得

外国法人から日本の駐在員事務所や支店に派遣された外国人の国内における勤務期間があらかじめ1年未満とされている場合を除き，入国日の翌日から国内に住所を有するものと推定され，居住者として取り扱われます（所得税法施行令第14条）。入国時から居住者として取り扱われない場合でも，国内において引き続き1年以上居所を有することになった場合には，1年経過後は居住者として取り扱われます[20]。

さらに，上記のような居住者が，日本の国籍を有しておらず，かつ過去10年以内に国内に住所または居所を有していた期間の合計が5年以下である場合には，非永住者として取り扱われます（所得税法第2条第1項第4号，所得税基本通達2-4の2，2-4の3）[21]。

---

20 「引き続いて1年以上の居所を有する」かどうかの判定にあたっては，国外での一時的な滞在期間も日本における滞在期間に含まれることになっています（所得税基本通達2-2）。

21 東京地裁平成25年5月30日判決（確定）（判例時報2208号6頁）は，内国法人の代表取締役である日本国籍の原告が，日米いずれの居住者に当たるかが問題になった事案です。同判決は，米国において自宅を含む資産を保有し，家族とともに長年居住し，米国の永住権を取得していた原告が，各課税年における日本での滞在日数，住民登録の状況，日本滞在中の居住場所，日本での職業への従事状況などに照らし，日本の居住者に当たるものの，非永住者に該当するとの判断をくだしました。

さらに，同判決は，原告のオルゴール等の譲渡所得が，非永住者の課税対象所得となる国内源泉所得に該当するかどうかを判断するにあたり，国内源泉所得該当性の主張立証責任は，課税庁側にあると判示しています。

なお，上記判決は，平成18年度税制改正前の所得税法の下での事案です。同法は，非永住者を，「居住者のうち，国内に永住する意思がなく，かつ，現在まで引き続いて5年以下の期間国内に住所又は居所を有する個人」と定義しており，その課税対象所得は，①国内源泉所得および②それ以外の所得で国内において支払わ

このような非永住者の課税所得は、①国外源泉所得以外の所得および②日本国内において支払われまたは国外から送金された国外源泉所得の二つです（所得税法第5条第1項、第7条第1項第2号）。したがって、非永住者に該当する外国人駐在員は、国内勤務分（国内払いか国外払いかは無関係）に対応する給与等について日本で課税されるばかりでなく、国外勤務分に対応する部分の給与等についてもそれが国内で支払われ、または国外から送金される場合には、同様に日本で課税されます[22]。

なお、通勤費や旅費の非課税の規定（所得税法第9条第1項第4号、第5号）は、その者が給与所得者である限り、非居住者か居住者であるかに関係なく適用されます（2(1)(a)(i)(674頁)）。

(ii) 課税の方式

非永住者に該当する外国人の駐在員が課税所得にあたる給与等を得る場合の課税の方式は、日本人の居住者が給与所得を得る場合と同様です[23]。すなわち、まず、非永住者は、国内において支払いを受ける給与等について、源泉徴収税額表によって定まる額の源泉徴収を受け（所得税法第183条第1項、第185条、第186条）[24]、

れ、または国外から送金されたものと規定していました。

22 非永住者が国外からの送金を受領した場合の課税対象額の計算方法について、上記注4橋本・外国人の税務49〜53頁参照。

　なお、非永住者の課税所得に含まれる国外源泉所得について、国外から送金を受けた金額から国外へ返金した金額を控除することは認められない旨の判断を示した裁決例として、平成20年8月4日裁決（裁決事例集76集77頁）があります。

23 このように、外国法人から日本に派遣された駐在員が非永住者に該当する場合には、通常日本での受入先である内国法人（子会社）または日本支店等がその給与等の全部または一部を支給するケースが多いと考えられます。本文の説明は、このようなケースにもあてはまります。

24 先に第1節2(1)(a)(ii)(676頁)で説明したとおり、非居住者に対する源泉徴収は、国内払いの場合のみならず、国内払いとみなされる場合（具体的には、国外払いであるが、その支払者が国内に事務所等を有する場合）にも行われます（所得税法第212条第2項）。これに対し、非永住者を含む居住者に対し支払われる給与等に

さらに課税対象となるすべての所得について，日本において確定申告をしなければなりません（同法第120条，第121条，第126条，第127条，所得税基本通達121-5(3)）[25]。

(iii) 地方税

来日外国人が非永住者となる場合には，住民基本台帳制度の対象になりますから，住民税の賦課期日（1月1日）において住民基本台帳に記録されているときには，住民税の納税義務者となります。

(b) 租税条約の定め

非永住者の日本における課税関係について，日米租税条約を含む租税条約は，特別の規定を置いていません[26]。短期滞在者免税の規定は，外国人の駐在員が日本の非居住者の地位を維持する場合にのみ適用があることを改めて確認しておきます。したがって，所得税法の下での課税関係は，日米租税条約によって変更を受けません。住民税についても同様です。

(c) 日本側当事者の税務

外国法人が日本所在の駐在員事務所または支店に外国人駐在員（非永住者）を派遣し，当該外国法人が給与等を支払う場合，日本側当事者が関与することはな

ついて源泉徴収が行われるのは，国内払いの場合のみで，国外払いの場合を含まないことに注意を要します（所得税法第183条第1項参照）（上記注2三好・海外勤務者157頁）。したがって，例えば日本支店を有する外国法人が日本支店に外国人の駐在員を派遣し，国外で給与等を支給した場合，当該駐在員が非居住者のときには日本での源泉徴収が必要となるのに対し，当該駐在員が居住者のときには日本での源泉徴収は不要です。

25 上記注2三好・海外勤務者157，161頁。なお，上記注4橋本・外国人の税務139～140頁は，米国法人の日本支店に派遣された米国人（非永住者）が，米国本店払いの給与と日本支店払いの給与の支給を受ける場合の日本における課税関係を検討しています。

26 日米租税条約第4条第3項は，自国の居住者に対する自国での課税関係は，租税条約の影響を受けないというセービングの原則を確認的に規定しています。セービングの原則については，第1部第3章第3節2（68頁）を参照してください。

いため、とくに留意すべき問題はありません。

他方、外国法人が外国人駐在員（非永住者）に対し国内で支払う給与等については源泉徴収が行われますが、その取扱いは、日本人の居住者に対する源泉徴収と同様です。すなわち、当該外国法人が非永住者に対し、国内において給与等の支払いをする場合には、源泉徴収税額表に従い源泉徴収をしなければなりません。

4 日本子会社の従業員・役員として派遣する

(1) 問題の所在

外国法人が外国人従業員・役員を日本に派遣する場合の最後の形態として、日本の子会社の従業員・役員として勤務させるために日本に派遣するケースを取り上げます。このケースにおいてもいろいろなパターンが考えられるため、以下のような場合分けをして検討します。

(a) 居住者該当性

外国法人が日本の子会社に派遣する外国人が「非居住者」「非永住者」「永住者」のいずれに該当するかによって、その課税関係は異なります。当該外国人が「永住者」となる場合の課税関係は、日本人の居住者の場合と同様ですからとくに取り上げず、以下では非居住者の地位を維持する場合と非永住者となる場合の二つのケースのみを説明します。

(b) 子会社での地位

外国法人が派遣した外国人が日本の子会社の従業員として勤務するのか、それとも役員に就任するのかを分けて考える必要があります。

この点に着目するのは、内国法人が非居住者の役員に対して支払う役員報酬については、特別な源泉ルールが定められているからです。すなわち、内国法人の役員（非居住者）は、国内での役務提供の有無にかかわらず、その役員報酬については全額国内源泉所得とされるのが原則です。

本節で取り扱っている「外から内へ」のケースとして具体的に考えられるのは、外国法人の外国人である従業員・役員（当該外国の居住者・日本の非居住者）

が内国法人の（非常勤）役員に就任し，当該内国法人から役員報酬を受け取る事案です。他方，第3章（724頁）で取り上げる「内から外へ」の形態の具体例としては，内国法人がその役員を，外国に駐在させ，当該役員が日本の非居住者である状態で役員報酬を支給するケースが考えられます。

(c) 外国法人との雇用関係

日本の子会社の従業員・役員となった外国人が，当該外国法人との雇用関係等を維持し，双方から給与等をもらうのか，それとも当該外国法人との雇用関係等を解消し，もっぱら日本の子会社から給与等をもらうのかも区別しなければなりません。外国法人がその従業員・役員を日本の子会社に派遣し，派遣後に外国法人との雇用関係等が継続せず，解消されるケースは，「個人の資格で来日した外国人が内国法人の従業員・役員となる場合」と同様の課税関係になるので，第2節（702頁）を参照してください。

したがって，以下では，外国法人が日本の子会社の従業員・役員として勤務させるために，外国人を派遣し，しかも当該外国人との雇用関係等を維持する場合（すなわち，外国法人と日本子会社の双方から当該外国人が給与等を受ける場合）のみを取り上げます。

(2) 非居住者の地位を維持する

(a) 国内税法の定め

(i) 従業員の給与等に対する課税

(A) 日本子会社から受け取る給与等

先に2（1）(a)(i)（674頁）で述べたとおり，非居住者が従業員として役務提供することにより得る給与等に対する国内税法の課税の原則は，役務提供地を源泉地とし，その源泉地での課税を認めるものです（所得税法第161条第1項第12号イ）。そして，当該非居住者の勤務が国内および国外の双方にわたる場合の国内源泉所得の計算は，それぞれの勤務期間に応じて按分するのが原則です（所得税基本通達161-41）。

なお，通勤費や旅費の非課税の規定（所得税法第9条第1項第4号，第5号）

は、その者が給与所得者である限り、居住者であるか非居住者であるかを問わず適用されます（2（1）(a)(i)（674頁））。したがって、内国法人が雇用する外国人従業員（非居住者）に支給される通勤費や旅費が非課税限度内であれば、課税する必要はありません。

　当該外国人従業員（非居住者）と雇用関係等を有する内国法人は、国内源泉所得に該当する給与等につき、20パーセント（復興特別所得税が付加されると20.42パーセント）の税率により所得税の源泉徴収をしなければなりません（所得税法第5条第2項、第7条第1項第3号、第161条第1項第12号イ、第164条第2項第2号、第212条、第213条第1項、復興財源確保法第12条、第13条、第28条）。内国法人は、国内に事業所等を有していますから、給与等の支払場所にかかわらず常に源泉徴収が必要になります（所得税法第212条第2項）。

　(B)　外国法人から受け取る給与等

　さらに、外国法人から日本の子会社に派遣され、子会社の従業員として勤務する外国人（非居住者）が当該外国法人から受け取る給与等の中に日本での勤務分が含まれている場合には、その部分の給与等は、国内源泉所得に該当します。かかる給与等の支払いが国外で行われ、しかも当該外国法人自身が国内に事業所等を有しない場合、国内源泉所得に含まれる給与等に対して源泉徴収は行われません（所得税法第212条第2項が適用されません）。

　しかし、この場合、当該外国人（非居住者）は、原則としてその年の翌年の3月15日までに上記給与等につき所得税の申告義務を負います（所得税法第5条第2項、第7条第1項第3号、第161条第1項第12号イ、第164条第2項第2号、第172条第1項）[27]。その適用税率は、20パーセント（復興特別所得税が付加されると20.42パーセント）の定率です（所得税法第172条第1項、第170条、復興財源確保法第12条、第13条、第17条、第18条）。

27　上記注3松上・源泉国際課税280頁参照。

(ii) 役員報酬に対する課税

(A) 原則（役務提供地国における課税）

　これまで繰り返し述べたように，非居住者の人的役務の提供の対価が国内源泉所得に該当するかどうかは，当該人的役務が国内で提供されるかどうかによって決まるのが原則です。したがって，この原則に従う限り，内国法人と雇用・委任関係のある従業員・役員（非居住者）の役務提供が国外でのみ行われる場合には，その役務提供の対価として支払われる給与等には，国内源泉所得に該当する部分はありません。

(B) 特別な源泉ルール（法人所在地国における課税）

　しかし，役員報酬については上記の原則の例外としての特別な源泉ルールがあります。例えば，非居住者が内国法人の役員（所得税基本通達2-8，法人税法第2条第15号）に就任し，内国法人の日常の業務には直接従事せず取締役会への出席を通じて企業の経営に従事することの対価として，当該内国法人から役員報酬を受け取っているケースが考えられます。このような内国法人の役員の役務については，その所得の源泉地を実際の役務提供地に限定することが妥当でないため，かかる役員の役務の提供はすべて国内における勤務とみなして法人の所在地国において課税するという特別な源泉ルールが採用されています（所得税法第161条第1項第12号イかっこ書き）[28]。

　したがって，外国法人の役員が通常は外国に居住し当該外国法人のために勤務する一方で，その子会社たる内国法人の（非常勤）役員に就任し役員報酬を受け取っているような場合には，当該内国法人が支払う役員報酬は，その役員の勤務地に関係なくすべて国内源泉所得に該当し，日本での源泉徴収に服することになります[29]。

　なお，この役員報酬に関する特別な源泉ルールについては，後に第3章第2節2（1）(b)（703頁）でまとめて説明します。

28　上記注2三好・海外勤務者34〜35頁。
29　上記注2三好・海外勤務者34〜35頁。

(c) 課税の方式

上記のとおり、内国法人から外国人(非居住者)が受け取る役員報酬が国内源泉所得に該当するかどうかについては特別なルールがあります。しかし、国内源泉所得に該当する役員報酬に関する課税関係は、外国人の従業員(非居住者)が日本子会社から給与等を受け取る場合の課税関係と同じです。すなわち、内国法人は、国内源泉所得に該当する役員報酬につき、20パーセント(復興特別所得税が付加されると20.42パーセント)の税率により所得税の源泉徴収をしなければなりません。

他方、外国法人から日本の子会社に派遣され、子会社の役員に就任した外国人(非居住者)が当該外国法人から受け取る給与等の中に日本での勤務分が含まれている場合には、その部分の給与等は国内源泉所得に該当します。かかる給与等の支払いが国外で行われ、しかも当該外国法人自身が国内に事業所等を有しない場合には、国内源泉所得に該当する部分の給与等に対して源泉徴収は行われません(所得税法第212条第2項が適用されません)。しかし、この場合、当該外国人(非居住者)は、原則として、その年の翌年の3月15日までに上記給与等につき所得税の申告義務を負います。その適用税率は、20パーセント(復興特別所得税が付加されると20.42パーセント)の定率です。

(iii) 地方税

すでに3(1)(a)(iii)(689頁)で述べたように、外国会社から日本子会社の従業員・役員として派遣された外国人が、所得税法上の非居住者に該当する場合でも、住民税の賦課期日(1月1日)において、住民基本台帳に記録されている場合には、住民税の納税義務者になると考えられます。

(b) 租税条約の定め

(i) 短期滞在者免税

先に2(2)(a)(678頁)で説明したとおり、日米租税条約を含む多くの租税条約では、短期滞在者免税に関する定めを設け、一定の要件を満たす従業員・役員(非居住者)の給与等について、人的役務の提供地である源泉地国での課税を免除しています。そして、短期滞在者免税の対象となるのは、日本以外の国の企業

に雇用された者が，日本で比較的短期間勤務することにより，その雇用主から受け取る給与等に限られます。

したがって，例えば内国法人が来日外国人（非居住者）を直接雇用して支給する従業員の給与等や，内国法人が外国人（非居住者）に対し支払う非常勤役員としての報酬に対しては，たとえそれらの外国人が短期間来日するだけであったとしても短期滞在者免税の適用はありません[30]。このような場合には，国内税法により20パーセント（復興特別所得税が付加されると20.42パーセント）の税率による源泉徴収が行われます。

他方，外国法人が日本の子会社の従業員・役員として派遣した外国人（非居住者）に対し，国外または国内で支払う給与等の中に，当該外国人の国内勤務分の給与等が含まれている場合には，その部分は国内源泉所得に該当します。このような国内源泉所得については，短期滞在者免税の適用が考えられます。

(ⅱ) 役員報酬に対する課税の特則

2 (2)(c)(680頁)で述べたとおり，日米租税条約を含む多くの租税条約においては，役員報酬に関し以下のような規定が置かれています。

第一に，役員報酬が勤務に基因するものである限り，勤務地国において課税するという原則を採用しています（日米租税条約第14条第1項，日英租税条約第14条第1項）。

第二に，上記のような勤務に基因する役員報酬に対しては，短期滞在者免税の要件を満たす限り，その適用があると考えられます。

第三に，一方の締約国の居住者が他方の締約国の居住者である法人の役員の資格で取得する報酬については，当該法人の居住地国において課税できます（日米租税条約第15条，日英租税条約第15条）。これは，役務提供地とは関係なく，法人の所在地国に役員報酬の源泉地を定める特別な源泉ルールで，役員報酬につき国内税法が定める特別な源泉ルールと共通のものです。

本節で取り上げている「外から内へ」のケースの一例としては，外国法人が外

30　上記注2三好・海外勤務者371〜379頁。

国人役員（非居住者）を日本の子会社の（非常勤）役員に就任させ，その子会社が当該非常勤役員に対し役員報酬を支払う場合が考えられます。このような役員報酬に対する日本での課税関係は，上記のような租税条約の適用がある場合でも，国内税法のみが適用ある場合と基本的に同じです。すなわち，短期滞在者免税の適用はなく，国内税法に従い，日本国内における役務提供の有無を問わず，内国法人が支払う役員報酬の全額につき日本で課税されます。

(c) 日本側当事者の税務

外国法人が日本に派遣した外国人（非居住者）を雇用し，その国内勤務に係る給与等（通勤費・旅費等の非課税部分を除く）を支払う日本側当事者は，国内税法の下では，20パーセント（復興特別所得税が付加されると20.42パーセント）の税率で源泉徴収義務を負います。外国法人が日本に派遣した外国人（非居住者）が内国法人の（非常勤）役員に就任した場合には，内国法人が役員に支払う役員報酬については，国内勤務の有無にかかわらず役員報酬全額について，同様の源泉徴収義務を負います。

なお，日本側当事者が支払う上記給与等および役員報酬については，租税条約上の短期滞在者免税の規定の適用はありません。

(3) 非永住者となる

(a) 国内税法の定め

外国法人から日本の子会社に派遣され，当該子会社の従業員・役員として勤務する外国人が非永住者に該当する場合の課税関係は，日本の駐在員事務所・支店に派遣された外国人が非永住者となる場合（3 (3)(687頁)）と同じです。

まず，このような非永住者は，①国外源泉所得以外の所得および②日本国内において支払われまたは国外から送金された国外源泉所得につき課税されます。この場合，通勤費の非課税等の非課税所得の範囲および社宅その他の現物給与等に対する課税上の取扱いは，一般の日本人の居住者の場合と同様に適用されます[31]。また，一定の要件を満たすホーム・リーブ旅費等は，しいて課税しないこととして取り扱われます（所得税法第9条第1項第4号）[32]。

上記の非永住者が給与等を受ける場合の課税の方式も，日本人の居住者が給与所得を得る場合と同様です。すなわち，当該非永住者は，国内において支払いを受ける給与等について，源泉徴収税額表によって定まる額の源泉徴収を受け，課税対象となるすべての所得について日本において確定申告をしなければなりません[33]。課税所得の中には，非永住者が外国法人から国外で受け取る給与等で国内勤務分に対応するものも含まれます。

　さらに，かかる非永住者に対し個人住民税が課されるかどうかは，賦課期日（1月1日）において住民基本台帳に記録されているかどうかによると考えられます。

(b)　租税条約の定め

　非永住者の日本における所得税の課税関係について，租税条約に特別の規定はありません。また，日米租税条約の対象税目には住民税が含まれていないため，同条約が住民税の課税関係に影響を及ぼすことはないと考えられます。

(c)　日本側当事者の税務

　外国法人が日本の子会社に外国人を派遣し，当該子会社の従業員・役員として勤務させる場合，当該外国人が非永住者であるときには，国内払いの給与等につ

31　上記注2三好・海外勤務者157，161頁。

32　上記注2三好・海外勤務者404〜406頁。「国内において勤務する外国人に対し休暇帰国のための旅費として支給する金品に対する所得税の取扱い」（昭50直法6-1）参照。

　　なお，外国人社員本人だけでなく，その家族の帰国旅費や，単身で来日している外国人社員が職務の都合等で帰国できないので，帰国する代わりに家族を呼び寄せるために支給する旅費等についても非課税として取り扱われることについて，冨永賢一「外国人社員に支給するホームリーブ旅費等」国税速報第6304号27頁参照。

33　米国法人が日本の子会社に勤務させるために，米国従業員を日本に派遣し，米国法人が当該米国人従業員（非永住者）の家具保管料を負担した場合の日本での課税関係（所得税基本通達9-3（非課税とされる旅費の範囲）の適用はなく，国外払いの国内源泉所得として申告納税の対象になる）について，上記注4橋本・外国人の税務149〜150頁参照。

き源泉徴収が行われます。したがって、日本の子会社が非永住者に対し、給与等の支払いをする場合には、源泉徴収税額表に従い源泉徴収しなければなりません。

5 まとめ

以上のように、外国法人が外国人を日本に派遣し、当該外国人が役務提供をし、給与等を受ける場合の日本での課税関係はかなり複雑です。そこで、これまでの説明をまとめて対比するために、典型的なケースについて前提となる事実関係、国内税法の下での課税関係、日米租税条約の適用関係を簡単に図示してまとめておきます。いずれの事案も、対象となる外国人が所得税法上の非居住者であり、住民税の賦課期日（1月1日）において、住民基本台帳に記録されていないため、住民税の賦課はないことを前提とします（3（2）(a)(iii)（685頁））。

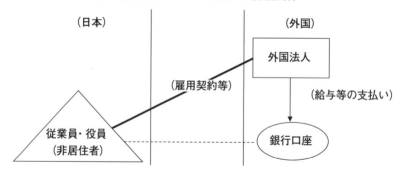

図1 外国法人の従業員・役員が日本に短期出張する場合（外国法人が国内事業所等を有しない場合）の課税関係

【国内税法の定め】

給与等の支払場所が国外であるため、従業員・役員は、国内勤務分に対応する給与等について源泉徴収を受けず、20パーセント（復興特別所得税が付加されると20.42パーセント）の税率による申告納税義務を負う（日本での滞在期間が短期かどうかを問わない）。なお、通勤費・旅費等に関する非課税規定の適用がある。

【日米租税条約の定め】
　短期滞在者免税の要件を満たす場合には，租税条約上の手続を踏むことにより免税。

図2　外国法人が従業員・役員を日本の駐在員事務所・支店に派遣する場合の課税関係

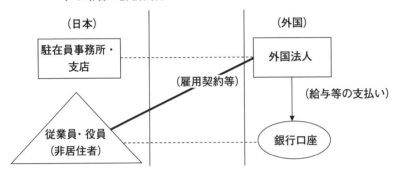

【国内税法の定め】
　外国法人による従業員・役員に対する全ての支払いが国内払いとみなされるため，当該従業員・役員の国内勤務分に対応する給与等について20パーセント（復興特別所得税が付加されると20.42パーセント）の税率による源泉徴収のみで日本における課税関係が終了（給与等の支払場所が国内であるかどうか，日本での滞在期間が短期かどうかを問わない）。なお，通勤費・旅費等に関する非課税規定の適用がある。

【日米租税条約の定め】
　短期滞在者免税の要件を満たす場合には，租税条約上の届出手続を踏むことにより免税。

図3 外国法人(親会社)が内国法人(子会社)に従業員として勤務する外国人を派遣し,当該外国人が外国と日本の双方で給与等を受け取る場合の課税関係

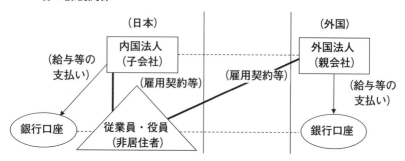

【国内税法の定め】

日本子会社の支払う給与等について20パーセント(復興特別所得税が付加されると20.42パーセント)の税率による源泉徴収課税。さらに,外国法人が国外で支払う給与等に国内勤務部分が含まれていれば,20パーセント(復興特別所得税が付加されると20.42パーセント)の税率による申告納税(日本での滞在期間が短期かどうかを問わない)。なお,通勤費・旅費等に関する非課税規定の適用がある。

【日米租税条約の定め】

日本子会社の支払う給与等につき短期滞在者免税の適用なし。他方,外国法人が国外で支払う国内勤務分の給与等について短期滞在者免税の要件を満たす場合には,租税条約上の届出手続を踏むことにより免税。

図4　外国法人（親会社）が内国法人（子会社）に派遣した非常勤役員が子会社からも役員報酬を受け取る場合の課税関係

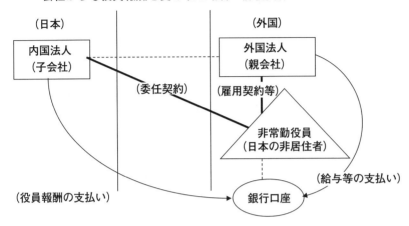

【国内税法の定め】

　日本子会社の非常勤役員としての報酬全額について，勤務地のいかんにかかわらず，原則として20パーセント（復興特別所得税が付加されると20.42パーセント）の税率による源泉徴収。なお，通勤費・旅費等に関する非課税規定の適用がある。さらに，外国法人が国外で支払う給与等に国内勤務分が含まれていれば，20パーセント（復興特別所得税が付加されると20.42パーセント）の税率による申告納税（日本での滞在期間が短期かどうかを問わない）。

【日米租税条約の定め】

　日本子会社の支払う役員報酬につき短期滞在者免税の適用なし。他方，外国法人が国外で支払う国内勤務分の給与等について短期滞在者免税の要件を満たす場合には，租税条約上の届出手続を踏むことにより免税。

第2節　個人の資格で来日した外国人従業員・役員

1　問題の所在

外国法人が外国人を日本に派遣する第1節の場合とは異なり，個人の資格で来日した外国人が内国法人と雇用契約等を締結して国内で人的役務を提供し，当該内国法人から給与等を受け取る場合があります。この場合の課税関係も，当該外国人が「非居住者」「非永住者」「永住者」のいずれに該当するかによって異なってきます。「永住者」となる場合の課税関係は，日本人の居住者の場合とまったく同様ですから，この本では取り上げません。本節では，当該外国人が非居住者の地位を維持する場合と非永住者となる場合の二つのケースのみを検討します。

2　非居住者の地位を維持する

(1) 国内税法の定め

(a)　従業員の給与等に対する課税

すでに第1節2（1）(a)（674頁）で述べたとおり，内国法人の従業員として勤務する非居住者の給与等に対する国内税法の課税の原則は，役務提供地を源泉地として，その源泉地での課税を認めるものです（所得税法第161条第1項第12号イ）。当該非居住者の勤務が国内および国外の双方にわたる場合の国内源泉所得の計算は，それぞれの勤務期間に応じて按分するのが原則です（所得税基本通達161-41）。

非居住者を従業員として雇い入れた内国法人は，国内源泉所得に該当する給与等につき，20パーセント（復興特別所得税が付加されると20.42パーセント）の税率により所得税の源泉徴収をしなければなりません[34]（所得税法第5条第2項，第7条第1項第3号，第161条第1項第12号イ，第164条第2項第2号，第212条第1項，第

34　源泉徴収の規定が適用されるのは，対象となる所得の支払いが国内で行われる場

213条第1項,復興財源確保法第12条,第13条,第28条)。そして,このような源泉徴収がなされる場合には,それのみで日本における課税関係が終了します(所得税法第172条第1項)。

(b) 役員報酬に対する課税

(i) 原則(役務提供地国における課税)

以上のとおり,非居住者の人的役務の提供の対価が国内源泉所得に該当するかどうかは,当該人的役務が国内で提供されるかどうかによって決まるのが原則です。したがって,この原則に従う限り,内国法人の役員(非居住者)の役務提供が国外でのみ行われる場合には,その対価として支払われる役員報酬には国内源泉所得に該当する部分が含まれません。

(ii) 特別な源泉ルール(法人所在地国における課税)

すでに第1節4(2)(a)(ii)(693頁)で述べたように,役員報酬については上記原則とは異なる特別な源泉ルールが定められています。すなわち,内国法人の役員に非居住者が就任し,内国法人の日常の業務には直接従事せず取締役会への出席を通じて企業の経営に従事することの対価として役員報酬を得ているような場合には,かかる役員の役務の提供はすべて国内における勤務とみなして法人の所在地国において課税されます(所得税法第161条第1項第12号イ,同法施行令第285条第1項第1号)。

したがって,個人の資格で来日した外国人が内国法人の非常勤役員に就任し,通常は母国に居住している場合には,当該外国人の役務提供地が国内か国外かにかかわらず,内国法人が支払うすべての役員報酬が国内源泉所得に該当します。

合が原則です。しかし,非居住者や外国法人の稼得する国内源泉所得については,国外で支払われた場合でも,支払者が国内に事業所等を有するときには,国内払いとみなされ源泉徴収が必要となります(所得税法第212条第2項)。内国法人の場合には,通常は国内に本店を有するため,非居住者に対する給与等の支払いがたとえ国外で行われても,それが国内源泉所得に該当する限り,すべて源泉徴収が必要になります。ただし,この場合の源泉徴収税額の納付期限は,納付のための準備期間等を考慮して,翌月末日とされています(上記注2三好・海外勤務者43頁)。

なお，この役員報酬に関する特別な源泉ルールについては，後に第3章第2節2（1）(b)（729頁）でまとめて説明します。

(iii) 課税の方式

外国人（非居住者）が内国法人から受け取る役員報酬が国内源泉所得に該当するかどうかについては，上記のような特別な源泉ルールがあります。しかし，国内源泉所得に該当する役員報酬に関する課税関係は，外国人の従業員（非居住者）が内国法人から受け取る給与等が国内源泉所得に該当する場合と同じです。すなわち，内国法人は，国内源泉所得に該当する役員報酬について，20パーセント（復興特別所得税が付加されると20.42パーセント）の税率により所得税の源泉徴収をしなければなりません。

(c) 地方税

すでに第1節3（2）(a)(iii)（685頁）で述べたように，個人の資格で来日した外国人が，所得税法上の非居住者に該当する場合でも，住民税の賦課期日（1月1日）において住民基本台帳に記録されている場合には，住民税の納税義務者になると考えられます。

（2）租税条約の定め

(a) 短期滞在者免税

先に第1節2（2）(a)（678頁）で説明したとおり，日米租税条約を含む多くの租税条約では，短期滞在者免税に関する定めを設け，一定の要件を満たす従業員の給与等について，人的役務の提供地である源泉地国での課税を免除しています。しかし，短期滞在者免税の対象となるのは，日本以外の国の企業に雇用された者が，日本で比較的短期間勤務することにより，その雇用主から支給される給与等に限られます。

したがって，内国法人が来日外国人（非居住者）を直接雇用して支給する給与のうちの国内勤務分や，外国に居住する内国法人の役員に対し内国法人が支払う役員報酬については，短期滞在者免税の適用はありません。これらの場合には，国内税法により20パーセント（復興特別所得税が付加されると20.42パーセント）の

税率による源泉徴収が行われます。

(b) 役員報酬に対する課税の特則

多くの租税条約は，前記（第1節2（2）(c)（680頁））のとおり，役員報酬に関し以下のような規定を置いています。

第一に，役員報酬が勤務に基因するものである限り，勤務地国において課税するという原則がとられています（日米租税条約第14条第1項，日英租税条約第14条第1項）。

第二に，上記のような勤務に基因する役員報酬に対しては，短期滞在者免税の規定の適用があると考えられます。

第三に，一方の締約国の居住者が他方の締約国の居住者である法人の役員の資格で取得する報酬については，当該法人の居住地国において課税できます（日米租税条約第15条，日英租税条約第15条）。

本件のように，個人の資格で来日した外国人（非居住者）が内国法人の役員に就任したケースで適用があるのは，上記第三の点です。すなわち，内国法人の役員の報酬については，国内における役務提供の有無を問わず，内国法人が支払う役員報酬の全額につき日本で課税されるという国内税法の原則は，租税条約の適用がある場合にも維持されます。

(c) 住民税

日米租税条約の対象税目には住民税が含まれていないため，同条約が住民税の課税関係に影響を及ぼすことはないと考えられます。

（3）日本側当事者の税務

来日外国人（非居住者）を雇用し，国内勤務に対応する給与等を支払う日本側当事者は，国内税法の下では20パーセント（復興特別所得税が付加されると20.42パーセント）の税率で源泉徴収義務を負います。内国法人が来日外国人を役員（非居住者）に就任させ，役員報酬を支払う場合には，国内勤務の有無にかかわらず役員報酬全額について同様の源泉徴収義務を負うのが原則です。

なお，日本側当事者が来日外国人（非居住者）を直接雇用して支給する給与

や、(非常勤) 役員に就任させて支払う役員報酬については、租税条約上の短期滞在者免税の規定の適用はありません。また、日米租税条約は、住民税の課税関係に影響しないと考えられます。

3 非永住者となる

内国法人が非永住者に該当する来日外国人を雇用し支払う給与等については、そのすべてが課税対象になります。この場合、通勤手当の非課税等の非課税所得の範囲および提供した社宅その他の現物給与等に対する取扱いについては、一般の日本人の居住者の場合と同様に適用されます[35]。

なお、一定の要件を満たすホーム・リーブ旅費等はしいて課税しないこととして取り扱う特例[36] は、来日外国人が外国法人の本店等から日本支店等に派遣されたような場合に限られ、自己の都合等により内国法人等に就職した者については適用されないようです[37]。

さらに、かかる非永住者に対し個人住民税が課されるかどうかは、当該非永住者が、賦課期日（1月1日）において住民基本台帳に記録されているかどうかによると考えられます。

なお、この場合の所得税の課税関係については、租税条約に特別の定めはありません。また、日米租税条約は、住民税の課税関係に影響しないと考えられます。

---

35 上記注2三好・海外勤務者157〜161頁。
36 上記注2三好・海外勤務者404〜406頁。
37 「国内において勤務する外国人に対し休暇帰国のための旅費として支給する金品に対する所得税の取扱い」（昭50直法6-1）の文言上は、必ずしもこのような限定が加えられているようには読めません。しかし、同個別通達が、本国で勤務する社員を日本に派遣することにより生じる諸事情を勘案して定められたことから、その適用範囲は限定されているようです（上記注4橋本・外国人の税務160頁、上記注9藤原・税務相談事例集560〜561頁）。

第3節　学生・事業修習者等

1　問題の所在

　外国人の学生・事業修習者等が個人の資格で来日し，内国法人と雇用契約等を締結し人的役務を提供する場合にも，日本での滞在期間があらかじめ1年未満であると認められるかどうかにより，入国後も非居住者としての地位を維持するかどうかが決まります。

　本節でも，学生・事業修習者等が非居住者としての地位を維持する場合と非永住者となる場合の二つに分け，それぞれの課税関係を検討します。なお，外国人の学生・事業修習者等が永住者となる場合の日本での課税関係については説明を省略します。

2　非居住者の地位を維持する

（1）国内税法の定め

（a）課税の原則

　国内税法には，外国人の学生・事業修習者等が来日し，国内で人的役務を提供をする場合の課税関係につき特別の規定がありません[38]。このため，非居住者である学生・事業修習者等が国内で人的役務を提供する場合の所得税の課税関係は，個人の資格で来日した外国人が内国法人との間で1年未満の雇用契約等を締結し，国内で勤務するケース（第2節2（1）(a)（702頁））と同様になるのが原則です。

　個人の資格で来日した外国人が，所得税法上の非居住者に該当する場合でも，住民税の賦課期日（1月1日）において住民基本台帳に記録されている場合には，住民税の納税義務者になると考えられる点も同様です（第2節2（1）(c)（704

38　上記注3松上・源泉国際課税206頁。

頁))。

ただし，以下(b)で述べる二点に留意する必要があります。

(b) 非課税とされる所得

第一に，通勤手当の非課税等の規定（所得税法第9条第1項第5号）は，非居住者である学生・事業修習者等にも適用されます[39]。

第二に，上記に加えて，その根拠は必ずしも明らかではありませんが，一定の要件を満たす研修手当等は，「人的役務提供の対価」に該当しないという見解が公表されています。ただし，このような見解の中にも，非課税という結論を導くための根拠あるいは非課税とされる所得の範囲について，以下のとおり微妙な相違が見られます。

① 実費弁償的なものは非課税として取り扱われるという見解[40]
② 研修の実施主体，研修の目的，研修手当の性格と額等を総合的に考慮して非課税かどうかを決める見解[41]
③ 研修手当が入国事前審査の際の届出金額内で，その支給について合理的根拠があり，支給額が生計費の範囲内である場合には非課税とする見解[42]

（２）租税条約の定め

多くの租税条約は，学生・事業修習者[43]等が得る報酬について課税上の特例を

---

39 上記注3松上・源泉国際課税399頁。
40 国際税務実務研究会編『国際税務の実務と対策 第3巻』（第一法規）5594～5595頁は，留学生等に支給される一定の給付については，「実費弁償的なものであり，人的役務の対価とは認めがたいとして，実務上非課税として扱われる場合もある」と述べています。
41 岡本勝秀・杉尾充茂『源泉所得税の取扱（平成7年版）』（日本税経研究会，1995）768～769頁。
42 上記注3松上・源泉国際課税428頁。
43 事業修習者とは，職業上または事業上の知識・技能をほとんど有しない見習者をいいます（上記注3松上・源泉国際課税209頁）。これに加え，一部の発展途上国と

定めています。

　例えば，1971年日米租税条約は，一定の要件を満たす学生・事業修習者が得る報酬についての免税規定を設けていました[44]。しかし，現日米租税条約の下では，学生・事業修習者が生計，教育または訓練のために受け取る給付で海外から送金されるものについて滞在地国での課税を免除しているにとどまります[45]（同条約第19条）。また，かかる免税措置の適用年限は，学生の場合は無期限ですが，事業修習者の場合は滞在地国において最初に訓練を開始した日から最大1年とされています。

　このように，日米租税条約の免除規定の対象には，内国法人との雇用契約等に基づき米国人の学生や事業修習者が受け取る給与等は含まれません。したがって，国内税法の下での課税関係が日米租税条約によって影響を受けることはありません。また，日米租税条約は，住民税の課税関係に影響しないと考えられます。

（3）日本側当事者の税務

　来日した外国人の学生・事業修習者等（非居住者）に対して，国内での人的役

　の租税条約においては，ある程度の技能を有する者で，他企業から技術上または職業上の経験を習得するために相手国を訪れる事業習得者について特別な免税規定を設けることがあります（同頁）。

44　その他にも，例えば，インドネシア，フィリピン等との租税条約では，一定の金額の範囲内で学生・事業修習者等が得る人的役務の報酬に対する源泉地国での課税を免除しています。また，中国，タイ等との租税条約では，生計，教育，訓練等のために受け取る給与等については免税の取扱いが認められています。

　なお，外国人研修生等が在留資格の基準に適合する活動を行っていないことを理由に日中租税条約第21条の免税規定の適用が否定された事案として，平成21年3月24日裁決（裁決事例集77集232頁）があります。

45　日米租税条約上の免税規定により源泉徴収の免除の恩典を受けるには，「租税条約に関する届出書」，「特典条項に関する付表」および居住者証明書の提出が必要です（実施特例法施行省令第8条）。

務の提供に対する対価（国内税法上非課税とされるものを除く）を支払う日本側当事者は，国内税法の下では，20パーセント（復興特別所得税が付加されると20.42パーセント）の税率で源泉徴収義務を負うのが原則です。

日米租税条約の適用がある場合でも，上記の課税関係は変わりません。

3　非永住者となる

（1）国内税法の定め

国内で人的役務の提供をする外国人の学生・事業修習生等が非永住者に該当する場合の日本での課税関係は，個人の資格で来日し内国法人に勤務する外国人が非永住者に該当する場合の課税関係（第2節3（706頁））と同様です。すなわち，当該学生・事業修習生等は，内国法人から受ける給与等のすべてについて日本人の居住者と同じように課税されます。通勤手当や旅費の非課税の範囲や社宅その他の現物給与等の取扱いも同様です。

さらに，かかる非永住者に対し個人住民税が課されるかどうかは，当該非永住者が賦課期日（1月1日）において住民基本台帳に記録されているかどうかによると考えられます。

（2）租税条約の定め

租税条約の定める学生・事業修習者等に関する特例は，一定の範囲で非永住者に該当する者に対しても適用があるのが原則です。

例えば，日米租税条約は，学生・事業修習者等が生計，教育または訓練のために受け取る給付で海外から送金されるものについて，滞在地国での課税を免除しています（同条約第19条）。そして，この特例は，当該学生・事業修習者等が米国の居住者（日本の非居住者）である場合だけでなく，日本における滞在の直前に米国の居住者であった場合（すなわち，日本に入国後は日本の居住者になった場合）にも適用があります。ただし，免税措置の適用年限は，学生の場合は無期限ですが，事業修習者等の場合は滞在地国において最初に訓練を開始した日から最大1年とされています。

他方，日米租税条約の対象税目には住民税が含まれていないため，同条約が住民税の課税関係に影響を及ぼすことはないと考えられます。

(3) 日本側当事者の税務

非永住者に該当する学生・事業修習生等に対し給与等を支払う日本側当事者は，源泉徴収税額表に従い源泉徴収をするのが原則です。

第4節　自由職業者

1　問題の所在

自由職業者というのは，日本の所得税法においては芸能人，職業運動家，医師，弁護士，公認会計士等で，第三者との間に勤務関係のない独立の活動をする者を意味します。これらのうち，芸能人，職業運動家（以下「芸能人等」）については租税条約上の特則があるので，本節で芸能人等以外の自由職業者についての課税関係を検討し，芸能人等の課税関係は次節で検討します。

本節で検討する芸能人等以外の自由職業者は，外国企業に所属し外国企業から派遣されるのではなく，独立した個人の資格で来日し，国内で人的役務を提供することを前提とします。さらに，当該自由職業者は，国内に恒久的施設を有しておらず，しかも国内で人的役務を提供する際，非居住者としての地位を維持するものとします。

なお，次節で取り上げる芸能人等に関しては，(1)独立した個人の資格で来日し，国内で人的役務を提供し，日本の興行主から直接報酬を得るケースだけでなく，(2)日本の興行主と契約した外国企業（外国法人または非居住者）に雇用される形態で来日し，国内で人的役務を提供し，当該外国企業を通じて報酬を得るケースについても取り上げます。

712   第4部　個人の人的役務の提供

2　国内税法の定め

(1) 国内源泉所得の範囲

　国内税法上，自由職業者としての人的役務提供の対価で，国内源泉所得に該当するのは，国内において行う人的役務に基因するものです（所得税法第161条第1項第12号イ）。したがって，国外において自由職業者が人的役務の提供を行ったことによる対価は，国内源泉所得には該当せず，日本においては課税されません[46]。また，自由職業者による役務提供が国内および国外の双方にわたって行われたときは，その人的役務の報酬総額のうち，国内における人的役務の提供に基因する部分の金額が国内源泉所得となります。そして，国内源泉となる部分の金額の計算は，先に短期出張者のケースで説明した（第1節2（1）(a)(i)（674頁））とおり，それぞれの役務提供期間に応じて按分するのが原則です（所得税基本通達161-41）。

(2) 課税関係

　非居住者である自由職業者が，上記のような国内源泉所得にあたる報酬を得る場合の日本での課税関係は，以下のとおりです。

　自由職業者による人的役務の提供の対価で国内源泉所得に該当するものについては，支払者がその支払いの際に20パーセント（復興特別所得税が付加されると20.42パーセント）の税率で所得税の源泉徴収をしなければなりません（所得税法第5条第2項，第7条第1項第3号，第161条第1項第12号イ，第164条第2項第2号，第169条，第170条，第212条第1項，第213条第1項，復興財源確保法第12条，第13条，第28条）。そして，このような源泉徴収がなされる場合には，それのみで日本における課税関係が終了します（所得税法第172条第1項）。なお，以下の二点に留意する必要があります。

　第一に，独立した個人の資格で来日する自由職業者は，給与所得者ではなく事

46　上記注2三好・海外勤務者168頁。

業所得者であるため，その往復の旅費，国内滞在費等の費用を日本側当事者が自由職業者に支払う場合には，その支払いの段階では当該費用も人的役務の提供の対価に含まれ，当該自由職業者による費用の支払いの段階で，その者の必要経費（旅費・交通費）になるのが原則です[47]。ただし，その費用として支出する金額が，その自由職業者に対して交付されるのではなく，その報酬の支払者から航空会社，ホテル等に直接支払われ，かつその金額がその費用として通常必要であると認められる範囲内のものであれば，源泉徴収の対象としなくてもよいことになっています（所得税基本通達161-40，161-19，212-4）。

第二に，国内税法には人的役務の提供の対価につき特別の免税規定がないため，自由職業者は，国内での滞在期間の長短にかかわらず，国内源泉所得に該当するすべての報酬につき日本で課税されます。

(3) 地方税

個人の資格で来日した外国人が，所得税法上の非居住者に該当する場合でも，住民税の賦課期日（1月1日）において住民基本台帳に記録されている場合には，住民税の納税義務者になると考えられます。

3 租税条約の定め

OECDモデル条約は，旧第14条において，自由職業所得につき「固定的施設なければ課税なし」の原則を定めていましたが，同条項自体が2000年に削除されました。しかし，日本が締結した租税条約の中には，2000年の改訂前のOECDモデル条約の影響を受け，自由職業者の所得について特別な定めを置いているものが少なくありません[48]。

---

47 上記注3三又ほか・所得税基本通達逐条解説1010頁参照。他方，通勤費・旅費の非課税規定（所得税法第9条第1項第4号，第5号）の適用があるのは，非居住者としての「給与所得を有する者」です（上記注3（675頁）参照）。

48 1971年日米租税条約は，自由職業者の相手国での滞在期間が183日以内で，かつ

714　第4部　個人の人的役務の提供

　日米租税条約は，2000年改訂後のOECDモデル条約にならい，自由職業者の所得に関する特則を廃止しました。その結果，同条約第7条第1項の定める「PEなければ課税なし」の原則が自由職業者の所得にも適用になります[49]。すなわち，自由職業者が国内に恒久的施設を有しない限り，個人の資格で提供する人的役務の対価に対する日本での課税は免除されます。このような租税条約上の免税規定により源泉徴収の免除の恩典を受けるには，「租税条約に関する届出書」，「特典条項に関する付表」および居住者証明書の提出が必要です（実施特例法施行省令第4条）。

　なお，日米租税条約の対象税目には住民税が含まれていないため，同条約が住民税の課税関係に影響を及ぼすことはないと考えられます。

　　当該自由職業者が相手国に固定的施設を保有する期間が183日以内である場合には，源泉地国での課税を免除していました（同条約第17条第2項）が，2003年に調印された現行条約は，かかる条項を廃止しました。

　　他方，イタリア（第14条）等との租税条約においては，OECDモデル条約旧第14条にならい，自由職業者の報酬につき「固定的施設なければ課税なし」の原則を依然として採用しています。すなわち，これらの租税条約の適用がある場合には，自由職業者が日本国内に自己の活動を遂行するために通常使用することができる固定的施設を有していない限り，日本における滞在期間の長短を問わず，当該自由職業者の人的役務の提供の対価に対する日本での課税が免除されます。なお，「固定的施設」（fixed base）とは，所得税法では使用されていない租税条約特有の用語です（上記注2三好・海外勤務者171頁）。旧第14条のコメンタリーのパラグラフ4によると，例えば，医師の診療室，建築家，弁護士等の事務所が固定的施設として列挙されています。恒久的施設には代理人等が含まれますが，固定的施設には代理人等を含まないという意味で，両者の範囲は異なっています（上記注3松上・源泉国際課税217頁）。

　　なお，イタリアの居住者であるコンサルタント（自由職業者）が日本でコンサルタント活動を行った場合の日本での課税関係について，上記注4橋本・外国人の税務164〜165頁を参照してください。

49　上記注2三好・海外勤務者171頁。

4　日本側当事者の税務

　国内に恒久的施設を有しない自由職業者（非居住者）に対して，国内における人的役務の提供に対する報酬を支払う日本側当事者は，国内税法の下では，20パーセント（復興特別所得税が付加されると20.42パーセント）の税率で源泉徴収義務を負います。

　これに対し，租税条約の定める免税規定の適用がある場合には，上記自由職業者は，日本における源泉徴収を免除されます。

第5節　芸能人等

1　問題の所在

　本節では，芸能人等[50]が，(1)独立した個人の資格で来日し，国内で人的役務を提供し，日本の興行主から直接報酬を得るケースと(2)日本の興行主と契約した外国企業（外国法人または非居住者）に雇用される形態で来日し，国内で人的役務を提供し，当該外国企業を通じて報酬を得るケースの二つを取り上げます。

　本節の検討の対象となる芸能人等は，国内において恒久的施設を有しておらず，しかも非居住者としての地位を維持することを前提とします。

　なお，国外事業者が行う演劇等の役務の提供に関する消費税法上の特則の適用については，第2部第1編第2章第3節3（5）(147頁) を参照してください。

50　専属モデルが日米租税条約にいう芸能人に該当しない旨を回答した質疑応答事例が国税庁のホームページに登録されています（http : //www.nta.go.jp/law/shitsugi/gensen/06/14.htm）。

2 独立した個人の資格で芸能人等が来日する

　国内に恒久的施設を有しない芸能人等（非居住者）が，外国企業から派遣されるのではなく，独立した個人の資格で来日し国内で人的役務を提供し，日本の興行主から直接報酬を受け取る場合の課税関係の概要は以下のとおりです。

（1）国内税法の定め

　国内税法の下では，芸能人等の人的役務の提供に対する対価の課税関係は，自由職業者の場合と同様です。したがって，前節2（712頁）で述べたことは，以下のとおり芸能人等の日本における課税関係についても，そのままあてはまります。

　第一に，芸能人等の場合も人的役務の提供地により，国内源泉所得かどうかが判断されます。このため，例えば国外で撮影するテレビ・コマーシャルのための芸能人の出演料は，国外での人的役務提供の対価であり，国内源泉所得には該当しません[51]。

　第二に，芸能人等の人的役務の提供の対価で，国内源泉所得に該当するものについては，支払者（日本の興行主）がその支払いの際に20パーセント（復興特別所得税が付加されると20.42パーセント）の税率で所得税の源泉徴収をしなければなりません。そして，この源泉徴収のみで日本における課税関係が終了します（所得税法第5条第2項，第7条第1項第3号，第161条第1項第12号イ，第164条第2項第2号，第169条，第170条，第172条第1項，第212条第1項，第213条第1項，復興財源確保法第12条，第13条，第28条）。

　第三に，個人の資格で来日した芸能人等が，所得税法上の非居住者に該当する場合でも，住民税の賦課期日（1月1日）において住民基本台帳に記録されている場合には，住民税の納税義務者になると考えられます。

51　上記注3松上・源泉国際課税437頁，上記注2三好・海外勤務者423〜424頁。

（2）租税条約の定め

　芸能人等に対しては，短期滞在者免税（OECDモデル条約第15条第2項），事業所得に関する「PEなければ課税なし」の原則（同条約第7条第1項）または自由職業者に関する「固定的施設なければ課税なし」の原則（同条約旧第14条）を適用しないで，滞在期間の長短または活動状況に関係なく，役務提供地国においても課税できるという取扱いが，多くの租税条約において採用されています。

　例えば，日英租税条約第16条第1項および日仏租税条約第17条第1項は，芸能人等の個人的活動による所得に対しては，同条約の他の規定にかかわらず，その活動が行われる国において租税を課すことができると規定しています。

　これに対し，芸能人等の報酬について一部免税を認めている租税条約がごく少数あります[52]。日米租税条約はその一例で，第16条第1項によると，総収入の額がある課税年度において1万米ドル相当額以下である場合には，源泉地国での課税が免除されます。同条約の適用を受け，日本で源泉徴収税の免除を受けるには，「租税条約に関する届出書」，「特典条項に関する付表」および居住者証明書の提出が必要です（実施特例法施行省令第4条）。

　なお，日米租税条約の対象税目には住民税が含まれていないため，同条約が住民税の課税関係に影響を及ぼすことはないと考えられます。

（3）日本側当事者の税務

　独立した個人の資格で活動する芸能人等（非居住者）に対して，国内における人的役務提供の対価を支払う日本側当事者は，国内税法の下では，20パーセント（復興特別所得税が付加されると20.42パーセント）の税率で源泉徴収義務を負います。

　これに対し，例えば，日米租税条約の適用があり，しかも報酬金額の要件を満たすときには，一定の届出手続を踏むことにより日本での課税を免除されます。

52　上記注3松上・源泉国際課税217頁以下。

3 外国企業が芸能人等を派遣する

芸能人等が個人の独立した資格で来日するのではなく、外国企業（外国法人または非居住者）に雇用され、日本に派遣されて人的役務を提供する場合があります。この場合、外国企業は、日本の興行主と契約し、芸能人等の派遣の対価を興行主から受け取る一方で、芸能人等（非居住者）の報酬は、派遣元の外国企業から支払われるのが通常です。このように、外国企業により芸能人等が派遣される場合には、①当該外国企業に対する日本での課税と②派遣された芸能人等個人に対する日本での課税という二つの問題が発生します。このうち、派遣元の外国企業の日本における課税関係は、第2部第1編第2章第3節（142頁）で検討しました。ここでは、外国企業により日本に派遣された芸能人等（非居住者）個人の日本における課税関係を簡単にまとめておきます[53]。

(1) 国内税法の定め

国内税法の下では、日本に派遣された芸能人等の人的役務提供の報酬も、役務提供地により国内源泉所得に該当するかどうかが判断されます（所得税法第161条第1項第12号イ）。

国内源泉所得に該当する報酬が国内で当該芸能人等に支払われるか、国内で支払ったとみなされる場合には、20パーセント（復興特別所得税が付加されると20.42パーセント）の税率で源泉徴収がなされ、これのみで日本における課税関係が終了します（所得税法第5条第2項、第7条第1項第3号、第161条第1項第12号イ、第164条第2項第2号、第169条、第170条、第172条第1項、第212条第1項、第2項、第

---

[53] 米国居住者である芸能人の来日公演に係る報酬を、その雇用主である米国法人に対し支払う場合の当該米国法人および芸能人個人に対する日本での課税関係を検討したものとして、久川秀則「米国居住者である芸能人の来日公演に係る芸能報酬等を米国法人であるプロモーター会社に支払う場合の非居住者源泉所得税の取扱い」国税速報第6296号29頁参照。

213条第1項,復興財源確保法第12条,第13条,第28条)。

なお,派遣元の外国企業が日本の興行主から所得税の源泉徴収をされた場合には,源泉徴収された所得のうち,当該芸能人等に対して支払う報酬については,その支払いの際,所定の源泉徴収がなされたものとみなされる(所得税法第215条,同法施行令第334条)ので,外国企業においては源泉徴収する必要はありません[54]。

上記以外の場合には,当該芸能人等は,その年の翌年の3月15日までに(同日前に国内に居所を有しないことになる場合にはその日までに),上記報酬について所得税の申告義務を負います(所得税法第5条第2項,第7条第1項第3号,第161条第1項第12号イ,第164条第2項第2号,第169条,第172条第1項)。その適用税率は,20パーセント(復興特別所得税が付加されると20.42パーセント)の定率で,控除等も一切ありません(所得税法第172条第1項,第170条,復興財源確保法第12条,第13条,第17条,第18条)。

以上の結論は,当該芸能人等が非居住者である限り,日本における滞在期間の長短には関係がありません。

なお,個人の資格で来日した芸能人等が,所得税法上の非居住者に該当する場合でも,住民税の賦課期日(1月1日)において住民基本台帳に記録されている場合には,住民税の納税義務者になると考えられます。

(2) 租税条約の定め

前記2(2)(717頁)のとおり,多くの租税条約は,芸能人等に対しは,短期滞在者免税,事業所得課税に関する「PEなければ課税なし」の原則または自由職業者に関する「固定的施設なければ課税なし」の原則を適用しないで,滞在期間の長短あるいは活動状況に関係なく,役務提供地国においても課税できる取扱

---

54 上記注2三好・海外勤務者151頁。ただし,この源泉徴収が行われることになっても,当該外国企業が事後的に所得税を還付される場合には,このみなし納付の取扱いは適用されません(実施特例法第3条第4項)。

いを認めています（例えば日英租税条約第16条第1項，日仏租税条約第17条第1項）。このような租税条約の適用がある場合には，国内税法どおりの課税関係になります。

上記条約例と異なり，芸能人等の報酬について一部免税を認めている租税条約が少数あります。例えば，日米租税条約第16条第1項によると，米国の居住者である芸能人等の総収入の額がある課税年度において1万米ドル相当額以下である場合には，日本での課税が免除されます。なお，日米租税条約の対象税目には住民税が含まれていないため，同条約が住民税の課税関係に影響を及ぼすことはないと考えられます。

（3）国内税法上の特別な定め

日本における事業所等を有しない外国企業が芸能人を日本に派遣し，興行収入を得る場合，以下のような課税漏れのおそれがあります。

まず，芸能人等を日本に派遣する外国企業が当該芸能人等（非居住者）に対する報酬の支払いを国外で行う場合には，国内税法の原則に従う限り源泉徴収は行われません（所得税法第212条）。しかも，派遣された芸能人等が申告納税義務を怠る場合には，結果的に日本での課税を免れてしまうことになります。さらに，派遣元の外国企業が，「PEなければ課税なし」の原則の適用により，事業所得について日本において課税を受けない場合[55]には，このような芸能人等の日本国

---

[55] 免税芸能法人等は，その定義上，租税条約の定める「PEなければ課税なし」の原則により，芸能人等を派遣する外国企業が日本で所得税の免税の恩典を受ける場合に限定されています（租税特別措置法第42条第1項）。したがって，日中租税条約第17条第2項の定める政府間の文化交流計画に基づく芸能活動等を免税とする規定や日仏租税条約第17条第2項(b)の定める政府等の援助を受けて行われる芸能活動等を免税とする規定の対象になる外国企業は，免税芸能法人等に該当しません（上記注2三好・海外勤務者149～150頁）。

他方，日米租税条約では，芸能人等を派遣する米国企業が受ける所得であっても，契約において活動を行う芸能人等が特定されておらず，当該米国企業が芸能人

内における人的役務の提供に係る所得に関しまったく課税されない事態が生じてしまいます。

このような事態を防ぐために，租税特別措置法第41条の22は，以下のように，芸能人等への報酬の支払いが国外において行われる場合にも源泉徴収義務を負わせる特例を定めています。

(a) 免税芸能法人等とは

租税特別措置法第41条の22の定める特例は，芸能人等を派遣する者が外国法人の場合だけでなく，非居住者の場合にも適用されます（具体的には，芸能人等（非居住者）を別の非居住者が雇い入れ，日本に派遣して芸能活動等を行わせ，日本側当事者からその対価を得る場合をいいます）。このように同条の定める特例の適用のある外国法人と非居住者をあわせて，同条は「免税芸能法人等」とよんでいます。

(b) 源泉徴収

免税芸能法人等に対し芸能人等の人的役務の提供事業の対価を支払う日本側当事者は，源泉徴収をしなければなりません。源泉徴収税率は，原則は20パーセント（復興特別所得税が付加されると20.42パーセント）ですが，「免税芸能法人等に関する届出書」の提出があると，15パーセント（復興特別所得税が付加されると15.315パーセント）になります（租税特別措置法第41条の22条第3項，同法施行令第26条の32，同法施行規則第19条の14）。

(c) 芸能人等への国外払い

免税芸能法人等は，芸能人等（非居住者）に対し給与または報酬を支払う場合，その支払場所を問わず20パーセント（復興特別所得税が付加されると20.42パーセント）の税率で源泉徴収を行わなければなりません。

等を選定できる場合（例えば，契約上特定の出演者の出演が義務づけられていないようなサーカスやオーケストラの派遣の場合）には，同条約の定める「PEなければ課税なし」の原則が適用されるので，日本では課税されません（同条約第16条第2項ただし書）。したがって，かかる米国企業は，免税芸能法人等に該当します（上記注2 三好・海外勤務者149～150頁）。

(d) 還付

免税芸能法人等は，芸能人等に対する源泉徴収を行った場合，日本側当事者から源泉徴収を受けた税額の還付を受けることができます。なお，免税芸能法人等は，還付金の一部を源泉徴収すべき所得税に充当することもできます（実施特例法施行省令第1条の3第3項，第4項）。

(e) まとめ

以上のとおり，上記措置法の規定の適用がある場合には，派遣された芸能人等は，その報酬が国外払いの場合でも，派遣元の免税芸能法人等から源泉徴収を受けることに注意を要します。そして，このような源泉徴収が行われた場合，芸能人等に対する日本での課税はそれのみで終了します。

他方，上記の一連の手続を踏むことにより，免税芸能法人等は，日本側当事者から受ける芸能人等の人的役務の提供事業の対価について，日本で免税されるという結果を実現することができます。

（4）日本側当事者の税務

第一に，国内に恒久的施設を有しない外国企業に対し，芸能人等の派遣事業の対価を支払う日本企業（興行主）は，国内税法によれば20パーセント（復興特別所得税が付加されると20.42パーセント）の税率で源泉徴収義務を負います。租税条約に特別な定めがない場合も同様です。他方，日本側当事者が芸能人等に報酬等を直接支払わない場合には，当該芸能人等に関する限り，日本側当事者による源泉徴収の問題が生じることはありません。

第二に，租税条約の適用の結果，「PEなければ課税なし」の原則の適用が認められる免税芸能法人等については，租税特別措置法の定める特例の適用があります。すなわち，このような免税芸能法人等は，事前届出によって，上記「PEなければ課税なし」の原則の適用による源泉徴収の免除を受けることができません。このような免税芸能法人等に対し，芸能人等の人的役務の提供事業の対価を支払う日本側当事者は，一定の届出書の提出を条件に，15パーセント（復興特別所得税が付加されると15.315パーセント）の税率による源泉徴収義務を負います。

免税芸能法人等が源泉税の還付を受けられるかどうかは，免税芸能法人等が一定の手続を行うかどうかにかかっています。また，日本側当事者が派遣された芸能人等に対し報酬等を直接支払わない限り，当該芸能人等について，日本側当事者による源泉徴収の問題が生じることはありません。

　第三に，租税特別措置法の定める特例により，芸能人等に対する国外払いの報酬につき，20パーセント（復興特別所得税が付加されると20.42パーセント）の税率で源泉徴収義務を負うのは，当該芸能人等を派遣した免税芸能法人等です。したがって，この場合にも日本側当事者による源泉徴収が問題になることはありません。

第3章　日本人従業員・役員の海外勤務

本章の概要

　前章では，個人の人的役務の提供に関する課税関係のうち，「外から内へ」の形態につき，多くの事例を挙げ場合分けをして検討しました。

　本章では，前章とは反対方向の「内から外へ」の場合の個人の人的役務の提供に関する課税関係を取り上げます。ただし，その検討の対象は，実務上問題になることがとくに多いと考えられる内国法人の日本人従業員・役員が海外で勤務するケースに限定します。また，このような海外勤務に伴い，個人が内国法人から受け取る退職金についても特殊な考慮が必要ですから，あわせて説明します。

　本章の構成は，以下のとおりです。

　第1節　短期出張
　第2節　駐在員として赴任
　第3節　退職金を受け取る

第1節　短期出張

1　国内税法の定め

　内国法人の日本人の従業員・役員が短期出張のために出国しても，居住者としての地位を維持するのが通常です。したがって，この場合，源泉地がどこかに関係なく，当該従業員・役員の得るすべての所得に対して日本で課税されるという

原則に変更はありません（所得税法第5条第1項，第7条第1項第1号）[1]。復興特別所得税についても同様です。地方税の課税関係にも変更はありません（地方税法第24条第1項，第294条第1項）。

なお，日本人の居住者が短期出張のために海外で勤務した際，現地での勤務によって生ずる所得につき課税されると国際的な二重課税が発生します。このような二重課税が発生した場合には，その調整を図るため，外国で課税された所得税を日本の所得税から控除するという外国税額控除[2]の適用があります（所得税法第95条）。

2 租税条約の定め

日米租税条約を含む租税条約には，一般に短期滞在者免税に関する規定が置かれています（第2章第1節2（2）(a)（678頁））。短期滞在者免税の規定の適用があると，日本人の居住者が短期出張により海外で勤務したことに対応する給与等については，現地で課税されません。この場合には，国際的な二重課税自体が発生しないため，外国税額控除の適用が問題となることもありません。

他方，例えば出張期間が年間183日を超える場合など，出張先で短期滞在者免税の適用を受けられない場合には，出張先での課税を避けることができず，外国税額控除の適用が問題となります[3]。

---

1 居住者である海外勤務者が受ける一定の在勤手当が非課税とされる余地があることについて，三好毅『海外勤務者をめぐる税務（平成26年版）』（大蔵財務協会，2014）318～320頁参照。
2 外国税額控除については，内国法人の対外取引に関し説明した第3部第2章（595頁）を参照してください。
3 例えば，内国法人の役員（日本の居住者）が，1年のうち9カ月間中国に出張し，中国で所得税を納付した事例を考えてみましょう。ここでは，日本の居住者として全世界所得について課税を受ける当該役員が，中国で納付した所得税につき日本で外国税額控除を受けられるかどうかが問題となります。平成23年度税制改正前においては，国内税法の源泉ルール（現所得税法第95条第4項第10号参照）に従う

3 日本側当事者の税務

　内国法人の日本人の従業員・役員が，短期出張のために一時的に海外で勤務しても，居住者の地位を維持する限り，すべての所得に対して日本で課税されるのが原則です。したがって，短期出張のために従業員・役員を派遣する内国法人は，このような短期出張者を他の日本人の従業員・役員と同様に取り扱えば足ります。

第2節　駐在員として赴任する

　内国法人の従業員・役員が，海外支店や海外子会社等に駐在員として赴任する場合には，当該従業員・役員が日本の居住者としての地位を維持する場合と日本の非居住者に該当する場合の二つのパターンがあるので，それぞれにつき検討します。

　なお，詳細については触れませんが，平成27年度税制改正により，国外転出時課税制度が創設されたため，2015年7月1日以後に国外転出する一定の居住者が

と，このような役員報酬は全額国内源泉所得となるため，外国税額控除の控除限度額（所得税法施行令第222条）がゼロになるという考え方がとられており，外国税額控除の適用は受けられないとして取り扱われていたようです（赤司浩一編『Q&A 外国人の税務（二訂版）』（税務研究会，2009）232頁）。日米租税条約第23条第1項(a)には，日本の外国税額控除の適用上，日本の居住者の所得で，同条約の規定に従って米国で租税を課されるものは，米国の源泉から生ずるものとみなす旨の規定があるのに対し，日中租税条約には同様の規定がないため，このように考えられていました。しかし，平成23年度税制改正により，上記の問題は立法的に解決されています（所得税法第95条第4項第16号，同法施行令第225条の13）（橋本秀法編『Q&A 外国人の税務（三訂版）』（税務研究会，2014）275～276頁）。

　なお，この問題の詳細については，井上康一・仲谷栄一郎『租税条約と国内税法の交錯（第2版）』（商事法務，2011）413頁以下を参照してください。

1億円以上の有価証券を所有している場合等には，その含み益に課税されることになったので注意を要します（所得税法第60条の2）。

1　居住者の地位を維持する

（1）国内税法の定め

　内国法人の日本人の従業員・役員が，海外支店や海外子会社等の駐在員として海外に赴任しても，居住者の地位を維持する（所得税法施行令第15条）限り，すべての所得に対して日本で課税されます（所得税法第5条第1項，第7条第1項第1号）。復興特別所得税についても同様です。地方税の課税関係にも変更はありません（地方税法第24条第1項，第294条第1項）。

　また，海外勤務につき現地で課される所得税に関し，日本において外国税額控除の適用の問題が発生します（所得税法第95条）。

（2）租税条約の定め

　租税条約の定める短期滞在者免税の規定は，赴任先の国において，日本人の従業員・役員が内国法人から受ける給与等には適用が考えられますが，海外支店や海外子会社等から受け取る給与等については適用がありません。

　なお，外国税額控除の控除限度額の計算上，租税条約の規定により条約相手国において租税を課すことができることとされる所得で，その条約相手国で外国所得税が課されるものについては，国外源泉所得とされます（所得税法第95条第4項第16号，同法施行令第225条の13）[4]。

---

[4] 内国法人と韓国子会社の役員を兼務する日本の居住者が韓国子会社から受け取る役員報酬について韓国で課税された場合に，当該役員報酬の全額が，外国税額控除の控除限度額の計算上国外所得金額に含まれることが，国税庁ホームページ上の質疑応答事例（https://www.nta.go.jp/law/shitsugi/shotoku/06/64.htm）で明らかにされています。

(3) 日本側当事者の税務

海外赴任する日本人の従業員・役員が，居住者の地位を維持する限り，内国法人は，他の日本人の従業員・役員と同様に取り扱えば足ります。

2 非居住者となる

(1) 国内税法の定め

(a) 課税の原則

上記1の場合と異なり，例えば，当初1年以上の期間海外支店や海外子会社等に勤務するために出国した者は，出国のときから国内に住所を有しないという推定を受け，国内税法上非居住者として取り扱われます（所得税法施行令第15条第1項第1号，所得税基本通達3-3)[5]。このように，内国法人の従業員が，出国時から非居住者とされる場合には，これまで繰り返し述べたとおり，一定の国内源泉所得についてのみ日本で課税されることになります（所得税法第5条第2項第1号，第7条第1項第3号）。そして，個人の人的役務提供の対価については，役務提供の行われた国を源泉地として，当該源泉地で課税するというのが国内税法の課税の原則です（所得税法第161条第1項第12号イ）から，当該非居住者が国内で

---

[5] 当初1年以上の予定で出国した者が，その後健康上の理由等でやむを得ず1年未満で帰国したような場合には，結果的に海外勤務期間が1年未満となっても，その期間中は，当初の推定どおり非居住者として取り扱われます（上記注1三好・海外勤務者187～189頁）。逆に，当初1年未満の期間海外支店等に勤務する予定で出国し，出国後の事情の変更により国外勤務期間が出国したときから1年以上に延長されたような場合には，勤務期間の延長が決定した日の翌日から国内に住所を有しないという推定を受け非居住者として取り扱われるのであって，出国のときにさかのぼって非居住者となるわけではありません（上記注1三好・海外勤務者190～192頁）。

[6] 例えば，海外現地子会社の出向社員（非居住者）の家族に対して，親会社である内国法人が現地での給与水準の補てんの意味で国内において支払う留守宅手当は，その出向社員の国外での勤務に基づいて支払われるものと考えられますから，国内源泉所得には該当しません（上記注1三好・海外勤務者40～41頁，239～240頁）。

勤務しない限り，その勤務等の対価が国内源泉所得に該当することはありません[6]。

なお，給与所得者が，暦年の途中で海外勤務等により非居住者となる場合には，その年の1月1日から出国の日までに支払うべきことが確定した給与について年末調整を行うことになります（所得税法第190条，所得税基本通達190-1(2)）[7]。

他方，非居住者であった海外赴任者が帰国し，居住者となった場合には，すべての所得に対して課税される（所得税法第5条第1項，第7条第1項第1号）ため，その日以降に支給される給与等の計算期間に国外勤務分が含まれていても，その総額が居住者に対する給与等として課税の対象になります（所得税基本通達212-5（注）2）。また，帰国後その年の12月31日までの間に支給期の到来する給料，賞与について年末調整が行われます[8]。

(b) 役員報酬の特例

(i) 特別な源泉ルール（法人所在地国における課税）

国内税法は，役員報酬については，非居住者の人的役務の提供の対価が国内源泉所得に該当するかどうかを役務提供地によって決めるという原則の例外を定め

また，給与の計算期間が1月以下であり，かつ給与支払日に非居住者である場合には，その給与等の全額が国内勤務の対価である場合を除き，その総額を国内源泉所得に該当しないとする取扱いが認められています（所得税基本通達212-5）（上記注1三好・海外勤務者241～243頁）。

他方，非居住者である海外駐在員が会議や事務連絡等のために，短期間帰国した場合には，国外勤務と国内勤務の期間の日数按分により国内源泉所得となる給与の額を計算するのが原則です（「日本本社が支払う留守宅手当の源泉徴収漏れに注意　海外赴任中の出向者の日本出張分は国内源泉所得に該当」週刊税務通信第3386号8頁）。ただし，国内勤務の部分の給与が著しく少額であるときには，課税しなくてもよいことになっています（所得税基本通達161-41）（上記注1三好・海外勤務者231～234頁）。

7　藤井恵『五訂版　海外勤務者の税務と社会保険・給与Q&A』（清文社，2015）70～71頁，上記注1三好・海外勤務者52～54頁。

8　上記注1三好・海外勤務者52～54頁。

ています。例えば，内国法人の役員（所得税基本通達2-8，法人税法第2条第15号）が海外赴任することにより非居住者となった後に，当該内国法人から役員としての報酬を得る場合があります。かかる役員は，内国法人の日常の業務には直接従事せず取締役会への出席を通じて企業の経営に従事していると考えられます。そのような役務については，その所得の源泉地を実際の役務提供地に限定することが妥当でないため，当該役員の役務の提供はすべて国内における勤務とみなして法人の所在地国において課税するという特別な源泉ルールが採用されています（所得税法第161条第1項第12号イかっこ書き）[9]。

(ⅱ) **特別な源泉ルールの例外（役務提供地国における課税）**

上記のさらなる例外として，以下のような役員報酬は，役員の実際の役務提供が国内で行われない限り，国内源泉所得に該当しないという原則に戻ります[10]。すなわち，内国法人の役員としての勤務で国外において行うものであっても，内国法人の海外にある支店の長として常時勤務するような場合（例えば，内国法人の取締役がニューヨーク支店長として常時勤務している場合）に受ける役員報酬については，一般の従業員の給与等と同様に，役務提供地国を源泉地とするルールが

---

9 上記注1三好・海外勤務者34～35頁。内国法人の代表取締役が日本の非居住者となり海外プラント工事に従事したことにより得た報酬が全額国内源泉所得に該当するとした事案として，平成6年5月25日裁決（裁決事例集47号353頁）があります。

10 上記注1三好・海外勤務者35～36頁，松上秀晴編著『源泉国際課税の実務』（大蔵財務協会，2001）196，198頁。

11 内国法人（請求人）の役員（非居住者）が所得税法施行令第285条第1項第1号かっこ書きに規定する「使用人として常時勤務する場合」に該当するかどうかが争われた事案として，平成24年5月10日裁決（裁決事例集87集156頁）があります。請求人は，請求人の取締役の役員報酬について，当該取締役は，海外において請求人の使用人としての職務である海外営業本部長等として勤務しているから，上記施行令に従い当該役員報酬は国内源泉所得には該当しない旨主張しました。これに対し，審判所は，①当該役員報酬のうち，国内における取締役会や経営執行会議への出席など，当該取締役の国内業務に基因する部分は，国内源泉所得に該当することは明らかであること，②当該取締役は請求人の海外子会社の社長として勤務してい

貫かれ，かかる給与等は国内源泉所得には該当しません（所得税法施行令第285条第1項第1号かっこ書き，所得税基本通達161-42）[11]。

(ⅲ) 例外の例外（法人所在地国における課税）

上記の例外は，内国法人の役員が同時に海外支店の使用人として常時勤務するような場合を想定していますから，内国法人の役員が国外にある支店ではなく，子会社の使用人として常時勤務するような場合には，役員報酬に関する特別な源泉ルールがそのまま適用されます。すなわち，当該非常勤役員の実際の勤務地がどこであるかに関係なく，その非常勤役員が内国法人から得る役員報酬は，全額国内源泉所得に該当します。

(ⅳ) 例外の例外の例外（役務提供地国における課税）

しかし，このように内国法人の役員が国外の子会社に勤務する場合であっても，その子会社の設置が現地の特殊な事情[12]に基づくものであり，その子会社の実体が内国法人の支店，出張所と異ならず，しかもその役員の子会社における勤務が内国法人の命令に基づくものであって，その内国法人の使用人としての勤務であると認められる場合は，役員報酬に関する特別な源泉ルールは適用されません。この場合には，当該役員の報酬は，実際の役務提供が国内で行われない限り，国内源泉所得に該当しないという役務提供地国を源泉地とするルールが適用されます（所得税基本通達161-43）。

たところ，当該子会社の社長としての勤務は，請求人の使用人として勤務することに当たらないことは明らかであること，③当該取締役の国外における勤務は，国外における請求人の実態，当該取締役の請求人における実質上の地位，役割，職務の内容等を併せ考えると，経営判断による企業経営といった職務に関するものであり，請求人の使用人としてではなく，役員としての勤務であったと認めるのが相当であることから，当該取締役の勤務は「使用人として常時勤務する場合」に該当しないというべきであり，当該取締役に対する役員報酬は国内源泉所得に該当すると判断しました。

12 「現地の特殊事情」とは，その外国の法令または政策上の理由等に基づく場合を指し，経営政策上の問題から子会社を設立したような場合を含みません（上記注10 松上・源泉国際課税410頁）。

第4部　個人の人的役務の提供

(v) まとめ

このように，国内税法の下では，内国法人の役員が非居住者となり，役員報酬を得る場合，役務提供地を問わず法人の所在地国である日本に源泉を認める特別な源泉ルールと役務提供地国に源泉を認める通常の源泉ルールが，それぞれの状況に応じて適用されることにとくに注意しなければなりません。

(vi) 課税の方式

内国法人の役員が支払い受ける役員報酬のうち，上記特則に従い国内源泉所得とされる部分については，20パーセント（復興特別所得税が付加されると20.42パーセント）の税率で源泉徴収されます（所得税法第5条第2項，第7条第1項第3号，第161条第1項第12号イかっこ書き，第164条第2項第2号，第169条，第170条，第172条第1項，第212条第1項，第213条第1項，同法施行令第285条第1項第1号，復興財源確保法第12条，第13条，第28条）。

(c) 地方税

内国法人の日本人の従業員・役員が海外勤務のために出国し，個人住民税の賦課期日（1月1日）現在において住民基本台帳に記録されていない場合においては，その前年分の所得に係る個人住民税の納税義務はありません[13]。

(d) 外国での課税と外国税額控除

日本で外国税額控除の適用を受けられるのは，原則として日本の居住者です[14]（所得税法第95条）。したがって，内国法人の日本人の従業員・役員が海外に赴任し非居住者となった後に，日本と海外の赴任先の双方で同一の給与等につき課税

---

[13] 2012年7月9日に外国人登録法が廃止されるとともに，出入国管理及び難民認定法ならびに住民基本台帳法が改正されたことに伴い，原則として賦課期日（1月1日）に住民基本台帳に記録されている者が，住民税の納税義務を負うとされています（第1章第1節3（2）（660）頁）。上記注1三好・海外勤務者111～113頁。具体例につき，同書328～331頁。

[14] 日本国内に恒久的施設を有する非居住者に対しては，外国税額控除の適用が認められる場合があります（所得税法第165条の6）が，ここで議論している事案とは異なるので説明を割愛します。

を受けたとしても，日本で外国税額控除の適用を受けることはできません。このような国際的な二重課税は，当該駐在員の居住する赴任先の国の税法に従い調整される可能性があります。

（2）租税条約の定め
(a) 短期滞在者免税
　先に第2章第1節2（2）(a)（678頁）で説明した租税条約上の短期滞在者免税の規定は，例えば海外現地法人に出向中の従業員（非居住者）が一時的に帰国し，国内で短期間勤務等をする場合に，当該海外現地法人から受ける報酬についても適用があります。他方，このような出向従業員に対し，親会社たる内国法人が給与等を支給している場合には，その給与等のうち国内勤務に対応する部分は，国内源泉所得となり，しかも租税条約の定める短期滞在者免税の規定の適用はありません。

(b) 役員報酬に関する特則
　第2章第1節2（2）(c)（680頁）で述べたとおり，日米租税条約を含む多くの租税条約は，役員報酬につき以下のような規定を置いています。

　第一に，役員報酬が勤務に基因するものである限り，勤務地国において課税するという原則を採用しています（日米租税条約第14条第1項，日英租税条約第14条第1項）。

　第二に，上記のような勤務に基因する役員報酬に対しては，短期滞在者免税の要件を満たす限り，その適用があると考えられます。

　第三に，一方の締約国の居住者が他方の締約国の居住者である法人の役員の資格で取得する報酬については，当該法人の居住地国において課税できます（日米租税条約第15条，日英租税条約第15条）。

　内国法人が非居住者である役員に支払う役員報酬については，上記のうち第三の点が関係してきます。すなわち，日米租税条約の適用がある場合も，国内税法と同様，国内における人的役務提供の有無を問わず，内国法人が支払う役員報酬の全額につき日本で課税されるのが原則です。

(3) 日本側当事者の税務

　海外出向中の従業員（非居住者）に対し，給与等を支払う内国法人は，国内勤務に対応する部分があれば，それが著しく少額である場合を除き，国内源泉所得に該当する給与等につき国内税法の下では，20パーセント（復興特別所得税が付加されると20.42パーセント）の税率で源泉徴収義務を負います。これに対し，当該従業員が国内で勤務していなければ，たとえ国内で内国法人が留守宅手当等を支払っていても源泉徴収の必要はありません。なお，このような留守宅手当等は，出向者に対する給与の較差補てんとして，出向元の内国法人の損金に算入することができます（法人税基本通達9-2-47）。

　他方，内国法人が役員（非居住者）に対し役員報酬を支払う場合には，国内勤務の有無に関係なく，20パーセント（復興財源確保法の適用がある場合には20.42パーセント）の税率で源泉徴収義務を負うのが原則です。

　なお，非居住者であった海外赴任者が帰国し居住者となった場合には，給与等の計算期間に国外勤務分が含まれていても，その総額が居住者に対する給与等として源泉徴収の対象になります[15]。

15　内国法人が海外赴任から帰国して居住者となった従業員に対し給与等を支払う場合でも，国外払いの場合には，当該内国法人は，源泉徴収義務を負いません（所得税法第183条第1項）。この点が争われた事案として，平成23年6月28日裁決（裁決事例集83集589頁）があります。同裁決では，内国法人が外国政府に納付した帰国社員の海外事業所勤務中の賃金に係る外国所得税負担額について，当該内国法人が源泉徴収義務を負うかどうかが争点となりました。課税庁は，当該外国所得税は，当該社員が外国勤務を終え日本に帰国し居住者となった後に，内国法人が当該社員に代わって納付したものであるから，当該社員に対する経済的な利益の供与にあたり，当該給与等の支払いは国内で行われたものとして，源泉徴収に係る所得税の各納税告知処分等をしました。これに対し，審判所は，上記外国所得税負担額の支払事務は，各海外事業所が行っていたものと認め，居住者に対する給与等の支払いが国内で行われたとする課税庁の主張を退け，当該内国法人の源泉徴収義務を否定しました。

第3節　退職金を受け取る

1　居住者から非居住者となった者

(1) 国内税法の定め
(a) 国内源泉所得の範囲

　国内勤務後，海外赴任したことにより非居住者となった従業員が，内国法人から支払いを受ける退職金[16]については，居住者であった期間に行った勤務に対応する部分が国内源泉所得に該当し，この部分のみが課税対象になります（所得税法第161条第1項第12号ハ，所得税基本通達161-41（注）2）。したがって，退職金が居住者としての勤務期間と非居住者としての勤務期間とを合算した期間について支払われる場合には，以下の算式により国内源泉所得に該当する退職金を計算します。

$$退職金の額 \times \frac{退職金の計算の対象となった期間のうちの居住者としての勤務期間}{退職金の計算の基礎となった全勤務期間}$$

　これに対して，非居住者である役員に対して内国法人が支払う退職金については，同役員の海外勤務に対応する部分についても，国内源泉所得に含まれるのが原則です（所得税法第161条第1項第12号ハ，同法施行令第285条第3項）。

(b) 所得税の課税

　非居住者が内国法人から受け取る退職金に関する日本での課税関係は，当該非居住者の選択により以下のいずれかとなります。

16　例えば，一般使用人である海外勤務者が現地勤務のままで役員に昇格し，この役員昇格に際し使用人期間の退職金を打ち切り支給するような場合や，海外勤務者が現地で退職するケースが考えられます（上記注1三好・海外勤務者69頁）。

(i) 原則

　第一の方法は、国内源泉所得に該当する部分の退職金の金額に対して、一律20パーセント（復興特別所得税が付加されると20.42パーセント）の税率による源泉徴収課税を受け、それのみで日本における課税関係を終了させることです（所得税法第5条第2項、第7条第1項第3号、第161条第1項第12号ハ、第164条第2項第2号、第169条、第170条、第171条、第212条第1項、第213条第1項、復興財源確保法第12条、第13条、第28条）。

(ii) 選択課税

　第二の方法とは、「退職所得についての選択課税」といわれる制度を選択することです。この制度は、長年国内で勤務した者がたまたま海外に赴任し非居住者のまま退職した場合に、国内勤務のまま退職した者と比較して税負担が過重にならないように設けられた制度です[17]。この制度を受給者本人が選択すると、退職金の総額（国内源泉所得部分に限られません）を居住者が受けたものとみなして、居住者と同様の課税を受けることができます（所得税法第171条）。具体的には、当該非居住者が一定の期日以降に所得税の確定申告書を提出することにより、支給時にいったん源泉徴収された税額の全部または一部が還付されます（所得税法

17　上記注1三好・海外勤務者74頁以下。例えば、勤続年数が長期にわたる居住者の退職所得控除額が退職金を上回る場合には、当該退職金には課税されません（所得税法第30条）。このような居住者が、長年国内で勤務した後に海外に赴任して非居住者のまま退職した場合には、国内源泉所得に該当する部分が存在することになり、原則的な課税方法によるとその部分に対する課税は常に避けられないことになります。このような課税上の不均衡を是正するためにあるのが「退職所得についての選択課税」の制度です。具体例につき、上記注1三好・海外勤務者298～301頁参照。

　なお、すでに退職所得の選択課税の申告書を提出している非居住者が退職手当等の追加支給を受けた場合に、上記申告書の提出日から5年以内に限り、更正の請求を行うことができることを明らかにした文書回答事例（https://www.nta.go.jp/about/organization/tokyo/bunshokaito/gensen/141106/index.htm）があります。

第173条）。

(c) 地方税の課税

退職所得に対する個人住民税は，他の所得と区分して支給の際に特別徴収されるため，「分離課税に係る所得割」とよばれています。分離課税に係る所得割は，退職所得の支払いを受けるべき日の属する年の1月1日現在における住所所在地の道府県と市町村が課税権を有します（地方税法第50条の2，第328条）。個人住民税は，前年中の所得に対して翌年に課税する立場をとっていますが，退職所得については例外で，他の所得と分離し退職により所得の発生した年に課税されます。

したがって，退職所得の支払いを受けるべき日の属する年の1月1日現在に住民基本台帳に記録されていない者に対しては，分離課税に係る所得割は課税されないため，特別徴収がされることもありません[18]。このように特別徴収の対象にならなかった退職所得は，翌年の1月1日現在において国内に住所を有している場合には，住民税の所得割の課税標準に含まれることになります（地方税法第32条，第313条）[19]。

(d) 外国での課税と外国税額控除

内国法人の日本人の従業員・役員が海外に赴任し，非居住者となった状態で退職し，退職金の支給を受ける場合には，その居住地国である外国で課税されることが考えられます。日本と海外の赴任先の双方で同一の所得に課税を受けたとしても，日本で外国税額控除の適用を受けられるのは日本の居住者であるのが原則である（所得税法第95条）ため，日本で外国税額控除の適用を受けることはできません。このような国際的な二重課税は，当該駐在員の居住国である赴任先の国の税法に従い調整される可能性があります[20]。

---

18 上記注1三好・海外勤務者113〜114頁。
19 上記注1三好・海外勤務者114頁。
20 日本のように退職金に優遇規定を設けている国が例外的であるため，海外に駐在する社員に退職金を支払う場合に，当該社員に多大な税負担が発生するおそれがあ

（2）租税条約の定め

租税条約の定める退職年金等の規定（例えば日米租税条約第17条）は、非居住者が受け取る退職金には適用がなく、給与所得に関する規定（受給者が内国法人の海外出向従業員の場合）あるいは役員報酬に関する規定（受給者が内国法人の役員の場合）が、それぞれ適用されます（日米租税条約第17条参照）[21]。

したがって、例えば日米租税条約の適用がある場合には、非居住者の受け取る退職金に関する課税関係は以下のとおりで、国内税法の定めるところと異なりません[22]。

第一に、米国の居住者（日本の非居住者）である従業員に対し、内国法人が支払う退職金については、国内勤務期間分が国内源泉所得とされ、同所得について20パーセント（復興特別所得税が付加されると20.42パーセント）の税率で源泉徴収課税されます。

第二に、米国の居住者（日本の非居住者）である役員に対し、内国法人が支払う退職金については、その全額について20パーセント（復興特別所得税が付加されると20.42パーセント）の税率で源泉徴収課税を受けます。

なお、上記いずれの場合にも、先に1（1）(b)(ii)（736頁）で述べたように、受給者の選択により「退職所得についての選択課税」の制度の適用が可能です。

（3）日本側当事者の税務

非居住者である従業員・役員に対し退職金を支払う内国法人は、その退職金のうち国内源泉所得に該当する部分について、20パーセント（復興特別所得税が付

ることを指摘するものとして、上記注7藤井・海外勤務者132～134頁参照。
21 上記注10松上・源泉国際課税221頁。
22 役員報酬につき上記注1三好・海外勤務者289～291頁。なお、日米租税条約第17条第1項にいう「退職年金等」に当たるのは、所得税法第35条に規定する公的年金等であると考えられます（浅川雅嗣編著『コンメンタール　改訂日米租税条約』（大蔵財務協会、2005）165頁）。

加されると20.42パーセント）の税率で源泉徴収をしなければなりません。これは，受給者が「退職所得についての選択課税」の制度を選択する場合も同様です。他方，退職所得の支払いを受けるべき日の属する年の1月1日現在に，住民基本台帳に記録されていない者に対しては，分離課税に係る所得割は課税されないため，特別徴収がされることもありません。

さらに，日米租税条約には特別の定めがありませんので，同条約の適用がある場合でも，内国法人の従業員・役員（米国の居住者・日本の非居住者）の退職金に関する課税関係が変更を受けることはありません。

2　非居住者から居住者となった者

（1）国内税法の定め

上記1のケースとは逆に長年海外勤務をした後に帰国した従業員・役員が居住者の地位にあるときに退職し内国法人から受け取る退職金には，海外勤務に対応する部分が含まれるのが通常です。しかし，この場合には，国内勤務分と国外勤務分が按分されるわけではなく，全勤務期間を通じて計算した退職金の総額が，居住者に対する退職金として課税の対象になります[23]。これまで繰り返し述べたとおり，居住者については，すべての所得に対して課税される（所得税法第7条第1項第1号）ので，このような結論になります。

居住者に支給される退職所得に対する個人住民税は，他の所得と区分して支給の際に特別徴収されます。

なお，国外勤務に係る退職金につき，海外で所得税が課された場合には，日本で外国税額控除の適用を受けることによって二重課税の調整がされることが予定されています（所得税法第95条）[24]。

23　居住者の受ける退職所得であるか，非居住者の受ける退職所得であるかは，その現実の支払いの時ではなく，退職所得の支払い確定の時に判断されることとされています（所得税基本通達36-10）。上記注1三好・海外勤務者80～82頁，281～283頁参照。

（2）租税条約の定め

　租税条約は，このような海外勤務経験のある日本人が帰国後居住者になった後に受け取る退職金の減免に関し特別の定めを置いていません。このため，国内税法どおりの課税関係になります。

　なお，日米両国で勤務した内国法人の役員が，日本に帰国し居住者となった後に当該内国法人から受け取る役員退職金については，日本で全額が課税対象となるとともに，米国勤務分につき米国で所得税が課せられることになり，二重課税が生じます。このため，当該居住者は，日本で外国税額控除の適用を受けることで二重課税を調整しますが，控除限度額を計算する際には，役員退職金を全額国内源泉所得と見る国内税法の規定にかかわらず，米国課税分の所得については国外源泉所得に置き換えられます（日米租税条約第23条第1項）[25]。

（3）日本側当事者の税務

　上記のような者に退職金を支払う内国法人は，海外勤務をしたことのない居住者に対して退職金を支払う場合と同様の取扱いをすれば足ります。

24　上記注3橋本・外国人の税務199～200頁。
25　川井久美子・飯塚信吾・岡本奈緒美「日本法人の役員が受け取る退職金に関わる日米両国における所得税の調整」国税速報第6304号30頁。なお，日米租税条約には，明文の「源泉地置き換え規定」がありますが，平成23年度税制改正により，租税条約にこのような明文規定がない場合でも，同様の結論になるように手当てされています（所得税法第95条第4項第16号，同法施行令第225条の13）。

【事 項 索 引】

*主要な解説頁がある場合はゴシック体で表示

〈数字・英文〉

1号PE ……………………………………395
2号PE ……………………………………395
2号所得 ………………326, **330**, 332, 335
3号PE ……………………………………395
5号所得 …………………………………150
6号所得 ………………………131, 667, 675
7号所得 ……………150, 325, **330**, 332, 335
8号所得 …………………166, 205, **364**, 365
8号所得となる信託収益の分配金 …**366**, 369
9号所得 ……………………………181, 364
9号所得となる信託収益の分配金
　　　　　　　　　　………………**366**, 370, 374
10号所得 ………………………203, 205, 385
11号所得 ………………224, **236**, 244, 445
13号所得 ………………………………**386**, 388
14号所得 …………………………………380
15号所得 ……………………………**382**, 385
16号所得 …………………………………340
17号所得 ……………………………151, 348
2013年改正議定書 ……………………23, **57**
Advance Pricing Agreement（APA）
　→ 事前確認
Advance Pricing Arrangement（APA）
　→ 事前確認
AOA …………………………72, 410, 418, 540
AOA型租税条約 …………………72, **434**
APA ………………………………………577
Authorized OECD Approach → AOA
Base Erosion and Profit Shifting → BEPS
BBS事件 …………………………………264
BEPS ………………………24, **56**, 533, 538
BEPS防止措置実施条約 …………25, **56**, 394
CD-ROM …………………………273, 303
CFC税制 …………………………………620

Comparable Profit Method（CPM）
　→ 利益比準法
Comparable Uncontrolled Price Method
　（CUP法）→ 独立価格比準法
Competent Authority …………………579
Corresponding Adjustment …………582
Cost Plus（CP法）→ 原価基準法
EBITDA ……………………………524, 524
fixed base → 固定的施設
hard-to-value intangibles → HTVI
HTVI（hard-to-value intangibles）………539
Internal Revenue Code → 内国歳入法
LLC（limited liability company）………647
OECD（経済協力開発機構）………………58
OECD移転価格ガイドライン …**530**, 533, 534
OECDコメンタリー ……………………**58**, 297
OECD承認アプローチ → AOA
OECDモデル条約
　　　　……………**58**, 393, 530, 596, 681, 713
PE（permanent establishment）
　→ 恒久的施設
permanent establishment → 恒久的施設
PE帰属所得 ……………………………434
PEなければ課税なし
　　　　……………………118, 392, 714, 717, 720
PE無差別の原則 ……………**414**, 423, 438
Primary Adjustment …………………582
Profit Split Method（PS法）
　→ 利益分割法
RAM → ランダム・アクセス・メモリー
Resale Price（RP法）
　→ 再販売価格基準法
Residual Profit Split Method（RPSM）
　→ 残余利益分割法
Secondary Adjustment ………………582
Social Security Tax ……………………598

事項索引

Technical Explanation（日米租税条約に
　関する） ……………………………………59
The Multilateral Convention To Implement
　Tax Treaty-Related Measures To Pre-
　vent Base Erosion and Profit Shifting
　→ BEPS防止措置実施条約
TNMM → 取引単位営業利益法
Transactional Net Margin Method
　（TNMM）→ 取引単位営業利益法

〈和　文〉

〔あ　行〕

青色申告 …………………………………427, 573
アトリビュータブルインカム方式
　→ 帰属主義
アンダー・インクルージョン ……………625
按分 ………………………………………729, 739
按分（計算） ………………………………………674
異常所得 ……………………………………………642
異常な水準の資本に係る所得 …………………644
委託者 ………………………………………………367
一時払い養老（損害）保険 ……………………384
著しく少額 …………………………………674, 729
一括限度方式 ………………………………………604
一般に公正妥当と認められる会計処理の
　基準 ………………………………………………347
一方の締約国 ………………………………………87
移転価格事務運営指針 …………………………532
移転価格税制 ………………………………451, 530, 591
移転価格税制の適用にあたっての
　参考事例集 ………………………………………562
イニシャル・ペイメント …………………248, 277
印紙税（株券の） ………………………………186
印紙税（金銭貸付契約書の） ……………………204
印紙税（不動産売買契約書の） …………………153
受取利子等 …………………………………………525
打ち切り支給 ………………………………………735
売上総利益 …………………………………550, 552
売切型 ……………………………………………303, 306

営業者（匿名組合の） ……………………………345
営業秘密 ……………………………………………240
営業利益 ……………………………………………556
永住権（米国の） …………………………………687
永住者 …………………………………………6, 8, 659
永住者以外の居住者 → 非永住者
役務提供地国課税 ……………674, 693, 703, 730, 731
エンタイアインカム方式 → 総合主義
延滞税 ………………………………………………583
エンドースメント …………………………………320
エンド取引 …………………………………………218
オーバー・インクルージョン ……………………636
オフショア勘定 ……………………………………372
オプション・フィー ………………………………278
親子会社間取引 ……………………………………451
親子間配当 …………………………………………465

〔か　行〕

買集め株式 …………………………………………191
海外投資等損失準備金 ……………………………53
外貨換算 ……………………………………………53
外貨投資口座 ………………………………………384
外国会社 ……………………………………………411
外国関係会社 ………………………………………622
外国居住者等所得相互免除法 …………………336
外国金融子会社等 ………………………………632, 643
外国公益法人 ………………………………………373
外国子会社合算税制 ………………………………620
外国子会社配当益金不算入税制
　……………………65, 103, 591, 594, 603, 613, 650
外国人登録法 ………………………………………660
外国税額控除 …14, 37, 64, 426, 438, 591, 593, 595, 618, 648, 725, 732, 737
外国投資信託 ………………………………………370
外国の共同事業体 …………………………………344
外国法人 ……………………………………………4
外国法人課税所得 ………………………………10, 12
外国法人税 ……………………………………598, 600
外国法人の課税関係 ………………………………27
解散 …………………………………………………480

事項索引　743

解釈の補足的な手段	58, 297
会社分割	493
較差補てん	734
学生	707
確定	739
掛け算方式	624, 627, 639
貸倒れ	216
貸付金に準ずるもの	219, 220
貸付金の利子	205
過少資本	503
過少資本税制	503, 504, 527, 592
貸レコード問題	313
課税管轄権	61
課税権の肯定	80
課税権の否定	80
課税年度（非居住者の）	48
課税標準	422
仮装経理	427
仮装取引	233
過大支払利子税制	521, 522, 592
合算割合	639
合併	485
合併消滅法人	485
合併存続法人	485
株式移転	460
株式交換	459
株式の消却	202, 467, 475
株式の転換	202
株式の併合	201, 467
株式分割	201
株式報酬制度	663
株式無償割当て	201
株主活動	562
関税	222
間接税額控除	64, 103, 614, 615
完全親会社	460
完全子会社	460
還付加算金	585
還付請求	74
還付請求書	74
管理支配基準	628, 634
管理支配地主義	86
関連者（過少資本税制の）	524, 635
関連者（タックス・ヘイブン対策税制の）	635
関連者支払利子等の額	524
関連者純支払利子等の額	523
キープウェル契約	561
記憶媒体	303
機械装置等	244, 247, 326, 327
企業組織再編税制	425
企業の利得	118, 154
技術援助契約	250
技術指導	670
技術者派遣	279
技術上の役務の提供の対価	140
基準平均負債残高	516
帰属主義	72, 373, 393, 417, 540
議定書	57, 355
寄附金	155, 170, 185, 352, 455, 568
基本三法	537, 548
キャッシュ・ボックス	629
キャプティブ	636
旧1号所得	222
旧1号の3所得	150
旧2号所得	131
旧3号所得	150, 325
旧4号所得	166
旧5号所得	181
旧6号所得	203
旧7号所得	236
旧12号所得	340
吸収分割	493
求償権	229
給付補填金等	384
給与所得	676, 713
教会税	600
狭義説（プリザベーションに関する）	70, 78
共同事業	341

事項索引

業務を行う者 …………………………206
居住者（国内税法上の）………………6, 660
居住者（租税条約上の）………9, 61, 86, 174
居住者証明書 ……………………………73
居住地管轄 ………………………………62
居所 ………………………………………7
寄与度利益分割法 ……………………553
金貯蓄口座 ……………………………383
金融子会社等部分課税対象金額 ………644
金融類似商品 …………………………382
国別限度方式 ……………………604, 610
国別報告事項 …………………………570
国別報告書 ……………………………570
繰越制度（外国税額控除に関する）……608
グループ法人税制 ……………………443
グループ・リリーフ …………………647
グローバル・トレーディング …………563
グロス ………………………10, 423, 605
グロスアップ …………………………281
クロス・ライセンス …………………318
クロス・ライセンス契約 ……………247
経営指導念書 …………………………561
経済活動基準 ………………631, 637, 640
経済的二重課税 …………………579, 580
芸能人 ……………………………133, 142
芸能人税 ………………………………600
芸能人等 …………………………711, 715
芸能法人 ………………………………142
ケイマン ………………………4, 344, 365
契約締結代理人等 ……………………397
欠損金 …………………………………638
原価基準法 ……………………………552
研究開発契約 …………………………247, 319
権限のある当局 ………………………579
検査役の調査 …………………………443
減資 ………………………………201, 467
現実支払価格 …………………………223
研修手当 ………………………………708
懸賞 ……………………………………129
懸賞金付預貯金等 …………………366, 372

建設 PE ……………………………15, 396
建設業法 ………………………………411
源泉地置き換え規定 …………………740
源泉地管轄 ………………………………62
源泉地規定 ………………………………90
源泉徴収 …………………………………17
源泉徴収義務 …………………………163
源泉徴収義務者 …………………………17
源泉徴収税額表 ………………………688
現地の特殊事情 ………………………731
限定列挙 ………………………123, 129, 419
限度税率 ……………………………81, 604
現物給与 ………………………………685
現物出資 …………………………53, 280, 443, 513
公益法人等 ……………………………521
交換公文 …………………………………57
広義説（プリザベーションに関する）
　…………………………………70, 71, 78
恒久的施設 …………14, 38, 392, 409, 714
恒久的施設帰属所得 …………………418
恒久的施設なければ課税なし
　→ PE なければ課税なし
恒久的住居 ……………………………662
工業所有権 …………………………239, 245
工業所有権等 ………………………244, 245
工業所有権の保護に関する1883年3月
　20日のパリ条約 → パリ条約
工業的使用料 …………………………255
航空機リース …………………………633
広告宣伝用の賞金 ……………………386
公社債 …………………………………167
公社債等運用投資信託 ………………370
公社債投資信託 ………………………369
公社債の利子 …………………………171
公衆（著作権法上の）………………312, 314
控除限度額 …………………604, 726, 727
控除対象受取利子等合計額 …………525
控除枠の流用 …………………………605
構成員課税 …………………………342, 346
更正決定等の除斥期間の延長 ………576

更正の請求	583, 597, 736
合同運用信託	369
合弁会社	624
公募公社債等運用投資信託	370
コーポレート・インバージョン対策税制	651
子会社	443
国外	3
国外からの送金	688
国外関連者	454, 530, 541
国外関連者に対する寄附金	156, 170, 185, 353, 455, 568
国外関連取引	540
国外源泉所得	10, 12, 605
国外支配株主等	506, 519
国外支配株主等の資本持分	514
国外所得金額	605
国外所得免除方式	596
国外転出時課税制度	726
国外において	19, 146
国外払い	365, 662, 673, 689, 721, 734
国際運輸業	680
国際運輸業所得	331, 332, 338, 373, 432
国際的消尽肯定説	267
国際的消尽否定説	266
国際的二重課税	21, 55, 61, 596, 678, 733, 737
国税徴収権の時効の中断	576
国内	3
国内業務	206, 269
国内源泉所得	10, 417
国内源泉所得の定義（旧法人税法の）	112
国内源泉所得の定義（現行法人税法の）	113
国内事業からの所得	116
国内事前確認	579
国内で支払ったとみなされる場合	677
国内にある資産の譲渡による所得	123
国内にある資産の運用・保有による所得	119
国内において	18, 133, 146
国内払い	662, 673, 689, 703
国内要件（消費税の）	253
固定資産税	158
固定的施設	714
固定的施設なければ課税なし	713, 717
5棟10室	157
コミッショネア → 問屋	
ゴルフ会員権	191, 193
コロケーションサービス	396
根源的使用	263
コンテナ	326
コンピュータ・プログラム	291

〔さ　行〕

サーバー	396
サービス PE	408
在勤手当	725
債券現先取引	218
債券現先取引等	518
債権譲渡	212, 213
債権譲渡担保	208
債権の一部放棄	217
債権の全額放棄	215
債権売却損	233
在庫保有代理人	117, 397, 407
最終事業年度	429, 431
再販売価格基準法	550
細分化	401
債務者主義（使用料の源泉地に関する）	245, 254
債務者主義（船舶・航空機の使用料の源泉地に関する）	331
債務者主義（利子の源泉地に関する）	209, 226, 227, 375
債務超過	215, 217
債務免除	421
在留カード	661
在留資格	709
雑所得	383
サブライセンス	272

746 事項索引

サブライセンス契約 …………………247
産業上，商業上もしくは学術上の設備 …329
産業上又は商業上の利得 ………………118
残余財産の分配 …………………………480
残余利益分割法 …………………535, 554
シークレットコンパラブル ……572, 573, 575
恣意的な区分 ……………………………266
仕入税額控除 ……………………………317
仕入非課税………………………………93, 436
指揮監督の役務の提供 …………………396
事業概況報告事項 ………………………570
事業概況報告書 …………………………571
事業基準 …………………………………631
事業者 ……………………………………156
事業者向け電気通信利用役務の提供 ……316
事業修習者 ………………………707, 708
事業習得者 ………………………………709
事業譲渡類似の株式等の譲渡 …………446
事業譲渡類似の株式の譲渡
　　　　　　………127, 191, 192, 195, 446, 457
事業所得者 ………………………675, 712
事業所 PE ………………………………14, 395
事業税（外国法人の）……………428, 431
事業税（個人の）…………………………49
事業税（法人の）…………………………38
事業体課税 ………………………………342
事業年度（外国法人の）…………36, 415
資金供与者等 ……………………………508
自己株式 …………………………197, 474
自己資本の額 ……………………………512
資産税条約 …………………………………22
資産調整勘定 ……………………492, 501
事実上のキャッシュ・ボックス …………629
事前確認 …………………………………577
執行共助条約……………………………23
実効税率（個人の）………………………49
実効税率（法人の）………………………39
実質支配関係 ……………………623, 625
実質的支配 ………………………………507
実施特例法 ………………………………60

実施（特許発明の）………………………250
実体基準 …………………………628, 633
実費弁償 …………………………………708
質問検査権 ………………………………572
支払い ……………………………………318
支払利子等 ………………………………525
支分権 ……………………………………243
資本金等の額 ……………………………464
資本金等の額の払戻し …………………467
資本金等の払戻し ………………………464
資本剰余金の減少に伴う会社資産の分配
　　　　　　……………………………………467
資本剰余金の減少に伴う剰余金の配当 …468
資本取引 …………………………………424
資本の払戻し ……………………………468
社会保障税 ………………………………598
社外流出 …………………………………568
社宅 ………………………………………677
住所 …………………………………………7
自由職業者 ………………………134, 711
住宅取得資金の貸付 ……………………119
集団投資信託 ……………………………368
集団投資信託等 …………………………368
充当 ………………………………………217
住民基本台帳 ……………………………732
住民基本台帳法 …………………………660
住民税（外国法人の）……………………428
住民税（個人の）…………………………49
住民税（法人の）…………………………37
住民税利子割 → 利子割
住民票 ……………………………………661
受益者 ……………………………………367
受益者等課税信託 ………………160, 367
主権免税 …………………………………373
受託者 ……………………………………367
主たる事務所 ………………………………5
主張立証責任 ……………………………687
出向者 ……………………………………734
出向社員 …………………………………728
出向元 ……………………………………734

事項索引　747

出国 …………………………………684, 728
出資関連内国法人 ………………………514
出資の払戻し（匿名組合の）……………361
出入国管理及び難民認定法 → 入管法
出版許諾契約 ……………………………274
出版権 ……………………………………274
出版権設定契約 …………………………274
受動的所得 …………………………629, 640
取得資本金額 ……………………………475
取得条項付株式 …………………………197
取得請求権付株式 ………………………197
種類株式 …………………………………200
準確定申告書 ……………………………676
準ずる方法 …………………546, 558, 559
準備金の減少 ……………………………201
準備的・補助的活動 ……………………398
使用 ………………………………………304
償還差益 ……………………………119, 178
商業ノウハウ …………………245, 321, 322
賞金 ………………………………………129
使用権（著作物の）…………243, 304, 306
証券投資信託 ……………………………369
商談 ………………………………………670
使用地主義（使用料の源泉地に関する）
　………………………245, 249, 252, 257, 261
使用地主義（利子の源泉地に関する）
　………………………………207, 209, 226
譲渡 ………………………………………461
譲渡承認請求 ……………………………197
譲渡所得 …………………………………383
使用人として常時勤務する場合 ………730
消費者向け電気通信利用役務の提供 …317
商標権 ………………………………242, 282
情報交換条約 ……………………………22
条約法に関するウィーン条約 ………58, 297
剰余金の配当 ………………………187, 463
職業運動家 …………………………133, 142, 711
所在地国基準 ………………………635, 636
所得区分（租税条約上の）…………79, 89
所得源泉地 ………………………………76
所得税額控除（外国法人の）………17, 426
所得税額控除（内国法人の）……………16
所得税額控除（法人の）…………………37
所得税条約 ………………………………21
所得の定義規定（租税条約上の）
　→ 所得区分（租税条約上の）
シルバー精工事件 ……………258, 266, 267
人格のない社団 …………………………341
人格のない社団等 ………………………521
新株の発行 ………………………………182
申告調整 …………………………………567
申告納税 …………………………………17
申告要件 ……………………527, 612, 618, 650
新設分割 …………………………………493
信託 …………………………………160, 367
信託収益の分配金 ………………………366
人的役務の提供事業 ……133, 136, 667, 670
人的役務提供事業の対価 ………………675
人的分割 …………………………………493
信用供与 ……………………………210, 224
推計課税 …………………………………573
推定課税 ……………………………573, 575, 637
推定規定 …………………………………637
スタート取引 ……………………………218
請求権等勘案合算割合 …………………639
税源浸食と利益移転 → BEPS
生命保険契約 ……………………………380
税率（外国法人の）……………………425
税率（非居住者の）……………………48
税率（外国法人の）……………………36
セービング ………………68, 102, 593, 689
善管注意義務 ……………………………346
専属的代理人 ……………………………400
船舶または航空機の使用料 ……………330
全部合算課税 ………………………628, 630
全部取得条項付株式 ……………………197
総合課税 …………………………………20
総合主義 ……………………92, 373, 393, 417, 540
相互掛金契約 ……………………………383
相互協議 ……………………………580, 603

事項索引

相互協議条項 …………………………456
相互主義 ………………………………373
相互主義による所得非課税 …………336
相殺残高 ………………………………219
創作法 …………………………………238
双方居住者 ………………………………63
総利付負債 ……………………………509
ソース・ルール ……………………70, 90
属地主義の原則（特許権の）……241, 256
租税 ……………………………598, 600
租税条約 …………………………21, 23, 55
租税条約に関する届出書 ………………73
租税条約の優先 …………………………67
租税負担割合 …………………………646
その他国内に源泉がある所得 …128, 387
その他資本剰余金 ………………187, 463
その他所得………81, 122, 153, 154, 169, 453
「その他所得」条項 ………122, 130, 179, 349,
350, 351, 355, 453
その他の人的役務の提供 ……………148
その他利益剰余金 ………………187, 463
ソフトウェア …………………………291
損害賠償金 ……………………………279
損害保険契約 …………………………380
損金不算入額 …………………………516
損金不算入額の繰越 …………………526

〔た 行〕

第1次調整 ……………………………581
対応的調整 ………………………456, 581, 583
対外活動 ………………………52, 84, 101
第三者介在取引 ………………………540
対象外国関係会社 ……………………631
対象税目（租税条約上の）…88, 102, 661, 662
退職給付債務等 …………………492, 501
退職金 …………………………………735
退職所得 ………………………………739
退職所得控除額 ………………………736
退職所得についての選択課税 ………736
退職年金 ………………………………381

退職年金等 ……………………………738
退職年金等信託 ………………………368
対内活動 ……………………………26, 84
第2次調整 ……………………………581
貸与権 ……………………………312, 314
大陸棚 ……………………………………4
代理人 PE ………………………15, 397, 411
多数 ……………………………………312
タックス・スペアリング・クレジット
　→ みなし外国税額控除
タックス・ヘイブン対策税制
　………………528, 532, 591, 603, 620
他方の締約国 ……………………………87
短期出張 ……………………666, 670, 674, 724
短期譲渡所得 …………………………155
短期滞在者免税 ………671, 678, 694, 704, 733
単純購入非課税 …………………………73
地域統括業務 …………………………632
遅延利息 ……………………………224, 280
地価税 …………………………………159
知的財産 …………………………237, 248
地方税（個人の）………………………49
地方税（法人の）………………………37
地方法人税 ………………………………39
地方法人税（外国法人の）……………428
地方法人特別税 …………………………39
地方法人特別税（外国法人の）……429, 431
仲裁 ……………………………………580
駐在員 ……………………………684, 726
駐在員事務所 ……………………………15
注文取得代理人 …………………397, 407
長期譲渡所得 …………………………155
調整国外所得金額 ……………………607
調整所得金額 …………………………526
重複活動 ………………………………562
直接税額控除 …………………………64, 103
直接適用（租税条約の）……67, 80, 104, 611
著作権 …………………………………242
著作権等 …………………………244, 246
著作（財産）権 ………………………243

事項索引　749

著作者人格権 …………………………243
著作物 ……………………………**243**, 289
著作物の複製物 ………………………289
著作物の複製物の譲渡 ………………289
著作隣接権 ……………………246, 293
賃貸型 ……………………………**303**, 309
賃貸・転貸型 …………………………311
賃貸料（不動産の）……………………156
通勤手当 ………………………………708
通勤費 ……………………………**675**, 684
通常行われる取引と認められない取引 …601
通常の利益率 …………………550, 552
通達 ……………………………………221
定期積金 ………………………………383
定期傭船契約 ……………………**330**, 332
抵当証券 ………………………………383
低付加価値のグループ内役務提供取引 …562
適格合併 ………………………………486
適格株式交換 …………………………460
適格現物出資 …………………443, 444
適格組織再編 …………………………651
適格分割型分割 ………………………494
デザインフィー ………………………271
デラウェア州 ……………………4, 344
テレビ放映権契約 ……………………322
電気通信利用役務の提供 ………139, 315
電子書籍 ………………………………273
デッド・アサンプション契約 ………365
問屋 ………………………………397, 405
統括会社 ………………………………632
統括業務 ………………………………632
登記 ……………………………………411
同業者代理人 …………………………397
動産 ……………………………………326
投資一任契約 …………………………400
投資運用業者 …………………………400
投資組合 ………………………………401
投資事業有限責任組合契約に関する
　法律 ………………………………343
投資信託 ………………………………370

投資信託及び投資法人に関する法律
　→ 投信法
同時文書化対象国外関連取引 ………572
同時文書化免除国外関連取引 ………572
投信法 …………………………………370
同族会社 ………………………………531
同等の方法 ……………………546, 559
登録制度 ………………………………317
登録地主義 ……………………………331
登録免許税（会社の商業登記の）……186
登録免許税（不動産登記の）…………153
特殊関係株主等 …………………**192**, 446
特殊関係者 ……………………………192
特殊関係非居住者 ……………………623
特殊関連企業条項 …………104, 454, 533
特殊関連者 ……………………………454
独占権 …………………………………241
独占的販売契約 ………………………324
特定 ……………………………………312
特定役務の提供 ………………………147
特定外国関係会社 ……………………628
特定債券現先取引等 …………………518
特定受益証券発行信託 ………………371
特定振替割引債 ………………………178
特典条項に関する付表…………………73
特典制限条項 ……………………**71**, 357
特別国際金融取引勘定 ………………372
特別税率 ………………………………155
特別徴収 ………………………………737
特別土地保有税 ………………153, 159
匿名組合員 ……………………………345
匿名組合契約 …………………………345
匿名組合契約に係る権利の評価 ……347
匿名組合出資持分 ……………………347
匿名組合の損益 ………………………347
独立価格比準法 ………………………548
独立企業間価格 …210, 377, 424, 451, 530, **543**
独立企業間価格を算定するために重要と
　認められる書類 …………………572
独立企業間価格を算定するために必要と

750　事項索引

認められる書類 ……………570, 571, 572
独立企業原則……………………92, 530
独立代理人 ………………………400
独立の原則（特許権の）………241, 256
都市計画税 ………………………159
特許権 ……………………………239
特許権の国際的な消尽 …………264
特許権の消尽（消耗，用尽）……264
取締役会 …………………………730
取締役会の構成員 ………………681
取引単位営業利益法 …………538, 554
トレードシークレット …………240

〔な　行〕

内外判定 …………………………315
内国歳入庁 ………………………537
内国歳入法 ………………………227
内国法人 ……………………………4
内部関係 …………………………229
内部記憶装置 ……………………304
内部取引……………………73, 423, 437
内部取引の非課税………………… 93
内部利子 …………………………437
二国間事前確認 …………………579
二次的著作物 ……………………320
二重課税排除条項 ………………102
日米租税条約 …………………… 57
日台民間租税取決め……………56, 434
入管法 ……………………………660
入国 ………………………………684
ニュージャージー州 ……………367
ニューヨーク州 …………………344
任意組合 …………………………345
任意組合から受ける利益の配分 …343
任意組合契約 ……………………343
ネガティブ・データ ……………246
ネット ……………………10, 423, 605
年金等 ……………………………380
年末調整 …………………………729
納税管理人 ………………………430

納税地（外国法人の）……………36, 416
納税地（非居住者の）…………… 48
納税の猶予 ………………………584
ノウハウ …………………………240
延払金利 …………………………224
延払債権 …………………………221

〔は　行〕

パートナーシップ ………………… 4
配当（日米租税条約の）………189, 378, 473
配当所得 …………………………369
売買・再販売型 …………………311
売買・賃貸型 ……………………311
バイラテラル APA ………………579
端株 ………………………………197
パススルー課税 …………………346
裸傭船契約 ………………………330
裸傭船料等 ……………331, 332, 334
破たん金融機関の株式の譲渡 …126
パッケージ・ソフトウェア ……306
幅（独立企業間価格の）………550, 559
バミューダ ………………………5, 344
パリ条約 …………………………241
バリューチェーン ……………538, 565
非永住者 ………………6, 8, 13, 659
非永住者（平成18年度税制改正前）……687
非 AOA 型租税条約 ……………72, 434
比較対象取引 …………………545, 556
比較利益分割法 …………………553
非課税所得 ………………………646
非課税の国外源泉所得 …………607
非関連者基準 ……………………635
非居住者 ………………6, 8, 162, 659
非居住者の課税関係……………… 39
必要経費 ………………………675, 713
非適格合併 ………………………487
非適格株式交換 …………………460
非適格現物出資 …………………444
非適格分割 ………………………495
否認規定 …………………………428

評価が困難な無形資産	539	分離課税に係る所得割	737
標識法	238	平均負債残高	511
標準税率	38	平均負債残高超過額	516, 517
ファクタリング業	231	並行輸入	264
複製	305	米国モデル条約	59
含み損益	463	ペーパー・カンパニー	628
負債調整勘定	492, 501	ベストメソッドルール	547, 548
負債の利子	510, 511	ベリーレシオ	555
不作為請求権	280	ベルヌ条約	244
負担が高率な部分	601	邦貨換算	208
復興特別所得税	88	法人	4
物的分割	493	法人格	341
不動産関連法人	191, **193**, 194, 195, 446, 457	法人課税信託	369
不動産関連法人株式の譲渡	126, **193**	法人所在地国課税	693, **703**, 729, 731
不動産取得税	153	ホーム・リーブ	**674**, 696, 706
不動産（日米租税条約上の）	126	保険会社	629, 633, 634, 643
部分課税対象金額	644	保険業PE	408
部分合算課税	640	保険年金	381
部分対象外国関係会社	**631**, 640	保証	225
部分適用対象金額	642	保証予約念書	561
ブラック・リスト国所在会社	630	保証料	**225**, 228
フランチャイズ契約	321	本店	5
振替債	172	本店経費の配賦	93, 424
プリザベーション	**69**, 611	本店所在地国	629, 633, 636, 646
不良債権	230	本店所在地主義	86
文学的及び美術的著作物の保護に関する		翻訳	274
ベルヌ条約 → ベルヌ条約			

〔ま 行〕

マスターファイル	570, 571
マナウス自由貿易地域	534
みなし外国税額控除	104, 611
みなし源泉徴収	**138**, 146
みなし償還差益	178
みなし配当	104, 187, 198, 464, 467, 472, 476, 478, 481, 483, 487, 489, 495, 498, 602, 617
みなしPE	144, **407**
民間国外債	173
民法上の組合	345
無議決権株式	616

文化交流計画	720
分割	494
分割型分割	493
分割承継法人	494
分割対価資産	494
分割法人	494
文化的使用料	**255**, 260
分社型分割	493
文書化（外国法人の）	427
文書化義務	569
粉飾決算	354
紛争解決金	279
分離課税	20

無形資産 …………………………538, **565**
無償減資 …………………………467
無利息貸付 ………………………456
名義書換 …………………………187
免除益 ……………………………216
免税芸能法人 ……………………145
免税芸能法人等 …………720, **721**
持株会社 …………………………460

〔や　行〕

役員 …………………680, **681**, 693, 730
役員報酬 ……677, 680, 690, 693, **703**, 729, 733
有限責任組合員 …………………343
有償減資 ……………………201, 467
有利な発行価額 …………………182
有利発行 …………………………182
ユニラテラル APA ………………579
預貯金の利子 ………………364, 366

〔ら　行〕

ライセンサー ……………………235
ライセンシー ……………………235
ライセンス契約 …………………247
来料加工取引 ……………………636
ランダム・アクセス・メモリー
　　………………………296, 304, 305
ランニング・ロイヤルティ …**248**, 250
濫用（外国税額控除の）………602
利益積立金額 ……………………464
利益の資本組み入れ ……………201
利益の配当 ………………………187
利益比準法 ………………………556

利益分割法 ………………………553
利子（租税条約の）……174, 179, **205**, 209, 375
利子所得 ……………………369, 385
利子等 ……………………………371
利子割…………………171〜172, 372, 385
利付負債 …………………………509
立証責任 …………………………637
リバースチャージ ………139, 316
リミテッド・パートナーシップ
　　（ケイマン）………………4, 344
リミテッド・パートナーシップ
　　（デラウェア州）…………4, 344
リミテッド・パートナーシップ
　　（バミューダ）……………5, 344
リミテッド・ライアビリティ・カンパニー
　　（ニューヨーク州）…………344
利用 ………………………………304
旅費 …………………………675, 684
類似内国法人 ……………………518
留守宅手当 ……………………**728**, 734
例示列挙 ………………419, 599, 600
レポ取引 …………………………218
連結納税 …………………………527
連鎖方式 …………………………624
レンタルオフィス ………………633
ロイズ市場 …………………643, 652
ローカルファイル ………570, 571

〔わ　行〕

和解金 ……………………………279
和解契約 …………………………258
割引債の償還差益 → 償還差益

【裁判例・裁決例索引】

〈裁判例〉

東京地裁昭和35年5月7日判決・行集11巻5号1431頁	290
東京地裁昭和36年11月9日判決・判例時報280号11頁	4
大阪地裁昭和44年6月9日判決・無体集1巻160頁	265
東京地裁昭和57年6月11日判決・判例時報1066号40頁	58
東京高裁昭和59年3月14日判決・行集35巻3号231頁	4
東京地裁昭和60年5月13日判決・判例タイムズ577号79頁	261, 266
大阪高裁昭和61年9月25日・訟務月報33巻5号1297頁	7
東京地裁平成2年9月19日判決・行集41巻9号1497頁	634
最高裁平成4年7月17日判決・税務訴訟資料192号98頁	634
東京地裁平成4年10月27日判決・行集43巻10号1336頁	258, 264, 266
東京地裁平成6年3月30日判決・行集45巻3号931頁	322
東京地裁平成6年7月22日判決・判例タイムズ854号84頁	241, 265
東京高裁平成7年3月23日判決・判例時報1524号3頁	265
最高裁平成9年7月1日判決・判例時報1612号3頁	265
東京高裁平成9年9月25日判決・判例時報1631号118頁	322
東京高裁平成10年12月15日判決・判例タイムズ1061号134頁	258, 267
東京地裁平成12年5月16日判決・判例時報1751号128頁	305
最高裁平成15年2月27日判決・税務訴訟資料235号順号9294	322
松山地裁平成16年4月14日判決・訟務月報51巻9号2395頁	550
東京地裁平成16年6月18日判決・判例タイムズ1179号320頁, 判例時報1881号101頁	312, 314
最高裁平成16年6月24日判決・集民214号417頁	259
東京地裁平成16年9月17日判決・税務訴訟資料（250号～）254号順号9751	69
東京高裁平成17年1月26日判決・税務訴訟資料（250号～）255号順号9911	69
東京地裁平成17年7月1日判決・訟務月報54巻2号493頁	365
東京地裁平成17年7月6日判決・判例時報1985号40頁	355
最高裁平成17年12月19日判決・判例時報1918号3頁	596, 602
東京高裁平成17年12月21日判決・訟務月報54巻2号472頁	365
最高裁平成18年2月23日判決・判例時報1926号57頁	596
高松高裁平成18年10月13日判決・訟務月報54巻4号875頁	549
東京地裁平成18年10月26日判決・訟務月報54巻4号922頁	560
名古屋高裁平成19年3月8日判決・税務訴訟資料（250号～）257号順号10647	5, 344
最高裁平成19年4月10日決定・税務訴訟資料（250号～）257号順号10683	549
福岡高裁平成19年5月9日判決・税務訴訟資料（250号～）257号順号10708	597
東京高裁平成19年6月28日判決・判例時報1985号23頁	355
最高裁平成19年8月23日決定・税務訴訟資料（250号～）257号順号10765	365

754　裁判例・裁決例索引

最高裁平成19年 9 月28日判決・民集61巻 6 号2486頁，判例時報1989号18頁 ……………638
東京高裁平成19年10月10日判決・訟務月報54巻10号1350頁 …………………………344
東京地裁平成19年12月 7 日判決・訟務月報54巻 8 号1652頁 ……………………………563
東京高裁平成20年 3 月12日判決・金融商事判例1290号32頁 ……………………………218
最高裁平成20年 3 月27日決定・税務訴訟資料（250号〜）258号順号10933…………344
最高裁平成20年 6 月 5 日決定・税務訴訟資料（250号〜）258号順号10965…………355
大阪地裁平成20年 7 月11日判決・判例タイムズ1289号155頁……………………………553
大阪地裁平成20年 7 月24日判決・判例タイムズ1295号216頁……………………………220
東京高裁平成20年10月30日判決・税務訴訟資料（250号〜）258号順号11061……………563, 573
最高裁平成21年 3 月23日決定・税務訴訟資料（250号〜）259号順号11165…………597
大阪高裁平成21年 4 月24日判決・税務訴訟資料（250号〜）259号順号11188…………219, 220
最高裁平成21年 7 月10日判決・民集63巻 6 号1092頁，判例タイムズ1307号105頁…………597
最高裁平成21年10月29日判決・民集63巻 8 号1881頁……………………58, 297, 310
大阪高裁平成22年 1 月27日判決・税務訴訟資料（250号〜）260号順号11370…………553
最高裁平成23年 2 月18日判決・判例時報2111号 3 頁 ……………………………………7
名古屋地裁平成23年 3 月24日判決・訟務月報60巻 3 号655頁……………………………367
東京高裁平成23年 5 月18日判決・税務訴訟資料（250号〜）261号順号11689…………57
東京高裁平成23年 8 月 3 日判決・税務訴訟資料（250号〜）261号順号11727…………162
東京高裁平成23年 8 月30日判決・訟務月報59巻 1 号 1 頁 ………………………………636
東京地裁平成23年12月 1 日判決・訟務月報60巻 1 号94頁 ………………………………575
東京地裁平成24年 4 月27日判決・訟務月報59巻 7 号1937頁 ……………………………554
最高裁平成24年 9 月18日決定・税務訴訟資料（250号〜）262号順号12038…………162
東京地裁平成24年11月30日判決・裁判所ホームページ登載 ……………………………305
東京高裁平成25年 1 月24日判決・税務訴訟資料（250号〜）263号順号12135…………335
最高裁平成25年 1 月31日決定・税務訴訟資料（250号〜）263号順号12146 …………57
東京高裁平成25年 3 月14日判決・訟務月報60巻 1 号149頁………………………575, 637
東京高裁平成25年 3 月28日判決・税務訴訟資料（250号〜）263号順号12187…………554
名古屋高裁平成25年 4 月 3 日判決・訟務月報60巻 3 号618頁……………………………367
東京高裁平成25年 5 月29日判決・税務訴訟資料263号順号12220 ……………………633, 634
東京地裁平成25年 5 月30日判決・判例時報2208号 6 頁 …………………………………687
知財高裁平成25年 7 月 2 日判決・裁判所ホームページ登載 ……………………………305
東京高裁平成26年 2 月 5 日判決・判例時報2235号 3 頁 …………………………5, 344
東京地裁平成26年 4 月24日判決・訟務月報61巻 1 号195頁………………………………335
最高裁平成26年 7 月15日決定・税務訴訟資料（250号〜）264号順号12505…………367
最高裁平成26年 8 月26日決定・税務訴訟資料（250号〜）264号順号12517…………575
東京地裁平成26年 8 月28日判決・税務訴訟資料（250号〜）264号順号12520…………534
東京高裁平成26年10月29日判決・税務訴訟資料（250号〜）264号順号12555…………58, 356
東京高裁平成27年 5 月13日判決・税務訴訟資料（250号〜）265号順号12659…………534
東京地裁平成27年 5 月28日判決・税務訴訟資料（250号〜）265号順号12672…………399
最高裁平成27年 7 月17日判決・民集69巻 5 号1253頁・判例時報2279号 9 頁 …………4, 344

裁判例・裁決例索引　　755

最高裁平成27年7月17日決定・税務訴訟資料（250号～）265号順号12703……………344
最高裁平成27年9月15日決定・税務訴訟資料（250号～）265号順号17271……………335
東京地裁平成27年10月8日判決・税務訴訟資料（250号～）265号順号12732……………609
東京高裁平成27年12月2日判決・税務訴訟資料（250号～）265号順号12763……………18,662
東京高裁平成28年1月28日判決・訟務月報63巻4号1211頁……………………………75,399,404
最高裁平成28年9月6日判決・裁判所時報1659号1頁……………………………………346
東京高裁平成28年12月1日判決・裁判所ホームページ登載…………………………………162
東京高裁平成29年1月19日判決・訟務月報63巻8号2059頁…………………………………354
仙台高裁平成29年3月29日判決（判例集未登載）……………………………………………275
最高裁平成29年4月14日決定（判例集未登載）……………………………………………75,399
最高裁平成29年9月29日決定（判例集未登載）………………………………………………354
最高裁平成29年10月24日判決・民集71巻8号1522頁………………………………………631,632

〈裁決例〉

和58年4月18日裁決・裁決事例集26集107頁…………………………………………………219
昭和59年11月5日裁決・裁決事例集28集149頁………………………………………………217
平成5年6月30日裁決・裁決事例集45集241頁………………………………………………282,285
平成6年5月25日裁決・裁決事例集47号353頁………………………………………………730
平成6年6月21日裁決・裁決事例集47集360頁………………………………………………280
平成9年8月25日裁決（裁決事例集未登載）…………………………………………………313
平成10年11月30日裁決（裁決事例集未登載）…………………………………………………566
平成11年3月31日裁決（裁決事例集未登載）…………………………………………………563,566
平成12年3月25日裁決（裁決事例集未登載）…………………………………………………313
平成13年3月30日裁決・裁決事例集61集293頁………………………………………………271
平成14年5月24日裁決・裁決事例集63集454頁………………………………………………561
平成14年6月28日裁決（裁決事例集未登載）…………………………………………………553
平成15年11月19日裁決・裁決事例集66集200頁………………………………………………280
平成16年3月31日裁決（裁決事例集未登載）…………………………………………………309,313
平成17年1月31日裁決・裁決事例集69集153頁………………………………………………208
平成17年2月14日裁決（裁決事例集未登載）…………………………………………………233
平成17年6月23日裁決（裁決事例集未登載）…………………………………………………551,575
平成17年9月30日裁決（裁決事例集未登載）…………………………………………………560
平成18年9月4日裁決・裁決事例集72集424頁………………………………………………575
平成19年2月27日裁決・裁決事例集73集376頁………………………………………………554
平成19年3月23日裁決（裁決事例集未登載）…………………………………………………300
平成20年7月2日裁決（裁決事例集未登載）…………………………………………………563
平成20年8月4日裁決・裁決事例集76集77頁…………………………………………………688
平成21年3月24日裁決・裁決事例集77集232頁………………………………………………709
平成21年12月11日裁決・裁決事例集78集208頁………………………………………………320
平成22年1月27日裁決（裁決事例集未登載）…………………………………………………555

平成22年 5 月13日裁決・裁決事例集79集289頁……………………………………324
平成22年 6 月28日裁決・裁決事例集79集434頁……………………………………566
平成23年 6 月28日裁決・裁決事例集83集589頁………………………18, 662, 734
平成24年 5 月10日裁決・裁決事例集87集156頁……………………………………730
平成24年10月24日裁決・裁決事例集89集100頁……………………………………134
平成24年11月 8 日裁決（裁決事例集未登載）………………………………555, 566
平成25年 3 月 5 日裁決（裁決事例集未登載）……………………………………554
平成25年 3 月18日裁決（裁決事例集未登載）……………………………………555
平成27年 3 月 5 日裁決（裁決事例集未登載）……………………………………555
平成28年 2 月19日裁決・裁決事例集102集222頁……………………………………561
平成28年 6 月21日裁決（裁決事例集未登載）………………………………555, 566
平成28年 7 月 6 日裁決・裁決事例集104集120頁……………………………………343

著者紹介

仲谷栄一郎(なかたに えいいちろう)

弁護士(アンダーソン・毛利・友常法律事務所),法務省日本法令外国語訳推進会議委員

1982年東京大学法学部卒業,1991～1992年アレン・アンド・オーヴェリー法律事務所(ロンドン),2007～2008年早稲田大学法学部非常勤講師(国際租税法)

『租税条約と国内税法の交錯[第2版]』(商事法務,2011),「国際経済法と国際租税法の交錯」『現代租税法講座第4巻 国際課税』(日本評論社,2017)

井上康一(いのうえ こういち)

弁護士(外国法共同事業ジョーンズ・デイ法律事務所)

1982年東京大学法学部卒業,1988年コーネル大学ロースクール修士課程修了,2008～2018年中央大学大学院国際会計研究科客員教授

『租税条約と国内税法の交錯[第2版]』(商事法務,2011),「国際税務の考え方」国際税務30巻1号～36巻2号

梅辻雅春(うめつじ まさはる)

公認会計士・税理士(KPMG税理士法人),日本公認会計士協会租税調査会国際租税専門部会部会長

1984年京都大学経済学部卒業,1984～2003年アーサーアンダーセン

藍原 滋(あいはら しげる)

タイ国進出日系企業への税務法務アドバイザー

1980年慶應義塾大学経済学部卒業,1988年税理士登録,1985～1992年・2001～2005年アーサーアンダーセン／KPMG税理士法人,2005～2014年税理士法人トーマツ,2006～2018年 Deloitte Touche Tohmatsu Jaiyos Advisory Co., Ltd., Tax & Legal Services

> 本書の内容に関するご質問は、ファクシミリ等、文書で編集部宛にお願いいたします。(fax 03-6777-3483)
> なお、個別のご相談は受け付けておりません。
>
> ---
>
> 本書刊行後に追加・修正事項がある場合は、随時、当社のホームページにてお知らせいたします。

国際取引と海外進出の税務

平成31年2月10日　初版第一刷印刷	（著者承認検印省略）
平成31年2月15日　初版第一刷発行	

　　　　　ⓒ　著　者　　仲　谷　栄一郎
　　　　　　　　　　　　井　上　康　一
　　　　　　　　　　　　梅　辻　雅　春
　　　　　　　　　　　　藍　原　　　滋

　　　　　　　　発行所　税務研究会出版局

　　　　　　　　　　　　週刊「税務通信」「経営財務」発行所

　　　　　　　　　　　　代表者　山　根　　毅

郵便番号100-0005
東京都千代田区丸の内1-8-2（鉄鋼ビルディング）
振替00160-3-76223
電話〔書　籍　編　集〕03（6777）3463
　　〔書　店　専　用〕03（6777）3466
　　〔書　籍　注　文〕03（6777）3450
　　〈お客さまサービスセンター〉

各事業所　電話番号一覧

北海道 011(221)8348	中　部 052(261)0381	九　州 092(721)0644
東　北 022(222)3858	関　西 06(6943)2251	神奈川 045(263)2822
関　信 048(647)5544	中　国 082(243)3720	

〈税研ホームページ〉　https://www.zeiken.co.jp

乱丁・落丁の場合は、お取替え致します。　　印刷・製本　株式会社　朝陽会
ISBN 978-4-7931-2396-2